돈황변문교주 3

敦煌變文校注

교주자 **황정**(黃征)은 1958년생. 강소(江蘇) 회음(淮陰)인. 1993년 항주대학(杭州大學)에서 박사학위 취득. 현재 남경사범대학(南京師範大學) 중문과 교수 겸 돈황학연구소 소장을 맡고 있다. 주요 논문과 저서로는 「돈황사본 정리 때 지켜야 할 원칙(敦煌寫本整理應遵循的原則)」, 『돈황 속자 사전(敦煌俗字典)』(黃征 著), 『돈황변문집교의(敦煌變文集校議)』(郭在貽 · 張涌泉 · 黃征 공저) 등이 있다.

교주자 **장용천**(張涌泉)은 1956년생. 절강(浙江) 의오(義烏)인. 항주대학 중문과를 졸업 후 동대학원에서 석사학위를 받았으며, 1994년 사천대학(四川大學)에서 박사학위 취득. 현재 절강사범대학(浙江師範大學) 교수로 재직 중이다. 주요 논문과 저서로는 「돈황변문 속자의 유형과 고증 방법(敦煌變文俗字的類型及其考辨方法)」, 『돈황소설합집(敦煌小說合集)』(張涌泉 主編), 『돈황변문집교의(敦煌變文集校議)』(郭在貽 · 張涌泉 · 黃征 공저) 등이 있다.

옮긴이 **전홍철**(全弘哲)은 1960년 서울 출생. 한국외대 중국어과를 졸업하고, 동 대학원에서 敦煌變文 연구로 박사학위를 받았으며, 현재 又石大學 SILKROAD 映像研究院 院長 겸 유통통상학부(중국학) 교수로 재직 중이다. 현재 溫州大學 東亞民俗文化研究所 兼職教授를 맡고 있으며, 돈황학과 SILKROAD 文明交流에 관한 글쓰기와 영상 제작을 하고 있다. 주요 저서와 영상물로 『敦煌 講唱文學의 理解』 · 『敦煌 民間文學 談論』(著書), 〈韓國과 실크로드(Korea and Silkroad)〉 · 〈全北 속의 中國(全北裏的中國)〉 · 〈Pansori Road(板聲之路)〉(Video) 등이 있다.

옮긴이 **정병윤**(鄭炳潤)은 1966년생. 한국외국어대학교 중국어과를 졸업하고, 중국 남경대학교에서 「돈황강창문학 중 불교고사류 작품연구」로 박사학위를 받았다. 현재 한국외국어대학교와 우석대학교에서 중국 고전시와 중국문화 관련 강의를 하고 있다. 주요 논저로는 『돈황의 전설』, 「韓人과 고대 돈황인과의 접촉에 관한 고찰」, 「돈황석굴과 유불도 삼교의 만남」, 「돈황변문과 불교의 중국화과정」 등이 있다.

옮긴이 **정광훈**(鄭廣薰)은 1973년생. 한국외국어대학교 중국어과를 졸업하고 같은 학교에서 敦煌 變文에 관한 논문으로 석사 과정을 마쳤으며, 북경대 중문과에서 『스토리텔링 전통과 당대 중후기 문학 변혁』으로 박사학위를 받았다. 지금은 고려대 민족문화연구원의 HK연구교수로 재직 중이다. 주요 논문과 역서로 「敦煌 사본의 圖文 배치 방식과 圖書史的 의의」, 「敦煌 變文의 우리말 번역에 대한 고찰」, 『당대 변문』(공역), 『그림과 공연』(공역), 『중국문화사전』 등이 있다.

돈황변문교주敦煌變文校注 **3**

1판 1쇄 인쇄 2015년 9월 30일 **1판 1쇄 발행** 2015년 10월 15일

교주자 황정 · 장용천 **옮긴이** 전홍철 · 정병윤 · 정광훈 **펴낸이** 박성모 **펴낸곳** 소명출판
등록 제13-522호 **주소** 06643 서울시 서초구 서초중앙로6길 15, 1층
대표전화 (02) 585-7840 **팩시밀리** (02) 585-7848
이메일 somyong@korea.com **홈페이지** www.somyong.co.kr

ISBN 979-11-86356-70-8 94820 값 31,000원
ISBN 979-11-86356-67-8 (전6권)

이 번역도서는 2003년도 정부재원(교육인적자원부 학술연구조성사업비)으로 한국연구재단의 지원에 의하여 연구되었음.

이 번역도서는 중화사회과학기금의 지원으로 연구되었음.(中華社會科學基金Chinese Fund for the Humanities and Social Sciences資助)

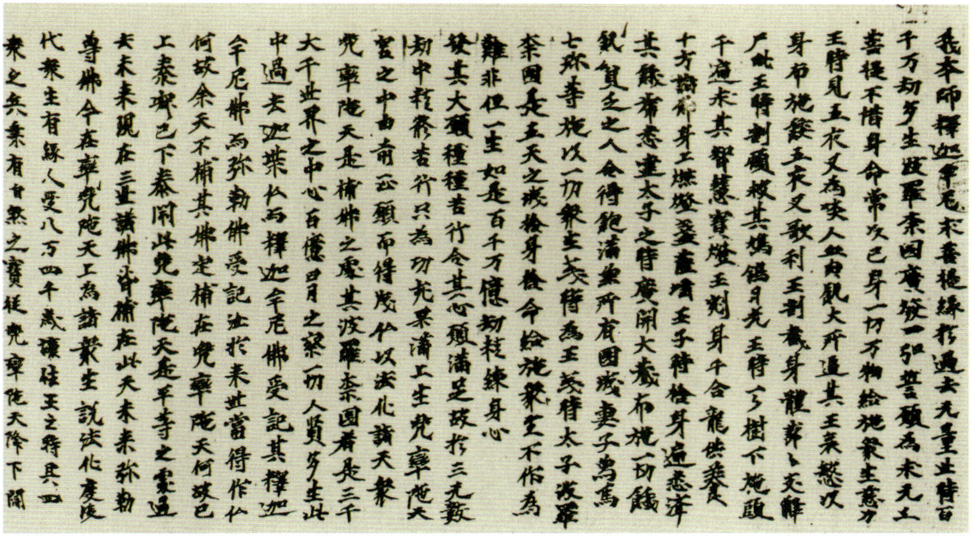

敦煌本 太子成道經(P.2299)

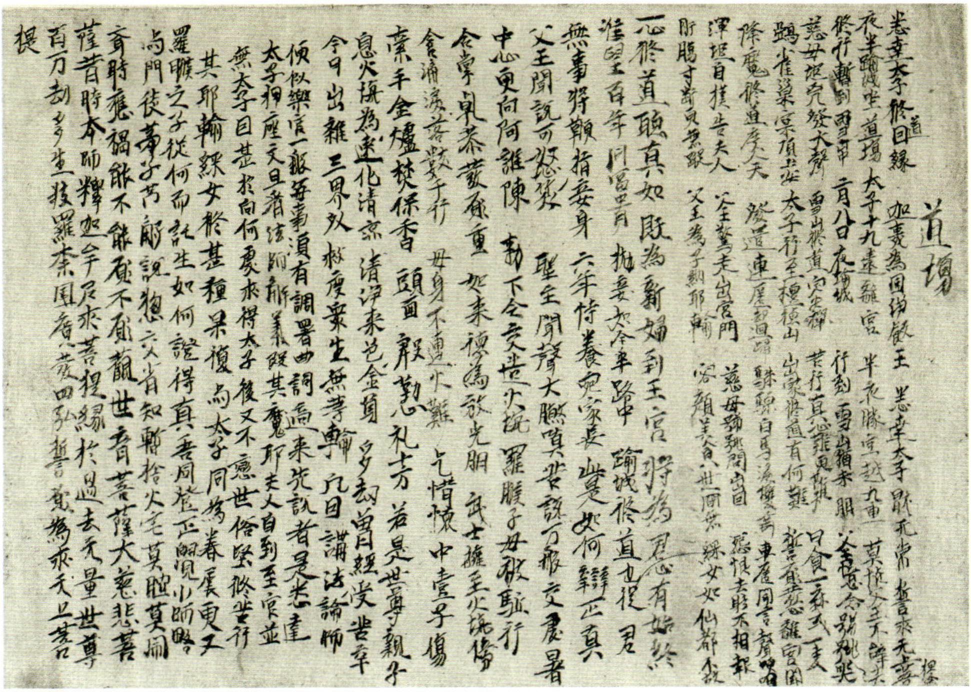

敦煌本 悉達太子修道因緣(S.3711)

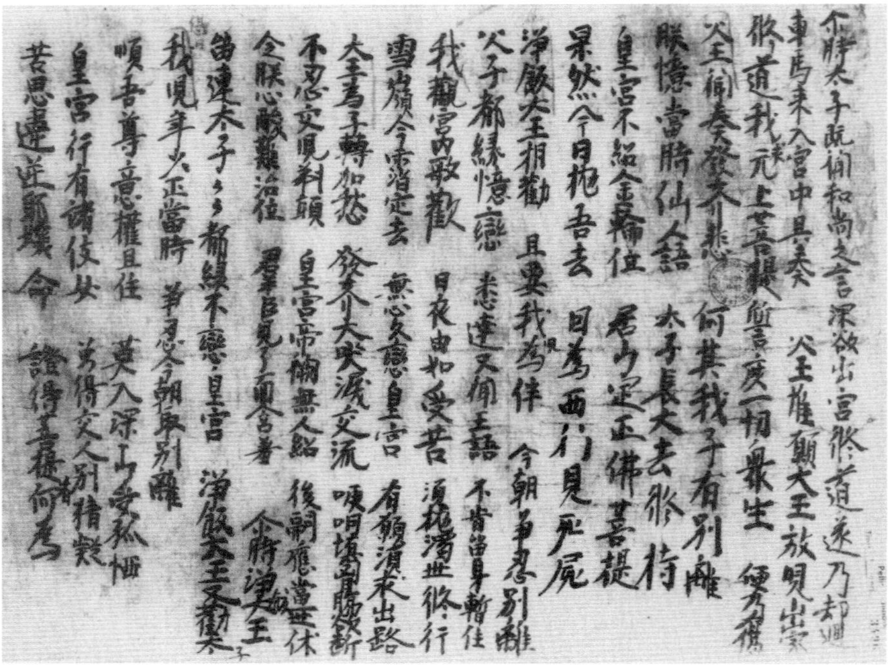

敦煌本 太子成道變文一(P.3496)

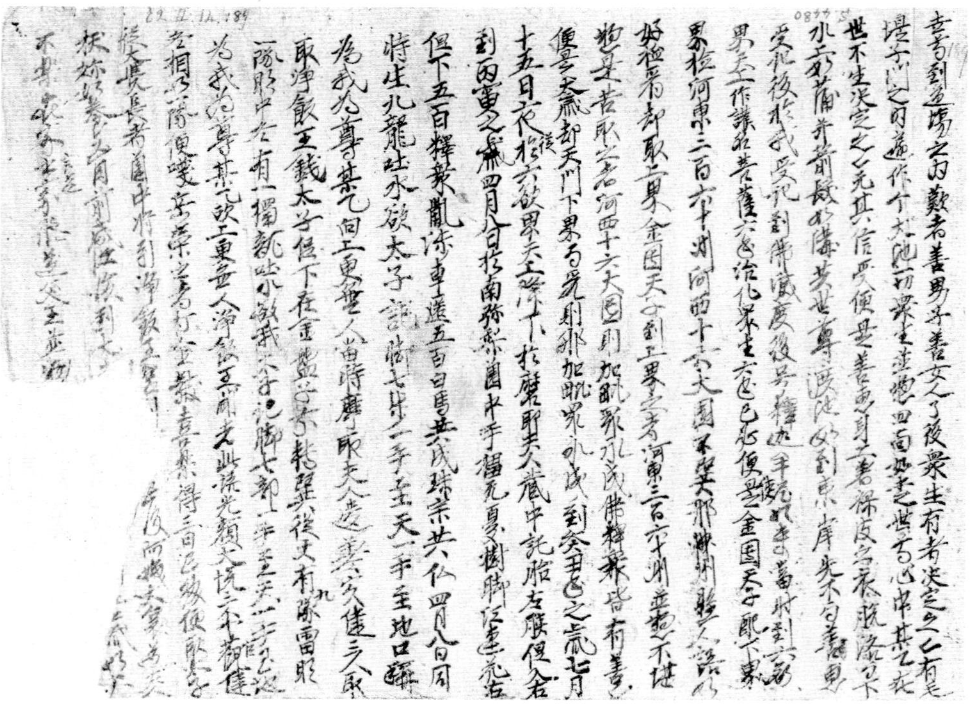

敦煌本 太子成道變文二(S.4480)

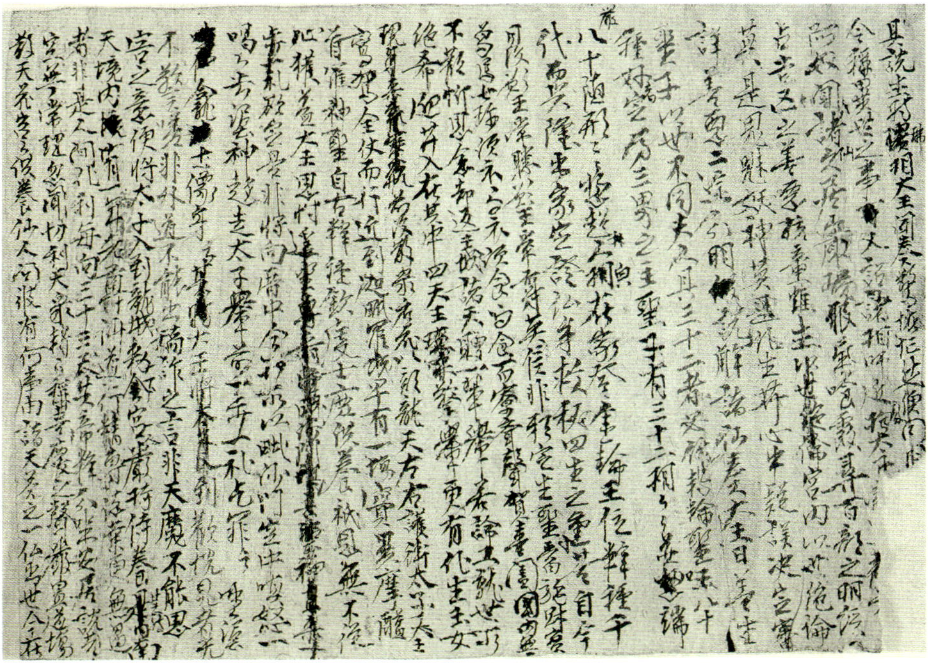

敦煌本 太子成道變文三(S.4128)

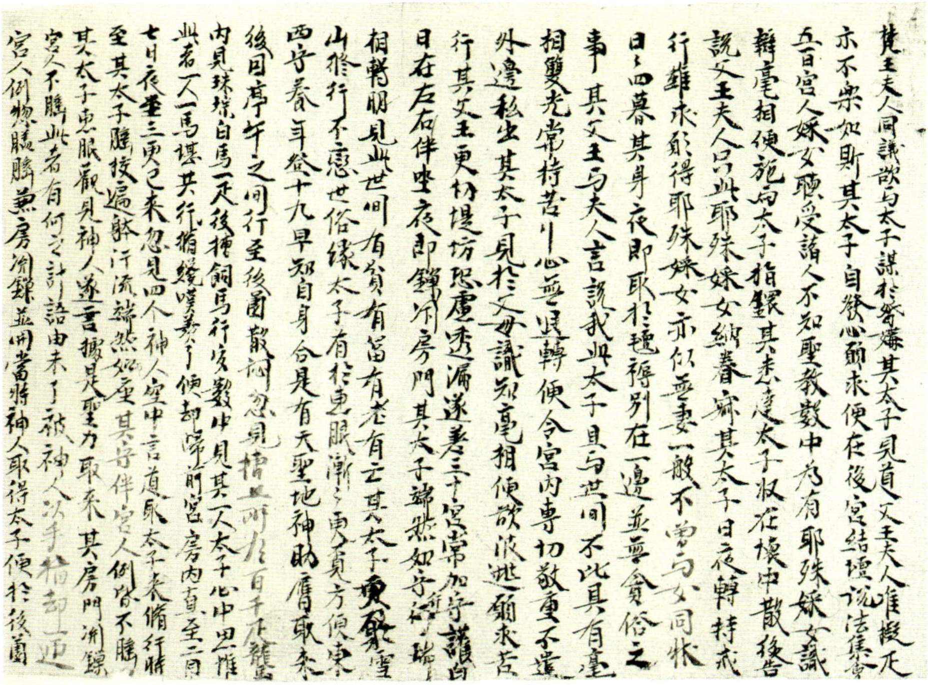

敦煌本 太子成道變文四(S.4633)

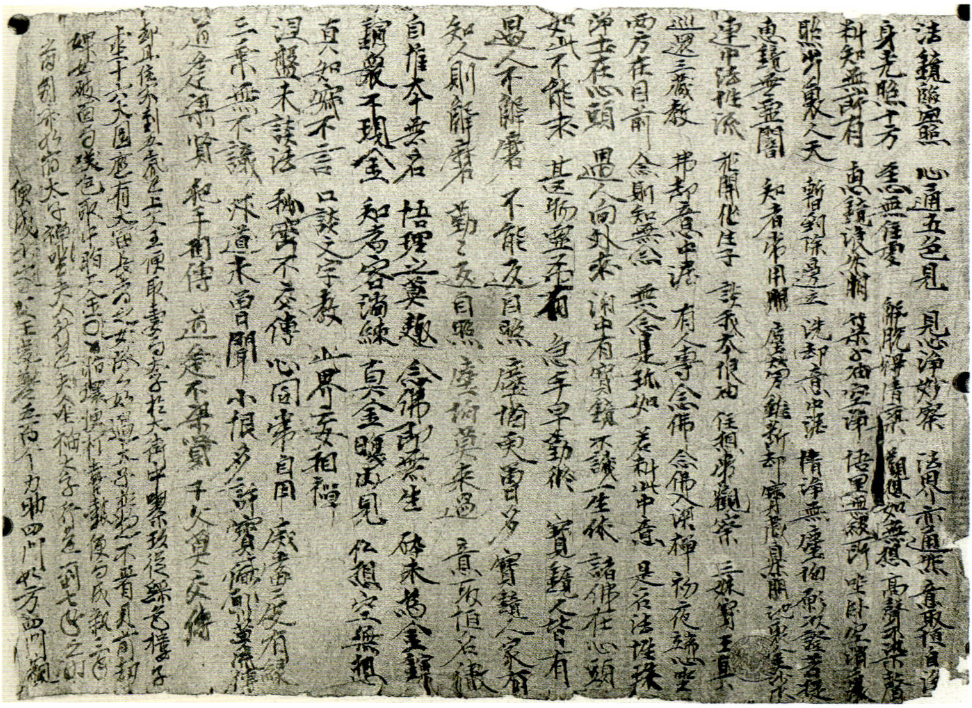

敦煌本 太子成道變文五(S.3096)

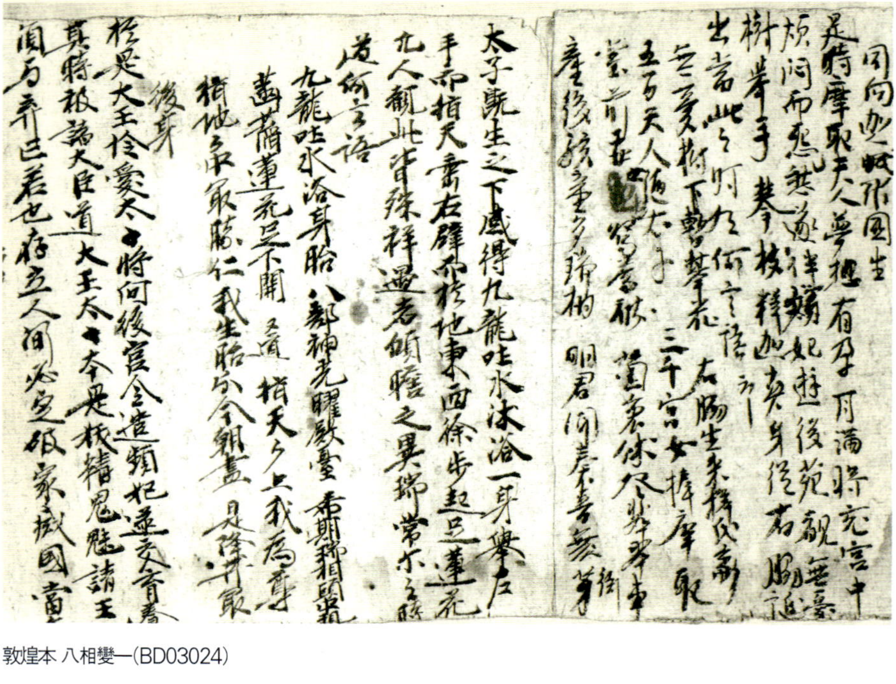

敦煌本 八相變一(BD03024)

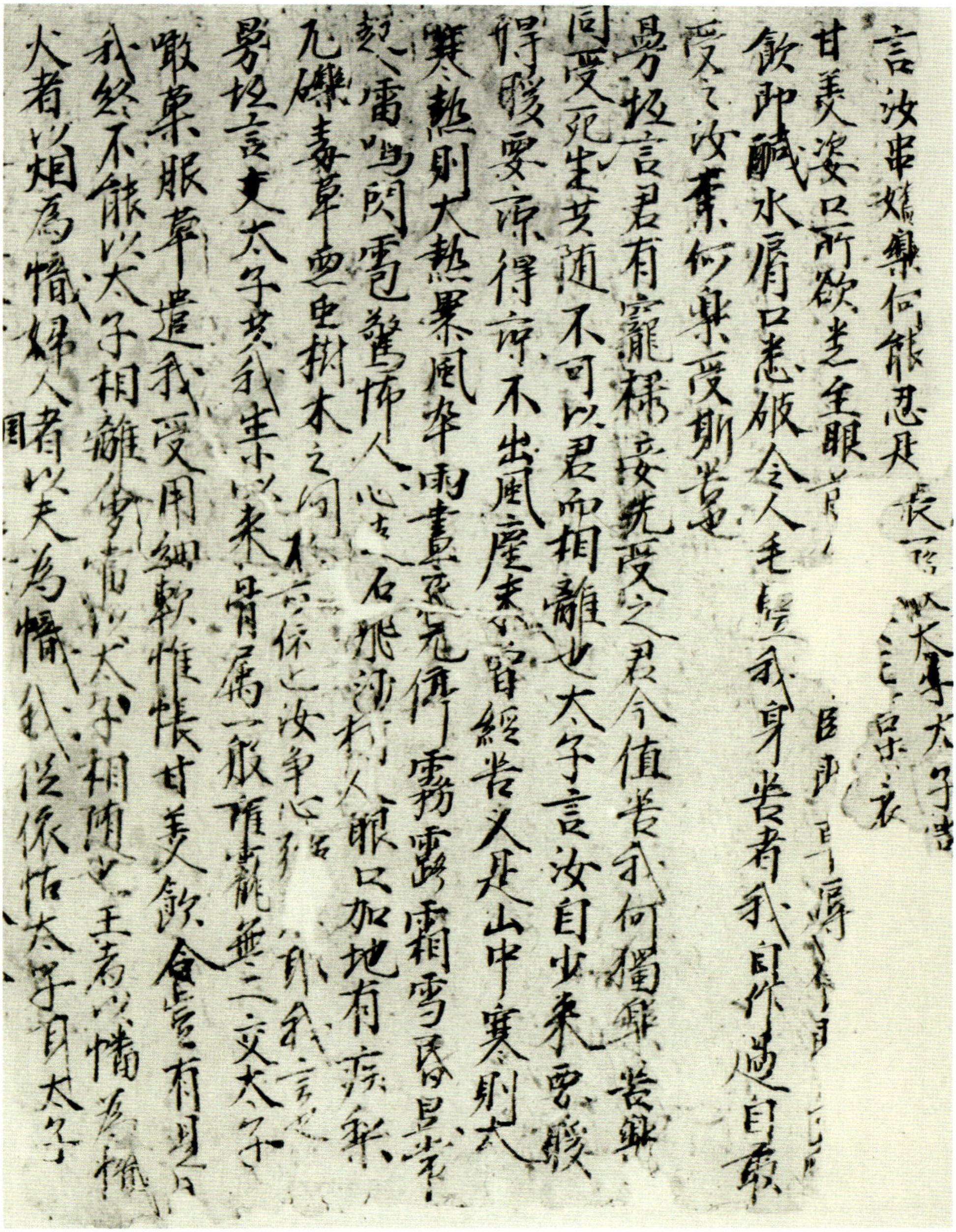

敦煌本 須大拏太子好施因緣(俄X0285)

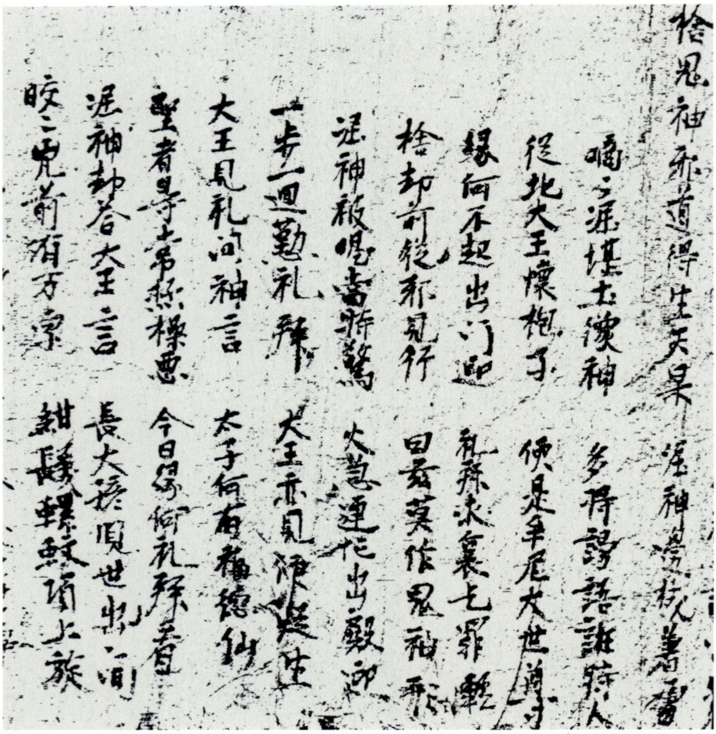

敦煌本 八相變二

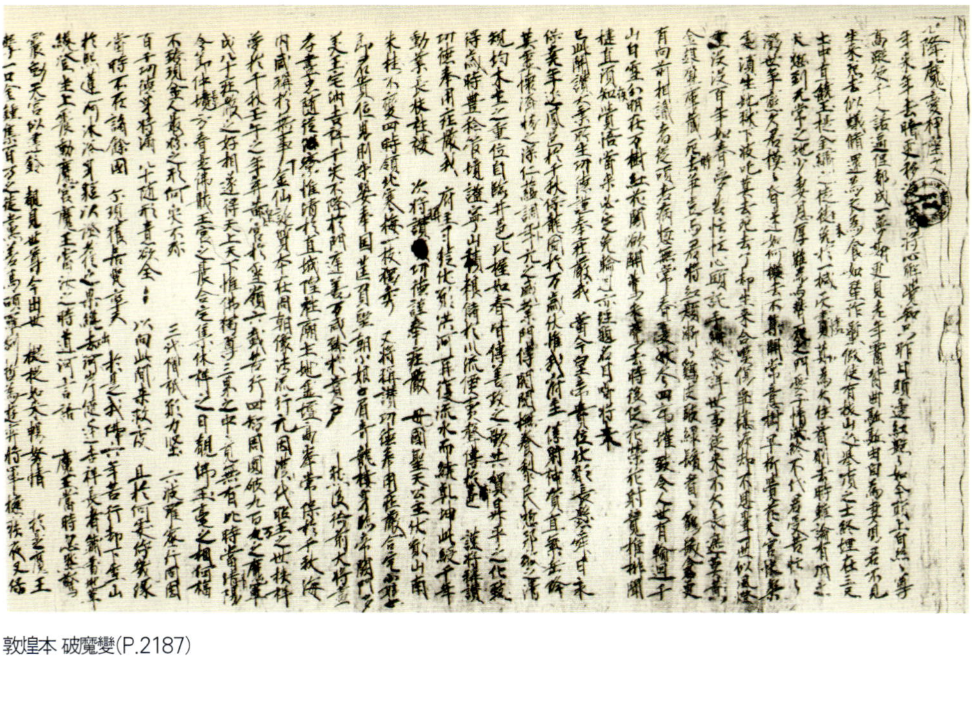

敦煌本 破魔變(P.2187)

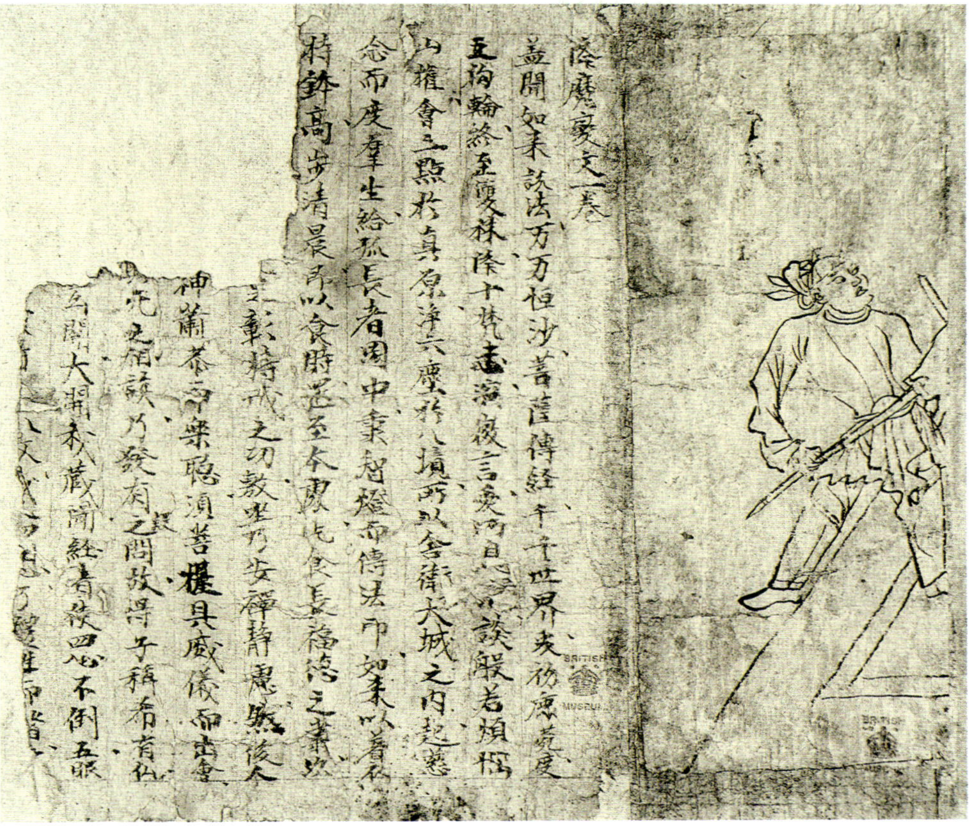

敦煌本 降魔變文一卷(S.5511)

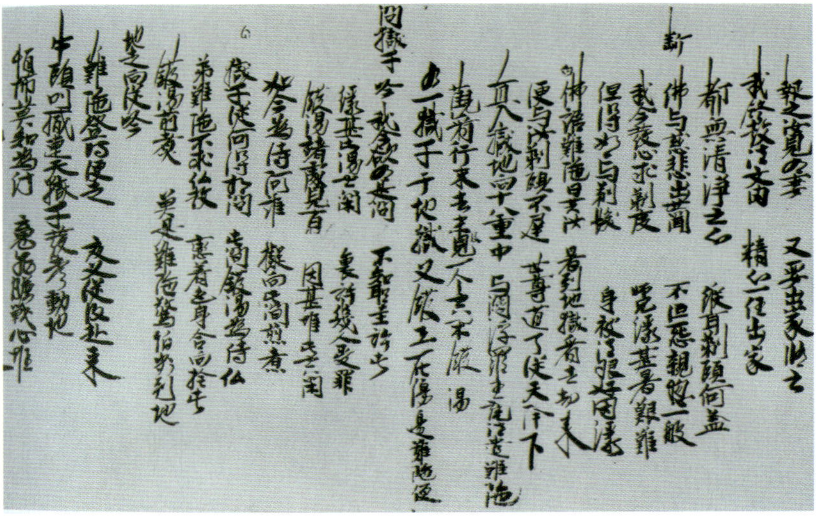

敦煌本 難陀出家緣起(P.2324)

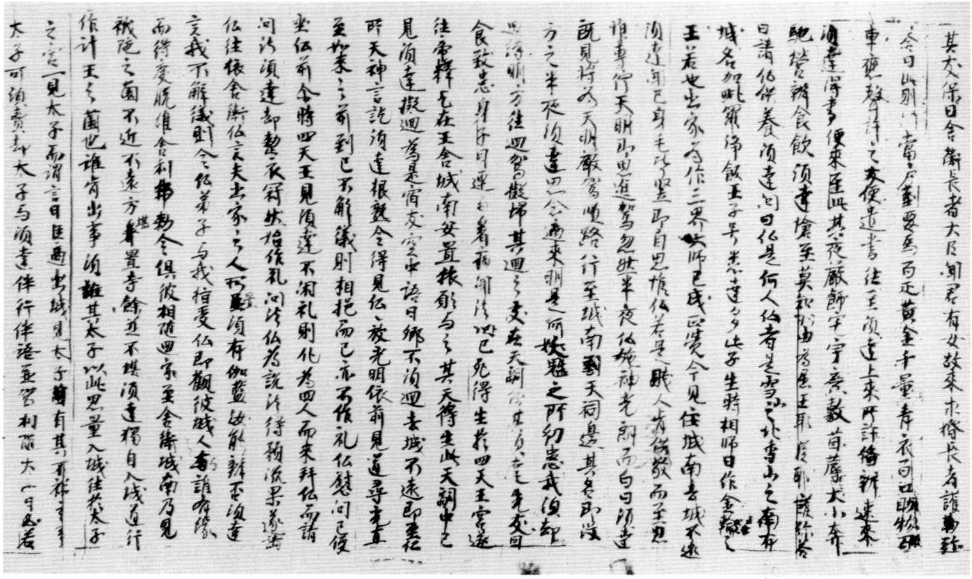

敦煌本 祇園因由記(P.2344)

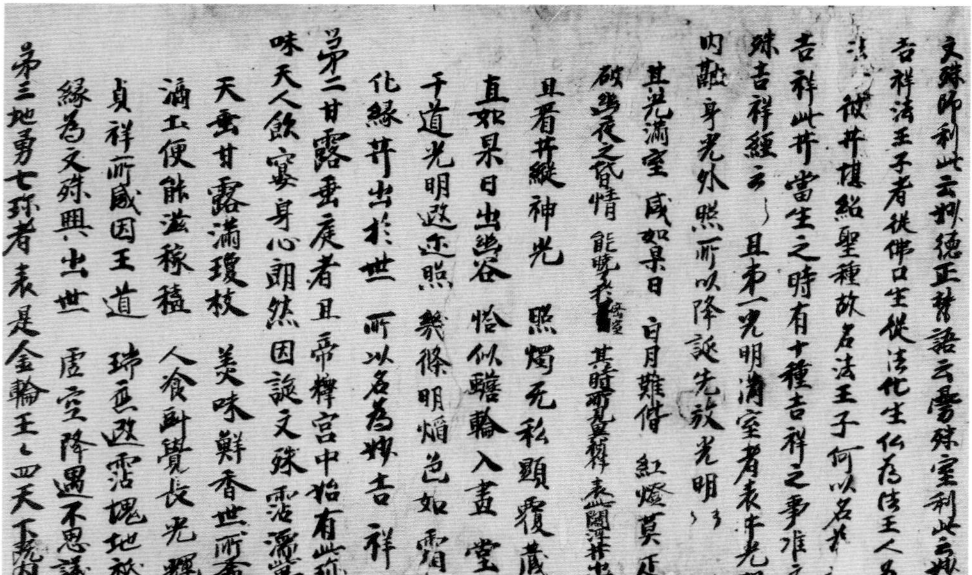

敦煌本 十吉祥(俄Φ223)

돈황변문교주 3

敦煌變文校注

황정 · 장용천 교주
전홍철 · 정병윤 · 정광훈 옮김

소명출판

일러두기

본서의 교주 체제는 『돈황변문집』의 방법을 따르되, 일부 변경된 부분이 있어 아래에 그 내용을 명시해둔다.

1. 본서에 수록된 변문은 『돈황변문집』에 실린 작품 대부분을 포함하며, 여기에다 러시아 · 대만 · 일본 등지에 소장되어 있는 변문 필사본을 더하여 총 86종이다. (『돈황변문집』에는 78종이 실려 있는데, 그 가운데 「하녀부사(下女夫詞)」 · 「추음(秋吟)」 · 「수신기(搜神記)」 · 「효자전(孝子傳)」 4종은 변문이 아니기에 제외시켰다. 또 P.2121 「유마힐경강경문」 1종은 사실 「유마경압좌문」의 일부이므로 본서에서는 이들을 하나로 합쳤고, S2440 「해좌문(解座文)」 1종은 『돈황변문집』에서는 「삼신압좌문(三身押座文)」 끝부분에 수록해놓았는데, 연구 결과 '해좌문'에 해당되는 까닭에 한 편의 독립된 작품으로 삼았다. 결과적으로 12종이 늘어난 셈이다.)
2. 본서의 작품 배열은 『돈황변문집』에서처럼 역사고사와 불교고사 두 부류로 대별하여 이루어졌다. 역사고사는 문체에 의거하여 유설유창(有說有唱) · 유설무창(有說無唱) · 대화체로 세분하여 3권으로 나눴으며, 각 권의 배열순서는 역사 시대순에 따랐다. 불교고사는 부처(석가모니) 고사 · 불경의 강설 · 불가(佛家) 고사 순서로 분류하여 3권으로 나눴다. 압좌문(押座文) 및 기타 단문(短文)은 그 뒤에 실어 한 권으로 삼았다.
3. 본문은 『돈황변문집』 및 관련 집록본(輯錄本)을 기초로 하고, 돈황 필사본 원권(대부분 마이크로필름)을 대조하였다. 필사본 정황과 이록(迻錄)에 참고한 저본, 교주(校注)에 참고한 주석본은 각 편의 주석 1번에 설명해두었다. 작품의 제목은, 편자가 임의로 정한 것은 '**[ ]**' 표시로 제목에 괄호를 쳐두고 마찬가지로 주석 1번에 설명을 달았다. 본문은 가능한 한 저본의 원형을 따르되, 다른 주석본을 참고하여 보충한 것이나 문맥에 비춰 바로잡은 몇몇 부분은 모두 교주에 그 사실을 밝혔다. 그리고 저본에는 오류가 없으나 다른 주석본에 오류가 있는 경우는 별도로 주(注)를 달지 않았고, 일반적인 이체자에도 주를 달지 않았다. 또 저본에는 오류가 있고 다른 주석본에는 오류가 없는 것은 직접 정문(正文)으로 바로잡고 교주에 그 근거를 밝혔다. 또 저본의 문자가 해독이 어려운 경우(예를 들면 속어나 판별이 힘든 속자 등)는 그 가차자나 이체자를 기록하였으며, 두 판본에 적힌 문자가 서로 다른 경우는 교주에다 상이한 내용을 기록해두었다. 저본에 글자가 빠져 있는 경우는 '□'로 표시했고, 빠진 글자 수를 정확히 알 수 없을 경우는 '▭'(좀 더 긴 직사각형 모양)로 표시했다. 빠진 글자는 다른 판본, 혹은 앞뒤 문맥에 의거하여 보충해 넣었을 때는 보완해 넣은 글자를 '[ ]'로 괄호를 쳐두었고, 저본에 본래 빠져 있는 글자는 먼저 '[□]'로 표시를 하고 그 옆에다 보완해 넣은 글자를 '( )' 표시 안에 넣어 두었다.
4. 일반적인 속자(俗字)는 별도의 주석 없이 곧바로 통용되는 번체자로 고쳐 적었다. 『돈황변문집』의 본문 기록에 의문이 들거나 오해하기 쉬운 속자들이 사용된 경우는 통용되는 번체자로 수정하고 주석을 달아 시비를 바로잡았다. 자형(字形)의 유사(類似)로 생긴 오자는 직접 정자(正字)로 바로잡았고 주석에 그 이유를 설명하였고, 자음(字音)의 유사로 생긴 오자와 가차자(假借字)는 원래의 글자로 표기하고 주를 달아 본자(本字)를 밝혔다. 그리고 일반적으로 통용되거나 알아보기 쉬운 가차자들, 이를 테면 '유(猶)'와 '유(由)', '교(教)'와 '교(交)', '이(已)'와 '이(以)' 등은 '( )' 안에다 본자를 적어두고 별도로 주를 달지 않았다. ('혜(慧)'와 '혜(惠)'처럼 음과 뜻이 서로 통용되는 부류는 주석을 달지 않았다.) 그리고 고금(古今)의 용법이 서로 다른 글자들, 예컨대 '원(元)'과 '원(原)', '제(弟)'와 '제(第)', '양(孃)'과 '낭(娘)', '봉(奉)'과 '봉(捧)', '민(閔)'과 '민(憫)', '좌(坐)'와 '좌(座)', '은(隱)'과 '온(穩)', '배(陪)'와 '배(賠)' 등은 저본의 글자를 택함으로써 고서(古書)의 본모습을 남겨두었다.
5. 본서는 『돈황변문집』에 있는 모든 주석 내용을 그대로 남겨두었다. 『돈황변문집』의 본문 기록은 '원록(原錄)', 그 교주는 '원교(原校)'라 칭하였다. 반중규의 『돈황변문집신서』는 '반서(潘書)'(본 번역본에서는 '신서(新書)'라 표기함), 그 교주는 '반교(潘校)'(본 번역본에서는 '반중규(潘重規)'라 표기함)라 약칭하였다. 서진악(徐震堮)의 『돈황변문집교기보정(敦煌變文集校記補正)』과 그 『재보(再補)』는 '서교(徐校)'(본 번역본에서는 '서진악(徐震堮)'라 표기함)라 칭한다. 장례홍(蔣禮鴻)의 『돈황변문자의통석(敦煌變文字義通釋)』은 '통석(通釋)'(본 번역본에서는 상황에 따라 '통석(通釋)'과 '장례홍'을 병용함)이라 칭하며, 기타 다른 학자들의 견해는 일률적으로 그 이름을 적되 선생이나 동지 같은 호칭은 붙이지 않았다. 여러 명의 견해가 똑같을 경우는 발행시기가 이른 학자의 견해를 인용하고, 그 나머지는 언급하지 않았다. 전문가들의 견해는 1989년 말까지로 한정하였고, 본서 끝부분에 첨부해둔 관련 논저의 목록을 본문에서는 일일이 주를 달아 밝히지는 않았다.
6. 한지방에서의 글자와 어휘의 쓰임새에 대해 이전의 자전이나 사전에서는 언급할 가치가 없다고 여겨 다루어지지 않았다. 그런데 돈황변문은 민간에서 발생하여 구어와 속자로 기술되어 있으니 진실로 지방의 속자와 속어의 집합체인 셈이다. 이러한 글자와 어휘들은 그 뜻을 해독하기 어렵고 자전이나 사전에서도 언급되어 있지 않으니, 독자들은 그런 글자(어휘)를 접할 때마다 한숨이 나오게 마련이다. 그리하여 본서에서는 이처럼 난삽하고도 그 뜻이 애매한 글자들, 혹은 글자는 통용되나 그 의미가 다른 속어에 대해서는 부가 설명을 덧붙여 독자의 편의를 도모하였다. 그 밖의 널리 통용되는 글자나 어휘, 인명, 전고(典故)들은 번잡함을 피하기 위해 굳이 주를 달지 않았다.
7. 본서 말미에는 「참고문헌 : 본서에서 인용한 變文 補校 논저 목록」과 「찾아보기」를 첨부하였다.

卷四

돈황변문교주 전체 차례

돈황변문교주 4

돈황변문교주 5

卷四

태자성도경(太子成道經)[1]

我本師釋迦牟尼求菩提緣, 於過去無量世時, 百千萬劫, 多生[2]波羅

1 王慶菽 【原校】「太子成道經一卷」의 제목은 P.2999 권말에 남아 있다. 그 내용의 문구와 구조가 완전히 똑같은 것이 모두 8권 있다. 이 고사는 『佛本行集經』에 의거하여 연역한 것이다.
P.2999는 原卷이다. 首尾가 완정하다. 처음부터 "則微細甚精妙也"까지 남아 있다.
S.548은 甲卷이다. 원문은 처음 여섯 행이 빠져 있고 끝부분은 완전하다. 문미에 필사한 연월일이 기록되어 있다.
S.2682는 乙卷이다. 원문은 首尾가 완전하다. 다만 앞부분에 압좌문 1수가 빠져 있으며, 끝부분은 "我今成佛道, 受法爲法子"까지이다.
S.2352는 丙卷이다. 원문의 앞부분은 완전하나 끝부분은 빠져 있다.
P.2924는 丁卷이다. 원문은 首尾가 완전하지 않다.
P.2299는 戊卷이다. 원문은 首尾가 완전하지 않다. 다만 일부 단락의 앞에 "第二下降閻浮柘胎相" "第三王宮誕質相" "第四納妃相" "第五逾城出家相" 등의 소제목이 붙어 있다.
S.4626은 己卷이다. 원문은 첫 단락만 남아 있다. 압좌문 앞에 강석을 여는 대목이 있는 까닭에 압좌문류에 편입시킬 수 없다. 첫 구 "我本師釋迦牟尼求菩提緣"부터 "能者嚴心合掌着, 經題名目唱將來"까지 남아 있다.
北京潛字80호는 庚卷이다. 원문은 首尾가 모두 잔결되어 있고 중간 부분도 상당부

奈國. 廣發四弘誓願, 爲[3]求無上菩提, 不惜身命, 常以己身[及][4]一切萬物給施衆生. 慈力王時, 見五夜叉爲啖人血肉, 飢火所逼, 其王哀愍,[5] 以身布施, 餧[6]五夜叉. 歌利王[時],[7] 割截身體,[8] 節節支解. 尸毗王時, 割股[9]救其鳩鴿. 月光王時, 一一樹下, 施頭千遍, 求其智慧. 寶燈王[時],[10] 剜身千龕, 供養十方諸佛, 身上燃燈千[11]盞. 薩埵王子時, 捨身千遍, 悉濟其餓虎. 悉達[12]太子之時, 廣開大藏, 布施一切飢餓貧[13]乏之人, 令[14]得飽滿. 兼所有國城、妻子、象馬七珍等, 施與[15]一切衆生. 或時爲王, 或時[爲][16]太子, [於][17]波羅奈國, 是五天之城,[18]

분 누락되어 있다. 다만 수록된 내용이 다른 권보다 문미의 음송 한 단락과 「悉達太子讚」 1수가 더 실려 있다. 그러나 애석하게도 너무 많이 빠져 있어 그 뜻이 명확하지 않다. 그래서 다른 권자를 이용하여 보충하였고, 본권으로 교감하였다. 【校注】 庚卷의 새로운 편호는 北圖8436이다. 그리고 제목에서 '一卷'이라는 두 자는 삭제한다.

2 多生 : 불교에서는 한 차례의 생사윤회를 一生이라 한다. 多生은 여러 차례의 윤회를 말한다. 앞 구의 "無量世" "百千萬劫"과 함께 장구한 세월을 의미한다.

3 '爲'는 乙卷에서는 '直'으로 되어 있다. 또 앞 구의 '廣'자는 乙卷에서는 '爲'로 되어 있다.

4 '及'자는 乙卷에 의거하여 보완한다.

5 '愍'은 原錄에서는 '慜'으로 되어 있고 '愍'으로 교정하였다. 【校注】 이는 '愍'자이다. 당태종의 휘를 피하여 고친 것이다.

6 '餧'는 '喂'의 古字이다.

7 【原校】 '時'자는 乙卷에 의거하여 보완한다.

8 '體'는 甲·乙·丙卷 모두 똑같은데 原錄에서는 속자인 '躰'로 적었다. 이에 바로잡는다.

9 【原校】 '股'는 본래 '顧'로 되어 있는데 乙卷에 의거하여 수정한다. 【校注】 己卷 역시 '股'로 되어 있고, 丁卷은 '股'로 적고 이어 '顧'로 고쳐 적었다. 또 丁卷은 앞 구의 '尸'자부터 시작되고 있다.

10 【原校】 '時'자는 앞의 예에 의거하여 보완한다. 【校注】 乙卷에는 '時'자가 있다.

11 '千'자는 原卷에서는 누락되어 있고 다른 庚卷에서는 모두 들어 있다. 다음 구 "捨身千遍"의 '千'자 역시 原卷에서는 빠져 있다.

12 甲卷은 '悉'자부터 시작되고 있다.

13 '貧'은 原錄에서는 '貪'으로 되어 있고 '貧'으로 교정하였다. 【校注】 原卷 및 각 권 모두는 '貧'으로 되어 있다. 이에 의거하여 바로잡는다.

14 【原校】 '令'은 본래 '合'으로 되어 있는데 乙·己卷에 의거하여 수정한다. 【校注】 甲·丁卷은 '令'으로 되어 있다. 原卷에서 '令'자는 '合'으로 되어 있는 경우가 많다.

15 '與'는 原錄에서는 '以'로 되어 있고 '與'로 교정하였다. 【校注】 乙卷은 '與'로 되어 있다. 이에 의거하여 수정한다.

捨身捨命, 給施衆生, 不作爲難. 非但一生如是, 百千萬億劫精練身心, 發其大願, 種種苦行, 令其心願滿足. 故於三[19]無數劫中, 精修苦行.[20] 只爲功充果滿, 上生兜率陀天[21]宮之中. [其欲界如是. 其六天者 : 一、四天王天; 二、刀(忉)利天; 三、須夜魔天; 四、兜率陀天; 五、樂變化天; 六、他化自在天. 如來世尊, 補在第四天中云云].[22] 由前正願, 而得成佛, 以法化諸天衆. 兜率陀天, 是補佛之處. 其波羅奈國者, 是三千大千世界之中心, 百億日月之宰.[23] 一切人賢, 多生此中. 過去迦葉佛與釋迦牟尼佛受(授)記,[24] 其釋迦牟尼佛與彌勒佛受(授)記 : "汝於來世, 當得作佛." 何故余(餘)[25]天不補, 其佛定補在兜率陀天?[26] 已上之天則極泰, 已下之天則極鬧.[27] 此兜率陀天是平等之處. 過去、未

16 【原校】'爲'자는 乙卷에 의거하여 채워 넣는다. 【校注】 채워 넣지 않아도 된다.

17 【原校】'於'자는 乙卷에 의거하여 채워 넣는다. 【校注】 채워 넣지 않아도 된다.

18 이 구는 甲・乙・丁・庚卷에서는 모두 "五天之境"으로 되어 있다. 己卷에는 '是'자가 있고 '城'자 역시 '境'으로 되어 있다.

19 乙卷에는 '三'자가 없다.

20 【原校】甲卷에는 "精修苦行"이 "積萬行"으로 되어 있고, 乙・丁卷에는 "精修萬行"으로 되어 있다. 또 乙卷에는 이 문구 다음에 "死不滅持" 넉 자가 더 있다. 【校注】「悉達太子修道因緣」에는 "積修萬行"으로 되어 있다.

21 '率'은 原錄에서는 '𢤛'로 되어 있다. '陀'는 原錄에서는 '陁'로 되어 있다. 이들은 모두 속자인 까닭에 이후로 모두 정자로 고친다.

22 【原校】"其欲界如是"부터 "補在第四天中云云"까지의 문구는 乙・庚卷에 의거하여 보충한다. 【校注】庚卷에는 "云云" 두 자가 없다.

23 【原校】'宰'는 原卷에서는 '察'로 되어 있는데 甲・丁・庚卷에 의거하여 수정한다.

24 '受'자에는 본래 '受'와 '授'의 상반된 의미를 모두 가지고 있다. 그러나 불경에서는 '受記'와 '授記'를 엄밀히 구분하고 있다. 따라서 '受'는 '授'로 보아야 한다. '授記'는 장차 부처가 되리라는 예언을 말한다.

25 【原校】庚卷에는 '余'가 '尒'로 되어 있다. 【校注】庚卷의 이 글자는 '余'의 訛字이다. '余'는 '餘'로 보아야 한다.

26 原錄에는 '天' 다음에 '何故'라는 두 자가 더 있는데 이는 앞과 중복된다. 따라서 甲・庚卷에 의거하여 삭제한다.

27 【原校】이 문구는 각 권마다 차이가 심하다. 原卷에서는 "已上泰寂, 已下泰鬧"로 되어 있고, 甲・丁・庚卷에서는 "已上之天則極泰, 已下天則極鬧"으로 되어 있다. 또 丁卷에서 두 번째 구는 "以下之天則極鬧"로 되어 있다. 각 권을 참조하여 고친다. 【徐震堮】「八相變文」에 의거하여 "已上泰寂, 已下泰鬧"라고 보는 게 옳다. '已'와 '以'

來、現在, 三世諸佛, 皆補在此天. 未來彌勒尊佛今在兜率[陀][28]天上, 爲諸天衆說法,[29] 化度後代[30]衆生有緣, 人壽[31]八萬四千歲. 壤佉王[32]之時, 具四種[33]之兵, 乘[34]有自然之寶, 從兜率陀天降下閻浮提, 生大姓[35]婆羅門家, 亦修苦行, 從凡而成佛道. 何名兜率陀天?兜名少[36]欲, 率名知足, [知足]少[37]欲號曰兜率陀天也. 三無數刦[38]修萬行, 施[捨][39]頭

는 같고, '泰'와 '太'는 같다. [通釋] 각 권의 문자는 비록 다르나 그 뜻은 모두 똑같다. '闐'자는 '闐'자가 되어야 한다. [校注] '闐'와 '鬧'는 그 뜻이 같다.

28 '陀'자는 丁卷에 의거하여 보충한다.

29 原錄에는 '諸'자가 없다. [原校] 庚卷에는 "爲衆生說法"이 "爲諸天衆說法"으로 되어 있다. [校注] 甲卷은 庚卷과 같다. 原卷에는 '衆生' 앞에 '諸'자가 있다. 이에 의거하여 보충한다.

30 [原校] 庚卷에서는 '代'가 '乃'로 되어 있다. [校注] 甲·丁卷에서는 '柰'로 되어 있다.

31 [原校] '壽'는 본래 '受'로 되어 있는데, 甲·庚卷에 의거하여 보충한다. [校注] 丁卷에서도 '壽'로 되어 있다.

32 [原校] 甲卷에서는 "壤佉王"이 "輪王儴汷"로 되어 있고, 庚卷에서는 "轉輪□□王"으로 되어 있다. [校注] 庚卷에서는 "轉輪法王"으로 되어 있다. '輪' 뒤 '法' 앞에 두 자를 덧칠하였으므로 缺文이 아니다. 丁卷에서는 "輪王儴汷"로 되어 있다. '壤', '攘', '儴', '禳' 등은 모두 譯名인 까닭에 어느 것을 써도 무방하며, '佉'는 '伽'와 같다. '汷'는 '伎'로 발음되며, 俗音으로 '佉'는 '弃'일 것이다. '汷'와 '弃'는 음이 비슷한 대체자이다. 壤佉王은 곧 轉輪王이다.

33 '種'은 原錄에서는 '衆'으로 되어 있다. [原校] 甲卷에서는 '衆'이 '種'으로 되어 있다. [校注] '衆'은 '種'의 동음가차자이다. 앞 주석에서 인용한 바 있는 『佛說彌勒成佛經』의 "有四種兵"은 그 증거이다.

34 '乘'자는 衍字로 보인다. 앞 구의 '具'자는 丙·丁卷에서는 '其'로 되어 있는데 그 음이 '騎'와 같다. 이 문구는 '騎'와 관련하여 '乘'자를 덧붙인 것 같다. "有自然之寶"는 앞 주석에서 인용한 바 『顏氏家訓歸心』의 "則有自然稻米、無盡寶藏"이란 구와 의미가 같다.

35 '姓'은 原錄에서는 '聖'으로 되어 있다. [校注] 甲·丁卷에서는 '姓'으로 되어 있다. 이에 의거하여 고친다. 바라문은 四姓 중에서 가장 높은 까닭에 '大姓'이라 부른다. '聖'은 '姓'의 가차자이다.

36 '少'는 原錄에서는 '小'로 되어 있다. [校注] 原卷에서는 실제로 '少'로 되어 있다. 다른 권에서는 '小'로 되어 있으며 庚卷에서는 빠져 있다. '少欲'은 '寡欲'이다.

37 原錄에서는 '지족' 두 글자가 중첩되지 않는데, 여기서는 문맥상 임의로 보충하였다. 또 '少'는 原錄에서는 '小'로 되어 있다. [校注] 甲·庚卷에서는 '少'로 되어 있다. 이에 의거하여 수정한다.

38 原錄에서는 '刦' 다음에 '中'과 '積' 두 글자가 있는데, 甲·庚卷에 의거하여 삭제한다.

39 [原校] '捨'자는 庚卷에 의거하여 보충한다. [校注] 甲卷에서는 '捨施'로 되어 있다.

目[40]實甚難. 兜率陀天補佛[41]處, 卽今說法化諸天. 此是亦(一)[42]生相也.

우리 본사(本師) 석가모니는 보리(菩提)의 인연을 구하고자 과거 한량없는 백천만 겁의 세월 동안에 바라나국에서 여러 생을 보내셨다. 널리 사홍서원(四弘誓願)[43]을 발하고, 위없는 보리를 구하기 위해 목숨도 아끼지 않으셨으니 항상 당신의 육신과 일체 만물을 중생에게 보시하시었다. 자력왕(慈力王)이었을 때는 다섯 야차(夜叉)가 사람의 혈육을 먹고 싶어 배고픔의 고통에 시달리는 모습을 보고 불쌍한 생각이 들어 당신의 몸을 보시하여 다섯 야차들을 먹이셨다.[44] 가리왕(歌利王) 때에는 [인욕선인(忍辱仙人)이 되어] 육신을 잘라내고 마디마디 떼어내셨다.[45] 시비왕(尸毗王)이었을 때는 허벅지 살을 잘라 [매에게 줌으로써 그에게 쫓기는] 비둘기를 구하셨다.[46] 월광왕(月光王)이었을 때는 한 나무 아래서 [과거세에서 현재에 이르기까지] 천 번 머리를 보시하여 지혜를 구하셨다. 보등왕(寶燈王)였을 때는 [칼로] 몸에 천 개의 구멍을 내어 십방(十方)의 제불(諸佛)에 공양하면서 그 몸 위에 천 개의 등불을 밝히셨다. 살타왕자(薩埵王子)였을 때는 천 번이나 몸을 던져 굶주린 호랑이를 구하셨다.[47] 싯다르타태자였을 때는 창고를 활짝 열어 모든 굶주리고 가난한 사람들에게 보시를 하여 그들을 배부르게 하셨다. 게다가 나라 안의 성(城)이며 처자

---

40 原錄에서는 '頭目' 다음에 '髓腦' 두 자가 있는데, 甲・庚卷에 의거하여 삭제한다.

41 原錄에서는 '佛' 다음에 '之'자가 있는데, 甲・庚卷에 의거하여 삭제한다.

42 '亦'은 '一'로 보아야 한다. '一生相'은 '한 차례 윤회의 모습'을 가리킨다. 庚卷에서는 이 문구 다음에 "死不滅持" 네 자가 더 있다.

43 모든 보살들이 지녀야 할 4가지 서원. 곧 고통세계의 중생들을 제도하겠다는 '중생무변서원도(衆生無邊誓願度)', 끝없는 번뇌를 반드시 끊어 생사에서 초탈하겠다는 '번뇌무진서원단(煩惱無盡誓願斷)', 한량없는 법문을 남김없이 배워 마치겠다는 '법문무량서원학(法門無量誓願學)', 위 없는 최상의 불도를 끝내 이루어내겠다는 '불도무상서원성(佛道無上誓願成)'을 말한다.

44 관련 고사가 『현우경(賢愚經)』 제1에 보임.

45 관련 고사가 「여산원공화(廬山遠公話)」에서도 보인다.

46 『대지도론(大智度論)』 35권에 보임.

47 『금광명경』 제17 「사신품(捨身品)」에 보임.

며 코끼리며 말이며 칠보 등 모두를 일체의 중생에게 보시하셨다. 어떤 때는 왕이 되어, 또 어떤 때는 태자가 되어 오천축의 바라나국에서 몸을 버리고 목숨을 버리며 중생에게 보시하셨지만 그것을 괴롭다고 생각하지 않으셨다. 단지 한 번의 생(生)에만 이러했던 것이 아니라 백천만억 겁 동안 이렇게 심신을 닦으며 서원을 세우고, 온갖 고행을 하시며 염원을 성취하고자 하셨다. 그리하여 세 차례의 무수 겁 동안 고행을 행하시니, 그 공덕이 가득차고 [선의] 과보를 받아 위로 도솔타천에서 태어나셨다.

욕계(欲界)에는 여섯 하늘이 있으니, 첫 번째 [하늘]은 사천왕천(四天王天)이고, 두 번째 [하늘]은 도리천(忉利天)이고, 세 번째 [하늘]은 수야마천(須夜魔天)이고, 네 번째 [하늘]은 도솔타천(兜率陀天)이고, 다섯 번째 [하늘]은 낙변화천(樂變化天)이고, 여섯 번째 [하늘]은 타화자재천(他化自在天)이다. 여래세존께서는 네 번째 하늘에 머무셨다. 앞서의 서원으로 성불을 이루고 제천의 천중(天衆)을 교화시켰다. 도솔타천은 부처가 계신 곳이다. 바라나국은 삼천대천세계의 중심이고 백억 일월(日月)의 주재자로서, 일체의 현인(賢人)들이 이곳에서 여러 생을 나셨다. 과거 가섭불(迦葉佛)은 석가모니불에게 수기(授記)를 주었고, 석가모니불은 미륵불에게 수기를 주며 "그대는 내세에 부처가 되리라" 고 말씀하셨다. 어찌하여 다른 하늘에는 머물지 않고 도솔타천에만 머무시는가? [도솔타천] 위의 하늘은 너무 태평스럽고 [도솔타천] 아래 하늘은 너무 소란한 까닭이다. 이 도솔타천은 평등한 세계이다. 과거, 미래, 현재 삼세(三世)의 부처님이 모두 이 하늘에서 머무셨다. 미래불인 미륵은 지금 도솔타천에서 제천의 중생에게 법을 설하고 계시는데, 교화 후 유연(有緣)의 중생은 팔만 사천 년의 수명을 누리게 된다. 전륜성왕이었을 때는 네 가지 병사(덕)를 갖추시고 자연의 보물을 가지고서 도솔타천에서 염부제(인간계)로 내려와 대성(大姓) 바라문가(家)에서 태어나, 거기에서도 고행을 쌓아 범계(凡界)를 뛰어넘어 불도(佛道)를 성취하셨다. 무엇을 도솔타천이라 하는가? '도(兜)'

는 '소욕(少欲)'을 뜻하고 '솔(率)'은 '족함을 안다(知足)'는 뜻이니, '소욕하고 족함을 안다(少欲知足)'는 것을 도솔타천이라 부른다. 무수한 겁 동안 만행(萬行)을 닦으면서 머리와 눈을 보시한다는 것은 실로 어렵기 그지없는 일이다. 보처보살(補處菩薩)[48]로서 도솔타천에 머무시며 법을 설하여 제천(諸天)을 교화시키시니 이 또한 생상(生相)[49]이다.

吟[50] 上從兜率降人間, 託蔭王宮爲生相.[51]
九龍齊溫[52]香和水,[53] 爭[54]浴蓮花葉上身.
聖主摩耶往後園, 彩女頻(嬪)妃奏樂喧.
魚透碧波堪上岸(賞翫),[55] 無憂花樹[56]最宜觀.

---

48 수행이 궁극의 경지에 도달한 보살로서, 다음 생에 부처가 된다는 보살. 도솔천은 보처보살이 부처가 될 시기를 기다리는 장소. 석가모니불 역시 보처보살로서 도솔천에 계시다 인간세계로 하강하였다.

49 사상(四相) : 만물(萬物)의 변화(變化)를 가리키는 4종의 상(相), 즉 생상(生相) · 주상(住相) · 이상(異相) · 멸상(滅相). '생상'은 발생하는 것, '주상'은 존재하는 것, '이상'은 변화하는 것, '멸상'은 소멸되어 없어지는 것을 말한다.

50 '吟'자가 原卷에서는 "此是亦生相也" 뒤에 붙어 적혀 있다. 甲 · 丙卷에서는 '吟'자가 없다.

51 '相'자는 앞 구의 '間'자와도, 다음 행의 '身'자와도 韻이 맞지 않는다.

52 '溫'은 '물을 따뜻하게 덥힌다(使水溫熱)'의 뜻이다. 『修行本起經』 : "용왕의 형제 迦羅와 鬱迦羅는 왼편에서 따뜻한 물을 비처럼 내리고 오른편에서 찬 물을 비처럼 내렸다(有龍王兄弟, 一名迦羅, 二名鬱迦羅, 左雨溫水, 右雨冷泉)." 『過去現在因果經』 : "難陀 용왕과 優波難陀 용왕이 공중에서 깨끗한 물을 뱉으면서 한 줄기는 따스하게 하고 한 줄기는 시원하게 하여 태자의 몸에 부었다(難陀龍王, 優波難陀龍王, 於虛空中吐淸淨水, 一溫一凉, 灌太子身)." 『水經注』 卷1 「河水」 注引 「外國事」 : "태자가 태어날 때 용왕이 태자 좌우에서 물을 토해내어 태자를 목욕시켰다. 한 용왕은 따뜻한 물을 토해내고, 또 한 용왕은 시원한 물을 토해내었다. 그 물은 마침내 두 개의 연못이 되었는데, 아직도 하나는 시원하고 하나는 따뜻하다(太子生時, 以龍王夾太子左右, 吐水浴太子, 見一龍吐水煖, 一龍吐水冷, 遂成二池, 今尙一冷一煖矣)." 이들 모두에서 온수와 냉수를 거론하고 있다. [梁粱校] '溫'은 '噴' 혹은 '灑'이다. [校注] 이는 정확하지 않다.

53 '香和水'는 향기로운 물을 말한다.

54 '爭'은 原錄에서는 '淨'으로 되어 있다. [校注] 甲卷에서는 '爭'으로 되어 있다. 이에 의거하여 수정한다.

無憂花樹葉敷榮, 夫人緩步彼中行.
擧手或[57]攀枝餘葉,[58] 釋迦聖主袖中生.[59]
釋迦慈父降生來, 還從[60]右脅出身胎.
九龍吐水早是衩,[61] 千輪足下[62]瑞蓮開.

---

55 [通釋] 돈황사본에서는 開口音과 合口音이 혼용되는 예가 있다. ……'上岸'이 다른 곳에서는 '賞翫'으로 되어 있다. [袁賓] '上岸'은 '賞翫'으로 보아야 한다. '賞'과 '上'은 모두 章系養韻字이고, '翫'과 '岸'은 疑母山攝去聲字이다. 소리가 비슷한 데서 비롯된 오류이다. [校注] '上'은 禪母字이고, '賞'은 審母字이다. 뒤에 나오는 동일 문구가 乙卷에서는 '上'으로 되어 있고 다른 권에서는 '賞'으로 되어 있다.

56 花樹 : 甲・庚卷에서는 '花色'으로 되어 있다.

57 [原校] 甲卷에서는 '或'이 '已'로 되어 있다. [校注] 庚卷에서도 '已'로 되어 있으며 이는 '以'와 통한다. '或'은 '간혹(偶或)'이다.

58 '諸'는 原錄에서는 '枝'로 되어 있는데 다른 권에서도 마찬가지이다. 여기서는 뒤에 나오는 동일 문구의 原卷에 의거하여 수정한다. "擧手或攀枝餘葉"은 '손을 들어 다른 나뭇가지를 붙잡다'는 뜻이다. '葉'은 가지와 잎을 아울러 가리킨다. 梁粱은 '餘'는 '與'의 音誤字라고 하였는데 확실하지 않다. 왜냐하면 다른 庚卷의 변문에서도 이 문구가 "枝與葉"으로 되어 있는 경우가 없기 때문이다.

59 甲・庚卷에서는 '袖中生' 앞에 '向'자가 있다. '向'은 介詞로서 '於'와 쓰임이 같다.

60 '從'은 原卷 및 己・庚卷에서는 모두 '中'으로 되어 있다. 甲卷에서는 '從'으로 되어 있다.

61 '早是衩'는 原錄에서는 '旱是貴'로 되어 있다. [原校] 甲卷에서는 '貴'가 '叉'로 되어 있고 庚卷에서는 '衩'로 되어 있다. [校注] '旱'은 原卷에서는 '早'로 되어 있고, 甲・己卷도 마찬가지다. 이에 의거하여 수정한다. '貴'자는 原卷에서는 사실 '貰'로 되어 있고, 丙・己卷에서는 '貰'로 되어 있고, 乙・丁卷에서는 이 문구의 내용이 없다. 따라서 이 내용이 있는 다섯 庚卷 가운데 '貴'자로 되어 있는 하나도 없다. 『龍龕手鏡』 : "貰, 正; 貰, 今 : 舒制、時夜二反, 賒也, 貸也." 이로써 알 수 있듯이 原卷의 '貰'는 '貰'의 俗體(당태종의 휘를 피하여 고친 것인지 모른다)이며, '貰'는 다시 그 변형이다. 蔣紹愚는 '貰'는 '差'와 통하며 '怪'라 하였는데 일리가 있다. '貰'의 音은 時夜反으로서 '叉'와 그 음이 유사하다. '衩'는 示叉聲이다. 뒤의 동일 문구에서는 '寫'로 되어 있는 것으로 보아 '衩'는 '寫'의 이체자이다. '示' 편방은 '神奇'를 표시하고 '叉'는 그 소리를 나타낸다. '寫'은 '寶'이며 '鷶'로 적기도 한다. 『改併四聲篇海』 引用 「奚韻」 : "寶, 楚介切. 別寄異物." 『字彙補』 : "寶, 音瘥. 別寄異物." 『康熙字典』 引用 「篇韻」 : "鷶, 音蠆. 別寄異物也. 亦書作寶." '蠆'은 '蠆'와 같다. 「張淮深變文」의 "豈料蜂蠆有毒"은 그 예이다. "別寄異物"은 석가모니가 "위로 도솔천에서 인간으로 내려오시어 왕궁에 몸을 기탁하여 생상(生相)을 보이셨다(上從兜率降人間, 託蔭王宮爲生相)"는 사실과도 부합한다. 여기서는 '기이함'의 의미로 전의되었다. 또 『集韻』 「禡韻」 : "詼, 異言, 或作訍." 音 "楚嫁切" 「悉達太子修道因緣」에서는 이곳이 '訍'로 되어 있는데, 혹 '衩'자와 같은 어원일 것이다. 蔣禮鴻은 '叉'와 '衩'가 '差'의 이체자라고 하였는데

阿斯陀仙啓大王, 此合[63]瑞應極禎祥.

不是尋常等閑事, 必作菩提大法王.

前生以(與)[64]殿下結良緣, 賤妾如今豈敢專?[65]

是日耶殊[66]再三請, 太子當時脫指環.

長生不戀世榮華, 厭患王宮爲太子.[67]

捨却輪王七寶位, 夜半逾城願出家.

六年[68]苦行在山中, 鳥獸同居爲伴侶.

日食麻麥求勝行, 雪山修道證菩提.

見人爲惡處强攢頭,[69] 聞道講經佯不聽.[70]

今生小善總不曾作, 來世覓人[身][71]大教[72]難.

火宅忙忙何日休, 五欲終朝(招)[73]身死苦.

不似聽經求解脫,[74] 學佛修行[75]能不能?

일리가 있다. 여기서는 庚卷을 따라 교정한다.

62 甲・庚卷에서는 '下'자 다음에 '有'자가 더 있다.

63 '合'은 原錄에서는 '令'으로 되어 있다. 【校注】 原卷에서는 사실 '合'으로 되어 있고, 다른 권에서는 모두 '令'으로 되어 있다.

64 '以'는 '與'와 통한다.

65 【原校】 '專'은 본래 '傳'으로 되어 있다. 甲・丙・庚卷에 의거하여 수정한다.

66 '殊'는 原錄에서는 '輸'로 되어 있다. 【校注】 原卷 및 甲・己・庚卷에서는 모두 '殊'로 되어 있다. 번역명은 단지 그 소리만을 취하는 것인 까닭에 原卷을 따른다.

67 '子'는 '華'나 '家'와 韻이 맞지 않는다.

68 '年'은 原錄에서는 '時'로 되어 있다. 【原校】 甲・庚卷에서 '時'는 '年'으로 되어 있다. 【校注】 '年'으로 보는 게 문맥에 맞다.

69 攢頭 : 몸을 다가가다. '머리(頭)'는 전신을 가리킨다.

70 【原校】 '佯'은 原卷에는 '祥'으로 되어 있는데, 甲・丙・庚卷에 의거하여 수정한다. 【校注】 己卷에서 '佯'은 '木' 편방으로 되어 있다. '聽'은 庚卷에서는 '睬'로 되어 있다.

71 【原校】 '身'자는 甲・庚卷에 의거하여 보완한 것이다.

72 '教'는 '較', '校'와 같으며 '지극히(極)', '매우(甚)'란 뜻이다.

73 【原校】 '終朝'는 原卷에서는 '中期'로 되어 있는데, 丙・庚卷에 의거하여 바로잡는다. 【校注】 '朝'는 '招'와 통한다.

74 '解脫'은 甲卷에서는 '下脫'로 되어 있다. '下脫'은 보통 '속인다(欺騙)'는 의미로 사용되나 간혹 '解脫'의 의미로 쓰이기도 한다.

75 '行'은 甲・庚卷에서는 '道'로 되어 있다.

能者嚴心合掌着, 經題名目唱將來.[76]

吟 위로 도솔천에서 인간으로 내려오시어
왕궁에 몸을 기탁하여 생상(生相)을 보이셨네.
구룡(九龍)이 일제히 따뜻하고 향기로운 물로
앞 다투어 연꽃잎 위의 그 몸을 씻어주네.
[성모] 마야부인 후원으로 향하는데
채녀와 비빈의 음악 연주소리 요란하다.
물고기는 푸른 물결 일으키며 즐거이 헤엄치고
무우수(無憂樹)는 가장 관상하기 알맞다.
무우수의 잎은 무성한데
부인은 천천히 그 아래로 걸어간다.
손을 들어 잠시 가지와 잎을 붙잡으니
석가 성주(聖主) 소매 속에서 태어난다.
석가 자부(慈父) 강생하시는데
오른쪽 옆구리에서 탄생하시도다.
구룡이 물을 뿜어내는 것 이미 기이한데
천륜(千輪)의 발아래에 상서로운 연꽃이 피어나는도다.
아사타 선인이 대왕에게 아뢰는데
이것은 서응(瑞應)으로 지극한 길조라네.
보통의 예사로운 사건이 아니고
반드시 보리(菩提)의 대법왕(大法王)이 될 거라네.
전생에 전하와 좋은 인연을 맺었거늘
천첩(賤妾)이 이제 와서 어찌 감히 마음대로 하겠습니까.
이날 야수(耶輸)[77]의 거듭된 청에

76 己卷은 여기에서 끝난다. 乙卷은 앞의 "由前正願, 而得成佛"에서부터 여기까지 누락되어 있다. 丁卷은 "聖主摩耶往後園"에서 여기까지 서른여섯 구가 누락되어 있다. 庚卷은 이 두 구가 단지 "經題名目"이라고만 되어 있다.

태자는 이때 가락지를 빼낸다.
장생(長生)과 세속의 영화에 연연하지 않고
왕궁에서 태자 됨을 혐오하네.
전륜왕의 칠보(七寶) 자리를 내던지고
한밤중에 성을 넘어 출가를 바라네.
육 년 동안 산속에서 고행하는데
조수(鳥獸)가 동거하며 동반자가 되어주네.
낮에 마와 보리를 먹으며 수승(殊勝)한 수행을 추구하고
설산에서 수도하며 보리(菩提)를 증득하신다.
남의 악한 행위를 보면 애써 [그리로] 다가가고
강경을 듣고서도 못들은 체 하며
금생에 작은 선(善) 조차 행하지 않으면
내생에 사람의 몸을 얻고자 해도 지극히 어려울 터.
화택(火宅)[78]은 망망(忙忙)하니 어느 때나 그칠 것이며
오욕은 결국 육신의 사고(死苦)를 초래할 것이니
강경을 들어 해탈을 구하느니만 못하거늘
부처를 본받아 수행할 수 있는가 그렇지 않은가.
할 수 있는 자는 마음을 엄숙히 하고 합장하라
경제(經題)의 명칭이 창(唱)해지리라.

是[79]時淨飯大王爲宮中無[80]太子, 優(憂)悶尋常不樂.[81] 或於一日[82]作

77 싯다르타태자의 부인 야수타라(耶輸陀羅)를 말함.

78 불타고 있는 집이라는 뜻으로, 번뇌와 고통이 가득한 이 세상을 이르는 말.

79 '是'는 丁·戊卷에서는 '爾(示)'로 되어 있다. 戊卷에서는 이 문구 앞에 "弟二下降閻浮柘胎相"이라는 소제목이 붙어 있다. 戊卷은 '弟'자부터 시작된다.

80 戊卷에서는 '無' 다음에 '其'자가 더 있다.

81 [原校] 이 문구는 각권마다 차이가 매우 심하다. 乙·庚卷에서는 "優悶不樂尋或於"로 되어 있고, 戊卷에서는 "優悶不樂, 暴切尋常"으로 되어 있다. [校注] 乙卷에서는 '尋' 다음에 '常'자가 빠져 있다. 庚卷에서는 '尋' 다음에 '常'자가 있다. 甲卷에서는

一夢, [夢見][83]雙陸頻輸[84]者. [卽][85]問大臣：「是何意旨?」[86] 大臣答曰：「陛下夢見雙陸頻輸者, 爲宮中無[87]太子, 所以頻輸.」 大王問大臣：「如何求得太子?」 大臣奏大王曰：「城南滿江樹下,[88] 有一天祀神, 善能求恩乞[89]福. 往求太子, 必合容許.」[90] 是時大王排比[91]鑾駕, 親自便往天祀神邊. 甚生隊仗：白月纔沉,[92] 紅日初生. 儀仗[93]才[94]行,[95] 天下

"優悶不樂尋常"으로 되어 있다. 여기의 '優'는 '憂'와 통하며 응당 "尋常優(憂)悶不樂"이 되어야 한다. '尋常'은 '늘, 항상(常常)'이다. 「悉達太子修道因緣」에는 '尋常'이란 두 글자가 없다.

82 戊卷에서는 "或於一日"이 "忽於一夜"로 되어 있다.

83 【原校】 '夢見' 두 자는 甲 · 庚卷에 의거하여 보충한다.

84 '雙陸'은 甲 · 丁 · 庚卷에서는 '雙六'으로 되어 있다. '頻輸'는 原卷 및 丁 · 庚卷에서는 '憑殊'로 되어 있고, 乙 · 戊卷에서는 '頻輸'로 되어 있으며, 甲卷에서는 '憑輸'로 되어 있다.

85 原錄에서는 '卽' 앞에 '明日' 두 자가 더 있다. 【原校】 '卽'자는 乙卷에 의거하여 보충한다. 【校注】 原卷에서는 "明日卽" 세 자 모두 없다. 甲 · 乙 · 丁 · 庚卷 모두 '卽'으로 되어 있고, 戊卷에서는 '卽'자 없이 '明旦'으로만 되어 있다. 이에 의거하여 '卽'자를 보충하고 '明日'은 삭제한다.

86 【原校】 '旨'는 原卷에서는 '志'로 되어 있는데, 甲 · 乙 · 庚卷에 의거하여 수정한다. 또 戊卷에서는 이 문구가 "明旦召諸大臣, 說此夢瑞, 是何意旨"로 되어 있다.

87 【原校】 戊卷에서는 '無'자 다음에 '紹'자가 더 있다.

88 甲 · 乙 · 庚 · 戊卷 모두에는 "滿江樹下" 네 자가 없다. 丁卷에는 '樹下'가 '邃' 한 자로 되어 있다.

89 【原校】 '乞'은 본래 '訖'로 되어 있는데, 乙 · 丁 · 庚卷에 의거하여 수정한다. 【校注】 '乞'은 '주다(給與)'는 의미로서 去聲으로 발음한다.

90 【原校】 戊卷에서는 "城南滿江樹下"에서 "必合容許"까지가 "城南有一天祀神, 若有人志心祈告, 無願不遂. 大王往此祀中啓告, 必合得其太子"로 되어 있다.

91 '比'는 原錄에서는 '枇'로 되어 있다. 【校注】 '排枇'는 原卷에서는 '棑枇'로 되어 있고, 乙 · 丙 · 丁 · 庚卷도 마찬가지다. 甲卷은 '排批'로 되어 있고, 戊卷은 '棑備'로 되어 있다. '棑'는 '排'의 편방을 바꾼 자이다. '枇'와 '批'는 앞 자와 관련하여 비슷하게 변화된 것이다. '排比'와 '排備'는 모두 '준비하다'는 뜻이다.

92 原錄에서는 '沉' 다음에 '形'자가 있다. 【原校】 戊卷에서는 "白月纔沉形"이 "白月西沉"으로 되어 있다. 【校注】 丁卷에서는 "白月在前行"으로 되어 있다. 庚卷에서는 '在'자가 덧칠해져 '才'로 고쳐져 있다. 이 문구는 4언이 되어야 하기에 '行'자를 삭제한다. 각 권의 문구는 비록 문맥이 통하기는 하나, 그 문형이 뒤의 문구와 어울리지 않는다. 여러 사람의 손을 거치며 옮겨 적은 까닭이다.

93 '儀仗'은 原錄에서는 '擬杖'으로 되어 있다. 【校注】 '擬'자는 丁卷에서는 '禦'로 되어 있고, '杖'자는 戊卷에서는 '仗'으로 되어 있다. 「悉達太子修道因緣」에서는 이 두 자가

晏靜. 爛滿錦衣花璨璨,[96] 無邊神女貌螢螢(瑩瑩).[97] 是時大王便到天祀神邊, 索[98]酒[親][99]自發願:

吟[100] 撥掉[101]乘船過大江, 神前傾酒三五琖.[102]

傾杯[103]不爲諸餘事, 男女相兼乞一雙.

夫人道:「大王何必多貪? 求男是男, 求女是女. [男女]一雙, 難爲求覓.」[104] 夫人索酒, 親自發願澆來.[105] 甚道:「若是得男, 神頭上傘蓋左

'儀仗'으로 되어 있다. 이에 따라 수정한다. '儀仗'은 '대오(隊仗)'이다. '擬'와 '禦'는 모두 疑母字이고, '儀' 역시 疑母字이다. 止와 遇 두 攝이 唐五代 西北方音에서는 구분되지 않아 서로 통용된다. 「韓擒虎話本」: "蓄使不識朝疑" '疑'는 '儀'와 통함을 보여준다. '疑'와 '擬'가 통용되는 예는 매우 많다. 梁粱 역시 '擬'를 '儀'라 교감하였다.

94 [原校] 乙・丁卷에서는 '才'가 '横'으로 되어 있다. [校注] 丁卷에서는 '才'자가 있고 그 뒤에 '横'자가 더 있다.

95 [原校] 본래 '形'자가 있는데, 乙・丁・戊卷에 의거하여 삭제한다. [校注] 原卷 및 甲・丙卷에서는 '行' 뒤에 '形'자가 더 있다. '行'과 동음으로 인한 衍字이다.

96 '璨璨'은 原錄에서는 '琛琛'으로 되어 있는데, 이는 속자이다. 돈황사본에서는 '璨'자를 이렇게 표기하는 예가 많다. 玉 편방과 火 편방은 같은 의미로 서로 통한다. 따라서 '璨璨'은 '燦燦'과 같다.

97 '貌'는 原錄에서는 '皃'로 되어 있는데, 이는 속자이다. '螢'자는 매 권이 똑같은데, 梁粱은 '瑩'으로 교감했다. 이는 옳다.

98 '索'을 梁粱은 '設'로 교정하였다. [校注] '索'은 '取'의 뜻이다. 굳이 고치지 않는다.

99 '親'자는 乙・丁・戊・庚卷에 의거하여 보충한다.

100 '吟'자를 甲卷에서는 앞의 '願'자 다음에 이어서 적고 있고, 乙卷에서는 '吟云云' 세 자로 되어 있으며, 戊卷에서는 '吟聲作頌' 네 자로 되어 있다.

101 '棹'은 原錄에서는 '掉'로 되어 있다. [郭在貽] '掉'는 응당 '棹'로 읽어야 한다. 이 두 자는 形과 音이 비슷한 까닭에 잘못 쓰이기 십상이다. [校注] 乙卷에서는 왼쪽 부분이 '才' 편방으로 되어 있는데, 이는 '棹'자로 보아야 한다. 또 丁卷에서는 '舺'자로 되어 있다. 『玉篇』: "直孝切, 舺船." 『集韻』: "櫂, 行舟也. 或作棹、舺." 이는 '掉'는 '棹'가 되어야 함을 증명한다.

102 '琖': 梁粱은 '瓨', '缸', '瓮'으로 교감하였다. [校注] 『龍龕手鏡』: "瓮, 琖之大者也." 즉 '琖'은 '小瓮'으로, 서로 다른 용기이다. 琖에는 크고 작은 형태의 것이 있다. 큰 것은 '水缸'이고, 중간 크기의 것은 '酒罎'이며, 작은 것은 '酒杯'이다. 뒤에 나오는 '傾杯'는 여기서의 '琖' 즉 술잔을 말한다.

103 '杯'는 原錄에서는 '伓'로 되어 있다. [校注] 乙卷에서는 '酥'로 되어 있고, 戊卷에서는 '坏'로 되어 있다. 이들은 모두 '杯'자의 가차자이거나 편방을 바꾼 속자이다.

104 [原校] '一雙' 두 자 앞에 庚卷에서는 '男女' 두 자가 더 있다. 또 乙・戊卷에서는 "難爲求覓"이 "爭交容許"로 되어 있다. [校注] 甲卷에서 역시 '男女' 두 자가 더 있다. 따

轉一匝; [若是][106]得女, 神[107]頭上傘蓋右轉一匝.」便乃澆酒云云[108]:

　　撥掉[109]乘船過大池, 盡情歌舞樂神祇.[110]

　　歌舞不緣別餘事, 伏願大王乞[111]箇兒.

其神頭上傘蓋卽[便][112]左轉. 大王共夫人發願已訖, 迴鸞[113]駕卻入宮中. 或於一日, 便上綵雲樓上, 謀(迷)[114]悶之次, 便乃睡着, 作一寱[115]

라서 이에 의거하여 보충한다.

105 [原校] 戊卷에서는 "澆來" 두 자가 없다. 梁粱은 이 두 자를 삭제해야 한다고 하였는데 확실하지 않다. 또 그는 다음의 '甚道'를 '其道'로 교정하였는데 이는 오류이다.

106 [原校] '若是' 두 자는 庚卷에 의거하여 보충한다. [校注] 丁卷에서는 '若'으로만 되어 있다.

107 '神' 다음에는 본래 '道'자가 있다. [校注] '神道' 두 자는 甲·乙·丁·庚卷에는 없다. 「悉達太子修道因緣」에는 '神' 한 자로만 되어 있다. 이에 따라 '道'자는 삭제한다. 아마 '道'는 '首'의 訛字로서 다음의 '頭'자와 같은 뜻이 되니 이는 衍字이다. 梁粱도 '道'를 衍字로 보았다.

108 '云云'은 乙卷에서는 '啓云'으로 되어 있다. 原卷 및 丙·丁卷에서는 '云' 한 자로 되어 있고, 甲·乙卷에서는 '云云' 두 자로 되어 있다.

109 '棹'는 原錄에서는 '掉'로 되어 있다. [校注] 原卷과 乙卷은 '扌' 편방, 즉 '棹'로 되어 있고, 甲·丁卷에서는 '艀'로 되어 있다.

110 [原校] '祇'는 본래 '祈'로 되어 있는데, 甲·乙·庚卷에 의거하여 수정한다. [校注] 丁卷 역시 '祇'로 되어 있다.

111 原錄에서는 '乞' 다음에 '一'자가 있다. [原校] '一'자는 乙卷에 의거하여 보충한다. [校注] 甲·丁卷에도 '一'자가 있다. 甲卷의 '一'자는 옆에 작은 글씨로 끼워 넣어져 있다. 여기서는 原卷을 따라 삭제한다(梁粱의 견해도 이와 같음) '乞'은 去聲으로 발음하며 '주다(給與)'는 뜻이다.

112 [原校] '便'자는 甲卷에 의거하여 보충한다. [校注] 丁卷에도 '便'자가 있다. 또 乙·戊·庚卷에는 이 문구가 없다.

113 '鸞'은 乙卷에서는 '鑾'으로 되어 있다. 이 두 자는 호용되는 경우가 많은 까닭에 수정하지 않는다.

114 '謀悶'은 매 권이 모두 똑같다. [郭在貽校] '謀'는 '迷'로 보아야 한다. 「八相變」: "迷悶憂煩, 極甚不悅." 또 「降魔變文」: "二鬼迷悶而擗地." 이들은 모두 '迷悶'으로 되어 있다. 그 증거이다. [校注] '謀'는 '媒'와 동음이며, 따라서 '迷'와 통한다고 볼 수 있다. 이에 의거하여 교정한다.

115 '寱'은 原錄에서는 '貴'로 되어 있다. [原校] 甲·乙·庚卷에서 '貴'는 '叉'로 되어 있고, 丁卷에서는 '衩'로 되어 있으며, 戊卷에서는 '寱'로 되어 있다. [校注] 庚卷은 丁卷과 같은 형태로 되어 있다. 原卷과 丙卷에서는 사실 '貰'로 되어 있지 '貴'로 되어 있지 않다. 이에 대해서는 앞의 주석에서 상술하였다. 여기서는 戊卷을 따른다. '寱夢'은 뒤에 나오는 '聖夢'과 함께 '기이한 꿈'이란 뜻이다.

夢. 忽然驚覺, 遍體汗流. 遂奏大王, 具說上事[116]:「賤妾綵雲樓上作一聖夢, 夢見從天降下日輪, 日輪之內, 乃見[117]一孩兒, 十相具足, 甚是端嚴. 兼乘六牙白象, 從妾頂[118]門而入, 在右脇下安之.[119] 其夢如何, 不敢[不][120]奏.」大王遂問[121]旨臣, [旨臣][122]答曰:「助大王喜, 合生貴[123]子.」大王聞[說],[124] 歡喜非常.

吟[125] 始從兜率降人間, 託蔭王宮爲[126]生相.

九龍齊溫香和[127]水, 爭浴蓮花葉上[128]身.

이때 정반대왕(淨飯大王)은 궁중에 태자가 없으니 항상 우울해하며 즐겁지가 못했다. 그러던 어느 날 꿈을 꾸었는데 쌍륙(雙六)에서 자주 패하

116 '上事'는 甲·戊·庚卷에서는 '其事'로 되어 있고, 丁卷에서는 '夢' 한 자로 되어 있다.

117 【原校】 乙卷에서는 '見'이 '有'로 되어 있다. 【校注】 甲·丁卷에서도 '有'로 되어 있다.

118 '頂'은 原錄에서는 '項'으로 되어 있다. 【校注】 甲·乙·丙·丁卷 모두 '頂'으로 되어 있다. '項'은 '頂'의 訛字이다. '頂門'은 정수리를 가리킨다.

119 【原校】 "在右脇下安之"는 본래 "右脇而住之"로 되어 있는데, 乙·庚卷에 의거하여 수정한다. 【校注】 丙卷에서는 "右脇而住"로 되어 있다. 따라서 原卷은 丙卷에 의거하여 '之'자를 삭제할 수는 있으나 수정할 필요는 없다. 또 甲卷에서는 "左脇下安之"로 되어 있다.

120 【原校】 '不'자는 甲·戊·庚卷에 의거하여 보충한다. 【校注】 乙·丙·丁卷에도 '不'자가 있다.

121 '遂問'은 甲·乙·丁·戊卷에서는 모두 "遂乃問其"로 되어 있다.

122 【原校】 '旨臣' 두 자는 甲·戊·庚卷에 의거하여 보충한 것이다.

123 '貴'자는 각 권의 형태가 모두 같다. 이는 앞의 '貴夢'이 '貴夢'이 아님을 증명한다.

124 【原校】 '說'자는 甲卷에 의거하여 보충한다. 【校注】 原卷에서는 '聞'이 '問'으로 되어 있다. '說'자는 다른 권에서도 모두 존재한다.

125 戊卷에서는 '吟' 앞에 "弟三王宮誕質相"이라는 일곱 글자가 소제목으로 붙어 있다. 또 乙·庚卷에서는 다음 네 구의 吟詞가 없다.

126 '爲'는 甲·丙卷에서는 '是'로 되어 있다. 응당 '示'로 보아야 한다. S.2440「八相押座文」: "처음 도솔천에서 인간세상으로 내려오시어, 먼저 왕궁으로 가서 生相을 보여주셨네(始從兜率降人間, 先向王宮示生相)." '示'자로 되어 있음을 볼 수 있다.

127 【原校】 '和'는 원래 '如'로 되어 있는데, 앞 문구에 의거하여 수정한다. 【校注】 丙·戊卷에서는 '和'로 되어 있다. 甲卷에서는 "齊溫香和水"가 "齊吹香火水"로 되어 있다.

128 '上'은 原錄에서는 '王'으로 되어 있고 '上'으로 교정하였다. 【校注】 甲·丙卷에서는 '上'으로 되어 있다. 이에 의거하여 수정한다.

는 꿈을 꾸었다. [다음날] 대신에게 물었다. "이것은 무슨 뜻인가?" 대신이 대답하길, "폐하께서 쌍륙에서 자주 패하는 꿈을 꾸신 것은 궁중에 태자가 없는 까닭에 그런 것입니다" 하였다. 대왕이 다시 물었다. "어떻게 하면 태자를 얻을 수 있겠는가?" 대신이 대왕께 아뢰었다. "성 남쪽 만강(滿江)의 나무 아래 한 천신(天神)이 있는데, 기도를 드리면 은정(恩情)과 복을 내려주십니다. 그리로 가시어 태자를 간구(懇求)하시면 반드시 받아들여질 것이옵니다." 이때 대왕은 가마를 준비하여 친히 천신이 있는 곳으로 향했다. 그 대오는 어떠한가. 하얀 달이 기우니 붉은 태양이 떠오른다. 대오가 비로소 움직이니 천하가 평안해진다. 아름다운 비단 옷은 눈부시게 화려하고 수를 헤아릴 수 없는 신녀(神女)들의 모습은 곱고 아름답다. 이때 대왕은 천사신이 있는 곳에 도착하여 술을 올리며 친히 발원하였다.

吟 노 저어 배에 올라 큰 강을 건너서
신 앞에 술 네댓 독을 올린다.
술잔을 기울이는 것은 다른 것을 위함이 아니라
아들딸 한 쌍을 기구하는 거라네.

부인이 말하였다. "대왕께서는 어찌 그리 욕심이 많으십니까? 아들을 얻고자 하면 아들을 바라고, 딸을 얻고자 하면 딸을 바래야 할 것이옵니다. 아들딸 한 쌍을 바라기는 어렵습니다." 부인이 술을 가져다 몸소 발원하고 술을 땅에 뿌리는데 무어라 말하는가. "만일 아들을 얻게 될 것이라면 신(神) 머리 위의 산개(傘蓋)[129]는 왼쪽으로 한 바퀴 돌아갈 것이고, 딸을 얻게 될 것이라면 오른쪽으로 한 바퀴 돌아갈 것입니다." 그리고는 땅에 술을 뿌렸다.

노 저어 배에 올라 큰 강을 건너
정성을 다해 가무를 올리며 신명(神明)을 즐겁게 하네.

---

129 불좌 또는 높은 좌대를 덮는 장식품. 나무나 쇠붙이로 만들어 법회 때 법사의 위를 덮는다. 원래는 인도에서 햇볕이나 비를 가리기 위하여 쓰던 우산 같은 것이었다.

가무를 올리는 것은 다른 일을 위함이 아니라
대왕께 자식 하나 내려주시기를 기원해서라네.

신의 머리 위에 있던 산개가 곧 왼쪽으로 돌았다. 대왕과 부인은 발원을 마치고 가마를 돌려 궁으로 들어갔다. 어느 날 [부인은] 채운루에 올랐다가 정신이 몽롱해지더니 이내 잠에 떨어지고 기이한 꿈을 하나 꾸었다. 문득 놀라 깨었는데 온몸에 땀이 흥건했다. 그리하여 대왕에게 그 일을 상세히 아뢰었다. "천첩은 채운루에서 이상한 꿈을 꾸었사옵니다. 하늘에서 태양이 내려오는 꿈이었는데 태양 속에는 남자아이 하나가 있었습니다. 십상(十相)을 구족한 매우 단엄한 모습이었는데 육아(六牙)의 백상(白象)을 탄 채로 정수리를 통해 첩에게 들어오더니 오른쪽 옆구리 아래에 들어서는 것이었습니다. 그 꿈이 무엇을 말하는지 몰라 이렇게 아뢰옵니다." 대왕이 곧 대신에게 물으니 대신이 대답하기를, "대왕이시여, 감축드리옵니다. 귀하신 왕자가 태어나실 것입니다" 하였다. 대왕이 그 말을 듣고서 대단히 기뻐하였다.

吟 처음 도솔천에서 인간세상으로 내려오시어
왕궁에 몸을 기탁하여 생상(生相)을 보이셨네.
구룡(九龍)이 일제히 따뜻하고 향기로운 물로
앞 다투어 연꽃잎 위의 그 몸을 씻어주네.

不經旬日[130]之間, 便卽夫人有孕.[131] 雖然懷孕十月, 却乃愁憂. 遂奏大王:「如何計教, 得免其憂?」 大王便語[132]夫人:「後園之內, 有一靈樹, 號曰無憂.」 遂遣夫人, 令[133]往觀看, 得免其憂, 遂遣排比[134]後

130 '旬日'은 丁·戊·庚卷에서는 '旬月'로 되어 있다.

131 '孕'은 原卷 및 甲·乙·丙·丁·庚卷에서는 모두 '胤'으로 되어 있고, 오직 戊卷에서만 '孕'으로 되어 있다. 다음 구의 '孕'자는 原卷 및 丙卷에서도 '胤'으로 되어 있고, 甲·乙·丁·戊·庚卷에서는 '任'으로 되어 있다.

132 **[原校]** '語'는 본래 '詔'로 되어 있는데, 甲·戊·庚卷에 의거하여 수정한다. **[校注]** 乙卷에서는 '吝'로 되어 있다. '詔'는 응당 '諮'의 訛字로서 '알린다(告言)'는 뜻이다.

園觀看. 甚生隊仗 : [是日也],[135] 敷千重之錦繡, [張][136]萬道之花筵.[137] 夫人擄行, 頻(嬪)妃從後.[138]

吟　　聖主摩耶往後園, 綵女嬪[139]妃奏樂喧.

　　魚透碧波堪賞翫, 無憂花色[140]最宜觀.

喜樂之次, 腹中不安, 欲似[臨][141]産. 乃[遣][142]姨母波闍波提[143]抱腰, 夫人手攀樹枝, 綵[144]女將金盤承接太子.[145]

---

133 [原校] '令'은 본래 '合'으로 되어 있는데, 甲・丙・庚卷에 의거하여 수정한다.

134 '排比'는 原錄에서는 '棑枇'로 되어 있다. [校注] 原卷 및 乙・丙・丁卷에서는 '棑枇'로 되어 있고, 甲・戊卷에서는 '排批'로 되어 있다. 이에 '排比'로 수정한다.

135 [原校] "是日也" 세 자는 甲卷에 의거하여 보충한다. [校注] 戊・庚卷에서도 있고, 乙卷에서는 "是日" 두 자로 되어 있다.

136 '張'은 原錄에서는 '帳'으로 되어 있다. [原校] '帳'자는 乙卷에서는 '㧊"로 되어 있다. 이제 '帳'으로 수정한다. [校注] 原卷 및 甲・戊・庚卷에서는 이 글자가 없고, 乙卷에서는 사실 '張'으로 되어 있다. 이에 따라 보충한다.

137 '筵'은 原錄에서는 '遊'로 되어 있다. [校注] 戊卷에서는 '延'으로 되어 있고, 原卷 및 다른 권에서는 사실 '筵'의 속자인 '莚'로 되어 있다. 이에 의거하여 바로잡는다.

138 [原校] 戊卷에서는 "頻妃從後" 다음에 "便合太常作其吟詠"이란 문구가 있다. [校注] 戊卷에서는 뒤의 '吟'자 가 '吟詠'으로 되어 있으며, "便合太常作其" 뒤에 붙어 있다. 太常은 '太常音聲人' 즉 '歌妓'를 가리킨다.

139 '嬪'은 原錄에서는 '頻'으로 되어 있고 '嬪'으로 교정하였다. [校注] 戊卷에서는 '嬪'으로 되어 있다. 이에 따라 수정한다.

140 '花色'은 庚卷에서는 '花樹'로 되어 있다.

141 [原校] '臨'자는 丙卷에 의거하여 보충한다. [校注] 甲・丁・庚卷에서도 '臨'자가 있다.

142 [原校] '遣'자는 庚卷에 의거하여 보충한다. [校注] 丙卷에서도 '遣'자가 있다.

143 『法華玄贊』 권1 : "佛母有三, 此爲小母. 大術生佛七日命終, 此尼養佛, 大術姊妹之類, 故號爲姨母."

144 [原校] '綵'는 본래 '祿'으로 되어 있는데, 甲卷에 의거하여 수정한다. [校注] 甲・庚卷에서는 '採'로 되어 있고, 丙卷에서는 '綵'로 되어 있다.

145 [原校] 戊卷에서는 "喜樂之次"부터 "承接太子"까지의 문구가 이와 다르다. 참고를 위하여 수록한다. "巡至無憂樹下, 夫人擧手欲攀樹枝, 枝條重, 把得靈枝一機, 從右脇而誕, 不奏吟詠." 또 庚卷에서는 "承接太子" 다음에 "此是王宮誕質相也"라는 문구가 더 있다. [校注] '重'자는 戊卷에서는 사실 '垂下' 두 자로 되어 있고, '機'는 '机'로 되어 있으며, "不(又)奏吟詠"이란 문구가 별도의 행에 적혀 있다. 또 태자의 탄생고사에 관한 전설은 가지각색이다. 『法顯傳』 : "성 동쪽 50리 되는 곳에 論民이라는 왕의 동산이 있다. 부인은 연못에 들어가서 목욕을 한 후, 연못 북쪽으로 스무 걸음 걷다가

吟　　無憂華樹葉敷榮, 夫人彼中緩步行.

　　擧手或攀諸[146]餘葉, 釋迦聖主袖中生.[147]

是時夫人誕生太子已了, 無人扶接,[148] 其此太子,[149] 東西南北, 各行七步, 蓮花捧足. 一手指天, 一手指地, 口云:「天上天下, 唯我獨尊!」

吟　　釋迦慈父降生來, 還從右脇出身胎.

　　九龍吐[150]水早是竄,[151] 千輪足下[152]瑞蓮開.

열흘이 채 지나지 않아서 부인은 잉태를 하였다. 열 달 동안 회임을 하게 되었는데 우수(憂愁)가 깃들었다. 그리하여 대왕에게 아뢰었다. "어떻게 하면 이 근심을 없앨 수 있사옵니까?" "후원에 무우수(無憂樹)라 불리는 신령스런 나무 한 그루가 있소." 대왕은 이렇게 대답하며 부인에게 그것을 보러가게 해서 근심을 풀어주고자 하였다. 그리하여 후원으로

손을 들어 나뭇가지를 잡고는 동쪽을 바라보며 태자를 낳았다(城東五十里有王園, 園名論民. 夫人入池洗浴, 出池北岸二十步, 擧手攀樹枝, 東向生太子)." 여타의 조기 문헌에서도 "入池洗浴" 이야기가 자주 보이는데, 후에 그것이 고상하지 못하다 하여 後園에서 꽃을 감상하는 이야기로 바뀐 것으로 생각된다.

146 '諸'는 原錄에서는 '枝'로 되어 있다. [原校] '枝'는 본래 '諸'로 되어 있는데 庚卷에 의거하여 수정하였다. [校注] 丙卷에서도 '諸'로 되어 있고, 甲・乙・戊卷에서는 '枝'로 되어 있다. 여기서는 原卷을 따른다. '諸餘'는 '기타(其他)', '다른(別的)'의 뜻이다. 앞의 '혹'(「八相變」에서는 '暫'자를 사용)자로 보건대 단지 가지 하나만을 붙잡은 것은 아니다.

147 [原校] 戊卷에서는 "釋迦聖主袖中生" 다음에 일단의 문구가 있다. 여기에 기록하여 참고로 삼는다. "당시에 백관과 시녀들이 뒤를 따르고 에워쌌는데, 한 천신이 황금 쟁반을 받들어 태자를 받았다. 그리고 공손히 서서 향기로운 물로 태자를 목욕시키려 하자 아홉 마리 용이 나타나 물을 토해내어 태자를 목욕시켰다(當時百遼(僚)侍女圍繞迨匝, 有一天神自捧金盤承接太子, 端然正立, 欲求香湯與太子沐浴, 便現九龍吐水, 與太子沐浴. 又奏偈日)." 또 甲卷에서는 "袖中生" 앞에 '向'자가 더 있다. [校注] 戊卷에서는 '承' 다음이 '此'자로 되어 있다. 또 '偈日'의 '日'은 '曰'자이다.

148 扶接 : '돕다, 보살피다(扶持)'이다.

149 "其此太子" 네 자는 甲・乙・丁・戊・庚卷에서는 모두 없다.

150 '吐'는 甲・丁・戊卷에서는 '灑'로 되어 있다.

151 '竄'은 原錄에서는 '貰'로 되어 있고 '貴'로 교정하였다. [校注] 甲卷에서는 '扠', 乙・丁・庚卷에서는 '衩', 戊卷에서는 '竄', 丙卷에서는 '貴'로 되어 있다.

152 原錄에서는 '瑞' 앞에 '有'자가 더 있다. [校注] 乙卷에는 없다. 이를 따라 삭제한다.

구경 나갈 채비를 하게 하는데, 그 대오는 어떠한가? 이 날 천 겹의 화려한 비단을 펼쳐 놓았고 온 길에는 꽃방석을 깔아 놓았다. 부인이 걸음을 내딛으니 비빈이 그 뒤를 따랐다.

吟 [성모] 마야부인 후원으로 향하는데
　　채녀와 비빈(妃嬪)의 음악 연주소리 요란하다.
　　푸른 물결 속에서 헤엄치는 물고기 볼 만하고
　　무우수(無憂樹)의 꽃빛은 즐기기 알맞다.

한창 즐거워하는데 문득 뱃속이 편치 못하며 해산이 임박한 듯했다. 그리하여 [부처의] 이모인 파자파티(Pajapati)를 보내어 해산을 돕게 하고 부인은 나무 가지를 붙잡고 있는데 채녀는 금 쟁반으로 태자를 받았다.

吟 무우수의 이파리는 무성한데
　　부인은 천천히 그 아래로 걸어간다.
　　손을 들어 가지와 잎을 잡으니
　　석가 성주(聖主) 소매 속에서 태어난다.

이때 부인은 태자를 낳았다. 태자는 아무의 부축도 받지 않고 동서남북으로 각기 일곱 걸음씩 내어딛자 발아래서는 연꽃이 피어났다. 한 손은 하늘을 가리키고 또 한 손은 땅을 가리키며 "천상천하유아독존!"[153] 하고 외쳤다.

吟 석가 자부(慈父) 강생하시는데
　　오른쪽 옆구리에서 탄생하시도다.
　　구룡이 물을 뿜어내는 것 이미 기이한데
　　천륜(千輪)의 발아래에 상서로운 연꽃이 피어나는도다.

大王[聞之],[154] 非常驚愕："我是金輪王,[155] 王[156]四天下；銀輪王王

153 이 우주만물 중에서 내가 가장 존엄한 존재라는 뜻으로 인간의 존엄성을 천명한 말이다.

154 【原校】'聞之' 두 자는 甲・乙卷에 의거하여 보충한다. 【校注】乙・戊・庚卷은 '聞知'

三天下, 銅輪王王二天下, 鐵輪王王一天下, 粟散天子王一國. 此子口云'天上天下, 唯[157]我獨尊'者, 何已?[158] 斯事[心中不決],[159] 必須[160]召取相師, 則知委由." 遂乃出敕,[161] 召爲相師. 忽有一仙人[162]向前揭[163]敕, 口云:「我擅[164]能上相.」[165] 大王聞說, 卽詔相師. 阿斯陀仙人蒙詔, 卽至殿前. 大王告其仙人:「朕生一子,[166] 以(與)世間[人][167]有殊,

---

로 되어 있다.

155 原錄에서는 '王' 다음에 '孫'자가 있다. 【原校】 乙卷에는 '孫'자가 없다. 【校注】 丁·戊·庚卷에서도 '孫'자는 없다. 이에 의거하여 삭제한다. 『俱舍論』 제12: "철륜왕은 한 주의 세계를 다스리는 왕이며, 동륜왕은 두 주의 세계를, 은륜왕은 세 주의 세계를, 그리고 금륜왕은 4대주의 세계를 다스리는 왕이라고 한다(謂鐵輪王王一洲界, 銅輪王二, 銀輪王三, 若金輪王王四洲界)."

156 【原校】 乙·丁·戊·庚卷에서는 이 '王'자와 뒤에 나오는 문구의 '王'자 다음의 '王'자가 모두 '往'으로 되어 있다.

157 '唯'는 原錄에서는 '爲'로 되어 있고 '唯'로 교정하였다. 【校注】 甲·乙·戊·庚卷에서는 모두 '唯'로 되어 있다. 이에 의거하여 수정한다.

158 '何已'는 戊卷에서는 '寺(是)何已'로 되어 있다. '何已'는 '何以'와 같으며(「悉達太子修道因緣」에서는 '何以'로 되어 있음) '왜, 어째서'란 뜻이다. 『荀子』 「非相」: "사람이 사람다운 까닭은 어째서인가? 왈: 그에게는 언변이 있기 때문이다(人之所以爲人者何已也? 曰: 以其有辨也)."

159 【原校】 '心中不決' 네 자는 戊卷에 의거하여 보충한 것이다. 【校注】 다른 권에서는 모두 없다. 보충하지 않아도 문맥은 통한다.

160 【原校】 '須'는 원래 '取'로 되어 있는데, 乙·庚卷에 의거하여 수정한다. 【校注】 丁卷에서도 '須'로 되어 있다. 乙卷에서는 "必須召取"가 '須取' 두 자로 되어 있다.

161 【原校】 戊·庚卷에서는 '乃'가 '遣'으로 되어 있다. 【校注】 이 문구는 乙·戊卷에서는 "遂遣牓示"로 되어 있다.

162 '人'자는 甲·乙·戊·庚卷에는 모두 없다.

163 【原校】 '揭'는 원래 '揚'으로 되어 있는데, 甲·庚卷에 의거하여 수정한다. 【校注】 原卷에서는 '楊'으로 되어 있고 甲卷에서는 '揭'로 되어 있는데, 이 모두는 '揭'의 속자이다.

164 '擅'는 乙·戊·庚卷에서는 '善'으로 되어 있고, 丁卷에서는 '但'으로 되어 있다.

165 '上相'은 原錄에서는 '上上相'으로 되어 있다. 【原校】 甲·乙·丁·戊·庚卷에서는 '上上相'이 '解相'으로 되어 있다. 또 丙卷에서는 '上相'으로 되어 있다. 【校注】 原卷에서는 두 개의 '上'자가 하나는 행 끝에, 또 하나는 행 처음에 있다. 행을 바꾸면서 '上'자 하나를 착오로 더 쓴 것 같다. 이에 삭제한다. 【徐震堮】 '解相'으로 보는 것이 의미가 더 잘 통한다.

166 '一子'는 原卷에서는 '一字'로 되어 있고, 庚卷에서는 '太子'로 되어 있다.

167 【原校】 '人'자는 甲·丙·丁·戊·庚卷에 의거하여 보충한다.

不委是凡是聖? 伏願仙者[168][與][169]朕相之.」大王遣宮人抱其太子, 度與仙人. 仙人抱得太子, 悲泣流淚. 大王見仙人雨淚, 即便問之仙人[170]曰:「朕生貴[171]子, 歡喜非常. 既言歡喜,[172] 仙人因何悲泣雨[173]淚?」「大王莫怪, [此][174]孩子不詔(紹)世間.[175] 證得[176]無上菩提之時, 我緣不遇,[177] 所以悲泣.」仙人相太子已了, 便奏大王. 仙人答曰:

吟[178] 阿斯陀仙啓大王, 太子瑞應[179]極禎祥.

不是尋[常][180]等閑事, 必作無上[181]大法王.

대왕은 그 소식을 듣고 매우 놀랐다. "나는 금륜왕(金輪王)으로서 사천하(四天下)를 다스린다. 은륜왕(銀輪王)은 삼천하(三天下)를 다스리고, 동륜

---

168 原錄에서는 '者' 앞에 '人'자가 있다. 【校注】 甲・乙・戊卷에서는 모두 '人'자가 없고, 庚卷은 잔결되어 있다. 이에 삭제한다.

169 【原校】 '與'자는 甲・乙・丙・丁・庚卷에 의거하여 보충한다. 【校注】 原卷에서는 이곳에 한 칸이 비어 있으며, 戊卷에서는 '以'로 되어 있는데 이는 '與'와 통한다.

170 【原校】 본래 '答'자가 있는데, 甲・戊・庚卷에 의거하여 삭제한다. 【校注】 乙・戊卷에서는 '仙人'이 '仙者'로 되어 있다.

171 '貴'는 原錄에서는 '貰'로 되어 있고 '貴'로 교정하였다. 【校注】 甲・乙・戊・庚卷에서는 모두 '貴'로 되어 있다. 이에 의거하여 수정한다. 여기서는 태자의 기이한 일에 대한 언급이 없기 때문에 '貴子'로 보는 것이 합당한다.

172 "既言歡喜" 네 자는 甲・乙・庚卷에서는 모두 없다.

173 【原校】 甲・乙・丙・丁・戊・庚卷에서는 '雨'가 모두 '流'로 되어 있다.

174 【原校】 '此'자는 乙卷에 의거하여 보충한다. 【校注】 戊・庚卷에서도 '此'자가 있다.

175 【原校】 甲・乙・丁・庚卷에서는 "不詔世間"의 네 자가 없다. 【校注】 戊卷에도 없다. '詔'는 응당 '紹'로 보아야 한다. "不紹世間"은 왕위를 계승하지 않음을 말한다. 또 앞의 '孩子'가 戊卷에서는 '太子'로 되어 있다.

176 '得'자는 甲・乙・戊・庚卷에서는 모두 없다.

177 【原校】 乙・丁・戊・庚卷에서는 "我緣不遇"가 "我不逢遇"로 되어 있다. 【校注】 甲・丁卷에서는 "我緣不遇逢"으로 되어 있다.

178 【原校】 丁卷에서는 '吟'자 다음에 '詠詞' 두 자가 더 있다. 【校注】 甲卷에서도 '吟詠詞'로 되어 있고, 戊卷에서는 '吟詠' 두 자로 되어 있다. 乙卷에서는 '吟'자가 없고, 앞의 "仙人答曰" 및 뒤에 나오는 吟詞 네 구가 "仙人詠云云〉"처럼 생략기호가 사용되고 있다.

179 '應'은 原卷 및 丙卷에서는 '夜'로 되어 있고, 다른 권에서는 '應'으로 되어 있다.

180 【原校】 '常'자는 甲・乙・丙・丁・戊・庚卷에 의거하여 보충한다.

181 【原校】 庚卷에서는 '無上'이 '菩提'로 되어 있다. 【校注】 甲・乙・戊卷에서도 '菩提'로 되어 있다.

왕(銅輪王)은 이천하(二天下)를 다스리고, 철륜왕(鐵輪王)은 일천하(一天下)를 다스리고, 속산천자(粟散天子)는 일국(一國)을 다스린다. 그런데 내 아들이 '천상천하유아독존'이라 말한 것은 어째서인가. 이 일로 마음에 의혹이 생기니 점술가를 불러서 자세히 알아봐야만 하겠다." 그리하여 칙명을 내려 점술가를 불러들이게 했다. 문득 한 선인이 앞으로 나오며 칙명을 받들어 말했다. "저는 관상을 보는 데 능합니다." 대왕이 그 말을 전해 듣고 즉시 그 점술가를 불러들였다. 아사타선인은 부름을 받들어 즉시 궁으로 들어갔다. 대왕이 선인에게 말하였다. "짐에게 아들 하나가 태어났는데 세간 사람과는 다른 데가 있소. 범인인지 성인인지 알 수가 없어서 그러니 선인께서 그 아이의 관상을 한번 좀 봐주시오." 대왕은 궁녀에게 태자를 안아서 선인에게 건네주도록 하였다. 선인은 태자를 안고 [잠시 들여다보더니] 비통하게 눈물을 줄줄 흘렸다. 대왕은 선인이 눈물을 흘리는 것을 보고 즉시 선인에게 물었다. "짐은 귀한 아들을 얻어 기쁘기 그지없소. 이 기쁜 일에 선인은 어찌하여 그토록 슬피 눈물을 흘리시는 것이오?" "대왕께서는 괴이 여기지 마소서. 이 아이는 왕위를 계승하지 않고 [무상의 보리를 증득하실 것이온데] 무상의 보리를 증득하실 때 [이미 연로한] 소인은 그 분을 만나지 못할 것이라 슬퍼서 우는 것입니다." 선인은 태자의 관상을 보고나서 대왕께 아뢰었다. 선인이 대답하기를,

吟 아사타 선인이 대왕께 아뢰는데
　태자의 서응(瑞應)은 더없는 길상이라네.
　일상적이지도 예사롭지도 않은 일이거늘
　반드시 무상(無上)의 대법왕이 될 거라네.

是時相太子已訖. [仙人迴歸. 其太子][182]漸漸長大, 習學人間伎[183]藝,

182 "仙人迴歸. 其太子" 일곱 자는 戊卷에 의거하여 보충한다. 또 戊卷에서는 "其太子"와 "漸漸長大" 사이에 "弟四納妃相"이라는 소제목이 붙어 있다.

總乃得成. 或於一日, 太子愁憂不樂,[184] 專心學善, 不戀人間. 大王聞[185]知, 亦生憂悶. 大臣云:「主憂則臣辱, 主辱則臣死. 臣啓大王, 臣[有][186]計.」「卿有何計敎?」[187]「但遣[取][188]一件戀[189]之人, [必合解憂].」[190]「何者爲件戀之人?」「取一新婦, 便是件戀[之人].」[191] 大王[遂則][192]排備,[193] 與[194]取新婦. 太子聞說, 遂奏大王:「若[與][195]兒取其新婦, 令巧匠[196]造一金指環,[197] [兒][198]手上帶之. 父母及兒三人知,[199] 餘

183 '伎'는 甲·丁卷에서는 '遽'로 되어 있다. 借音字이다.

184 乙·戊卷에서는 '不樂' 두 자가 없다.

185 '聞'은 原錄에서는 '問'으로 되어 있다. 【原校】 庚卷에서는 '問'은 '聞'으로 되어 있다. 【校注】 甲·乙·丁·戊卷에서도 '聞'으로 되어 있다. 이에 의거하여 수정한다.

186 【原校】 '有'자는 甲·乙·丁卷에 의거하여 보충한다.

187 原錄에서는 "卿有何計敎"가 "大王又問臣有何計, 諸臣奏曰"로 되어 있다. 【原校】 "大王又問臣有何計, 諸臣奏曰"은 본래 "卿有何計敎" 다섯 자로 되어 있는데, 戊卷에 의거하여 수정한다. 【校注】 戊卷에서는 앞의 "臣啓大王, 臣有計" 두 구가 없고, 甲·乙·丙('卿'이 '臣'으로 되어 있음)·丁·庚卷에서는 모두 "卿有何計敎"로 되어 있다. 따라서 여전히 原卷을 따르고 있다. '計敎'는 '計較'나 '計校'와 같으며 '책략, 계책'이란 뜻이다.

188 【原校】 '取'자는 戊卷에 의거하여 보충한다. 【校注】 甲·庚卷에서도 '取'자는 있다.

189 '件戀'은 甲·乙·丙·丁·戊·庚卷에서는 '半戀'으로 되어 있다. 【校注】 '件戀'은 '동반하다'는 뜻이다.

190 【原校】 "必合解憂" 네 자는 戊卷에 의거하여 보충한다.

191 【原校】 '之人' 두 자는 戊卷에 의거하여 보충한다.

192 '則'자는 原卷에 없다. 【原校】 '遂'자는 乙卷에 의거하여 보충한다. 【校注】 乙·戊·庚卷에서는 모두 '遂則'으로 되어 있다. 이에 따라 '則'자를 넣는다. '則'은 '卽'과 같다.

193 【原校】 庚卷에서는 '備'가 '枇'로 되어 있다. 【校注】 乙·丁·戊卷에서도 '枇'로 되어 있고, 甲卷에서는 '批'로 되어 있다.

194 '與'는 原錄에서는 '便[與]'로 되어 있다. 【原校】 '與'자는 甲·乙·戊·庚卷에 의거하여 보충한다. 【校注】 甲·乙·丁·戊·庚卷에서는 '便'자가 없고 '與'자가 있다. 丙卷에서는 두 자 모두 없다. 이에 의거하여 原卷을 수정한다.

195 【原校】 '與'자는 乙卷에 의거하여 보충한다. 【校注】 庚卷에서도 '與'자가 있다.

196 【原校】 '令巧匠'는 본래 '合垓'로 되어 있는데 甲·乙·丙·丁·戊·庚卷에 의거하여 수정한다. 【校注】 原卷에서는 사실 '令巧' 두 자로 되어 있고 '匠'자는 빠져 있다. 原卷에서 '令'자는 '合'으로 적는 경우가 많다. '巧'는 俗體인 '玪'로 되어 있다.

197 '金指環'은 乙卷에서는 '夫人指環'으로 되어 있다.

198 【原校】 '兒'자는 甲·丁卷에 의거하여 보충한다.

199 【原校】 '知'는 본래 '諸'로 되어 있는데 甲·戊·庚卷에 의거하여 수정한다.

人不知. 若與兒有緣, 知兒手上金指環者, 則爲夫婦.」大王聞太子奏對, 遂遣國門高縛綵樓. 召其合國人民, 有在室女者, 盡令[200]於綵雲樓下齊集, 當令[201]太子, 自揀[202]婚對. 太子於綵樓上便私發願:「若是前生眷屬[203]知我手上有金指環之[204]者, 卽爲夫婦.」卽時有釋種婆羅門,[205] 名摩訶那摩, 女[名][206]耶輸陀羅, 望綵樓上便思(私)[207]發願[208]言:

吟[209] 前生與殿下結[210]良緣, 賤妾如今豈敢專?

是日耶輸再三請, 太子當時脫指環.

餘殘[211]諸女, 盡皆分散, 各自還家. 只殘耶輸陀羅一身. 太子遂問[其女:「夫人能行三從, 我納爲妻; 不能行者, 迴歸亦得.」耶□(輸)陀羅問太子云:「何名三從?」[婦女][212]有則, 在家從父, 出嫁從夫; 及至夫

---

200 [原校] '令'은 본래 '合'으로 되어 있는데 甲・丙・戊・庚卷에 의거하여 수정한다.

201 '令'은 原錄에서는 '合'으로 되어 있고 '令'으로 교정하였다. [校注] 原卷에서 '令'은 '合'으로 적는 경우가 많다. 다른 권에서는 '令'으로 되어 있다.

202 [原校] '揀'은 원래 '練'으로 되어 있는데 庚卷에 의거하여 수정한다. [校注] 甲・乙・戊卷에서는 모두 '揀'으로 되어 있고, 丁卷에서는 '諫'으로 되어 있다.

203 原錄에서는 '屬' 다음에 '者'자가 더 있다. [校注] 甲・乙・庚卷에서는 모두 '者'자가 없다. 따라서 삭제한다.

204 '之'는 原錄에서는 '知'로 되어 있다. [校注] 甲・乙・丁・戊・庚卷에서는 모두 '之'로 되어 있다. '之者'는 '之人'이다. 이에 따라 수정한다.

205 '卽'은 乙・戊・庚卷에서는 '是'로 되어 있다. 또 '名'자는 戊・庚卷에서는 '一名' 두 자로 되어 있다.

206 '名'자는 甲・乙・戊・庚卷에 의거하여 보충한다.

207 [原校] 庚卷에서는 '思'자가 없다. [校注] 甲・乙・戊・庚卷에서는 이 문구에서의 '上', '思' 두 자가 없다. '思'는 응당 '私'로 보아야 한다. 앞의 "便私發願"에서 '私'자가 甲・乙・戊・庚卷에서는 모두 '思'로 되어 있다. 이는 그 증거이다.

208 '願'자는 乙卷에 의거하여 보충한다.

209 乙卷에서는 '吟'자 뒤에 '云;'이라 하며 네 구의 吟詞를 생략하였다.

210 '結'은 原錄에서는 '法'으로 되어 있고 '結'로 교정하였다. [校注] 나머지 여섯 권에서는 모두 '結'로 되어 있다. 이에 따라 수정한다.

211 '餘殘'은 '다른, 기타'란 뜻이다. '殘'에는 '餘'의 뜻이 있다. 즉 '餘殘'은 同義連文이다. 『通釋』에 '殘'자에 관해 상술되어 있다.

212 [原校] "其女:「夫人能行三從, 我納爲妻, 不能行者, 迴歸亦得.」耶輸陀羅問太子云:「何名三從?」婦女"는 본래 "夫人三從有則" 여섯 글자로 되어 있는데, 戊卷에 의거하여 보충한다. [校注] 다른 권들도 모두 原卷과 같다.

亡, 任從長子.[213] 但某乙[214]有一交[215]言語, 說與夫人, 你從[216]不從?」耶輸答曰 : 「爭[217]敢不從!」「若[是][218]夫人行道, 太子座(坐)禪; 太子行道, 夫人坐禪.」

태자의 관상을 다 보고나서 선인은 돌아갔다. 태자는 점차 자라서 세속의 기예를 배우고 그것들에 모두 익숙해졌다. 그러나 태자는 늘 우울해하고 즐거워하지 않으며 오로지 선(善)을 배우는 데만 마음을 쓸 뿐 세속에 미련을 두지 않았다. 어느 날 대왕은 그 얘기를 듣고 근심하여 번민하였다. 이에 대신이 아뢰었다. "주군(主君)이 근심하면 신하는 욕됨을 당하는 것이고, 주군이 욕됨을 당하면 신하는 죽음이 있다 하였습니다. 대왕께 아뢰옵건대 신에게 한 가지 계책이 있사옵니다." "무슨 계책이오?" "반려자를 맞아들이시면 근심은 반드시 사라질 것입니다." "반려자란 누구를 말하는 것이오?" "신부를 맞아들이시면 곧 반려자가 될 것이옵니다." 대왕은 그래서 신부를 맞이할 준비를 하게 하였다. 태자는 그 소식을 듣고 대왕에게 아뢰었다. "만일 소자에게 신부를 얻어주시려면 솜씨 좋은 장인(匠人)을 시켜 금가락지를 하나 만들어 소자가 그것을 끼도록 해주십시오. 아바마마와 어마마마, 그리고 소자 세 사람만 이 사실을 알고 다른 사람은 알지 못하게 해주십시오. 만일 소자와 인연이

213 【原校】 戊卷에서는 "任從長子" 다음에 "此是三從. 耶殊答曰 : 耶合本情. 旣而從我"라는 문구가 더 있다. 【校注】 '耶合'은 사실 '邪合'으로 되어 있는데, '雅合'으로 보아야 마땅하다.

214 '某乙'은 原錄에서는 '乞'로 되어 있고 '某'로 교정하였다. 【校注】 이것은 '某乙'을 합친 글자이다. 甲 · 乙 · 무 · 庚卷에서는 '某乙'로 되어 있다.

215 '一交'는 丙卷에는 똑같이 되어 있고, 甲 · 乙 · 戊卷에서는 '交' 한 자로 되어 있으며, 丁卷에서는 '一父'('交'자가 두 자로 분리된 듯)로 되어 있다. 庚卷은 잔결되어 있다. '交'는 '勾'의 借音字로 보인다. '勾'와 '句'는 같다(이 두 자는 혼용되는 경우가 많음) 「秋胡變文」 : "聽孃一句之語." '句'자는 原卷에서는 '勾'로 되어 있다.

216 '你從'은 原錄에서는 '從你'로 되어 있다. 【校注】 原卷에서는 사실 '你從'으로 있고, 다른 권에서는 '從你'로 되어 있다. 이에 의거하여 原卷을 바로잡는다.

217 【原校】 '爭'은 본래 '羊'으로 되어 있는데, 乙卷에 의거하여 바로잡는다. 【校注】 '羊'은 '爭'의 속자인 '爭'의 訛字이다. 다른 권에서는 모두 '爭'으로 되어 있다.

218 【原校】 '是'자는 庚卷에 의거하여 보충한다. 【校注】 甲 · 丁 · 戊卷에서도 '是'자가 있다.

있어서 소자 손가락에 끼어 있는 금반지를 알아보는 낭자가 있다면 그와 부부가 될 것입니다." 대왕은 태자의 대답을 듣고 나서 도성에 높다란 채루(彩樓)를 세우게 하였다. 그리고 온 나라의 백성들에게 집안에 있는 처녀들을 모두 채루 아래 모이도록 하게 한 다음 태자로 하여금 직접 배우자를 고르도록 하였다. 태자는 채루 위에서 마음속으로 발원하였다. '만일 전생의 아내였다면 내 손가락에 낀 금가락지를 알아볼 것이고, [그 사람이 바로 나와] 부부가 될 것이다.' 이때 석가족의 바라문 가운데 마하나마(摩訶那摩)라는 자의 딸인 야수타라(耶輸陀羅)가 채루를 올려다보며 조용히 발원하였다.

吟 전생에 전하와 양연(良緣)을 맺었거늘
천첩이 지금 어찌 제멋대로 행하겠나이까.
이날 야수(耶輸)가 거듭 간청하니
태자는 이때 가락지를 빼낸다.

다른 처녀들은 모두 흩어져 각자 집으로 돌아가고 오직 야수타라 혼자만 남았다. 태자가 그녀에게 물었다. "그대가 삼종(三從)을 행할 수 있다면 나는 그대를 아내로 맞아들일 것이며 행할 수 없다면 돌아가도 좋소." 야수타라가 태자에게 되물었다. "삼종이란 무엇입니까?" "부녀자에게는 지켜야 될 규율이 있소. 집에서는(어려서는) 아버지를 따르고, 결혼해서는 남편을 따르고, 남편이 죽은 후에는 큰아들을 따라야 한다는 것이오. 나는 이 한 마디만을 그대에게 말하노니 그대는 따를 수 있겠소?" 야수가 대답하였다. "어찌 감히 따르지 않을 수 있겠사옵니까?" 이리하여 부인이 도를 행하면 태자는 좌선을 하고, 태자가 도를 행하면 부인은 좌선을 하게 되었다.[219]

219 교주(校注)의 원문에는 이 대목이 '인용부호(「 」)' 안에 들어 있다. 그렇게 본다면 "부인이 도를 행하면 태자는 좌선을 할 것이고, 태자가 도를 행하면 부인은 좌선을 하여야 할 것이오"라고도 볼 수 있다. 「싯다르타태자수도인연」에도 이와 같은 대목이 있다.

後於一時, 與父王俱遊至王田[220]所. 政(正)見時人耕[221]種收刈, 極甚勞力. 復見壞蟲, 烏[222]鵲啄噉, 深生慈愍, 在[223]於閻浮提樹下, 寂然而坐,[224] 思念欲界苦惱. 大王遂問太子:「有何不樂?」殿下[225]奏大王曰:「宮中謀(迷)悶, 所以不樂. 擬往觀看, 不敢不奏.」大王聞[226]知, 遂遣車匿被(鞁)朱騌白馬,[227] 遣太子觀看. 到於東門, 忽見一人, 盲(荒)[228]忙急走. 殿下見之, 非常驚怪.[229] 便遣車匿問之:「有何速事?」「我緣家中

220 【原校】'田'은 원래 '國'으로 되어 있는데, 甲·乙·戊卷에 의거하여 수정한다.【校注】丁·庚卷에서도 '田'으로 되어 있고, 丙卷에서는 '囯'으로 되어 있으며, 原卷에서는 '囯'으로 되어 있다. 이 모두는 '田'자의 形訛字이다. 또 戊卷에서는 이 문구 앞에 "弟五逾城出家相"이라는 소제목이 붙어 있다.

221 '耕'은 原錄에서는 왼쪽이 '禾' 편방으로 되어 있는데 이는 그 속자이다.(『干祿字書』 참조 바람) 뒤의 '刈'자는 原錄에서는 '苅'로 되어 있는데 이 역시 속자이다.

222 【原校】'烏'는 원래 '鳴'으로 되어 있는데 乙卷에 의거하여 수정한다.【校注】原錄에서는 '烏'가 '鳥'로 되어 있는데 '烏'자가 맞다. 戊·庚卷에서도 '烏'로 되어 있다. 甲卷에서는 '鳴'로 되어 있고, 丙卷에서는 '鳴'으로 되어 있다. 또 앞의 '壞蟲'이 庚卷에서는 "壤田里(裏)"(戊卷에서는 '田里'가 도치되어 있음)라 되어 있다.「雙恩記」: "耕者出蟲而鳥啄, 織婦紡縷以子勞." 이로 보아 '壞蟲'으로 보는 것이 의미가 더 잘 통한다. 태자는 까마귀와 까치가 흙속의 벌레를 쪼아 먹는 것을 보고 가련한 생각이 들었다는 뜻이다. 또 原錄에서는 "壞蟲烏鵲"이라 하였는데, 이처럼 한 문장으로 보면 그 의미가 분명해지지 않는다.

223 【原校】'在'는 원래 '有'로 되어 있는데, 甲·丁·戊·庚卷에 의거하여 수정한다.【校注】'有'는 '在'의 形訛字이다.

224 '坐'는 原錄에서는 '座'로 되어 있다.【校注】甲·乙·庚卷에서는 모두 '坐'로 되어 있다. 이에 따라 수정한다.

225 丁卷은 여기에서 그친다.

226 '聞'은 原錄에서는 '問'으로 되어 있다. 丙卷에 의거하여 수정한다.

227 '被'는 '鞁'와 통한다.『經律異相』권4「得道師宗」: "佛星도 때 맞춰 나타났다. 차닉을 불러일으키고 건척에게 안장을 채우게 하였다(沸星適現, 喚車匿起, 鞁於犍陟)." '犍陟'은 붉은 갈기의 백마 이름이다. '朱騌'은 原錄에서는 '駯騌'으로 되어 있는데 뒤에서도 마찬가지다.【校注】甲卷에서는 '朱綜'으로 되어 있고, 乙卷에서는 '朱驄'으로 되어 있고, 戊·庚卷에서는 '朱宗'으로 되어 있다. '駯'는 '朱'의 偏旁類化字이다. 여기서는 正子를 택한다. '朱騌'은 말의 목에 난 붉은 털을 말한다. '朱騌白馬'는 神馬 이름이다.

228 '盲'은 原錄에서는 '忙'으로 되어 있다.【原校】'忙'은 원래 '盲'으로 되어 있는데, 乙卷에 의거하여 수정한다.【校注】原卷 및 甲·丙卷에서는 사실 '盲'으로 되어 있다. '盲忙'은 곧 '荒忙'이다. 戊·庚卷에서는 '忙忙'으로 되어 있다.

有一産[230]婦, 欲生其子, 痛苦非常, 所以奔走.」殿下問言:「卽[231]一人有忙[之事]?[232] 諸餘人總有?」「不餘(唯)[233]世人, 殿下亦[234]然.」太子聞說,[235] 愁憂不樂, 便却還宮. 父王聞道太子還宮, 遂遣美人觀其太子顔狀, 必合歡喜. 宮人奏大王曰:「太子還宮, 更加愁悶.」父王聞說, 亦與愁憂. 更添音樂, 百般悅樂[太子. 太子][236]聞樂, 轉更愁憂. 處分車匿, 來晨被(鞁)與(於)[237]朱騌[白][238]馬, 亦往觀看. 遂出南門. 忽爾行次, 見一老人, 髮白面皺, 形容燋顇.[239] 遂遣車匿, 問其老人:「曲脊柱[240]杖, 君是何[人]?」[241]老人答曰:「我是老人.」太子問曰:「何名老

229 【原校】乙卷에서는 '怪'가 '愕'으로 되어 있다.

230 '産'은 甲・乙・戊・庚卷에서는 '生'으로 되어 있다.

231 戊卷에서는 '卽' 앞에 "生者何由? 此人答曰: 無何, 忽出號之爲生"이란 문구가 더 있다.

232 【原校】'之事' 두 자는 乙卷에 의거하여 보충한다. 【校注】甲・戊・庚卷에서도 '之事' 두 자가 있다. 또 戊卷에서는 '忙'자가 없다.

233 原錄에서는 '不'자가 앞 구에 붙어 있고, '餘' 앞에 '是'자가 있다. 【原校】'餘'자는 甲卷에 의거하여 보충한다. 【校注】乙・戊・庚卷에서는 모두 '是'자가 없고 '餘'자가 있다. '不餘'는 '不唯'로 보아야 한다. '餘'자는 毋遇攝이고, '唯'자는 毋止攝이다. 이 두 자는 같은 음으로 서로 호용되는 듯하다. 또 戊卷에서는 뒤의 '世人'이 '世間'으로 되어 있다.

234 '亦'은 原錄에서는 '[illegible]'로 되어 있는데 이는 속자이다. 乙・庚卷에서는 '亦'으로 되어 있다.

235 '說'은 原錄에서는 '語'로 되어 있다. 【校注】原卷 및 각 권은 사실 모두 '說'로 되어 있다. 이에 따라 바로잡는다.

236 【原校】"太子太子" 네 자는 甲・乙・庚卷에 의거하여 보충한다.

237 '被與'는 '鞁於'로 보아야 한다. '於'는 능동형 문구에서 음절을 늘리는 역할을 한다. 庚卷에서는 '與'자가 없다. 또 '朱'는 原錄에서는 '馱'로 교정하였는데 타당하지 못하다. 이에 관해서는 앞의 주석을 참조 바란다.

238 【原校】'白'자는 庚卷에 의거하여 보충한다. 【校注】甲・乙・戊卷에서도 '白'자가 있다.

239 '顇'는 原錄에서는 '燋'로 되어 있다. 【原校】甲卷에서는 '燋燋'가 '燋[illegible]'로 되어 있고, 乙卷에서는 '燋姑'로 되어 있으며, 丙・戊・庚卷에서는 '燋顇'로 되어 있다. 【校注】'燋' 다음 자가 原卷 및 甲・丙卷에서는 사실 '[illegible]'로 되어 있고, 庚卷에서는 '焠'로 되어 있으며, 戊卷에서는 '顇'로 되어 있다. '九'는 '卒'의 속자인 '卆'의 생략형이다. '燋顇'는 '憔悴'와 같다.

240 【原校】'脊柱'는 본래 '脊主'로 되어 있는데 乙・庚卷에 의거하여 수정한다. 【校注】戊卷에서도 '柱'로 되어 있다. '柱'는 '拄'와 같다. "曲脊柱杖"은 '허리가 굽어 지팡이를 짚다'는 뜻이다.

241 【原校】'人'자는 乙・庚卷에 의거하여 보충한다.

人?」老人答曰:

眼闇都緣不辯(辨)[242]色, 耳聾高[243]語不聞聲.

欲行三里二里時, 雖(須)四迴五迴歇.[244]

吟　少年莫笑老人頻, 老人不奪少年春.

此老老人不將去,[245] 此老還留與後人.

太子遂問:「卽此老人[一][246]個老, 爲復盡皆如此?」「殿下大矖[247]尊高,[248] 老相[249]亦復如是.」太子聞已, 愁憂不樂, 却歸[250]宮中. 父王聞道太子還宮, 遂遣宮人, 存問[太子].[251] 太子蒙問, 展轉愁憂. 大王聞

---

242 '辯'은 原錄에서는 '弁'으로 되어 있다. [原校] 庚卷에서는 '弁'이 '辯'으로 되어 있는데 '辨'이 되어야 한다. '辯'과 '辨'은 통한다. [校注] 原卷 및 甲・丙卷에서는 사실 '辯'으로 되어 있고, 戊卷에서는 '便'으로 되어 있다. '弁'과 '辯'과 '便'은 모두 '辨'과 통한다.

243 '高'는 原錄에서는 '萬'으로 되어 있다. [校注] 原卷 및 각 권은 사실 모두 '高'로 되어 있다. 이에 의거하여 바로잡는다.

244 이 문구는 原錄에서는 "四迴五迴頭歇吟"으로 되어 있다. [校注] 乙・庚卷에서는 "四迴五迴頭歇吟"이 "雖是四迴五迴歇"로 되어 있다. 또 戊卷에서는 이 문구 다음에 "旣稱道老, 何故衣裳弊破? 老人答曰貧" 문구가 더 있다. [校注] 甲・戊卷에서도 "雖是四迴五迴歇"로 되어 있는데, '雖'와 '須'는 통한다. 原卷의 '頭'자는 '歇'의 形訛字로 보인다. '歇'은 '聲'과 압운이 되지 않는데 '停'으로 보아야 할 것 같다. 또 原卷에서는 '歇' 다음에 '今'자가 있다. 甲卷에서는 '吟'으로 되어 있는데 '吟'은 吟詞 제시어이기에 여기서는 다음 구의 처음으로 옮겨 적는다.

245 [原校] 戊卷에서는 '去'가 '起'로 되어 있다. [校注] 戊卷에서는 "老人老亦不將起(去)"로 되어 있다.

246 [原校] '一'자는 甲卷에 의거하여 보충한다. [校注] 丙・戊・庚卷에서도 '一'자가 있다. 또 앞의 '此'자가 乙・戊・庚卷에서는 '是'로 되어 있다.

247 '矖'는 原錄에서는 '晒'로 되어 있다. [校注] 각 권에서는 모두 '矖'로 되어 있다. [通釋] '大矖'는 일종의 '甚辭'(정도가 심함을 나타내는 말)로서, '很', '大', '十分', '非常', '之極' 등의 의미가 있다. 과장 색채가 비교적 짙다.

248 '高'는 原錄에서는 '老'로 되어 있다. [校注] 原卷 및 甲・丙・戊・庚卷에서는 사실 모두 '高'로 되어 있다. 乙卷에서는 이 부분을 포함하여 이하 25자가 빠져 있다.

249 [原校] 戊卷에서 '相'은 '到'로 되어 있고, '到' 다음에 '至時' 두 자가 더 있다.

250 原錄에서는 '却歸' 다음에 '迴入' 두 자가 더 있다. [原校] '迴入' 두 자를 戊卷에 의거하여 보충한다. [校注] "却歸宮中"은 궁으로 되돌아옴을 말하며, '迴入' 두 자는 보충할 필요 없다. 뒤의 "太子聞說, 當便歡喜頂禮, 却歸宮中"에서도 "却歸宮中"이란 어구가 있다.

251 [原校] '太子' 두 자는 乙・庚卷에 의거하여 보충한다. [校注] '太子' 두 자는 보충할

知, 亦皆加愁[252]不樂. 遂加音樂, 歡悅太子, 太子愁憂不止. [又至明辰],[253] 遂遣車匿被(鞁)於朱騌白馬, 遂向西門於(依)前遊觀.[254] 觀[255]看之次, 忽見一人, 劣瘦至甚,[256] 藥椀在於頭邊. 遂遣車匿問之:「公是何人?」「我是病兒.」「何名[257]病兒?」「地水火風, 四大[成身].[258] 一大不調, 則百脈[259]病起. 此名病兒.」「則公一個病, 但是諸[260]人亦復如然?」「殿下尊高, 並[261]亦如是!」

拔劍平四海, 橫戈敵萬夫.

一朝床上臥,[262] 還要兩[人][263]扶.

그 후 어느 날 태자는 부왕과 함께 나들이를 나갔다가 왕의 농지를 지나게 되었다. 마침 한 사람이 눈에 띄었는데 밭을 갈고 [작물을] 거두어들이느라 몹시 고생을 하고 있었다. 또 땅속의 벌레가 까마귀와 까치

필요 없다. 그리고 '存問' 두 자는 앞 구에 속해야 한다.

252 甲・乙卷에서는 '加愁' 두 자가 없다. 戊卷에서는 이 문구가 "亦加不樂"으로 되어 있고, 庚卷에서는 "亦皆加不樂"으로 되어 있다.

253 "又至明辰" 네 자는 戊卷에 의거하여 보충한다.

254 [原校] '向'은 본래 '遣'으로 되어 있는데, 乙・戊・庚卷에 의거하여 수정한다. [校注] 문구 중의 '於'는 '依'로 보아야 한다.

255 [原校] '觀'은 본래 '了'로 되어 있는데 戊卷에 의거하여 수정한다. [校注] 이것은 앞 구 '觀'자의 반복부호이다. 丙卷에서도 똑같이 되어 있다.(戊卷 역시 반복부호를 사용하고 있다)

256 '至甚'은 原錄에서는 '置其'로 되어 있다. [校注] 甲・乙・戊卷에서는 모두 '至甚'으로 되어 있다. 이에 의거하여 수정한다.

257 [原校] '名'은 본래 '於'로 되어 있는데, 乙・戊・庚卷에 의거하여 수정한다. [校注] '於'는 '爲'와 통한다. 따라서 原卷 역시 통한다.

258 [原校] '成身' 두 자는 戊卷에 의거하여 보충한다.

259 [原校] '脈'은 본래 '欲'으로 되어 있는데, 甲・己・丙・戊・庚卷에 의거하여 수정한다.

260 [原校] '諸'는 본래 '之'로 되어 있는데, 甲・乙・戊・庚卷에 의거하여 수정한다.

261 '並'은 戊卷에서는 '病苦' 두 자로 되어 있다. 또 戊卷에서는 이 문구 다음에 "爾時病人便說斷子" 여덟 자가 더 있다. '斷子'는 吟詞의 일종이다. 변문에서는 보통 '斷' 한 자로 표시한다.

262 '床上臥'는 乙・庚卷에서는 '床枕上'으로 되어 있다.

263 [原校] '人'자는 甲・丙・戊・庚卷에 의거하여 보충한다. [校注] 이 문구는 戊卷에서는 "動轉要人扶"로 되어 있고, 庚卷에서는 "動轉要兩人扶"로 되어 있다.

에게 쪼아 먹히는 것을 보고 깊은 슬픔이 일었다. 그리하여 염부수(閻浮樹) 아래에 고요히 앉아 욕계의 고뇌에 대한 사색에 잠겼다. [궁궐로 돌아온 후로 태자의 얼굴에 어두운 그림자가 짙어졌다. 이 모습을 보고] 대왕이 태자에게 물었다. "어찌하여 즐거워하지 않느냐?" 전하(태자를 말함. 역자 주)가 대왕에게 아뢰었다. "궁중이 답답하여 즐겁지가 못하옵니다. 궁궐 밖으로 구경을 다녀오고자 하여 이렇게 말씀드리옵니다." 대왕은 그 말을 듣고 곧 찬타카(車匿)에게 붉은 갈기의 백마를 준비하게 하고서 태자를 [궐 밖으로] 출유(出遊)하게 하였다. 동문에 이르렀을 때 문득 어떤 사람이 황급히 걸어가는 것이 보였다. 전하는 그것을 보자 매우 놀랍고도 의아스러워 즉시 찬타카를 시켜 물어보았다. "무슨 급한 일이 있느냐?" "집에 임산부가 있어 곧 아이를 낳으려는데 그 고통이 너무 심합니다. 그래서 이렇게 분주하답니다." 전하가 물었다. "저렇게 허둥대는 것은 저 한 사람만의 일인가 아니면 다른 사람도 모두 그러한가?" "다른 사람들은 [물론이고] 전하 역시 그러하옵니다." 태자는 그 말을 듣고 근심으로 즐겁지가 못해 즉시 궁으로 돌아왔다. 부왕은 태자가 환궁하였다는 말을 듣고 궁녀를 보내어 태자의 안색을 살펴보게 하였다. 즐거워할 것이 틀림없다고 여기고 있는데 궁녀가 [돌아와] 대왕께 아뢰었다. "태자는 환궁한 뒤 더욱 고민스러워하십니다." 부왕은 그 말을 듣고 마찬가지로 걱정에 빠졌다. 여러 가지 음악 따위도 들려주면서 태자를 즐겁게 하고자 했지만 태자는 음악을 들으면 들을수록 더 고민에 빠져들었다. 대왕은 찬타카에게 다음 날 새벽에 붉은 갈기의 백마를 준비하게 하고서 [태자와 함께 궐 밖으로] 출유를 다녀오도록 하였다. 남문을 나서 걸어가는데 문득 한 노인이 눈에 띄었다. 새하얀 머리카락에 쪼글쪼글 주름투성이의 여윌 대로 여윈 모습이었다. 그리하여 찬타카에게 물어보게 하였다. "허리는 구부러지고 지팡이를 짚은 그대는 누구인가?" 노인이 대답하였다. "저는 노인이옵니다." 태자가 다시 물었다. "노인이란 무엇인가?" 노인이 대답하길,

눈은 어두워 색깔을 구분하지 못하고
귀는 먹어 큰 소리도 들리지 않는다네.
두세 리(里)를 걸으려면
네댓 차례를 쉬어야만 한다네.
젊은이는 늙은이가 자주 쉬는 것을 비웃지 말게나.
늙은이는 젊은이의 청춘을 빼앗지 않을 것이네.
이 늙음은 늙은이가 가져가는 것이 아니고
이 늙음은 후세 사람에게 남겨진다네.

태자가 물었다. "이 노인 혼자만 늙는 것인가, 아니면 다른 사람도 모두 그러한가?" "전하께서는 지극히 존귀하오나 늙는 모습은 모두 똑같습니다." 태자는 그 말을 듣고 근심으로 즐겁지가 못해 즉시 궁으로 돌아왔다. 부왕은 태자가 환궁하였다는 말을 듣고 궁녀를 보내어 태자의 안부를 묻게 하였다. 태자는 부왕의 하문(下問)을 받고서도 깊은 고민에 빠져 있었다. 부왕은 그 말을 듣고 마찬가지로 근심으로 마음이 즐겁지가 못했다. 음악을 들려주면서 태자를 즐겁게 하고자 했지만 태자의 고민은 그치지 않았다. [대왕은] 다음 날 새벽에 찬타카에게 붉은 갈기[의 백마]를 준비하게 하고서 [태자와 함께] 서문 밖으로 출유를 다녀오도록 하였다. 한창 구경을 하고 있던 중 문득 한 사람이 눈에 띄었는데 그는 바싹 야위어 있었고 머리맡에는 약사발이 놓여 있었다. 그리하여 찬타카를 시켜 물어보았다. "그대는 누구인가?" "저는 병자이옵니다." "병자란 무엇인가?" "사람의 몸은 지·수·화·풍 사대(四大)로 이루어져 있는데, 그 가운데 하나만이라도 조화를 잃어버리면 혈맥에 병이 생겨납니다. 그것을 병자라 하옵니다." "그대 혼자만 병이 드는가, 아니면 모든 사람이 그러한가?" "전하께서는 존귀한 분이시나 역시 마찬가지이옵니다."

칼을 뽑아 사해(四海)를 평정하고
창을 휘두르며 일만의 병사를 대적해도
하루아침에 침상에 드러누워

두 사람의 부축을 받게 된다.

太子聞知,[264] 亦[265]加不悅, 便[266]乃還宮. 大王聞知,[267] 遂喚太子: 「吾從養汝, 只是懷憂. 昨日遊行觀看,[268] 見於何物?」太子奏大王曰: 「西門觀看, 不見別餘, 見一病兒, 倍加劣瘦. 遂遣車匿問[269]之:『則君一人如此, 諸餘[270]亦然?』『殿下位[271]卽尊高, 病相亦皆如是.』遂乃愁憂, 大王何必怪之?」遂遣宮人引於[272]太子. [太子][273]愁憂不散, 於(依)前來日遊行[274]散悶, 巡於北門. 觀看之次, 忽見一人臥於荒郊, 膖脹爛壞.[275] 四畔有人, 高聲哭叫. 殿下遂喚車匿問之:「此是何人?」喪主

---

264 [原校] 본래 '之'자가 있는데 甲卷에 의거하여 삭제한다. [校注] '之'는 아마 '知'와 동음으로 인하여 생긴 衍字일 것이다. 庚卷에서는 '聞知'가 '知聞'으로 되어 있다.

265 [徐震堮] '亦'은 '益'이 되어야 한다. [校注]『集韻』「昔韻」:"亦, 又也." "亦加不悅"은 '又加不悅'이다. '亦'자는 오류가 아니다. 앞 문구 "來晨被與朱騌白馬, 亦往觀看"에서의 '亦'자도 같은 뜻이다.

266 [原校] '便'은 본래 '但'으로 되어 있는데 甲卷에 의거하여 수정한다. [校注] 庚卷에서도 '便'으로 되어 있다.

267 '知'는 戊·庚卷에서는 '來'로 되어 있다. 甲·乙卷에서 이 구는 "王聞來" 세 자로 되어 있다.

268 '遊行觀看'은 戊卷에서는 '遊觀'으로, 乙·庚卷에서는 '管(觀)遊'로 되어 있다.

269 戊卷은 여기에서 그친다.

270 '餘'는 原錄에서는 '人'으로 되어 있다. [原校] '人'은 본래 '餘'로 되어 있는데 甲·庚卷에 의거하여 수정한다. [校注] 丙卷에서도 '餘'로 되어 있다. '諸餘'는 '其他'의 뜻으로, 굳이 글자를 수정할 필요 없다. 따라서 原卷을 따른다.

271 [原校] '位'는 본래 '倍'로 되어 있는데 甲·庚卷에 의거하여 수정한다. [校注] 乙卷에서는 '付位'로 되어 있는데 '付'는 衍字이다. 앞의 "倍加劣瘦"에서 '倍'자가 甲卷에서는 '位'로 잘못 기록되어 있다.

272 [原校] 甲·乙·庚卷에서는 '於'가 '依'로 되어 있다.

273 [原校] '太子' 두 자는 庚卷에 의거하여 수정한다.

274 '行'은 原錄에서는 '於'로 되어 있다. [校注] 甲·乙卷에서는 '行'으로 되어 있다. 이에 따라 수정한다.

275 '膖'은 原錄에서는 '膧'로 되어 있다. [校注] 原卷에는 '膧'로 되어 있고, 丙·庚卷에서는 '膖', 甲卷에서는 '䑃', 乙卷에서는 '膖'로 되어 있는데, 이 모두는 '膖'의 俗體이다. '膨'으로 적기도 한다.『廣雅』「釋詁二」:"膖, 膖肛, 腫也."『廣韻』에 의하면 音은 薄江切이다. 또『廣韻』:"膨, 膨脝, 脹貌." 音은 薄庚切이다. 또 [原校] 甲·庚卷에서는 '壞' 다음에 "在於荒郊" 네 자가 더 있다.

答曰：「此是死人.」「[何名死人]?」[276] 「卽此一個人[277]死? 諸人亦然?」殿下!

國王之位大尊高, 殺鬼臨頭無處逃.

死相之身[278]皆若此, 還漂苦海浪滔滔.

太子聞[279]說死相, 更乃愁憂, 便却還宮. 大王聞太子還宮, 遂交親喚殿下. 蒙詔遂見大王, [大王][280]問其太子：

若說[281]人間恩愛,[282] 不[283]過父子之情.

若說[284]此世因緣, 莫若親生男女.[285]

假使百蟲七鳥, [驅驅猶爲子[286]身.

墮落五道三塗, 皆是爲男爲女].[287]

金銀珍寶無數, 要者任意[不][288]難.

若能取我眼精,[289] 心裏也能潘得.[290]

---

276 [原校] "何名死人" 네 자는 乙·庚卷에 의거하여 보충한다.

277 [原校] 甲卷에서는 '人' 다음에 '有'자가 더 있다. [校注] 乙·庚卷에서는 "此一個人"이 "此人一個"로 되어 있다.

278 [原校] 乙卷에서는 '之身'이 '之人'으로 되어 있다.

279 '聞'은 甲·庚卷에서는 '見'으로 되어 있고, 乙卷에서는 이 문구가 "太子見死相之人"으로 되어 있다.

280 [原校] '大王' 두 자는 庚卷에 의거하여 보충한다. [校注] 甲卷에도 있다.

281 [原校] '若說'은 본래 '爲脫'로 되어 있는데, 乙·庚卷에 의거하여 수정한다. 또 甲卷에서는 '說'이 '悅'로 되어 있다. [校注] 甲卷에서는 '爲悅'로 되어 있다.

282 '愛'는 原卷 및 丙卷에서는 '憂'로 되어 있고, 甲·庚卷에서는 '愛'로 되어 있다.

283 甲·丙卷에서는 '不' 앞에 '厶(某)'자가 있는데 이는 '無'와 통한다. 아마 필사자가 잘못 적고서 그것을 '不'자로 고쳐 적은 다음, 미처 그 오자를 삭제하지 않은 것 같다.

284 [原校] '若說'은 본래 '爲脫說' 세 자로 되어 있는데, 乙·庚卷에 의거하여 수정한다. 또 甲卷에서는 '爲說' 두 자로 되어 있다. [校注] 丙卷에서는 '爲脫'로 되어 있는데 '脫'은 '說'의 訛字이다.

285 이 문구는 "莫若男女親生"으로 고쳐야 할 것 같다. '生'은 韻脚이다.

286 原錄에서는 '子' 다음에 '此'자가 있다. [校注] 乙卷에는 '此'자가 없다. 이에 따라 삭제한다.

287 [原校] "驅驅猶爲子身. 墮落五道三塗, 皆是爲男爲女" 세 구는 乙·庚卷에 의거하여 보충한다. [校注] "爲男爲女"는 "爲女爲男"이 되어야 할 것이다. '男'은 韻脚이다.

288 [原校] '不'자는 甲·乙·庚卷에 의거하여 보충한다.

取我懷中憐愛子, 千生萬劫實難潘.[291]

須(雖)然有爾多恩愛,[292] 作罪還須自家當.[293]

父王作罪父王當, 太子他家不受殃.

阿孃[294]作罪阿孃受, 女且無因替[295]阿孃.

自身[296]作罪自知非, 莫怨[297]他家妻與[298]兒.

---

289 '精'은 原錄에서는 '睛'으로 되어 있다. [校注] 原卷 및 甲·乙·丙·庚卷에서는 모두 '精'으로 되어 있다. '眼精'은 '眼睛'과 같다. '精'은 수정할 필요 없다.

290 [原校] 甲卷에서는 "心裏也能潘得"가 "心令耶能伴得"으로 되어 있고, 庚卷에서는 "心裏那能伴得"으로 되어 있다. [校注] 庚卷의 '那'는 사실 '也'로 되어 있는데 이는 '也'의 借音字이다.

291 [原校] 乙卷에서는 '萬劫'이 '百劫'으로 되어 있다. 甲卷에서는 '實難潘'가 '實不難'으로 되어 있고, '泮'자가 '難'자 옆에 있다. 乙卷에서는 '招難潘'로 되어 있다. [校注] 甲卷의 '泮'자는 '難'의 改正字이다.

292 原錄에서는 '須然'이 '然須'로 되어 있고, '爾'는 '示'로 되어 있다. [原校] '示多'는 본래 '你名'으로 되어 있는데 乙·庚卷에 의거하여 수정한다. 또 甲卷에서는 '然須'가 '須然'으로 되어 있다. [徐震堮] '然須'는 甲卷에서 '須然'으로 되어 있는데 이는 옳다. '須然'은 '雖然'과 같은 뜻이다. '示'는 아마 '爾'의 오자일 것이다. [校注] 原卷 및 丙卷에서는 모두 '須然'으로 되어 있고, 甲卷에서는 '須燃'으로, 庚卷에서는 '然須'로 되어 있다. '須'는 '雖'의 借音字이고, '雖然'과 '然雖'는 같은 뜻이라 굳이 도치시킬 필요 없다. 또 '示'자는 庚卷에서도 이렇게 되어 있고, 甲·乙卷에서는 '爾'로 되어 있다. 이에 따라 수정한다. '爾多'는 '爾許多'로서, '이처럼 많다'는 뜻이다. 또 '恩愛'는 乙卷에서는 '恩憂'로 되어 있다.

293 '罪'는 原錄에서는 '福'으로 되어 있다. [原校] 乙卷에서는 "作罪還須自家當"이 "自身作罪自身當"으로 되어 있다. [校注] 甲·庚卷에서는 '福'이 '罪'로 되어 있고, '家'자는 없다. 이에 의거하여 '福'을 '罪'로 고친다.

294 '孃'은 原錄에서는 '娘'으로 되어 있다. [校注] 甲·乙·庚卷에서는 '孃'으로 되어 있다. 이에 의거하여 고친다. 다음의 두 예도 마찬가지다. '孃'은 모친에 대한 호칭이고, '娘'은 '아내'나 '소녀'에 대한 호칭이다. 이 두 자는 서로 다른 뜻이나 돈황사본에서는 이 두 자를 (기본적으로 구별해서 사용하기는 하나) 혼용하는 경우도 많다.

295 [原校] '替'는 본래 '躰'로 되어 있는데 甲·乙卷에 의거하여 수정한다. [校注] 庚卷에서도 '替'로 되어 있다. '躰'는 '體'의 속자이다. 또 '女且'는 乙·庚卷에서는 '女者'로 되어 있다.

296 [原校] '身'은 본래 '劣'로 되어 있는데 甲·乙·丙·庚卷에 의거하여 수정한다. [校注] 丙卷에서는 '𨈐'로 되어 있는데 이는 '身'의 속자이다. '劣'은 '身'의 訛字이다.

297 [原校] '怨'은 본래 '愁'로 되어 있는데 庚卷에 의거하여 수정한다. [校注] 甲卷에서도 '怨'으로 되어 있다.

298 '與'는 原錄에서는 '及'으로 되어 있다. [原校] '及'은 본래 '子'로 되어 있는데 甲卷에

自作業時應自受, 他家[299]不肯與你入阿鼻.

父與母子妻及兒, 欲擬相留且暫時.[300]

爭那[301]此時緣[302]業斷, 死王嗔怒[303]怕來遲.

殺鬼不怕你兄弟多, 任君眷屬總僂儸.

黑繩繫項[304]牽將去, 地[305]獄裏還交(教)度[306]奈河.

遮莫你僂儸上陵[307]天, 南州北郡置莊田.

未待此身裁與謝,[308] 商量男女擬分錢.[309]

의거하여 수정한다. [校注] 甲・庚卷에서는 사실 '與'로 되어 있고, 乙卷에서는 '妻與兒'가 '與妻兒'로 되어 있다. 丙卷은 原卷과 똑같다. 따라서 '及'은 '與'의 잘못이다. 이에 바로잡는다. '他家'는 여기서는 아내와 자식을 가리킨다. '家'는 접미사이다.

299 [原校] 甲・庚卷에서 '家'는 '人'으로 되어 있다. [校注] 乙卷에서도 '人'으로 되어 있다.

300 '時'는 原錄에서는 '待'로 되어 있다. [原校] 乙・丙卷에서 '待'는 '時'로 되어 있다. [校注] 原卷과 庚卷에서도 사실 '時'로 되어 있다. 이에 의거하여 수정한다.

301 '那'는 原錄에서는 '我'로 되어 있다. [校注] 甲・庚卷에서는 '那'로 되어 있다. '爭那'는 '怎奈'와 같다. 이에 따라 수정한다.

302 '緣'은 原錄에서는 '浮'로 되어 있다. [原校] 甲・乙・庚卷에서 '浮'는 '緣'으로 되어 있다. [校注] '浮'는 '緣'자의 초서에 대한 訛字이다. 庚卷에서 이 글자는 마치 '浮'자처럼 보인다. 이에 의거하여 수정한다.

303 [原校] '怒'는 원래 '努'로 되어 있는데 甲・乙・庚卷에 의거하여 수정한다. [校注] "死王嗔怒"는 염라대왕의 꾸짖음을 말한다. 『妙法聖念處經』 권8: "離繫出世者, 非彼死王侵." 「無常經講經文」: "死王忽爾到來, 前路有何次第" 여기서의 '死王'은 염라대왕을 가리킨다.

304 [原校] "黑繩繫項"은 본래 "黑澠繫須"로 되어 있는데, 甲・乙・庚卷에 의거하여 수정한다. [校注] 丙卷에서는 '黑' 다음 자가 '繩'으로 되어 있다.

305 '地'는 原錄에서는 '他'로 되어 있고 '地'로 교정하였다. [校注] 甲・乙・丙卷에서는 모두 '地'로 되어 있다. 이에 의거하여 수정한다. 庚卷은 잔결되어 있다.

306 [原校] '度'는 본래 '座'로 되어 있는데 丙卷에 의거하여 수정한다. [校注] 甲・乙・庚卷에서도 '度'로 되어 있다. 또 乙・庚卷에서는 앞의 '裏'자가 없으며, 庚卷에서는 '度' 다음에 '舍裏'라는 두 자가 더 있다.

307 [原校] '陵'은 원래 '㻗'로 되어 있는데 甲・乙卷에 의거하여 수정한다. 또 丙・庚卷에서는 '憐'으로 되어 있다. [校注] 原卷에서는 사실 '憐'으로 되어 있고, 乙卷에서는 '陵天'이 '天陵'으로 도치되어 있다.

308 [原校] '待此身'은 본래 '侍此人'으로 되어 있는데 甲卷에 의거하여 수정한다. 또 乙・丙卷에서는 '待此時'로 되어 있고, 庚卷에서는 '將此身'으로 되어 있다. [校注] 庚卷에서도 '待此身'으로 되어 있고, 丙卷에서는 '待此人'으로 되어 있다. 이 문구의 구조는 좀 특별하다. 그 의미는 '이 몸이 죽기를 기다리지 않는다'는 뜻이다. '與'는 '以'

大兒右(有)[310]道取東畔, 小者直擬取西邊.[311]

惡業是門徒自造[312]着, 別人不肯與你[313]入黃泉.

태자는 그 말을 듣고 더욱 고민스러워져 즉시 궁으로 돌아왔다. 대왕은 태자가 돌아왔다는 말을 듣고 태자를 불러 물었다. "나는 너를 기르면서부터 마음속에 근심이 떠나질 않는구나. 어제는 구경 나가서 무엇을 보았느냐?" 태자가 대왕께 아뢰었다. "서문에서 본 것은 다름이 아니라 한 병자를 보았는데 몹시 야위어 있었습니다. 그래서 찬타카를 시켜 '그대 혼자만 이렇게 되는가, 아니면 모든 사람이 그러한가?'라고 물어보았더니, 그 사람은 '전하의 신분은 존귀하나 병든 모습은 똑같습니다'라고 대답하더군요. 그래서 마음이 좀 우울한 것이오니 대왕께서는 괴이 여기지 마십시오." 그리하여 [대왕은] 궁녀를 시켜 태자를 [괴로움에서] 벗어나도록 해보았으나 태자의 고민은 사라지지 않았다. 그래서 다음날 근심을 털어버리고자 출유에 나섰다. 북문을 나서 한창 구경을 하고 있던 중, 문득 어떤 사람이 황량한 벌판 위에 드러누워 있는 것이 눈에 띄었다. 몸은 부풀고 부패해 있었는데, 그 주위에는 사람들이 큰 소리로 통곡하고 있었다. 전하는 곧 찬타카를 시켜 물어보았다. "이 자는 어떤

와 같다. S.4277 王梵志 詩 : "衣食纔以足, 不事凡榮飾." '纔以'는 '막, 방금(剛剛)'이란 뜻이다.

309 【原校】 본래 '子'자가 있는데 甲·乙·丙·庚卷에 의거하여 삭제한다. 【校注】 '擬'자는 甲·乙·庚卷에서는 '義'로 되어 있는데 이는 借音字이다.

310 【原校】 庚卷에서는 '右'가 '存'으로 되어 있다. 【校注】 '存'은 '有'의 形訛字이고, '右'와 '有'는 음이 비슷하여 통용된다. 또 다음의 '取東畔'은 乙·庚卷에서는 '要東畔'으로 되어 있다. '有道'는 '有言道'이다.

311 '直擬'는 原錄에서는 '莫疑'로 되어 있다. 【原校】 乙卷에서는 '莫疑'가 '直擬'로 되어 있다. '西'는 본래 '面'으로 되어 있는데 甲·丙卷에 의거하여 수정한다. 【校注】 '莫疑'는 甲卷에서는 '直疑'로 되어 있고, 庚卷에서는 잔결되어 있다. 乙卷에 의거하여 수정한다. '直擬'는 '便欲'의 뜻이다. 「漢將王陵變」: "오늘 밤 피구덩이를 만들 생각이라(直擬今宵作血坑)." 이 '直擬'도 같은 뜻이다.

312 【原校】 '造'는 본래 '遣'으로 되어 있는데 甲·乙·丙·庚卷에 의거하여 수정한다.

313 【原校】 '你'는 본래 '作'으로 되어 있는데 甲卷에 의거하여 수정한다. 【校注】 乙·丙·庚卷에서도 '你'로 되어 있다.

사람인가?" 상주(喪主)가 대답하였다. "이 자는 죽은 사람입니다." "죽은 사람이란 무엇인가? 이 자 혼자만 그러는 것인가, 아니면 모든 사람이 그렇게 되는 것인가?" "전하!

국왕의 자리 지극히 존귀하고 높다지만
죽음의 귀신 머리맡에 이르면 달아날 곳 없다오.
사상(死相)의 육신은 모두 이와 같아
물결 일렁이는 고통의 바다 위를 둥둥 떠다닌다오.

태자는 사상(死相)에 대해 듣고서 더욱 고뇌가 깊어져 즉시 궁으로 돌아왔다. 대왕은 태자가 환궁하였다는 말을 듣고 곧 태자를 불렀다. 부름을 받고서 대왕을 찾아뵈니 대왕이 태자에게 물었다.

인간의 은애(恩愛)로 말하면
부자(父子)의 정(情)보다 더한 것은 없고
이 세상의 인연으로 말하면
친생 아들딸보다 더한 것은 없다.
가령 온갖 벌레와 새들이
바삐 애쓰는 것은 새끼를 위해서이고
오도(五道)와 삼도(三道)에 떨어지는 것도
모두 아들을 위하고 딸을 위한 거라네.
금은보배 헤아릴 수 없으니
필요한 것을 마음대로 [취하는 것도] 어렵지 않다.
내 눈을 가지려하면
마음속으로 고려해볼 수도 있지만
내 품안의 사랑스런 아들을 가지려하면
천생 만겁 동안 요구해도 실로 내주기 어렵다.
비록 너에 대한 사랑 깊다지만
지은 죄는 스스로가 감당할 수밖에.
부왕이 지은 죄는 부왕이 감당해야지

태자나 타인이 재앙을 받을 수는 없으며
모친이 지은 죄는 모친이 감수해야지
딸이 모친을 대신할 수는 없도다.
내 몸이 지은 죄는 스스로가 그릇되었음을 알아야지
남인 처와 자식을 원망할 수는 없도다.
스스로가 지은 업은 스스로가 받아야 하노니
남이 그대를 대신하여 지옥에 떨어지지는 않는다.
부친과 모친, 처와 자식
서로 잠시라도 더 머물게 하고자 하나
어찌하랴, 이때 업연은 끊기니
염라왕은 진노하며 [그대가] 더디게 이를까 염려한다.
살귀(殺鬼)는 제아무리 그대의 형제가 많고
군왕의 처가 아무리 아름다울지라도
검은 포승줄로 목을 매어 끌고 가서
지옥의 내하(奈河)[314]를 건너라 하네.
비록 처가 묘지에 와서 제사를 지내더라도
도처에 생전에 사들인 논밭이 있어
아들딸은 이 몸이 죽기도 전에
돈을 나눌 궁리만 하네.
큰아들은 길 동쪽을 차지하려 하고
작은아들은 서쪽을 가지려 하네.
악업은 문도(門徒) 스스로가 지은 것이니
남이 그대를 위하여 대신 황천에 들어가려 하지 않는다.

見說如是罪事, 更乃愁憂. 遂遣車匿被(鞁)於朱騌, 往出城去. 觀看

314 사람이 죽어서 저승으로 가는 도중에 건너야 하는 큰 내. 생전에 지은 업에 따라 세 가지 다른 여울이 정해진다. '삼도천(三途川)', '삼도(三途)내'라고도 함.

之次, 在於路上, 或(忽)[315]見一人, 削髮染衣, 威儀祥[序],[316] 眞[317]似象王. 太子忽見, 遂遣車匿向前問之:「君是[318]何人?」「我是師僧.」「何名師僧?」「諸漏已盡, 無復煩惱. 衣生架[319]上, 飯生[320]盂中, 此是師僧.」太子聞說, 非常喜悅, 急[321]便下馬, 頂禮三寶. [便問三寶][322]:「汝是誰之[323]弟子?」「我師是:三界大師、四生慈父釋迦牟尼佛是我[之][324]師.」太子聞說, 便問三寶:「如[何][325]修行, 得證此身?」「悍勞[326]忍苦, 六時行道, 饒益[327]衆生, 乃獲此身.」太子聞說, 當[328]便歡喜頂禮, 却歸宮中. 父王聞道太子歸宮,[329] 遣人觀占太子喜[已(與)不喜]?[330]

---

315 '或'은 '忽'로 보아야 한다.

316 [原校] '威'와 '序' 두 자는 甲·庚卷에 의거하여 보충한다. [校注] 原卷에는 사실 '威' 자가 있다. '序'자는 乙·丙卷에도 있다. [通釋] '詳序'는 거동이 침착하고 엄숙한 모습을 말한다.

317 [原校] 乙卷에서는 '眞'이 '直'으로 되어 있다. [校注] 庚卷에서도 '直'으로 되어 있다.

318 [原校] '是'는 본래 '事'로 되어 있는데 甲·乙·丙·庚卷에 의거하여 보충한다. [校注] 庚卷은 이 단락의 첫 구 '見說'부터 篇末까지 비교적 많이 훼손되었다. 권자에서 이 부분의 앞과 뒤가 옆으로 찢겨져 있다.

319 [原校] '架'는 본래 '桊'으로 되어 있는데 甲·乙·丙卷에 의거하여 수정한다.

320 [原校] 庚卷에서는 '生'이 '在'로 되어 있다. [校注] 乙卷에서도 '在'로 되어 있다.

321 '急'은 甲·乙卷에서는 '速'으로 되어 있다.

322 [原校] "便問三寶" 네 자는 甲·乙·丙·庚에 의거하여 보충한다.

323 [原校] '之'는 본래 '知'로 되어 있는데 甲·乙·丙卷에 의거하여 수정한다. [校注] 丙卷에서는 '知'로 되어 있다. 이 문구는 甲卷에서는 "汝是誰? 誰之弟子", 乙卷에서는 "汝師是誰之弟子", 庚卷에서는 "汝師是誰? 誰之弟子?"로 되어 있다. 두 질문은 똑같은 의미이다.

324 [原校] '之'자는 乙卷에 의거하여 보충한다. [校注] 甲·庚卷에서도 '之'자가 있다.

325 [原校] '何'자는 甲卷에 의거하여 보충한다. [校注] 乙·庚卷에서도 '何'자가 있다.

326 乙卷에서는 '悍'이 '捍'으로 되어 있고, 甲卷에서는 '勞'가 '牢'로 되어 있다. 劉凱鳴은 '悍'을 '含'으로 교감하였는데 확실하지 않다. '悍'은 '强悍'이다.

327 [原校] '益'은 본래 '蓋'로 되어 있는데 甲·乙·丙·庚卷에 의거하여 수정한다. [校注] '蓋'가 原卷에서는 간체자로 되어 '益'자와 형태가 비슷하여 생긴 訛字이다.

328 甲·乙卷에서는 '當'자가 없다.

329 [原校] '歸宮'은 본래 '入'으로 되어 있는데 甲·乙卷에 의거하여 수정한다. [校注] 庚卷에서도 '歸宮'으로 되어 있다.

330 [原校] '已不喜' 세 자는 甲·乙·丙卷에 의거하여 보충한다. [校注] '已'는 '與'로 보아야 한다. 앞의 '人'자는 甲·乙·庚卷에서는 '宮人' 두 자로 되어 있다.

宮人却奏[大王][331]:「太子今日, 非常喜說.」[332] 太子還宮, 共妻耶輸陀羅倍加精進. 六時行道, 無時有闕. 二月八日, 夜半子時, 四天王[333]喚於太子:「出家時至!」 太子聞喚, 便遣車匿被(鞁)於朱騌, 便擬往於雪山. 「向後有事, 未了[334]我身[335]覓其解脫. 向後宮人綵[336]女, 苦切嚎咷.」[337] 遂喚夫人向前, 有[338]其付囑:「別無留別,[339] 留一瓣[340]美香, 若[341]有災難之時, 但燒此香, 望雪山會上, 啓告於[342]我.」 是時[太子],[343] 四天王[344]捧馬足, 便卽逾[345]城. 以[346]手卽[347]着玉鞭指其[348]耶

---

331 [原校] '大王' 두 자는 甲·丙卷에 의거하여 보충한다.

332 '說'은 原錄에서는 '悅'로 교정되었다. [校注] 甲·乙·丙·庚卷에서는 '悅'로 되어 있다. '說'은 '悅'의 古字인 까닭에 굳이 교정할 필요 없다.

333 '四天王'은 甲·庚卷에서는 '四天門王', 乙卷에서는 '四天王門'으로 되어 있다. 또 다음의 '於'자가 甲卷에서는 '依'로 되어 있고, 乙卷에서는 '伊'로 되어 있다.

334 [原校] '了'는 본래 '之'로 되어 있는데 甲·乙卷에 의거하여 수정한다. [校注] 丙卷에서도 '了'로 되어 있다. '之'는 '知'로 보아야 하며, '了'와 같은 뜻이다.

335 '身'은 乙卷에서는 '一身' 두 자로 되어 있다.

336 [原校] '綵'는 본래 '採'로 되어 있는데 甲·乙卷에 의거하여 수정한다. [校注] 乙卷에서는 '菜'로 되어 있고, 丙卷에서는 '綵'로 되어 있다.

337 [原校] '苦切'은 본래 '若物'로 되어 있는데 甲·乙·庚卷에 의거하여 수정한다. 또 甲·庚卷에서는 '嚎'가 '難'으로 되어 있다. [校注] 乙·庚卷에서 '咷'는 '桃'로 되어 있다.

338 '有'는 乙卷에서는 '又'로 되어 있다.

339 '別無留別'은 原錄에서는 '別念' 두 자로 되어 있고, 丙卷에서는 '別無留念'으로 되어 있다.

340 [原校] '瓣'은 본래 '辯'으로 되어 있는데, 甲·乙卷에서 '辧'으로 되어 있는 것에 의거하여 '瓣'으로 수정한다. [校注] 丙卷에서는 '辨'으로 되어 있다.

341 '若'은 原錄에서는 '苦'로 되어 있다. [校注] 原卷 및 甲·乙·丙卷에서는 모두 '若'으로 되어 있다(庚卷은 잔결) 이에 의거하여 바로잡는다.

342 [原校] '告於'는 본래 '生'으로 되어 있는데 甲·乙卷에 의거하여 수정한다.

343 [原校] '太子' 두 자는 甲卷에 의거하여 보충한다.

344 '四天王'은 甲·乙卷에서는 '四天王門'으로 되어 있다.

345 [原校] '逾'는 본래 '違'로 되어 있는데 甲·乙·庚卷에 의거하여 수정한다. [校注] 丙卷에서도 '違'로 되어 있다.

346 '以'는 乙·庚卷에서는 '位'로 되어 있다.

347 [原校] 甲·乙卷에서 '卽'은 '却'으로 되어 있다. [校注] 庚卷에서도 '却'으로 되어 있다.

348 [原校] '其'는 본래 '共'으로 되어 있는데 甲卷에 의거하여 수정한다. [校注] 乙·丙·庚卷에서도 '其'로 되어 있다.

輪腹有胤(孕)[349]:「某[350]佛未出家時, 所生八王子, 見一[351]大聖出家, 亦[須]隨修梵行.」[352] 臨[353]去之時, 宮人睡著, 綵女[354]昏迷. 太子擬去, 思[忖][355]再三, 恐爲宮人受其苦楚, 遂乃城上留其馬蹤. 太子共四天[356]王便往雪山修道.

이 같은 죄업에 관한 말을 듣고 나니 고민이 더하였다. 그래서 찬타카에게 붉은 갈기[의 백마]를 준비하게 하고서 성을 나섰다. 구경을 하던 중에 길에서 문득 한 사람을 만났는데, 삭발한 머리에 물들인 옷을 입고 있었으며 거동이 단정하고 엄숙한 것이 마치 상왕(象王)[357]과 같았다. 그리하여 찬타카에게 물어보게 하였다. "그대는 누구인가?" "저는 승려입니다." "승려란 무엇인가?" "모든 번뇌를 여의어 다시는 번뇌에 시달리지 않으며, 옷은 횃대 위에서 얻고 밥은 발우에서 얻는[358] 이를 승려라 합니다." 태자는 그 말을 듣자 큰 희열을 느꼈다. 황급히 말에서 내려 삼보(三寶)[359]에 절을 올린 다음 그에게 물었다. "당신은 누구의 제자

349 '胤'은 乙卷에서는 '引'으로 되어 있는데, 둘 다 '孕'과 통한다.

350 原錄에서는 '某'자가 없다. 【校注】 原卷 및 甲・丙卷에서는 '佛'자 앞에 '厶'자가 있고, 庚卷은 잔결되어 있다. '厶'는 '某'자이다. 이에 끼워 넣는다.

351 【原校】 甲・乙・庚卷에서는 모두 '一'자가 없다. 衍字로 보인다. 【校注】 '一'자는 衍字가 아니다. 앞의 '某佛'의 '某'가 증명해준다.

352 '隨'는 乙卷에서는 '須'로 되어 있다. 이 문구는 "亦須隨修梵行"이 되어야 마땅하다. 따라서 '須'자를 보충해 넣는다. 「悉達太子修道因緣」에서는 이 뒤에 "接引太子"라는 문구가 더 있어 문맥이 한층 더 뚜렷해진다.

353 【原校】 '臨'은 본래 '㤼'로 되어 있는데 甲・乙・庚卷에 의거하여 수정한다.

354 【原校】 '綵女'는 본래 '綠'으로 되어 있는데 甲・乙卷에 의거하여 수정한다.

355 【原校】 '忖'자는 甲・乙卷에 의거하여 보충한다. 【校注】 庚卷에서는 '寸'으로 되어 있는데 이는 '忖'과 통한다.

356 【原校】 '天' 다음에는 본래 '門'자가 더 있는데, 여기서는 乙卷에 의거하여 삭제한다. 【校注】 庚卷에도 '門'자가 없다.

357 불교에서는 부처를, 코끼리 가운데 가장 큰 코끼리, 즉 상왕(象王)에 비유하곤 한다.

358 옷과 밥을 횃대와 발우에서 얻는다는 말은 의식의 풍요로움을 추구하지 않는 무소유의 경지를 가리키는 듯하다.

359 삼보(三寶)란 불보(佛寶)・법보(法寶)・승보(僧寶)를 말하는데, 여기서는 승보, 즉 승려를 가리킨다.

이십니까?" "삼계(三界)의 대사(大師)이시고 사생(四生)의 자부(慈父)이신 석가모니불이 저의 스승입니다." 태자는 이 말을 듣고는 다시 그에게 물었다. "어떻게 수행하면 그러한 몸을 얻을 수 있습니까?" "힘써 노력하고 고통을 참아내며 육시(六時)[360]때마다 항상 수행을 하고 중생을 풍족하게 하면 이러한 몸을 얻을 수 있습니다." 태자는 그 말을 듣고 기뻐하며 그에게 절을 올린 다음 궁으로 돌아왔다. 부왕은 태자가 환궁하였다는 소식을 듣고 궁녀를 보내 태자가 즐거운지 즐겁지 않은지 살펴보게 하였다. 궁녀가 [돌아와] 대왕에게 아뢰었다. "태자께서는 오늘 매우 즐거워하십니다." 태자는 환궁한 이후로 아내 야수타라와 함께 더욱 더 정진하는데 육시마다 수행을 하거늘 한 번도 그것을 거른 적이 없었다. 2월 8일 한밤중인 자시(子時)에 사천왕이 태자를 불렀다. "출가할 시간이 되었습니다!" 태자는 그 소리를 듣고 즉시 찬타카에게 붉은 갈기[의 백마]를 준비하게 하고서 설산으로 갈 채비를 하였다. '이후에 일어날 일을 알 수 없지만 이 몸은 해탈을 구할 것이다. [내가 떠나고 나면] 궁녀와 채녀들은 통곡을 터뜨릴 것이다.' 그리하여 부인을 불러 당부의 말을 남겼다. "달리 남길 것은 없고 좋은 향 하나를 남길 것이니, 만일 재난을 당하거든 이 향을 피우고서 설산의 회좌(會座)를 바라보며 내게 [기도를 하여] 알려주시오." 이때 태자는 사천왕이 말의 다리를 들어 올림으로써 즉각 성을 뛰어 넘을 수 있었다. 손에 들고 있던 옥 채찍으로 야수타라 배를 가리키니 아이가 들어섰다. "[과거] 한 부처께서 출가하시기 전에 여덟 왕자를 낳았는데, [그들은] 대성(大聖, 즉 부왕-역자 주)이 출가하시는 것을 보고 [그들] 역시 그를 따라 범행(梵行)을 닦았었소." 떠날 즈음에 궁녀들은 잠에 빠져 있었고 채녀들은 정신이 흐릿한 상태에 있었다. 태자는 떠나면서 거듭 생각에 잠겼는데 궁녀들이 [나중에] 고초를 겪게 될까 염려되어 성 위에 말 발자국을 남겼다. 그리고 태자는 사천왕과

360 하루를 여섯으로 나눈 염불 독경의 시간. 신조, 일중, 일몰, 초야, 중야, 후야이다.

함께 설산으로 수행을 떠났다.

已經十月, 耶輸降下一男. 父王聞之, 拍案大怒[361]:「我兒雪山修道, 不經一年已來, 新婦因何生其孩子?」 遂遣武士, 殿前穿一方丈火坑, 滿坑着火, 令推新婦幷及孩子入於火坑. 大王發願:「實是朕之孫[362]子, 令推[363]火坑變作淸涼池.」 大王發願已訖, 便令武士推去[364]新婦兼及孩兒. 臨推入火坑之時, [新婦][365]索香爐發願, 甚[366]道:

却喚[367]危中也大危, 雪山會上亦合知.

賤妾者一身猶乍可,[368] 莫交(教)孤[369]負一孩兒.

發願已訖, 武士推新婦及以[370]孩兒, 便令入火. 推入火已.[371] 其火坑世尊以[372]慈光照, 變作淸涼之池. 池內有兩朵[373]蓮花, 母子各座(坐)

361 [原校] '怒'는 본래 '努'로 되어 있는데, 甲·乙卷에 의거하여 수정한다. [校注] 庚卷에서도 '怒'로 되어 있다.

362 [原校] '孫'은 본래 '孩'로 되어 있는데 乙卷에 의거하여 수정한다. 庚卷에서도 '孫'자로 되어 있다.

363 '令'자는 乙·庚卷에서는 '靈'으로 되어 있다. '推'자는 乙·丙·庚卷에서는 모두 없다.

364 '去'는 庚卷에서는 '其'로 되어 있다.

365 [原校] '新婦' 두 자는 甲·乙卷에 의거하여 보충한다.

366 '甚'은 甲卷에서는 '發願'으로 되어 있다.

367 [原校] 乙卷에서는 '却喚'은 '可笑'로 되어 있다. [校注] '笑'는 俗體로 '口' 편방에 쓰기도 하는데, 이는 '喚'자와 형태가 비슷하여 사용에 있어 자주 혼란을 야기한다.

368 [劉堅] 唐 宋代에 '乍可'라는 말은 '寧可'라는 뜻이다. 그러나 문미에 쓰이지는 않는다. 이 문구의 '乍'는 '自'가 되어야 하여 '猶自'가 한 단어가 된다. [項楚] '猶乍可'는 '猶尙可'와 같다.

369 '孤'는 原錄에서는 '辜'로 되어 있다. [原校] '辜'는 본래 '孤'로 되어 있는데 庚卷에 의거하여 수정한다. [校注] '孤'자는 고칠 필요 없다. 이에 原卷을 따른다.

370 [原校] 甲卷에서는 '及以'가 '並與'로 되어 있다. [校注] 乙卷에서는 '及' 한 자로 되어 있다. '及以'는 '及與'와 같다.

371 '推'는 原錄에서는 '堆'로 되어 있고 앞 구에 속해 있다. [原校] '堆'는 본래 '推'로 되어 있는데 甲卷에 의거하여 수정한다. [校注] 병·庚卷에서도 '推'로 되어 있고, 乙卷에서는 '坑'으로 되어 있다. '推'자는 고칠 필요 없다. 乙卷에서는 이 문구와 다음 구에 모두 '火'자가 없다.

372 [原校] '以'는 본래 '汝'로 되어 있는데 乙·庚卷에 의거하여 수정한다.

373 '朵'는 原錄에서는 '木' 편방으로 되어 있고 '朵'로 교정하였다. [校注] 이 자는 '朵'의

一朵. 武士遂奏大王:「其新婦推入火坑, 並燒不殺煞.」父王聞之, 便知是我孫[374]子. 則喚新婦近前, [卽知新婦][375]無虛. 新婦[便][376]辭父王, 亦擬雪山修道. 「新婦旣[377]去者, 父王亦不敢留連.」[378] 大王遂乃處分新婦, 甚道:

吟 夫人已解別陽[379]臺, 此事[380]如蓮火裏開.
曉鏡罷看桃李面, 飵(紺)[381]雲休挿鳳凰釵.
無明海水從茲[382]竭, 煩惱藂林任意摧.
努[383]力向鷲峰修[384]聖道, 新婦莫慵讒(饞)[385]不擎[386]却回來.

속자이다. 乙卷에서는 '朶'로 되어 있다. 다음 구의 '朶'자 역시 본래는 '木' 편방이고, 乙・丙卷에서는 모두 '朶'로 되어 있다.

374 [原校] '孫'은 본래 '孩'로 되어 있는데 甲・乙卷에 의거하여 수정한다. [校注] 甲卷은 검게 되어 글자를 판별할 수 없고, 乙卷에서는 사실 '孩'로 되어 있다. 오직 庚卷만이 '孫'으로 되어 있다.

375 [原校] '卽知新婦' 네 자는 甲・乙卷에 의거하여 보충한다.

376 [原校] '便'자는 甲卷에 의거하여 보충한다.

377 [原校] 庚卷에서 '旣'는 '卽'으로 되어 있다.

378 [原校] '留連'은 본래 '連留'로 되어 있는데 乙卷에 의거하여 수정한다.

379 [原校] '陽'은 본래 '楊'으로 되어 있는데 甲・庚卷에 의거하여 수정한다. [校注] 乙卷에서는 '陽'이 '雲陽' 두 자로 되어 있다.

380 [原校] '事'는 본래 '是'로 되어 있는데 甲・乙・丙卷에 의거하여 수정한다.

381 앞 구 '李'자는 乙・庚卷에서는 '梨'로 되어 있다. '飵'은 '甘'의 속자이며 '紺'과 통한다. '紺雲'은 검은 머리카락을 말한다.

382 '茲'는 原錄에서는 '資'로 되어 있고 '茲'로 교정하였다. [校注] 乙卷에서는 '茲'로 되어 있다. 이에 따라 수정한다.

383 [原校] '努'는 본래 '弩'로 되어 있는데 甲・乙・丙卷에 의거하여 수정한다.

384 '修'는 原錄에서는 '從'으로 되어 있다. [校注] 庚卷에서는 '修'로 되어 있다. 이에 따라 수정한다.

385 '纔'는 乙卷에서는 왼쪽이 '亻' 편방이다. [通釋] 「父母恩重經講經文」: "장원을 운영하며 온통 손해만 보고, 게을리 먹기만 하고 행실은 못됐으니 어찌 사람이 되리(産業莊園折損盡, 慵嚵惡紹豈成人!)" 여기의 '慵讒', '慵嚵'은 '饞慵'이 도치된 것이다.

386 [原校] 乙・庚卷에서는 '擎'가 '掣'로 되어 있다. [校注] 甲卷에서도 '掣'로 되어 있다. [通釋] '不擎'은 오늘날 말로 '끝까지 버틸 수 없다, 고수할 수 없다(不能堅持下去)'는 의미인 듯하다. [袁賓] '不擎'은 '不禁'이다. '禁'과 '擎'의 형태와 음이 비슷한 데서 비롯된 오류이다. [項楚] 「降魔變文」의 "不敢與佛爲妻, 情願長擎座具"와 비교해 보건대, 이곳의 '不擎'은 '坐具를 받들지 않음'으로, 석가모니의 수행을 받들어 모시지 못

處分新婦已訖, 新婦便辭大王, 往至雪山, 亦隨[修][387]道. 一呼[善來],[388] 變成男子, 隨佛出家, 證得阿羅漢. 其子號曰羅睺羅密行.

爲我能知知, 現爲我長子.

我今成佛道, 受法爲法子.

太子成道經壹卷[389]

열 달이 지나고 야수타라는 아들을 하나 낳았다. 부왕이 그 소식을 듣고 책상을 내리치며 분노하였다. "내 아들이 설산에서 수행을 한 지 일 년이 채 안 되었는데 신부가 어떻게 아이를 낳았다는 말이냐?" 그리하여 무사(武士)에게 명하여 궁전 앞에 사방 한 장(丈)의 불구덩이를 파고 그 구덩이에 불을 가득 채운 다음, 신부와 아이를 불구덩이로 밀어 넣게 하였다. 대왕이 발원하기를, "실로 짐의 손자라면 불구덩이로 떨어뜨릴 때 불구덩이는 청량(淸凉)한 연못으로 변할 것이로다" 하였다. 대왕은 발원을 마치고 무사에게 신부와 아이를 밀어 넣게 하였다. 불구덩이로 떠밀어질 때 신부는 향로를 가져오게 하고서 발원하여 말하기를,

위난(危難) 중에서도 대위난(大危難)

설산의 회상(會上)에서도 분명 알고 계시리라.

천첩(賤妾)의 이 한 몸은 오히려 [어찌되든] 상관없으나

이 아이만은 저버리지 마시옵기를.

발원을 마치자 무사는 신부와 아이를 밀어 불구덩이 속으로 들어가게 하였다. [그들이] 불 속으로 들어가자 불구덩이는 세존의 자비로운 빛이 비추어지더니 청량한 연못으로 변하였다. 연못 안에는 두 송이의 연꽃이 피어있는데 모자가 그 위에 각각 앉아 있었다. 무사는 즉각 이 사실을 대왕에게 아뢰기를, "그 신부[와 아이]를 불구덩이 속으로 밀어

함을 말한다. 【校注】 項楚의 견해가 옳다.

387 【原校】 '修'자는 甲・乙卷에 의거하여 보충한다. 【校注】 庚卷에서도 '修'자가 있다.

388 【項楚】 '善來'는 본래(原錄을 가리킴. 역자 주) 고유명사임을 표시하는 밑줄이 그어져 있는데 이는 잘못이다. '善來'는 불교에서 환영함을 나타내는 말이다.

389 이 後題는 原卷과 丙卷에만 있다. 庚卷은 잔결.

넣었지만 태워 죽일 수가 없습니다." 하니, 부왕은 그 말을 듣고 그가 자신의 손자임을 깨달았다. 그리하여 신부를 가까이 불러들이고 신부에게 거짓이 없음을 알았다. 신부는 부왕에게 작별 인사를 올리며 설산으로 수행을 떠나겠다고 하였다. 신부가 이미 떠나고자 결심하니 부왕도 말리지 못하였다. 그래서 대왕이 신부에게 당부하는데 무어라 말하는가.

吟 부인은 이미 양대(陽臺)[390]와 작별하였으니

이 일은 연꽃이 불 속에서 피어난 듯하다.

새벽 거울에 도리(桃李)[391]와 같은 모습 비추기를 그만두고

감색 구름[의 머리털]에 봉황의 비녀 꼽기를 멈추었다.

무명(無明)의 해수(海水) 이로써 말라버리고

번뇌의 수풀 마음껏 부수었도다.

힘써 취봉산(鷲峰山)[392]에서 성도(聖道)[393]를 수행해야 할 것이니

신부는 나태하여 [수행을] 지속하지 못하고 되돌아오는 일이 없도록 하라.

[대왕이] 신부에게 당부의 말을 마치자 신부는 곧 대왕께 하직을 고하고 설산으로 가서 [석존을] 따라 수행을 하게 되었다. 그리고 [석존으로부터] "잘 오시었소"라는 말과 함께 부인은 남장을 하고서[394] 불타를 따라 출가를 하여 아라한과(阿羅漢果)를 증득하였다. 그 아들은 나후라밀행(羅睺羅密行)[395]이라 불렸다.

---

390 본래 베란다를 말하나 여기서는 남녀가 만남을 즐기는 장소를 가리킨다.

391 미인의 아름다운 용모에 대한 비유.

392 영취산. 고대 인도 마갈타국(摩竭陀國)의 왕사성 북동쪽에 있는 산. 부처가 이곳에 머물면서 법화경과 무량수경 등 많은 경전을 가르쳤다고 한다.

393 팔성도(八聖道). 깨달음과 열반으로 이끄는 올바른 여덟 가지 길. 정견(正見), 정사유(正思惟), 정어(正語), 정업(正業), 정명(正命), 정정진(正精進), 정념(正念), 정정(正定)이다. 팔정도(八正道)라고도 함.

394 원시불교 이래로 '여인은 다섯 가지 장애로 인해 부처가 될 수 없다' 는 '여인오장설(女人五障說)'이 존재해왔다. 이와 관련하여 '여성은 남성이 된 뒤 성불할 수 있다' 는 변성성불론(變性成佛論)이 존재하였다. 야수타라가 남자로 변장하였다는 것은 이들 사상의 반영으로 보인다.

......[396]

이제는 나의 큰아들이 되었네.
나는 이제 불도를 이루었으니
법을 받아 법자(法子)[397]가 되었도다.
태자성도경 일권

此內及外, 更有諸妙理, 不及具細. 誰人樂者, 尋成佛因由, 則[知][398]微細, [極][399]甚精妙也.[400]

[401]日食一麻或[402]一麥, 長齋座(坐)[403]禪觀行, 成登[404]正覺. 尼連河[405]沐浴, 六年苦行, 氣力劣若(弱),[406] 樹神把手引之, 出於彼岸. 取吉祥草座爲道場, 先開有敎, 利益群情,[407] 是何人也! 最初說法爲五俱輪, 此(次)續空宗, 便令悟解. 欲說大乘, 先明敎主:

吟[408] 欲知敎法之由漸, 先明我佛如來.

395 부처님의 아들인 라훌라는 자기가 지켜야 할 것을 은밀히 잘 실행했다 하여 밀행제일(密行第一)이라고 불린다.

396 원문은 "爲我能知知"인데 해독하기 어렵다.

397 불도를 좇아 법에 의하여 양성된 사람.

398 '知'자는 甲卷에 의거하여 보충한다.

399 '極'자는 甲卷에 의거하여 보충한다.

400 [原校] 저본의 원문은 여기서 끝이 난다. 또 甲卷의 문미에는 한 행이 더 있어 필사한 연월일을 표시하고 있다. 즉 "長興伍年甲午歲八月十九日蓮臺寺僧洪福寫記之耳. 僧惠定池(持)念讀誦, 知人不取"가 그것이다. [校注] 乙卷에서는 '此內及外' 이하 일곱 구가 없다. 庚卷은 잔결되어 있긴 하나 그 공간으로 보아 이 역시 없는 듯하다.

401 [原校] "日食一麻或一麥"부터 "雪山修道證菩提"까지는 乙卷에서는 앞의 "我今成佛道, 受法爲法子." 두 문구에 이어져 있다. 庚卷에서도 이 단락은 실려 있으나 잔결이 너무 심하여, 여기서는 乙卷을 따르고 庚卷은 참조만 하였다.

402 庚卷에서는 '或'자가 없다.

403 '齋'는 본래 俗字로 되어 있다. '座'는 '坐'의 音字이다.

404 [原校] '登'은 원래 '等'으로 되어 있는데 庚卷에 의거하여 수정한다.

405 '尼'는 原錄에서는 '熈'로 되어 있다. [原校] '熈連河'는 본래 '尼連河'로 되어 있다. 北京 雲字24호 「八相變」에 의거하여 수정한다. [校注] '尼'자는 고칠 필요 없다.

406 [袁賓校] '若'은 '弱'이다. '劣弱'은 같은 의미의 글자를 나열한 것이다.

407 [原校] 庚卷에서는 '群情'이 '群座之情'으로 되어 있다.

始從兜率降人間, 托蔭王宮爲太子.
捨却世間一切事, 雪山修道證菩提.[409]
[410]先開有教益群情, 此(次)說空宗令悟解.
後向雪山[411]談妙法, 益今利後不思議.
忽然衆集雨天花, 毫光遠照東方界.
彌勒共文殊親問答, 因茲衆會得聞經.
二深先昌敬群情, 秋子上群偏領解.
扇拂糟糠令避席, 開是(示)悟人[412]說眞宗.
至者因喩曉深宗, 說彼如來同長者.
火宅門前化諸子, 引[413]來齊上天牛車.
四大聲聞悟一乘, 例皆之(諸)心生信解.[414]
還似世人無福德, 忽因長者付家財.
一雲使雨潤萬苗,[415] 三草閑花皆結實.
五性三乘[416]聞妙法, 隨根受道各[417]修行.

---

408 '吟'자는 乙卷에는 없고 庚卷에는 있다.

409 '菩提'는 原錄에서는 한 자로 합쳐져 있다. [原校] '㨂'는 '菩提' 두 자를 합쳐 적은 것이다. 또 乙卷과 原卷 全文은 여기에서 끝이 난다.

410 [原校] "先開有教益群情"부터 "來遲莫遣阿婆嗔"까지는 파리 국가도서관 P.3128 一卷을 참조하여 보충한 것이다. 庚卷에도 실려 있기는 하나 잔결이 너무 심한 까닭에, 여기서는 참조만 하였다.

411 [原校] 庚卷에서는 '雪山'이 '靈山'으로 되어 있다.

412 '人'은 원래 '入'으로 되어 있고, 庚卷에서는 '人'으로 되어 있다. '是'는 '示'로 보아야 한다.

413 '引'은 原錄에서는 '到'로 되어 있다. [校注] 본래 '引'으로 되어 있고, 庚卷은 잔결되어 있다. 이에 따라 바로잡는다.

414 [原校] 庚卷에서는 "例皆之心生信解"이 "領術之生信解還"으로 되어 있다. [校注] '領'과 '例'는 同音이고, '術'은 '街'의 訛字이며 '皆'와 통한다. '還'자는 다음 구에 속한다. '之心'은 '諸心'으로 보아야 한다.

415 '使'는 '所'로 보아야 할 듯하다. 이 두 자는 자주 혼용된다. '潤'자는 原錄에서는 '閏'으로 되어 있는데 이는 오류이다. 두 권 모두 사실 '潤'으로 되어 있다. '萬'은 原錄에서는 '方'으로 되어 있고, 庚卷에서는 '芳'으로 되어 있다. 이 모두는 '萬'의 訛字이다.

416 原錄에서 '乘'자는 초서로 되어 있고 '乘'으로 교정하였다.

爲彼當來得[418]佛時, 國王因緣及名[419]字.

十號圓明皆具足, 莊嚴世界地琉璃.[420]

過去東方萬八千, 久遠大通智勝佛.

我等須爲[421]聽法衆, 早聞妙[422]理結因緣.

三周化利悉潤圓,[423] 三根總受如來法.

五百高朋[424]齊得記, 還與親友示衣珠.

受學無學亦同愁, 上中下品皆蒙記.

正法像法經多劫, 地平如掌實[425]莊嚴.

辟(譬)如[426]鑿井向高源(原),[427] 見彼土乾知水遠.

---

417 [原校] '各'은 본래 '谷'으로 되어 있는데 庚卷에 의거하여 수정한다.

418 '得'은 본래 '付'로 되어 있고, 庚卷에서는 '得'으로 되어 있다.

419 原錄에서는 '王'이 '士'로 되어 있고, '及名'은 '夃名'으로 되어 있다. [原校] '夃名' 두 자는 미상이다. '多名'으로 생각된다. [通釋] 이는 '卍'자를 두 자로 잘못 나눈 듯하다. 그 앞에 한 자가 빠져 있다. 法雲『飜譯名義集』卷6「唐梵字體篇」: "卍, 苑師云 : 此是西域萬字, 佛胸前吉祥相也." [校注] 이 문구는 庚卷에서는 '국' 다음의 여섯 자가 빠져 있고, 原卷에서는 '國'의 다음 글자가 덧칠해져 '玉'(상단에 매우 짧은 가로획이 있음)로 되어 있는데, 이는 '王'자이다. '緣' 다음의 두 글자는 '及名'(草書)로 되어 있는데, 이는 '及名'임이 분명하다. 이 문구는 아마 국왕이 부처와 인연이 있어서 불경에서 이름이 언급되어짐을 말하는 듯하다. 「降魔變文」에는 "緣以君重臣輕, 標名有其先後"와 "是以列名經內"라는 문구가 있는데 이는 부처와 관련이 있어 이름이 언급됨을 말한다.

420 '地琉璃'는 '琉璃地'가 되어야 할 듯하다. 庚卷은 잔결되었다.

421 [原校] '爲'는 본래 '更'으로 되어 있는데 庚卷에 의거하여 수정한다.

422 [原校] '妙'는 본래 '如'로 되어 있는데 庚卷에 의거하여 수정한다.

423 '悉潤圓'은 原錄에서는 '患周圓'으로 되어 있다. [校注] 庚卷은 잔결되어 있고 原卷은 사실 '悉潤圓'으로 되어 있다. '潤'은 초서로 적혀 있고, 앞의 '潤萬苗'의 '潤'도 마찬가지다.

424 '朋'은 原錄에서는 '明'으로 되어 있다. [校注] 原卷은 사실 '朋'으로 되어 있고, 庚卷에서는 '明'으로 되어 있는데 이는 訛字이다. 이에 의거하여 바로잡는다.

425 '實'은 原錄에서는 '寶'로 되어 있다. [校注] 庚卷은 잔결되어 있고, 原卷에서는 사실 '實'의 초서로 되어 있다. 앞의 '皆結實'의 '實'과 같은 형태이다.

426 '如'는 原錄에서는 '奴'로 되어 있고 '如'로 교정하였다. [校注] 이는 形訛字로 보이며 庚卷은 잔결되어 있다.

427 '源'은 '原'으로 보아야 한다.

濕土如泥知近水,[428] 淨水持取大乘經.
適來和尙說其眞, 修行弟子莫因巡.[429]
各自念佛歸舍去, 來遲莫遣阿婆嗔! (全文止)

이 안과 밖에는 온갖 묘한 이치가 있으나 상세히 설명할 수는 없다. 누군가 원하여 성불의 인유(因由)를 찾게 되면 그 이치의 미세하고 지극한 정묘함을 알게 될 것이다.

하루에 삼(麻)씨 한 알과 보리 한 알을 먹으며 일 년 내내 정진하여 좌선하고 관행(觀行)[430]하여 정각(正覺)을 이루었다. 니련하(尼連河)에서 목욕을 하는데 6년간의 고행으로 기력이 매우 쇠약해 있었기에 수신(樹神)이 손을 잡아 강기슭으로 이끌어 주었다. 길상초로 만든 자리를 도량 삼아 먼저 가르침을 펴서 무리를 이익 되게 하니 그들은 누구인가. 오구륜(五俱倫)[431]을 위하여 최초의 설법을 행하고 이어서 공종(空宗)을 설하니 그들은 곧 깨닫게 되었다. 대승(大乘)을 설하고자 하여 먼저 교주(敎主)를 설명하리라.

吟 교법의 유래와 그 발전과정을 알고자 하거든
먼저 우리 여래불을 알아야 하리라.
처음 도솔천에서 인간세상으로 내려오시어
왕궁에 몸을 기탁하여 태자가 되셨네.
세간의 모든 일을 벗어던지고
설산에서 수도하여 보리를 이루셨도다.
먼저 가르침을 펴 한 무리를 이익되게 하고자
이들은 공종(空宗)[432]을 이해하게 되었네.

---

428 原錄에서 '泥'는 '渥'으로 되어 있고, '近'은 '遊'로 되어 있다. 【校注】 '泥'는 原卷에서는 '痆'로 되어 있고, 庚卷에서는 상반부만 남아 있는데 이는 '泥'의 俗字이다. '近'은 原卷에서는 '近'로 되어 있는데 이는 '近'의 속자이다. 이에 의거하여 바로잡는다.

429 '因巡'은 '因循'과 같다. '건성건성하다, 경솔하다'는 뜻이다.

430 마음으로 진리를 비추어 보고 그 진리에 따라 실천함.

431 불이 최초로 설법한 다섯 비구.

후에 설산에서 묘법을 말씀하시어
당시와 후세 사람들에게 헤아릴 수 없는 이득을 주시는도다.
홀연 중생이 몰려들고 하늘에서 꽃비가 내리는데
백호(白毫)에서 발하는 빛은 멀리 동방세계를 비춘다.
미륵과 문수가 손수 문답을 하니
이로써 법회의 중생은 경문을 들을 수 있게 되었도다.
두 현자가 먼저 직접 얘기를 하며 대중의 마음을 공경하니
추자(秋子)의 무리들은 깨달을 수 있었다.
불자(拂子)[433]를 흔들어 오만한 무리를 법석(法席)에서 물리치고
청중을 깨닫게 하고자 진종(眞宗)을 설하시도다.
자리에 이른 자는 깊은 이치를 깨닫게 되니
[그들은] 저 여래가 장자(長者) 같다 말한다.[434]
화택(火宅)의 문 앞에서 모든 아이를 교화하는데
유인하여 [아이들] 모두를 우거(牛車)에 오르게 하였다.
사대(四大) 성문(聲聞)[435]은 일승(一乘)[436]을 깨닫고
모두의 마음에는 [불법에 대한] 믿음과 이해가 생겨난다.
세간의 사람에게 복덕 없는 듯하더니

---

432 모든 존재에 실체란 없고 본질적으로 공(空)이라는 입장을 가진 불교의 한 파. 선종(禪宗).

433 짐승의 꼬리털 또는 삼 따위를 묶어서 자루에 맨 것. 원래 인도에서 벌레를 쫓을 때 사용하였는데, 중국이나 우리나라에서는 선종의 중이 번뇌와 어리석음을 물리치는 표지로 지닌다.

434 『법화경』「비유품」 삼거화택의 비유에서 불타는 집 속에서 아무 것도 모르고 노는데 정신이 팔려 있는 아이를 구출하기 위해 밖으로 나오면 훌륭한 수레를 주겠다고 하여 그들을 집 밖으로 나오게 하였다는 장자의 고사가 있다. 어리석은 중생을 여러 가지 방편으로 깨우치는 여래를 이 장자에 비견한 것으로 보인다.

435 가섭 · 가전연 · 목련 · 수보리.

436 부처의 가르침은 사람들의 자질이나 능력에 따라 성문승(聲聞乘) · 연각승(緣覺乘) · 보살승(菩薩乘)의 삼승으로 나누어져 있는데, 이 삼승은 일승 쪽으로 이끌기 위한 방편에 지나지 않고, 궁극적으로는 모두 진실한 일승으로 귀착한다고 함.

갑자기 장자가 재산을 물려준다.[437]
한조각 구름이 비를 내려 온갖 싹을 적셔주니
삼초(三草)와 시든 꽃 모두가 열매를 맺는다.[438]
오성(五性)과 삼승(三乘)은 묘법을 듣고서
근기에 따라 도를 받아 각기 수행을 한다.
내세에 부처가 되었을 때
국왕은 [부처와의] 인연으로 [경전에서] 그 이름이 언급된다.
십호(十號)[439]와 원명(圓明)[440]을 구족하고
세계의 땅을 유리로 장엄한다.
과거 동방 일만 팔천 세계
아득히 먼 옛날의 대통지승여래
우리는 법을 듣는 중생이 되어
일찌감치 묘리를 듣는 인연을 맺어야 하리.
삼주설법으로 교화하여 이롭게 하니 모두는 윤택하고 원만해지며[441]
삼근(三根)[442] 모두가 여래 법을 받는다.
오백 나한은 모두 수기(授記)를 받고
벗에게 옷 속의 구슬을 보인다.[443]
배운 자나 배우지 못한 자 똑같은 번민으로
상중하품 모두가 수기를 받는다.
정법(正法)과 상법(像法)의 시기가 지나 여러 겁이 지나도록

437 『법화경』「신해품」 장자궁자의 비유 참조.
438 『법화경』「약초유품」 삼초이목의 비유 참조.
439 여래(如來)·응공(應供)·정편지(正徧知)·명행족(明行足)·선서(善逝)·세간해(世間解)·무상사(無上士)·조어장부(調御丈夫)·천인사(天人師)·불세존(佛世尊) 등 석존의 10개 별칭.
440 철저한 깨달음.
441 『법화경』「여래수량품」.
442 탐(貪)·진(瞋)·치(癡)의 삼독(三毒).
443 『법화경』「오백제자수기품」의주(衣珠)의 비유 참조.

지상은 평화롭기가 손바닥 같으니 실로 장엄하도다.
비유컨대 고원에서 우물을 파는데
그 흙이 말라 있음을 보고 물이 멀리 있음을 알고
진흙같이 축축한 흙을 보고 물이 가까이 있음을 알듯이
깨끗한 물은 대승(大乘)의 경전을 지니고 있다.
방금 화상께서 그 진수를 설하였거늘
수행 제자들은 [이 가르침에] 소홀하지 말 것이다.
각자 염불하고 집으로 돌아가시어
더디게 이르러 모친을 성나게 하지 말지어다. (전문 여기서 끝남)

附錄[444]

迦維衛國淨飯王, 悉達太子厭無常.
誓求無上菩提果, 夜半踰城座(坐)[445]道場.
太子十九遠離宮, 夜半騰身越[446]九重.
莫怪不辭父王去, 修行[447]暫到雪山中.
二月八日夜踰城, 行至雪山猶未明.
父王憶念號咷[448]哭, 姨母捶匈(胸)[449]發大聲.

444 【原校】 "迦維衛國淨飯王"부터 "救度衆生無等人"까지는 북경도서관 소장 皇字 76호에 의거하여 보완한다. "悉達太子讚一本"이란 표제는 문미에 본래 있다. 庚卷에도 이 讚이 실려 있으나 잔결이 너무 심한 까닭에 여기서는 참조만 하였다. 【校注】 皇字 76호 표지에 적혀 있으며, 신편호는 北圖8441이다. 「悉達太子修道因緣」에도 이 讚이 실려 있다. 이에 교주에 넣는다.

445 '坐'는 原錄에는 '座'로 되어 있다. 「悉達太子修道因緣」에 의거하여 수정한다.

446 '越'은 原錄에서는 '入'으로 되어 있다. 【校注】 庚卷은 잔결되어 있고, 原卷은 사실 '越'로 되어 있다.

447 【原校】 '行'은 본래 '身'으로 되어 있는데 庚卷에 의거하여 수정한다. 【校注】 原卷은 사실 '行'으로 되어 있다.

448 【原校】 庚卷에서는 '咷'가 '跳'로 되어 있다.

449 '捶凶(胸)'은 原錄에서는 '槌肉(胸)'으로 되어 있다. 【校注】 庚卷은 잔결되어 있고, 原卷에서는 사실 '搥㓙'로 되어 있는데 이는 곧 '捶凶'이다. 또 '姨母'는 「悉達太子修道因緣」에서는 '慈母'로 되어 있다.

太子行至檀特[450]山, 山家[451]修道有何難.
誓願發心離宮闕, 降魔成道度人天.
雪山修道定安禪, 苦行眞心難更難.
日食一麻或一麥, 鵶鵲巢居頂上安.
發遣車匿却迴歸, 朱騌[452]步步淚雙垂.
車匿聞言聲哽咽, 渾搥[453]自撲告夫人.
父聞驚走出宮門, 姨母號咷問去因.
怨恨去時不相報, 肝腸寸斷更無蹤.
父王[454]爲子納耶輸, 容顔[455]美貌世間無.
綵女如仙都不顧, 一心修道向眞如.
踰城修道也從君, 無事將鞭指妾身.
六年始養冤家子, 此事[456]何如辯僞眞.
自爲新婦到王宮, 將謂君心有始終.
準望百年同福貴,[457] 抛[458]我如何半路中.

---

450 '特'은 原卷에서는 '笛'자 옆에 수정되어 있다. 「悉達太子修道因緣」에서는 '德'으로 되어 있다.

451 '出'은 原錄에서는 '山'으로 되어 있다. 【校注】 原卷에서는 '出'로 되어 있고, 庚卷에서는 '山'으로 되어 있는데 이는 訛字이다. 이에 바로잡는다.

452 '騌'은 原錄에서는 '驃'로 되어 있고 '騌'로 교정하였다. 【校注】 原卷에서는 사실 '騌'로 되어 있다. 이에 바로잡는다.

453 '搥'는 原錄에서는 "槌'로 되어 있다. 【校注】 原卷에서는 '塠'로 되어 있는데, 이는 '搥(捶)'의 와자이다.

454 【原校】 '王'은 본래 '母'로 되어 있는데 庚卷에 의거하여 수정한다.

455 '容顔'은 原錄에서는 '顔色'으로 되어 있다. 【原校】 庚卷에서는 '顔色'이 '容顔'으로 되어 있다. 【校注】 原卷에서도 '容顔'으로 되어 있다. 이에 의거하여 바로잡는다.

456 【原校】 '事'는 본래 '是'로 되어 있는데 庚卷에 의거하여 바로잡는다. 【校注】 문구 중의 '僞'는 原卷에서는 '爲'로 되어 있다. 庚卷은 잔결되었다.

457 '準'은 原錄에서는 '唯'로 되어 있다. 【校注】 「悉達太子修道因緣」에서는 '準'으로 되어 있다. 이에 의거하여 바로잡는다. '富'는 原錄에서는 '福'으로 되어 있다. 【校注】 庚卷은 잔결되었고, 原卷은 사실 '富'로 되어 있다. 이에 의거하여 바로잡는다.

458 '抛'는 原錄에서는 '拖'로 되어 있다. 【校注】 庚卷은 잔결되었고, 原卷에서는 사실 '抛'로 되어 있다. 이에 의거하여 바로잡는다.

父王[459]聞時可笑怒,[460] 釋衆聞之[461]發大嗔.
苦[462]法萬般教處置, 中心更向阿誰陳.
敕下令[463]教造火坑, 羅睺母子被驅行.
合掌虔恭齊發願,[464] 如來時爲放光明.[465]
武士擁至火坑傍, 垂垂淚落數千行.
阿孃一身遭大難,[466] 不忍懷中一子傷.
擧手金爐焚寶香, 頭面殷勤[467]禮十方.
若是世尊親子息,[468] 火坑速爲化[469]淸涼.
淸淨如來金色身, 多劫曾經患苦辛.[470]

---

459 【原校】'王'은 본래 '母'로 되어 있는데 庚卷에 의거하여 바로잡는다.

460 '可笑'는 原錄에서는 '可少'로 되어 있고, 庚卷에서는 '可不'로 되어 있다. 【校注】「悉達太子修道因緣」에서는 '可笑'로 되어 있다. 이에 의거하여 바로잡는다. '可笑'는 '可畏'와 같으며 '매우'란 뜻이다. 「歡喜國王緣」: "이처럼 부귀하고 대단한 미모를 지닌(如斯富貴, 可笑殊嚴)." 拾得 詩: "이 몸을 얻었는데 그 육신 지극히 훌륭하다(得此分段身, 可笑好形質)." 『入唐求法巡禮行記』: "곧 기이한 송백을 심었는데 매우 마음에 든다(便栽松柏奇異之樹, 可笑稱意)." 이들은 모두 그 예가 되는데, '지극히(極甚)'란 뜻으로 사용되고 있다.

461 【原校】庚卷에서는 '衆'이 '種'으로 되어 있다. 【校注】'之'자는 原卷에서는 '知'로 되어 있고, 庚卷에서는 '之'로 되어 있다.

462 '苦'는 原錄에서는 '若'으로 되어 있다. 【校注】庚卷은 잔결되어 있다. '若'은 '苦'의 訛字이다. 이에 바로잡는다.

463 【原校】庚卷에서는 '令'이 '今'으로 되어 있다. 【校注】原卷에서는 '合'으로 되어 있는데 모두 '令'의 訛字이다.

464 【原校】庚卷에서는 '齊發願'이 '發願重'으로 되어 있다.

465 庚卷에서는 '放'자가 '散'으로 고쳐져 있다. '時'는 '特'이다. 『通釋』을 참고 바람.

466 '孃'은 原錄에서는 '娘'으로 되어 있다. 【校注】原卷에서는 '孃'으로 되어 있고, 庚卷에서는 '娘'으로 되어 있다. 이에 의거하여 原卷을 바로잡는다. 또 '火'자는 原錄에는 '大'로 되어 있는데, 庚卷 및 「悉達太子修道因緣」에 의거하여 수정한다.

467 '頭面殷勤'은 原錄에서는 '頭向殿前'으로 되어 있다. 【原校】庚卷에서는 '向殿前'이 '面殷勤'으로 되어 있다. 【校注】「悉達太子修道因緣」에서도 '頭面殷勤'으로 되어 있다. 이에 의거하여 바로잡는다.

468 '息'은 原錄에서는 '恩'으로 되어 있다. 【校注】原卷에서는 사실 '息'으로 되어 있고, 庚卷은 잔결되어 있다. 이에 의거하여 바로잡는다.

469 【原校】庚卷은 '化'가 '變'으로 되어 있다.

470 '辛'은 原卷에서는 '身'자 옆에 수정되어 있다. 庚卷에서는 '身'으로 되어 있다.

今日出離三界內, 救度衆生無等人.[471]

悉達[472]太子讚一本

부록

가유위국(迦維衛國)의 정반왕
싯다르타태자는 무상(無常)함을 번민하여
무상(無上)의 보리과를 구하리라 맹세하고
한밤중에 성을 뛰어넘어 도량에 앉았다.
태자는 열아홉에 멀리 궁을 떠나는데
한밤중에 공중으로 솟아올라 구중궁궐을 뛰어 넘었다.
부왕에게 작별 인사 하지 않음을 나무라지 말라.
잠깐 사이에 수행할 설산에 도착한다.
이월 팔일 밤 성을 넘어
설산에 이르렀는데 아직 날은 채 밝지 않았다.
부왕은 자식 생각에 큰 소리로 울부짖고
이모는 가슴을 치며 대성통곡을 한다.
태자는 단특산(檀特山)에 이르러
출가하여 수행하는 데 어떤 어려움이 있는가.
발심 서원하는데 궁궐을 떠나
악마를 항복시키고 도를 이루어 인천(人天)을 제도하리라.
설산에서 수행함에 고요히 좌선하는데
진심(眞心)[473]을 향한 고행 길은 어렵고도 어렵도다.
하루에 삼(麻)씨 한 알과 보리 한 알 먹는데

---

471 '等'을 袁賓과 項楚는 '筭'으로 교감하였는데 확실하지 않다. 原卷에서는 '人'자가 '入'자 옆에 수정되어 있는데, 「悉達太子修道因緣」에서는 '等人'이 '等輪(倫)'으로 되어 있다. '等人'은 '等倫'과 같은 뜻이다.

472 原錄에서는 '達'자에 궐자부호(즉 [ ]. 역자 주)가 되어 있다. 【校注】 原卷에는 '達'자가 있다. 庚卷에는 後題가 빠져 있다.

473 불교용어. 참되고 변하지 않는 마음의 본체(本體).

까마귀와 까치가 머리 위에 둥지 틀고 사는구나.
함께 간 찬타카는 [궁으로] 돌아오는데
붉은 갈기[의 백마]는 걸음걸음 눈물을 흘리네.
찬타카는 묻는 말을 듣고 흐느끼며
온몸을 내동댕이치며 부인에게 고하네.
부왕은 소식을 듣고 놀라 궁문 밖으로 달려 나가고
이모는 큰 소리로 울부짖으며 떠난 까닭을 묻네.
떠날 때 알리지 않음을 원망하는데
창자가 조각조각 끊어져 흔적조차 보이지 않네.
부왕은 아들을 위하여 야수타라를 맞이하였는데
그 용안과 미모는 세상에 없는 것이었네.
선녀 같은 채녀도 돌아보지 않고
진여를 향해 일심으로 수도하네.
성을 떠나 수행하시는 그대를 따를 것이니
아무 일 없이 채찍으로 첩의 몸을 가리킨다.
여섯 해 동안 원수의 자식을 길렀는데
어떻게 이 일의 진위를 밝힐까.
스스로 신부되어 왕궁에 왔으니
그대의 마음이 한결같으리라 여겼고
틀림없이 백 년 동안 부귀를 함께하리라 기대하였는데
어찌하여 중도에 이 몸을 저버리셨나요.
부왕은 [신부가 아이를 낳았다는 소식을] 듣고는 몹시 분노하였고
석가족은 그것을 듣고 크게 성을 내었다.
온갖 고통스런 형벌로써 이를 다스리려 하니
속마음을 누구에게 하소연할까.
칙명을 내려 불구덩이를 파게하고
라후라 모자를 [그 속으로] 들어가게 하였다.

경건히 합장하고 발원하니
여래는 이때 광명을 발하시었다.
무사가 부축하여 불구덩이 옆으로 다가서게 하는데
[모친의 눈에서] 주루룩 수천 갈래 눈물이 흘러내린다.
모친은 일신에 화난(火難)을 만났지만
품안의 자식은 차마 다치게 할 수 없다네.
손을 들어 황금 향로에 보배로운 향을 피우고서
정성스레 십방(十方)에 절을 올리네.
만일 세존의 친아들이라면
불구덩이는 이내 청량지로 변하리.
청정한 여래의 황금빛 육신은
수 겁 동안 고통과 쓰라림을 겪었다네.
오늘 삼계(三界)에서 출리해탈(出離解脫)[474]하시니
중생은 차별 없이 제도 받게 되리라.

싯다르타태자찬 일본(一本)

474 미혹(迷惑)의 세계에서 벗어나 해탈의 경지에 이름.

실달태자수도인연(悉達太子修道因緣)[1]

迦夷爲國淨飯王, 悉達太子厭無常,

誓求無上菩提路,[2] 半夜[3]踰城坐道場.

太子十九遠離宮, 夜半[4]騰空越九重,

1 이 작품은 潘重規의 교록본(『敦煌變文集新書』를 말함. 이하 『新書』라 부름. 역자주)에 의거하여 교주를 단다. [潘重規] 일본 龍谷大學 소장. 표제는 본래 있고 首尾가 완정하다. 권말에 「無常」과 「壁畵和尙」 두 시구가 있다. 여기서는 이 권자를 原卷으로 삼는다.
甲卷 S.3711 首題가 이 篇名과 같다. "爲求無上菩提"에서 끝이 난다. 이하는 잔결. 乙卷 S.5892 표제는 본래 있다. 원문은 단지 압좌문 앞부분만 남아 있다. "迦夷爲國淨飯王"에서 "慈母"까지 총 79자이다. [校注] 이 편의 내용은 앞의 「太子成道經一卷」과 같으나 사용된 문자는 많은 차이를 보이고 있는 까닭에 독립된 한 편으로 삼는다. 교주는 간략하게 한다.

2 이 작품의 앞 60구는 「太子成道經一卷」에서 부록으로 실린 「悉達太子讚一本」(이하 '「太子讚」'이라 간칭)이다. 이에 의거하여 교감한다. '路'는 「太子讚」에서는 '果'로 되어 있는데 '果'가 옳다.

3 [潘重規] '半夜' 두 자는 甲・乙卷에서는 '夜半'으로 되어 있다.

4 [潘重規] '夜半' 두 자는 甲卷에서는 '半夜'로 되어 있다.

莫怪不辭父王去, 修行暫到雪山中.
二月八日夜[5]踰城, 行至雪山猶未明,
父王憶念號咷哭, 慈母[6]搥匈(胸)發大聲.
雪山修道定安禪, 苦行眞心難更難,
日食一麻或一麥, 鵶雀巢窠頂上安.[7]
太子行至檀德山, 出家修道有何難!
誓願發心離宮闕, 降魔修道度人天.
發遣車匿却迴歸, 朱騌白馬淚雙垂,
車匿聞言聲哽咽, 渾搥自撲告夫人.
父王驚走出宮門, 慈母號咷問[8]出因.
怨[9]恨去時不相報, 肝腸寸斷更無蹤.
父王爲子納耶輸, 容顔美貌世間無,
綵女如仙都不顧,[10] 一心修道聽[11]眞如.
旣爲新婦到王宮, 將爲君心有始終,[12]
準望百年同富貴, 拋妾如今半路中.
踰城修道也從君, 無事將鞭指妾身!

5 '夜'는 『新書』에서는 '野'로 되어 있고 '夜'로 교정하였다. 【潘重規】 '野'는 甲卷에서는 '夜'로 되어 있다. '野'와 '夜'는 통용된다. 【校注】 이에 甲卷에 의거하여 수정한다.

6 【潘重規】 乙卷은 여기서 끝난다. 【校注】 '慈母'는 「太子讚」에서는 '姨母'로 되어 있다. 이하 동일.

7 앞 네 구와 뒤 네 구의 순서가 「太子讚」과는 뒤바뀌어 있다.

8 '出'은 「太子讚」에서는 '去'로 되어 있다.

9 '怨'은 『新書』에서는 '死'로 되어 있다. 【潘重規】 '死'는 甲卷에서는 '怨'으로 되어 있다. 【校注】 '怨'자를 풀어보면 윗부분이 '死'이다. 따라서 '死'는 '怨'자의 절반에 해당된다. 여기서는 甲卷에 의거하여 수정한다.

10 '顧'는 『新書』에서는 '故'로 되어 있고 '顧'로 교정하였다. 【潘重規】 '故'는 甲卷에서도 '故'로 되어 있는데, '故'와 '顧'는 통용된다. 【校注】 「太子讚」에서는 '顧'로 되어 있다. 이에 의거하여 수정한다.

11 '聽'는 「太子讚」에서는 '向'으로 되어 있다.

12 '謂'는 『新書』에서는 '爲'로 되어 있다. 여기서는 「太子讚」에 의거하여 수정한다. 또 앞 네 구와 뒤 네 구의 순서가 「太子讚」과는 뒤바뀌어 있다.

六年始養宛家子,[13] 此事如何辯正眞.
父王聞說可笑怒,[14] 聖主聞聲大煞嗔,
苦法[15]萬般交(教)處置, 中心更向阿誰陳.
敕下令交(教)造火坑, 羅睺子母被驅行.
合掌虔[16]恭發願重, 如來德(特)[17]爲放光明.
武士擁至火坑傍, 含啼[18]淚落數千行.
母身一個遭火難, 乞惜懷中一子傷.
素手金爐焚寶香,[19] 頭面殷懃禮十方,
若是世尊親子息, 火坑速爲化淸涼.
淸淨如來金色身, 多劫曾經受苦辛.
今日出離三界外, 救度衆生無等輪(倫).[20]
가이위국(迦夷爲國)의 정반왕
싯다르타태자는 무상(無常)함을 번민하여
무상(無上)의 보리과를 구하리라 맹세하고
한밤중에 성을 뛰어넘어 도량에 앉았다.
태자는 열아홉에 멀리 궁을 떠나는데

13 '始'와 '怨' 두 자는 『新書』에서는 '恃', '宛'으로 되어 있다. 「太子讚」에 의거하여 수정한다.

14 '可笑'는 일종의 '甚辭'(정도가 심함을 나타내는 말)로서 '極甚', '非常'이란 뜻이다. 「太子讚」의 주석을 참조 바란다.

15 '法'은 『新書』에서는 '說'로 되어 있다. 「太子讚」에 의거하여 수정한다.

16 '虔'은 『新書』에서는 '乾'으로 되어 있고 '虔'으로 교정하였다. 「太子讚」에 의거하여 수정한다.

17 '德'은 '特'으로 보아야 한다. 「太子讚」에서는 '時'로 되어 있는데 그 뜻은 '特'과 같다.

18 '啼'는 『新書』에서는 '渧'로 되어 있는데 이는 俗字이다. [潘重規] '渧'는 '啼'의 別體字이다. 「王昭君變文」: "虞舜妻賢, 渧能變竹." 여기의 '渧'는 마땅히 '啼'이다. 이에 正字를 기록한다. '含啼'는 「太子讚」에서는 '垂垂'로 되어 있다.

19 '素'는 「太子讚」에서는 '擧'로 되어 있다. '寶'는 『新書』에서는 '保'로 되어 있고 '寶'로 교정하였다. 「太子讚」에 의거하여 수정한다.

20 '輪'은 '倫'으로 보아야 한다. '無等倫'은 비교될 만한 것이 없을 만큼 수효가 많음을 말한다.

한밤중에 공중으로 솟아올라 구중궁궐을 뛰어 넘었다.
부왕에게 작별 인사 하지 않음을 나무라지 말라.
잠깐 사이에 수행할 설산에 도착한다.
이월 팔일 밤 성을 넘어
설산에 이르렀는데 아직 날은 채 밝지 않았다.
부왕은 자식 생각에 큰 소리로 울부짖고
모친은 가슴을 치며 대성통곡을 한다.
설산에서 수행함에 고요히 좌선하는데
진심(眞心)[21]을 향한 고행 길은 어렵고도 어렵도다.
하루에 삼(麻)씨 한 알과 보리 한 알 먹는데
까마귀와 까치가 머리 위에 둥지 틀고 사는구나.
태자는 단덕산(檀德山)에 이르러
출가하여 수행하는 데 어떤 어려움이 있는가.
발심 서원하는데 궁궐을 떠나
악마를 항복시키고 수행하여 인천(人天)을 제도하리라.
함께 간 찬타카(車匿)는 [궁으로] 돌아오는데
붉은 갈기의 백마는 주르르 눈물 흘리네.
찬타카는 묻는 말을 듣고 흐느끼며
온몸을 내동댕이치며 부인에게 고하네.
부왕은 소식을 듣고 놀라 궁문 밖으로 달려 나가고
모친은 큰 소리로 울부짖으며 떠난 까닭을 묻네.
떠날 때 알리지 않음을 원망하는데
창자가 조각조각 끊어져 흔적조차 보이지 않네.
부왕은 아들을 위하여 야수타라를 맞이하였는데
그 용안과 미모는 세상에 없는 것이었네.

21 불교용어. 참되고 변하지 않는 마음의 본체(本體).

선녀 같은 채녀도 돌아보지 않고
일심으로 수행하며 진여(眞如)를 듣는다.
이미 신부 되어 왕궁에 들어왔으니
그대의 마음이 한결같으리라 여겼고
백 년 동안 부귀를 함께하기 바랐는데
이제 중도에서 첩을 저버렸네.
성을 떠나 수행하시니 [이 몸] 역시 그대를 따르려는데
아무 일 없이 채찍으로 첩의 몸을 가리킨다.
여섯 해 동안 원수의 자식을 길렀는데
이 일에 거짓 없음을 어떻게 밝힐까.
부왕은 [신부가 아이를 낳았다는] 말을 듣고 몹시 분노하였고
성주(聖主)는 그 소리를 듣고 크게 성을 내었다.
온갖 고통스런 형벌로써 이를 다스리려 하니
속마음을 누구에게 하소연할까.
칙명을 내려 불구덩이를 파게하고
라후라 모자를 [그 속으로] 들어가게 하였다.
경건히 합장하고 발원하니
여래는 이때 광명을 발하시었다.
무사가 부축하여 불구덩이 옆으로 다가서게 하는데
[모친의 눈에서] 주루룩 수천 갈래 눈물이 흘러내린다.
모친은 일신에 화난(火難)을 만났지만
품안의 자식은 차마 다치게 할 수 없다네.
하얀 손으로 황금 향로에 보배로운 향을 피우고서
정성스레 십방(十方)에 절을 올리네.
만일 세존의 친아들이라면
불구덩이는 이내 청량지로 변하리.
청정한 여래의 황금빛 육신은

수 겁 동안 고통과 쓰라림을 겪었다네.
오늘 삼계(三界) 너머로 출리해탈(出離解脫)[22]하시니
중생은 차별 없이 제도 받게 되리라.

凡因講論, 法師便似樂官一般, 每事須有調置. 曲詞適來先說者, 是悉達太子押座文. 且看法師解說義段, 其魔耶夫人自到王宮, 幷無太子, 因甚於何處求得太子, 後又不戀世俗, 堅修苦行? 其耶輸綵女修甚種果, 復與太子同爲眷囑(屬), 更又羅睺之子, 從何而託生, 如何證得眞悟, 同登正覺? 小師略與門徒弟子解說, 總交(敎)省知. 暫[23]捨火宅, 莫暄(喧)莫鬧, 聞時應福.[24] 能不能, 願不願?觀世音菩薩, 大慈悲菩薩.

昔時本師釋迦牟尼求菩提緣, 於過去無量世時,[25] 百[千][26]萬劫, 多生波羅奈國. 廣發四弘誓願, 爲求無上菩提,[27] 不惜身命, 常以己身及一切萬物給施衆生. 慈力王時, 見五夜叉啖人血肉, 飢火所逼, 其王哀愍, 與(以)身布施, 濟餧五夜叉. 歌利王時, 割截身體, 節節支解. 尸毗王時, 割顧(股)[28]救其鳩鴿. 月光王時, 一一樹下, 施頭千遍, 求其智慧. 報(寶)燈王時, 剜身千龕, 供養十方諸佛, 身上燃燈千盞. 薩埵王子時, 捨身千遍, [悉濟其餓虎].[29] 悉達太子之時, 廣開大藏, 布施一切飢

22 미혹(迷惑)의 세계에서 벗어나 해탈의 경지에 이름.

23 '暫'은 '急'이다.

24 '福'은 『新書』에서는 '禍'로 되어 있고 '福'으로 교정하였다. 여기서는 직접 수정한다.

25 '時'는 『新書』에서는 '尊'으로 되어 있고 '時'로 교정하였다. 【潘重規】 '尊'은 S.2682 S.2352 S.4626에서는 모두 '時'로 되어 있다. 【校注】 이에 의거하여 수정한다.

26 【潘重規】 '千'은 原卷에는 없고, S.2682 S.2352 S.4626에는 있다. 이를 근거로 보충한다.

27 【潘重規】 甲卷은 여기서 끝난다.

28 【潘重規】 '顧'는 S.2682에서는 '股'로 되어 있다. '顧'와 '股'는 통용된다.

29 "悉濟其餓虎" 다섯 자는 「太子成道經」에 의거하여 보충한다. 【校注】 '珠'자는 넣을 필요 없고 '寶'자는 삭제해야 마땅하다. 「太子成道經」에서는 '七珍'이라고 하였는데 이는 그 증거이다. '象馬七珍'은 象寶·馬寶 등 일곱 가지 왕의 보물을 말한다. 『輪王七寶經』: "其王出時有七寶現. 何等爲七? 所謂輪寶、象寶、馬寶、主藏臣寶、主兵臣寶、摩尼寶、女寶." 梁 沈約 『彌陀佛銘』: "七珍非羡, 三達斯仰."(이상 【校注】의 내용은 주석 28에 들어가야 할 내용이다. 역자 주)

餓貧乏之人，令得飽滿．兼所有國城、妻子、象馬七珍，[30] 施與一切衆生．或時爲王，或時爲[31]太子．波羅奈國是五天之境，捨身捨命，給施衆生，不作爲難．非但一生如是，百千億劫，精練身心，發其大願，種種苦行，[32] 令得心願滿足．故於無數劫中，積修萬行．只爲功充果滿，上生兜率陀天宮之中．由前正願，而[得]成佛．以法化諸衆生．兜率陀天，是補佛處．其波羅奈國者，是三千大千世界之中心，百億日月之宰．一切人賢，多生此中．過去迦葉佛與釋迦牟尼佛授記，其釋迦牟尼佛與彌勒佛授記：「汝於來世，當得作佛．」何故[33]余(餘)[34]天不補，其佛定在兜率陀天?已上之天則極泰，已下極闇．[35] 其兜率陀天是平等之處．

강론할 때 법사는 악관(樂官)처럼 매 고사마다 악조를 가미시켜야 한다. 앞에서 방금 설해진 곡사(曲詞)는 싯다르타태자 압좌문이다. 법사가 해설할 뜻을 잠시 보자면, 마야부인이 왕궁으로 들어온 후로 태자를 갖지 못하다가 어떻게 해서 태자를 얻게 되었으며, 또 후에 태자는 어떻게 해서 세속에 연연하지 않고 굳건히 고행할 수 있었는가. 야수 채녀는 어떤 과위(果位)를 닦았기에 거듭 태자와 권속이 되었으며, 또 아들 라후라는 어떻게 해서 태어났고 어떻게 참된 깨달음을 얻어 정각을 이룰 수 있었는가. 이 소사(小師)[36] 여러 문도 제자들에게 해설하여 알려 줄 것이니 잠시 화택(火宅)[37]을 버리고 소란 피우지 말 것이며 이 복을 경청하도록 하라. 할 수 있는가? 또 바라는가? 관세음보살, 대자비보살.

30 '七珍'은 『新書』에서는 '七寶珠珍'으로 되어 있다. [潘重規] '珠'는 본래 있는 것을 필사자가 실수로 덧칠한 것이다.

31 [潘重規] '或時爲'는 原卷에서는 '或有'로 되어 있다. S.2682에 의거하여 '有'를 '時爲'로 수정한다.

32 '行'은 『新書』에서 '心'으로 되어 있다. 「太子成道經」에 의거하여 수정한다.

33 [潘重規] 原卷에서 '何故'는 '故何'로 되어 있는데, S.2682에 의거하여 수정한다.

34 [潘重規] 돈황사본에서 '餘'는 자주 '余'로 표기된다.

35 '闇'은 『新書』에서는 '闇'로 되어 있는데 이는 形訛字이다. 이 문구는 "已下之天則極闇"의 축약이다.

36 변변치 못한 중이라는 뜻으로, 중이 자기를 낮추어 이르는 일인칭 대명사.

37 불타고 있는 집이라는 뜻으로, 번뇌와 고통이 가득한 이 세상을 이르는 말.

옛날 본사(本師) 석가모니는 보리(菩提)의 인연을 구하고자 과거 무량의 세월에 백천만 겁 동안 바라나국에서 여러 생을 보내셨다. 넓게 사홍서원(四弘誓願)[38]을 발하고 무상(無上)의 보리를 구하기 위해 목숨도 아끼지 않으셨으니 항상 자신의 육신과 일체 만물을 중생에게 보시하시었다. 자력왕(慈力王)이었을 때는 다섯 야차(夜叉)가 사람의 혈육을 먹고 싶어 배고픔의 고통에 시달리는 모습을 보고 불쌍한 생각이 들어 당신의 몸을 보시하여 다섯 야차들을 먹이셨다.[39] 가리왕(歌利王) 때에는 [인욕선인(忍辱仙人)이 되어] 육신을 잘라내고 마디마디 떼어내셨다.[40] 시비왕(尸毗王)이었을 때는 허벅지 살을 잘라 [매에게 줌으로써 그에게 쫓기는] 비둘기를 구하셨다.[41] 월광왕(月光王)이었을 때는 한 나무 아래서 [과거세에서 현재에 이르기까지] 천 번 머리를 보시하여 지혜를 구하셨다. 보등왕(寶燈王)였을 때는 [칼로] 몸에 천 개의 구멍을 내어 십방(十方)의 제불(諸佛)에 공양하면서 그 몸 위에 천 개의 등불을 밝히셨다. 살타왕자(薩埵王子)였을 때는 천 번이나 몸을 던져 굶주린 호랑이를 구하셨다.[42] 싯다르타태자(悉達太子)였을 때는 창고를 활짝 열어 모든 굶주리고 가난한 사람들에게 보시를 하여 그들을 배부르게 하셨다. 게다가 나라 안의 성(城)이며 처자며 코끼리며 말이며 칠보 등 모두를 일체의 중생에게 보시하셨다. 어떤 때는 왕이 되어, 또 어떤 때는 태자가 되어 오천축의 바라나국에서 몸을 버리고 목숨을 버리며 중생에게 보시하셨지만 그것을 괴롭다고 생각하지 않으셨다. 단지 한 번의 생(生)에만 이러했던 것이 아니라

38 모든 보살들이 지녀야 할 4가지 서원. 곧 고통세계의 중생들을 제도하겠다는 '중생무변서원도(衆生無邊誓願度)', 끝없는 번뇌를 반드시 끊어 생사에서 초탈하겠다는 '번뇌무진서원단(煩惱無盡誓願斷)', 한량없는 법문을 남김없이 배워 마치겠다는 '법문무량서원학(法門無量誓願學)', 위 없는 최상의 불도를 끝내 이루어내겠다는 '불도무상서원성(佛道無上誓願成)'을 말한다.

39 관련 고사가 『현우경(賢愚經)』 제1에 보임.

40 관련 고사가 「여산원공화」에서도 보인다.

41 『대지도론(大智度論)』 35권에 보임.

42 『금광명경』 제17 「사신품(捨身品)」에 보임.

백천 만억 겁 동안 이렇게 심신을 닦으며 서원을 세우고, 여러 고행을 하시며 염원을 성취하고자 하셨다. 그리하여 무수 겁의 세월 동안 고행을 하시니, 그 공덕이 가득차고 [선의] 과보를 받아 위로 도솔타천에서 태어나셨다. 앞서의 서원으로 성불을 이루고 제천의 천중(天衆)을 교화시켰다. 도솔타천은 부처가 계신 곳이다. 바라나국은 삼천대천세계의 중심이고 백억 일월(日月)의 주재자로서, 일체의 현인(賢人)들이 이곳에서 여러 생을 나셨다. 과거 가섭불(迦葉佛)은 석가모니불에게 수기(授記)를 주었고, 석가모니불은 미륵불에게 수기를 주며 "그대는 내세에 부처가 되리라" 고 말씀하셨다. 어찌하여 다른 하늘에는 머물지 않고 도솔타천에만 머무시는가? [도솔타천] 위의 하늘은 너무 태평스럽고 [도솔타천] 아래 하늘은 너무 소란한 까닭이다. 이 도솔타천은 평등한 세계이다.

爾時淨梵[43]大王爲宮中無太子, 優(憂)悶不樂. 或於一日之中作一夢, 夢見雙陸頻輸. 卽問大臣「是何意?」 大臣答曰 :「旣是[44]陛下夢見雙陸頻輸者, 爲宮中無太子, 所以頻輸.」 大王又問大臣 :「如何求得太子?」 大臣奏大王曰 :「城南有一天祀神, 善能求恩乞福. 何方便去[45]往求太子, 必合容許.」 當時大王排比[46]鸞駕, 親自便往天祀神邊. 甚生隊仗? 白月纔沉, 紅日初生.[47] 儀仗才行,[48] 天下晏淸.[49] 爛滿[50]錦衣花璨璨, 無邊

43 [潘重規] S.2682에서 '梵'은 '飯'으로 되어 있다. [校注] 번역명은 정해진 글자가 없다.

44 '旣是' 두 자는 「太子成道經」에는 없다.

45 '何方便去' 네 자는 「太子成道經」에는 없다. '何'는 '何不'의 축약이다. '方便'은 '擇日'을 뜻한다.

46 '排比'는 『新書』에서는 '排批'로 되어 있는데 이는 類化字이다. 뒤의 '排批', '棑枇' 등은 모두 '排比'로 수정한다.

47 이 두 문구는 『新書』에서는 "白月纔沈形, 似紅日初生"으로 되어 있다. 「太子成道經」에 의거하여 수정한다.

48 [潘重規] 原卷에서는 '行'자 옆에 '橫'이라 주를 달아 놓았다. [校注] '橫'은 '行'자 앞에 끼워 놓은 것이지 '行'자를 수정한 것이 아니다.

49 [潘重規] 原卷에서는 '淸' 다음에 '淨'자를 첨가하였다. [校注] 이것은 글자를 수정한 경우로서, '淸'자를 '淨'으로 고쳐야 함을 말한다. 그러나 '晏淸'과 '晏淨(靜)'은 같은

神女貌螢螢(瑩瑩). 是時大王便到天祀神邊, 索酒親自乾(虔)恭發願, 云:

撥掉(棹)乘船過大江,[51] 神前傾酒數千㼜.[52]

傾杯[53]不爲諸餘事, 男女相兼乞一雙.

夫人道:「大王何必多求, 貪其男女, 若是一雙, 應難得他.」夫人索酒親自發願, 甚道:「禱祝若是得男, 其神頭上傘蓋左轉[一]匝;[54] 若是得女, 頭上傘蓋右轉一匝.」遂呪願了, 其傘蓋左轉一匝, 便仍發願道云:

撥掉(棹)乘船過大池, 盡情歌歡樂神祇.

所來不爲別餘事, 伏願大王乞一兒.

當時大王與夫人却迴鑾駕入於宮中. 偶因一日, 便上高樓, 謀(迷)[55]悶之次, 便乃睡着. 作一訍[56]夢. 忽然驚覺, 遍體汗流. 遂奏大王, 具說其事:「賤妾於高樓之上, 忽作一夢, 從天降下日輪, 其輪之中, 乃有一孩兒, 十相具足, 甚是端嚴. 兼乘六牙白象, 從頂門而入, 在於右脅下安之. 其夢如何, 不敢不奏.」大王遂詔大臣還乃說之, 其大臣齊云:「助大王喜!」大王問諸大臣曰:「是何喜?」大臣奏對:「據夫人作此聖夢, 合生貴子.」大王聞之, 歡喜非常.

의미이다. 따라서 『新書』를 따라 '晏清'이라 한다. 「太子成道經」에서는 '晏靜'으로 되어 있다.

50 '爛漫'은 『新書』에서는 '爛漫'으로 교정하였다. [校注] 이는 連綿語라서 굳이 수정할 필요 없다.

51 [潘重規] 原卷에서는 '池'로 되어 있는데 '江'으로 수정한다.

52 '㼜'은 『新書』에서는 '般'으로 되어 있다. 여기서는 「太子成道經」에 의거하여 수정한다.

53 '傾杯'는 『新書』에서는 '特來'로 되어 있다. [潘重規] 原卷에서는 '特來' 옆에 '傾丕'라 주를 달아 놓았다. [校注] 이것은 글자를 수정한 경우이다. '丕'는 '杯'의 俗字인 '杯'의 축약형이다. 이에 직접 수정한다.

54 [潘重規] 原卷에서는 '一'자가 빠져 있는데, S.2352에 의거하여 보충한다.

55 '謀'는 '迷'로 보아야 한다. 이하 동일하다.

56 '訍'는 「太子成道經」에서는 '衩', '奲', '賁', '叉' 등으로 되어 있는데, 이들은 모두 동일 俗語字에 대한 이체자이다. 『廣韻』「卦韻·楚懈切」: "訍, 疑心名也." 『集韻』: "訍, 疑也." 『集韻』「禡韻·楚嫁切」: "詨, 異言. 或作訍." '疑心', '異言'은 모두 '奇異'의 뜻임을 알 수 있다.

이때 정반대왕(淨飯大王)은 궁중에 태자가 없으니 항상 우울해하며 즐겁지가 못했다. 그러던 어느 날 꿈을 꾸었는데 쌍륙(雙六)에서 자주 패하는 꿈을 꾸었다. [다음날] 대신에게 물었다. "이것은 무슨 뜻인가?" 대신이 대답하길, "폐하께서 쌍륙에서 자주 패하는 꿈을 꾸신 것은 궁중에 태자가 없는 까닭에 그런 것입니다" 하였다. 대왕이 다시 물었다. "어떻게 하면 태자를 얻을 수 있겠는가?" 대신이 대왕께 아뢰었다. "성 남쪽에 한 천신(天神)이 있는데 기도를 드리면 은정(恩情)과 복을 내려주십니다. 날을 택해 그리로 가시어 태자를 간구(懇求)하시면 반드시 받아들여질 것이옵니다." 이때 대왕은 가마를 준비하여 친히 천사신이 있는 곳으로 향했다. 그 대오는 어떠한가. 하얀 달이 기우니 붉은 태양이 떠오르듯 대오가 움직이니 천하가 평안해진다. 아름다운 비단옷은 눈부시게 화려하고 수를 헤아릴 수 없는 신녀(神女)들의 모습은 곱고 아름답다. 이때 대왕은 천사신이 있는 곳에 도착하여 술을 올리며 삼가 발원하였다.

노 저어 배에 올라 큰 강을 건너서
신 앞에 수천 독의 술을 올린다.
술잔을 기울이는 것은 다른 것을 위함이 아니라
아들딸 한 쌍을 기구해서라네.

부인이 말하였다. "대왕께서는 어찌 그리 많은 것을 바라시어 아들딸 모두를 탐하십니까? [아들딸] 한 쌍을 얻기는 어렵습니다." 부인이 술을 가져다 몸소 발원하는데 무어라 말하는가. "만일 아들을 얻게 될 것이라면 신(神) 머리 위의 산개(傘蓋)[57]는 왼쪽으로 한 바퀴 돌아갈 것이고, 딸을 얻게 될 것이라면 오른쪽으로 한 바퀴 돌아갈 것입니다." 말을 마치자 산개는 왼쪽으로 한 바퀴 돌았다. 발원하여 말하는데,

---

57 불좌 또는 높은 좌대를 덮는 장식품. 나무나 쇠붙이로 만들어 법회 때 법사의 위를 덮는다. 원래는 인도에서 햇볕이나 비를 가리기 위하여 쓰던 우산 같은 것이었다.

노 저어 배에 올라 큰 연못을 지나
정성을 다해 노래를 올리며 신명(神明)을 즐겁게 하네.
[이곳에] 온 까닭은 다른 일을 위함이 아니라
대왕께 자식 하나 내려주시기를 기원해서라네.

그리고 대왕과 부인은 가마를 돌려 궁으로 들어갔다. 어느 날 [부인은] 높은 누각에 올랐다가 정신이 몽롱해지더니 이내 잠에 떨어지고 기이한 꿈을 하나 꾸었다. 문득 놀라 깨었는데 온몸에 땀이 흥건했다. 그리하여 대왕에게 그 일을 상세히 아뢰었다. "천첩은 누각 위에서 문득 꿈을 하나 꾸었습니다. 하늘에서 태양이 내려오는 꿈이었는데 태양 속에는 남자아이 하나가 있었습니다. 십상(十相)을 구족한 매우 단엄한 모습이었는데 육아(六牙)의 백상(白象)을 탄 채로 정수리를 통해 첩에게 들어오더니 오른쪽 옆구리 아래에 들어서는 것이었습니다. 그 꿈이 무엇을 말하는지 몰라 이렇게 아룁니다." 대왕은 대신들을 불러 그 꿈을 이야기하니 대신들이 일제히 "대왕이시여, 감축드리옵니다!"하는 것이었다. 대왕이 대신들에게 물었다. "무슨 기쁜 일이라도 있는 것이오?" 대신들이 아뢰었다. "왕비께서 꾸신 이 성몽(聖夢)으로 보아 귀하신 왕자가 태어나실 것입니다." 대왕이 그 말을 듣고서 대단히 기뻐하였다.

不經旬日之間, 便則夫人有孕. 然始懷胎, 却乃愁憂. 遂奏大王 :「如何計教, 得免其憂?」大王道 :「夫人, 來日後園之內, 有一靈樹, 號曰無優(憂)之樹. 夫人往去觀看, 得免其愁.」當時便遣𢋷𢋸於後園觀看. 甚生隊仗?且看敷[58]千重之錦繡, [張][59]萬道之華筵. 夫人據行, 頻(嬪)妃從後.

聖主摩耶往後園, 綵女頻(嬪)妃奏樂喧.
魚透碧波堪賞翫, 無優(憂)花色最光鮮.

58 [潘重規] 原卷에서는 '敷'가 '補'로 되어 있다. S.2352에 의거하여 수정한다.
59 [潘重規] '張'자는 原卷에는 없는데 S.2682에 의거하여 보충한다.

無憂花樹葉能青, 夫人彼中緩步行.

擧手纔攀楡枝(諸餘)[60]葉, 釋迦聖主袖中生.

釋迦慈父降生來, 還從右脅出身胎,

九龍吐水早是訟, 千輪足下有蓮開.

是時夫人誕生太子已了. 無人扶接. [其此太子],[61] 東西南北, 各行七步, 蓮花捧足. 其太子便乃一手指天, 一手指地, 口云道:「天上天下, 唯我獨尊.」大王聞之, 非常驚訝:「我是金輪王, 王[62]四天下; 銀輪王王三天下, 銅輪王王二天下, 鐵輪王王一天下,[63] 粟散天子王一國. 此子口云『天上天下, 唯我獨尊』者, 何以? 須詔取相師, 合知子細.」大王遂處分所司, 榜示令詔相師. 忽有一仙人向前揭榜, 云稱:「我善能解相.」大王聞說, 卽詔相師. 號名阿斯陀仙人. 其仙人蒙詔, 直至殿前. 大王告其仙人曰:「朕生一子, 與世間不同, 有殊異相. 不委是凡, 不委是聖?請願仙者, 與朕相之.」遂令宮人抱其太子, 度與仙人. 其仙人抱得太子, 悲泣流淚. 大王見仙人雨淚. 便問仙者:「朕生貴子, 歡喜非常, 仙人悲泣, 有何事也?」其仙人答曰:「大王乞不怪怒, 緣此孩子先證無上菩提之時, 我不遇逢, 所以悲泣.」仙人遂相太子了, 便奏大王. 仙人吟詞道:

阿斯陀仙啓大王, 太子瑞應極禎祥.

不是尋常等閑事, 必作菩提大法王.

열흘이 채 지나지 않아서 부인은 잉태를 하였다. 그러나 회임을 하게 되자 우수(憂愁)가 깃들었다. 그리하여 대왕에게 아뢰었다. "어떻게 하면

---

60 '楡枝葉'은 「太子成道經」의 모든 권자에서는 '諸餘葉'이나 '枝余葉' 등으로 되어 있다. 그런데 문중에서는 '無憂花樹'를 말하고 있으니 이는 '楡'와 아무런 관련도 없다. 따라서 '楡'자는 가차자이며 통상 '枝'자 앞에 위치하고 있다. 여기서는 「太子成道經」에 의거하여 교감한다.

61 【潘重規】 '其此太子' 네 자는 原卷에는 없다. S.2352에 의거하여 보충한다.

62 【潘重規】 原卷에서는 '王'이 '往'으로 되어 있는데 S.2352에 의거하여 수정한다.

63 【潘重規】 '鐵輪王王一天下' 일곱 자는 原卷에는 없다. S.2682에 의거하여 수정한다. 【校注】 '수정'이 아니라 '보충'이다.

이 근심을 없앨 수 있사옵니까?" 대왕이 부인에게 말했다. "부인, 후원에 무우수(無憂樹)라 불리는 신령스런 나무 한 그루가 있소. 가서 그 나무를 바라보고 있으면 근심이 사라질 것이오." 그리하여 후원으로 구경 나갈 채비를 하게 하는데, 그 대오는 어떠한가? 잠시 보자면, 천 겹의 화려한 비단을 펼쳐 놓았고 온 길에는 꽃방석을 깔아 놓았다. 부인이 걸음을 내딛으니 비빈이 그 뒤를 따랐다.

성주 마야부인 후원으로 향하는데
채녀와 비빈의 음악 연주소리 요란하다.
물고기는 푸른 물결 일으키며 유유히 헤엄치고
무우수(無憂樹)의 꽃빛은 무엇보다도 화사하다.
무우수의 이파리는 푸르른데
부인은 천천히 그 아래로 걸어간다.
손을 들어 가지와 잎을 잡으니
석가 성주(聖主) 소매 속에서 태어난다.
석가 자부(慈父) 강생하시는데
오른쪽 옆구리에서 탄생하시도다.
구룡이 물을 뿜어내는 것 이미 기이한데
천륜(千輪)의 발아래에 연꽃이 피어나는도다.

이때 부인은 태자를 낳았다. 태자는 아무의 부축도 받지 않고 동서남북으로 각기 일곱 걸음씩 내어딛자 발아래서는 연꽃이 피어났다. 한 손은 하늘을 가리키고 또 한 손은 땅을 가리키며 "천상천하유아독존(天上天下唯我獨尊)!"[64]하고 외쳤다. 대왕은 그 소식을 듣고 매우 놀랐다. "나는 금륜왕(金輪王)으로서 사천하(四天下)를 다스린다. 은륜왕(銀輪王)은 삼천하

64 이 우주만물 중에서 내가 가장 존엄한 존재라는 뜻으로 인간의 존엄성을 천명한 말이다.

(三天下)를 다스리고, 동륜왕(銅輪王)은 이천하(二天下)를 다스리고, 철륜왕(鐵輪王)은 일천하(一天下)를 다스리고, 속산천자(粟散天子)는 일국(一國)을 다스린다. 그런데 내 아들이 '천상천하유아독존'이라 말한 것은 어째서인가. 점술가를 불러서 자세히 알아봐야만 하겠다." 그리하여 대왕은 담당 관리에게 분부하여 점술가를 초빙하는 방문(榜文)을 붙이게 하였다. 문득 한 선인이 방문을 떼어내며 말하였다. "저는 관상을 보는 데 능합니다." 대왕이 그 말을 전해 듣고 즉시 그 점술가를 불러들였다. 아사타 선인이라 불리는 그 선인은 칙명을 받들어 즉시 입궁하였다. 대왕이 선인에게 고하였다. "짐에게 아들 하나가 태어났는데 세간 사람과는 다른 특이한 데가 있소. 범인인지 성인인지 알 수가 없어서 그러니 선인께서 그 아이의 관상을 한번 좀 봐주시오." 대왕은 궁녀에게 태자를 안아서 선인에게 건네주도록 하였다. 선인은 태자를 안고 [잠시 들여다보더니] 비통하게 눈물을 줄줄 흘렸다. 대왕은 선인이 눈물을 흘리는 것을 보고 선인에게 물었다. "짐은 귀한 아들을 얻어 기쁘기 그지없거늘 선인께서 그토록 슬피 눈물을 흘리는 것은 무엇 때문이오?" "대왕께서는 이상히 여기거나 노하지 마소서. 이 아이가 무상의 보리를 증득하게 될 때 [이미 연로한] 소인은 그 분을 만나지 못할 것이라 슬퍼서 우는 것입니다." 선인은 태자의 관상을 보고나서 대왕께 아뢰었다. 선인이 읊조리며 말하길,

> 아사타 선인이 대왕께 아뢰는데
> 태자의 서응(瑞應)은 더없는 길상이라네.
> 일상적이지도 예사롭지도 않은 일이거늘
> 반드시 보리의 대법왕이 될 거라네.

是時相了. 太子漸漸長大, 習學人間伎[65]藝, 總乃得成. 或於一日之

65 【潘重規】 原卷에서는 '伎'가 '𨗉'로 되어 있는데 S.2682에 의거하여 수정한다.

中, 太子愁憂不樂, 專心學善, 不戀人世. 大王聞之, 亦生憂悶. 忽有大臣奏云:「主憂卽臣辱, 不如臣則死.」[66] 大王道:「大臣已下, 有何計教?」大臣奏曰:「但取一件戀之人.」大王云:「何者爲件戀之人?」臣啓大王:「但取期(其)新婦, 便是件戀之人.」大王納於大臣之言, 當時排比, 欲擬與取新婦. 太子忽聞, 遂奏大王:「若與兒取期(其)新婦, 令巧匠造一金指鐶手上帶之, 說此只是父王、夫人及太子三人同知, 其餘諸衆並不知委. 若與兒有緣者, 知道手上有指鐶, 道着便則充爲夫婦.」大王聞太子奏對, 遂遣於國門外高縛綵樓. 詔其合國人民, 但有在室女者, 盡令於綵樓下集會, 當令太子, 自揀婚對. 尋時縛了綵樓, 集得千万個室女. 太子卽上綵樓上, 便思(私)[67]發願:「若是前生合爲眷屬者[68]知我手上有指鐶之人, 卽爲夫婦.」是時釋衆(種)[69]婆羅門, 一名摩訶那摩, 其室女名是耶輸陀羅, 便發願道:

前生殿下結良緣, 賤妾如今豈敢專?

是日耶輸重重請, 太子當時脫指鐶.

其諸室女, 盡皆分散還家. 只有耶輸陀羅一身, 太子相件:「且問夫人三從之事. [婦女]有則: 在家從父, 出嫁從夫, 及至夫亡, 卽須任從長子. 但某乙有一交言語, 今說與夫人, 你從與不從?」耶輸答曰:「爭敢不從!」「若是夫人行道, 太子坐禪; 太子行道, 夫人還須坐禪.」其夫人並取太子之言, 到於王宮.

이때 선인은 태자의 관상을 다 보았다. 태자는 점차 자라서 세속의 기예를 배우고 그것들에 모두 익숙해졌다. 그러나 태자는 늘 우울해하고 즐거워하지 않으며 오로지 선(善)을 배우는 데만 마음을 쓸 뿐 세속에 미련을 두지 않았다. 대왕은 그 얘기를 듣고 근심하여 번민하였다.

---

66 【潘重規】'不如臣則死'는 S.2682에서는 '主辱則臣死'로 되어 있다. 【校注】'主辱'이라야 맞다.

67 【潘重規】'思'는 S.2352에서는 '私'로 되어 있다.

68 '者'는 衍字인 듯하다.

69 '衆'은 '種'으로 보아야 한다. '種'은 '種姓'을 가리킨다.

문득 한 대신이 아뢰었다. "주군(主君)의 근심은 신하의 욕됨이니, 욕됨을 당한 신하는 죽느니만 못합니다." 대왕이 물었다. "경에게는 어떤 계책이 있소?" 대신이 아뢰었다. "반려자를 맞아들이십시오." "반려자란 누구를 말하는 것이오?" "신부를 맞아들이시기만 하면 [그 신부가] 바로 반려자이옵니다." 대왕은 대신의 말을 받아들여 곧 신부를 맞이할 준비를 하게 하였다. 태자는 그 소식을 듣고 대왕에게 아뢰었다. "만일 저에게 신부를 얻어주시려면 솜씨 좋은 장인(匠人)을 시켜 금가락지를 하나 만들어 제가 그것을 끼도록 해주십시오. 아버지와 어머니, 그리고 저 세 사람만 이 사실을 알고 다른 사람은 알지 못하게 해주십시오. 만일 저와 인연이 있어서 제 손가락에 끼어 있는 금반지를 알아보는 낭자가 있다면 그와 부부가 될 것입니다." 대왕은 태자의 대답을 듣고 나서 도성 밖에 높다란 채루(彩樓)를 세우게 하였다. 그리고 온 나라의 백성들에게 집안에 있는 처녀들을 모두 채루 아래 모이도록 하게 한 다음 태자로 하여금 직접 배우자를 고르도록 하였다. 오래지 않아 채루가 세워졌고 천만의 처녀들이 모여들었다. 태자는 채루 위에 올라 마음속으로 발원하였다. '전생에 부부였던 사람이라면 내 손가락에 낀 금가락지를 알아볼 것이고, [그 사람이 바로 나와] 부부가 될 것이다.' 이때 석가족 바라문의 마하나마(摩訶那摩)라는 자의 딸인 야수타라(耶輸陀羅)가 발원하여 말했다.

> 전생에 전하와 양연(良緣)을 맺었거늘
> 천첩이 지금 어찌 제멋대로 행하겠나이까.
> 이날 야수(耶輸)가 거듭 간청하니
> 태자는 이때 가락지를 빼낸다.

다른 처녀들은 모두 흩어져 집으로 돌아가고 야수타라만 홀로 남았는데, 태자가 그녀에게 물었다. "그대에게 삼종지도(三從之道)를 묻고 싶소. 집에서는(어려서는) 아버지를 따르고, 결혼해서는 남편을 따르고, 남편이 죽은 후에는 큰아들을 따라야 한다는 도리요. 나는 이 한 마디만을 그대에게 말하노니 그대는 따를 수 있겠소?" 야수가 대답하였다. "어찌 감히 따르지 않을 수 있겠사옵니까?" "부인이 도를 행하면 태자는 좌선을 할 것이고, 태자가 도를 행하면 부인은 좌선을 하여야 할 것이오." 부인은 태자의 말을 받아들이고 왕궁으로 들어갔다.

後因一日之中, 遂與父王同遊於王田所, 以見時人耕種收刈, 極甚勞力; 復見壤田裏[70]烏鵲啄啾, 深生慈愍. 在閻浮提樹下, 寂然而坐, 思念欲世諸界苦惱之次, 大王遂問太子:「有何不樂?」其太子走至殿下, 奏告大王曰:「爲宮中謀(迷)悶, 所以不樂. 擬往觀看, 不敢不奏.」大王旣見太子發言, 遂遣車匿令被(鞁)朱騌白馬, 與太子騎往觀看. 太子到於東門, 忽見一人忙走. 殿下見之, 非常驚訝, 便遣車匿問之:「有何速事?」其人云:「緣我家中有一産婦, 連稱痛苦, 所以奔走.」太子聞之:「世人總還如此, 爲復只遮[71]一人?」其人云:「世人並皆一般.」太子聞其此語, 愁憂不樂, 却便歸宮. 父王聞道太子還宮, 遂遣宮人觀其太子顔狀, 必合歡喜. 宮人奏大王曰:「太子還宮, 更加愁悶.」大王聞說, 亦與憂愁. 更添音樂, 百般悅樂太子. 其太子聞樂, 轉加不樂. 大王遂處分車匿, 來晨還被(鞁)朱騌白馬, 亦往觀看. 太子遂出至南門, 忽見一老人, 髮白面皺, 形容燋顇. 遂遣車匿問其老人:「曲脊柱杖, 君是何人?」其人答曰:「我是老人.」太子問曰:「何名老人?」其老人云:

眼闇都緣不弁(辨)人之形色,[72] 耳聾高語並不聞聲.

---

70 '壤田裏'는 『新書』에서는 '壤里田'으로 되어 있다. 【校注】 '壤里田'은 '壤田' 혹은 '壤田裏'가 되어야 한다. 여기서는 '壤田裏'로 한다.

71 '遮'는 '這'와 같으며 '者'로 적기도 한다. 다음의 '遮月前'도 마찬가지다.

72 '弁'은 '辨'과 통한다. '人之形' 세 자는 「太子成道經」에는 없다.

欲行三里二里之時, 須是四迴五[迴]歇.[73]

少年君子, 何用笑之!

此老我不將去, 也還留與後人.[74]

太子遂問:「只你一個老, 爲復盡皆如此?」其老人答曰:「世上不計尊高, 老到頭之時, 亦該(皆)[75]如是.」太子聞言, 憂愁不樂, 迴入宮中. 大王聞道太子還宮, 遂遣宮人存問太子. 其太子蒙問, 展轉憂愁. 大王亦更陪添音樂, 歡喜太子, 其太子終亦[76]不樂. 大王遂處分車匿還被(鞁)於朱騌, 令向西門遊觀. 其太子觀看之次, 忽見一人就中[77]劣瘦, 兼有粥碗在於頭邊. 太子遂遣車匿問之:「此是何人?」此人答云:「我是病兒.」太子問曰:「何名病兒?」其人云:「地水火風, 百氣不條(調), 起臥力微, 是名病兒.」太子又問:「則公一人? 但是世人亦復如是?」其病人云:「價鐃(假饒)殿下應有尊高, 神將有其(期)!」

拔劍敵兵万衆, 平得四海之人;

一朝病臥在床枕上, 轉動猶須要兩個人扶. 念佛吟

그 후 어느 날 태자는 부왕과 함께 왕의 농지로 나들이를 나갔다. 마침 한 사람이 눈에 띄었는데 밭을 갈고 [작물을] 거두어들이느라 몹시 고생을 하고 있었다. 또 땅속의 벌레가 까마귀와 까치에게 쪼아 먹히는 것을 보고 깊은 슬픔이 일었다. 그리하여 염부수(閻浮樹) 아래에 고요히 앉아 욕계의 고뇌에 대한 사색에 잠겼다. [궁궐로 돌아온 후로 태자의 얼굴에 어두운 그림자가 짙어졌다. 이 모습을 보고] 대왕이 태자에게 물었다. "어찌하여 즐거워하지 않느냐?" 태자는 궁전 아래로 나아가 대왕에게 아뢰었다. "궁중이 답답하여 즐겁지가 못하옵니다. 궁궐 밖으로 구

73 【潘重規】'迴'자는 S.2682에 의거하여 보충한다.

74 이상 七句는 吟詞의 형식을 벗어났다.「太子成道經」을 참고 바란다.

75 '該'는 '皆'로 보아야 한다.

76 '終亦'은『新書』에서는 '終(中)心'으로 되어 있다. 【校注】'終'은 교정할 필요 없다. '心'은 '亦'의 俗字인 '𠫓'의 오류이다.

77 '就中' 두 자는「太子成道經」에는 없다. '倍加'혹은 '至甚'의 잘못이다.

경을 다녀오고자 하여 이렇게 말씀드리옵니다." 대왕은 태자의 말을 듣고 곧 찬타카에게 붉은 갈기의 백마를 준비하게 하고서 태자를 [궐 밖으로] 출유(出遊)하게 하였다. 동문에 이르렀을 때 문득 어떤 사람이 황급히 걸어가는 것이 보였다. 전하는 그것을 보자 매우 놀랍고도 의아스러워 즉시 찬타카를 시켜 물어보았다. "무슨 급한 일이 있느냐?" 그 사람이 대답했다. "소인 집에 임산부가 있는데 끊임없이 고통스러워하는 까닭에 이렇게 분주하답니다." 전하가 물었다. "세상 사람은 모두 그러한가 아니면 저 한 사람만 그러한가?" 그 사람이 대답했다. "세상 사람은 모두 똑같습니다." 태자는 그 말을 듣고 근심으로 즐겁지가 못해 즉시 궁으로 돌아왔다. 부왕은 태자가 환궁하였다는 말을 듣고 궁녀를 보내어 태자의 안색을 살펴보게 하였다. 즐거워할 것이 틀림없다고 여기고 있는데 궁녀가 [돌아와] 대왕께 아뢰었다. "태자는 환궁한 뒤 더욱 고민스러워하십니다." 부왕은 그 말을 듣고 마찬가지로 걱정에 빠졌다. 여러 가지 음악 따위도 들려주면서 태자를 즐겁게 하고자 했지만 태자는 음악을 들으면 들을수록 더욱 고민에 빠져들었다. 대왕은 찬타카에게 다음 날 새벽에 붉은 갈기의 백마를 채비토록 하고서 [태자와 함께 궐 밖으로] 출유를 다녀오도록 하였다. 태자는 남문을 나섰는데 문득 한 노인이 눈에 띄었다. 새하얀 머리카락에 쪼글쪼글 주름투성이의 여윌 대로 여윈 모습이었다. 그리하여 찬타카를 시켜 그 노인에게 물었다. "허리는 구부러지고 지팡이를 짚은 그대는 누구인가?" 그 사람이 대답하였다. "저는 노인이옵니다." 태자가 다시 물었다. "노인이란 무엇인가?" 노인이 대답하길,

> 눈은 어두워 사람의 형색을 알아보지 못하고
> 귀는 먹어 큰 소리도 들리지 않는다네.
> 두세 리(里)를 걸으려면
> 네댓 차례를 쉬어야만 한다네.

젊은 그대 어찌 그를 비웃는가!
이 늙음은 이 몸이 가져가는 것이 아니고
후세 사람에게 남겨진다네.

태자가 물었다. "이 노인 혼자만 늙는 것인가, 아니면 다른 사람도 모두 그러한가?" 노인이 대답하였다. "이 세상은 [지위의] 존귀함을 가리지 않고 늙게 되면 모두 이렇게 됩니다." 태자는 그 말을 듣고 근심으로 즐겁지가 못해 즉시 궁으로 돌아왔다. 부왕은 태자가 환궁하였다는 말을 듣고 궁녀를 보내어 태자의 안부를 묻게 하였다. 태자는 부왕의 하문(下問)을 받고서도 깊은 고민에 빠져 있었다. 대왕은 더욱 음악을 들려주면서 태자를 기쁘게 하고자 했으나 태자는 즐겁지가 못했다. 대왕은 찬타카에게 붉은 갈기[의 백마]를 채비토록 하고서 [태자와 함께] 서문 밖으로 출유를 다녀오도록 하였다. 한창 구경을 하고 있던 중 문득 한 사람이 눈에 띄었는데 그는 바싹 야위어 있었고 머리맡에는 죽사발이 놓여 있었다. 태자는 찬타카를 시켜 물었다. "그대는 누구인가?" 그 사람이 대답하였다. "저는 병자이옵니다." "병자란 무엇인가?" "[사람의 몸을 이루는] 지・수・화・풍 [사대(四大)]의 온갖 기운이 조화롭지 못하면 일어나거나 누워도 힘이 없어지는데 이를 병자라 합니다." "그대 혼자만 병이 드는가, 아니면 세상사람 모두가 그러한가?" "전하의 지위가 아무리 존귀하다해도 그 자태에도 그칠 날이 있습니다."

칼을 빼어 만 명의 병사를 대적하고
사해(四海)의 사람들을 평정하다가도
하루아침에 병들어 침상에 드러누우면
움직일 때마다 두 사람의 부축을 받아야 한다.

太子聞之, 亦加不悅, 便乃還宮. 大王聞道太子還宮, 遂喚太子問之

:「吾從養汝, 只是懷愁, 昨日遊觀去來, 見於何事?」 太子奏大王曰:「西門觀看, 不見別事, 見一病兒, 倍加劣瘦. 遂遣車匿問之:『則君一個如此, 諸人亦然?』其人云:『殿下位卽尊高, 病來相侵, 亦皆如是.』所以憂愁.」 大王遂遣車匿、宮人引其太子更往觀看. 行至北門, 猶(遊)觀之次, 忽見一人臥於荒野, 胮[78]脹壞爛, 四畔[79]有人, 高聲哭泣. 遂遣車匿問之:「此哭者是何人?」 其人云:「我是喪主.」 太子問喪主:「臥於荒野是甚人?」 答云:「此是死人.」 太子問道:「只此一人死?諸人亦然?」 喪主答曰:「殿下!國王位卽尊高, 殺鬼臨頭無逃死處.」 太子見說死相, 更乃愁憂, 便却還宮. 大王聞道太子還宮, 遂親喚問. 太子蒙詔, 遂見父王. 其大王道:

[若說][80]人間恩愛, 莫過父子之情.
若說世間因緣, 莫若親生男女.
假使百虫七鳥, 驅驅猶自爲子身.[81]
墮落五道三塗, 皆是爲男爲女,
金銀珍寶無數, 要者任意不難.
若能取我眼精, 心裏也應潘得.
取我懷中憐愛之子, 千生萬劫實難割捨.
然須(雖)[82]爾多恩愛, 作罪還須自當.
父王作罪父王當, 太子他家不受殃.
阿孃作, 阿孃受, 女且不肯替阿孃.
自身作罪自身悲, 莫怨他家妻與兒.

---

78 '胮'은 『新書』에서는 '𨚗'로 되어 있고 '膖'으로 교정하였다. [校注] 이는 '胮'자이다. 원형 '䏺'의 訛字이다. 「太子成道經」에 의거하여 바로잡는다.
79 '畔'은 본래 '伴'으로 되어 있다. [潘重規] S.2682에서 '伴'은 '畔'으로 되어 있다. [校注] '畔'이 되어야 한다.
80 '若說' 두 자는 「太子成道經」에 의거하여 보충한다.
81 '身'자가 『新書』에서는 다음 구에 속해 있으며 '此身' 두 자로 되어 있다.
82 '須'는 '雖'와 통한다.

自作業時須自受, 他家無因入阿鼻.
父與母, 及妻兒, 欲擬相留且暫時.
爭那此時緣業斷, 死王瞋怒怪來遲.
殺鬼不怕兄弟多, 君王眷屬總樓羅.[83]
黑繩繫項[84]牽將去, 地獄還交(教)渡奈河.
遮莫樓羅上陵天, 南莊北郡置田園.
未似此身纔與謝, 男女商量擬分錢.
大兒要取道東畔, 小者只言要西邊.
惡業是門徒自告(造)着, 別人不肯入黃泉.[85] 念佛

태자는 그 말을 듣고 더욱 즐겁지 않아 즉시 환궁하였다. 대왕은 태자가 돌아왔다는 말을 듣고 태자를 불러 물었다. "나는 너를 기르면서부터 마음속에 근심이 떠나질 않는구나. 어제는 구경 나가서 무엇을 보았느냐?" 태자가 대왕께 아뢰었다. "서문에서 본 것은 다름이 아니라 한 병자를 보았사온데 몹시 야위어 있었습니다. 그래서 찬타카를 시켜 '그대 혼자만 이렇게 되는가, 아니면 모든 사람이 그러한가?'라고 물어보았더니, 그 사람은 '전하의 신분은 존귀하나 병이 찾아들면 역시 이와 같습니다'라고 대답하더군요. 그래서 마음이 좀 우울한 것입니다." 그리하여 대왕은 찬타카와 궁녀에게 태자를 모시고 [성 밖으로] 구경을 다녀오도록 하였다. 북문을 나서 한창 구경을 하고 있던 중, 문득 어떤 사람이 황량한 벌판 위에 드러누워 있는 것이 눈에 띄었다. 몸은 부풀고 부패해 있었는데, 그 주위에는 사람들이 큰 소리로 통곡하고 있었다. 전하는 곧 찬타카를 시켜 물어보았다. "통곡하고 있는 그대는 누구인가?" 그 사람이 대답하였다. "저는 상주(喪主)이옵니다." "들판에 누워 있는 자는 누구인가?" "이 자는 죽은 사람입니다." "이 사람 혼자만 죽는 것인가, 아

83 '樓羅'는 '총명한 모습'이다. '僂儸'로 적기도 한다.
84 【潘重規】'項'은 본래 '頂'으로 되어 있는데 S.2682에 의거하여 수정한다.
85 【潘重規】'入黃泉'은 S.2352에서는 '與你入黃泉'으로 되어 있다.

니면 모든 사람이 그렇게 되는 것인가?" "전하! 국왕의 신분은 존귀하나 죽음의 귀신이 다가오면 도망갈 곳이 없습니다." 태자는 사상(死相)에 대해 듣고 나서 더욱 고뇌가 깊어져 즉시 궁으로 돌아왔다. 대왕은 태자가 환궁하였다는 말을 듣고 곧 태자를 불렀다. 태자는 부름을 받고서 부왕을 찾아뵈었다. 대왕이 말하기를,

인간의 은애(恩愛)로 말하면
부자(父子)의 정(情)보다 더한 것은 없고
이 세상의 인연으로 말하면
친생 아들딸보다 더한 것은 없다.
가령 온갖 벌레와 새들이
바삐 애쓰는 것은 새끼를 위해서이고
오도(五道)와 삼도(三道)에 떨어지는 것도
모두 아들을 위하고 딸을 위한 거라네.
금은보배 헤아릴 수 없으니
필요한 것을 마음대로 [취하는 것도] 어렵지 않다.
내 눈을 가지려하면
마음속으로 고려해볼 수도 있지만
내 품안의 사랑스런 아들을 가지려하면
천생 만겁 동안 요구해도 실로 내주기 어렵다.
비록 너에 대한 사랑 깊다지만
지은 죄는 스스로가 감당할 수밖에.
부왕이 지은 죄는 부왕이 감당해야지
태자나 타인이 그 재앙을 받을 수는 없으며
모친이 지은 죄는 모친이 감수해야지
딸이 모친을 대신할 수는 없도다.
자신이 지은 죄로 자신이 슬퍼지게 되거늘

남인 처와 자식을 원망할 수는 없도다.
스스로가 지은 업은 스스로가 받아야 하노니
남이 [그대를 대신하여] 이유 없이 지옥에 떨어지지는 않는다.
부친과 모친, 처와 자식
서로 잠시라도 더 머물게 하고자 하나
어찌하랴, 이때 업연(業緣)은 끊기니
염라왕은 진노하며 [그대가] 더디게 이를까 염려한다.
살귀(殺鬼)는 제아무리 그대의 형제가 많고
군왕의 처가 아무리 아름다울지라도
검은 포승줄로 목을 매어 끌고 가서
지옥의 내하(奈河)[86]를 건너라 하네.
비록 처가 묘지에 와서 제사를 지내더라도
도처에 생전에 사들인 논밭이 있어
아들딸은 이 몸이 죽기도 전에
돈을 나눌 궁리만 하네.
큰아들은 길 동쪽을 차지하려 하고
작은아들은 서쪽을 가지려 하네.
악업은 문도(門徒) 스스로가 지은 것이니
남이 그대를 위하여 대신 황천에 들어가려 하지 않는다.

太子見說如是罪事, 更乃愁憂. 遂遣車匿被(鞁)朱騌白馬往出城. 觀看之次, 在於路上或(忽)[87]見一人, 削髮染衣, 威儀祥序, 直似象王. 太子忽見, 遂遣車匿向前問之:「君[88]是何人?」云:「我是師僧.」「何名師

86 사람이 죽어서 저승으로 가는 도중에 건너야 하는 큰 내. 생전에 지은 업에 따라 세 가지 다른 여울이 정해진다. '삼도천(三途川)', '삼도(三途)내'라고도 함.
87 '或'은 '忽'과 통한다.
88 【潘重規】 原卷에서 '君'은 '臣'으로 되어 있다. S.2682에 의거하여 수정한다.

僧?」云:「諸漏已盡, 無復煩惱. 衣生架上, 飯在盂中, 此是師僧.」太子聞說, 歡喜非常, 速便下馬, 頂禮三寶. 便問三寶:「汝師是誰? [誰][89]之弟子?」云道:「我[師][90]是三界大師、四生慈父釋迦牟尼佛是我之師.」太子聞說, 便問三寶:「如何修行, 得證此身?」「悍勞[91]忍苦, 六時修行, 饒益種種,[92] 乃獲此身.」太子聞說, 歡喜歸宮. 父王聞道太子歸宮, 遂遣宮人觀占太子喜與不喜? 宮人奏大王:「今日太子非常喜悅.」太子與妻耶輸倍加精心. 六時行道, 無有乖闕. 後至二月八日, 夜半子時, 有四天門王喚太子:「太子休戀無明而睡着,[93] 出家時至!」太子聞喚, 便遣車匿被(鞁)朱騌白馬, 便擬往雪山.

太子遂告四天門王:「其諸處宮門, 並皆鎖閉, 所伴宮人, 悉是不睡, 如何去得!」便被四天門王已(以)手指開宮門關鎖, 應有守伴之人, 便交(教)睡着. 太子道:「我一身覓期(其)解脫, 向後綵女苦難如何!」太子預見前事, 遂喚夫人向前:「今有事付囑. 別無留念, 只有一辯(瓣)美香, 夫人若有難[94]之時, 但燒此香, 遙告靈山[95]會上啓願, 必當救護. 切須依此言語.」付囑已訖, 其太子便被四天門王齊捧馬足, 踰城修道. 迴手却着玉鞭遙指耶輸道:「有佛來世出現之時, 生八王子, 見大聖出家, 亦須隨[修][96]梵行, 引接太子.」臨行, 宮人睡着, 綵女婚(昏)迷. 太子思寸(忖)再三,[97] 恐慮宮人在後不知所去, 遭受苦楚, 遂於城上留其

89 이곳이 『新書』에서는 '汝師是誰之弟子'로 되어 있다. 여기서는 '誰'자 하나를 보충하였는데, 아마 原卷에서는 '誰' 다음에 반복부호가 누락되었을 것이다.

90 【潘重規】 原卷에서는 '師'자가 없다. S.2682에 의거하여 보충한다.

91 【潘重規】 '悍勞'는 原卷에서는 '汗牢'로 되어 있다. S.2682에 의거하여 수정한다.

92 '種種'은 '衆生'이 되어야 한다. 아마도 原卷은 '種(衆)'일 것이다. '種' 다음은 생략부호이지 반복부호가 아니다.

93 '而睡着'는 『新書』에서는 '之睡, 道'로 되어 있다. 【校注】 '之'는 '而'의 訛字이다. '道'는 '着'의 訛字이다. 여기서는 직접 수정한다.

94 【潘重規】 S.2682에서는 '難' 앞에 '災'자가 있다.

95 '靈山'은 '靈鷲山'이다. 「太子成道經」에서는 '雪山'으로 되어 있다.

96 '修'자는 「太子成道經」에 의거하여 보충한다.

97 【潘重規】 '寸'은 S.2682에서는 '忖'으로 되어 있다.

馬蹤. 太子與四天門王, 便往雪山修行.

이 같은 죄업에 관한 말을 듣고 나니 고민이 더했다. 그래서 찬타카에게 붉은 갈기의 백마에 안장을 얹게 하고서 성을 나섰다. 한창 구경을 하던 중, 길에서 문득 한 사람을 만났다. 삭발한 머리에 물들인 옷을 입고 있었는데 거동이 단정하고 엄숙한 것이 마치 상왕(象王)[98]과 같았다. 태자는 그를 보자 곧 찬타카를 시켜 물어보았다. "그대는 누구인가?" "저는 사문(沙門)입니다." "사문이란 무엇인가?" "모든 번뇌를 여의어 다시는 번뇌에 시달리지 않으며, 옷은 횃대 위에서 얻고 밥은 발우에서 얻는[99] 이를 사문이라 합니다." 태자는 그 말을 듣자 큰 희열을 느꼈다. 황급히 말에서 내려 삼보(三寶)[100]에 절을 올린 다음 그에게 물었다. "당신의 스승은 누구십니까? 당신은 누구의 제자이십니까?" "삼계(三界)의 대사(大師)이시고 사생(四生)의 자부(慈父)이신 석가모니불이 저의 스승입니다." 태자는 이 말을 듣고는 다시 그에게 물었다. "어떻게 수행하면 그러한 몸을 얻을 수 있습니까?" "힘써 노력하고 고통을 참아내며 육시(六時)[101]마다 수행을 하고 중생을 풍족하게 하면 이러한 몸을 얻을 수 있습니다." 태자는 그 말을 듣고 기뻐하며 궁으로 돌아왔다. 부왕은 태자가 환궁하였다는 소식을 듣고 궁녀를 보내 태자가 즐거운지 즐겁지 않은지 살펴보게 하였다. 궁녀가 [돌아와] 대왕에게 아뢰었다. "태자께서는 오늘 매우 즐거워하십니다." 태자는 아내 야수타라와 함께 더욱 더 정진하는데 육시마다 수행을 하거늘 한 번도 그것을 거른 적이 없었다. 그 후 2월 8일 한밤중인 자시가 되자 사천왕이 태자를 불렀다. "태자시여, 무명(無明)에 연연하여 수면에 빠져들지 마십시오. 출가할 시각이 되

98 불교에서는 부처를, 코끼리 가운데 가장 큰 코끼리, 즉 상왕(象王)에 비유하곤 한다.

99 옷과 밥을 횃대와 발우에서 얻는다는 말은 의식의 풍요로움을 추구하지 않는 무소유의 경지를 가리키는 듯하다.

100 삼보(三寶)란 불보(佛寶) · 법보(法寶) · 승보(僧寶)를 말하는데, 여기서는 승보, 즉 승려를 가리킨다.

101 하루를 여섯으로 나눈 염불 독경의 시간. 신조, 일중, 일몰, 초야, 중야, 후야이다.

었습니다!" 태자는 그 소리를 듣고 즉시 찬타카에게 붉은 갈기의 백마에 안장을 얹게 하고서 설산으로 갈 준비를 하였다.

태자가 사천문왕에게 고하였다. "궁문이란 궁문은 모두 잠겨 있고 시중드는 궁녀들은 모두 잠들어 있지 않은데 어떻게 떠날 수 있습니까!" 이에 사천문왕이 손으로 가리켜 궁문의 자물쇠를 열고 모든 시녀들을 잠들게 하였다. 태자가 말했다. "내 한 몸은 해탈을 구한다지만 이후 채녀의 고통은 어찌해야 하나!" 태자는 앞일을 예견하고서 곧 부인을 불러 말했다. "부인에게 당부할 일이 있소. 달리 남길 것은 없고 다만 좋은 향 하나를 남길 것이니, 부인에게 만일 어려운 일이 닥치거든 이 향을 사르며 멀리 영산(靈山)의 회좌(會座)를 바라보며 발원하면 반드시 보호를 받게 될 것이오. 반드시 내 말대로 하시오." 당부의 말을 마치자 태자는 사천문왕이 말의 다리를 들어 올림으로써 성을 뛰어 넘어 수행에 나서게 되었다. [태자는] 몸을 돌려 쥐고 있던 옥 채찍으로 멀리서 야수타라를 가리키며 말했다. "[과거] 한 불께서 세상으로 내려오실 때 여덟 왕자가 태어났는데 [그들은] 대성(大聖, 즉 부왕)이 출가하시는 것을 보고 그를 따라 범행을 닦았었소." 떠날 즈음에 궁녀들은 잠에 빠져 있었고 채녀들은 정신이 흐릿한 상태에 있었다. 태자는 떠나면서 거듭 생각에 잠겼는데 궁녀들이 나중에 [자신이] 간 곳을 알지 못해 고초를 겪게 될 것을 염려하여 성 위에 말 발자국을 남겼다. 그리고 태자는 사천문왕과 함께 설산으로 수행을 떠났다.

到雪山已經時久, 耶輸降下一子. 父王聞之, 拍手大怒道:「我兒山間苦行, 近及六年, 因何有此孩子!」其新婦答云:「此是馬鞭指腹化生之男.」其大王搥鐘擊鼓, 召集群臣. 其群臣才到殿前, 問諸大臣已下:「詔卿等不爲別事, 只有耶輸, 養其亂宮之子. 往(望)大臣奏一苦楚來, 要罪耶輸、羅睺二人.」大臣奏對:「苦楚之事, 但於街兩邊立柱, 將耶輸母子各縛在柱上, 遣武士於母身上割一啖與子口中, 於子身上割一啖與母口中. 此是苦楚.」其王大怪:「此是甚苦?」大臣見大王別要苦楚, 遂奏云:「將耶輸母子臥在床上, 向下着火, 應是(時)博(縛)殺.」大王又轉大怒. 據臣兩件苦楚, 並不入意, 如似交(教)母子二人伏枕而死. 大王自言苦楚:「莫越火坑是苦!」遂處分武士, 令出王城七里, 東西南北高下各堀七步. 逡巡, 武士便出王城. 須臾奏對:「火坑堀了.」其大王差壯士, 令擁耶輸、羅睺母子, 出於宮門, 推入火坑. 其耶輸云道:「我既在王宮, 即是新婦; 若道擁入火坑, 便是罪人.」兩步作一步急行. 其耶輸告使者:「欲略歇坐片時, 得否?」其使者答曰:「若放夫人命即不得, 歇息片時即一任.」其耶輸到火邊. 又囑使者:「請到王宮取一香爐, 去得已(與)否?」使人答曰:「約去王城七里, 恐怕上命怪之.」耶輸既是使人不肯取其香爐去, 尋時却發遣道:「將火只於手心中, 若是亂宮之子, 其無情之火燒手交(教)爛; 或是馬鞭指腹之子, 其火變作清涼.」耶輸遂於裙帶頭取得太子所留美香一瓣, 只於手中焚燒, 其香煙化爲一蓋, 直詣靈山. 其世尊見於香蓋, 便知耶輸母子被父王推入火坑, 遭其此難. 世尊遂向[102]靈山遙望火坑, 以手指其一指, 火坑變作清涼池. 兼有兩朵蓮花, 母子各坐一朵, 不若(弱)[103]化生之子, 莫論焚燒耶輸母子, 直言耗(毫)毛一枝不動.

설산으로 떠난 지 오랜 세월이 흐른 뒤 야수타라는 아들을 하나 낳았다. 부왕은 그 소식을 듣고 손뼉을 치며 대노하였다. "내 아들이 산속으로 고행을 떠난 지 여섯 해가 다 되어 가는데 어떻게 아들을 낳았다는 것인가!" 신부가 대답하였다. "이 아이는 [태자께서] 말채찍으로 [저의] 배를 가리켜서 생겨난 것입니다." 대왕은 종을 치고 북을 두드려 군신들을 소집하였다. 그리고 그들이 궁전 앞에 모이자 다음과 같이 물었다. "경들을 불러들인 것은 다름이 아니라, 야수타라가 궁을 어지럽히는 아

102 '向'은 '於'이며 개사이다. "向靈山遙望火坑"은 '영산에서 멀리 불구덩이를 향하다'는 뜻이다. '望'은 '朝向'이다.

103 '若'은 『新書』에서는 '苦'로 교정되어 있다. 【校注】 응당 '若'의 동음가차자이다.

들을 낳았는바 야수타라와 라후라 두 모자에게 고통을 줄 방안을 묻고자 함이오." 대신이 아뢰었다. "고통이라 하면 길 양쪽에 기둥을 세워 놓고 그 기둥에 이들 야수타라 모자를 묶은 다음, 무사로 하여금 모친의 살을 잘라 아들 입에 넣어 먹게 하고, 자식의 살을 잘라 모친 입에 넣어 먹게 하는 겁니다. 이리하면 그들은 고통을 겪게 될 것입니다." 대왕은 크게 나무라 말했다. "이것이 무슨 고통이란 말이오?" 대신은 대왕이 다른 고통을 줄 방안을 요구하자 다시 아뢰었다. "야수타라 모자를 침상 위에 눕혀놓고 아래에서 불을 피우면 즉시 죽게 될 것입니다." 이번에도 대왕은 대노하였다. 대신이 말한 두 가지 고초는 마음에 차지 않았다. 두 모자를 엎드린 채 [편안히] 죽게 하는 것 같아서였다. 대왕 자신이 고통을 [줄 방안을] 말하였다. "불구덩이의 고통보다 더한 것은 없다." 마침내 무사에게 왕성에서 칠 리 떨어진 곳에다 동서남북, 그리고 깊이가 각각 일곱 걸음 되는 구덩이를 파게 했다. 무사는 잠시 머뭇거리더니 곧 왕성을 나섰다. 얼마 후 [무사가 돌아와] 아뢰었다. "불구덩이를 다 팠습니다." 그러자 대왕은 장사(壯士)를 시켜 야수타라와 라후라 모자를 끌고 궁문 밖으로 나가 불구덩이에 밀어 넣도록 하였다. 야수타라가 말하기를, "내가 왕궁에 있는 이상 나는 [태자의] 아내이거늘, 만일 나를 불구덩이 속에 집어넣는다면 [그대는] 죄인이 되는 것이오" 하며 서둘러 걸어갔다. 야수타라가 사자에게 "잠시 앉아서 쉬고 싶은데 그럴 수 있겠소?" 하니 사자는 대답하기를, "부인을 놓아달라는 명령은 들어줄 수 없지만, 잠시 쉬신다면야 그렇게 하시지요" 하였다. 야수타라는 불구덩이 근처에 이르렀다. 다시 사자에게 부탁하기를, "왕궁에서 향로를 가져다 주셨으면 하는데 가실 수 있겠소?" 하니 사자는 대답하기를, "왕성에서 칠 리 가까이 떠나왔는데 [다시 돌아가면] 대왕께서 꾸짖으실까 두렵습니다" 하였다. 야수타라는 사자가 향로를 가지러 가려 하지 않자 곧 발원하여 말했다. "불을 손바닥 위에 올려놓는데 만약 궁을 어지럽히는 아들이라면 이 무정한 불은 손을 불살라 익혀버릴 것이고, 말채찍으로 배를 가리켜 생긴 아들이라면 이 불은 청량지로 변할 것이로다." 야수타라는 치마끈 속에서 태자가 남긴 향 하나를 꺼내 손바닥에 놓고 사르니 향 연기는 [뭉게뭉게 피어올라] 보개를 이루더니 곧 영산에 다다랐다. 세존은 보개 모양의 향연(香煙)을 보자 야수타라 모자가 부왕에 의해 불구덩이에 떨어지는 재난을 당할 것임을 알았다. 그리하여 세존은 영산에서 멀리 떨어져 있는 불구덩이를 바라보며 손가락으로 그곳을 가리키자 불구덩이는 청량지로 변하였다. 게다가 [청량지에는] 연꽃 두 송이가 피어 있어 야수타라 모자가 각각 그 위에 앉아 있는데 [그 모습이] 화생(化生) 아들에 못하지 않거늘, [불구덩이는] 그들을 불태우기는커녕 잔털 하나 움직이지 못했다.

其使者却詣王宮, 奏告大王, 具此奏對:「母子並焚燒不殺!」其大王聞之, 答云:「三思而後行, 再思而可矣, 元是新婦不虛.」大王遂處分令宮人五十, 兼及細樂, 却迎新婦赴於王城. 大王有敕:「遣新婦却往後宮, 不得與朕相見. 仍賜雜綵十床, 排斗錢[104]十萬貫, 充新婦及羅睺孫押驚.」[105] 後因大王朝退, 其羅睺忽於殿前作劇之次, 大王忽見, 遂問美人:「此個孩子是那宮中孩子?」美人奏言:「此是遮月前火坑燒不殺羅睺之子.」大王見之, 由(猶)有宜(疑)心. 其世尊在靈山會上, 觀見大王有其宜(疑)心, 恐更遭苦難, 遂修書一封, 速差捷寂(疾)鬼使, 乘一朵黑雲, 直至王宮空中, 墜在大王案上. 尋已祥(詳)看書意, 口口稱是馬鞭指腹化生之子. 後又世尊更令上足弟子大目乾連, 脚踏一朵紫色祥雲, 直詣王宮, 道:「世尊差來傳語大王, 乞於殿前鋪一道場, 來日世尊親自降臨, 說其宿世因緣.」尋至來, 帝釋前引, 彌勒諸天八部眷屬後隨, 世尊座(坐)於五色蓮花, 赴於道場. 其大王將兒下蓮花跪拜.

104 '排'는 『新書』에서는 '棑'로 되어 있다. 【校注】 '排斗錢'은 唐代 官鑄錢의 일종이다. '棑'는 '排'의 換旁字이다. 『舊唐書』「食貨志」上:"出左庫藏內排斗錢."

105 '押'은 '壓'과 같다. 문중의 '押座文'이 곧 '壓座文'인 것과 마찬가지다.

有大臣奏大王曰:「此者世尊雖即是兒子, 若要他跪拜, 恐墮落大王.」其大王取其大臣奏言. 尋時, 大王自便禮拜世尊, 纔禮一拜依舊, 禮兩拜亦依舊, 比至禮三拜起來, 早已化作一千軀佛衆, 個個出來三十二相, 八十種好, 頂上元(圓)光, 匈(胸)題萬字, 足蹋千輪, 身長丈六, 紫磨金容.

사자는 즉시 왕궁으로 달려가 대왕에게 사실대로 고하였다. "두 모자를 태워도 죽일 수가 없습니다!" 대왕은 그 말을 듣고 말하였다. "세 번 생각하고 나서 행하거나 두 번만 생각했어도 괜찮았을 것을.[106] 이제 보니 며느리에게는 거짓이 없었구나." 대왕은 즉시 궁녀 쉰 명과 악대를 보내어 신부를 왕성으로 맞아들이도록 하였다. 그리고 대왕은 다음과 같은 칙령을 내렸다. "신부를 후궁으로 보내어 짐과 마주치지 않게 하라. 그리고 비단 열 동과 배두전(排斗錢) 십만 관(貫)을 내려 신부와 손자 라후라를 놀라게 한 데 대한 보상을 하라." 그 후 조회를 마치고 나온 대왕은 라후라가 궁전 앞에서 놀고 있는 것을 보고 궁녀에게 물었다. "이 아이는 어느 궁의 아이인가?" 궁녀가 아뢰었다. "이 아이는 지난 달 불구덩이에서 불태워져도 죽지 않았던 라후라입니다." 대왕은 그를 대하자 문득 의심이 생겼다. 세존은 영산의 회좌에서 대왕이 의심하고 있음을 보시고, 또다시 고난을 겪게 될까 우려하여 편지 한 통을 작성한 다음 속히 날랜 귀사(鬼使)를 심부름 보내니, [그 귀사는] 한 점의 먹구름을 타고 곧장 왕궁 위로 날아와 대왕의 안석(案席) 위에 [편지를] 떨어뜨렸다. 편지의 내용을 보니 구구절절 [라후라가] 말채찍으로 배를 가리켜 태어난 아들임을 알리고 있었다. 세존은 다시 상족제자 대목건련을 보내니, [그는] 한 점의 자줏빛 상운(祥雲)을 타고 곧장 왕궁에 이르러 [대왕께] 아뢰었다. "세존께서는 저를 보내시어 궁전 앞에 도량을 마련할 것을 대왕께 부탁드리라 하셨습니다. 그리하면 이튿날 세존께서 친히

106 『論語』「公冶長」.

강림하시어 전생의 인연을 설하실 것이라 하셨습니다." 마침내 제석을 앞세우고 미륵과 천신과 팔부의 권속들을 뒤딸린 채 세존은 오색 연꽃에 앉으신 모습으로 도량에 이르렀다. 대왕은 아들을 연꽃에서 내려와 절을 올리게 하였다. 한 대신이 대왕에게 아뢰었다. "세존께서 비록 [대왕의] 아드님이오나 그분더러 절을 하게 하시면 대왕께서 전락(轉落)하게 되실까 염려되옵니다." 대왕은 대신의 말을 받아들였다. 잠시 후 대왕은 친히 세존께 절을 올리는데, 한 번 절을 올리니 [세존의 모습은] 변함이 없고 두 번 절을 올려도 변함이 없더니 세 번 절을 하고 일어서니 세존은 어느새 일천 구의 부처가 되어 있었다. 그 각각의 부처는 32상(相) 80종호(種好)[107]를 갖추고 있었고 머리 위에는 둥그런 빛이 빛나고 있었으며, 가슴에는 만(卍)자가 새겨져 있었고 발은 천륜(千輪)을 밟고 있었으며, 신장은 일 장(丈) 육 척(尺)에 달했고 자마황금의 빛나는 몸을 하고 있었다.

其大王見佛化爲一千體相, 宜悟(疑悟)[108]問言大臣曰:「那個是前來者[109]一軀佛? 交(教)朕如何認得?」其大臣奏言:「臣亦不識. 若要知佛, 莫越是親抱養姨母卽合知之.」其姨母答曰:「大王!如人渴來何(河)頭飮水, 飮水了便來, 如何度量期(其)水深淺?」亦言不識. 又云:「五百生前耶輸陀羅合知先來者佛.」其耶輸答曰:「如人山上借路而過, 何知樹林鳥雀多少?」其臣又奏請:「羅睺之子合知先來者佛.」遂詔羅睺. 其羅睺奏云:「請金盤一面, 寶珠一棵,[110] 令壯士驚(擎)[111]行, 直至佛前便禮.」其羅睺從頭第一禮至九百九十九尊, 直至末下一尊面前, 放下盤

107 32상 80종호란, 부처가 지니고 있는 보통의 인간과 다른 32가지의 상호와 80가지의 세부모습을 말한다.

108 '宜悟'는 '疑悞'로 보아야 한다. 潘重規는 '宜'만을 교정했고 '悟'는 교정하지 않았다. 『集韻』:"悞, 疑也." '疑悞'는 같은 의미의 글자가 합쳐진 連綿字이다.

109 '者'는 구조조사로서 '的'에 해당된다. 다음의 '先來者佛'이나 '者師兄'의 '者'도 마찬가지다.

110 '棵'는 '顆'와 같다. 양사는 정해진 글자가 없는 경우가 많다.

111 '驚'은 '擎'으로 보아야 한다.

珠. 拽其波羅之袖口云:「世尊六年在於山間苦行, 不審萬福?」 其世尊知被認着慈父, 便與羅睺說其宿世因緣:「過去劫中, 有王號波羅奈王, 有於二太子. 其王崩後, 太子二人, 大者不戀雲花(榮華), 山間修道; 小者太子承王寶位, 主其天下. 後還謀(迷)[112]思師兄, 遂遣一走馬使赴山間, 詔其師到於閤門. 先且閤門使奏對:『師兄見在閤門, 未敢引對.』其王弟貪戀歌樂, 不聽奏對. 將師兄關門立其六日, 慢易三寶, 不敬師兄. 其過去劫中波羅奈王, 只今見在淨梵王是也. 已前過去劫中, 你王弟轉輪者師兄, 只吾之身便是. 你弟之身, 爲慢易佛法, 不敬三寶, 只你羅睺便是. 當日將兄立其六日, 却交(教)託生耶輸腹中, 六年不見光明.」 其世尊却[113]與羅睺摩頂授記三歸依:「第一歸依佛, 第二歸依法, 第三歸依僧.」其羅睺三歸依了, 頭髮不剃隨自落, 金蘭(襴)袈裟從體自生, 同登佛會, 身長一丈, 號曰大阿羅漢. 今勸坐下聽人, 此者因緣, 希逢難遇.

更欲說, 日將沈, 奉勸門徒念佛人,
合掌堦前聽取謁(偈), 總交(教)親自見慈尊.[114]

대왕은 세존이 일천 개의 모습으로 변한 것을 보고 기이한 생각이 들어 대신에게 물었다. "저분은 앞서 온 일신불(一身佛)인가? 어찌 된 건지

---

112 '謀思'는 '迷思'로 보아야 한다. 「太子成道經」의 '謀悶'에서 상세히 설명하였다.

113 【潘重規】'却'은 原卷에서는 '即'으로 적었다가 덧칠을 하고서 '却'으로 수정하였다.

114 『新書』에서는 이 뒤에 시 두 수가 더 있다. 그 교정본을 이곳에 첨부한다.
第一無常(무상): 一丈紅羅八尺强, 上頭更繡二鴛鴦.天邊織女誇道巧, 月裏恒娥見便藏.夜來只知牕下坐, 不覺無常闇取將(한 丈의 붉은 비단과 팔 척의 강인함, 그 위에는 두 마리 원앙이 수 놓여 있네. 하늘가의 직녀가 그 아름다움을 칭찬하고, 달 속의 항아는 [그들을] 보고는 즉시 몸을 숨긴다. 밤이 오면 창 아래 앉아 있을 줄만 알았지, 무상함이 아무도 모르게 [젊음을] 가져가는 것은 알지 못하네)
第二壁畫和尙(벽화속의 승려): 壁上無年歲, 人間絶往來.面塵何日洗, 經卷已(幾)時開.髮亂無刀剃, 袈裟是筆裁.若(苦)也無定準, 牆塌是輪迴.(벽에는 세월이 없고, 인간 세상과의 왕래도 끊었네. 얼굴의 먼지는 어느 때나 씻을 것이고, 경전은 어느 때나 펼치려나. 머리카락 어지러워도 깎아낼 칼 없고, 袈裟는 붓으로 만들었도다. 苦에는 일정한 표준이 없고, 벽이 무너지면 그것이 곧 윤회라네.)

짐은 알 수가 없구나." 대신이 아뢰었다. "신 역시 알 수가 없사옵니다. 부처를 알고자 하신다면 누구보다도 그를 직접 안아 기른 이모[에게 물어보시면] 될 것이옵니다." 그러자 이모는 "대왕이시여! 목마른 자가 물가로 와서 물을 마실 수는 있지만 어떻게 그 물의 깊이를 알 수가 있겠습니까?" 하며 자신도 모르겠다고 하였다. 그리고는 말하기를, "과거 오백 생을 같이 한 야수타라라면 분명 과거의 부처에 대해 알고 있을 것이옵니다." 야수타라가 대답하였다. "산길을 가는 자가 길 위를 걷고는 있지만 어찌 숲속의 새들이 몇 마리나 되는 지 알 수 있겠습니까?" 이에 신하가 다시 아뢰었다. "라후라 왕자께서는 분명 과거의 부처를 아실 것이옵니다." 그리하여 라후라를 불러들였다. 라후라가 아뢰었다. "황금쟁반 하나와 보주(寶珠) 한 알을 장사(壯士)로 하여금 받들게 하여 제가 불 앞으로 나아가 절을 올리게 해 주십시오." 라후라는 첫 번째 부처부터 구백아흔아홉 번째 부처에까지 절을 올린 다음 마지막의 부처 앞에 이르러서는 쟁반과 보주를 내려놓았다. 그리고 바라(波羅)의 소맷부리를 가다듬으며 말하였다. "세존께서는 여섯 해 동안 산속에서 고행을 하셨는데 어떠한 복이 있는 지 알 수가 없습니다." 세존은 [라후라가 자신이] 아버지임을 알아보는 것을 아시자 곧 그에게 숙세의 인연을 설하였다. "과거의 겁 동안에 바라나왕이라는 왕이 있었는데 그에게는 두 태자가 있었다. 왕이 세상을 뜨고 난 후, 큰아들은 영화에 연연하지 않고 산속에서 수행을 하였고, 작은아들은 왕위를 계승하여 천하를 다스리게 되었다. 그 후 동생은 형을 그리워하여 말을 탄 사자를 산속으로 보내어 형에게 궁궐로 올 것을 알렸다. (형이 궐문에 이르자) 합문사(閤門使)[115]가 먼저 왕에게 '사형께서 지금 합문(閤門)[116]에 와 계시는데 감히 안으로 인도하지 못했습니다' 하고 아뢰었으나 왕은 노래와 음악에 빠져 있었던 까

115 조정의 의례를 맡아보던 당 말・오대 때의 관명. 각국의 왕이나 재상, 백관 등이 황제를 알현할 때 예법에 어긋나지 않게 감독하는 일을 함.

116 궁궐의 측문.

닭에 그 말을 귀담아 듣지 않았다. 형을 궐문 앞에 엿새 동안 세워 놓으며 삼보(三寶)를 경시하고 형을 공경하지 않았다. 과거 겁 중의 바라나왕은 바로 지금의 정범왕(淨梵王)이다. 그리고 과거 겁 중에서 너는 왕인 동생이었고, 전륜왕인 형은 바로 지금의 나다. 불법을 경시하였고 삼보를 공경하지 않은 동생은 바로 라후라 너였다. 그날 형을 엿새 동안 세워 두었기에 [너는] 야수타라의 배를 빌어 태어나 여섯 해 동안 광명을 보지 못했던 것이다." 세존은 라후라의 정수리를 어루만지며 그에게 삼귀의(三歸依)를 수기(授記)하였다. "첫 번째로 불(佛)에 귀의하고, 두 번째로 법(法)에 귀의하고, 세 번째로 승(僧)에 귀의하라." 삼귀의를 마치자 라후라는 머리카락이 저절로 떨어져 나갔고 금란가사가 몸에서 저절로 생겨났다. [세존을] 따라 법회에 오르는데 신장이 일 장(丈)이었고 대아라한이라 불렸다. 지금 법좌 아래의 그대들에게 알리노니 이러한 인연은 귀하고도 만나기 어렵도다.

더 설하고 싶지만 날이 저물어가거늘
권하노니 문도들은 부처를 염하시기를.
계단 앞에서 합장하고 게송을 들으면
몸소 자존(慈尊)을 뵙게 되리라.

태자성도음사(太子成道吟詞)[1]

隊仗[2]白說：白月才沉,[3] 紅日初生。儀仗[4]才行,[5] 天下晏靜。爛滿繡衣花燦燦, 無旁神女貌螢螢(瑩瑩)。

1 본편의 原卷 편호는 P.2440이고 原卷의 뒷면에 적혀 있다. 앞에는 押座文(처음 구는 "佛世難遇, 如憂潭鉢花"이다.)이 적혀 있으며, 문두와 문미에 잔결된 흔적은 없고 제목도 없으며 비교적 작은 글씨로 적혀 있다. 李正宇는 이 작품에 임의로 '釋迦因緣'이란 제목을 붙이며 하나의 극본으로 여겼다.(『敦煌研究』 제10기 「晩唐敦煌本釋迦因緣劇本試探」을 참조 바람) 【校注】 이 작품은 「太子成道經」 변문이나 「八相變」 중의 吟詞 부분을 뽑아 만든, 일종의 발췌본이다. 변문 공연시 음창자의 음창을 위해 만들어진 것으로서, 나중에 등장하는 독립적인 줄거리를 갖춘 극본과는 다르다. 「太子成道經」 등과 명칭상 어울리는 까닭에 임의로 「太子成道吟詞」라 명명한다. 문중의 자구 가운데 「太子成道經」 등에서 교정한 것은 재론하지 않는다.

2 '仗'은 原卷에서는 '扌' 편방으로 되어 있다. 「太子成道經」 중의 '甚生隊仗'에 의거하여 수정한다.

3 '沉' 뒤에 原卷에는 '形'자가 있다. 「太子成道經」 戊卷에는 이 문구가 '白月西沉'으로 되어 있다. 이에 의거하여 '形'자를 삭제한다.

4 '儀仗'은 原卷에는 '擬扙'으로 되어 있다. 「悉達太子修道因緣」에 의거하여 수정한다.

5 '行' 다음에 原卷에는 '形'자가 있다. 「太子成道經」에 의거하여 삭제한다.

大王吟 : 撥棹乘船過大江, 神前傾酒三五杯。傾杯[6]不爲諸餘事, 男女相兼乞一雙。[7]

夫人吟 : 撥棹乘船過大池, 書情歌舞變神祇。歌舞不緣別餘事, 做顧大王乞個[8]兒。

吟生[9] : 聖主摩耶往後國, 嬪妃綵女婦女奏[10]樂喧。魚透碧波堪賞翫, 無夏花色最宜觀。某[11]無夏花樹菜敷榮, 夫人彼中緩步行。擧手或攀諸餘葉,[12] 釋迦對主袖中生。釋迦玆父降生來, 還從右脇出身胎。九龍瀝水早是衩,[13] 千輪足下瑞蓮開。

某相吟別[14] : 阿斯陀仙啓大王, 太子瑞應極禎祥。[15] 不是尋常等閒事, 必作菩提大法王。

某婦吟別 : 前生與殿下結良緣, 賤妾如今豈敢專? 是日耶輪再三請,

---

6 '杯'는 原卷에서는 '㿻'로 되어 있는데 이는 '盃'의 增旁字이며 이는 '杯'와 같다. 여기서는 직접 수정한다.

7 이 문구 앞에 原卷에는 '大王' 두 글자가 더 있는데 글씨도 작고 오른쪽으로 치우쳐 적혀 있는 것으로 보아 "男女相兼乞一雙" 문구와 連讀하지 않음을 알 수 있다.('大王'은 부르는 말일 것이다) 「太子成道經」 甲卷과 戊卷에도 '大王'이란 문구는 들어 있지만 작은 글씨로 적혀 있지는 않다.

8 '個' 앞에 原卷에는 '一'자가 있다. 여기서는 「太子成道經」 原卷에 의거하여 삭제한다.

9 '生'은 生・老・病・死 四相 중 '生相'을 말한다. 原卷에서는 '吟生' 두 글자 앞에 '迴鑾駕却' 네 자가 들어 있는데 이것은 「太子成道經」 "迴鑾駕却入宮中"을 잘못 초록한 것인 까닭에 여기서는 삭제한다.

10 原卷에서는 '嬪'이 '頻'으로 되어 있고, '奏'는 '走'로 되어 있다. 여기서는 「太子成道經」 戊卷에 의거하여 수정한다.

11 '某'는 原卷에서는 오른편에 작은 글씨로 '厶'라 되어 있다. 이것은 제시어로서, 앞서의 것과는 별개의 운문이며 다른 음창자가 음창하는 것임을 보여준다.

12 '諸餘'는 原卷에서는 '枝余'로 되어 있다. 「太子成道經」에 의거하여 수정한다. 혹자는 '枝余'를 '枝與'라고 교정하기도 하나, 「太子成道經」, 「八相變」, 「悉達太子修道因緣」의 각 권자 중에서 두 번째 글자가 '與'로 되어 있는 것은 하나도 없는 까닭에 따르지 않는다.

13 '衩'은 '寪', '叉'로 적기도 한다. 기이하다는 뜻이다.

14 '相吟'은 占相의 吟詞임을 가리킨다. '別'은 또 다른 음창자를 가리키며, 음창자가 바뀜을 알려주는 제시어이다. 下文 '婦吟別'의 '別' 역시 같은 뜻이다.

15 '禎'은 原卷에서는 '貞'으로 되어 있다. 「太子成道經」에 의거하여 수정한다.

太子當時脫指環。

대오 백설(白說) : 하얀 달이 기우니 붉은 태양이 떠오르고, 대오가 나아가니 천하가 평안해진다. 아름다운 비단옷은 눈부시게 화려하고, 무수한 선녀들은 그 모습이 곱고도 아름답다.

대왕 음(吟) : 노 저어 배를 타고 큰 강을 건너서
신령 앞에 술 네댓 항아리를 올린다.
술잔을 기울이는 것은 다른 것을 위함이 아니라
아들딸 한 쌍을 원해서라네.

부인 음(吟) : 노 저어 배를 타고 큰 연못을 건너
정성을 다해 가무를 올리며 신명(神明)을 즐겁게 하네.
가무를 올리는 것은 다른 일을 위함이 아니라
대왕께 자식 하나 내려주시기를 기원해서라네.

생상(生相)의 음사 : 성주(聖主) 마야부인이 후원(後園)으로 향하는데
비빈과 채녀의 연주소리 요란하다.
물고기는 푸른 물결 일으키며 유유히 헤엄치고
무우수(無憂樹)의 꽃빛은 관상(觀賞)하기에 알맞다.
무우수의 이파리는 무성한데
부인은 천천히 그 아래로 걸어간다.
손을 들어 가지와 잎을 잡으니
석가 성주(聖主) 소매 속에서 태어나신다.
석가 자부(慈父) 강생(降生)하시는데
오른쪽 옆구리에서 탄생하신다.
구룡이 물을 뿜어내는 것 이미 기이한데
발아래에 천륜(千輪)의 상서로운 연꽃이 피어난다.

관상(觀相)의 음사 : 아사타선인이 대왕께 아뢰는데
태자의 서응(瑞應)은 더없는 길상이라네.
일상적이지도 예사롭지도 않은 일이거늘

반드시 보리의 대법왕이 될 거라네.
신부(新婦)의 음사 : 전생에 전하와 양연(良緣)을 맺었거늘
천첩이 지금 어찌 제멋대로 행하겠나이까.
이날 야수(耶輸)가 거듭 간청하니
태자는 이때 가락지를 빼낸다.

某老相吟 : 眼闇都緣不辨[16]色, 耳聾高語不開聲。欲行三裏二裏時, 雖(須)[17]是四廻五廻歇。少年莫笑老人頻, 老人不奪少年春。此老老不將去, 此老還留與後人。

某四(死)[18]吟 : 國王之位大尊高, 殺鬼臨頭無處逃。死[19]相之身皆若此, 還漂若海浪滔滔。

某臨險吟 : 卻喚危中也大危,[20] 雪山會上亦合知。賤妾一身猶乍可, 莫交(教)辜身阿孩兒。[21]

某修行吟 : 夫人據(旣)解別陽壹,[22] 此事事蓮火裹開。曉鏡罷看桃李面, 飷(紺)[23]雲休揷鳳凰釵。無明海水從茲[24]竭, 煩惱最林任意摧。努力鷲峰修聖道, 新婦莫慵纔(饞)不敬卻廻來。[25]

---

16 '辨'은 原卷에서는 '弁'로 되어 있다. 「太子成道經」 原卷에 의거하여 '辯'으로 수정한다.
17 '雖'는 '須'로 보아야 한다.
18 '四'는 '死'로 보아야 한다. '死吟'은 四相의 吟詞이다. 「孔子項託相問書」 : "하늘에는 들보가 없으며 땅에도 기둥이 없습니다. 사방의 구름으로 서로 지탱하여 기둥 삼을 뿐입니다(天亦無梁, 地亦無柱, 與四方雲氣而乃相扶)." '四'자가 甲卷에서는 '死'로 되어 있다. '四'와 '死' 두 글자가 통용되고 있음을 보여준다.
19 '死'는 原卷에서는 '四'로 되어 있다. 「太子成道經」에 의거하여 수정한다.
20 '却喚'은 原卷에서는 '可喫'로 되어 있다. '危'는 原卷에서는 '㞑'로 되어 있다. 여기서는 모두 「太子成道經」에 의거하여 수정한다.
21 '阿孩兒'는 「太子成道經」, 「八相變」에서는 모두 '一孩兒'로 되어 있다.
22 '據'는 「太子成道經」에서 '已'로 되어 있는 것으로 보아 '旣'와 통함을 알 수 있다. '旣知'와 '已知'는 같은 뜻이다. '陽'은 原卷에서는 '揚'으로 되어 있다. 「太子成道經」에 의거하여 수정한다.
23 '飷'은 '紺'으로 보아야 한다.
24 '茲'는 原卷에서는 '資'로 되어 있다. 「太子成道經」에 의거하여 수정한다.

[吟][26] : 長成不變世榮華, 厭患深宮爲太子。捨卻金輪七寶位, 夜半逾城顧出家。六年若行在山中, 鳥 同居爲伴侶。長饑不食珍修(羞)[27]飯, 麻夢將來便短終。[28] 得證菩提樹下身, 降伏衆魔成正覺。鷲嶺峰頭放毫光,[29] 說此三乘微妙經。[30]

노상(老相)의 음사 : 눈은 어두워 색깔을 구분하지 못하고

귀는 먹어 큰 소리도 들리지 않는다네.

두세 리(里)를 걸으려면

네댓 차례를 쉬어야만 한다네.

젊은이는 늙은이가 자주 쉬는 것을 비웃지 말게나.

늙은이는 젊은이의 청춘을 빼앗지 않을 것이네.

이 늙음은 늙은이가 가져가는 것이 아니고

이 늙음은 후세 사람에게 남겨진다네.

---

25 '讒'은 '饞'과 통한다. '擎'은 原卷에서는 '掣'로 되어 있다. 「太子成道經」 原卷에 의거하여 수정한다.

26 이하의 여섯 구는 「太子成道經」 서두의 吟詞에 보인다. 이에 의거하여 '吟'자를 보충한다. 또 전체 12구 역시 본권(P.2440)에 기록된 「八相押座文」에 보인다.

27 '珍修'는 「八相押座文」에서는 '眞修'로 되어 있다. 蔣禮鴻은 이를 '珍羞'라 보았다.

28 '短終'은 「八相押座文」에서도 보인다. 蔣禮鴻은 『待質錄』에 넣었고, 袁賓은 '短中'이라 교정하였다. [校注] '斷中'으로 보아야 하며 이는 '斷午'(『通釋』에서는 '過午不食'이라 해석하였음)와 같다. 불교에서는 정오가 지나서는 밥을 먹지 않는다는 규정이 있다. 日本 圓仁 『入唐求法巡禮行記』 권2 : "16일 해가 뜨자 길을 떠났다. 서쪽으로 20리를 가다가 청하현 합장류촌에 이르러 유씨 집에서 점심 휴식을 취했다. 느릅나무 잎으로 만든 국을 마셨다. 주인은 비록 불법을 모르는 사람이었지만 스스로 음식을 들고 나와 승려들과 함께 들었다(十六日, 平明發. 西行二十里, 到淸河縣界合章劉村, 劉家斷中, 喫楡葉羹. 主人雖未解佛法, 自出齋飯與僧等斷中)." 卷3 : "18일 선주각원의 주승의 초청이 있기에 그곳에 이르러 점심 휴식을 취했다(十八日, 赴善住閣院主請, 到彼斷中)." 이 '斷中' 역시 같은 뜻이다.

29 '毫光'은 「八相變」에서는 '毫相'으로 되어 있다.

30 이 구절은 「八相押座文」 原卷에서는 가는 선이 그어져 있고 그 대신 "鹿苑初度五俱輪. 先開有教益群情, 次說空宗令悟解, 後向靈山談妙法, 益今利後不思議." 다섯 구가 적혀 있다. '三乘微妙經'은 '有教', '空宗', '微妙法' 등의 내용('三乘'은 불교술어로서 聲聞乘 · 緣覺乘 · 菩薩乘, 혹은 大乘 · 中乘 · 小乘을 가리킨다. 불교의 궁극적 경지인 깨달음의 세계로 가기 위해서 의지해야 하는 교법을 말한다)을 가리키는 듯하다.

사상(死相)의 음사 : 국왕의 자리 지극히 존귀하고 높다지만
　　죽음의 귀신 머리맡에 이르면 달아날 곳 없다오.
　　사상(死相)의 육신은 모두 이와 같아
　　물결 일렁이는 고통의 바다 위를 둥둥 떠다닌다오.

위험 임박의 음사 : 위난(危難) 중에서도 대위난(大危難)
　　설산의 회상(會上)에서도 분명 알고 계시리라.
　　천첩(賤妾)의 이 한 몸은 오히려 상관없으나
　　이 아이를 저버리지 마시옵기를.

수행(修行)의 음사 : 부인은 이미 남녀 간의 환락을 초월하였으니
　　이 일은 불속에서 연꽃이 피어난 듯하다.
　　새벽 거울에 도리(桃李)[31]와 같은 모습 비추기를 그만두고
　　감색 구름[의 머리털]에 봉황의 비녀 꽂기를 멈추었다.
　　무명(無明)의 해수(海水) 이로써 말라버리고
　　번뇌의 수풀 마음껏 부수었도다.
　　힘써 취봉산(鷲峰山)[32]에서 성도(聖道)[33]를 수행해야 할 것이니
　　신부는 나태하여 [수행을] 지속하지 못하고 되돌아오는 일이 없도록 하라.

[음사] : 장성하여 세속의 영화에 연연하지 않고
　　깊은 궁에서 태자 됨을 혐오하네.
　　금륜왕의 칠보(七寶) 자리를 내던지고
　　한밤중에 성을 넘어 출가하기를 바라네.
　　육 년 동안 산속에서 고행하는데

---

31 미인의 아름다운 용모에 대한 비유.

32 영취산. 고대 인도 마갈타국(摩竭陀國)의 왕사성 북동쪽에 있는 산. 부처가 이곳에 머물면서 법화경과 무량수경 등 많은 경전을 가르쳤다고 한다.

33 팔성도(八聖道). 깨달음과 열반으로 이끄는 올바른 여덟 가지 길. 정견(正見), 정사유(正思惟), 정어(正語), 정업(正業), 정명(正命), 정정진(正精進), 정념(正念), 정정(正定)이다. 팔정도(八正道)라고도 함.

조수(鳥獸)가 동거하며 동반자가 되어주네.
오랜 동안 굶주리며 진귀하고 맛 좋은 음식 먹지 않고
삼(麻)과 보리(麥) 가져와도 정오 넘어 먹지 않네.
보리수 아래의 육신은
온갖 악마 항복시켜 정각을 이루신다.
영취산 꼭대기에서 백호(白毫)의 광휘 비추시며
이 삼승(三乘)의 미묘한 경전[34]을 설하신다.

34 '삼승의 미묘한 경전'이란 법화경을 의미한다. 삼승이란 성문승, 연각승, 보살승(대승)을 말하는데, 법화경에서는 삼승은 모든 사람을 성불로 유인하기 위한 방편에 불과하며 일승(대승)이야말로 진실한 가르침이라는 '三乘方便, 一乘眞實'의 교리를 설하고 있다.

태자성도변문 1(太子成道變文一)[1]

爾[2]時太子旣聞和尚之言, 深欲出宮修道. 遂乃卻迴車馬, 來入宮中, 具奏父王 :「惟願大王放兒出家修道, 我求無上菩提, 誓[3]度一切衆生.」便乃有偈 :

父王聞奏發聲[4]悲, 何其我子有別離.
朕憶當時仙人語, 太子長大去修持.[5]

---

1 王慶菽 【原校】 본권의 편호는 P.3496이고 제목은 본래 빠져 있는데 여기서는 고사 내용에 의거하여 임의로 제목을 붙였다. 북경도서관에도 이 권자가 소장되어 있는데 편호는 推字 79호이다. 이를 甲卷으로 삼아 교주에 참조하였다. 【校注】 推 79호는 新編 北圖 8370이며 뒷면에 적혀 있다.

2 '爾'는 原錄에서는 '尒'로 되어 있다. 【校注】 두 개의 권자는 모두 '尒'로 되어 있는데 이는 '爾'자이다. 이하 동일하다.

3 '誓'는 原錄에서는 '誓'로 되어 있고 '誓'로 교정하였다. 【校注】 이것은 '誓'의 속자이다. 上部의 '扌'은 그 우측 '斤'의 영향을 받아 類化된 것이다. 甲卷에서는 '質'로 되어 있는데 이는 오자이다.

4 '聲'은 原錄에서는 '𢌬'로 되어 있고 '聲'으로 교정하였다. 【校注】 이것은 '聲'의 속자이다. 甲卷에서는 '聲'으로 되어 있다.

皇宮不紹[6]金輪位, 居山定證[7]佛菩提,
果然今日抛吾去, 因爲西門[8]見死屍.
淨飯大王相勸, 且要[9]我兒爲伴.
今朝爭忍別離, 父子都緣憶[10]戀.
悉達又聞王語, 不肯留身暫住,
我觀宮內歌歡,[11] 日夜由如受苦.
須抛濁世修行, 雪嶺今霄(宵)[12]定去.
無心久戀皇宮, 有願須求出路.
大王爲子轉加愁, 發聲大哭淚交流.
哽咽填胸腸欲斷,[13] 不忍交兒剃頭.
皇宮帝闕無人紹, 後嗣應當一世休.
令朕心酸難治位, 群臣見了面含羞.
爾時淨飯大王留連太子, 太子都緣不戀皇宮, 淨飯大王又勸太子:
偈曰[14]:

---

5 [原校] 甲卷에서는 '持'가 '時'로 되어 있다.

6 '不紹'는 '不繼承'을 뜻한다. 「難陀出家緣起」: "전륜왕을 계승하지 않고 삭발을 하였네(不紹輪王剃却頭)."

7 '正'은 原錄에서는 '證'으로 되어 있다. [校注] 두 개의 권자는 모두 '正'으로 되어 있는데 이는 '證'과 통한다.

8 '門'은 原錄에서는 '行'으로 되어 있다. [原校] 甲卷에서는 '行'이 '門'으로 되어 있다. [校注] 原卷에서는 '㣔'로 되어 있는데 이는 '門'의 속자이다.(이 권자에서 '門'자는 모두 이 형태로 되어 있다) 이에 의거하여 바로잡는다.

9 [原校] 甲卷에서는 '要'가 '欲'으로 되어 있다.

10 [原校] 甲卷에서는 '憶'이 '意'로 되어 있다.

11 [原校] 甲卷에서는 '我觀宮內歌歡' 뒤에 '無心久戀皇宮' 한 구가 더 들어 있는데 이는 유사 의미의 중첩으로 생각된다.

12 '霄'는 原錄에서는 '霄'로 되어 있고 '霄-宵'라 교정하였다. [校注] 돈황사본에서 '霄'와 '宵'는 보통 아무런 구분 없이 혼용된다. '雨' 아래에 '消'를 덧붙인 것은 바로 '霄'의 속자이다.

13 [原校] 甲卷原文至此句止 [校注] 甲卷에서는 이 뒤에 '善財童子言'云云이 연이어 있는데 앞의 것과는 무관한 내용이다.

14 '偈曰' 두 글자는 原錄에서는 없다. 여기서는 原卷에 의거하여 보충한다.

我兒年少正當時, 爭忍今朝取別離.
順吾尊意權且住, 莫入深山受孤恓.[15]
皇宮行有諸伎女, 免[16]得交(教)人別猜疑.
若思違逆耶孃命, 證得菩提有何爲!

(原文至此完)

이때 태자는 승려의 말을 듣고 나자 궁을 떠나 수행을 하고 싶은 마음이 간절해졌다. 즉시 마차를 돌려 궁전으로 돌아와 부왕께 아뢰었다. "대왕께 바라옵건대 소자의 출가수행을 허락해주십시오. 저는 위없는 보리를 구하여 일체의 중생을 제도하기로 결심하였습니다." 곧 게송이 나온다.

부왕은 [태자의] 말을 듣고 슬피 흐느끼는데
"어찌 내 아들과 이별할 수 있으리!
짐은 그때 선인이 한 말을 기억하는데
태자는 자라서 수행을 떠날 것이라
황궁에서 금륜(金輪)의 지위를 잇지 않고
산에서 살며 불보리(佛菩提)를 얻게 될 거라 했었네.
과연 오늘 짐을 버리고 떠나려 하는 것은
서문에서 송장을 본 까닭이로다."
정반대왕이 타이르는데
"잠시 내 아들과 함께 지내고 싶구나."
오늘 어찌 차마 헤어질 수 있으리.
부자(父子) 모두 그리워하네.
실달태자는 대왕의 말을 듣고

15 '悽'는 原錄에서는 '恓'로 되어 있는데 이는 속자이다.
16 '免'은 原錄에서는 '亐'으로 되어 있다. 【潘重規】 S.512 '知張夆貞珍', '亐'은 '爭'이다. 【校注】 여기서는 '爭'자가 아니다. 본래 이 글자는 '亐'로 되어 있는데 이는 '免'의 속자인 '兑'의 초서체이다. '免得交(教)人別猜疑'는 '남들의 의심을 면하다'는 뜻이다.

잠시도 머물려 하지 않는데
"제게는 궁 안에서 노래 부르고 즐거워하는 것은
밤낮으로 고통 받는 것이나 다름없네.
탁한 세상 내던지고 수행해야 하거늘
오늘 밤 설산으로 가야만 한다네.
황궁에 오래도록 연연해하는 마음 없으니
나갈 길을 얻기를 바랄 뿐이네."
대왕은 아들 때문에 근심이 더해가니
소리 내어 통곡하며 눈물을 줄줄 흘린다.
목이 메고 가슴이 먹먹하며 창자가 끊어지는 듯
차마 아들을 삭발시킬 수 없다네.
"황제의 궁궐 계승할 자 없으니
후사는 한 세대를 쉬어야만 하겠구나!
짐은 비통함에 나라를 다스리기 어려우니
군신들 대하기가 부끄럽도다."

이때 정반대왕은 태자를 [황궁에] 계속 머무르게 하고자 했으나 태자는 황궁에 미련이 없었다. 정반대왕이 다시 태자를 타이르는데,

"내 아들 나이 아직 어린데
어찌 차마 오늘 이별할 수 있으리!
내 뜻을 따라 당분간 [황궁에] 머물 것이니
깊은 산속으로 들어가 외로이 슬퍼하지 않도록 하여라.
황궁에는 많은 기녀들이 있으니
다른 사람의 의심을 면할 것이다.
만일 부모의 뜻을 거스르려 한다면
보리를 증득한들 무슨 소용 있겠느냐!"

(원문은 여기서 끝남)

태자성도변문 2(太子成道變文二)[1]

世尊[2]到道場之內歎者[3]善男子、善女人了後, 衆生有者決定之心.[4] 有毛堤(蹄)子,[5] 門之內遍(變)[6]作個大池, 一切衆生, 並總四面如(而)官(觀).[7]

1 王慶菽 【原校】 본권의 편호는 S.4480이고 표제는 본래 빠져 있는데 여기서는 고사 내용에 의거하여 임의로 정하였다. 【校注】 原卷의 정면에는 佛經이 필사되어 있고 그 뒷면에 이 변문이 행서와 초서의 혼합체로 적혀 있다.

2 '尊'은 原卷에서는 초서 'ち'로 적혀 있다. 이하 동일하다.

3 '者'는 『新書』에서는 '這'와 같다고 하였다. 【校注】 '言'의 형와자일 수 있다.

4 '心'은 原錄에서는 '匕'로 되어 있고 '某'로 교정하였다. 【潘重規】 '乚'은 '心'자의 초서체일 것이다. 이것은 중생에게 이러한 결심이 있음을 말한다. 앞 구 "者善男子"의 '者'와 함께 이 두 개의 '者'자는 모두 '這'의 뜻이다. 『變文集』에서는 '匕'로 되어 있고 뒷 구에 연속되어 있는데 이는 잘못이다. 【校注】 권자 내의 '某乙'의 '某'는 '厶'로 되어 있지 않으며, "世尊心中"의 '心' 역시 초서로 되어 있지 않은 까닭에 '乚'자를 비정하기는 쉽지 않다. 여기서는 潘重規의 견해를 따른다.

5 '堤'는 응당 '蹄'로 보아야 한다. '毛蹄子'는 털이 난 발을 말한다. 『經律異相』 권35 「守籠那足下生毛苦行得果」: "첨바성에 대장자가 있었는데, 그의 아들의 이름은 수롱나였다. …… 일찍이 땅을 밟게 한 일조차 없어 발바닥에 털이 나있었다. …… 부처님께로 왔는데, 세존께서 여러 장자의 아들들과 첨바성 성주를 위하여 설법하고 권하

世尊心中："某乙在世不生決定之心,[8] 無其信受."[9] 便是(使)[10]善惠[11]身上著祿(鹿)[12]皮之衣脫洛(落), 與下水上如(而)蒲(鋪),[13] 幷箭(剪)[14]髮如(而)藉,[15] 共世尊渡池如(而)到東岸. 先不與善惠受(授)記, 後於我受記.[16] 到

며 교화하시니, 바로 그 자리 위에서 법안의 깨끗함을 얻고서 세존께 아뢰었다. …… 수롱나는 그 뒤에 드디어 출가하여 溫水河의 물가 尸陀林으로 들어가서 정성스럽게 정진하였다(瞻婆城有大長者子, 字守籠那, …… 未曾地足下生毛. …… 詣佛所, 世尊爾時卽爲諸長者子及瞻婆城主說法勸化, 卽於坐上得法眼淨白. …… 時守籠那後遂出家往溫水河邊尸陀林中懃行精進)." 이로보아 '毛蹄子'는 '守籠那'를 가리키는 듯하다.

6 '遍'은 응당 '變'으로 보아야 한다.

7 '如'는 응당 '而'로 보아야 한다. '官'은 原錄에서는 '𡕒'로 되어 있고 '是'로 교정하였다. 【校注】 原卷에서는 초서 '𡕒'로 되어 있는데 이는 응당 '官'의 초서체 '𡧃'의 와자이며 '觀'과 통한다. 아래 문장 "差官健三人"의 '官'은 原卷에서는 '𡧃'로 되어 있으며, 또 "三個官健"의 '官'은 본래 '觀'으로 적었다가 그 옆에 '官'으로 수정을 가하였는데, 이는 참고할 필요가 있다.

8 '心'은 原錄에서는 '乚'로 되어 있고 '心'으로 교정하였다. 【校注】 原卷에서는 '𢖩'로 되어 있는데 앞의 "決定之心"의 '心'과 그 형태가 비슷하다.

9 '信受'는 '믿고 따르다', '받아들이다'는 뜻이다.

10 '是'는 응당 '使'로 보아야 한다. 아래 문장 "便是大歲"의 '是' 역시 '使'로 보아야 한다.

11 '祿'은 原錄에서는 '那'로 되어 있다. 【潘重規】 原卷에서는 '祿'으로 되어 있는데 이는 '鹿'과 통한다. 『變文集』에서는 '裸'로 오록하였다. 【校注】 原卷에서는 사실 '祼'로 되어 있는데 이는 '裸'의 속자이다. 이는 '祿'의 속자인 '禄'의 형와자이다. 여기서는 직접 바로잡아 기록한다.

12 '善惠'는 善慧比丘를 가리킨다. 『經律異相』 권12 「善慧得五種夢請佛解釋」: 선혜비구가 보광여래께 여쭈었다. "제가 옛날 깊은 산 속에 있을 때에 다섯 가지 꿈을 꾸었습니다. 첫째는 제가 큰 바다에 누워 있는 꿈이었고, 둘째는 제가 수미산을 베고 있는 꿈이었으며, 셋째는 바다 안의 일체 중생들이 저의 몸 속으로 들어오는 꿈이었습니다. 그리고 넷째는 제 손으로 해를 붙잡는 꿈이었으며, 다섯째는 손으로 달을 붙잡는 꿈이었습니다. 원하옵건대 세존이시여, 저를 위하여 꿈을 해설하여 주시옵소서(我昔日在深山中得五種夢, 一者夢臥大海, 二者夢枕須彌, 三者夢海中一切衆生入我身內, 四者夢手執日, 五者夢手執月, 唯願世尊, 爲我解說)." 『佛敎大辭典』의 '善慧' 항목을 보면 이는 陳代의 승려 이름으로 되어 있고, 또 '善慧仙人' 항목을 보면 부처의 화신이라고 말하고 있어 모두 여기에는 부합되지 않는다. 선혜비구에 관해서는 『過去現在因果經』 권1에 나와 있다.

13 '如'는 '而'와 통하고, '蒲'는 '鋪'와 통한다.

14 '箭'은 '剪'으로 보아야 한다. 「李陵變文」: "바로 그 때, 초목이 곧 서릿발 같은 화살을 받으니, 이날 산천은 피로 물들고 말았네(登時草木遭霜箭, 是日山川被血荼)." 이 '箭' 역시 '剪'과 통한다.

佛滅度後，號釋迦牟尼．如來當時到六欲界天上作護名菩薩，六年治化衆生．六年已必(畢)，[17] 便使[18]金團天子[19]配下界．[20] 檢河東三百六十州，河西十六大國．不巽(信)那[21]州懸(縣)[22]人語如(而)好檢看，卻取上界金團天子到上界，[23] 之(知)者[24]河東三百六十州並總不堪，總是苦取(趣)；[25] 之(知)者河西十六大國，則加毗衆永成佛釋，衆皆有善心．[26] 便是(使)大歲[27]卻天門下界與看，[28] 則那[29]加毗衆永成．到癸丑年之歲七月十五日[30]夜，從於六欲界天上降下於磨(摩)耶夫人藏中，託胎左脇[31]但入右．

---

15 '如'는 '而'와 통한다. '藉'는 原錄에서는 '傋'로 되어 있고 '溝'라 교정하였다. 【校注】 原卷에서는 사실 '溝'로 되어 있는데 이는 '溝'이다. 여기서는 '藉'의 형와자인 듯하다.

16 '後於我受記'는 나보다 늦게 수기를 받았다는 뜻으로, 앞의 두 구와 동일한 의미이다. 여기서의 '受'자는 '授'의 古字이다. '授記'는 장래에 부처가 되리라는 예언을 받는 것을 말한다. 뒤의 '受'자는 받는다는 뜻이다.

17 '必'은 '畢'로 보아야 한다. 原錄에서 '必'자는 뒤 구에 속해 있는데 이는 오류다.

18 '使'는 原錄에서는 '是'로 되어 있다. 【原校】 '是'자 옆에는 본래 '使'자가 더 있다. 【校注】 이것은 '使'를 '是'로 수정한다는 뜻이다. 이에 의거하여 바로잡는다.

19 '子'는 原錄에서는 '不'로 되어 있고 '子'로 교정하였다. 【校注】 原卷에서는 사실 '子'로 되어 있다. 이에 바로잡는다. 이 문구를 潘重規는 "必使是金團天子配下界"라 하였는데 이는 오류다.

20 原錄에서는 '界' 뒤에 '具'자가 더 있다. 【校注】 原卷에서 '界'는 '界、、'로 되어 있는데 이는 반복부호일 뿐 '具'자는 없다. 이에 '具'자를 삭제한다.

21 '巽'은 응당 '信'으로 보아야 한다. '那'는 原錄에서는 '邢'으로 되어 있는데 이는 와자인 듯하다. 潘重規는 '巽'을 '選'으로 보았는데 정확하지 않다.

22 '懸'은 '縣'과 통한다.

23 이 문구는 금단천자를 상계로 돌아가게 하다는 뜻인 까닭에 앞의 '上界'는 衍文으로 보인다.

24 '之'는 응당 '知'로 보아야 한다. '者'는 '這'와 같다. 뒤의 '之者' 역시 이와 같다.

25 '苦取'는 '高趣'로 보아야 한다. '趣'는 '趨'와 같으며 나아가는 곳을 말한다.

26 '心'은 原錄에서는 闕文으로 되어 있는데 『新書』에서는 '心'을 넣었다. 【校注】 原卷에서는 'ひ'로 되어 있는데 이는 앞의 '心'자와 그 형태가 동일하다.

27 '大歲'는 '太歲'이며 天神 이름이다.

28 '看'은 原錄에서는 초서로 적고 해서로 교정하였다.

29 '那'는 原錄에서는 '郉'로 되어 있고 '那'로 교정하였다. 【校注】 原卷에서는 '那'로 되어 있는데 이는 '那'의 초서이다.

30 '日'은 原錄에서는 '之'로 되어 있다. 【校注】 原卷은 사실 '日'로 되어 있다. 이에 의거하여 바로잡는다.

31 '脇'은 原錄에서는 '肤'로 되어 있고 '腋'으로 교정하였다. 【校注】 이것은 '脇'의 속자이

到丙寅之歲四月八日, 於南彌梨園中手搊[32]無憂樹, 脚紅[33]連(蓮)花右[34]但(誕)下. 五百釋衆乿涉[35]車匿, 五百白馬共[36]成珠宗(朱鬃), 共佛[37]四月八日同時生. 九龍吐水欲(浴)[38]太子, 記(擧)[39]脚七步, 一手至(指)天, 一手至(指)地, 口稱: "爲(唯)[40]我爲尊, 某乙向上更無人." 當時摩耶夫人遣差官[41]健三人, 取(趣)[42]淨飯王錢(前)[43]: "太子但(誕)下, 在金盤子承,[44] 轉

다. '夾'으로 '劦'을 대신한 것 같다.

32 '搊'는 原錄에서는 '揗'로 되어 있고 '攝或扭'로 교정하였다. [郭在貽] 廣韻下平聲18尤韻 "搊, 手搊, 楚鳩切. 掫, 俗"이라 하였다. 변문 중의 '掫'은 응당 '搊'이다. '手搊'는 당·송대의 속어인 듯하다. [校注] '揗'자는 『龍龕手鏡』에 기록되어 있는데 音이 楚尤反으로 되어 있다. 즉 '搊'의 속자이다. '搊'는 '꽉 붙잡다(揪住)'는 뜻이다.

33 [潘重規] 原卷은 '泛'자인 듯한데 변문집에서는 '紅'으로 되어 있다. [校注] 原卷은 '红'으로 되어 있는데 이는 '紅'의 초서이다. '紅' 앞에 동사 한 글자가 빠져 있음이 분명하다.

34 '右' 뒤에 '脇'자가 빠진 것 같다.

35 '乿'은 原錄에서는 '亃'으로 되어 있다. [原校] '亃'은 '亂'자인 듯하다. [校注] 원형은 '乿'인데 이는 '亂'자인 것 같지는 않다. 돈황사본에서 '亂'은 통상 간체자 '乱'으로 표기되고 있기 때문이다. 게다가 '亂'자와는 자형이 서로 다르며 '亂涉'의 의미도 해석이 안 된다. 蔣禮鴻은 "'亃'과 '亂'은 형태가 비슷한데 아마 하나의 글자에서 갈라져 나온 것이 아닌가 싶다. 변문에는 '件涉'이란 문구가 있는데 '亃涉'은 이 '件涉'과 관련이 있어 보인다" 하였다. [陳治文] '亃'은 『廣韻』業韻 '魚怯切' 小韻 '𦍯, 引也.'의 '𦍯'자이다. 필사 과정에서 '亃'으로 잘못 적은 것이다. [校注] 진씨의 견해는 정확하지 못한 것 같다. 이 단어는 '件涉', '件換', '件戀' 등의 단어와 함께 '동반하다', '모시고 다니다'는 뜻이다. 따라서 '乿'은 '備'가 되어야 하고 '並'과 통하는 것으로 보아야 할 것 같다. 혹은 '亂'으로 보아 '引'과 통하는 것으로 보아야 할 것 같다. 앞으로의 고찰이 필요한 부분이다.

36 '共'은 原錄에서는 '兴'로 되어 있다. [原校] 原卷의 '兴'자는 '共'자로 보인다. [陳治文] '並'자의 와자인 것 같다. [校注] 原卷은 '𠔱'로 되어 있는데 이는 '共'자이다.

37 '佛'은 原錄에서는 '仏'로 되어 있고 '佛'로 교정하였다. [校注] 이 글자는 '佛'의 속자이다.

38 [袁賓] '欲'은 '浴'이 되어야 한다. 이 두 글자는 동음으로 서로 혼용된다. 이하 동일하다.

39 '記'는 蔣禮鴻, 袁賓 모두 '起'로 보았다. [校注] '記'와 '擧'는 모두 見母字이며 止·遇二攝合韻인 까닭에 '擧'로 보는 것이 비교적 합당하다. 「廬山遠公話」: "걸음걸이가 왕과 같고 팔은 무릎을 지나는데 동으로 서로 돌아다녔다(行步中王, 手垂過膝, 東西擧步而行)." 여기서의 '擧步'는 이 '擧脚'과 같은 뜻이다. 이하 동일하다.

40 [徐震堮] '爲'는 응당 '唯'가 되어야 한다. 이하 동일하다.

41 '官'은 原錄에서는 '宊'로 되어 있고 '官'으로 교정하였다. [校注] 이 글자는 '官'의 초

巽(瞬)[45]從天有九隊雷明(鳴),[46] 一隊明(鳴)中各有一獨(毒)[47]龍吐水, 欲(浴)我太子. 記(擧)脚七部(步), 一手至(指)天, 一手至(指)地:'爲(唯)我爲尊, 某乙頭[48]上更無人.'" 淨飯王聞走(奏)[49]此語, 光顔[50]大悅. 三個官健各相如一隊. 便喚岳縈(樂營)[51]之者打金鼓[52]喜樂. 得三日已後, 便[53]取太子, 從大覺長者園中將引淨飯王宮[54]□□□後, 阿姨大哀道:"夫人拔嬭如(而)[55]養, 胸前成仁(人)."[56] 後到大□□□□□□□歲乃□[57]不樂在家, 言

서 '宦'의 변형이다.

42 原錄에서는 '取' 다음에 '取'자가 하나 더 있다. [原校] '取'자 하나는 衍文이다. [校注] 뒤의 '取'자는 다음 행의 처음에 적혀 있다. 행을 바꾸면서 생긴 衍字이다. 이에 삭제한다. '取'는 응당 '趣'의 축약이며 '趨'와 같다.

43 [原校] '錢'은 '言'이 되어야 할 것 같다. [校注] 마땅히 '前'으로 보아야 한다. 병사가 왕 앞으로 달려 나감을 말한다.

44 '承'은 原錄에서는 '乘'으로 되어 있다. [校注] 原卷에서는 사실 '承'의 초서로 되어 있다. '在金盤子承'은 금쟁반으로 받아냄을 말한다.

45 '巽'는 '瞬'으로 보아야 한다.

46 '明'은 '鳴'과 통한다. 이하 동일하다.

47 '一'은 原錄에는 없다. 여기서는 原卷에 의거하여 보충한다. '獨'은 '毒'과 통한다.

48 '頭'는 原錄에서는 '欲'으로 되어 있고 '頭'로 교정하였다. [校注] 原卷은 '吠'로 되어 있는데 이는 '欲'자가 아니라 '頭'의 속자이다.

49 '走'는 原錄에서는 '考'로 되어 있고 '者'로 교정하였다. [原校] '老' 혹은 '者'자로 보인다. [蔣禮鴻] 이것은 초서 '走'의 訛字이다. 변문에서는 흔히 '走'로 '奏'를 대신한다.

50 [蔣禮鴻] '光顔'은 '龍顔'의 오자이다. [校注] '光顔'은 오류가 아니다. 『太平經』 卷1: "後聖李君太師姓彭, …… 上至無上, 下至無下, 眞官希有得見其光顔者矣." 이 '光顔'은 이와 같은 뜻이다. 따라서 수정할 필요 없다.

51 '岳營'은 응당 '樂營'이 되어야 한다.

52 '鼓'는 原錄에서는 '皷'로 되어 있다. [校注] 原卷은 '鼔'의 초서로 되어 있다. 이는 '鼓'의 속자이다. 이에 바로잡는다.

53 '便'은 原錄에서는 '更'으로 되어 있다. [校注] 原卷에서는 사실 '便'으로 되어 있다. 이에 의거하여 바로잡는다.

54 '宮'은 原錄에서는 缺文으로 되어 있다. [校注] 原卷의 글자가 '宮'자임은 아직 판별할 수 있다. '宮'자 아래에 가로획이 하나 있는데 '中'자의 흔적으로 의심된다.

55 '嬭'는 原錄에서는 간체 '妳'로 되어 있다. '如'는 '而'와 통한다. '拔嬭而養'은 '젖을 먹이다'는 뜻이다.

56 '仁'은 原錄에서는 '佛'로 되어 있다. [校注] 原卷에서는 사실 '仏'로 되어 있는데 이는 '仁'자이며 '人'과 통한다.

57 이상의 열 자가 原錄에서는 자수를 알 수 없는 궐문으로 표기되어 있는데, 여기서는

道出家修道, 父王並總[58] (下缺)

세존께서 도량에 이르시어 이 선남자 선여인을 찬탄하고 나자 중생은 결정심(決定心)[59]을 갖게 되었다. 장자 수룡나가 문 안에 커다란 연못을 만드니 모든 중생들이 사방에서 이를 바라보았다. 세존은 생각했다. '그대는 속세에 있을 때 결정심이 없어 믿고 따르지 못했다.' 선혜(善惠)는 입고 있던 사슴 가죽옷을 벗어 진흙 위에 펼쳐놓고 머리카락을 잘라 땅에 깔아 세존께서 연못을 건너 동쪽 언덕에 이르시도록 하였다. 선혜에게 수기(授記)를 먼저 주지 않았으니 그는 나보다 늦게 수기를 받은 것이다. 부처 멸도 후 석가모니라 부르게 되었다. 여래께서는 당시 육욕계 천상에서 호명보살로 불리며 6년 동안 중생을 교화하셨다. 6년이 지나자 금단천자를 하계로 내려 보냈다. [금단천자는] 하동(河東) 360주(州)와 하서(河西) 16국을 살펴보고 상계로 돌아갔다. 이 하동 360주는 모두 고처(苦處)라서 적합하지 않았고, 하서 16국 가운데 가비라국은 백성들이 영원히 부처를 섬기고 모두 선한 마음을 지니고 있음을 알았다. 즉시 천신(天神) 태세(太歲)에게 천문(天門)을 나서 하계로 내려가 살펴보게 하니 가비라국의 백성들은 언제까지나 부처를 섬겼다. 그리하여 계축년 칠월 보름밤에 육욕계의 천상에서 마야부인의 뱃속으로 강림하시는데 오른쪽 옆구리를 거쳐 왼쪽 옆구리에 들어앉았다. 병인년 사월 초파일, [마야부인은] 남미리원(南彌梨園)에서 손으로 무우수 [가지]를 잡고 붉은 연꽃을 밟고 서있는데, [보살은 마야부인의] 오른쪽 옆구리로부터 태어나셨다. 오백의 석가족이 찬타카(車匿)를 난섭(?)하고 오백의 백마가 모두 붉은 갈기를 갖게 되었는데 모두 부처와 함께 사월 초파일에 태어났다. 구룡이 물을 토하여 태자를 씻어주고, [태자는] 일곱 발자국을 내딛고

原卷의 기록에서 '歲乃' 두 글자를 판별해내어 기록한다. 그리고 앞뒤 비어있는 공간을 고려하여 공백으로 남겨 놓았다.

58 '總'자는 原錄에는 없다. 여기서는 原卷의 '物'에 의거하여 보충해 넣었다.

59 확고부동하게 믿는 마음.

나서 한 손은 하늘을 가리키고 한 손은 땅을 가리키며 "나는 가장 존엄하나니 내 위로 아무도 없도다!"라고 외쳤다. 이때 마야부인은 병사 셋을 정반왕에게 보내어 [위 사실을 알리게 했다]. "태자가 탄생하심에 황금 쟁반으로 받아냈사온데, 그 순간 하늘에서 아홉 차례의 우레 소리가 들렸고, 매번의 우레 소리가 들릴 때마다 한 마리의 독룡이 물을 토해내어 태자를 씻어주었습니다. 다리 들어 일곱 걸음을 내딛고 나서 한 손은 하늘을 가리키고 또 한 손은 땅을 가리키며 '나는 가장 존엄하여 내 위에 아무도 없도다'라고 외쳤습니다." 정반왕은 이 말을 듣고 얼굴에 기쁨이 가득했다. 곧 세 명의 병사를 시켜 악영(樂營)[60]의 기녀들을 불러내어 악기를 타고 북을 두드리며 즐거운 음악을 연주하게 했다. 그렇게 사흘을 보내고 난 뒤 태자를 대각장자의 원림(園林)에서 정반왕의 궁전으로 데려왔다. (　　　　　　　　)한 후 이모가 몹시 슬퍼하며 말하였다. "부인께서는 태자가 다 자랄 때까지 젖을 먹이셨습니다." 그 후 [태자는] (　　　　　)살이 되었는데 속세의 [삶에] 즐거워하지 않으며, 출가하여 수행하겠다고 아뢰니, 부왕은 (　　　　　　　　　　　　)

(이하 빠져 있음)

60 관기(官妓)를 관리하는 관아.

태자성도변문 3(太子成道變文三)[1]

(上缺)具說生時瑞相. 大王聞奏, 驚怪忙甚,[2] 遂問國□:「□□□□,[3] 合[4]稱異世之事!」又詔諸相師, 近抱太子, □□□□□[5]:「阿奴聞諸仙久居巖峻,[6] 服氣餐[7]霞; 尋百部[8]之明經,[9] 占吉凶之善惡. 孩童雖生宮

1 王慶菽 【原校】 본권의 편호는 S.4128이고 표제는 본래 빠져 있는데 여기서는 고사 내용에 의거하여 임의로 정했다. 【校注】 原卷 앞면에 전부를 필사하지 못하고 뒷면에 이어 필사하고 있다.

2 '驚怪忙甚'은 原錄에서는 '□□怪□'로 되어 있다. 潘重規는 '驚怪忙然'이라 보완 수록하였다. 【校注】 原卷은 이 부분에 구김이 있긴 하나 판독이 가능하다. '忙'자 다음 글자는 '甚'으로 되어 있는데 이는 분명 '甚'자이다.

3 이상의 여덟 자가 原錄에서는 자수를 알 수 없는 궐문으로 표기되어 있는데 여기서는 原卷에 의거하여 '遂問國' 석 자를 보충하였고(『新書』에서는 '便問國'이라 하였음) 궐문도 다섯 글자로 추정하였다.

4 '合'은 原錄에서는 '令'으로 되어 있다. 【校注】 이 두 글자는 자주 혼동된다. 여기서는 직접 '合'으로 수정하였다.

5 결문은 대략 다섯 글자인데 '度與諸仙人'쯤 될 것 같다.

6 '峻'은 原錄에서는 결문으로 되어 있다. 【校注】 原卷에서는 '峻'로 되어 있는데 이는 '峻'의 속자이다. 이에 의거하여 보충하였다.

內, 以(與)世絶論(倫),[10] 莫是[11]鬼魅妖神? 莫是化生菩薩?[12] 心中疑誤, 決定審詳. 善惡二途, 分明解說.」諸仙奏大王曰:「善生聖子, 以(與)世不同. 夫人具三十二[相][13]者, 必作轉輪聖王; 八十種好者, 定爲三界之主. 聖子有三十二相, 相相幷加端[14]嚴; 八十隨形, 形形總超人貌.[15] 在家登金輪王位, 釋種千代而興隆, 出家定證佛身,[16] 救拔四生之重苦. 自今日後, 願王常勝, 願王常尊. 莫[17]信非邪, 定生聖子. 當施財寶[18]象馬七珍, 須衣與衣, 須食與食.」百寮齊聲賀喜, 闔國內無不歡忻. 思念卻返王城, 諸天贈一輦[19]轝. 若論工就,[20] 世所絶希. 迎菩薩入在其中, 四天王擎轝. 更有化生玉女, 現身來擎金瓶,[21] 前後散衆

---

7 ‘餐’은 原錄에서는 ‘口’ 편방으로 되어 있는데 이는 속자이다.

8 ‘部’는 原錄에서는 ‘韶’로 되어 있고 ‘韶’로 교정하였다. [校注] 原卷에서는 사실 ‘[illegible]’로 되어 있는데 이는 ‘部’의 초서이다.

9 ‘經’은 原錄에서는 ‘緣’으로 되어 있다. [校注] 原卷은 ‘綖’로 되어 있는데 이는 ‘經’의 속와자이다. ‘百部之明經’은 占卜 관련 서책을 가리킨다.

10 ‘以’는 ‘與’와 통한다.(이하 동일) ‘論’은 ‘倫’과 통한다. 原錄에서는 직접 ‘倫’으로 적고 있다.

11 ‘是’는 原錄에서는 ‘非’로 되어 있다. [校注] 原卷은 사실 ‘是’로 되어 있다. ‘莫是’는 ‘莫非是’이다. ‘莫’은 의문어기사이다.

12 ‘菩薩’은 原錄에서는 合字 ‘卄’로 되어 있고(『龍龕手鏡』에서 보임) ‘菩薩’이라 교정하였다. 여기서는 직접 바로잡는다.

13 [徐震堮] ‘者’ 앞에는 ‘相’자가 빠져 있다. 이에 의거하여 보충하였다.

14 ‘總端’ 두 글자는 原錄에서는 ‘加諸’로 되어 있고 ‘諸’자를 ‘莊’으로 교정하였다. [校注] 原卷에서는 사실 ‘惣端’으로 되어 있는데 이는 곧 ‘總端’이다. 이에 의거하여 바로잡는다.

15 ‘於’자는 原錄에는 없다. [校注] 原卷에서는 ‘超’자 우측 하단에 ‘於’자를 보충해 넣었다. 이에 의거하여 보완 기록하였다. 蔣禮鴻은 ‘人貌’는 곧 ‘面貌’라고 보았다.

16 ‘證’은 原錄에서는 ‘証’으로 되어 있다. 여기서는 原卷에 의거하여 수정한다.

17 ‘莫’은 原錄에서는 ‘英’으로 되어 있고 ‘應’으로 교정하였다. [校注] 原卷에서는 사실 ‘莫’의 행서체로 되어 있다. 이에 의거하여 바로잡는다.

18 ‘寶’는 原錄에서는 ‘實’로 되어 있고 ‘寶’로 교정하였다. [校注] 原卷의 ‘寶’자는 초서로 적혀 있어 ‘實’처럼 보일 뿐 ‘實’은 아니다.

19 ‘輦’은 原卷에서는 ‘輩’로 되어 있다. 原錄에서는 직접 ‘輦’으로 적었다.

20 ‘工就’는 수레 제작을 말한다. 原錄에서는 ‘就’가 다음 구에 속하는 것으로 되어 있는데 이는 오류다.

21 이 문구는 原錄에서는 “親身來奉金瓶”으로 되어 있다. [校注] 原卷은 사실 “現身來擎

名[22]花; 八部[23]龍天, 左右護衛. 太子、大王, 鑾駕全仗而行. 近到迦毗羅城, 早[24]有一場擎異.[25] 摩醯[26]首羅神聖自古[27]釋種欽虔, 士庶供養祇恩, 無不從心獲益. 大王思忖, 欲定是[28]非:「將向廟[29]中, 合知所以.」 毗沙門空中嗔怒一喝, 喝去泥[30]神, 趍走太子輦前, 一步一禮:「乞罪! 乞罪! 咄咄泥龕土像身.」大王歡悅, 見者無不警(驚)嗟. 非外道不能出矯[31]詐之言, 非天魔不能思(肆)[□](妒)害[32]之意. 便將太子入到龍城, 敕下宮人, 嚴持侍養.

金瓶"으로 적고 그 중 "來擎金瓶" 네 자를 다시 삭제하였다. 여기서는 이 네 글자를 다시 살리고, 原錄에서의 잘못 기록된 두 글자를 수정하여 기록한다.

22 '名'은 原錄에서는 '香'으로 되어 있다. 여기서는 原卷에 의거하여 바로잡는다.

23 '八部'는 原錄에서는 '以韶'로 되어 있고 뒤 글자를 '韶或韻'이라 교정하였다. 【校注】 原卷에서는 사실 '八部' 두 글자로 되어 있다. '部'는 초서로 적혀 있는데 앞서 '百部'의 '部'와 같은 형태다.

24 '早'는 原錄에서는 '平'으로 되어 있다. 여기서는 原卷에 의거하여 바로잡는다.

25 '竒'는 原錄에서는 '寶'로 되어 있다. 【校注】 原卷은 초서 '寳'로 적혀 있는데 이는 '竒' 자이며 '기이하다'는 뜻이다.

26 '醯'는 原錄에서는 우반부가 '益'으로 되어 있다. 【校注】 原卷에서는 '醯'로 되어 있는데 이는 '醯'이다. '摩醯首羅'는 大自在天神이다. 慧琳『一切經音義』: "摩醯首羅는 摩醯濕伐羅라고도 한다. '摩醯'는 '大'라는 뜻이고, '濕伐羅'는 '自在'를 뜻한다. 이 천왕은 대천세계를 자유롭게 주재한다는 의미에서 이렇게 부른다(摩醯首羅, 正云摩醯濕伐羅. 言摩醯者, 此云大也; 濕伐羅者, 自在也. 謂此天王於大千世界中得自在故也)." 『智度論』 2: "마혜수라천은 秦의 말로 대자재이다. 8개의 팔에 3개의 눈을 가지고 있으며 하얀 소를 타고 있다(摩醯首羅天, 秦言大自在, 八臂三眼騎白牛)."

27 '古'는 原錄에서는 '右'로 되어 있다. 徐震堮은 이를 '古'로 보았다. 【校注】 俗書에서 '古'자는 상부의 세로획을 흔히 길게 삐쳐 적는다. 이에 徐震堮의 견해를 따른다.

28 '是'는 原錄에서는 '思'로 적고 '是'라 교정하였다. 【校注】 原卷에서는 사실 '是'로 되어 있다. 이에 의거하여 바로잡는다.

29 '廟'는 原錄에서는 '廣'으로 적고 '廟'라 교정하였다. 【校注】 原卷은 '庿'로 되어 있는데 이는 '廟'의 속자인 '庿'의 변체인 듯하다. 이에 '廟'라 기록한다.

30 '泥'는 原錄에서는 '埿'라 적고 '泥'라 교정하였다. 【校注】 이것은 '泥'의 속자이다.

31 '矯'는 原錄에서는 '禱'라 적고 '譎'이라 교정하였다. 【徐震堮】 '禱'은 곧 '矯'이다. 【校注】 原卷에서는 '矯'로 되어 있는데 이는 '矯'의 속자이다.

32 '思'는 응당 '肆'로 보아야 한다. '思' 다음 '害' 앞에 한 글자가 누락된 것 같다. '思'자가 줄 끝머리에 있고 '害'가 줄 처음에 위치하는 까닭에 필사할 때 실수로 빠트린 것 같다. 이에 임의로 '妒'자를 보충하였다.

(윗부분 빠져있음) 태어날 때 상서로운 조짐이 있었다고 하였다. 대왕은 이 말을 듣고 몹시 놀랍고도 기이하여 나라의 ( )에게 물었다. "( ) 참으로 세상에 보기 드문 일입니다!" 대왕은 다시 점술가들을 불러들여 태자를 가까이서 안아보게 하며 ( ) "나는 듣기에 선인(仙人)들은 오랫동안 험한 바위 굴 속에 살면서 기(氣)와 노을을 먹고 온갖 점술서를 찾아 구하며 길흉과 선악을 점친다고 들었소. 이 아이는 비록 궁에서 태어나고 또 세상의 누구보다도 뛰어나지만, 요괴 귀신인지 아니면 환생한 보살인지 마음에 의심이 들어 자세한 것을 알아보기로 하였소. [태자의 탄생이] 선도(善途)인지 악도(惡途)인지 설명해주길 바라오." 선인들이 대왕에게 아뢰었다. "태자께서는 세상 사람들과 다릅니다. 삼십이상(三十二相)을 갖춘 사람은 반드시 전륜성왕이 되고 팔십종호(八十種好)를 갖춘 사람은 틀림없이 삼계(三界)의 주인이 됩니다. 태자께서는 삼십이상을 가지고 있는데 그 상 하나하나가 단엄합니다. 또 팔십종호를 지니고 있는데 그 특징 하나하나는 [범인의] 모습을 초월하고 있습니다. 속세에 계시게 되면 금륜왕에 올라 석가족은 일천 대(代)의 흥성을 누리게 될 것이고, 출가하게 되면 부처가 되어 사생(四生)을 무거운 고통으로부터 구해내게 될 것입니다. 오늘 이후로 대왕께서 보다 훌륭하고 존엄하신 존재가 되시기 바랍니다. 그릇됨과 사악함을 믿지 마십시오. 태자께서는 성자(聖子)심이 틀림없습니다. 재물이며 코끼리나 말, 보화를 보시하시고, 입혀야 할 옷만을 입히시고 드셔야 할 음식만을 들게 하십시오." 백관이 일제히 경하의 말을 올리고 온 나라 백성들이 모두 기뻐하였다. 왕성으로 돌아가려고 마음먹으니 제천(諸天)이 가마를 바쳤는데 그 가마는 세상에 보기 드문 것이었다. 보살(태자를 가리킴)을 맞아들여 가마에 오르니 사천왕이 가마를 받들었다. 게다가 화생한 선녀들이 황금 꽃병을 들고 나타나 [가마의] 앞뒤에 아름다운 꽃들을 흩뿌렸고 천룡팔부가 주위에서 호위하였다. 태자와 대왕이 탄 가마의 대오가 가비라성 근처에 이르렀을 때 한 차례 기이한 일이 일어났다. 예부터 석가족들은 마

혜수라(摩醯首羅)[33]신을 공경하고 백성들은 지신(地神)의 은덕에 공양하였는데, 그들은 이리하여 원하는 바를 이루어내곤 하였다. 대왕은 잠시 생각에 잠기더니 [선인의 예언이] 옳은지 그른지를 알아보고 싶어졌다. "사당에 들러 그 까닭을 알아봐야겠다!" 이때 [태자에 절을 올리지 않는 마혜수라에게] 진노한 비사문이 허공에서 고함을 지르니, 진흙 신상(神像)은 태자의 가마 앞으로 서둘러 내려와 일보 일배를 올리며 말했다. "죄를 내리소서! 죄를 내리소서! 이 진흙 감실의 소상(塑像)을 책하여주소서." 이에 대왕은 무척 기뻐하였고 이 광경을 목격한 사람치고 경탄하지 않는 이가 없었다. 외도가 아니고서는 남을 속이거나 기만하는 말을 내뱉을 리 없고, 마왕이 아니고서는 남을 해칠 생각을 품을 리 없다. 태자가 경성에 들어서자 [대왕은] 궁녀들에게 태자를 빈틈없이 받들어 모실 것을 분부하였다.

其時南天境內, 有一阿私陀仙,[34] 道行精專, 德業更無過者. 非是人間化利, 每向三十三天, 共帝釋分坐安居, 說苦[35]空無常理. 忽聞忉利天衆轉身稱喜慶之聲:「嚴置道場, 散天花宮宮[36]供養!」 仙人問彼:「有何事由?」 諸天答之:「一佛出世, 今在瞻部洲界迦毗羅城淨飯王宮作

33 대천세계를 주재하는 신. 눈은 셋, 팔은 여덟이며, 흰 소를 타고 흰 불자(拂子)를 들고 있다. 원래 인도 브라만교의 만물 창조의 신인데, 불교에서는 호법신(護法神)으로 천부(天部)의 일존(一尊)에 지나지 않는다. 외도(外道)들은 이 신을 세계의 본체라 하며 또 창조의 신이라 하여, 이 신이 기뻐하면 중생이 편안하고, 성을 내면 중생이 괴롭고, 온갖 물건이 죽어 없어지면 모두 이 신에게로 돌아간다고 한다.

34 '阿私陀仙'은 原錄에서는 '年老尊師'라 되어 있다. 【原校】 본래 '年老尊' 세 글자 옆에 '阿私陀' 세 자가 적혀 있다. 【校注】 原卷의 '年老尊'은 이미 덧칠되었고 그 옆에 세 글자를 적어 수정하였던 것이다. 또 原卷에서는 '陀' 다음에 '仙'자가 적혀 있다. 여기서는 原卷에 의거하여 수정한다.

35 '苦'는 原錄에서는 '로'로 되어 있다. 原卷에 의거하여 수정한다.

36 '宮宮'은 原錄에서는 '宮宮'으로 되어 있다. 【原校】 '宮宮'은 '宮'자인 듯하다. 【袁賓】 두 번째 '宮'자는 '人'자이어야 한다. 【校注】 이것은 '宮'의 초서로서 권자 내에서는 모두 이렇게 되어 있다. '宮宮'은 '六宮'을 말한다. 따라서 '宮人'이라 적지 않는다.

爲太子.」仙人聞語, 速往下方, 棄卻神通, 步行往彼. 只將阿陀須[37]童子入迦毗羅城. 時人見之, 總生疑怪:「自古[38]仙人出入乘五色雲, 今日[39]因何履地而往?」[40]展[41]轉相報. 大王聞之, 便下□□,[42] 冊上尊者. 寒溫未竟, 仙人慶賀大王:「卑臣福薄業微, 不遇太子剩(盛)[43]世.」遂請大王邀[44]見聖子. 是日[45]鋪千重之錦繡, 啓道場於內宮; 設萬種之香花, 令仙人而相見:「孩童纔始睡著, 未得覺來, 伏乞尊仙, 莫生疲圈(倦).」仙人答曰:「太子是四生慈父, 睡眠不敢侵身, 片[46]時入定觀心, 方便令生拔濟.」大王共仙者入內, 遣宮人抱太子禮之. 雖值[47]瞻禮之時, 是返值[48]尊仙之面. 仙人得睹, 哽噎不能發言, 惆悵自身, 眼中千道淚落. 時王夫人及百寮宮人等, 見尊仙哀[49]哭, 盡皆失聲大哭. 良久

---

37 '阿陀須' 세 글자는 原卷에서는 먼저 '摩□魔'라 적었다가 다시 그 옆에다 '阿陀□'라 수정하였다. '陀' 뒤의 글자는 희미하여 판독할 수 없다. 이에 原錄을 따라 '須'라 적어둔다.

38 '古'는 原錄에서는 '右'로 되어 있다. 여기서는 직접 수정한다.

39 '日'자는 原錄에는 없다. 原卷에 의거하여 보충한다.

40 '往'은 原錄에서는 '値'로 되어 있다. 原卷에 의거하여 수정한다.

41 '展'은 原錄에서는 '鹿'으로 되어 있다. **[校注]** '展'은 속자로 '𢊁'라 적는다. 이 글자가 原卷에서는 '𠙶'로 적혀 있는데 이는 '展'의 와자이다. 袁賓, 潘重規 모두 '展'으로 교정하였다.

42 '便下□□'는 原錄에서는 단지 두 개의 궐문으로만 되어 있다. **[校注]** 原卷의 '便下' 두 글자는 판독이 가능하다. 그 뒤의 두 글자는 자적이 희미한데 潘重規는 이를 '玉音'으로 보았다. 정확한 것 같지는 않다.

43 '剩'은『新書』는 原卷에서는 '利'로 되어 있다 하였다. **[校注]** 초서로 '剩'과 '利'는 모양이 비슷하다. '利世'는 해독이 어렵다. 따라서 原校를 따른다.

44 '邀'는 原錄에서는 '邀'라 적고 '邀'라 교정하였다. **[校注]** 이것은 '邀'의 속자이다.

45 '日'은 原錄에서는 '以'로 되어 있다. 여기서는 原卷에 의거하여 바로잡는다.

46 '片'은 原錄에서는 '行'으로 되어 있다. **[項楚]** '行'은 '片'이 되어야 한다. 이 두 자의 초서는 형태가 비슷하여 착오가 생긴 것이다. **[校注]** 原卷에서는 '𠂧'로 되어 있는데 이는 '片'자이다.

47 '値'는 原錄에서는 '媜'로 되어 있다. **[校注]** 原卷은 희미하게 남아 있는데『新書』는 '値'라 적고 있다. 옳은 듯하다. 이에 의거하여 수정한다.

48 '値'는 原錄에서는 '往'으로 되어 있다. **[校注]** 原卷에서는 '値'로 되어 있다. 이에 의거하여 수정한다.

49 '哀'는 原錄에서는 '長'으로 되어 있다. **[校注]** 原卷은 희미하게 남아 있는데『新書』

之時, 方能停罷. 大王道:「朕生一子, 歡喜非常, 尊仙哭之, 有何怪異.」仙人奏曰:「佛世難値, 歷萬劫而一逢, 怨恨自身, 臨命終而得見. 將思薄福, 廣造惡因. 碎骨分(粉)身, 不將爲足.[50] 如斯苦切, 實是難陳. 伏乞大王, 勿生疑阻.」宮人抱出阿[51]孩兒, 相貌端嚴, 世所[52]希有, 胸前更[53]題万子(字). 仙人一睹淚雙垂云.[54] 於是仙人報淨飯大王道:「太子胸前萬字, 了了分明. 頂上圓光, 輝輝現有. 不樂珍輪[55]位, 直求無上菩[56]提. 練行修身, 必作四生父母. 王若不信, 臣以解之. 聖子萬行具修, 六波羅蜜俱備. 十九出家, 三十成道. 菩提樹下, 降伏衆魔. 波羅奈城, 得無上之法寶. 更莫猶預, 此事端然, 諦受諦聽,[57] 一一開決. 上來所說, 不慚仙人. □□□□[58]說三十二相, □□[59]輪王; 周論八十隨形,[60] 定知是佛.」遂使太子聞說, 將 (下缺)[61]

는 '哀'라 적고 있다. 이에 의거하여 수정한다.

50 '足'은 原錄에서는 '是'로 되어 있다. 【校注】 原卷에서는 사실 '足'으로 되어 있다. 이에 의거하여 수정한다.

51 '阿'는 原卷에 의거하여 보충한 것이다.

52 '所'는 原錄에서는 '下'로 되어 있다. 【校注】 原卷에서는 초서 '所'로 되어 있다. 이에 의거하여 바로잡는다.

53 '更'은 原錄에서는 '具'로 되어 있다. 【校注】 原卷에서는 사실 '更'으로 되어 있다. 이에 의거하여 바로잡는다.

54 '垂云' 두 글자는 原錄에서는 '看流'로 되어 있다. 【校注】 原卷에서는 '垂云'로 되어 있는데 이는 '垂云'이다. '仙人一睹淚雙垂云'의 '云'은 '云云'을 뜻한다. 변문에서 서술을 생략할 때 자주 쓰이는 수법이다.

55 '珍輪'은 原卷에서는 검게 칠해져 있어 판독이 어렵다. '輪王寶' 세 글자가 아닌가 한다.

56 '菩提'는 原錄에서는 '菩'자가 없다. 【校注】 原卷의 '提'는 '菩提' 두 글자의 合字이다.

57 '更莫猶預, 此事端然, 諦受諦聽' 이 열두 글자는 原錄에서는 네 개의 궐문으로만 되어 있다. 【校注】 이 열두 글자는 原卷에서 판독할 수 있다. 이에 보충하여 기록한다.

58 '一一開決. 上來所說, 不慚仙人' 原卷은 검게 되어 있어 판독이 어렵다. 『新書』의 기록을 따라 적는다. 네 개의 궐문을 『新書』는 '說其昔一'이라 적고 있는데 의미가 통하지 않는다. 마지막 글자가 '具'자가 아닌가 생각된다. 그렇게 보면 '具說'은 뒤의 '周論'과 대구가 된다.

59 두 개의 궐문이 『新書』에서는 '金' 한 글자로 되어 있다. 【校注】 原卷을 보면 두 글자인 듯하다. '必爲', '必是' 등의 글자로 생각된다. 『新書』는 '金輪王周論八十隨行'이라 한 구로 보고 있는데 이는 오류다.

60 '論'은 原錄에서는 '輪'으로 되어 있다. 여기서는 原卷에 의거하여 바로잡는다. '形'자

이 당시 남천축국에는 아사타 선인이 있었는데 그는 도행이 깊고도 변함없을 뿐더러 덕업(德業)면에서도 그를 넘어서는 사람이 없었다. 그는 인간세계에서 [중생들을] 교화하고 이롭게 하는 게 아니라, 항상 제석과 더불어 삼십삼천에 거하며 [그곳의 중생들에게] 고(苦)와 공(空)과 무상(無常)의 이치를 설하였다. 그는 문득 도리천의 중생들이 이리저리 움직이며 "정성껏 도량을 마련하고 궁마다 천화(天花)를 뿌리고 공양을 올리세!" 하는 기쁨에 들뜬 소리를 들었다. "무슨 일이 있는가?" 하고 그가 물으니 제천이 대답하였다. "부처님 한 분이 세상에 나셨는데 지금 염부주 가비라성 정반왕의 태자로 태어나셨답니다." 선인은 그 말을 듣고 속히 인간세상으로 내려가는데 신통력을 부리지 않고 아타수 동자(童子)만을 대동한 채 걸어서 가비라성으로 들어갔다. 이를 본 사람들은 모두 이상하게 여겼다. "예부터 선인은 나가고 들어옴에 있어 항상 오색구름을 타고 다니는 법인데, 어인 일로 오늘은 저렇게 땅을 밟고 다니시는 걸까?" 이 소식이 대왕에게 전해지자 대왕은 ( ) 존자(尊者)에 책봉하였다. 문안 인사도 하기 전에 선인은 대왕에게 경하의 말을 하였다. "신은 복은 박하고 선업은 미미하여 태자께서 세상을 이롭게 하는 것을 볼 수 없습니다." 그리고는 대왕에게 태자를 뵐 수 있게 해달라고 청했다. 이날 천 겹의 비단을 바닥에 깔아 궁 안에 도량을 열고, 만 가지 향기로운 꽃을 벌여놓고서 선인에게 태자를 보여주도록 하였다. "태자께서는 이제 막 잠이 들어 아직 깨어나지 않으셨습니다. 부디 선인께서는 깨우지 않으셨으면 합니다." 선인이 대답하였다. "태자는 사생(四生)의 자부(慈父)이신지라 수면이 감히 몸에 침범해 들어올 수 없습니다. 잠시 입정하여 마음을 관(觀)하고서 곧 중생을 구제할 것입니다." 대왕은 선인과 함께 안

가 『新書』에서는 '行'으로 되어 있다. 【校注】 原卷에서는 '形'으로 되어 있다. 앞에서도 '八十隨形'이란 문구가 있다.

61 '遂使太子聞說, 將' 일곱 글자는 原卷에서는 '說將' 두 글자만 판독할 수 있다. 『新書』에 의거하여 보충한다.

으로 들어가서는 궁녀에게 태자를 안고 나오도록 하였다. 선인은 태자를 바라보더니 목이 메여 흐느낄 뿐 아무 말도 없는데 눈에서는 천 갈래 눈물이 흘러내렸다. 대왕과 부인 및 백관과 궁녀들은 선인이 슬피 우는 것을 보고 모두 같이 통곡하였다. 한참 후에야 비로소 울음을 그치고 대왕이 물었다. "짐은 아들을 얻게 되어 기쁘기 그지없습니다. 그런데 선인께서 이토록 통곡을 하시니 무슨 흉한 일이라도 있는 것입니까?" 선인이 아뢰었다. "부처님이 세상에 출현하시는 일은 지극히 드무니 만 겁에 한 번 있을까 말까 합니다. 저는 죽을 날이 머지않아서야 그분을 뵙게 되어 한스럽기만 합니다. 제가 박복하고 악인(惡因)을 지은 까닭이니 분골쇄신 노력해도 어찌할 도리가 없습니다. 이 같은 고통은 실로 말로 다 표현하기 어렵습니다. 부디 대왕께서는 이상히 여기지 마십시오." 궁녀가 태자를 안고 나오는데 그 단엄한 모습은 세상에서 보기 드문 것이었고, 또 가슴에는 만(卍) 자가 새겨져 있었다. 선인은 태자를 한 번 바라보더니 눈물을 줄줄 흘렸다. 그러더니 정반왕에게 말하였다. "태자의 가슴에는 만 자가 뚜렷하고 정수리 위에는 원광(圓光)이 찬란히 빛나고 있습니다. 전륜왕위를 달가워하지 않고 위없는 보리를 구하고자 할 것입니다. 수행을 하여 반드시 사생(四生)의 부모가 될 것입니다. 대왕께서 만일 믿지 못하신다면 소인이 설명해드리지요. 태자께서는 만행(萬行)을 두루 닦아 육바라밀을 성취하셨습니다. 열아홉 살에 출가하시어 서른 살에 성도하실 것이고 보리수 아래서 모든 악마를 굴복시킬 것입니다. 바라나성은 위없는 법보(法寶)를 얻게 될 것입니다. 의심하지 마십시오. 이것은 장중하고 엄숙한 일이오니 주의 깊게 들으시어 하나하나 알아두시기 바랍니다. 위에서 말한 바는 선인에 부끄럽지 않습니다. (   ) 삼십이상을 갖추셨으니 전륜왕이 될 것이고, 팔십종호를 두루 갖추셨으니 분명 부처가 될 것입니다." 그리하여 태자는 (이하 빠져있음)

태자성도변문 4(太子成道變文四)[1]

(上缺)[淨][2]梵王夫人同議, 欲與太子謀於婚媒.[3] 其太子見道父王夫人, 准擬疋[□](配),[4] 不樂如斯. 其太子自發心願求,[5] 便在後宮結壇說法, 集合五百宮人綵[6]女聽受. 諸人不知聖教, 數中爲(唯)有耶殊[7]綵女, 識

1 王慶菽 【原校】 본권의 편호는 S.4633이고 표제는 본래 빠져 있는데 여기서는 고사 내용에 의거하여 임의로 정했다. 【校注】 뒷면에는 '轉經文'이란 제목이 붙어 있다.

2 '淨'자는 뒤의 '梵'자에 의거하여 보충한 것이다.

3 '媒'는 原錄에서는 '媾'로 되어 있다. 【校注】 原卷에서는 '媒'라 선명히 적혀 있다.

4 '疋' 뒤에 原錄에서는 '示'자가 있다. 【校注】 '疋'자는 줄 끝부분에 적혀 있는데 줄을 바꾸면서 한 글자를 빠트린 것 같다. 이에 '配'자를 보충해 넣는다. '示'자는 아래 '不'자와 관련하여 생긴 衍字이다. 이에 삭제한다.

5 '願求'와 뒤에 나오는 '求願'은 모두 '희구하다', '간구하다'는 뜻이다. 原錄에서는 '求'가 다음 구에 속하는 것으로 되어 있는데 합당하지 못하다.

6 '綵'는 原錄에서는 '婇'로 적고 '綵'라 교정하였다. 【校注】 『玉篇』: "婇, 婇女." '婇女'는 궁녀이다. 화려한 빛깔의 비단옷을 주로 입는 까닭에 그렇게 불린다. 이 글자는 본래 '婇'('婇'는 『說文新附』에 보이는데 '采'의 후기분화자이다)로 되어 있는데 '실사변(糸)'은 뜻을 표시한다. 계집녀변(女)으로 바뀐 것은 뒤의 '女'자와 관련하여 편방이 類化된 것이다. 여기서는 원교에 의거하여 직접 '婇'로 적는다. 이하 동일하다.

辯(辨)毫相, 便施與太子指環. 其悉達太子收在懷中. 散後告說父王夫人:"只此耶殊綵女納眷戚."[8] 其[9]太子日夜轉持戒行, 雖求願得耶殊綵女, 亦似無妻一般, 不曾與女同床.[10] 日日四暮(思慕)[11]其身, 夜卽取於氈褥, 別在一邊, 並無貪俗[12]之事. 其父王與夫人言說:「我此太子, 且與世間不:具有毫相雙光, 常持苦行, 心無退轉.」便令宮內專切敬重, 不遣外邊私出. 其太子見其父母識知毫相, 便欲波逃, 願求苦行. 其父王更切堤坊(提防), 恐慮透漏. 遂差三十宮[□](人)[13]常加守護, 白日在左右伴坐, 夜卽鎖閉房門. 其太子端然如(而)[14]守行, 瑞相轉明. 見此世間, 有貧有富, 有老有亡, 其太子更願雪山修行, 不戀世俗. 緣太子有於惠眼, 漸漸更覓方便東西.[15] 守養年登十九, 早知自身合是有天聖地神助膺取吾.[16] 後因亭午之間行至後園散悶, 忽見槽上所有百千疋

7 '殊'는 原錄에서는 '輸'로 교정되었다. [校注] 이것은 번역명이라서 굳이 글자를 고칠 필요 없다.

8 '戚'은 原錄에서는 '寂'으로 되어 있고 뒷 구에 속하는 것으로 되어 있다. [校注] '寂'은 '戚'의 형와자이다. '眷戚'은 眷屬을 말한다.

9 '其'를 項楚는 '莫'으로 보았다. 그리고 '莫'은 '寞'과 통한다고 보고 앞 자에 붙여 '寂寞'으로 이해하였다. [校注] '其太子'云云은 본 변문의 관용어구이다. 따라서 '其'는 '莫'의 와자가 아닌 듯하다.

10 '床'은 原錄에서는 '狀'으로 되어 있고 '床'이라 교정하였다. [校注] 原卷에서는 사실 '牀(床)'으로 되어 있다. 이에 의거하여 바로잡는다.

11 [項楚] '四暮'는 '思慕'가 되어야 한다. '思慕其身'은 불교 수행방법의 하나인 不淨觀을 말한다. 즉 명상 중에 자신과 다른 사람의 육신에 깃든 여러 가지 더럽고 추악한 모습들을 상상함으로써 육신에 대한 애착을 끊는 것이다. [校注] 항씨의 견해는 옳다. 潘重規는 이를 '四沐'이라 보았고, 袁賓은 '四摩'라 보았는데 모두 정확하지 않다.

12 [郭在貽] '俗'은 '欲'의 音近假借字이다. [項楚] '貪俗'은 오류가 아니다. '俗'은 세속의 감정을 말하는데 여기서는 남녀 간의 정을 가리킨다. [校注] 항씨의 견해는 옳아 보인다. 그러나 '貪俗'이라는 단어는 또 다른 사용 예를 찾아볼 수 없다.

13 '人'자를 문맥에 의거하여 보충한다.

14 '如'는 '而'와 통한다.

15 '東西'는 '멀리하다', '도망가다'는 뜻이다. '覓方便東西'는 '기회를 보아 달아나다'는 뜻이다. 原錄에서는 '東西'를 뒤 구에 속하는 것으로 하였는데 아마 그 의미를 잘 알지 못했던 까닭이리라.

16 '應'은 原錄에서는 '膺'으로 되어 있다. '吾'는 原錄에서는 '妥'로 되어 있고 '吾'로 교정하였다. [校注] 原卷에서 '膺'은 사실 '䧹'로 되어 있는데 이는 '答應'의 '應'이다. '吾'는

龍馬內, 見珠琮(朱騌)白馬一疋; 後槽飼馬行官數中, 見其一人. 太子心中思惟: "此者一人一馬, 堪共修行." 纔歎羨了, 便卻歸前宮房內. 直至二月七日夜至三更已來, 忽見四個神人空中言道: 「取太子來, 修行時至!」 其太子睡校(覺), 遍體汗流, 端然而座(坐).[17] 其守伴宮人, 例皆不睡. 其太子惠眼, 觀見神人, 遂言: 「據是聖力取來, 其房門關[18]鎖, 宮人不睡, 此者有何之計?」 語由(猶)未了, 被神人以手指卻一匝, 宮人例總瞌[19]睡, 兼房關鎖並開. 當時神人取得太子, 便於後園 (下缺)

(윗부분 빠져있음) 정범왕과 그의 부인이 상의를 한 끝에 태자를 혼인시키고자 결정하였다. 태자는 부왕과 모친이 배필을 구하려 한다는 말을 듣고 여전히 즐겁지 못했다. 태자는 마음속의 바람을 말하고서, 후궁에다 단을 설치해 놓고서 오백의 궁녀들을 모아 놓고 설법을 하였다. 모든 궁녀들이 그 가르침을 알지 못하는데 그 중에서 오직 야수(耶輸)만이 그의 백호상(白毫相)을 알아보고 곧 태자에게 반지를 바치니, 실달태자는 그것을 가슴에 간직하였다. 설법이 끝난 뒤 태자는 부왕과 모친에게 알렸다. "이 궁녀 야수를 권속으로 받아들이겠습니다." 태자는 밤낮으로 계행(戒行)을 지켰기에, 비록 궁녀 야수를 아내로 맞아들였지만 아내가 없을 때나 다름없어, 그녀와 잠자리를 같이 해 본적이 없었다. 날마다 그 몸의 더러움을 떠올리면서 밤이면 담요를 가져다 따로 한쪽에서 잠을 자는데 조금도 욕정이라곤 찾아볼 수 없었다. 이를 본 부왕과 부인이 말하였다. "우리 태자는 세간의 사람들과 달라 백호(白毫)의 광명을 지니고 있고 항상 고행을 하며 마음에 물러섬이 없구나." 그러고는 곧

본래 이러한 형태일 뿐 다른 형태는 없다.

17 '而'는 原錄에서는 '如'로 되어 있고 '而'로 교정하였다. 【校注】 原卷의 '如'자 옆에는 작은 글씨로 '而'라 수정되어 있다. 이에 직접 '而'로 기록한다. '座'와 '坐'는 통한다.

18 '關'은 原錄에서는 '開'로 되어 있다. 【校注】 原卷에서는 '𨳲'로 되어 있는데 이는 '關'의 초서체 속자이다. 아래 문장 "兼房關鎖並開" 역시 이 형태로 되어 있다.

19 '瞌'은 原錄에서는 '瞌'로 되어 있고 '瞌'으로 교정되어 있다. 【校注】 原卷에서는 '瞌'로 되어 있는데 이것은 '瞌'의 속자이다.

궁 안을 철저히 단속을 하여 태자가 마음대로 궐 밖으로 나가지 못하게 했다. 태자는 부모가 자신의 백호상을 알아보자 몰래 달아나서 고행을 하고자 하였다. 부왕은 혹시라도 틈이 있을까 두려워 더욱 방비를 강화하였다. 궁녀 30명을 보내 항상 태자를 지키게 하였는데 낮에는 좌우에서 동행을 하고 밤에는 방문을 잠그도록 하였다. 그러나 태자는 엄숙히 수행을 계속하였고 서상(瑞相)은 더욱 밝아졌다. 태자는 이 세간에 가난한 자와 부자가 있고 노인과 죽은 자가 있음을 보고 더욱 설산에서 수행을 하고자 할 뿐 세속에 연연하지 않았다. 태자는 혜안(惠眼)을 가지고 있었기 때문에 점차 기회를 보아 궁궐을 벗어나고자 하였다. 나이가 19살이 되자 그는 하늘과 땅의 신령들이 자신을 부를 것이라는 사실을 깨달았다. 어느 날 정오 무렵에 후원을 거닐며 우울함을 달래고 있는데, 문득 말구유 속에 수천 필의 용마가 나타났고 그 가운데 붉은 갈기의 백마 한 필이 보였다. 또 말을 사육하는 관리 가운데 한 사람이 눈에 띄었다. '이 사람과 이 말은 같이 수행할 만하겠다.' 태자는 마음속으로 이렇게 생각하며 동궁으로 돌아갔다. 2월 7일 밤 삼경 무렵, 홀연 허공에서 네 명의 신인(神人)이 말하는 소리가 들렸다. "태자를 모시러 왔습니다. 수행할 때가 되었습니다!" 잠에서 깨어난 태자는 온 몸이 땀으로 흥건하였다. 단연하게 앉아 있던 그는 자신을 지키는 궁녀가 여전히 깨어 있음을 알았다. 이에 혜안으로 신인을 바라보며 말하였다. "나를 부르러 오셨는데, 방문은 잠겨 있고 궁녀들은 깨어 있으니 어찌하면 좋겠습니까?" 이에 신인이 손으로 그쪽을 한 번 가르치니 궁녀들은 모두 잠에 떨어지고 방의 자물쇠는 스르르 열렸다. 이때 신인은 태자를 모시고 후원으로 나갔다. (이하 빠져 있음)

태자성도변문 5(太子成道變文五)[1]

(上缺)卻且住家.[2] 到五歲已上, 父王便取妻與太子. 於大街中絜[3]玖從(重)[4]綵色樓子上坐, 十六大國應有大富[5]長者之女, 隊隊如(而)[6]過. 太子並[7]總不看; 見前劫婢女破面與笑,[8] 色(索)[9]取中脂(指)上金脂(指)環, 便打

1 王慶菽 【原校】 본권의 편호는 S.3096이고 표제는 본래 빠져 있는데 여기서는 고사 내용에 의거하여 임의로 정했다. 【校注】 뒷면에 적혀 있으며 앞에는 '法鏡臨空照' 등의 내용이 있다.

2 '家'는 原錄에서는 '不'로 되어 있고 뒤 구에 속해 있다. 【校注】 原卷에서는 '家'의 초서체로 되어 있다. 이는 '不'자가 아니다.

3 '絜'는 原錄에서는 '口' 편방으로 되어 있다. 【蔣禮鴻】 '噄'은 응당 '繫'가 되어야 한다. 【校注】 이는 '絜'의 增旁字이다. 『玉篇』: "繫, 結束也." 이에 직접 수정하여 기록한다.

4 【蔣禮鴻】 '玖從'은 곧 '九重'이다. 「下女夫詞」: "千重羅扇不須遮." '重'은 原卷에서는 '從'으로 되어 있고 丁卷에서는 '重'으로 되어 있다.

5 '富'는 原錄에서는 '畗'로 되어 있고 '宙'로 교정하였다. 【徐震堮】 이것은 '富'자이다. 「祇園因由記」에도 '大富長者'라는 문구가 있다. 【校注】 이것은 '富'의 속자이다.

6 【原校】 본권에서 '而'는 모두 '如'로 적고 있다. 여기서는 일률적으로 '而'라 수정한다. 【校注】 '如'와 '而'는 통한다. 굳이 직접 수정할 필요 없다. 여기서는 原卷에 의거하여 기록한다.

喜鼓,[10] 便與成親. 三年之內, 別床如(而)宿. 太子坐禪,[11] 夫人行道, 夫人坐禪,[12] 太子行道. 到七年之時, □□□□□便成出家. 父王遣差五百個力助(士)四門如(而)方(防),[13] 四門觀看. 先到東門, 見生老, 恣(咨)車匿: "因何而老?" 車匿答曰: 「有生不免.」[14] 太子不樂,[15] 便別, 卻迴而入. 南門見病, 西門見四(死). 北門見削髮潔衣[16]凡僧. 便是苦行頭子.[17] 夜半子時, 車匿、白馬、太子[18]三人同□[19]而去. 太子乘馬而上, 妻是耶須陀羅, 夫人並總不覺, 著金邊(鞭)至(指)壞孕.[20] 四天王乘(承)[21]太子

7 原卷에는 '並'자 오른쪽에 말 생략부호 '……'가 붙어 있다.

8 '笑'는 原錄에서는 '咲'로 되어 있고 '笑'로 교정하였다. [校注] '笑'는 '咲'로 적기도 한다.(『集韻』에 보임) 原錄의 글자는 필획을 늘린 속자이다.

9 [徐震堮] '色'과 '索'은 같다.

10 '打'는 原錄에서는 '木' 편방으로 되어 있고 '手' 편방으로 교정하였다. '鼓'는 原錄에서는 왼편이 '壴'로 되어 있고 '鼓'라 교정하였다. '朾'은 '打'의 正字이다. '朾' 다음은 '鼓'의 속자 '皷'의 변체이다. 여기서는 일반적으로 통용되는 字體로 수정한다.

11 '坐禪'은 原錄에서는 '禪坐'로 되어 있다. [校注] 原卷의 '坐' 옆에는 갈고리 부호가 붙어 있다. 이에 '坐禪'이라 기록한다.

12 '禪'은 原錄에서는 '宣'로 되어 있고 '禪'이라 교정하였다. [校注] 이것은 '禪'의 형와자이다.

13 [袁賓] '方'은 '訪'의 가차자이다. [校注] '方'은 '防'으로 보아야 한다. 「八相變」의 "我大王令五百宮監守伴三時"라는 구절은 그 증거이다. 또 '力助'는 '力士'로 보아야 한다. '助'와 '士'는 모두 崇母字이고 止攝·遇攝으로 서로 통용된다.

14 '不免'은 原錄에서는 궐문으로 되어 있다. [校注] 原卷에서는 '不免'의 속자로 되어 있다. 이에 의거하여 보충한다.

15 '樂'은 原錄에서는 '宣'로 되어 있고 '寞'이라 교정하였다가 다시 '樂'이라 재교정하였다. [原校] 본래 하반부가 빠져 있는데 '寞'자를 쓴 듯하며 이는 '樂'이 되어야 한다. [校注] 原卷은 사실 '𣻌'로 되어 있는데 초서체 '樂'의 와자인 듯하다. 여기서는 직접 '樂'으로 수정한다.

16 '潔衣'는 原錄에서는 '喫□'로 되어 있다. [校注] 原卷에서는 사실 '㓗衣'로 되어 있는데 이것은 '潔衣'이다.

17 '頭子'는 原錄에서는 '𢻰山'으로 되어 있다. [原校] '𢻰山'은 '頭山'으로 생각되나 정확하지 않다.

18 '太子'는 原錄에서는 이 두 자가 한 글자로 붙어 있다. [校注] 原卷에서 '太子'는 한 글자가 아니라 두 글자로 분리되어 있다. '太子' 두 글자가 한 글자로 합쳐진 예는 없다.

19 原錄에서는 결문이 없다. [校注] 原卷에서는 '同' 다음에 '汝'라는 글자가 더 들어 있는데 무슨 글자인지 판독할 수 없다. 이에 결문으로 표시한다.

馬脚, 菩薩踰王成(城)[22]而去. 至五更, 到雪山, 先度[23]歸輪.[24] 太子後成佛道, 一憚(彈)脂(指)[25]到[26]兜率天宮中說法,[27] 到頭[28]共成無上[菩提]. (下缺)

(윗부분 빠져 있음) 집에 머물렀다. 다섯 살[29]이 되자 부왕은 태자에게 아내를 구해주고자 하였다. 이에 대로 가운데 호화로운 구중 누각을 지어놓고 그 위에 앉아 있으니 16대국의 모든 부호와 장자의 딸들이 무리지어 이르렀다. 그러나 태자는 그들을 바라도 보지 않다가 지난 겁(劫)의 시녀를 발견하고는 크게 웃음을 지었다. 그리고 중지에 금반지를 끼고서 기쁨의 북을 두드리며 곧 그녀와 결혼을 하였다. 그들은 3년 동안 따

---

20 '懷孕'은 原錄에서는 '壞甬'으로 되어 있다. [蔣禮鴻] '至壞甬'은 응당 '指懷胤'을 가리킨다. [校注] '壞甬'은 原卷에서는 사실 '壞角'으로 되어 있다. '角'은 '孕'의 속자 '夃'의 변체이다. 「太子成道經」 1卷 : "便卽夫人有孕." '孕'자는 戊卷에서는 '夃'로 되어 있는데 이는 그 증거이다.

21 '乘'은 '承'으로 보아야 하며 '받들다(捧)'는 뜻이다.

22 '菩薩踰王成(城)'은 原錄에서는 '𨁈窒成'으로 되어 있다. [校注] '𨁈'자는 '菩薩' 合字에 대한 와자이다. 이에 바로잡아 기록한다. 『經律異相』 卷7 「佛奴車匿馬犍陟前世緣願」 : "사리불이 부처님께 아뢰었다. '차닉은 전세에 어떠한 공덕이 있었기에 보살을 데리고 산에 들어가 부처님이 되게 하였나이까?(舍利弗白佛言 : '車匿前世有何功德, 乃將菩薩入山得道?)" 부처를 보살이라 부르고 있다. 뒤의 글자는 본래 '室'라 되어 있는데 이는 '踰王' 두 글자를 한 글자로 잘못 합친 것이다. 『龍龕手鏡』 : "踰, 新藏作'踰'" '室'은 '踰王'의 초서체인 듯하다. '成'은 '城'의 가차자이다.

23 '度'는 原錄에서는 '庡'로 되어 있고 '廣'으로 교정하였다. [原校] '庡'은 '廣'자로 생각된다. [校注] 본래 '庚'로 적혀 있는데 이는 '度'자이다.

24 '歸輪'은 '俱倫'을 말하는데 '拘鄰'으로 번역되기도 한다. 부처가 성도 후 최초로 제도한 다섯 비구의 우두머리 '阿若憍陳如'의 다른 번역명이다.

25 '脂'는 原錄에서는 '指'로 교정되어 있다.

26 '到'는 原錄에서는 결문으로 되어 있다. [校注] 原卷의 글자가 '到'임은 아직 판독 가능하다.

27 '說法'은 原錄에서는 '說是'로 되어 있으며 다음 구에 속하는 것으로 되어 있다. [校注] '說' 뒤의 글자가 原卷에서는 '[illegible]'로 되어 있는데 이는 '法'자 우반부의 초서체인 듯하다. 「太子成道經」 "未來彌勒尊佛今在兜率[陀]天上, 爲諸衆生說法" 등의 구절에서 이 글자를 '法'자로 기록하고 있다.

28 '頭'는 原錄에서는 '欢'로 되어 있다. [校注] 原卷에서는 '次'로 되어 있는데 이는 '頭'의 초서체이다. '到頭共成[菩提]'는 결국에는 모두가 무상의 보리를 증득했음을 말한다. '菩提' 두 글자는 문맥에 의거하여 보충하였다.

29 싯다르타는 16세 때 결혼한 것으로 알려져 있다. 따라서 5세는 16세의 잘못인 듯하다.

로따로 잠을 잤다. 태자가 좌선을 하면 부인은 도를 행하고, 부인이 좌선을 하면 태자는 도를 행하였다. 결혼 후 7년이 되었을 때 (   ) 출가를 결심하였다. 부왕은 5백 명의 역사(力士)를 사대문으로 보내 방비토록 하고, 태자를 사문 밖으로 구경을 다녀오게 하였다. 먼저 동문에 이르렀을 때 태자는 노인을 발견하고는 찬타카(車匿)에게 물었다. "어찌하여 늙게 되는 것인가?" "태어난 자는 모두 늙게 마련입니다." 찬타카의 대답에 태자는 우울해하며 곧바로 궁으로 돌아왔다. 남문에서 병자를 보았고, 서문에서 죽은 자를 보았다. 북문에서는 깨끗한 옷을 입은 삭발승을 발견하고는 곧 고행을 결심하였다. 한밤중에 태자는 찬타카와 백마를 데리고 궁을 떠났다. 태자는 말을 타고 가는데 아내 야수타라는 그 사실을 알지 못했다. 태자가 황금채찍으로 그녀의 배를 가리키자 야수타라는 임신을 하였다. 사천왕이 태자가 탄 말을 받드니 보살은 왕성을 뛰어넘었다. 그리고 오경 무렵에 설산에 도착하였다. 제일 먼저 교진여(憍陳如)를 제도하였다. 태자는 불도를 이룬 뒤, 순식간에 도솔천궁으로 가서 설법을 하니 마침내 모두들 무상의 보리를 증득하였다. (이하 빠져 있음)

수대나태자호시인연(須大拏太子好施因緣)[1]

(上缺)述[2]者。太子言:「此大白像是我父王之□□□□□□□□□□□□,[3] 不

1 본편의 原卷은 러시아 페테르부르크에 소장되어 있으며 편호는 DX 285(Ⅰ·Ⅱ·Ⅲ)이다. 原卷 사진은 『蘇聯科學院亞洲民族研究所簡報』 제69기(1965년) 古列維奇 선생의 「佛本生變文殘片」 부록에 처음으로 수록되었다. 왕중민 선생 등이 『돈황변문집』을 펴낼 당시에는 이 사진을 보지 못했다. 여기서는 原卷 사진과 경전을 참조하여 수록한다. 原卷은 세 조각으로 되어 있는데 서두와 말미가 모두 잔결된 까닭에 원제가 남아 있지 않다. 고사 내용에 비춰보아 『太子須大拏經』을 연역한 변문임을 알 수 있다. 『經律異相』 권31 『行菩薩道諸王子部上據太子須大拏經』에서 「須大拏好施爲與人白象詰擯山中」이라 제목이 붙어 있고, 또 『經律異相』 권3 「須達所造給孤獨緣」 등에 '緣'자가 있는 것을 참작하여 임의로 '須大拏太子好施因緣'이라 제목을 붙인다. 古列維奇는 본문에서 어떤 부분은 경전과 완전히 일치하고 어떤 부분은 원뜻이 달라지지 않을 정도로 차이를 보이고 있으며 또 어떤 부분은 경전에 전혀 없는 내용인 까닭에 『太子須大拏經』의 異譯本이 아니라고 하였다. 그러나 古列維奇는 본문에서 산중에서의 고난을 묘사한 내용은 경문에 없는 내용이라 하였는데 이는 정확하지 못하다. 그 내용은 『經律異相』에서 인용한 경문에서 보이는 까닭이다. 다만 본 변문은 경전에 비해 약간 자세하게 묘사되고 있을 따름이다.

2 '述'자는 原卷에서는 또렷하지 않다. '述'자 앞에는 이 줄에서만 4~5자가 잔결된 듯한데 그 앞줄에 또 몇 글자나 잔결이 되었는지 추측하기가 어렵다. 여기서는 『經律

得與卿。若以」(與)[4]卿者，令我卽失□□□□□□□[5]者，逐令出國。」婆羅門言：「太子若不此施，[6] 我等□□□□□□□。」[7] 太子卽自思惟：「我前有願，在所佈施，不逆人□(意)，[8] □□□□□□我本誓，當來何得無上平等度意？[9]聽當以(與)之。□□□□□等之度。」太子言：「諾，大善。願以相與。」卽敕左右被(鞁)[10]象□□□□出來。太子左手持水灌象上手，右手牽象以授。[11] □□□□象，卽呪願太子。呪願已，乘騎白象，歡喜而

異相』에 수록된 내용을 적어 참고삼는다. "옛날 葉波國의 왕 이름은 濕隨였다. 그 태자의 이름은 須大拏인데 四等(四無量心)으로 널리 보호하여 말로써 남을 상하게 하지 않았으며, 언제나 이렇게 원하였다. '보시로 중생들을 구제하여 나로 하여금 후세에 무궁한 복을 받게 하소서.' 어리석은 이는 변화의 무상함을 보지 못하고 보전할 수 있다고 말하지만, 지혜로운 이는 5家(王・賊・물・불・惡子)가 있음을 비추어 알고, 옷과 밥과 금은과 많은 값진 보배와 수레・말・밭・집을 얻으려 하면 구할 적마다 얻지 못하는 것이 없으니, 빛나는 명성이 멀리 퍼져서 四海가 찬탄한다. 부왕에게 흰 코끼리 한 마리가 있었는데 용맹하고 힘이 세어서 외적 60개 국이 와서 싸워도 그 코끼리가 능히 이겨내므로, 여러 왕들은 함께 의논하여 梵志 여덟 사람을 보내어 그로부터 흰 코끼리를 구걸하게 하였는데, 태자는 기뻐하면서 물었다. '무엇을 구하려 하십니까?' 범지가 대답하였다. '연꽃 위를 다니는 흰 코끼리를 구걸하려 하는데 코끼리의 이름은 羅闍和檀입니다'(昔者葉波國王號濕隨. 太子名須大拏. 四等普護言不傷人. 常願布施拯濟群生. 令吾後世受福無窮. 愚者不睹非常之變謂之可保. 智者照有五家. 欲得衣食金銀衆珍車馬田宅無求不與. 光聲遠被四海咨嗟. 父王有一白象. 威猛武勢敵六十惡國來戰象輒能勝. 諸王共議. 遣梵志八人從乞白象. 太子欣然問欲何求對曰. 欲乞行蓮花上白象. 象名羅闍和檀)."

3 原卷은 이 부분이 오염되고 손상되어 있다. 다른 완정한 행에 비춰보아 대략 열 글자가 빠진 듯하다.

4 '以'는 '與'와 통한다. 이하 동일하다.

5 앞뒤가 더러워지고 손상되었는데 대략 일곱 글자가 빠졌다.

6 '此施'는 '布施'가 되어야 할 것 같다.

7 '等' 다음의 한 글자가 뚜렷하지 않다. 그 나머지는 잔결 부분의 장단에 따라 결자부호를 넣었는데 原卷 자체에 글자가 있었는지도 확실하지 않다. 이하 동일하다.

8 결문은 아래 문장 "諸施不偉人意"에 의거하여 보충해 넣었다.

9 '度意'는 해독하기 어렵다. 오류가 있어 보인다.

10 '被'는 '鞁'와 통한다. 『經律異相』 인용 경문: "시자에게 명하여 빨리 흰 코끼리에게 금은으로 된 안장과 굴레를 씌우게 했다(卽敕侍者, 疾鞁白象, 金銀鞍勒)." 여기서 '鞁'로 되어 있다.

11 이 두 구는 『經律異相』 인용 경문에서는 "왼손에는 코끼리 굴레를 잡고, 오른손으로는 금병을 잡고서 범지의 손을 씻어 주었다. 그리고 사랑과 기쁨으로 코끼리에게 주

去。[12] 太子□□:「卿還疾去!王若知者, 便來追逐, 劫奪於卿, 不遂來□(願).」[13]□□便疾去。國中諸臣聞太子佈施白象與怨家,[14] 國皆□□□□□悲憂不樂。諸臣聚會, 共詣王所, 即白王言:「太子以國□□□□寶象, 用施怨家。」王聞愕然。臣復白王言:「今王所以得天□(下),[15] □□□此象也。此象勝於六十象力,[16] 摧滅怨敵, 欽伏四方, 一切倚仗□□□□力。而今太子滅除卻者, 國境憑[17]何存立?臣等了(料)量[18]太子, □□肆意□[19] 積年□者[20]庫藏敗散, 並總空虛, 白象亦以(與)怨家[21]□□無疑□[22]國中大禍, 非是萬人主記。臣今思忖:「大王崩後, 太子□□繼嗣社稷。臣恐舉國人民及其妻子皆以[23]施以(與)人, 我等終無生路。」」

었다(左持象勒, 右手持金甕澡梵志手, 慈歡授象)"라고 되어 있다. 그러므로 '象上手'는 梵志의 손(본문의 서두에서는 '婆羅門'이라 하였다)을 가리킨다.

12 이상의 다섯 구는 『經律異相』에서는 "범지는 몹시 기뻐하면서 이내 呪願을 마치고서 코끼리를 타고 떠나갔다(梵志大喜, 即呪願竟, 騎象而去)."로 되어 있다.

13 결문은 '願' 혹은 '意' 등이 될 것이다. 여기서는 '願'이라 보충해 넣는다.

14 '怨家'는 敵國을 가리킨다. 『經律異相』에서는 "相國과 백관들은 모두가 서운해 하고 섭섭해 하면서 말하였다. '이 코끼리야말로 힘이 세고 용맹하여 교전할 때마다 이겼다. 이제는 적국에다 주었으니 장차 무엇을 믿을까?'(相國、百揆, 靡不悵然, 僉曰: '斯象力猛, 交戰輒勝. 今以惠讎國, 將何所恃?')"로 되어 있다. 또 "대답하기를, '내가 나라의 유명한 코끼리를 적국에다 보시하였더니, 왕과 신하들이 성을 내어서 나를 쫓아내는 것입니다'(答曰:'吾用國名象以施怨家, 王逮群臣恚逐我耳!')"로 되어 있다. 참고할 필요가 있다.

15 '下'자는 임의로 보충한 것이다.

16 『經律異相』에서는 "부왕에게 흰 코끼리 한 마리가 있었는데 용맹하고 힘이 세어서 60마리의 흉악한 코끼리를 대적할 수 있었다(父王有一白象, 威猛武勢, 敵六十惡象)"으로 되어 있다.

17 '憑'자는 原卷에서는 판독하기 좀 어렵다.

18 '了'는 '料'로 보아야 한다. '料量'은 동의의 연문이다. '추측하다', '헤아리다'는 뜻이다.

19 결문 부분은 原卷이 더러워진 관계로 무슨 글자인지 알 길이 없다.

20 '者'와 그 앞의 한 글자는 또렷하지 않다. '者' 앞의 글자의 우반부는 '守'임을 알 수 있다.

21 '家'자는 오염되어 윗부분만 남아 있을 뿐이다. 앞뒤 문맥에 의거하여 '家'라 적는다.

22 결문 부분은 原卷이 오염되어 무슨 글자인지 알 길이 없다.

23 '皆以'는 原卷에서는 '以皆'로 되어 있다. '皆'자 옆에 갈고리 부호가 있다. 이에 도치시켜 적는다.

王聞是語, 益大不樂。從床而墮, 悶不識人。以水, 良久乃蘇。二萬夫人, 無不驚荒(慌)。[24] 王以(與)諸臣共議之, 言:「如今太子須加苦刑。」立[25]有一臣[言][26]:「以脚入象廏中者當截其脚, 手牽象者當截其手, 眼視象者當挑其眼。」或言當斷其頭, 或言身折百□(段)。[27] 諸臣共議, 各言如是。王聞是語, □□□□□□□□□□□□□□, 不得蘇心。微聲共群□□□□□□□□□□□□□□得此一子, 自小好□(喜)[28]□□□□□□□□□□□□□□□(下缺)

(앞부분 빠져 있음) 태자가 말했다. "이 흰 코끼리는 부왕께서 (매우 소중히 여기는 것이라) 그대에게 줄 수 없소. 만일 그대에게 코끼리를 내준다면 나는 ( ) 나라 밖으로 쫓겨날 것이오." 바라문이 말했다. "태자께서 만일 이것을 보시하지 않으신다면 우리들은 ( ) 할 것입니다." 이에 태자가 가만히 생각하였다. '나는 전에 사람들의 뜻에 따르는 보시를 하겠다고 서원한 바 있다. 그런데 ( )한다면 어떻게 무상보리심과 평등심을 얻을 수 있을 것인가? [이 자가 바라는 바를] 들었으니 마땅히 그것을 주어야 하리라. ( ).' "좋소. 원한다면 그것을 주겠소." 태자는 이렇게 말하며 좌우의 신하들에게 코끼리를 끌고 나오도록 하였다. 태자는 왼손으로는 물로 바라문의 손을 씻기고 오른손으로는 코끼리를 끌어 그에게 주었다. 바라문은 코끼리를 받고서 태자를 찬송하였다. 찬송을 마치고 그는 코끼리를 타고서 기뻐하며 돌아갔다. 태자가 ( ) "그대는 빨리 달아나시오! 대왕께서 이 사실을 아신다면 당장 뒤쫓아 와 그대의

24 '荒'은 '慌'으로 보아야 한다.

25 '立'자는 좀 또렷하지 못하다.

26 '言'자는 임의로 보충한 것이다.

27 '百' 뒤의 글자는 原卷에서는 줄 첫머리에 있는데 오염되어 뚜렷하지 못하다. 여기서는 임의로 보충한다.

28 '喜'자는 『經律異相』 "왕은 그 말을 듣고 한참을 참담하게 있다가 말하였다. '태자는 부처님 도를 좋아하여 두루 가난한 이를 구제하고 자비로 돌봐주는 것이니 못하게 할 수는 없다(王聞慘然, 久而言曰:'太子好喜佛道, 以周窮濟乏慈育爲行, 無從禁止.')" 중의 '好喜' 두 글자에 의거하여 보충한 것이다.

코끼리를 빼앗아버릴 것이오!” ( )는 얼른 달아나버렸다. 나라 안의 신하들은 태자가 흰 코끼리를 적국에 넘겼다는 소식을 듣고 모두 근심하며 즐거워하지 않았다. 신하들 모두는 왕을 찾아뵙고 그 사실을 알렸다. “태자께서는 ( )의 보배로운 코끼리를 적국에 보시하였습니다.” 국왕은 그 말을 듣고 깜짝 놀랐다. 신하들이 왕에게 거듭 아뢰었다. “지금 대왕께서 천하를 얻으실 수 있었던 것은 ( ) 바로 이 코끼리 덕분입니다. 이 코끼리는 힘이 60마리 코끼리를 능가하여 적국을 무너뜨렸고 사방을 복속시켜 ( ). 그런데 이제 태자께서 그것을 저들에게 넘겨버렸으니 국경은 무엇으로 지킬 수 있을 것인지요. 소신들은 헤아리기에 태자께서 마음대로 (   ) 창고는 텅 비고 흰 코끼리마저도 적국에 넘겨주었으니 틀림없이 ( ) 나라에 큰 화가 닥칠 것입니다. 신은 생각하기에, 대왕께서 세상을 뜨신 후에는 태자가 사직을 계승할 것인데, 그리되면 온 나라의 백성들과 그의 처자들이 남들에게 보시하려 함으로써 우리의 생존이 위협받지 않을까 염려됩니다.” 국왕은 이 말을 듣고 더욱 우울해하였다. 그러다가 침상에서 떨어져 사람을 알아보지 못하다가 물을 뿌리니 한참 후에야 비로소 깨어났다. 2만 명의 부인들은 놀라 당황하지 않는 이가 없었다. 국왕이 여러 신하들과 상의하여 말했다. “태자에게 혹형을 내려야만 하겠소.” 그러자 한 신하가 말했다. “코끼리 우리에 들어간 자는 그 발을 잘라야 하고, 코끼리를 끌고 간 자는 그 손을 잘라야 하며, 코끼리를 바라본 자는 그 눈을 도려내야 합니다.” 또 어떤 이는 머리를 잘라야 한다고 말하고, 또 어떤 이는 몸뚱이를 토막토막 잘라야 한다고도 하였다. 신하들의 의견은 대체로 이러하였다. 국왕은 이 말을 듣고 (   ) 이 아이는 어려서부터 (   )을 좋아하여 (   )
(이하 빠져 있음)

(上缺)□□□等慈悲看我□□□□□□□□□□□□□□爭忍眼前見此□(等)[29]事耳!」

□□無太子, 苦自求天地。得此一[30]嬌兒, 不忍眼前死。□諸[31]臣等起慈悲, 我之言教莫相違。乃可先殄斷我生命, 然後方始殺我兒。中裹有一智臣, 嫌諸臣語 : 「汝等出言, 快不當理。此是國之太子, 王唯有是一子, 愛之甚重。豈生如是噁心, 苦刑害哉!」 遂卽進步向□(前),[32] □□言 : 「臣亦不敢使王太子禁止拘閉也, 但乃逐出宮城, 置野山中十二年, 起坐伏身,[33] 經遭苦事, 合生慚愧矣。」 王卽隨此大臣所言, 卽遣使者召換(喚)[34]太子, 問言 : 「是汝何故持我象施以(與)怨家而不通[35]我?」 白言 : 「前我以(與)王自有要誓,[36] 諸施不違人意, 是以不通也。」 王語 : 「前誓要者, 自謂珍寶□□□。」 □□□言 : 「此皆是王之所有物, 何得獨□(施)?」[37]王語太子 : 「□□□□□□著檀特山中十二年□。[38] 太子白王言 : 「於(依)[39]王教命, 我到[40]□□□□□□微心, 乃出國去。」 王言 : 「汝爲

29 '等'자는 엷은 먹물로 적은 초서체로 되어 있다.
30 '一'자는 '此'와 '嬌' 두 자의 오른쪽 옆에 작은 글씨로 적혀 있다.
31 '諸' 앞의 글자는 뚜렷하지 않다.
32 '前'자는 임의로 보충한 것이다.
33 '起'자는 오염되어 있는데 남아 있는 필획에 의거하여 추정한 것이다. '身'자 뒤에는 약 한 글자 정도가 먹물로 덧칠해져 있는데 문구의 형태로 보아 글자가 있는 것 같지는 않다. 따라서 결문 부호를 넣지 않았다.
34 '換'은 '喚'으로 보아야 한다.
35 '通'은 '통보하다', '알리다'는 뜻이다. 『漢書』「夏侯勝傳」: "조정에서 큰 회의가 있을 때면, 황제는 하후승의 타고난 강직함을 알고서 이르기를, '선생은 正言만을 얘기하고 이전의 일을 뉘우치지는 않고 있소'(朝廷每有大議, 上知勝素直, 謂曰 : '先生通正言, 無懲前事.')"
36 '要誓'는 '서약하다', '맹약하다'는 뜻이다. 焦仲卿妻作 古詩 : "비록 관리와 언약을 맺은 몸이지만 다시 만나기는 영 틀린 일인 듯합니다(雖與府吏要, 渠會永無緣)." '要'는 '約'과 뜻이 같다. 『玉篇』: "要, 今爲要約字." 아래 문장 '誓要'는 '要誓'와 같은 뜻이며 동의의 연문으로, 앞뒤가 뒤바뀌어 있다.
37 결문은 '施'나 '捨' 등일 것이다. 여기서는 앞의 "諸施不違人意"에 의거하여 '施'자를 보충하였다. 이 두 문구는 대왕의 말이다.
38 '年' 뒤의 글자는 原卷에서 뚜렷하지 않다. 결문으로 남겨두고 앞으로의 상세한 고찰을 기다린다.
39 '於'는 '依'로 보아야 한다.
40 '到'자는 남아 있는 상반부의 필획에 의거하여 기록하였다.

平生[41]布[42]施大劇,[43] 空我國□(藏)。[44] □□□□□□以□家。速便出去,不聽□住也。」太子白言:「不敢遠□□(天命),[45] □□□□, 不復煩國家財寶, 今我自有私財, 願得𠬪施盡□□(七日),[46] □□□□.」王沈□(吟)[47]不肯. 二萬夫人垂淚지王, 請留太子. 王卽聽□(許).[48] □□□□□(太子欣然, 遣)[49]左右運出私財, 普告四遠, 聞者悉到太子宮門. □□□□□□飲食, 施以財寶, 姿(恣)[50]意而去。七日財書, 貧者□□(皆富)。[51] □□□□(妻名曼坻),[52] □(太)子卽入私宮, 告其妻言:「汝好住宮, 孝侍□□。□□(大王)□□逐我着檀特山中十二年許。」[53]妃聞是語, □□□□, □曰[54]:「父

41 '平生' 두 글자는 原卷에서는 그 자형을 알아보기 쉽지 않다. '平'자는 '正'자 같고 '生'은 '坐'자처럼 보인다.

42 '布'자는 남아 있는 필획에 의거하여 기록하였다. 原卷에서는 이 글자에 때가 묻어 있다.

43 '大劇'은 '太劇'이다. 정도가 지나치다는 뜻이다.

44 '藏'자는 原卷에서는 단지 상반부만 남아 있다.

45 '天命' 두 글자는 『經律異相』 "태자가 대답하여 말하길, '감히 천명을 어기지는 않겠습니다(太子對曰:'不敢偉天命')"에 의거하여 보충하였다.

46 '七日' 두 글자는 『經律異相』 "私財로써 다시 7일 동안만 보시하게 하소서. 감히 나라의 것은 침범하지 않겠습니다(願以私財更七日布施, 不敢侵國)"에 의거하여 보충하였다.

47 '沉' 다음의 글자는 原卷의 기록이 뚜렷하지 않은데 응당 '吟'자이어야 한다.

48 '許'자는 『經律異相』 "사자가 이렇게 아뢰었더니, 왕은 이내 허락하였다(使者以聞, 王卽聽許)"에 의거하여 보충하였다.

49 '太子欣然'은 『經律異相』 "태자는 기뻐하면서 가난한 이들에게 크게 보시하고자 하였다(太子欣然, 大施窮乏)"에 의거하여 보충하였다. '遣'자는 임의로 보충하였다.

50 '姿'는 '恣'이어야 한다. 『經律異相』의 "원하는 것을 마음대로(恣意所欲)"는 그 증거이다.

51 '皆富' 두 글자는 『經律異相』 "7일 동안을 보시하여 마치니, 가난한 이들이 모두 부자가 되었다(七日旣竟, 貧者皆富)"에 의거하여 보충하였다.

52 『經律異相』 "貧者皆富"에 연이어 "태자의 아내의 이름은 曼坻였다. 본래 왕녀로서 얼굴이 꽃같이 어여쁘고 얌전하여서 그 나라에서는 짝할 이가 없었으며, 머리부터 발끝까지 칠보의 영락을 걸고 있었다(妻名曼坻, 本諸王女, 顔華綽約一國無雙, 自首至足七寶瓔珞)"이란 문구가 나온다. 여기서는 그 처음 구에 의거하여 보충한다.

53 이 부분은 『經律異相』에서는 "일어나서 나의 말을 들으시오. 대왕께서는 나를 檀特山에다 12년 동안을 유배시켜 둔다 하셨는데 당신은 그것을 아십니까?(謂其妻曰, 起聽吾言, 大王徙吾著檀, 特山十二年爲限汝知之乎?)"로 되어 있다.

王只唯有是一子, 甚極憐愛, 今作何過, □□□□(見逐深山)[55]乎?太子曰 : 「爲我佈施大劇, 空虛國藏, □□□(下缺)[56]

(앞부분 빠져 있음) 자비로이 부디 나를 좀 ( ) 어찌 차마 이러한 일을 바라볼 수 있으리!

태자가 없( ) 고생스레 천하를 도모( ). 사랑스런 나의 아들이 눈앞에서 죽는 것을 차마 바라볼 수 없네. 부디 그대들은 이를 불쌍히 여겨 나의 뜻을 거스르지 말기를. 먼저 내 목을 자르고 나서 나의 아들을 죽이시게나.

좌중에 한 지혜로운 신하가 있어 여러 대신들을 나무라며 말했다. "그대들의 말은 이치에 맞지 않소이다. 그는 일국의 태자이시며 대왕의 유일한 아들이라 대왕의 무거운 사랑을 받고 계시거늘, 어찌하여 이처럼 악한 마음으로 그를 죽이려 드는 것이오!" 그러고는 앞으로 나아가 말했다. "신 또한 태자를 감히 가두라 할 수 없습니다. 그러나 궁성을 떠나 산속에서 12년을 머물도록 하며 고생을 겪도록 한다면 그 잘못을 뉘우치게 될 것입니다." 왕은 즉시 이 대신의 말을 따르기로 하였다. 이에 사람을 시켜 태자를 불러들여 물었다. "너는 어찌하여 나의 코끼리를 적국에게 넘겨주고도 내게 알리지 않았느냐?" 태자가 아뢰었다. "이전에 저는 사람들의 뜻에 어긋나지 않으며 모든 것을 보시하기로 대왕께 맹세한 적이 있습니다. 그래서 대왕께 말씀드리지 않았습니다." "그때 맹세한 것은 보물 ( )" "이 모두는 대왕의 소유물이거늘 어찌 네 마음대로

54 이 부분은 『經律異相』에서는 "아내는 놀라면서 태자를 보고 눈물을 흘리면서 말하였다. …… (妻驚視太子, 泣淚而云 : ……)"으로 되어 있다.

55 '見逐深山' 네 글자는 『經律異相』의 "무슨 죄를 지었기에 쫓겨나 나라의 높은 영화를 버리고 이제 깊은 산에서 산다는 것입니까?(何罪見逐, 捐國尊榮, 方處深山乎)"에 의거하여 보충하였다.

56 이 부분은 『經律異相』에서는 "대답하기를, '내가 나라의 유명한 코끼리를 적국에다 보시하였더니, 왕과 신하들이 성을 내어서 나를 쫓아내는 것입니다.' 아내는 이내 서원하였다. '부디 나라에는 풍년이 들고 왕과 신하와 백성들은 재물이 넉넉하고 수명이 끝없게 하시고 오직 뜻을 山澤에다 세웠으니 맹세코 도를 이루어지게 하소서'(答曰 : '吾用國名象以施怨家, 王逮群臣恚逐我耳.' 妻卽發願 : '願國豐熟, 王臣兆民, 富壽無極. 唯當建志山澤, 誓成道矣)"로 되어 있다.

보시를 하였는가?" 왕이 태자에게 말하였다. "( ) 단특산에서 12년을 지내도록 하라." 태자가 왕에게 아뢰었다. "대왕의 명을 받들어 (   ) 떠나도록 하겠습니다." "너의 보시는 도가 지나쳐 나라의 창고를 텅 비게 만들었다. (   ). 속히 떠나서 ( )." 그러자 태자가 아뢰었다. "천명을 거스르지는 않겠습니다. (   ) 더 이상 나라의 재물에 손대지 않겠습니다. 다만 제가 가지고 있는 재물을 이레 동안 보시할 수 있기를 바랍니다. ( )" 왕은 주저하며 결정을 못했다. 이때 2만 명의 부인들이 눈물을 흘리며 왕을 찾아와 태자를 남게 해줄 것을 간청하니 왕은 마침내 허락하였다. 태자는 기뻐하며 즉시 측근을 보내 재물을 내오도록 하고 [재물을 보시한다는 소식을] 사방 멀리 알리도록 하니, 그 소식을 들은 자들은 모두 태자의 궁문 앞으로 모여 들었다. (   ) 재물을 내놓고 마음대로 가져가게 하니, 이레 만에 재물은 동이 나고 가난한 자들은 모두 부자가 되었다. [태자에게는] 만지(曼坻)라는 부인이 있었는데, 태자는 궁으로 들어가 아내에게 다음과 같이 말하였다. "그대는 궁에서 ( )을 모시며 잘 보내도록 하시오. 대왕의 명을 따라 나는 단특산에서 12년을 보내야 하오." 이 말을 듣고 태자비가 ( ) 말하였다. "부왕께서는 하나 뿐이 왕자를 그토록 사랑하시었는데, 이제 무슨 잘못을 저질렀기에 그대를 깊은 산속으로 내쫓으십니까?" 그러자 태자가 대답하였다. "내가 지나치게 보시를 하는 바람에 나라의 창고가 텅 비어버렸소. ( )" (이하 빠져 있음)

(上缺)□□(太子)言：「汝□□(本嬌)[57]榮，何能忍是?□□□□□□□□□□□□□(飲食)[58]甘美，姿(恣)口所欲，悉至眼前。□□□□(今處山澤)，□□□

57 궐문은 『經律異相』 "당신은 왕의 딸이라 영화롭고 즐거움 속에서 태어나 궁중에서 자랐습니다(爾王者之子，生于榮樂長於宮中)"에 의거하여 임의로 보충하였다.

58 궐문은 『經律異相』 "…… 옷은 부드러웠고 음식은 감미로웠으며(…… 衣卽細軟，飲食甘美)"에 의거하여 임의로 보충하였다.

□(臥卽草蓐),[59] 食卽□□(果菜),[60] 飮卽鹹水, 唇口悉破, 令人毛豎。我身苦者, 我自作過, 自取受之; 汝奈何樂受斯苦也?」曼坻言 :「君有寵祿, 妾先受之; 君今値苦, 我何獨樂!苦與同受, 生死共隨, 不可以(與)君相離也。」太子言 :「汝自少來, 要暖得暖, 要涼得涼, 不出風塵, 未曾經苦, 又是山中, 寒則大寒, 熱則大熱; 暴風卒雨, 晝夜無停。霧露霜雪, 昏黑常起; 雷鳴閃電,[61] 驚怖人心; 走石飛沙, 打人眼口。加地有疾梨(蒺藜)瓦礫, 毒草惡蟲, 樹木之間, 不可依止。汝爭心强, 不取[62]我言也?」曼坻言 :「交(敎)[63]太子共我, 生小以來, 骨屬一般, 雍寵無二?交(敎)太子噉果服革,[64] 遣我受用細軟帷帳、甘美飮食? 豈有是□(事)?[65] 我終不能以(與)太子相離, 會當以(與)太子相隨也。王者以幡爲幟, 火者以煙爲幟, 婦人者以夫爲幟。我□□從,[66] 依怙太子耳。太子者, 我之所天; 太子在國[67]布施□□(四遠),[68] □□□□(我輒同願);[69] □□□□(當今歷險)[70]

59 '今處山澤', '臥卽草蓐'은 모두 『經律異相』에 의거하여 보충한 것이다.

60 '果菜' 두 글자는 『經律異相』에 의거하여 보충한 것이다.

61 '電'은 原卷에서는 '雹'으로 되어 있는데 이는 와자이다. 이 부분은 『經律異相』에서는 "태자가 말하였다. '저 산택이야말로 두려운 곳이어서 범과 이리 등 해치는 짐승 때문에 머무르기 어려우며, 또 독이 있는 벌레와 도깨비 · 쓰러져 죽은 귀신 · 우레 · 번개 · 벼락 · 바람 · 비 · 구름과 안개 등으로 매우 두렵습니다.'(太子曰 : '惟彼山澤恐怖之處, 虎狼害獸, 難爲止矣. 又有毒蟲、魍魅斃鬼、雷電霹靂、風雨雲霧, 甚可怖畏.')"로 되어 있다. 이에 '雷電'라는 문구에 의거하여 수정하였다.

62 '取'는 '따르다', '순종하다'는 뜻이다. 『史記』「匈奴列傳」에는 "亦取閼氏之言, 乃解圍之一角."라는 문구가 있다. 『通釋』에 상설되어 있다.

63 '交'는 '敎'로 보아야 한다. '敎'는 의문문 문두에 위치하여 '어찌 …… 하라 하는가(豈敎)'란 뜻이 된다. 이하 동일하다.

64 '革'자는 原卷에서는 '草'자처럼 되어 있다. 그러나 『經律異相』에 따르면 태자는 사슴가죽옷을 입었기에 이 '革'자는 '服革', 즉 '가죽옷을 입다'는 뜻이다.

65 '事'자는 임의로 보충한 것이다.

66 原卷에서는 '從' 옆에 '身敬' 두 글자를 보충해 넣은 듯하다. 그러나 글자가 작고 또 희미하여 궐문으로 표기해 두었다.

67 '國'자는 '宮'자를 수정해 놓은 것이다. 『經律異相』에서 '國'으로 되어 있기에 이에 의거하여 바로잡는다.

68 이 부분은 『經律異相』에서는 "저는 태자를 믿기를 마치 두 어버이 믿듯 하며 태자가 나라에 계시면서 사방에다 보시하는 것은 저 또한 원이 같습니다(吾恃太子, 猶恃

者, 我當供□□(太)子耳。」□□□(太子言):「□□□□□□□□□□□□我, 乞兒索汝, 我□□□□□□□□□□□□□□□」心, 則於汝□□□□□□□□□□.」曼坻(下缺)[71]

(앞부분 빠져 있음) 태자가 말했다. "당신은 본래 아름답고 영화를 누려 왔는데 어떻게 이것을 견뎌낼 수 있겠소. (　　　　　) 음식은 달콤하고, 입이 원하는 대로 모든 것을 얻을 수가 있소. 산속에서 지내면 풀 더미 위에서 잠을 자야하고 나무열매와 푸성귀를 먹으며 짠물을 마시고 입술이 갈라지니 [두려움으로] 온몸의 털은 곤두서게 된다오. 내 육신의 이러한 고통은 나 자신이 지은 것이라 나 스스로 그것을 감당하면 될 터인데 당신은 어찌하여 이러한 고통을 겪으려 하오?" 이에 만지

二親. 太子在國布施四遠, 吾輒同願)"으로 되어 있다. 이에 의거하여 '四遠' 두 글자를 보충하였다.

69 궐문은『經律異相』"吾輒同願"에 의거하여 임의로 보충하였다.

70 궐문은『經律異相』에 의거하여 보충하였다.

71 이 단락은『經律異相』에서는 "태자는 말하였다. '먼 나라 사람이 와서 아내나 아들을 구걸하여도 나는 거스를 마음이 없을 터인데, 당신이 애정과 연모 때문에 만일 보시의 길을 어긴다면 큰 덕을 끊게 되어 나의 무거운 임무를 무너뜨리리다.'(太子曰:'遠國之人來乞妻子, 吾無逆心. 爾爲情戀, 儻違惠道者, 擿絶洪潤, 壞吾重任也.')"로 되어 있다. 이 뒤로는 잔결된 내용이 상당히 많은데 대략 다음과 같다. 첫째, 아내가 모친과 작별하고, 둘째, 입산 도중 梵志가 찾아와 입고 있던 화려한 의복과 아내의 구슬을 구걸하자 그 모두를 보시하고, 셋째, 다시 만난 범지가 말을 구걸하자 말을 보시하고, 넷째, 수레를 구걸하는 범지에게 수레를 보시하고, 다섯째, 산속에서 阿珠陀 도사로부터 도를 배우고, 여섯째, 늙고 가난한 범지 鳩留孫이 아이를 구걸하자 두 아이를 그에게 보시하고, 여섯째, 아이를 보시했다는 소식을 들은 아내가 땅을 치며 통곡하고, 일곱째, 제석이 범지로 화하여 아내를 구걸함으로써 태자를 시험해보고, 여덟째, 아이를 구걸한 범지가 아이를 葉波國 시장에 내다 팔고, 그 소식이 왕궁에 전해지며, 아홉째, 아이가 기회를 틈타 대왕에게 풍간을 올리니 대왕이 후회하며, 열째, 왕의 심부름꾼이 산속으로 들어가 태자를 맞아들인다. 그리고 그 마지막으로 다음과 같이 적고 있다. "태자는 그 뒤에 죽어서 兜率天에 가 났고, 그 하늘로부터 내려와서 白淨王의 궁중에 태어났으니, 바로 지금의 내 몸이다. 부왕은 바로 지금의 阿難이며, 아내는 바로 지금의 瞿夷이며, 아들은 바로 지금의 羅云이며, 딸은 바로 지금의 아라한 珠遲母이며, 제석천은 바로 지금의 미륵이며 ……(太子後終生兜率天, 自天來下生白淨王宮, 今吾身是; 父王者, 阿難是; 妻, 瞿夷是; 子男, 羅云是; 女者, 羅漢珠遲母是; 天帝釋者, 彌勒是; ……)." 불경의 보편적인 방식으로 이야기가 전개되고 있음을 알 수 있다.

가 대답하였다. "당신이 녹봉을 받게 될 때는 소첩이 먼저 그것을 받았는데, 이제 당신이 고통을 당하게 됨에 제 어찌 홀로 즐거워하겠습니까! 고통도 함께 겪고 생사도 함께 할 것이니 당신과 떨어져 지낼 수는 없습니다." "당신은 어려서 이곳에 와서 따뜻함을 원하면 따뜻함을 얻었고 서늘함을 원하면 서늘함을 얻었으며, 세상의 시련에 부딪쳐본 적도 없고 고통도 겪어본 적이 없소. 그런데 산속은 추울 때는 굉장히 춥고, 더울 때는 또 굉장히 더우며, 폭풍우가 밤낮으로 그치지 않기도 하며, 안개와 이슬과 서리와 눈이 밤이면 자주 내리며, 천둥과 번개가 사람의 마음을 놀라게 한다오. 또 자갈이며 모래가 [바람에 날려] 눈과 입을 때리기도 한다오. 게다가 땅 위에는 질려(蒺藜)며 자갈, 독초와 해충들이 있어 숲속에서는 머물 수가 없소. 그대는 어찌 고집을 부리며 내 말에 따르지 않는 것이오?" "당신과 소첩은 어려서부터 함께 지내며 골육이나 다름없이 누구보다 서로를 사랑해왔습니다. 당신께서는 나무열매를 먹고 가죽옷을 입으시면서 저더러는 부드러운 옷을 입고 달콤한 음식을 먹으라 하시는데 어찌 그럴 수 있겠습니까? 저는 절대로 당신과 헤어지지 않을 것이고 당신을 따를 것입니다. 왕은 깃발로 표지를 삼고, 불은 연기로 표지를 삼으며, 아녀자는 남편으로 표지를 삼습니다. 제가 (   ) 따라가려는 것은 당신을 믿고 따르려는 것일 뿐입니다. 당신은 저의 하늘이십니다. 당신이 사방 멀리 보시를 행하실 때 저는 그때마다 함께하기를 바랐거늘, 이제 어려움을 겪어야 하니 마땅히 당신과 함께하겠습니다." 그러자 태자가 말했다. "(   ) 그대를 찾아내 (   )." 만지는 (이하 빠져 있음)

팔상변 1(八相變一)[1]

爾時釋迦如來, 於過去無量世時, 百千萬[2]劫, 多生波羅奈國. 廣發四弘誓願, 直求無上菩提. 不惜身命, 常以己身及一切萬物給施衆生. 慈力王時, 見五夜叉爲啖人血肉, 飢火所逼, 其王哀愍, 與(以)[3]身布施餧五夜叉. 歌利王時, 割截身體, 節節支解. 尸毗王時, 割股救其鳩鴿. 月光王時, 一一樹下, 施頭千遍, 求其智慧. 寶燈王時, 剜身千龕, 供[4]

1 王慶菽 【原校】 이 작품은 북경도서관에 소장되어 있고 편호는 雲字24호이다. 卷子의 뒷면은 '八相變' 세 자만 있을 뿐 모두 공백이다. 뒷면의 이 세 자를 표제로 볼 수 있어 제목으로 삼는다. 이와 동일한 내용의 권자로는 乃字91호가 있다. 여기서는 雲字 권자를 原卷으로 삼고, 乃字 권자를 甲卷으로 삼아 교감한다. 이 고사는 『佛本行集經』을 근거로 하여 연역한 것이다. 【校注】 북경도서관 雲字24호의 신편호는 北圖 8437이고 「八相成道俗文」이라는 假題目이 붙어 있다. 乃字91호의 신편호는 北圖 8438이고, 이 역시「八相成道俗文」이라 假題되어 있다. 이외 麗字40호(신편호 北道 8671)가 있는데 역시 「八相成道俗文」이라 假題되어 있다. 그 내용과 문자가 甲卷과 매우 비슷한 까닭에 乙卷으로 삼아 교감에 사용한다.

2 乙卷에는 '萬' 다음에 '億'자가 더 있다.

3 '與'는 '以'와 통한다.

養十方諸佛, 身上燃燈千盞. 薩埵王子時, 捨身數度, 濟[5]其餓虎. 悉達太子時, 廣開大藏, 布施一切飢餓貧乏之人, 令得飽滿. 兼所[6]有國城、妻子、象馬七珍等施與一切衆生. 或時爲王, 或時爲太子, 於波羅奈國五天之境, 捨身捨命, 不作爲難. 非但一生如是, 百千萬億劫精練身心, 發其大願, 種種苦行, 無不修斷, 令其心願滿足. 故於三無數劫中, 積修萬行. 只爲功充果滿, 方成佛位. 佛者何語(義)?[7] 佛者覺也. 覺悟[8]身中眞如之性, 覺心內煩惱之怨. 出生死之塵[9]勞, 踐菩提之閫域. 六通具足, 五眼元(圓)明,[10] 爲三界大師, 作四生慈父. 從淸淨土, 着蔽垢衣, 出現娑婆,[11] 化諸弟子. 佛子

三大僧祇願力堅, 六波羅蜜行周旋.
百千功德身將滿, 八十隨行相欲全.
未向此間來救度, 且於何處大基(待機)[12]緣?
當時不在諸餘國, 示現獲[13]居兜率天.

---

4 甲卷은 '供'자부터 시작된다.

5 '濟'는 原錄에서는 '涾'로 되어 있고 '濟'로 교정하였다. [校注] 이는 '濟'의 속자이다.

6 '所'는 甲卷에서는 '少'로 되어 있다. 뒤의 "所以前佛後佛 ……"의 '所' 역시 甲卷에서는 '少'로 되어 있다. 이는 借音字이다.

7 '語'는 '義'의 音借이다. 「捉季布傳文」: "切莫高語動四鄰." '語'자는 乙卷에서는 '義'로 되어 있다. 이 두 자가 통용되고 있음을 보여준다.

8 '覺悟'는 뒤 구에서는 '覺' 한 자로 되어 있다. 앞의 '佛者覺也' 구로 보아 '覺'으로 보는 것이 옳다.

9 '塵'은 原錄에서는 '坔'으로 되어 있고 '塵'으로 교정하였다. [校注] 이는 '塵'의 속자이다.

10 [原校] '元'은 본래 '无'로 되어 있는데, 甲卷에 의거하여 수정한다. '元明'은 '圓明'이다. [校注] 乙卷에서도 '元'으로 되어 있다. '元'과 '无' 두 자가 뒤섞여 쓰이는 경우가 많은데, 이때는 그 문맥을 고려해서 판별해야 한다.

11 '娑婆'는 原錄에서는 '娑娑'로 되어 있다. [校注] 乙卷에서도 '娑娑'로 되어 있고, 甲卷에서는 '婆婆'로 되어 있다. 두 번째 글자는 어느 권자에서도 반복부호를 사용한 경우가 없다. 이에 '娑婆'로 수정한다.

12 [通釋] 「破魔變文」: "以(擬)向此間來救度, 且於何處待幾緣?" 이는 '大'가 '待'임을 증명한다. 이를 근거로 '大基'를 '待機'로 교정한다. 「破魔變文」의 '以'는 이 점에 근거하여 '未'로 보아야 마땅하다.

13 '獲'은 原錄에서는 '權'으로 되어 있다. [校注] 「破魔變文」의 동일 문구에서는 '獲'으로 되어 있다. 이를 근거로 수정한다. '權'과 '獲' 두 자의 형태가 비슷하여 생긴 오류

그 당시 석가여래는 지난 과거 한량없는 백천만 겁의 세월 동안에 바라나국에서 여러 차례의 생을 나셨다. 널리 사홍서원을 발하고 위없는 보리를 구하셨다. 목숨도 아끼지 않으셨으니 항상 당신의 육신과 일체 만물을 중생에게 보시하시었다. 자력왕(慈力王)이었을 때는 다섯 야차(夜叉)가 사람의 혈육을 먹고 싶어 배고픔의 고통에 시달리는 모습을 보고 불쌍한 생각이 들어 당신의 몸을 보시하여 다섯 야차들을 먹이셨다. 가리왕(歌利王) 때에는 [인욕선인(忍辱仙人)이 되어] 육신을 잘라내고 마디마디 떼어내셨다. 시비왕(尸毗王)이었을 때는 허벅지 살을 잘라 [매에게 줌으로써 그에게 쫓기는] 비둘기를 구하셨다. 월광왕(月光王)이었을 때는 한 나무 아래서 [과거세에서 현재에 이르기까지] 천 번 머리를 보시하여 지혜를 구하셨다. 보등왕(寶燈王)였을 때는 [칼로] 몸에 천 개의 구멍을 내어 십방(十方)의 제불(諸佛)에 공양하면서 그 몸 위에 천 개의 등불을 밝히셨다. 살타왕자(薩埵王子)였을 때는 천 번이나 몸을 던져 굶주린 호랑이를 구하셨다. 싯다르타태자였을 때는 창고를 활짝 열어 모든 굶주리고 가난한 사람들에게 보시를 하여 그들을 배부르게 하셨다. 게다가 나라 안의 성(城)이며 처자며 코끼리며 말이며 칠보 등 모두를 일체의 중생에게 보시하셨다. 어떤 때는 왕이 되어, 또 어떤 때는 태자가 되어 오천축의 바라나국에서 몸을 버리고 목숨을 버리며 중생에게 보시하셨지만 그것을 괴롭다고 생각하지 않으셨다. 단지 한 번의 생(生)에만 이러했던 것이 아니라, 백천만억 겁 동안 이렇게 심신을 닦으며 서원을 세우고, 온갖 고행을 중단 없이 하시며 염원을 성취하고자 하셨다. 그리하여 세 차례의 무수 겁 동안 만행(萬行)을 수행하시니, 그 공덕이 가득 차고 [선의] 과보를 받아 마침내 불위(佛位)에 오르셨다. '불(佛)'이란 무엇을 의미하는가. '불'은 깨달은 자이다. 자신의 육신 안에 있는 진여(眞如)의 본성을 깨닫고, 마음 안에 있는 번뇌의 원망을 인식한 자이다. 생사

이다. 본편 중에는 "我觀過去世尊, 示現皆生佛國"라는 문구가 있다. 도솔천은 佛國으로, 중생이 성불한 후에야 비로소 지낼 수 있는 곳이다.

(生死)의 번뇌에서 벗어나고 보리의 경지를 실천하는 자이다. 육신통(六神通)[14]을 구족하고 오안(五眼)[15]이 두루 밝아 삼계(三界)의 대사(大師)가 되고 사생(四生)의 자부(慈父)가 되는 자이다. 청정한 국토에서 나와 더러운 옷을 걸치고서 사바세계로 내려와 여러 제자들을 교화시키는 자이다. 불자(佛子)

세 차례 아승지대겁(阿僧祇大刼)[16] 동안의 굳은 원력(願力)으로
육바라밀을 두루 성취하였네.
백천 가지 공덕이 몸에 가득 차게 되고
팔십종호가 온전해지려 하네.
아직은 이 세상에서 제도(濟度)를 펴지 않으니
어느 곳에서 그 인연을 기다리실까.
이때는 다른 나라에 머물지 않고
그 모습 도솔천에 나타나 거하신다네.

未審兜率[17]者是梵語, 秦言知足天: 兜名少欲, 率是知足, 此是欲界第四天也. 況說欲界, 有其六天: 第一四天王天, 第二忉利天, 第三須夜摩天,[18] 第四兜率陀天, 第五樂變化天, 第六他化自在天. 如是六天

14 천안통(天眼通) 천이통(天耳通) 타심통(他心通) 숙명통(宿命通) 신족통(神足通) 누진통(漏盡通)의 여섯 가지 신통력.

15 수행에 따라 도를 이루어 가는 순서를 보인 다섯 가지 안력(眼力). 가시적인 물질인 색(色)만을 보는 육안(肉眼), 인연과 인과의 원리에 따라 이루어진 현상적인 차별만을 볼 뿐 실체를 보지 못하는 천안(天眼), 공(空)의 원리는 보지만 중생을 이롭게 하는 도리는 보지 못하는 혜안(慧眼), 다른 이를 깨달음에 이르게 하지만 가행도(加行道)를 알지 못하는 법안(法眼), 그리고 모든 것을 보고 모든 것을 다 아는 불안(佛眼)을 이른다.

16 '아승지'는 무수히 많은 수를 가리킴. '겁'은 무한히 긴 시간으로, 대겁, 중겁, 소겁의 삼겁이 있다. 보살은 세 차례의 아승지대겁 동안 수행을 계속하여 부처가 된다.

17 原錄에서는 '兜率' 다음에 '陀'자가 있다. 【校注】 原卷과 乙卷에는 '陀'자가 없고 오직 甲卷에만 있다. 이에 삭제한다.

18 【原校】 甲卷에서는 '須夜摩天'이 '須磨他天'으로 되어 있다. 【校注】 乙卷에서는 '須摩夜天'으로 되어 있다. 여기서 '夜'자는 옆에 작은 글씨로 덧붙여 있는데, '摩'자 오른

之內, 近上則玄極太寂, 近下則鬧動煩喧. 中者兜率陀天, 不寂不鬧, 所以前佛後佛總補在依(於)[19]此宮. 今我如來世尊, 亦當是處. 此是上生兜率相, 已上總管, 自下降[質相].[20]

[21]我佛觀見閻浮提衆生, 業鄣深重, 苦海難離, 欲擬下界勞籠,[22] 拔超生死. 遂遣金團天子 :「先屆凡間, 選一奇方, 堪吾降質.」於此之時, 有何言語云云[23] :

我今欲擬下閻浮, 汝等速須揀一國.
遍看下方諸世界, 何處堪吾託生腹?[24]

쪽 위에 덧붙여야 될 것을 실수로 오른쪽 아래에 덧붙인 것이다. '須夜摩'는 '夜摩'로서, 불경에서 말하는 '六天' 중의 하나이다. 甲卷에서는 '也'를 '他'로 잘못 적은 데다 다시 乙卷의 경우처럼 글자가 도치되었다.

19 '依'는 '於'로 보아야 한다.

20 '質相' 두 자는 문맥상 채워 넣은 것이다. 原錄에서는 이 두 행의 小注가 七言二句로 되어 있는데 그 의미가 통하지 않는다. 첫 구 "此是上生兜率相"은 바로 앞 문단에 대한 標注이고, "已(原錄은 '己'로 되어 있음)上總管"은 위의 문장이 본 작품 전체의 대강이며 뒤의 문장을 통괄하고 있음을 말한다. "自下降質相"은 뒤의 한 단락이 부처가 태자로 강생하는 내용을 말하는 것으로 이 역시 標注語이다. 이러한 표주어는 돈황사본에서는 흔히 '云云', 혹은 칸이나 행을 비우거나, 반 句나 한 句를 생략하는 식으로 축약시킨다. 전체를 축약한 것도 있으니 이곳의 甲·乙卷이 이 경우이다.

21 原錄에는 이 앞에 "於是 '我佛觀見閻浮提衆生業重, 流浪難出苦源, 縱欲' ……"이라는 문구가 더 있다. 【校注】 原卷에서 '縱'은 '擬'로 되어 있다. 이 문구는 한 면의 맨 끝 행에 적혀 있다. 지금까지와는 달리 이 문구 다음부터는 모두 초서로 되어 있다. 한 사람이 필사한 게 아님을 알 수 있다. 또 甲卷에서는 이 문구가 아예 없다. 乙卷에서는 '擬欲' 두 자가 없고, '源'자 다음에 '◡' 형태의 부호가 붙어 있는데, 이는 이 문구가 중복 출현하는 衍文임을 표시한다.

22 '籠'은 甲·乙卷에서는 '寵'(甲卷은 '宀' 대신에 '穴'임)으로 되어 있다. 【袁賓】 '勞籠'은 '撈漉'으로 적기도 한다. 盧同『寄男抱孫』: "撈漉蛙蝙脚, 莫遣生科斗." 이는 그 예이다. 변문 중의 '撈漉'은 '打撈'의 의미에서 '救拔'이란 뜻으로 파생되었다. 「維摩詰經講經文」(S.4571) : "長行榜櫳之心." '榜櫳'은 '撈漉'이어야 한다. '攏'자에는 '盧貢切'로의 발음이 있는데, 혹시 '勞籠'은 '撈攏'과 구어상에서 동일한 어휘일지 모른다.

23 '云云' 두 자는 甲·乙卷에는 없다.

24 '腹'은 原錄에서는 '臨'으로 되어 있다. 【原校】 甲卷에서는 '臨'은 '腹'으로 되어 있다. 【校注】 乙卷에서도 '腹'으로 되어 있다. 原卷에서 이 글자는 행 끝에 있는데 글자 左半部는 '月' 편방이고, 右半部는 초서로 적혀 있되 그 下部는 잔결되어 있다. 사실 이 자는 '腹'자이다. 만일 이 자를 '臨'으로 본다면 의미가 통하지 않는다.

爾時金團天子奉遣下界, 歷遍凡間. 數選奇方, 並不堪世尊託質, 唯有[25]迦毗衛國似應[26]堪居, 却往天中, 具由咨說[27]云云:

當日金團天子, 潛身[28]來下人間.

金(今)朝菩薩降生,[29] 福報合生何處?

遍看十六大國, 從頭[30]皆道不堪.

唯有迦毗羅城, 天子聞名第一.

社稷萬年國主, 祖宗千代輪王.

我觀過去世尊, 示現皆生佛國.

看了卻歸天界, 隨於[31]菩薩下生.

時當[32]七月中旬, 託蔭摩耶腹內.

百千天人[33]排空下, 同向迦毗羅國生.

상세히는 모르나 '도솔(兜率)'은 범어이고, 진(秦)의 말로는 '지족천(知足天)'이다. '도(兜)'는 '소욕(少欲)'을 뜻하고 '솔(率)'은 '족함을 안다(知足)'는 뜻으로, 도솔천은 욕계의 네 번째 하늘이다. 욕계에는 여섯 하늘이 있는데, 첫 번째 [하늘]은 사천왕천(四天王天)이고, 두 번째 [하늘]은 도리천(忉

---

25 原卷 및 甲・乙卷에서는 모두 '有'자가 있다. 이에 의거하여 채워 넣는다.

26 '應'은 原錄에서는 '膺'으로 되어 있다. 【徐震堮】 '應'으로 보아야 할 듯하다. 【校注】 글자의 하반부가 甲卷에서는 '日'로 되어 있고, 乙卷에서는 '目'으로 되어 있는데, 이는 사실 '答應'의 '應'자이다. 여기서는 '應當'의 '應'(平聲)으로 쓰이고 있다. 이에 수정한다.

27 【原校】 甲卷에서는 '具由咨說'이 '且由宮院'으로 되어 있다. 【校注】 乙卷에서는 먼저 '且由宮院'으로 적었다가 '宮院' 두 자를 덧칠하고 그 옆에 '咨說'이라고 수정하였다. 그것이 오자임을 알려준다.

28 '潛身'은 甲卷에서는 '蠶身'으로 되어 있다.

29 이 문구는 甲・乙卷에는 없다.

30 '頭'는 甲・乙卷에서는 '門'으로 되어 있다. 아마 초서의 형태가 비슷하여 생긴 오류일 것이다. '從頭'는 '하나하나(一一)'의 뜻이다.

31 '於'는 原錄에서는 '相'으로 되어 있다. 【校注】 原卷의 草書 '於'자는 '相'자처럼 보인다. 甲卷에서는 楷書 '於'로 되어 있다. 이에 의거하여 바로잡는다.

32 '當'은 乙卷에서는 '等'으로 되어 있다.(甲卷의 '昔'은 '等'의 訛字이다)

33 '天人'은 原錄에서는 '天子'로 되어 있다. 다음의 "五百天人隨太子"라는 문구에 의거하여 수정한다.

利天)이고, 세 번째 [하늘]은 수야마천(須夜魔天)이고, 네 번째 [하늘]은 도솔타천(兜率陀天)이고, 다섯 번째 [하늘]은 낙변화천(樂變化天)이고, 여섯 번째 [하늘]은 타화자재천(他化自在天)이다. 이러한 여섯 하늘에서 위쪽 하늘은 지극히 오묘하고 너무 고요하며, 아래쪽 하늘은 소란스럽고 떠들썩하다. 중간에 위치한 도솔타천은 고요하지도 시끄럽지도 않은 까닭에 과거불과 미래불 모두가 이곳의 궁전에서 머무셨다. 지금 우리 여래세존께서도 마찬가지로 여기에 계셨다. 이상은 도솔천에서의 생상(生相)으로, 앞부분의 대강이며, 이하는 [석가모니의 염부제로의] 강생(降生)이 이어진다.[34]

우리 불께서는 염부제의 중생들이 무거운 업장으로 고통의 바다에서 헤어나지 못하는 것을 보시고 하계로 내려오시어 그들을 구제하여 생사의 번뇌에서 벗어나게 하고자 하셨다. 그리하여 금단천자에게 말씀하시기를, "먼저 속세로 내려가서 내가 태어날 만한 곳을 살펴보라" 하시는데, 그때 어떤 말이 있는가.

나는 지금 염부제로 내려가려 하니
그대들은 속히 한 나라를 가리도록 하라.
사바세계의 모든 나라를 두루 살펴볼 것이니
어느 곳이 내가 수생(受生)할 만한 곳인가.

그때 금단천자는 명을 받자와 인간계로 내려와서 속세를 두루 살폈다. 몇 군데 특별한 나라를 가려내기는 하였으나 결코 세존이 입태(入胎)할 만한 곳은 못되었고, 오직 가비위국(迦毗衛國)만이 적당하였다. 하늘로 돌아와 아뢰길,

그날 금단천자는
몸을 숨겨 인간세계로 내려갔다네.
오늘 보살이 강생하시는데

34 "이상은"에서 "이어진다"까지는 작은 글씨로 쓰여 있다.

어느 곳에서 태어나야 할까.
열여섯 큰 나라 두루 살펴보았지만
하나하나 모두 탄생할 곳이 못되고
오로지 가비라성만이
천자의 명성이 제일이라네.
사직(社稷)이 만 년에 이르는 나라의 주인이고
조상은 천 대(千代)로 전륜왕이라네.
나는 보았거늘 과거의 세존은
시현하시어 모두 불국토에서 태어나셨네.
살펴본 뒤 천계(天界)로 돌아와 [아뢰니]
보살은 [그 말을] 따라 하생하시네.
때는 바야흐로 칠월 중순
마야의 복중(腹中)에 기탁하시네.
백천의 천인이 줄지어 허공에서 내려와
가비라국에서 태어날 보살을 동행하네.

是時摩耶夫人夢想有孕，月滿將充．宮中煩悶而愁怨，遂伴嬪妃遊後苑．睹無憂樹，擧手攀枝，釋迦眞身從右脅誕[35]出．當此之時，有何言語云云：

無憂樹下暫攀花，右脅生來釋氏家．
五百天人隨太子，三千宮女捧摩耶．
堂前再政(整)[36]鴛鴦被，園裏休登翡翠[37]車．

35 ‘誕’은 甲・乙卷에서는 ‘隨’로 되어 있다.

36 ‘再政’은 原錄에서는 ‘飛來’로 되어 있다. 【原校】 甲卷에서는 ‘飛來’가 ‘再政’으로 되어 잇다. 【校注】 原卷 역시 사실은 ‘再政’으로 되어 있고, ‘政’자 앞에 덧칠이 있다. 乙卷 역시 ‘再政’으로 되어 있다. ‘政’은 ‘整’으로 보아야 한다.

37 ‘翡’는 原錄에서는 ‘翡’로 되어 있다. 【原校】 甲卷에서는 ‘園裏’는 ‘爲危’로 되어 있고, ‘翡翠’는 ‘擧車’로 되어 있다. 【校注】 ‘翡’은 곧 ‘翡’이다. 뒤의 ‘翠’자와 관련하여 변한

產後孩童多瑞福,[38] 明君聞奏喜無涯.[39]

太子旣生之下, 感得九龍吐水, 沐浴一身. 擧左手而指天, 垂右辟(臂)而於地. 東西徐步, 起足蓮花. 凡人觀此皆殊祥, 遇[40]者傾[41]瞻之(諸)異瑞.[42] 當[43]爾之時, 道何言語:

九龍吐水浴身胎, 八部神光曜殿臺.

希期(奇)瑞相頭中現, 菡萏[44]蓮花足下開.

又道:

指天天上我爲尊, 指地地中最勝仁(人).[45]

我生胎分今朝盡, 是降菩薩最後身.

於是大王怜愛太子, 將向後宮, 令遣頻(嬪)妃, 遂交(敎)育養. 其時被諸大臣道:「大王!太子本是妖精鬼魅, 請王須與棄亡. 若也存立人間, 必定破家滅國.」當爾之時, 有何言語[46]云云:

類化字이다. 甲卷의 '危'는 '裏'의 속자인 '裹'의 訛字이다.(乙卷에서는 '䰧'로 되어 있음) '擧'는 乙卷에서는 '攀'으로 되어 있는데 이는 '登'자와 관련하여 생긴 衍字이다.

38 '福'은 原錄에서는 '相'으로 되어 있다. [原校] 甲卷에서는 '相'이 '福'으로 되어 있다. [校注] 原卷에서는 사실 '福'자의 초서로 되어 있고, 乙卷 역시 '福'으로 되어 있다. 이에 의거하여 바로잡는다.

39 '涯'은 原錄에서는 '衙'로 되어 있고 '涯'로 교정하였다. [校注] 原卷에서는 먼저 '芽'로 적었다가 그 옆에다 '衙'로 고쳐 적었다. 甲卷에서는 '涯'로 되어 있고, 乙卷에서는 '衙'로 되어 있다. 甲卷에 의거하여 수정한다.

40 [劉凱鳴] '遇者'는 앞의 '凡人'에 대비된다. '遇'는 '愚'이다. [校注] '凡人'은 보통 볼 수 있는 사람이고, '遇者' 역시 일상적으로 만날 수 있는 사람을 가리킨다. 따라서 교정하는 것은 옳지 않다.

41 '傾'은 原錄에서는 '顧'로 되어 있다. [校注] 原卷 및 甲・乙卷에서는 사실 모두 '傾'으로 되어 있다. '傾瞻'은 '몸을 기울여 바라다 보다(傾身瞻看)', '우러러 보다(瞻仰)'는 뜻이다. 이에 의거하여 바로잡는다.

42 [項楚] '之'는 '知'의 音誤이고, '端'은 '瑞'의 形誤이다. [校注] '之'는 '諸'로 보아야 한다. '端'자는 原卷 및 甲・乙卷에서는 사실 모두 '瑞'로 되어 있다. 이는 잘못 옮겨 적은 것이다. '諸異瑞'은 여러 기이하고 상서로운 일들을 가리킨다.

43 [原校] '當'은 본래 '常'으로 되어 있는데 甲卷에 의거하여 수정한다.

44 '萏'은 原錄에서는 '萻'으로 되어 있는데 이는 속자이다. 甲卷에서는 '菡萏'이 '邃' 한 자로 되어 있다.

45 [潘重規] '仁'은 '人'과 통한다.

太子生下瑞靈顏, 諸臣猜道是妖奸.[47]

「臣請大王須除[48]棄, 留存家國總不安.」

이때 마야부인은 회임하는 꿈을 꾸었고 [어느덧] 산달이 다가왔다. [마야부인은] 궁중에 있자니 [마음이] 답답하고 근심스러워 비빈을 데리고 후원으로 나들이 나갔다. 무우수를 바라보다 손을 들어 나뭇가지를 잡으니 석가의 진신(眞身)이 오른쪽 옆구리를 통해 태어나셨다. 그때 어떤 말이 있는가.

무우수 아래서 잠시 꽃을 어루만지는데
오른편 옆구리로부터 석씨 집안에 태어났다네.
오백의 천인이 태자를 따르고
삼천의 궁녀들이 마야를 모시네.
당(堂) 앞에서는 원앙 이불 거듭 정돈하고
원림(園林)에서는 비취 가마에 오르기를 그만두었네.
태어난 아이에 서상(瑞祥)과 복이 많은데
명군(明君)은 그 말을 듣고 기쁨이 끝이 없네.

태자가 태어나자 감격한 구룡이 물을 토해내어 그 몸을 씻어주었다. 왼손을 들어 하늘을 가리키고 오른손은 땅을 가리켰다. 그리고 동서로 서서히 걸음을 내딛는데 발아래서는 연꽃이 피어났다. 이 광경을 바라보던 사람들은 다들 상서로운 조짐이라며 여러 기이한 서상들을 우러러보았다. 그때 어떤 말이 있는가.

구룡이 물을 토해 태자의 몸을 씻어주고
팔부의 신비로운 빛이 궁전을 밝힌다.
희귀한 서상이 머리 위에 나타나고
연꽃송이 발아래서 피어난다.

---

46 甲・乙卷에서는 '語' 뒤에 '云云' 두 자가 없다. 뒤의 또 다른 한 예 역시 마찬가지다.

47 '奸'은 原錄에서는 '姧'으로 되어 있는데 이는 속자이다.

48 [原校] 甲卷에서는 '除'가 '降'으로 되어 있다. [校注] '降'은 形訛字이다.

또 말하길 :

하늘을 가리키며 하늘 위로 내가 존귀하고
땅을 가리키며 땅에서 가장 뛰어난 사람이라네.
나는 오늘 모태에서 떨어져 나와 세상에 태어났거늘
강생한 보살의 마지막 현신(現身)이라네.

대왕은 태자를 어여삐 여겨 후궁으로 가서 비빈에게 [태자를] 잘 양육하라 일렀다. 그때 여러 대신들이 아뢰었다. "대왕이시여! 태자는 본시 요괴이오니 부디 없애야만 할 것입니다. 만일 인간세계에 살게 된다면 반드시 가족을 파괴하고 나라를 멸망시킬 것입니다." 그때 어떤 말이 있는가.

태자는 상서롭고 영묘한 모습으로 태어났거늘
여러 신하들은 그를 요물이라 의심하네.
신하들은 대왕에게 제거할 것을 청하는데
내버려두면 가족과 나라가 편하지 않을 것이라네.

當時文殊菩薩, 密[49]見諸臣不識是出世之仙, 恐諂損傷太子. 遂化作一臣, 數越起[50]超班謹對奏言 :「大王審察,[51] 莫取諸臣言教, 細意再思. 此是[52]異聖奇仁(人), 不同凡類.」當爾之時, 有何言語云云 :

太子相好無等倫, 降下閻浮化理民,
居家定作輪王位, 出世應[53]爲大法尊.

文殊菩薩遂向大王道 :「大王若不信, 南山有一阿斯陀仙仁(人), 修

49 '密'은 原卷 및 甲 · 乙卷에서는 모두 '蜜'로 되어 있는데, 原錄에서 수정한 것이다.

50 [劉凱鳴] '起'는 '次'의 訛字이다. '순서를 뛰어넘다(越次)', '超班'과 같은 뜻이다. [校注] 세 개의 권자 모두 '起'로 되어 있으며, '몸을 일으키다(起身)'는 뜻이다. '越起超' 세 자는 連文으로, 반드시 오류라고는 말할 수 없다.

51 '審察'은 甲 · 乙卷에서는 '蜜' 한 자로 되어 있다.

52 [原校] 甲卷에서는 '是'가 '事'로 되어 있다. [校注] '是'가 옳다. 뒤의 '仁'은 '人'과 통한다. '異聖奇' 세 자는 連文이다.

53 '應'은 甲卷에서는 '意'로 되어 있다. 借音字이다.

行歲久, 道行精專. 屈請將來, 令交(敎)瞻相, 大王便悉此事.」云云:

南山有一阿斯仙, 修行歲久道行專.

顔貌已過經千載, 早登五道相人間.

瞻看國內呼第一, 世上無比共齊肩.

屈請將來令交(敎)相, 臣此今朝不虛然.

既見菩薩語了, 大王感取兒(而)[54]言:「來日屈請仙人.」侵晨便至門守(首), 邀請上殿, 對說因由. 大王道[55]:「夫人產生, 乃出奇祥太子, 生[56]下便語. 口稱唯尊, 天上人間, 獨我無勝. 固(故)請仙哲, 占[57]相斯人.」仙師見太子出來, 流淚滿目, 手拭眼淚, 口讚「希嗟」.[58] 當爾之時, 道何言語:

大王屈請聖仙[59]才, 侵晨便到門守(首)來.

廣排綺席花敷殿, 共王祇揖[60]上基階.

啓口申說「夫人孕, 生下太子大奇哉.」

仙人忽見淚盈目, 呼(吁)嗟傷嘆手頣(託)頣.[61]

---

54 '兒'는 原錄에서는 '見'으로 되어 있다. [校注] 세 개의 권자 모두 '兒'의 속자인 '児'로 되어 있다. 劉凱鳴은 '建'으로 보았는데 확실하지 않다.

55 '道'는 原錄에서는 '有'로 되어 있다. [校注] '有'는 응당 '道'의 形訛字이다. 甲·乙卷에서는 '有'자가 없다.

56 [原校] '生'은 본래 '主'로 되어 있는데 甲卷에 의거하여 수정한다. [校注] 原卷에서는 사실 '生'으로 되어 있다. 乙卷 역시 마찬가지다.

57 劉凱鳴은 '占'을 '瞻'의 訛字로 보았는데 확실하지 않다. 두 자는 의미가 통한다.

58 '差'는 原錄에서는 '嗟'로 되어 있다. [郭在貽] '嗟'는 응당 '差'이고, '希差'는 '希奇'와 같다. 뒤의 "生下太子大奇哉"라는 문구는 그 증거이다. [校注] '嗟'는 甲卷에서는 '着'으로 되어 있는데 이는 '差'의 訛字이다.

59 [原校] '仙'자는 甲卷에 의거하여 보충한다. [校注] 乙卷에서도 '仙'자가 있다.

60 '揖'은 原錄에서는 '㦸'으로 되어 있고 '揖'으로 교정하였다. [校注] 原卷에서는 '撖'으로 되어 있고, 甲·乙卷에서는 '撖'으로 되어 있는데 이는 '㦸'의 속자이다. 문중에서 '㦸'은 '揖'의 增旁俗字이다.('揖'과 '戢'은 모두 '咠' 편방이다. 따라서 '戢' 편방은 곧 '咠' 편방과 같다) 『集韻』「葉韻」에서는 '㦸'자를 수록하면서 '接'의 별체자로 여겨 이 글자와 다른 것으로 보고 있다.

61 '頣'은 原錄에서는 '顗'로 되어 있다. [校注] 이 문구는 甲卷에서는 아무 것도 써 있지 않은 빈 공간으로 남아 있다. 原卷에서는 초서 '顋'로 되어 있고, 乙卷에서는 '頴'로

그때 문수보살은 [태자가] 세상에 나타난 부처라는 사실을 신하들이 알아보지 못하는 것을 보고 태자가 해를 입게 되지 않을까 염려되었다. 그래서 신하로 화하여 수차례 몸을 일으켜 앞으로 나서며 왕에게 아뢰었다. "대왕께서는 자세히 살피시고 거듭 숙고하시어 신하들의 말을 받아들이지 마십시오. 태자는 보기 드문 성자로 범인과는 다릅니다." 그때 어떤 말이 있는가?

태자의 상호(相好)는 견줄 이 없는데
염부제로 내려와 백성을 교화할 것이네.
세속에 거하면 전륜왕에 오를 것이고
출가하면 대법존이 될 것이네.

문수보살이 대왕에게 말하였다. "대왕께서 만일 믿지 못하신다면, 남산에 아사타라는 선인이 있어 오랜 세월 수행을 통하여 불도에 정통하고 있사오니, 그를 모셔다가 태자의 모습을 살펴보도록 하십시오. 그러면 대왕께서는 이 사실을 아실 것입니다."

남산에 한 아사타 선인이 있는데
오랜 세월의 수행으로 도행(道行)이 한결같다네.
생김새는 이미 천 살이 지난 듯한데
일찍이 오도(五道)에 올라 사람들의 상(相)을 볼 줄 안다네.
관상을 보는 데 나라 안의 제일이라 하니
이 세상에 그와 견줄 이 없다네.
모셔다 태자의 상을 보게 하시면
신의 오늘 이 말이 거짓이 아님을 알 것이네.

보살의 말을 듣고 대왕은 느끼는 바가 있어 "내일 선인을 모셔 오겠

되어 있다. 이 두 글자는 모두 '頹'이다. 이 자를 '頁' 편방으로 적은 것은 뒤의 '顋'자와 관련하여 類化된 것으로, 그 原字는 '搮'이어야 하며, 이는 '託'('拓'으로 적기도 함)과 음이 비슷한 관계로 서로 통용된다. '手託顋'는 '근심하며 깊이 생각에 잠긴 모습'이다.

소" 하였다. [왕의 초빙을 받고 선인은 이튿날] 새벽에 궐문 앞에 이르자 [왕은] 입궁을 청하여 그에게 까닭을 이야기하였다. 대왕은 선인을 보고 "부인이 태자를 낳았는데 인상이 기이하고 상서롭습니다. 태어나자마자 말을 하는데 [자신은] 유일한 존자이며 천상천하에 자기 홀로 수승하다는 것이었습니다. 그래서 그대 선인에게 이 아이의 관상을 부탁드리고자 모신 것입니다"라고 말하였다. 선인은 태자를 살펴보더니 눈물을 줄줄 흘리고 손으로 눈물을 닦아내며 "참으로 드문 일이로다!"고 감탄하였다. 그때 무슨 말이 있는가?

대왕이 선인을 초청하니
새벽에 궐문 앞에 도착하였네.
비단과 꽃으로 화려하게 장식한 궁전에서
왕에게 읍을 올리고 계단을 오르네.
왕이 이르기를, "부인이 아들을 낳았는데
태어난 태자는 기이하기 그지없다네."
선인은 태자를 바라보더니 눈에는 눈물이 가득
아아! 탄식하며 깊은 생각에 잠기네.

仙人旣占[62]之後, 卻向大王道:「太子是出世之尊, 不是凡人之數. 大王今若不信, 城南有一泥神, 置世已來, 人皆視驗. 王疑太子魍魅, 但出親驗神前. 的是鬼類妖精, 其神化爲凝血, 若不是精奸之類, 只合不動不變.」於爾之時, 有何言語:

城南有一摩醘[63]神, 見說尋常多操(躁)[64]嗔.
世上或行詐僞[65]事, 就[66]前定驗現其眞.

62 '占'은 原錄에서는 '召'로 되어 있다. [校注] '召'는 필사한 모습이 '占'과 유사하다. 여기서는 마땅히 '占'으로 보아야 한다.

63 '醘'은 原錄에서는 '醠'로 되어 있고 '醘'로 교정하였다. [原校] 甲卷에서는 '醘'가 '䤈'로 되어 있다. [校注] 甲卷에서는 사실 '酷'로 되어 있는데 이는 '醘'의 俗訛字이다.

64 [通釋] '操嗔'은 '暴躁', '嗔怒'이다. '操'는 '躁'의 가차자이다.

大王但將此太子, 纔見必合[67]始知聞.

若是禎祥於本主,[68] 的定妖邪化爲塵.

大王明日廣排天仗, 遠出城南, 將百萬之精兵, 並太子亦隨駕幸. 行至神廟[69]五里以來, 泥神被北方天王喝[70]一聲, 雖是泥神, 一步一倒, 直至大王馬前, 禮拜乞罪. 佛子[71]

咄咄泥堪(龕)[72]土像身, 空將昧語誑時人.

從此大王懷抱子, 便是牟尼大世尊!

又道[73]:

因何不起出門迎, 禮拜求哀乞罪輕?

捨卻多生邪見行, 從茲免作鬼神形!

大王道:「聖者尋常多操(躁)[74]惡, 今日禮拜[75]甚人?」 泥神道:「不是禮

---

65 '僞'는 原卷 및 甲卷에서는 모두 '爲'로 되어 있고, 乙卷에서는 왼쪽에 '口' 편방을 더해놓았다. 原錄에서 직접 '僞'로 수정하였다.

66 【原校】 甲卷에서는 '就'가 '龍'으로 되어 있다. 【校注】 乙卷에서도 '龍'으로 되어 있는데, 아마 형태가 비슷하여 생긴 訛字일 것이다.

67 '合'은 原錄에서는 '令'으로 되어 있다. 【校注】 原卷에서는 초서로 적혀 있는데 '合'자인 듯하다. 甲·乙卷에서는 모두 楷書 '合'으로 되어 있다. 이를 근거로 바로잡는다.

68 '立'은 原錄에서는 '主'로 되어 있다. 【原校】 甲卷에서 '主'는 '立'으로 되어 있다. 【校注】 原卷 및 甲·乙卷에서는 모두 '立'으로 되어 있다. 이를 근거로 바로잡는다. '於本立'은 '본래의 모습 그대로 존재한다', 즉 앞의 '不動不變'을 말한다.

69 '廟'는 原卷 및 甲·乙卷에서는 모두 '屇'로 되어 있다. 이는 '廟'의 이체자인 '庿'의 訛字이다.

70 '喝'은 原錄에서는 '唱'으로 되어 있고 '喝'로 교정되어 있다. 【校注】 甲·乙卷에서도 '唱'으로 되어 있다. '喝'의 속자가 '唱'과 비슷하여 생긴 오류이다. 「太子成道變文(三)」: "비사문이 허공에서 진노하여 꾸짖어 泥神을을 내려가게 하였다(毗沙門空中嗔怒一喝, 喝去泥神)." '喝'자를 사용하고 있다. 이를 근거로 하여 수정한다.

71 '佛子'는 甲卷에는 없고 乙卷에는 '佛' 한 자로 되어 있다.

72 【徐震堮】 '堪'은 '龕'과 같다.

73 乙卷에서는 '又道' 두 자가 없다. 또 앞 구 '從北'의 '北'이 본래는 '此'로 되어 있는데 甲·乙卷에 의거하여 수정한다.

74 【徐校】 '操'는 '懆'이어야 한다. 「唐太宗入冥記」: "判官懆惡" 【校注】 '懆'는 '躁'와 같다.

75 '禮拜'는 原錄에서는 '拜禮'로 되어 있다. 【校注】 甲卷에서는 '禮拜'로 되어 있다. 이에 도치시킨다.

拜大王, 禮拜大王太子.」「何故?」「太子有三十二相, 八十種好, 項背圓光, 紫磨[76]金色. 在家作轉輪王位, 出家定證佛身, 所以禮拜.」

선인이 태자의 관상을 보고 나서 대왕에게 아뢰었다. "태자께서는 출세간의 존자이시라 범인의 무리가 아니십니다. 혹시라도 제 말을 믿지 못하신다면, 성 남쪽에 진흙으로 빚은 신상(神像)이 있는데 세상에 나타난 후로 사람들은 모두 그를 영험하다 여기고 있습니다. 태자가 요괴는 아닌지 의심스러우시다면 대왕께서 직접 그 신상 앞으로 가시어 시험해 보십시오. 만일 귀신이나 요괴라면 그 신은 태자를 응혈시켜 버릴 것이고, 만일 요괴 같은 무리가 아니라면 태자는 아무렇지도 않을 것입니다." 그때 어떤 말이 있는가?

성 남쪽에 마혜[77]라는 신이 있는데
언제나 잘 분노한다고 들었네.
세상에 거짓된 일이 생겼을 경우
그 앞으로 나아가면 반드시 그 진실을 보인다네.
대왕이 태자를 [그에게] 데려 가기만 하면
반드시 진실을 알게 될 거라네.
만일 [태자가] 길상이라면 아무렇지 않을 것이고
요괴라면 [태자는] 먼지로 화할 거라네.

대왕은 다음날 의장(儀仗)을 채비해 놓도록 하고서 멀리 성 남쪽으로 나서는데, 백만의 정병(精兵)을 대동하였고 태자 역시 행차를 따르게 하

76 '磨'는 原錄에서는 '摩'로 되어 있고 '磨'로 교정하였다. 【校注】 甲·乙卷에서는 '磨'로 되어 있다. 이를 근거로 하여 수정한다.

77 대자재천(大自在天). 힌두교의 파괴신인 동시에 창조신이기도 한 시바. 마혜수라(摩醯首羅)는 음역명. 힌두교에서는 최고 신격(神格)의 위치에 있지만, 불교에서는 호법신(護法神)으로 천부(天部)의 일존(一尊)에 지나지 않는다. 눈은 3개이고 팔은 8개로, 흰 소를 타고 흰 불자(佛子)를 들고 큰 위덕을 가진 신이다. 외도(外道)들은 이 신을 세계의 본체라 하며 또 창조의 신이라 하여, 이 신이 기뻐하면 중생이 편안하고, 성을 내면 중생이 괴롭고, 온갖 물건이 죽어 없어지면 모두 이 신에게로 돌아간다고 한다.

였다. [대왕의 행차가] 신묘(神廟)에서 오 리 밖에 이르렀을 때, 북방천왕의 호통 소리에 놀란 진흙 신상은 비틀거리며 대왕의 말 앞에 이르더니 절을 올리며 죄를 구하였다. 불자(佛子)

진흙 감실의 소상(塑像)을 책하소서.
공연히 우매한 말로 사람들을 속였다네.
북쪽으로부터 대왕께서 안고 오는 아기는
바로 석가모니 대세존이라네.

또 말하기를

어찌하여 문 밖으로 나가 영접하지 않으며
절을 올리며 죄의 용서를 빌지 않는가.
여러 생 동안의 사견(邪見)을 내던졌으니
이로부터 귀신의 형상을 면하게 되리라.

대왕이 "성자께서는 항상 성품이 거칠고 흉포하다고 하던데 지금 누구에게 예배를 올리는 것입니까?" 하고 물으니, 진흙 신상은 "대왕께 절을 올리는 것이 아니라 대왕의 태자께 절을 올리는 것입니다" 하였다. "어째서입니까?" "태자께서는 32상과 80종호를 가지고 계시고 등 뒤에는 후광이 빛을 발하고 있으며 자마황금의 빛나는 몸을 지니셨습니다. 세속에 계시면 전륜성왕이 되실 것이고, 출가하시면 분명 불신(佛身)을 증득하실 것이기에 절을 올린 것입니다."

大王見說上事, 卽便歸宮, 處分綵女頻(嬪)妃, 伴換[78]太子, 恆在左右, 不離終朝. 太子年登拾玖, 戀着[79]五欲. 天帝釋道:「太子此來下界, 救

78 【通釋】'伴換'은 '동행하다(陪伴)', '추종하다(追隨)'와 같다. 【校注】S.5949「下女夫詞」:"何方所管? 何人伴換?" 여기의 '換'자는 S.3877에서는 '渙'으로 되어 있다.

79 【通釋】'戀着', '貪着'은 '貪戀'이다. '戀着'과 '貪着'은 의미가 유사한 두 개의 글자가 합쳐져 이루어진 연면자이다. 여기서 '着'자는 결과나 지속 상태를 나타내는 시태조사가 아니라, 그 자체에 '貪戀'의 의미를 가지고 있다.

度衆生, 何故縱意自恣, 貪着五欲.」太子悟得此事, 當便心迴. 其時二月一日, 太子在於宮中, 欲往巡歷四門, 遊翫花木. 遂遣宮監及諸從人, 一齊相隨, 同往觀看. 天帝釋知太子遊觀四門, 各化一身, 於此四門, 令交(教)太子, 悟其生死. 纔出東門之外, 陌上忽逢一人, 行步怱怱,[80] 極甚忙切. 太子見已,[81] 遂遣車匿迎前問之:「公是何人, 行步怱速?」其人道:「家中新婦有難, 拾月將充, 苦痛逼身, 所以怱速.」太子又問:「生者只是一人? 人間總有?」其人道:「一例如然.」[82]

我家有子在臨胎, 千般痛苦誕嬰孩.

父子怱忙重發願, 只願平善不逢災.

太子遂聞生者, 憂切轉加, 便疑(擬)還宮. 又作一偈嘆道:

太子聞孩子誕生來, 方知世事實苦哉.[83]

生下人身不長久, 日月流速遞相催.

대왕은 그 말을 듣고 즉시 궁으로 돌아와 궁녀와 비빈더러 항시 태자를 가까이서 모시며 하루 종일 태자 곁을 떠나지 말라고 일렀다. 태자는 열아홉 살이 되었는데 오욕(五欲)에 연연하였다. 제석천이 [태자를 깨우쳐] 말했다. "태자께서 이곳으로 하계하신 것은 중생을 제도하기 위함인데 어찌하여 마음 내키는 대로 행동하시며 오욕을 탐하십니까!" 태자는 이 일에서 깨달은 바가 있어 당장 마음을 돌렸다. 때는 바야흐로 이월 초하루, 태자는 궁 안에 있다가 문득 사대문 밖을 돌아보고 꽃과 나무 아래서 노닐고 싶어졌다. 그리하여 환관 및 여러 시종들을 거느리고

80 '怱'은 原錄에서는 '悤'으로 되어 있다. [校注] 이는 '怱'자이다. 돈황사본에서는 '怱'자가 '悤'으로 표기되는 경우가 많다. 이에 수정한다. 이하 동일하다.

81 '已'는 原錄에서는 '之'로 되어 있다. [校注] 原卷 및 甲·乙卷에서는 사실 모두 '已'로 되어 있다. 이를 근거로 바로잡는다.

82 '然'은 原錄에서는 '狀'으로 되어 있다. [原校] 甲卷에서는 '狀'이 '然'으로 되어 있다. [校注] 原卷 및 甲·乙卷에서는 사실 모두 '然'으로 되어 있다. 이를 근거로 바로잡는다. '如然'은 '如此'이다.

83 [原校] 甲卷에서 '哉'는 '災'로 되어 있다. 甲卷의 원문은 여기에서 끝난다. [校注] 문구 중의 '世'자는 甲·乙卷에서는 '聖'으로 되어 있다.

다 같이 구경을 나섰다. 제석천은 태자가 사대문으로 유람을 떠난다는 사실을 알고 사람으로 화하여 사대문에서 태자에게 삶과 죽음을 깨우치게 되었다. 동문 밖에 이르렀을 때 길에서 문득 한 사람을 만났는데 걸음걸이가 총총한 것이 무슨 대단히 급한 일이라도 있는 듯했다. 태자는 그것을 보고 찬타카를 시켜 그에게 물었다. "그대는 누구인데 걸음걸이가 이리도 총총한가?" 그 사람이 대답하였다. "집의 아내가 어려움에 빠져 있습니다. 열 달이 가득 차 [아이를 낳으려는데] 고통이 극심한 까닭에 이렇게 분주하답니다." 태자가 다시 물었다. "생(生)은 단지 그대 혼자만의 일인가, 아니면 사람이라면 모두 그러한가?" 그 사람이 대답하였다. "똑같이 그러합니다."

우리 집에 임산(臨産)의 아내가 있는데
수많은 고통을 참아내며 어린애를 낳는다.
아버지와 아들은 다급해하며 거듭 발원하는데
그저 평안하여 아무런 재앙 없기를.

태자는 생에 관한 이야기를 듣고 근심이 더해져 곧 궁으로 돌아가려 하면서 게송을 지어 탄식하였다.

태자는 어린애의 탄생에 대해 듣고 나서
세상사 실로 고통임을 깨달았네.
태어난 인간의 육신은 오래가지 않거늘
세월은 물 흐르듯 하며 차츰 [육신의 늙음을] 재촉하네.

太子作偈已了, 卽便歸宮. 迷悶憂煩, 極甚不悅. 大王見太子愁憂不樂, 更添百般細樂, 萬種音聲, 令遣宮內爲歡太子, 太子都不入耳. 再處分車匿, 來晨被(鞁)[84]於朱騌白馬, 卻往南門觀看. 是時太子車駕及

---

84 '被'는 '鞁'로 보아야 한다. 『說文解字』: "鞁, 車駕具也." 『玉篇』: "鞁, 鞍上被." '鞁'는 본래 명사로서, 안장 위에 덮는 물건을 말하는데, 轉하여 馬具 일체를 가리키게 되었다. 따라서 '鞁'는 '被'에서 그 뜻을 취하였다. 여기서 '被(鞁)'는 동사로서 '말을 준

諸侍從員寮, 纔出南門, 忽爾行次, 不逢別事, 見一老人:髮白如霜, 鬢毛似雪. 眉中有千重碎皺, 項上有百道麤[85]筋. 雙目則珠淚長垂, 兩手乃牢[86]扶拄杖.[87] 看人不識, 共語無應.[88] 緩行慢行, 麤喘細喘. 太子見已, 卽便驚忙. 當爾之時, 道何言語:

策杖低要[89]是何人, 面無光色鬢如銀.

爲復世人無二種? 爲復老者只一身?

太子見已, 莫辨聖凡, 令遣車匿問之:「此者是何人也?」 車匿奉命直見老翁:「是何人, 在此而立?」 數件[90]叫問, 都沒應挨(唉),[91] 推築[92]再三, 方始迴答. 老人道:「吾今桑榆已逼, 鐘[93]漏將窮. 眼暗都不識人, 耳聾不聞音響. 十步之內, 九件[94]長噓. 壽限將臨, 此名爲老. 殿下旣

비하다(備馬)'는 뜻으로 사용되었다. 『廣韻』:"鞁, 裝束鞍馬."

85 '麤'는 原錄에서는 '麁'로 되어 있고 '粗'로 교정하였다. [校注] 原卷 및 乙卷에서는 모두 '麁'로 되어 있는데 이는 '조'의 속자이다.

86 '牢'는 原錄에서는 '窂'로 되어 있고 '牢'로 교정하였다. [校注] '窂'는 '牢'의 속자이다. 이는 『干祿字書』에 보인다.

87 '拄'는 原錄에서는 '柱'로 되어 있다. [徐震堮] '柱'는 '拄'가 되어야 한다. [校注] 木 편방과 手 편방은 많은 혼용을 보인다. 여기서는 직접 수정한다.

88 '應'은 原錄에서는 '膺'로 되어 있다. [校注] 이는 '答應'의 '應'이다. 여기서는 직접 수정한다.

89 '要'는 原錄에서는 '腰'로 되어 있다. [校注] 原卷 및 乙卷에서는 모두 '要'로 되어 있다. 이는 '腰'의 古字이다. 따라서 여기서는 原卷대로 기록한다.

90 '件'은 原錄에서는 '次'로 되어 있다. 潘重規는 原卷에 의거하여 '件'으로 기록하였다. [校注] 原卷의 초서체 '件'은 '件'과 비슷해 보인다. 乙卷에서는 '絆'으로 되어 있는데, 이로보아 '件'자임을 알 수 있다. '件'은 양사로서 횟수를 표시한다. 뒤의 "九件長噓" 문구는 그 예이다. 이에 의거하여 바로잡는다.

91 '應'은 原錄에서는 '膺'으로 되어 있다. [徐復] '膺挨'는 '膺唉'이다. '膺'과 '應'은 둘 다 應聲으로 서로 통한다. '挨'는 '唉'가 되어야 한다. [校注] '膺'은 '應'(答應)과 같다. 단순히 '통한다(通)'고 하는 것은 적합하지 않다.

92 [江藍生] '推築'은 原錄에서는 '催促'으로 교정하였는데 이는 잘못된 것이다. 『魏書』「倉慈傳」注引『魏略』:"時長安典農與斐共坐, 以爲斐宜謝, 乃私推築斐." '推築'은 '손으로 밀어 일깨운다'는 뜻이다.

93 '鐘'은 原錄에서는 '鍾'으로 되어 있다. [校注] 唐人은 '鐘'과 '鍾'을 '鍾' 한 자로 사용하였다. 이에 수정한다.

94 '件'은 原錄에서는 '步'로 되어 있다. 『新書』에서는 '件'으로 수정되어 있다. [校注] 乙

問, 然說實情.」 當爾之時, 有何言語:

　　雞皮鶴髮身憔悴, 耳聾眼暗不能行.

　　此老都來不將去, 必定留傳與後生.

太子遂遣車匿, 卻往重問再三. 寮[95]人道:「太子恆在宮圍(闈),[96] 不知世間之事. 爲復人總衰老? 爲復只是一人? 請不惜情, 子細分雪.」[97] 車匿蒙使, 趂驟直見老翁, 具說所問根原, 直申太子情懇. 老翁蒙問[98], 擢[99]笑呵呵, 說道:「我輩凡夫, 高下共同一體空,[100] 不是吾之衰老, 轉轉便到後生. 雖然殿下[101]尊高, 老相亦復如是. 旣蒙來問, 具說原由.」 於此之時, 有何言語:

　　眼暗都緣不弁(辨)[102]色, 耳聾高語不聞聲.

　　欲行三里二里時, 雖(須)[103]是四迴五迴歇.

太子聞已, 轉更泣淚愁眉, 迴答一偈:

　　太子聞言情緖悲, 少年全得沒多時.

　　必若老來何處避, 顧戀榮華也是癡.

태자는 게송을 마치고 곧 환궁하였는데 고민과 번뇌로 마음이 극히 우울하였다. 대왕은 태자가 근심으로 우울해하는 것을 보고 여러 음악

卷에서는 '伴'으로 되어 있다. 原卷의 초서체 '伴'이 '件'자와 유사하다.

95 '寮'는 原錄에서는 '京'로 되어 있고 '寡'로 교정하였다. [校注] 이는 '寡'의 속자인데, 여기서는 '寮'의 訛字이다. 乙卷에서는 '寮'로 되어 있다. 앞에 "諸侍從員寮"라는 문구가 보인다. 여기서는 벼슬아치 '車匿'을 가리킨다. 乙卷에 의거하여 수정한다.

96 '圍'는 原錄에서는 '園'으로 되어 있다. [項楚] '園'는 '闈'의 形誤字이다. [校注] 原卷은 '圍'의 초서이지 '園'자가 아니다. '圍'와 '闈'는 통한다.

97 '雪'은 原錄에서는 '說'로 교정되어 있다. [項楚] '雪'은 오류가 아니다. [校注] 乙卷에서는 '分雪'이 '分說'로 되어 있다. 이 두 어휘는 의미가 같다.

98 '問'자는 原錄에서는 다음 행으로 잘못 옮겨져 있다. 原卷에 의거하여 바로잡는다.

99 '擢'의 음은 '霍'이다. '忽然', '闊然'의 '忽', '闊'과 같다.

100 '空'은 부사로서 '只', '僅僅'의 뜻이다.

101 '下'는 原錄에서는 '上'으로 되어 있다. [校注] 原卷과 乙卷은 모두 '下'로 되어 있다. 이에 의거하여 바로잡는다.

102 '弁'은 乙卷에서는 '便'으로 되어 있다. 모두 '辨'의 借音字이다.

103 '雖'는 '須'와 통한다.

과 갖가지 노래를 들려주며 태자를 즐겁게 하고자 했지만 태자의 귀에는 아무 것도 들어오지 않았다. 또 다시 찬타카에게 이튿날 새벽 붉은 갈기의 백마에 안장을 얹히도록 하고서 남문 밖으로 구경을 나섰다. 이때 태자의 수레와 여러 시종 관원들이 남문을 나서 한창 구경을 하고 있던 중 문득 다른 것도 아닌 한 늙은이를 만났다. 머리카락은 서리같이 허옇고 귀밑머리는 눈처럼 하얬으며, 양미간에는 주름살이 가득했고 목덜미에는 쪼글쪼글해진 살갗이 늘어져 있었다. 또 두 눈에서는 구슬처럼 눈물이 흘러 내렸고 두 손은 지팡이를 꼭 움켜쥐고 있었는데, 사람을 보아도 알아보지 못하고 말을 걸어도 대답이 없었다. 느릿느릿 걸으면서도 숨을 거칠게 쉬었다 가늘게 쉬었다 했다. 태자는 그 모습을 보자 몹시 놀랐다. 이때 무슨 말이 있는가?

지팡이를 짚고 허리가 구부러진 자는 누구인가.
얼굴은 윤기가 없고 귀밑머리는 백은 같구나.
세상 사람은 모두 똑같은가
아니면 저 늙은 한 몸 그러는 것인가.

태자는 그 모습을 보고나서 [그 자가] 성인인지 범인인지 알 수가 없어 찬타카에게 "이 자는 누구인가?" 하고 묻게 했다. 찬타카는 명을 받들어 즉시 늙은이에게 물었다. "그대는 누구인데 여기에 이렇게 서 있는가?" 수차례 물어도 반응이 없자 두세 차례 흔드니 그제야 대답을 하였다. "이 몸은 지금 만년이 찾아들어 남은 목숨은 곧 다할 것입니다. 눈은 어두워 사람을 알아보지 못하고 귀는 먹어 소리를 듣지 못합니다. 열 걸음을 걸으면서 아홉 차례 한숨을 내쉽니다. 목숨이 곧 끝나가는 자를 노인이라 합니다. 전하께서 물으시기에 사실로써 알려드립니다." 그때 어떤 말이 있는가?

닭의 피부에 학의 머리카락을 한 초췌한 몰골
귀는 먹고 눈은 어두워 걷지도 못한다네.
이 늙음은 늙은이가 가져가는 것이 아니고

반드시 뒷사람에게 남겨진다네.

태자는 찬타카를 시켜 거듭 물었다. 찬타카가 [노인에게] 말하였다. "태자께서는 항상 궁궐 안에서 생활하시어 세간의 일을 잘 모르시오. 사람 된 자는 모두 다 늙게 되는 것이오, 아니면 단지 그대 혼자만 그렇게 되는 것이오? 부디 상세히 알려주시오." 찬타카는 심부름꾼이 되어 서둘러 노인에게 다가가 질문의 요지를 설명하고 태자의 간절한 마음을 알렸다. 노인은 질문을 받자 돌연 하하 웃으며 대답하였다. "우리 같은 범부는 신분의 높고 낮음에 관계없이 모두가 공(空)이라서, 늙는다는 것은 단지 저만 그러는 게 아니라 뒷사람들에게도 전해진답니다. 전하께서 비록 존귀하다지만 늙는 모습은 이와 똑같습니다. 물어보시니 그 연유를 말씀드립니다." 이때 어떤 말이 있는가?

눈은 어두워 색깔을 구분하지 못하고
귀는 먹어 큰 소리도 들리지 않네.
두세 리(里)를 걸으려면
네댓 차례를 쉬어야만 한다네.

태자는 이 말을 듣자 눈물을 흘리고 근심스러워하면서 게송을 지어 회답하였다.

태자는 그 말을 들으니 마음이 슬퍼지는데
젊은 시절의 득의양양함 얼마 가지 않는다네.
늙음이 다가오면 어디로 도망가나
영화(榮華)에 연연하는 것 역시 어리석은 짓이로다.

太子作偈已了, 更積愁憂. 嘆息長噓, 淚珠流滴. 當便迴駕, 卻入宮闈. 父王聞太子還宮, 遂遣大臣存問:「今晨殿下散悶閑遊, 駕幸南門, 見何景像?」太子蒙問, 具答上情, 改變顏容, 都無人色. 大臣走出, 申奏王知:「今晨太子散煩, 愁憂更加轉極.」大王聞奏, 怨噎連胸. 遂遣綵女嬪妃, 相勸伴換. 太子無心歡悅, 有意愁憂. 臺(擡)[104]眼不看, 兩眉莫展. 來日遣被(鞁)朱綜(騌)[105]白馬, 卽往西門巡行. 忽見一人, 四體極甚羸劣, 形容瘦損, 喘息不安. 兩面人扶, 千般疼[106]痛, 兼有藥椀在於頭邊, 百味飮食將來, 一般都不向口. 太子遂遣車匿問之:「君是何人?」其人答曰:「我是病兒.」 太子又問:「何名病兒?」 其人道:「人生世間, 地水火風, 成其四大. 一大不調, 百一病起, 此名病兒.」又問:「病者唯公一個, 爲復盡皆如然?」病兒道:「殿下祿重官高, 病患亦復如是.」老人被問, 具已咨聞. 當爾之時, 道何言語? 老人道[107]:

拔劍平四海, 橫戈敵萬夫.
一朝床枕上, 起臥要人扶.

太子聞偈, 哽噎非常, 遂乃叫切含悲, 亦道一偈:

太子聞道病來侵, 萬般愁苦轉縈心.
貴賤都來同幻化, 何須多要積珠金!

태자는 게송을 마치자 근심이 더해갔다. 길게 탄식을 하더니 구슬 같은 눈물을 뚝뚝 흘렸다. 곧 수레를 돌려 궁궐로 돌아왔다. 부왕은 태자가 환궁하였다는 말을 듣고 대신을 보내어 안부를 묻게 했다. "오늘 새벽 전하께서는 우울함을 풀러 출유하시었는데, 남문 밖으로 행차하시어 무엇을 보셨습니까?" 태자는 질문을 받고서 그 심정을 얘기하는데 얼굴은 수척해져 있었고 혈색이라고는 없었다. 대신이 물러나 왕에게 아뢰었다. "오늘 새벽 태자께서는 근심을 풀러 [출유하시었는데] 걱정이 더욱 깊어지셨습니다." 대왕은 그 말을 듣자 비통함에 가슴이 메었다. 그

104 '臺'는 '擡'와 통한다.

105 '朱綜'은 原錄에서는 '朱踪'으로 되어 있다. [校注] 乙卷에서는 '珠宗'으로 되어 있다. '踪'자는 사전에 실려 있지 않다. 이는 '綜'의 訛字이다. 뒤의 문장에서 '踪'자는 '綜'으로 되어 있다. 이에 의거하여 수정한다.

106 '疼'은 原錄에서는 '疒' 안에 '膝'이 붙은 글자로 되어 있다. [校注] 이는 '疼'의 속자이다. 이에 대해서는 『龍龕手鏡』에 보인다. 乙卷에서는 '疒' 안에 '騰'이 붙은 글자로 되어 있는데, 이 역시 속자이다.

107 原錄에는 "老人道" 세 자가 없다. [校注] 原卷 및 乙卷에서는 모두 이 세 자가 있다. 이를 근거로 채워 넣는다.

리하여 채녀와 비빈을 보내어 태자를 모시도록 하였으나 태자는 기뻐하는 마음 없이 근심 걱정만 할 뿐이었다. 눈을 들어도 아무것도 보이지 않고 두 눈썹은 펴질 날이 없었다. 다음날 [찬타카에게] 붉은 갈기의 백마를 채비해 놓게 하고서 서문 밖으로 순행을 나섰다. 문득 한 사람을 보았는데 그 사람은 사지가 바짝 말라 있었고 모습이 수척하였으며 숨을 헐떡거리고 있었다. 양쪽에서 다른 사람의 부축을 받고 있었는데 몹시 고통스러운 모습이었으며, 머리맡에는 약사발이 놓여 있었고 각종 음식들이 주어졌지만 어느 것도 입에 넣지를 못했다. 태자는 찬타카에게 물어보게 하였다. “그대는 누구인가?” 그 사람이 대답하였다. “저는 병자입니다.” 태자는 다시 물었다. “무엇을 병자라 하는가?” “사람은 이 세상에 태어나면서 지・수・화・풍의 사대(四大)로 이루어져 있습니다. 그 중 한 가지라도 조화를 잃으면 백한 가지 병이 생기니 이를 병자라 합니다.” “병자는 그대 혼자인가, 아니면 모두 그렇게 되는가?” “전하 같이 녹이 무겁고 직위가 높으신 분도 병을 앓으면 이렇게 됩니다.” 병자는 태자의 질문을 받고 설명을 하였다. 그때 어떤 말이 있는가? 노인이 말하기를,

칼을 뽑아 사해(四海)를 평정하고
창을 휘두르며 일만의 병사를 대적하다가도
하루아침에 침대에 드러누워
눕고 일어서는데 다른 사람의 부축을 받는다.

태자는 게송을 듣자 슬픔에 목이 메고 비통에 겨워 그 또한 게송 하나를 읊었다.

태자는 질병의 내습 얘기를 들으니
수많은 고뇌가 마음을 휘감는다.
귀하거나 천한 자 모두 그렇게 되는 것을
무엇하러 보석 황금을 쌓아두는가.

太子作偈已了，卽便歸宮，顏色忙祥,[108] 愁憂不止．大王聞太子還宮，遣宮人遂喚[109]太子：「吾從養汝，只是懷愁．昨日遊觀西門，見於何物?」[110]太子奏大王曰：「昨日遊翫，不見別餘,[111] 見一病兒，形骸[112]羸瘦．遂遣車匿所(使)[113]問：『病者只是一人?』他道：『世間病患之時，不諫(揀)貴賤.』聞此言語，實積憂愁．謹咨大王，何必怪責?」大王遂遣太子，來日卻往巡遊．至於北門，忽見一人，歸於逝路．四支全具，九孔常流.[114] 臥在荒郊，膖[115]脹壞爛．六親號叫，九族哀啼，散髮披[116]頭，渾搥[117]自撲．遂遣車匿往問，問云：「此是何人?」喪主具說實，言道：「此是死事.」「卽公一個死? 世間亦復如然?」喪主道：「王侯凡庶一般，死相亦無二種.」當爾之時，有何言語：

國王之位大尊高，殺鬼臨終無處逃．

108 【通釋】'忙祥'은 '茫洋'과 같다. '마음이 어수선하고 어지러워 갈피를 잡지 못하는(迷惘昏瞀) 모습'이다.

109 '喚'은 原錄에서는 '換'으로 되어 있고 '喚'으로 교정하였다. 【校注】原卷 및 乙卷에서는 모두 '喚'으로 되어 있다. 이를 근거로 하여 바로잡는다.

110 '何物'은 乙卷에서는 '何勿'로 되어 있다.

111 '餘'는 原錄에서는 '物'로 되어 있다. 【校注】原卷 및 乙卷에서는 사실 모두 '餘'로 되어 있다. 이를 근거로 바로잡는다. '別餘'는 '其他'라는 뜻이다.

112 '骸'는 原錄에서는 '駭'로 되어 있고 '骸'로 교정하였다. 【校注】原卷 및 乙卷에서는 사실 모두 '骸'로 되어 있다. 이를 근거로 바로잡는다.

113 '所'는 '使'로 보아야 한다. 「孔子項託相問書」: "婦坐使姑." '使'자가 甲卷에서는 '所'로 되어 있다. 同音通假의 사례이다.

114 '常流'는 原錄에서는 빠져 있다. 【校注】原卷에서는 두 칸이 공란으로 되어 있다. 乙卷에서는 '常流'로 되어 있다. 乙卷을 근거로 하여 채워 넣는다.

115 '膖'은 原錄에서는 글자의 우반부가 '逄'으로 되어 있는데 이는 속자이다. 「太子成道經」에 의거하여 수정한다.

116 '披'는 原錄에서는 '拔'로 되어 있고 '披'로 교정하였다. 【校注】原卷은 사실 '披'로 되어 있고, 乙卷에서는 '被'로 되어 있다. '被'와 '披'는 같은 뜻이다. 이에 의거하여 바로잡는다. 【通釋】제1판과 제2판에는 '拔頭' 항목에서 이를 예문으로 들면서 '拔頭'는 곧 '鉢頭', '撥頭'이며, '披頭散髮'의 뜻이라고 하였다. 제3판에서는 이 항목을 삭제하고 별도로 '拔・跋' 항목을 만들었다. 潘重規와 江藍生은 이 항목을 인용하여 '拔'과 '撥'이 통한다고 하였는데, 그들은 그 판본을 명시하지 않았다.

117 '搥'는 原錄에서는 '槌'로 기록하였다. 【徐震堮】'槌'는 '搥'가 되어야 한다. 【校注】乙卷에서는 '搥'로 되어 있으며 이는 '捶'와 같은 자이다. 이를 근거로 바로잡는다.

死相來侵皆若此, 還漂苦海浪滔滔.

太子答:

太子聞死轉愁眉, 再三怨恨實可悲.

直饒萬乘君王位, 勢長風促得多少時!

태자는 게송을 마치고 즉시 궁으로 돌아왔는데 마음이 어지러워 어찌 할 바를 모르며 근심이 그치지 않았다. 대왕은 태자가 환궁하였다는 말을 듣고 궁녀를 보내어 태자를 불러들여 물었다. "나는 너를 길러 오면서 줄곧 근심이 떠나질 않는구나. 어제는 서문 밖으로 구경을 나가서 무엇을 보았느냐?" 태자가 대왕에게 아뢰었다. "어제 나들이 나가 본 것은 다름이 아니라 어떤 병자를 보았는데 그 모습이 몹시 야위고 수척했습니다. 그래서 찬타카를 시켜 '병자는 그대 혼자뿐인가?'라고 물어보았더니, 그 자는 '이 세상에 살면서 병이 들 때는 귀천(貴賤)을 가리지 않습니다.'라고 대답하더군요. 그 말을 듣고 나니 몹시 근심스러웠습니다. 그래서이니 대왕께서는 나무라거나 꾸짖지 말아주십시오." 대왕은 태자에게 이튿날 다시 순유를 다녀오게 하였다. 북문에 이르렀을 때 한 사람을 보았는데 죽음의 길로 되돌아가고 있었다. 사지는 멀쩡한데 아홉 구멍에서는 끊임없이 [피고름이] 흘러나오고 있었다. 황폐한 들판에 눕혀져 있었는데 부풀고 부패해 있었다. 육친(六親)이 울부짖고 구족(九族)이 슬피 흐느끼며, 머리를 풀어헤치고서 온몸을 땅바닥에 내동댕이치고 있었다. 찬타카에게 물어보게 하였다. "이 자는 누구인가?" 상주(喪主)가 사실을 말하였다. "이것은 죽은 자입니다." "저 자 혼자 죽게 되는 것인가, 아니면 세간의 모든 사람이 그렇게 되는 것인가?" 상주가 대답하였다. "왕후나 백성이나 똑같이 죽음의 모습은 다르지 않습니다." 그때 어떤 말이 있는가?

국왕의 자리 지극히 존귀하고 높다지만

죽음의 귀신 이르면 달아날 곳 없다오.

사상(死相)이 내습하면 모두 이와 같아

물결 일렁이는 고통의 바다 위를 둥둥 떠다닌다오.

태자가 화답하는데,

태자는 죽음에 관한 말을 들으니 수심이 가득해지고
거듭 원망스러워지며 비통하기 그지없다.
제아무리 만승(萬乘)의 군왕이라 한들
세가 늘고 위풍이 당당함 그 얼마 동안일까!

太子吟詠已了, 更乃愁憂, 嗟嘆:「我輩凡夫, 如何免[118]得此事?」悶心數四, 憂苦再三, 卽便還宮, 都無喜色. 父王聞太子入內, 親喚至於面前, 遂乃出於善言, 親自勸免(勉)[119]:「若說世間恩愛, 不過父子情深; 細論世上恩情, 莫若親生男女. 皆是宿生緣業, 今世託我胎中. 且作國王大臣, 比[120]合不愁天地. 自經數日, 都無歡顔. 解悶巡遊, 轉加憂惱. 百鳥尙爲子屈,[121] 何況我輩君王. 若是孝順之男, 直申心中所願. 財物庫藏, 任意般[122]將, 不管與誰, 進(盡)任破用.」旣奉父王勸免(勉), 元[123]來不稱情懷. 愁聚兩眉, 淚流雙眼. 父王勸諫太子不得, 無計思量. 當爾之時,

朕緣一國作人王, 富貴淩天極豪强.

118 '免'은 原錄에서는 '克'으로 되어 있다. [徐震堮] '克'은 '免'이 되어야 한다. [校注] 이를 근거로 하여 바로잡는다.

119 '勸免'은 原錄에서는 '觀免'으로 되어 있고 '勸勉'으로 교정하였다. [校注] 原卷에서는 '勸免'으로 되어 있고, 乙卷에서는 '勸面'으로 되어 있다. '勸'은 오자가 아니다.

120 '比'는 原錄에서는 '此'로 되어 있다. [校注] 原卷 및 乙卷에서는 모두 '比'로 되어 있다. 이를 근거로 하여 바로잡는다. '比'는 '本'이다.

121 '屈'은 '身'의 形訛字로 보인다. 「太子成道經」에서는 같은 의미의 문장으로 "假使百蟲七鳥, 驅驅猶爲子身"이라 적고 있다. 여기서 '身'자가 사용되고 있음을 알 수 있다.

122 '般'은 '搬'의 古字이다.

123 '元'은 原錄에서는 '原'으로 되어 있다. [校注] 原卷에서는 '元'으로 되어 있고, 乙卷에서는 '原'으로 되어 있다. '原來'라는 어휘는 본래 '元來'로 표기하였다가 明代서부터 '元'을 '原'으로 고쳐 적기 시작했다. 따라서 乙卷의 '原'자는 '元'의 借音字이다. 여기서는 原卷에 의거하여 바로잡는다.

比望我子受快樂, 因何愁苦轉悲傷?

太子道:

遮莫高貴逞豪雄,[124] 人生再會大難逢.

生老病死相煎逼, 積財千萬總成空!

태자는 게송을 읊고 나자 더욱 고뇌에 싸여 탄식하였다. "우리 같은 범부가 어찌하면 이 일을 면할 수 있을까?" 번민과 고뇌를 수차례 거듭하더니 곧장 궁으로 돌아왔는데 기쁜 기색이라고는 조금도 없었다. 부왕은 태자가 입궁하였다는 말을 듣고 태자를 면전으로 불러들인 다음, 듣기 좋은 말로 직접 타일러 말했다. "세간의 은애로 말하면 부자(父子)의 정(情)보다 깊은 것은 없고, 세상의 은정으로 말하자면 친자식만 한 것은 없다. 이 모두는 전생의 업연(業緣)으로 인해 금생에 나의 태(胎) 속에 기탁하게 된 것이다. 국왕이나 신하 된 자로서 어찌 세상을 염려하지 않을 수 있겠느냐마는 요 며칠 동안 줄곧 네게서 환한 표정을 찾아볼 수 없었다. 우울함을 풀어주고자 순유를 떠나보내기도 했지만 고뇌만 더 깊어졌다. 온갖 날짐승도 자식을 위하거늘 하물며 나 같은 군왕임에랴. 네가 효자라면 마음속의 바람을 털어 놓아라. 재물은 창고에 가득하고 얼마든지 가져가도 관여하는 이 없을 터이니 마음대로 사용하거라." 부왕의 타이름에도 불구하고 태자는 속마음을 드러내지 않았다. 근심이 양미간에 가득하여 눈물만 줄줄 흘릴 뿐이었다. 부왕은 태자가 충고를 받아들이지 않자 어찌할 방도가 없었다. 그때

짐은 일국의 왕이 되어

부귀는 하늘을 찌르고 지극히 호강(豪强)하다.

본래 내 아들이 즐거움을 누리기를 바라는데

어찌하여 근심 걱정으로 비통해 하는가.

태자가 말하였다.

---

124 '豪雄'은 原錄에서는 '英豪'로 되어 있다. 【校注】 原卷에서는 사실 '豪雄'으로 되어 있다. '雄'자라야 韻이 맞는다. 이를 근거로 바로잡는다.

아무리 고귀하고 호걸다울지라도
다시 사람으로 태어나기는 대단히 어렵다네.
생로병사가 닥쳐오면
쌓아둔 재물 제아무리 많아도 모두 쓸모없다네.

太子來日遂遣車匿被(鞁)於朱綜(騌), 往出城門. 在於路上觀看之次, 忽見一人, 削髮染衣, 徐行緩步. 太子忽見, 卽遣車匿問之:「君是何人, 在此遊翫?」[125]此人答曰:「我是師僧.」太子卻問:「何名師僧?」此人答曰:「諸漏已盡, 煩惱頓除. 飯在盂中, 衣生架上. 捨割世間恩愛, 唯求佛果菩提. 不戀煩喧, 精勤大敎, 此名師僧.」太子聞已, 歡喜非常, 下馬虔恭於一心, 合掌禮拜於三寶. 便問:「和尙是誰之弟子?」和尙答曰:「我是:三敎大師、四生慈父、爲人天之道首[126]、作苦海之舟船釋迦牟尼如來是我之師父.」和尙蒙問, 具答實情. 當爾之時:

和尙旣蒙太子問, 實情並乃具說知.
若說我之本師父, 便是如來大牟尼.

和尙吟偈已了, 太子卻問:「如何修行, 證得此身?」和尙道:「精懃行道, 忍苦捍(悍)勞, 救濟衆生, 堅持戒學, 乃獲此身.」太子聞已,[127] 卽便生歡. 當爾之時, 道何言語:

太子見已便歡忻, 頓捨煩惱斷貪嗔.
無上菩提成佛事, 決定修行證此身.

태자는 다음날 찬타카에게 붉은 갈기 말을 채비토록 하여 성문을 나섰다. 구경을 하던 중에 길에서 문득 한 사람을 만났는데 그는 삭발한

125 '翫'은 原錄에서는 '玩'으로 되어 있다. 【校注】 原卷에서는 사실 모두 '翫'으로 되어 있다. 이를 근거로 바로잡는다.

126 '道首'의 '道'는 '導'의 古字이다. '導首'는 '先導', '引路人'이다. S.736 西魏『大比丘尼羯磨一卷』題記:"崇此身命生生之處, 常爲十方六道衆生而爲導首."

127 '已'는 原錄에서는 '之'로 되어 있다. 【校注】 原卷 및 乙卷에서는 사실 모두 '已'로 되어 있다. 이를 근거로 바로잡는다.

머리에 물들인 옷을 걸치고서 천천히 길을 걷고 있었다. 태자는 그를 보자 곧 찬타카를 시켜 물었다. "그대는 누구인데 이곳을 거닐고 있는 것이오?" 그 자가 대답하였다. "저는 승려입니다." 태자가 물었다. "승려이란 무엇인가?" "모든 번뇌가 사라지고 또 번뇌를 여읠 수 있으며, 밥은 발우에서 얻고 옷은 횃대 위에서 얻는[128] 자입니다. 또 세간의 은애를 끊어버리고 오직 불보리만을 구하며, 소란한 세속에 연연하지 않고 큰 가르침에 정진하는 이를 승려라 합니다." 태자는 그 말을 듣자 대단히 기뻐하며 말에서 내려 일심으로 공손히 합장을 하고서 삼보(三寶)[129]에 절을 올린 다음 그에게 물었다. "스님은 누구의 제자이십니까?" "삼계(三界)의 대사(大師)이시고 사생(四生)의 자부(慈父)이시고 인천(人天)의 인도자시며, 고해(苦海)를 건너는 법선(法船)을 만드신 석가모니여래가 저의 스승입니다." 화상(和尙)은 질문을 받자 사실대로 대답하였다. 이때

화상은 태자의 질문을 받아
사실로써 알려 주었네.
나의 사부로 말하자면
바로 석가여래이시라네.

화상이 게송을 읊고 나자 태자가 물었다. "어떻게 수행하면 그러한 몸을 얻을 수 있습니까?" "수행에 정진하고 고통을 참고 힘써 노력하며, 중생을 제도하고 계율을 지키면 이러한 몸을 얻을 수 있습니다." 태자는 그 말을 듣자 무척 기뻐하였다. 그때 어떤 말이 있는가.

태자는 그를 보자 환희에 넘쳐
일순간에 번뇌를 버리고 탐하고 성내는 마음을 끊어버리네.
위없는 보리를 구하여 성불하리라

128 옷과 밥을 횃대와 발우에서 얻는다는 말은 의식의 풍요로움을 추구하지 않는 무소유의 경지를 가리키는 듯하다.

129 삼보란 불보(佛寶)·법보(法寶)·승보(僧寶)를 말하는데, 여기서는 승보, 즉 승려를 가리킨다.

수행하여 이 몸을 증득하리라 마음먹네.

爾時太子悟身之而非久, 了幻體之無常. 其夜子時, 感天人而唱道. 喚云:「太子! 修行時至, 何得端然?」太子忽從睡覺, 報言空中:「如此喚呼, 是何人也?」卽時空中報曰:「我是金團天子, 遣助太子修行. 正是去時, 何勞懈怠!」太子答云:「我大王令五百宮監, 守伴三時, 不離終朝, 如何去得?」天人答言:「我交(教)一瞌睡神下界, 令百人盡皆昏沉, 卽便相隨, 有何不得!」言之已了, 宮人並總睡着, 婇女五百睡着,[130] 只留車匿醒悟, 被(鞁)得朱騌[131]白馬, 牽來直近皆(階)[132]前. 感四天王以捧馬蹄, 攢一隊而騰空發. 時當二月, 日在八晨, 離迦毗之羅城,[133] 赴雪山而苦行. 云云

樓頭纔打三更鼓, 寺裏初聲半夜鐘.

一似門徒彈指頃, 須臾直[134]到雪山中.

太子旣離皇闕, 已赴雪山. 顧嶮嶺之嵯峨, 望奇峰之岑峻. 乃見千年石蓋, 萬歲松蘿, 前聖經行之蹤,[135] 後佛修因之地. 云云

當時堅意誓心貞, 顧嶺嵯峨不畏驚.

南北東西行七步, 問阿那[136]盤陀石最平.

---

130 原錄에서는 "婇女五百睡着" 구가 빠져 있다. 原卷을 근거로 하여 채워 넣는다.

131 '騌'은 原錄에서는 '駿'으로 되어 있고 '騌'으로 교정하였다. [校注] 乙卷에서도 '駿'으로 되어 있는데, 이는 '騌'의 이체자인 '騣'의 訛字이다. 앞의 문장에서는 직접 '騌'으로 표기하였다.

132 '皆'는 原錄에서는 '階'로 되어 있다. [校注] 原卷 및 乙卷에서는 모두 '皆'로 되어 있다. 原錄에서는 직접 고쳐 적었다.

133 '迦毗之羅城'의 '之'자는 原卷 및 乙卷 모두에 있다. [校注] '迦毗羅'는 地名으로, '迦維羅衛', '劫比羅伐窣堵', '迦夷' 등으로 적기도 한다. 이처럼 본래 중간에 '之'자가 없는데, 여기서는 앞뒤 문장이 대구가 되기 위하여 삽입한 것이다.

134 '直'은 原錄에서는 '便'으로 되어 있다. [校注] 原卷에서는 '直'으로 되어 있다. 이를 근거로 바로잡는다.

135 '蹤'은 原錄에서는 '縱'으로 되어 있고 '蹤'으로 교정하였다. [校注] 原卷 및 乙卷에서는 모두 '蹤'으로 되어 있다. 이를 근거로 바로잡는다.

136 '那'는 原錄에서는 '舺'로 되어 있고 '那'로 교정하였다. [校注] 原卷 및 乙卷에서는 모

太子座(坐)[137]已，專注修行. 辭妄想以攀緣，絕塵埃而捨割. 遣於車匿，卻返王城. 未去之間，車匿愁切，跪申太子，固訴陳言：「奉旨迴而不辭，[138] 慮王妃之勿信. 空將白馬，由(猶)恐狐疑. 車匿鄙詞，難爲的實.」云云：

太子夜半出來時，宮人美女不覺知.

今日空迴白馬去，大王亦(一)見便生疑.

是時太子，語於車匿，付屬再三：「將頭冠以獻父王，牽白馬而卻還本廐. 朱衣麗服，脫卸收封. 迴附(付)[139]宮人，以爲信物.」車匿承旨，不憚艱辛，引馬登程，奉歸本國. 卽感白馬跼跪，滿目而滴淚成池. 萬樹千花，失光嚴[140]之秀色. 含蹄(啼)[141]緩步，徐下山來. 當爾之時，道何言語：

行行行來下青山，馬叫人悲慘別顏.

千樹夜(野)花光瓅爛，[142] 一溪流水渌[143]潺潺.

心憂到被君王問，暗地思量奏對言.

亦(一)[144]入城來人總喜，問「太子如今在阿那邊?」

이때 태자는 육신의 허망함을 깨달았고 육체의 무상함을 이해하였다. 그날 밤 자시에 감응(感應)된 천인(天人)이 큰 소리로 불러 말하였다. "태

두 '郍'으로 되어 있는데 이는 '那'의 속자이다.

137 '座'는 '坐'로 보아야 한다.

138 '辭'는 原錄에서는 '辛'으로 되어 있고 '幸'으로 교정하였다. 【校注】 '辛'은 '辭'의 右半部에 해당한다. '不辭'는 '不拒'이다. 이에 직접 수정한다.

139 '附'는 原錄에서는 '付'로 되어 있다. 【校注】 原卷 및 乙卷에서는 모두 '附'로 되어 있다. 原錄에서는 직접 수정하였다.

140 '光嚴'은 '鮮艷'이다. 『法顯傳』: "別作僧房，亦嚴麗整飾，非言可盡." '嚴麗'는 같은 의미의 글자가 합쳐진 連綿字이다.

141 【潘校】 '蹄'는 '啼'가 되어야 한다.

142 '夜'는 '野'로 보아야 한다. 劉凱鳴은 '億'으로 교감하였는데 정확하지 않다. '瓅'은 原錄에서는 그 우반부가 '祭'로 되어 있는데, 이는 그 속자이다.

143 '渌'은 原錄에서는 '綠'으로 되어 있다. 【校注】 原卷에서는 '渌'으로 되어 있다. 이를 근거로 바로잡는다.

144 '亦'은 '一'과 통한다.

자시여! 수행 떠날 시간이 되었사온데 어찌 가만히 머물고만 계십니까?" 태자는 문득 잠에 떨어졌다가 [놀라 깨어] 허공을 향해 물었다. "이렇게 날 부르고 있는 그대는 누구시오?" 그러자 즉시 허공에서 회답하였다. "저는 금단천자로서 태자의 수행을 도우러 내려 보내졌습니다. 지금 바로 길을 떠나야 할 시각인데 어찌 게으름을 피우고 계십니까?" 태자가 말하였다. "대왕께서 오백의 궁녀들로 하여금 삼시(三時)[145]로 이 몸을 돌보게 하여 하루 종일 이 몸을 떠나지 않거늘 어떻게 떠날 수 있겠습니까?" 천인이 대답하기를, "제가 졸음의 신을 그곳으로 내려 보내 백 명을 모조리 [의식이] 몽롱하게 만들도록 할 터이니, [태자께서는] 즉시 따라 나서면 될 터이니 어려울 게 없습니다!" 천인의 말이 끝나자 궁녀들은 모두 잠에 빠졌다. 오백 명의 채녀들이 모두 잠들었는데, 오직 찬타카만이 깨어서 붉은 갈기의 백마를 채비하여 계단 앞으로 끌고 나왔다. 감응한 사천왕이 말발굽을 받들고 대오를 이루더니 허공으로 치솟았다. 때는 바야흐로 이월 여드레 새벽녘이었는데, 태자는 가비라성을 떠나 설산으로 고행을 떠났다. 운운

누각에서는 삼경(三更)을 알리는 북소리가 울리고
사찰에서는 한밤중을 알리는 종소리가 울린다.
문도가 손가락을 튀기는 시간과 같이
잠깐 사이에 설산에 다다른다.

태자는 황궁을 떠나 설산에 도착하였다. 우뚝 솟아 있는 험한 고개를 돌아보고 험준하고 기이한 봉우리를 바라보았다. 천 년 된 바위와 만 년 묵은 소나무가 있는, 과거 성인들의 발자취가 남아 있고 미래의 부처가 수행하게 될 땅을 바라다보았다. 운운

그때 굳은 마음으로 곧은 맹세를 하니
우뚝 솟은 봉우리를 보고도 두렵거나 놀라지 않네.

145 아침과 낮과 밤.

동서남북으로 일곱 걸음 걸으며

어디에 깔개로 쓸 평평한 바위가 있는지 묻네.

태자는 자리에 앉고서는 오로지 수행에 몰입하였다. 반연(攀緣)의 망상을 버리고[146] 진애(塵埃)를 끊어 내던졌다. [태자가] 찬타카를 왕성으로 돌아가게 하니, 떠나기에 앞서 찬타카는 몹시 근심스러워 무릎을 꿇고 태자에게 호소하여 말했다. "말씀을 받들어 돌아는 가겠습니다만 왕비님께서 [저의 말을] 믿지 않으실까 걱정됩니다. 헛되이 백마만 데리고 돌아가면 의심을 하실 터인데, 소인 찬타카의 상스러운 말로는 사실을 알리기 어렵습니다."

태자가 한밤중에 궁을 떠날 때

궁녀와 미녀들은 알지 못했네.

오늘 헛되이 백마만 데리고 돌아가면

대왕은 보는 즉시 의심을 하실 것이네.

이때 태자는 찬타카에게 신신당부하였다. "이 관(冠)을 가져다가 부왕께 바치고 백마를 끌어다 본래의 마구간에 데려다 놓도록 해라. [입고 있는] 이 화려한 옷을 벗어 줄 터이니 잘 싸서 궁녀에게 건네주어 신표로 삼게 하라." 찬타카는 태자의 명령을 받들어 힘들고 고생스러움을 꺼려하지 않고 말을 끌고 길을 떠나 본국으로 향하였다. 감응된 백마는 무릎을 꿇고서 눈물을 뚝뚝 흘리는데 [흘린 눈물은] 연못을 이루었고, 온갖 나무와 꽃들은 그 화려한 빛깔을 잃어버렸다. [찬타카는] 눈물을 훌쩍이며 느린 걸음으로 서서히 산을 내려갔다. 그때 어떤 말이 있는가?

걷고 걷고 또 걸어 청산을 내려오는데

말은 울고 사람은 슬퍼하며 이별을 하네.

온갖 나무와 들꽃들의 빛깔 찬란하고

계곡의 맑은 물 졸졸졸 흐르네.

---

146 대상에 끌려 다니는 온갖 분별을 버리는 것.

마음은 군왕의 책문(責問)을 걱정하며
아뢸 말을 속으로 생각하고 있네.
궁성에 들어서면 사람들은 기뻐하며
"태자께서는 지금 어디에 계신가?" 물을 것이네.

太子自別車匿之後, 上高嶺之岩[147]龕. 立弘願以堅貞, 求菩提之至切. 入於禪室, 定意安祥. 食一麥而爲齋, 養四大之幻體. 蘆穿透膝, 頂鵲爲巢. 斷有漏之凡疑, 誓無邊之上德. 精專聖道, 不起邪塵. 獨住山間, 唯祈淨行. 云云:

自別車匿住雪山, 苦行殷懃志道專.
日食一麻或一麥, 鵶鵲[148]巢窠頂上安.

太子一從守道, 行滿六年. 當臘月八日之時下山, 於熙連河沐浴. 爲久專懇行, 身力全無, 唯殘骨筋, 體尤困頓. 河中洗濯, 浣膩潔淸. 旣欲出來, 不能攀岸. 感文殊而垂手, 接臂虛空, 承我佛於河灘, 達於彼岸. 遂逢吉祥長者, 鋪香草以殷勤, 紫磨嚴身, 金黃備體. 云云

六年苦行志殷勤, 四智俱圓感覺身.
下向熙連河沐浴, 上登草座勸黎民.
紫金滿覆於其體, 白毫光相素如銀.
文殊長者設願厚, 供養如來大世尊.

我如來旣登草座, 觀心未圓, 忽逢姊妹二人, 一時迎前禮拜, 口稱名號是阿難陀. 田中牧(犛)[149]牛常遊野陌, 每將乳粥供養樹神. 偶見世尊,

147 '岩'은 原錄에서는 '嵒'으로 되어 있다. 【校注】 原卷 및 乙卷에서는 모두 '嵓'로 되어 있는데, 이는 '岩'의 속자이다. 徐復은 '岩龕'을 '岩巘'으로 교감하였는데 불필요해 보인다.

148 '鵶鵲'은 原錄에서는 '鵲散'으로 되어 있다. 【校注】 原卷 및 乙卷에서는 모두 '鵶鵲'으로 되어 있다. '散'은 '鵲'의 形訛字이다. 여기서는 직접 수정하여 기록한다.

149 '牧'은 '犛'으로 보아야 한다. 이곳은 황야 한가운데이다. 犛牛는 야생동물이다. 만약 '牧牛'로 본다면 문맥이 맞지 않는다. 「王昭君變文」: "夏月犛牛任意肥." '犛'는 原卷에서는 '犂'로 되어 있는데, 여기서 하반부를 생략하면 '牧'자가 된다.

迴持獻俸(奉).[150] 又感四天王掌鉢來奉於前, 併四鉢納一盂中, 可售(受)[151]三斗六升. 三斗者除[152]其毒, 六升者則六波羅蜜因是也. 旣備功圓, 便能至聖. 遂往金剛座上, 獨稱三界之尊; 鷲嶺峰前, 化誘十方情識. 降天魔[153]而戰攝(懾), 伏外道以魂驚. 顯正摧邪, 歸從釋教. 云云

自登草座睹難陀, 迴將[154]乳粥獻釋迦.

四王掌鉢除三毒, 功圓淨行六波羅.

金剛座中嚴靈相, 鷲嶺峰前定天魔.

八十隨形皆願[155]備, 三十二相現娑婆.

況說如來八相, 三秋未盡根原; 略以標名, 開題示目. 今且[156]日光西下, 座(坐)久延時.[157] 盈場並是英奇仁(人),[158] 闔郡皆懷云(文)[159]雅操.

150 '持'는 原錄에서는 '特'으로 되어 있다. 【徐震堮】 '迴特獻俸'은 '特迴獻奉'이 되어야 한다. 【校注】 '特'자는 原卷 및 乙卷에서는 사실 '時'로 되어 있는데, 原卷의 이 글자 좌반부는 필획이 짙게 덧칠해져 있다. 뒤의 운문 "迴將乳粥獻釋迦"의 '將'이 乙卷에서 '持'로 되어 있는 것으로 보아, 여기의 이 글자도 '持'가 되어야 한다. 따라서 직접 수정하여 기록한다. '俸'은 '奉'과 통한다. 柳宗元 「永州八記」: "迴巧獻技." '迴'는 '獻'이다. 따라서 '迴持獻俸' 네 자는 비슷한 의미의 글자가 한데 사용된 連文이다.

151 '售'는 原錄에서는 '集'으로 되어 있다. 【校注】 原卷 및 乙卷에서는 모두 '售'(하반부의 '口'가 뾰족하게 되어 있음)로 되어 있는데, 이는 '受'와 통한다. '受'는 '容納', '承受'의 뜻이다.

152 '除'는 原錄에서는 '降'으로 되어 있다. 【徐震堮】 뒤의 "四王掌鉢除三毒" 구에 의거하건대, 이곳의 '降三毒'은 '除三毒'이 되어야 한다. 이를 근거로 바로잡는다.

153 '魔'는 原錄에서는 '摩'로 되어 있고 '魔'로 교정하였다. 【校注】 原卷 및 乙卷에서는 사실 '魔'로 되어 있다. 이를 근거로 바로잡는다.

154 '將'은 乙卷에서는 '持'로 되어 있다. '將'과 '持'는 같은 뜻이다.

155 '願'을 劉瑞明은 '圓'으로 교감하였는데 정확하지 않다. 「破魔變文」의 "八十隨形意欲全"이란 문구로 알 수 있듯이 '願'과 '欲'은 그 의미가 비슷하다.

156 '且'는 原錄에서는 '具'로 되어 있다. 【項楚】 '具'는 '且'의 오자이다. 【校注】 乙卷 역시 '具'로 잘못 기록되어 있다. 이 두 자는 돈황사본 가운데서 자주 혼용되고 있다.

157 '延'은 原錄에서는 '迎'으로 되어 있다. 【項楚】 '迎'은 '匝'이 되어야 한다. 劉瑞明은 '移'로 교감하였다. 【校注】 原卷 및 乙卷에서는 사실 모두 '延'의 속자인 '延'으로 되어 있다. 이를 原錄에서는 '迎'자로 오인하였다. 이를 근거로 하여 바로잡는다.

158 【徐震堮】 '仁'은 '人'과 같다.

159 '懷云' 두 자는 原錄에서는 '云懷'로 교정되어 있다. 【校注】 乙卷에서도 '懷云'으로 되어 있다. '懷'는 앞 구 '是'에 相對하며, '云'은 '文'자의 音借 혹은 形訛이다. '文雅'는

衆人俊哲, 藝曉千端. 忽(或)滯淹藏,[160] 後無一出. 伏望府主[161]允從, 則是光揚佛日, 恩矣恩矣![162]

태자는 찬타카와 헤어진 후 높은 산꼭대기의 바위 동굴에 올라 굳고 곧은 마음으로 큰 서원(誓願)을 세우고 보리의 지극함을 구하였다. 선실(禪室)에 들어가 차분히 마음을 가라앉히고 한 알의 보리를 먹는 것을 공양 삼아 사대(四大)로 이루어진 헛된 육신을 부지하였다. 무릎 사이로 갈대가 자라고 정수리에는 까치가 둥지를 틀었다. 유루(有漏)[163]로 인하는 모든 의혹을 잘라버리고 한없는 최상의 덕을 서원하였다. 오로지 성도(聖道)에 정진하여 삿된 경계(塵)가 일어나지 않았다. 홀로 산속에 거하며 청정한 수행만을 간구하였다. 운운

찬타카와 이별한 후 설산에 거하며
고행에 진지하고 도에 뜻을 둠이 한결같네.
하루에 삼(麻)씨 한 알과 보리 한 알을 먹는데
까마귀와 까치는 머리 위에 둥지를 트네.

태자가 수행을 시작한지 꼬박 여섯 해가 흘렀다. 그해 섣달 여드레에 하산하여 희련하(熙連河)에서 목욕을 하였다. 오랫동안 수도에만 전념하여 몸에 기력이라고는 조금도 남아 있지 않고 뼈와 힘줄만이 남았으니 몸은 더욱 피로하기만 했다. 강가에서 빨래를 하고 몸을 말끔히 닦았다. [목욕을 마치고] 물에서 나오려 했는데 언덕을 기어오를 수가 없었다. 감응한 문수보살이 손을 드리워 허공에서 부처의 팔을 잡아끌어 그분을 물가로부터 저편 강기슭으로 인도하였다. 길상(吉祥)이라는 이름의 장자를 만나 향기로운 풀로 만든 자리를 정성스레 펴고 그 위에 앉으니 자

'태도가 온화하고 거동이 우아하다(溫文爾雅)'는 뜻이다.

160 '忽'은 '或'으로 보아야 한다. '藏'은 '經藏', '經義'를 가리킨다.

161 府主: 돈황사본 중의 願文이나 講經文 등에서는 '府主'란 호칭이 자주 사용되고 있는데, 이는 歸義軍의 執政者를 가리킨다.

162 乙卷 뒷면에는 "丙午年正月十五日"이란 문구가 있다.

163 번뇌에 얽매이어 깨달음을 얻지 못한 범부의 경지를 이름.

마황금이 그 몸을 장식하고 전신은 황금빛으로 빛났다.

여섯 해의 고행 동안 의지가 굳건하여
사지(四智)[164]를 두루 갖춘 감각신(感覺身)을 이루었네.
하산하여 희련하에서 목욕하는데
중생은 풀로 만든 자리에 오르시라 권하네.
자마금이 그 몸을 휘감고
백호(白毫)[165]의 광명은 은빛으로 빛나네.
문수보살은 두터운 서원을 발하며
여래 대세존께 공양을 올리네.

우리 여래께서 풀로 된 자리에 앉아 막 마음을 관(觀)하려던 차에 문득 두 자매를 만났는데, 그들은 곧장 앞으로 다가와 절을 올리고는 아난타[166]라 자신의 이름을 말하였다. 항상 들판에서 소를 기르며 우유죽을 만들어 수신(樹神)에게 공양을 올려왔는데, 우연히 세존을 뵙고는 우유죽을 가져다 세존에게 바친 것이다. 그리고 감응한 사천왕이 발우를 가져다 세존 앞에 바치니 [세존은] 이 네 개의 발우를 하나로 만들었는데[167] 거기에는 세 말 여섯 되를 담을 수 있었다. 세 말이라는 것은 삼

164 불과(佛果)에 이르러 모든 부처가 갖추는 네 가지 지혜.

165 부처의 두 눈썹 사이에 있는 희고 빛나는 가는 터럭. 이 광명이 무량세계를 비춘다.

166 보살에게 우유죽을 공양한 이는 '수자타'라는 여인이다. 따라서 '아난타'는 '수자타'의 잘못으로 보인다. '아난타'는 실달타 태자의 사촌 남동생.

167 『불본행집경(佛本行集經)』에는 사천왕(四天王)의 헌발(獻鉢)에 관한 다음과 같은 이야기가 전해온다. 부처님께서 성도하시고 차리니카 숲에서 7·7일 동안 해탈락에 계셨다. 이는 수자타의 우유죽 공양 이래로 삼매의 힘으로 이제까지 목숨을 지탱해 오신 것이다. 그 때 마침 숲에서 멀지 않은 곳에 북천축(北天竺)으로부터 크게 이익을 얻고 돌아가는 두 장사꾼이 지나게 되었다. 그 때에 숲을 수호하는 수풀신이 몸을 감추고 소를 붙잡아 앞으로 나가지 못하게 하였다. 이때 상인들은 크게 두려워하여 합장하고 모든 천신에게 정례한 다음 지극한 마음으로 빌었다. "비옵건대 우리에게 지금 만난 재앙과 괴변의 두려움을 빨리 멸하게 하옵시고 편안하고 다행하게 하여 주시옵소서." 이때 차리니카 숲의 수호신은 곧 색신(色身)을 나투어 그 상인들을 위로하였다. "그대들은 두려워 말라. 여기는 아무런 재화도, 재앙도 없으니 겁내지 말라. 이곳에는 오직 부처님께서 처음으로 위없는 보리를 성취하시고 오늘 이 숲 안

독(三毒)을 제거하고, 여섯 되라는 것은 곧 육바라밀(六波羅蜜)의 기원(起源)이다. 이미 공덕을 갖추었기에 곧 성위(聖位)에 오를 수 있었다. 그리하여 금강좌에 올라 삼계(三界)의 존자로 칭송되었고 영취산에서 십방의 정식(情識)[168]을 교화하였다. 천상의 악마를 굴복시켜 두려움에 벌벌 떨게 하고 외도를 항복시켜 혼백을 놀라게 하였다. 정법을 나타내 보임으로써 사악한 무리를 물리치고 [그들을] 불교에 귀의하게 하였다.

초좌(草座)에 오른 뒤 난타를 만나는데
우유죽을 가져와 석가에게 바치네.
사천왕은 바리때를 가져다 삼독(三毒)을 없애고
원만해진 공덕으로 육바라밀을 청정히 수행하네.
금강좌에서 부처의 묘상(妙相)을 갖추시고
영취산에서 천마(天魔)를 바로잡으시네.
80종호를 모두 갖추시고
32상을 갖추어 사바세계에 현시하신다.

여래의 팔상(八相)에 대해 말하자면 세 해를 계속해도 그 근원을 다 말할 수 없거늘, 이렇게 간략히 설명하는 것으로써 제목을 제시하였다. 지금은 해가 서쪽으로 저물어 가는데 오랫동안 이 자리에 앉아 시간이

에 계시노라. 다만 여래께서 도를 이루시고 49일이 지나시도록 공양을 안 드셨으니 부처님 처소에 나아가 공양을 올리라. 그리하면 그대들은 오랜 밤에 편안하고 안락하여 큰 이익을 얻으리라." 두 상인은 숲신의 말함을 듣고 곧 각각 보리가루, 우유, 꿀경단을 가지고 모든 상인들과 함께 부처님 처소로 나아가 아뢰었다. "세존이시여, 원하옵건대 저희들을 어여삐 여기시어 저희들의 이 청정한 보리가루, 우유, 꿀경단을 받으소서." 이때에 부처님께서는 '내 이제 어떤 그릇으로써 발우를 삼아 음식을 받을 것인가?'생각을 하셨다. 부처님께서 이런 마음을 내자 사천왕은 각각 사방에서 금발우를 하나씩 가지고 와서 부처님 발에 정례하고 올렸으나 부처님은 "그와 같은 금발우를 받는 것은 출가자에 합당치 못한 것이다."며 안 받으셨다. 사천왕들은 다시 은·파리·유리·진주발우를 가져 왔으나 받지 않으시고, 다시 네 개의 돌발우를 드리자 부처님께서는 이 네 개의 발우를 받아 하나로 만들어 상인들이 올리는 음식을 받았다. 그리고 상인들에게 수기를 주시자 상인들은 부처님 발에 엎드려 예배하고 지극한 마음으로 귀의하였다.

168 '정식(情識)'은 감정과 지식을 말하는데, 여기서는 감정과 지식이 있는 자를 가리킨다.

늦어졌다. 이 자리를 메운 자는 모두 영기(英奇)한 사람이라 온 군(郡)이 모두 문아(文雅)한 지조를 지닐 수 있게 되었다. 모든 사람들이 이토록 준철(濬哲)하여 경적(經籍)에 대해 많은 것을 알고 있으니, 경장의 의미에 머무르며 단 한 사람도 그 의미를 벗어나는 이 없겠네. 비옵건대 부주(府主)께서는 승낙하고 따르시어 부처를 더 한층 발양시키시옵기를. 은혜롭고 은혜롭도다!

팔상변 2(八相變二)[1]

(上缺)[2] □常定, □□□□□(緣河[何]取六師)[3]之□□(讒言),[4] □□□□?[5] 南山

1 본권 원권은 일본 寧樂美術館에 소장되어 있다. 권자는 높이 27.5㎜ 길이 185㎜이다. 처음과 끝부분이 잔결되어 있으며 권자의 위아래와 중간 및 권자 표면이 다소 손상되어 原題가 망실되었다. 모두 91행이고 1행 당 약 17자가 있다. 일본 大谷大學校 平野顯照 교수가 1978년 일본 朋友書店 출판 『唐代文學與佛教研究』에서 처음으로 그 錄文을 발표하였고 임의로 '八相變'이라 제목을 달았다. 그러나 그가 발표한 원문에는 적지 않은 오류가 있다. 1991년 2월 일본 花園大學校 衣川賢次 선생과 北京大學校 榮新江 선생이 함께 寧樂美術館으로 가서 참관한 바 있고, 거기서 神野恭行 선생이 촬영한 본권 사진을 얻을 수 있었다. 그 후 衣川 선생이 권자의 사진과 錄文을 張涌泉 선생에게 보냈고, 장용천은 대략적으로 교정을 본 후 黃征에게 넘겨 보충 교정토록 하였다. 黃征은 초고를 완성한 후 衣川 선생에게 교열을 부탁하였다. 게다가 衣川 선생은 入矢義高 선생과 松尾良樹 선생의 견해를 첨부하였다. 본 교주는 앞서의 두 錄文을 참고하였고 여러 학자들의 의견을 적극 반영하되 각자의 성씨를 표기하여 구분이 되도록 하였다. 본서에서 이 작품을 임시로 첨부한 것은 그 문장의 희귀성 때문이기도 하지만, 中日양국 돈황학연구의 성공적인 합작 사례임을 알리고자 한 때문이기도 하다. 본 편은 북경도서관 소장 雲字 24호, 麗字 40호, 乃字 91호와는 상당히 다르다. 그래서 단독으로 교주를 달았다.

2 이 앞부분의 잔결 내용이 어느 정도인지 가늠하기 어렵다. 그러나 북경도서관 소장

有賢人, 不居舍宅, 常處山□(巖),[6] □□□□(服氣餐霞),[7] □(善)[8]觀衆生, 言生卽生, 言死卽死。請王詔□(取),[9] 令遣占相。若是太子, 立作東宮, 若是鬼魅□□(妖精),[10] □(一)任大王撲殺。[11] 王問曰:「適來奏者可不是阿

권자에 의거해 보건대, 잔결 부분에는 세존이 흰 코끼리를 타고 마야부인의 뱃속에 들어앉고, 마야부인이 무우수 가지를 잡고 태자를 출산하고, 구룡이 물을 토해내 태자를 목욕시키며, 외도대신들이 태자를 요괴로 오인하는 내용이 있다. 그리고 이 권자 바로 앞부분에는 문수보살이 大臣으로 화하여 대왕에게 아뢰는 내용이 있다. 즉 "그때 문수보살은 「태자가」 세상에 나타난 부처라는 사실을 신하들이 알아보지 못하는 것을 보고 태자가 해를 입게 되지 않을까 염려되었다. 그래서 신하로 화하여 수차례 몸을 일으켜 앞으로 나서며 왕에게 아뢰었다. "대왕께서는 자세히 살피시고 거듭 숙고하시어 신하들의 말을 받아들이지 마십시오. 태자는 보기 드문 성자로 범인과는 다릅니다(當時文殊菩薩, 密見諸臣不識是出世之仙, 恐詔損傷太子. 遂化作一臣, 數越起超班, 謹對奏言:「大王審察, 莫取諸臣言敎, 細意再思. 此是異聖奇仁, 不同凡類)." …… 문수보살이 대왕에게 말하였다. "대왕께서 만일 믿지 못하신다면, 남산에 아사타라는 선인이 있어 오랜 세월 수행을 통하여 불도에 정통하고 있사오니, 그를 모셔다가 태자의 모습을 살펴보도록 하십시오. 그러면 대왕께서는 이 사실을 아실 것입니다(文殊菩薩遂向大王道:「大王若不信, 南山有一阿斯陀仙人, 修行歲久, 道行精專. 屈請將來, 令交瞻相, 大王便悉此事)."

3 '緣'자는 오른쪽 아랫부분이 잔결되었고, '河'자는 오른쪽 세로획이 잔결되었는데, 衣川은 이를 '緣河(何)'라 교정하였다. [黃征] 뒤 세 개의 궐문은 원권에서는 우측 절반만 남아 있다. 남아 있는 필획을 자세히 검토한 결과 '取六師' 세 글자임을 알 수 있다.

4 [黃征] 궐문은 좌측 절반만 남아 있는 데다 구겨져 있다. 세밀히 판독한 결과 '讒言' 두 글자임을 알 수 있다.

5 [黃征] 궐문은 완전히 사라지고 없다. 옆줄에 의거하여 추산해보건대 대략 4~5자가 빠진 것 같다. '煞害太子' 정도의 문자일 것이다.

6 [黃征] S.4128「太子成道變文」의 '阿奴聞諸仙久居巖峻'구에 의거해보건대 궐문은 '巖'자일 것으로 생각된다.

7 [黃征] 궐문은 4자 쯤 될 것이다. 앞 인용구 '久居巖峻' 뒤 '服氣餐霞'구에 의거하여 임의로 보충하였다. 이처럼 임의로 보충한 글자가 반드시 원문과 똑같아야 할 필요는 없을 것이나 대체로 문맥에 오류가 없다면 그렇게 보아도 문제없을 것이다.

8 궐문은 단지 아랫부분만 남아 있다. 衣川은 '吾'자로 생각하였다. [黃征] 앞뒤 문구에 의거해보건대, 이 부분은 觀相에 능한 아사타선인에 관련된 내용이다. 그러므로 궐문은 응당 '善'이 되어야 한다. 뒤의 '善相衆生'은 그 증거이다.

9 궐문은 완전히 사라지고 없다. 張涌泉의 교주에 의거하여 보충한다. 아래 문장 "請王發使詔取"는 그 증거이다.

10 궐문은 완전히 사라지고 없다. 張涌泉은 '妖精' 혹은 '妖神'으로 여겼다. 북경도서관 소장 「八相變」에는 "太子本是妖精鬼魅"이라는 구절이 있고, 본권 아래 문장에도 "若是鬼魅妖精" "皆稱精魅" 등의 구절이 있다. 그러므로 '妖精'이라 보충한다.

斯陀仙人?」奏曰:「極是。」「仙人何在?」奏曰:「見在南山。請王發使詔取。」帝當時來日[12]虔心啓請。一是太子□□[13]圓滿, 文(二是)[14]仙人有惠眼遙觀見, 須臾龍雲霧起, 紫氣浮天, 身披月帔, 頂□(戴)[15]星冠, □(山)[16]中嶺上, 呼鸞鳳相隨, 紫雲□(前)□,[17] 黃龍□□,[18] □(騁)[19]六大神通, 須臾之間[20]便到朝堂門所。所司見了, 入內奏王:「仙人見在朝門, □□□(伏候進)旨.」[21]飯王聞訖, □(報)道[22]:「仙人到來, 便令命□(入)。」[23]乃親迎

11 [黃征] 궐문은 단지 좌측의 가로획 하나만 남아 있다. '一'자인 듯하다. 또 '殺'자가 원권에서는 속자 '煞'로 되어 있는데, 衣川은 이를 '殺'로 교정하였다. 여기서는 직접 正字로 수정하여 기록한다. 이하 동일하다.

12 [黃征] '當時來日'은 해독하기 어려운데 衍文인 것 같다. '來日'을 '當時'로 잘못 적은 필사자가 '來日'로 수정하고서 '當時' 두 자를 삭제하지 않은 것 같다.

13 [黃征] 궐문은 완전히 사라지고 없다. '業果', '道行', '功德'류의 단어가 와야 할 것이다.

14 '文'자는 원권에서는 '文'으로 되어 있다. 衣川은 '又'로 보았고, 張涌泉은 '文(聞)'(松尾의 교주도 이와 같다) [黃征] 이것은 '二是' 두 글자를 실수로 합친 것이다. 필사자가 '二是' 두 글자를 지나치게 붙여 적는 바람에 오독을 일으킨 것이다. 여기서 "一是……, 二是……"는 조건절의 원인부분이고, 아래 문장 "須臾……"는 결과부분이다.

15 궐문은 원권이 구겨져 있다. '栽'자인 것 같다. 여기서는 衣川의 교주에 의거하여 '戴'로 직접 보충한다.

16 [黃征] 궐문은 중간에 짧은 세로획만이 남아 있다. '山'자인 것 같다.

17 앞의 궐문은 중간부분이 잔결되어 있다. 衣川은 '所'자인 것 같다고 하였다. [黃征] 남아 있는 필획으로 보아 '前'인 것 같다. 뒤의 궐문은 오른쪽 윗부분이 잔결되었고 아랫부분은 희미하며 왼쪽부분은 '𡖋'로 되어 있다. 무슨 글자인지 알 수가 없다.(동사여야 할 것이다)

18 '黃'자는 우측, '龍'자는 우측 중간부분이 잔결되어 있지만 확실히 판독할 수 있다. 앞의 궐문은 완전히 사라지고 없다. 뒤의 궐문은 윗부분과 아랫부분이 구겨져 있어 희미하다. 衣川은 '交'자인 것 같다고 하였다. [黃征] 남은 필획으로 보아 '後'자인 것 같다.

19 궐문은 중간 획이 구겨져 있다. 衣川은 '騁'으로 생각하였다. [黃征] 세밀히 판독한 결과 '騁'의 속자임이 분명하다.

20 '叟之間' 세 글자는 원권에서는 중간부분이 잔결되어 있다. 衣川은 남은 필획에 의거하여 기록하였다.

21 [黃征] 앞의 궐문은 중간과 아랫부분이 잔결되어 있고, 뒤의 궐문은 구김이 있어 뚜렷하지 않다. 중간의 궐문은 완전히 사라지고 없다. 남아 있는 필획을 세밀히 검토해보면 '伏□進'임을 알 수 있다. 그래서 임의로 '候'자를 보충하였다. '進旨'는 '進止'와 같은 뜻이다. 白居易의 奏疏와 「廬山遠公話」에서 보인다.

至於大內。昇殿坐訖, 王問仙人□(曰):「□(伏)[24]緣夫人生一太子, 左右、近臣、六師同奏, 皆稱精魅, 不是朕男, 令朕撲殺, 於國卽興, 存卽破家滅國。朕聞仙人惠眼, 善相衆生。與朕相看, 決□(定)[25]好惡。」仙人曰:「吾處南山宴坐, 知王變心, 我故來赴帝之期, 決王心中疑或。[26] 孩子何在?請抱將來, 與王相看, 字卻眞爲(僞)。」[27]

(앞부분 빠져 있음)

어찌하여 육사의 참언을 믿으시는 것입니까? ( ) 남산에 현인이 있는데, 그는 사택에 살지 않고 항상 산속 바위에서 살면서 기와 노을만을 먹고 산다 합니다. 그는 중생의 관상을 볼 줄 알아 그가 살 것이라 말하면 살고 죽을 것이라 말하면 죽는다고 합니다. 그러니 부디 왕께서는 그를 불러다가 [태자의] 관상을 보도록 하십시오. 만일 정말 태자라면 동궁에 머물게 하시고, 요괴라 하면 없애도록 하십시오." 그러자 왕이 물었다. "지금 아사타 선인을 말하고 있는 것이오?" "맞습니다." "선인은 지금 어디에 있는가?" "남산에 머물고 있으니 속히 사람을 보내 그를 불러들이십시오." 왕은 그 즉시 경건한 마음으로 그를 초청하였다. 태자는 ( )이 원만하고, 선인은 또 혜안을 지녀 멀리 바라볼 수 있었다. 이리하여 잠깐 사이에 운무가 일고 자색의 기운이 하늘을 떠다니는데, 선인은 선의(仙衣)를 걸치고 머리에는 칠성관을 쓰고서 산꼭대기에서 봉황을 불러 타는데 앞에서는 자색 구름이 일고 뒤에서는 황룡이 날았다. 선인은 여러 신통력을 부리며 한순간에 궁문 앞에 이르렀다. 관리가 그를 발견하고는 궁에 들어가 왕에게 아뢰었다. "선인이 궐밖에 당도하여

22 궐문은 완전히 사라지고 없다. 黃征이 임의로 보충하였다.

23 [黃征] '㑹'은 '合'이 되어야 할 것 같다. 궐문은 완전히 사라져서 임의로 보충하였다.

24 궐문은 우측 윗부분이 잔결되어 있다. 張涌泉은 이를 '伏'으로 보았다. 松尾의 교주 역시 이와 같다.

25 궐문은 윗부분만 남아 있다. 衣川은 이를 '定'이라 교정하였다.

26 '或'은 '惑'과 같다. 『戰國策』「魏策三」:"今大王與秦伐韓, 而益近秦, 臣甚或之."『史記』「魏世」家에서 '或'은 '惑'으로 되어 있다. 『廣韻』:"或, 疑也."

27 '爲'를 衣川은 '僞'라 교정하였다.

성지(聖旨)를 기다리고 있습니다." 정반왕은 그 말을 듣고 좌우에 알렸다. "선인이 이르렀다니 즉시 들라 하시오." 선인이 궁궐 안으로 들어와 자리에 앉으니 왕이 그에게 물었다. "왕비가 태자를 낳았는데, 좌우의 대신들과 육사(六師)들이 하나같이 그 아이는 짐의 아들이 아니라 바로 요괴라며, 그를 없애야 나라가 흥성할 것이고 그를 살려두었다가는 가문이 무너지고 나라가 멸망할 것이라 하오. 짐은 선인께서 혜안을 지녀 중생의 관상을 잘 본다고 들었는데 짐을 위해 이 일의 호불호를 판가름 해주시오." "저는 남산에서 살고 있는데 대왕의 성심(誠心)을 알고서 대왕의 마음속 의혹을 풀어드리고자 일부러 이렇게 달려왔습니다. 아이는 어디 있습니까? 제게 보여주시면 그 진위를 밝혀드리겠습니다."

父王處分宮人, 信驟太子將來。右左(左右)便於宮中抱得太子, □(將)[28] 至仙人前頭, 踋跪捧與仙人。仙人將仙衣褁(裹)手[29]把得孩兒, 上下占相, 卽知是佛。聲切切而難言, 淚濯濯而赴(覆)面.[30] 哽咽悲啼, 情不能已。眷變之情, 痛傷心髓。王見仙人啼泣,[31] 語仙人曰:「仙人不須惜太子, 善惡吉凶, 總須論說。」仙人曰:「此團[32]巍巍萬代, 興國安[33]家, 都由太子。太□(子)[34]長大必有三十二相莊嚴, 八十種好, □□瓔□(珞),[35]

28 궐문은 중간부분이 잔결되어 있다. 衣川은 이를 '將'으로 보았다.

29 '褁'은 衣川은 '裹'라 교정하였고 '手'자를 다음 구에 속하는 것으로 보았다. [黃征] '裹手'는 '감싸다'는 뜻으로 한 단어인 듯하다.

30 '赴'는 張涌泉은 '覆'으로 보았다. '覆面'은 '滿面'이란 뜻이다.

31 '啼'는 원권에서는 '水'편방으로 되어 있는데, 여기서는 衣川의 교주를 따른다. [黃征] 『集韻』 霽韻 '都計切':"渧, 泣貌." 또 齊韻 '田黎切':"嗁, …… 或作啼、渧." 앞뒤의 문장에 모두 '啼'자가 있는 까닭에 직접 수정하여 기록한다.

32 '團'은 원권에서는 필획이 매우 선명하다. 그 의미 파악을 위해서는 앞으로의 연구가 필요하다. 衣川은 "『變文集新書』 572쪽 「八相變」 '爾時金團天子, 奉見下界'의 '團'자가 이 용법과 관련이 있는 것일까?" 하였다.

33 '安'자는 원권에서는 옆에 작은 글자로 적혀 있다. 무슨 글자인지 판독하기 어려운데 여기서는 衣川의 錄文에 의거하여 기록한다.

34 '太'자는 왼쪽 윗부분만 남아 있고 궐문은 완전히 사라지고 없다. 여기서는 張涌泉의 교주에 의거하여 보충한다.

項佩(背)[36]圓光, 頂髮旋螺, 人天廣度, 號曰天人師。 佛令[37]我眼中淚出, 懊惱學道年多, 修心歲□(久),[38] 慮逢此曰懷(壞)劫火。[39] 旣逢風炭[40]相逼, 滿足□(業)果[41]聲聞政(正)因,[42] 捨有漏軀, 灰身是滅。 致重此□(緣),[43] 殺鬼纏身, 無常到來, 奄然卽滅, 不見我佛出於世間。所以悲啼, 情不能已, 眷變之情, 痛傷心髓。」若河(何)解說?仙人占相處:

宮人抱出阿孩兒, □□□(相貌莊)嚴世□□(間稀)。[44]
外道六師皆道惡, 仙人亦(一)見淚雙□(垂)。[45]
不敢坐與[46]下床爲, 禮拜高聲唱善哉。[47]
直爲山中修道久, 豈合不見我如來?

---

35 【黃征】 '瓔'자 앞 궐문은 원권에서는 일부가 잔결되어 있다. 필획이 뚜렷하지 않는데 '寶璣' 두 글자로 생각된다. '瓔'자 뒤의 궐문은 완전히 잔결되어 있는데 응당 '珞'자이어야 한다.

36 【黃征】 '佩'는 '背'의 音近假借字이다. '項背圓光'은 부처 32相 중의 하나이다.

37 【入矢義高】 '佛'자는 衍字인 듯하다. '令'은 응당 '今'으로 고쳐야 한다. 내가 지금 울고 있는 까닭은 뒤에서 말하고 있는 심정 때문이라는 뜻이다.

38 '久'자는 완전히 잔결되었는데 衣川의 교주에 의거하여 보충한다.

39 【入矢義高】 '懷'자는 '壞'로 고쳐야 마땅하다. '壞劫'은 四劫중의 하나로, 선종어록에서 말하고 있는 '劫火洞然(일체의 모든 것을 멸망시키는 불길)'을 말한다.

40 '風炭'은 '風'과 '火'를 가리킨다. 불교에서는 地・水・火・風을 四大라 한다. '風炭相逼'은 인간이 노쇠해지는 것을 가리킨다.

41 【黃征】 결문은 완전히 잔결되어 있는데 '業'자로 생각된다. 【入矢義高】 '滿足業果'가 한 구로 보아, 뒤에 마침표를 찍어야 한다.

42 【入矢義高】 '聲聞政(正)因'이 한 구가 되어야 한다.

43 【黃征】 궐문은 윗부분만 남아 있는데 남아 있는 필획으로 보아 '緣'자임이 분명하다. 【入矢義高】 빠진 글자는 '緣'자가 아니다. '重緣'은 하나의 단어가 되지 못한다.

44 【黃征】 이 문구의 첫 번째 궐문은 좌측 윗부분만 남아 있는데 남아 있는 필획으로 보아 '相'자인 것 같다. 두 번째 궐문은 완전히 잔결되었는데 임의로 '貌'자를 보충하였다. '世'자 뒤의 궐문은 희미하여 알아보기 힘든데 '間'이나 '上', '所'와 같은 글자일 것이다. 맨 뒤의 궐문은 원권에서는 단지 오른쪽 절반만 남아 '希'라 되어 있는데 이것은 '希'의 속자이다. 그래서 여기서는 '稀'라 보충하였다.

45 '亦'자는 松尾의 교주를 따랐다.

46 '與'자는 해독하기 어렵다. 앞으로의 연구가 필요한 부분이다.

47 '善'자는 하반부가 잔결되어 있다. '哉'자는 우측 하반부가 잔결되어 있으며 전체적으로 희미한데 여기서는 衣川의 錄文을 따른다.

今日得見太子身, 轉加惆悵淚分分(紛紛)。

從此定應不相見, 卻後成佛號世尊。

長大多應棄父王, 悉達太子厭無常。

不樂王宮修道去, □(黃)金伩(丈)[48]六法中王。

「大王更若不信, 但不始(試)看?[49]王舍城南七裏有一摩醯首羅[50]大神, 其神三目六臂, 請王親自將[51]太子往詣神所。若是王眞子, 請王立作東宮; 若是鬼魅妖精, 遙見神形, 化作凝血。」王聞此語, 喜悅非常。仙人言訖, 便辭大王。從□(地)控鶴蓋於雲衢,[52] 駕紅(虹)[53]霓於日路。「□□」鸞歌, 不振魚梵,[54] 寂然無聲, 便歸仙宅。於是淨飯王有敕, 處分所司, 令排隊仗, 來日親將太子出城, 往詣神所。

이에 대왕이 궁녀에게 태자를 안고 오도록 하니, 좌우의 대신들은 즉시 선인 앞으로 태자를 안고 나와서는 무릎을 꿇은 채 선인에게 태자를 올렸다. 선인은 선의로 태자를 감싸고서는 이리저리 관상을 보더니 이내 그가 부처임을 알아보았다. 선인은 목소리가 절절하여 말은 못하고 눈물만 줄줄 흘리며 목 메여 슬피 흐느껴 우는데 그 자신도 어찌할 수 없어하는 것이었다. 사모의 정과 고통이 마음속 깊이 파고들었다. 대왕은 선인이 슬피 우는 것을 보고 그에게 말했다. "선인께서는 태자를 애

48 '黃'자는 중간 부분이 잔결되어 있는데 여기서는 衣川의 견해를 따라 보충하였다. '伩'자는 衣川의 교주를 따른다.

49 [黃征] '始'는 '試'의 音近假借字로 생각된다. '看'은 동사접미사로서 앞 동사의 동작을 시험 삼아 해본다는 의미를 담고 있다. [入矢義高] '不試看', '但不試看'은 문맥이 통하지 않는다.

50 '摩'자는 중간부분이, '醯'자는 윗부분이 잔결되어 있다.

51 '將'자는 원권에서는 행의 맨 끝에 적혀 있는데 다음 행의 맨 처음에 또 '將'자가 적혀 있다. 이는 행을 바꾸면서 생겨난 衍字이다. 衣川의 교주를 따라 '將'자 하나를 삭제한다.

52 궐문은 우측 상반부가 잔결되어 있다. 衣川의 교주에 의거하여 보충한다. 본 문구의 구두점은 入矢의 견해를 따른 것이다.

53 '紅'자는 衣川의 견해를 따라 '虹'으로 교정한다.

54 [入矢義高] '鸞歌' 앞에 한 글자가 빠진 것 같다. [校注] 앞 두 문구의 구두점은 入矢의 견해를 따른다.

석히 여기지 말고 선악길흉을 사실대로 말해주시오." 그러자 선인이 말했다. "이 아이는 만대에 걸쳐 우뚝 서는 존재시어 가문의 안정과 나라의 흥성은 모두 이 태자에 달려 있습니다. 태자께서는 자라시면 반드시 32상과 80종호를 지닐 것이고 영락(瓔珞)을 ( )하고 등 뒤에는 둥근 빛이 발할 것이며 머리칼은 나선(螺旋) 모습이고 인천(人天)을 널리 제도하시어 천인사(天人師)라 불리게 될 것입니다. 제가 지금 눈물을 흘리는 것은 여러 해 동안 고생해가며 도를 배우고 마음을 닦았는데, 오늘에서야 이 괴겁(壞劫)의 불길을 만난 까닭입니다. 저는 이미 나이 들어 업과(業果)에 만족하는데 성문(聲聞)은 바로 이 때문에 육신을 버리고 무(無)가 될 것입니다. 이 인연을 중시하여 죽음의 귀신이 육신을 감싸서 무상함이 도래하면 [육신은] 홀연히 사라지고 말 것이라, 우리 부처께서 세상에 나오심을 보지 못할 것입니다. 이 때문에 비통함을 금할 수가 없고 사모의 정과 고통이 마음속 깊이 파고듭니다." 어떻게 설명하는가? 선인이 관상을 보는데

궁녀가 아이를 안고 나오는데
그 모습 장엄하기가 세상에 드물었다.
육사외도는 악(惡)이라고 단정하는데
선인은 그를 보더니 눈물을 흘린다.
감히 더불어 자리하지 못하고 침상에서 내려와
절을 올리며 큰 소리로 훌륭하다 외친다.
산속에서 오래도록 수행하였건만
어찌 우리 여래를 뵙지 못하는가?
오늘 태자를 만나 뵈니
비통함이 더하여 눈물이 흐르네.
앞으로 분명 못 뵙게 될 터인데
나중에 부처가 되어 세존이라 불릴 것이네.
성인이 되면 부왕을 버릴 것인데

싯다르타 태자는 무상함을 싫어하게 될 것이네.
왕궁 생활을 즐기지 않고 수도하러 떠나
일장육척의 금빛 법왕이 될 거라네.

"만일 대왕께서 믿지 못하시겠다면 시험해보시는 게 어떻겠습니까? 왕사성 남쪽 7리 떨어진 곳에 눈이 세 개에 팔은 여섯 개인 마혜수라라는 신령이 살고 있는데 대왕께서는 태자를 데리고 그 곳으로 가보십시오. 만일 [이 아이가] 대왕의 진짜 아들이라면 그를 동궁으로 삼으시고, 요괴나 귀신이라면 이 신령의 모습을 멀리서 보기만 해도 [이 아이는] 응혈되고 말 것입니다." 왕은 이 말을 듣고 매우 기뻐하였다. 말을 마치고 왕에게 사직인사를 올린 선인은 곧 학의 수레를 타고서 구름 속을 날기도 하고 무지개를 타고서 황도(黃道) 위를 날기도 하면서 난새의 노래 소리도 (   ) 염불하는 소리도 들리지 않는 고요함 속에서 이내 선가(仙家)로 돌아왔다. 이때 정반왕은 좌우에 명을 내려 이튿날 태자를 데리고 신이 머무는 사당으로 갈 채비를 하라고 하였다.

至來日早辰, 淨飯王親將太子出城。行去神堂三二裏已來, 摩醯首羅神不[55]知佛到廟[56]來, 安然大坐, 感得北方大聖□□(毗沙)[57]門天王身穿金甲、掌安寶塔, 彎明月之宮(弓)[58]、□(佩)[59]琨吾[60]之劍, 逸氣衝天, 目開電掣, 作六大神通, □(直)[61]至摩醯首羅神, 喝天神曰:「咄哉這神! 從北□(至)[62]者是我出世聖者大覺世尊, 何不出門迎□(駕),[63] 求覓罪輕

55 '不'자는 원권에서는 행 끝에 적혀 있는데 다음 행에 다시 또 '不'자를 적고 있다. 張涌泉의 견해를 따라 '不'자 하나를 삭제한다.
56 '廟'자는 원권에서는 속자 '庿'로 되어 있다. 衣川의 교정을 따라 수정한다.
57 궐문은 구김이 있고 잔결되어 있다. 衣川의 교정을 따라 보충한다.
58 '宮'자는 衣川의 교정을 따라 '弓'으로 수정한다.
59 [黃征] 궐문은 아랫부분이 빠져 있는데 남은 필획으로 보건대 '佩'자임을 알 수 있다.
60 '琨吾'는 寶劍 이름이다. '昆吾', '琨珸' 등으로 적기도 한다.
61 궐문은 왼쪽 하반부가 빠져 있다. 張涌泉은 남은 필획에 의거하여 '直'이라 보충하였다.
62 궐문은 상반부에 짧은 가로획만이 남아 있다. 衣川은 '方'이라 보완하였고, 張涌泉은

福生，離鬼神邪道，求生天果□(報)?」[64] 摩醯首羅神雖是泥龕士(土)像，被□(天)神□□(一喝)，[65] 直得遍體汗流，不覺向神堂中走出，步步□(拜)[66]禮，直至王前。這神雲：「我不是禮餘人，禮大王太子。」父王曰：「太子有何感應祥瑞，得神君來禮?」神曰：「王至(之)[67]太子不是凡人，是出世聖者，故來合禮。」禮訖，當時□(便)[68]捨鬼神邪道，得生天果。泥神邊拔著[69]處：

「嘀嘀[70]泥堪(龕)[71]土像神(身)，[72] 多將謾語[73]誑時人!
從北[74]大王懷抱子，便是牟尼大世尊。

'來'라 보충하였다. 【黃征】 남은 필획은 굵고 짧은 가로획이다. '至'로 보아야 할 것 같다.

63 【黃征】 궐문은 하반부가 빠져 있다. 필세도 뚜렷하지 않다. '駕' 혹은 '接'자가 아닌가 한다.

64 【黃征】 궐문은 우측 상반부만 남아 있다. '報'자로 생각된다.

65 '神'자 앞의 궐문은 좌측 윗부분과 우측 아랫부분만 남아 있다. 衣川의 교정에 의거하여 '天'이라 보충해 넣었다. 【黃征】 '神' 뒤의 두 개의 궐문은 완전히 사라지고 없다. S.4128 「太子成道變文」에는 "毗沙門空中嗔怒一喝，喝去泥神，趨走太子攀前"이란 문구가 있다. 이에 의거하여 '一喝'이라 보충한다.

66 【黃征】 궐문은 좌측 하반부만 남아 있다. 북경도서관 소장 雲字 24호와 麗字 40호에 "聖者尋常多操惡，今日拜禮甚人"이란 문구가 있는데, 이에 의거하여 '拜'를 보충한다.

67 '至'자는 衣川에 의거하여 '之'라 교정한다. 【黃征】 「孔子項託相問書」: "上知天文，下知地理，中知人情." P.3833에서는 앞 두 개의 '知'자가 모두 '至'로 되어 있고, 맨 뒤의 '知'자는 '之'로 되어 있다. 이는 '至'와 '之'가 서로 통용되고 있음을 보여준다.

68 【黃征】 궐문은 좌측 윗부분에 '삐침(ノ)'만이 남아 있다. '便'자일 것이다.

69 【黃征】 '拔'자는 원권에서는 '栊'로 되어 있는데, 필세가 뚜렷하지 않다. '拔'의 속자인 '扻'의 와자인 것 같다. '拔着'은 곧 '拔'이며 '着'은 어조사이다. "泥神邊拔着"은 태자(부처)가 泥神을 구제함을 말하는 것 같다.

70 【黃征】 '嘀嘀'은 북경도서관 소장 「八相變」에서는 '咄咄'로 되어 있는데 이것은 꾸짖는 소리이다. '謫'은 明代 『改併四聲篇海』 등에서는 '謫'의 속자로 되어 있는데 본문의 용법과는 완전히 다르다.

71 '堪'은 衣川의 견해를 따라 '龕'으로 교정하였다.

72 【黃征】 '神'자는 북경도서관 소장 권자에서는 본래 '身'으로 되어 있다. 이에 의거하여 수정하였다. 「捉季布傳文」에는 "改形移貌痛傷神"이란 문구가 있는데, 여기서의 '神'자가 S.5439와 P.3197에서는 '身'으로 되어 있다. 이는 이 두 글자가 서로 호용되고 있음을 보여준다.

73 '謾語'는 북경도서관 소장 권자에서는 '昧語'로 되어 있다.

緣何不起出門迎, 禮拜求哀乞罪輕?
捨卻從前邪見行, 因玆莫作鬼神形。」[75]
泥神被喝當時驚, 火急連忙出殿迎。
一步一迴懃禮拜, 大王亦(一)見便疑和。
大王見禮問神言 :「太子何有福德仙?
聖者尋常極操惡,[76] 今日緣何禮拜看?」
泥神卻答大王言 :「長大孩兒出世間。
皎皎兇(胸)[77]前有萬字, 紺髮螺蚊(紋)[78]頂上旋。
論(輪)[79]王不斷因孩子, 玉世金枝世世傳。」
淨飯大王聞此語, 不並尋常偏愛憐。[80]

다음 날 새벽 정반왕은 직접 태자를 데리고 성을 나섰다. 사당에서 2~3리 가까이 이르렀을 때까지도 마혜수라는 부처가 사당으로 오고 있다는 사실을 알지 못하고 느긋하게 자리에 앉아 있었다. 이에 몸에는 황금 갑옷을 입고 손에는 보탑을 들고 명월(明月)의 활을 걸치고 곤오(琨吾)라는 보검을 찬 북방 비사문천왕이 노기충천하여 눈 깜짝할 사이에 육대 신통을 부려 마혜수라 사당에 이르러 큰 소리로 꾸짖었다. "이놈! 북쪽에서 오고 있는 분은 출세 성자 대각세존이시거늘 어찌 밖으로 마

74 '北'은 북경도서관 소장 麗字 40호와 乃字 91호에서는 '北'으로 되어 있고, 雲字 24호에서는 '此'로 되어 있다. 【黃征】 본편 위 문장 "從北□(至)者是我出世聖者大覺世尊" 문구로 보아 '從北'이 옳다.

75 이상의 운문은 모두 북경도서관 소장 권자에서 보이는데 글자는 약간의 차이가 있다. 이 뒤의 16구는 북경도서관 소장 권자에서는 보이지 않는다.

76 '操'자는 원권에서는 '木' 편방으로 되어 있다. 여기서는 正字로 수정하였다. '操惡'은 '흉악', '포악'의 의미이다. 『通釋』을 참조 바란다.

77 '兇'은 衣川의 견해를 따라 '胸'으로 교정하였다.

78 '蚊'은 衣川의 견해를 따라 '紋'으로 교정하였다. '蚊'은 앞의 글자와 관련하여 '虫' 편방으로 類化된 것이다.

79 '論'은 衣川의 견해를 따라 '輪'으로 교정하였다.

80 '不並'은 '不比'와 같은 뜻이다. 원권에서는 먼저 '愛重'이라 적었다가 '重'자 옆에 '卜' 부호를 덧붙여 삭제를 한 후 '憐'으로 고쳐 적었다.

중 나가지 않는 게냐! 그러면서 죄는 가볍고 복을 얻기를 바라고 귀신의 사도(邪道)에서 벗어나기를 바라며 생천(生天)의 과보를 구하고자 하느냐?" 마혜수라는 진흙으로 빚은 소상인데 천신의 꾸짖음에 그는 온몸에서 땀을 뻘뻘 흘리며 자신도 모르게 사당을 나서 한 걸음 한 걸음 절을 올리며 정반왕 앞에 이르렀다. "나는 대왕의 태자에게 절을 올리는 것이지 그 누구에게도 아니오!" 마혜수라의 말을 듣고 정반왕이 말했다. "태자에게 어떤 상서로운 감응이 있기에 신령님께서 절을 올리십니까?" "대왕의 태자는 보통 사람이 아니라 출세간한 성자이신지라 절을 올린 것이오." 예배를 마치자 마혜수라는 귀신의 사도(邪道)를 벗어나 생천의 과보를 얻었다. 니신이 구제를 받는 장면:

"진흙 감실 속의 소상(塑像) 이놈아
속임수로 사람을 기만하는구나!
북쪽에서 대왕이 품에 안고 있는 아이는
바로 석가모니 대세존이시거늘
어찌하여 밖으로 나가 영접하여
절을 올리며 죄를 구하지 않는 것인가?
지금까지의 사견행(邪見行)에서 벗어나려 한다면
귀신의 형상을 짓지 말 일이다."
니신은 꾸짖음을 듣자 깜짝 놀라며
황급히 사당을 나서 영접하는데
걸음을 뗄 때마다 정성스레 절을 올리니
대왕은 그 모습을 이해하지 못했다.
대왕이 절을 하는 니신에게 묻건대
"태자가 어찌 선인을 복되게 하겠습니까?
성자께서는 항상 흉악스러웠거늘
오늘 어찌하여 절을 다 올리시는 겁니까?"
니신이 대왕에게 대답하기를

"이 아이는 자라나서 세속을 버릴 것이오.
가슴에는 또렷하게 만(卍)자가 있고
감색 머리칼은 소용돌이 모양으로 돌 게 될 것이오.
대왕은 언제까지나 이 아이 덕분에
자손들은 대대로 전해질 것이오."
정반왕은 이 말을 듣고
지금까지와는 달리 어여삐 여기게 되었다.

淨飯「□□」(王)[81]旣於泥神邊聞得此語, 王乃疑心並除, 卻將太子還宮可憐許。[82]

摩耶夫人與太子只得六七日團圓, 至弟一七日[83]午時已來, 空中□(悲)[84]聲, 慶雲來現, 喚言 :「下方摩耶夫人得好在已否?」夫人被喚, 忽然大驚遍體汗流, 遂乃起立, 禦(仰)[85]告空中 :「聖者復何人, 喚妾名字? 伏願大慈大悲, 爲奴言說。」空中答言 :「我不是餘人, 我是忉利天女、上方使者。故使遠迎, 見令(今)[86]上方掃灑一殿棑枇(排比)次。」[87] 語由(猶)未了, 有一寶座[88]從空降下。紫雲繚繞於宮前, 香氣覆地、□(匝)[89]於樓閣。更有鳳笙龍笛, 齊奏八音; 王(玉)[90]律管絃, 人傳佛曲。天男天女,

81 【松尾良樹】'飯' 뒤에는 '王'자가 빠진 것 같다.
82 '可憐許'는 어여삐 여기는 모습이다. 여기서는 동사로 보아, '어여삐 여기다'는 뜻이다.
83 '一七日'은 죽은 뒤 첫 번째 7일을 말한다. 옛 예법에 따르면, 사람이 죽으면 매 7일마다 일곱 차례(49재까지) 망자를 위해 재를 올리며 명복을 빈다.
84 궐문은 원권에서는 우측 상반부가 잔결되어 있다. 衣川의 견해에 의거하여 보충하였다. 【入矢義高】 궐문은 '喚'자가 되어야 할 것 같다.
85 '御'는 衣川은 '却'이라 교정하였고, 張涌泉은 '仰'이라 교정하였다. 여기서는 장씨의 견해를 따른다.
86 '令'은 '今'의 형와자이다.
87 '棑枇'는 衣川의 견해를 따라 '排比'라 교정하였다. 入矢와 松尾의 견해를 따라 '次'자 뒤에 마침표를 붙였다. 入矢는 "排比次는 순서에 따라 배열하다는 뜻으로, 변문 중에는 이러한 사례가 없지 않다"고 하였다.
88 '坐'는 '座'의 古字이다.
89 궐문은 단지 상반부만 남아 있다. 張涌泉의 견해를 따라 '匝'이라 보충하였다.

自然弦歌。感喚[91]夫人，昇於寶座：「善矣速行，不須眷戀!」□□□□□□□□□[92]香風撲地[93](下殘)

정반왕은 니신의 이 말을 듣고 마침내 의심하는 마음을 지우고는 태자를 데리고 궁으로 돌아와 그를 어여삐 여겼다.

마야부인이 태자와 엿새를 함께 보내고 이레가 되던 날 정오, 허공에서 구슬픈 소리가 들리며 상서로운 구름이 나타나더니 "하계의 마야부인은 안녕하십니까?" 하는 소리가 들려왔다. 자신을 부르는 소리에 온몸에서 땀이 나도록 깜짝 놀란 마야부인이 일어서서 허공을 바라보며 말했다. "성자께서는 뉘신데 저의 이름을 부르시는 것입니까? 부디 자비를 베푸시어 말씀해주십시오." 그러자 공중에서 대답이 들려오는데 "저는 다른 사람이 아니라 도리천의 선녀로서 하늘나라의 사자랍니다. 저는 멀리 영접을 나온 것인데 지금 하늘나라에서는 한 궁전을 깨끗이 청소하며 정돈하고 있습니다" 하였다. 말이 채 끝나기도 전에 허공에서 보좌 하나가 내려왔다. 자줏빛 구름이 궁궐 앞을 떠다니고 향기가 땅을 뒤덮고 누각을 감쌌다. 게다가 생황과 피리가 일제히 음악을 연주하고 관악기와 현악기가 일제히 불곡(佛曲)을 전하였으며, 천남천녀는 비파를 타며 노래를 불렀다. 감응된 마야부인이 보좌에 오르니 [선녀는] "잘 하셨습니다. [세속에] 연연해하지 마시고 어서 떠나십시오!" 하였다. (   ) 향기로운 바람이 땅에 부딪친다. (이하 빠져 있음)

---

90 '王'은 衣川의 견해를 따라 '玉'이라 교정하였다.

91 '感'은 衣川은 '喊'이라 교정하였다. 【黃征】 '感'자는 '感應', '精神傳導'의 뜻으로, 오류가 아닌 것 같다. 북경도서관 소장 「八相變」에는 "旣見菩薩語了, 大王感取兒(而)言 : ……"란 문구가 있는데, 여기서의 '感取'와 '感喚'의 '感'은 같은 뜻이다.

92 궐문의 수는 옆 행에 의거하여 임의로 정하였다.

93 이 뒤에 빠진 문구가 얼마나 되는지 가늠하기 어렵다. 그러나 변문의 줄거리로 보아 결말에 가까운 것 같다.(영혼이 하늘에서 태어난다는 내용은 변문의 결말부분에서 자주 보인다. 「漢將王陵變」, 「廬山遠公話」, 「葉淨能詩」 등이 그러하다)

파마변(破魔變)[1]

降魔變押[2]座文

1 王重民 【原校】 두 권이 남아 있는데 그 편호는 다음과 같다.
甲卷 P.2187 首尾가 완전하고 빠진 부분이 없다. 首題는 '降魔變押座文'이라 되어 있고, 尾題는 '破魔變一卷'이라 되어 있다. 별개의 「降魔變文」과는 내용이 다르기에 여기서는 尾題를 사용한다. 首題의 '押座文'은 시작 부분의 압좌문만을 가리킨다.
乙卷 S.3491 이 권자는 앞부분에는 「功德意生天因緣」, 뒷부분에는 「破魔變文」이 실려 있다. 이 두 변문의 앞에는 모두 동일한 압좌문이 실려 있다. 다시 말하여 동일 권자에 동일 압좌문이 두 차례 적혀 있는 것이다. 甲卷은 서기 944년에 씌어졌으나, 변문의 끝부분에서는 "繼統旌幢左大梁"이라 하여 907~922년 사이를 말하고 있다.
【校注】 甲卷의 首題를 原錄에서는 '降魔變神押座文'이라 하였는데, '神'자는 원권에는 없는 글자이기에 삭제한다. 또 제목을 原錄에서는 '破魔變文'이라 하였는데 여기서는 甲卷의 尾題가 '破魔變一卷'인 것을 따라 '破魔變'이라 수정한다(乙卷에는 尾題가 없다) 이 변문 뒤에는 연이어「四獸因緣」이 적혀 있다. 乙卷의 앞면에는 杜正倫 「百行章一卷」이 적혀 있는데 글자체가 본 작품과 똑같다. 그리고 뒷면의 첫 줄에는 「頻婆娑羅王後宮綵女功德意供養塔生天因緣變」이 적혀 있고 이어서 "年來年居暗更移" 등이 적혀 있다. 原錄에서는 이 운문을 '功德意生天緣'이라 교록하였다. 乙卷에 적혀 있는 두 개의 압좌문은 거의 동일하나 약간의 차이를 보인다.(原錄에서는 뒤의 것을 기록함) 여기서는 뒤의 것을 기록하고 앞의 것을 참조하여 교주를 붙이는데, 앞의

年來年去暗更移, 沒一[3]個將心解覺知.

只[4]昨日顋[5]邊紅艷艷, 如今頭上白絲絲.

尊高縱[6]使千人諾, 逼促都成一夢斯.[7]

更見老人腰背曲, 驅驅猶自爲妻兒. [觀世音菩薩][8]

君不見生來死去, 似蟻脩還(環);[9] 爲衣爲食, 如蠶作繭.[10] 假使有拔山擧頂(鼎)之士, 終埋在三尺土中; 直饒[11]玉提(緹)[12]金繡之徒, 未免於一械[13]灰燼. 莫爲(謂)久住,[14] 看則去時. 雖論有頂之天, 總到無常之地.

것은 '乙(一)', 뒤의 것은 '乙(二)'라 칭한다.

2 原錄에서는 '押' 앞에 '神'자가 있다. 【校注】 甲卷에는 '神'자가 없고, 乙卷에는 아예 首題가 없다. 이에 '神'자를 삭제한다. '押'은 '壓'과 같은 뜻이다.

3 乙(二)에는 '一'자가 없다.

4 乙(二)에는 '只'자가 없다.

5 『龍龕手鏡』: "腮, 俗, 蘇來反, 正作顋." '顋'자는 甲卷에서는 '頭'로 되어 있는데, 이는 다음 구의 '頭'자와 관련하여 생긴 오류이다.

6 '縱'은 原錄에서는 '蹤'으로 되어 있고 '縱'이라 교정하였다. 【校注】 乙(二)에서는 '縱'으로 되어 있다. 이에 수정한다.

7 '期'는 原錄에서는 '斯'로 되어 있다. 【原校】 乙卷에서는 '斯'가 '期'로 되어 있다. 【校注】 乙(一)에서는 '斯'로, 乙(二)에서는 '期'로 되어 있다. 여기서는 乙(二)에 의거하여 수정한다. 또 '成'자가 乙(一)에서는 '緣'으로 되어 있다.

8 '觀世音菩薩' 다섯 글자는 乙(一)에 의거하여 보충한다.

9 '循'은 原錄에서는 '脩'로 되어 있다. 【原校】 '還'자를 向達은 '垤'자의 異音字로 추정하였다. 【徐校】 '脩還'은 '循環'의 잘못이다. 이 문구는 인간의 삶과 죽음이 마치 개미가 빙빙 도는 모습과 닮았음을 말한다. 向씨의 견해는 문맥에 맞지 않는다. 【校注】 '脩'는 甲卷과 乙(一)에서는 모두 '循'의 속자로 되어 있고, 乙(二)에서는 '修'라 잘못 적혀 있다. '還'과 '環'은 음은 같고 뜻은 유사하다. 『隋書』 「天文上」: "又周髀家云: '天圓如張蓋, 地方如棋局. 天旁轉如推磨而左行, 日月右行, 天左轉, 故日月實東行, 而天牽之以西沒. 譬之於蟻行磨石之上, 磨左旋而蟻右去, 磨疾而蟻遲, 故不得不隨磨以左迴焉.'" 이는 徐씨가 말한 바의 '如蟻旋磨'에 해당된다. P.2952: "居世人, 迷生死. 生死由如巡鐶蟻. 來來去去不停閑, 去去來來常如此." '巡鐶蟻'는 '循環蟻'이며 인간의 생사윤회를 비유하고 있다.

10 原錄에서는 '蠶'이 '蚕'으로 되어 있고, '繭'은 '蠒'으로 되어 있다. 그런 다음 각각 正字로 교정하였다. 여기서는 직접 正字로 적는다.

11 '直饒'는 乙(二)에서는 '縱饒'로 되어 있다. 앞의 '假使'와 함께 모두 '설령(卽使)'의 뜻으로, 가설・양보의 관계를 표시한다.

12 '玉提'는 '玉緹'로 보아야 하며, '金繡'와 병렬되어 어휘를 이룬다. '緹'와 '繡'는 모두 화려하고 진귀한 옷을 가리킨다.

少妻恩厚, 難與[15]替死之門; 愛子情深, 終不代君受苦. 忙忙濁世, 爭戀久居? 摸摸[16]昏迷, 如何擬去! 不集常開[17]意樹, 早坼[18]覺花. 天宮快樂處, 須生地獄下. 波吒[19]莫去[20]死, 去了却生來. 合嘆[21]傷, 爭堪你[22]卻不思量:

一世似風燈虛沒沒,[23] 百年如春夢苦忙忙.

13 『說文解字』: "椷, 篋也. 從木, 咸聲." 徐鍇曰: "椷, 函屬." 『集韻』: "函, 容也. 或作椷."

14 '爲'는 '謂'와 통한다. '久住'는 '長壽'를 비유한다.

15 '與'는 原錄에서는 '爲與之' 세 자로 되어 있다. 【校注】 甲卷 및 乙(一)에서는 '爲與' 두 자로 되어 있고, 乙(二)에서는 세 자 모두 없다. '爲'자는 아마 '與'와 관련하여(두 글자의 형태와 소리가 비슷함) 생긴 衍字일 것이다. 이에 삭제한다.

16 '忙忙'은 原錄에서는 '茫茫'으로 교정하였다. '摸摸'는 原錄에서는 '模模'로 되어 있고 '漠漠'으로 교정하였다. 【校注】 甲卷 및 乙(二)에서는 '摸摸'로 되어 있고, 乙(一)에서는 글자 왼편이 모호하게 되어 있긴 하나 이 역시 '摸'로 되어 있는 듯하다. 이는 '漠'과 동음이다. '忙忙'과 '摸摸'은 「韓朋賦」의 '文文莫莫'와 같이 連綿字이며 혼미한 상태를 말한다. 여기서는 글자를 굳이 '茫茫', '漠漠'으로 고치지 않는다.

17 '常開' 두 자는 原錄에서는 '開常'으로 되어 있다. 【校注】 乙(二)에서는 '常'자가 없다. '開常'은 '常開'가 되어야 한다. 이에 직접 수정한다. 또 '不集'은 그 뜻을 파악하기 어렵다. '集'자는 어떤 글자의 借音字가 아닌가 생각된다.

18 '早坼'은 原錄에서는 '早折'로 되어 있다. 【校注】 乙(一)에서는 '欲折'로 되어 있고, 乙(二)에서는 '早圻'로 되어 있는데 '圻'는 '坼'이 되어야 한다. '坼'은 앞 구의 '開'와 같은 뜻이다. 따라서 수정한다.

19 '波吒'는 지옥의 혹형의 고통을 말한다. 「大目乾連冥間救母變文」: "여래께서 나를 보내시어 모친을 만나고, 아비의 고통에서 그를 구하라 하셨다(如來遣我看慈母, 阿鼻地獄救波吒)." 여기서 '吒'는 '叉', '痲' 등과 合韻이 되어야 하기에 '茶'로 발음해야 한다. '咤'로 적기도 하는데, 동일 변문의 "何時出離波咤苦"는 그 예이다.

20 '去'는 乙(一)에서는 '嘆'으로 되어 있다. 項楚는 '去'를 '嘆'으로 교정하였는데 확실하지 않다. 다음 구 "去了却生來"의 '去'자는 이 문구를 이어서 말한 것이다. 따라서 수정하지 않는다.

21 '嘆'을 項楚는 '嗟'라 교정하였다. 【校注】 乙(一)에서는 '嗟'로 되어 있다. '嘆傷'은 '嗟傷'과 같은 뜻이라 굳이 수정하지 않는다. S.4571 「維摩詰經講經文」: "오늘 空王께 예배 올리려 하였는데 병이 깊으니 한숨만 나오누나(今朝大(待)欲禮空王, 眞爲纏眠(綿)又嘆傷)."

22 【原校】 '你'는 甲卷에서는 '泥'로 되어 잇다. 乙卷에 의거하여 수정한다. 【校注】 乙(一)은 '泥'로 되어 있고, 乙(二)는 '你'로 되어 있다.

23 '虛沒沒'은 乙(二)에서는 '驅役役'으로 되어 있다. 【校注】 '虛沒沒'이 맞다. '沒沒'은 다음 구의 '忙忙'이나 앞의 '忙忙', '摸摸'와 마찬가지로 정신이 혼미한 모습을 말한다. 連綿字이다.

心頭託手[24]細參詳, 世事從來不久長.

遮莫金銀盈庫藏, 死時爭肯[25]與君將?

紅顔漸漸雞皮皺, 綠鬢看看鶴髮蒼.[26]

更有向前[27]相識者, 從頭老病總無常.

春夏秋冬四序墔(催),[28] 致令人世有輪迴.

千山白雪分明在, 萬樹紅花闇欲開.

鷰來鷰去時候[29]促, 花榮花謝[30]競[31]推排.[32]

聞健[33]直須疾[34]覺悟, 當來必定免輪迴.

[欲問若有如此事],[35] 經題名目唱將來. [觀世音菩薩][36]

---

24 '託'은 乙(二)에서는 '着'으로 되어 있다. '心頭託手'는 생각하는 모습이다. 「無常經講經文」: "세간의 정을 끝까지 부끄러워하지 않았는지 가슴에 손을 얹고 정성스레 생각해보시길(世間情, 終不恥, 託手心頭懃比試)." 이 역시 같은 의미이다.

25 '死'는 甲卷에서는 '去'로 되어 있고, 乙(二)에서는 '四'('死'와 통함)로 되어 있다. '爭肯'은 각 권에서는 모두 '爭豈(豈)'로 되어 있다. '豈'은 응당 '肯'의 形訛字이다. 이에 수정한다.

26 '蒼'은 原錄에서는 '倉'으로 되어 있고 '蒼'으로 교정하였다. 【校注】 乙(二)에서는 '蒼'으로 되어 있다. 이에 의거하여 수정한다.

27 '有'는 乙(二)에서는 '見'으로 되어 있다. '向前'은 '이전, 종전(從前)'이다.

28 '墔'는 原錄에서는 '摧'로 되어 있다. 【校注】 甲卷과 乙(一)에서는 '墔'로 되어 있고, 乙(二)에서는 '漼'로 되어 있다. 이에 근거하여 수정한다.

29 '候'는 原錄에서는 '復'으로 되어 있다. 【校注】 甲卷 및 乙(一)에서는 '後'로 되어 있고, 乙(二)에서는 '候'로 되어 있다. 여기서는 乙(二)에 의거하여 수정한다.

30 【原校】 '謝'는 甲卷에서는 '射'로 되어 있다. 乙卷에 의거하여 수정한다.

31 '競'은 原錄에서는 '竟'으로 되어 있다. 【校注】 甲卷과 乙(一)과 乙(二) 모두에서는 '竸'로 되어 있는데 이는 '競'의 속자이다. 이를 근거로 수정한다.

32 '推排'는 '밀어내다, 피하다(推開)', '배제하다, 제거하다(排除)'는 뜻이다. P.2292 「維摩詰經講經文」: "小聖은 처음에 모욕을 당한 적이 있다 하니, 大聖이 병문안 가는 게 순서에 맞다(小聖從頭遭挫辱, 大權次第合推排)." 이는 '변천하다, 변화하다(推移)'란 의미로 전이된 경우이다.

33 '健'은 原錄에서는 '揵(木 편방)'로 되어 있다. 【校注】 甲卷에서는 사실 '楗'으로 되어 있고, 乙(一)에서는 '健'으로 되어 있다, 乙(二)에서는 이 문구와 다음 문구가 없다. 여기서는 乙(一)을 근거로 하여 '健'이라 한다. '聞健'은 '몸이 건강할 때에(趁着身健)', '일찌감치(趁早)'란 뜻이다.

34 '疾'은 原錄에서는 '知'로 되어 있다. 【校注】 甲卷의 '知'자는 그 옆에 '疾'자로 고쳐져 있다. 乙(一)은 '知'로 되어 있다. 甲卷에 의거하여 수정한다.

항마변압좌문

해가 오고 해가 가는 것은 알게 모르게 이루어지는데
어느 누구도 마음의 깨달음을 얻지 못하네.
어제는 뺨이 불그스름하게 곱더니
오늘은 머리가 하얗게 세었네.
존귀하여 천 명을 부릴지언정
모두가 일장의 꿈이 되고 만다네.
노인의 허리도 등도 굽은 것을 보라.
처자식을 위해서 힘들여 애쓰는구나.

그대는 태어나고 죽는 것이 마치 개미가 [맷돌 위를] 돌고 도는 것 같고, 옷을 입고 음식을 먹는 것이 마치 누에가 고치를 만드는 것 같음을 보지 못하는가. 설사 산을 뽑아내고 솥을 들어 올리는 장사라 할지라도 결국에는 석 자(尺)의 흙 속에 묻히고 만다. 설령 옥과 금으로 장식한 화려한 옷을 입은 자라 할지라도 한 상자의 재로 되는 것은 피할 수 없다. 오래도록 살리라 여기지 말라. 머지않아 떠날 때가 닥치리라. 제아무리 하늘을 떠받치는 [영웅이라] 할지라도 종국에는 죽어서 땅속으로 돌아가고 말리라. 젊은 아내에 대한 은애가 두텁더라도 대신하여 죽음의 문에 들어가기 어렵고, 사랑스런 자식에 대한 정이 깊다 하더라도 그대를 대신하여 고통을 받지 않는다. 망망한 탁세(濁世)에 어찌 오래 머물려 하며 어둑한 밤길을 어찌 지나가려 하는가. 의수(意樹)[37]를 열지 않고 깨달

---

35 [原校] 이 문구는 乙卷에 의거하여 보충한다. [校注] 乙(一)에서는 이 문구와 그 다음 문구가 없다.

36 '觀世音菩薩' 다섯 글자가 乙(一)에서는 '當來必定免輪迴'라는 문구 뒤에 붙어 있다. (다음 두 문구는 없음) 여기서는 이곳에다 넣는다. 또 뒤에 나오는 일단의 讚文은 乙(二)에는 全無하고 乙(一)에서는 "內宮爾時以此開讚功德, 我府主太保千秋萬歲, 永蔭龍沙; 夫人松柏同貞, 長承貴寵. 城隍泰樂, 五稼豐登; 四塞澄清, 狼烟罷驚(警). 法輪常轉, 佛日恒明; 眞宗有召(昭)代之興, 俗巨(民)有堯年之樂. 時衆運志誠心, 大稱念'摩訶'"라 되어 있다.

37 불법(佛法)을 삼가 바라는 간절한 마음.

음의 꽃을 피우려고만 드니 천궁의 안락처가 아닌 지옥에서 태어나게 되리라. 고통스럽다 하여 죽기를 바라지 말라. 죽었다가도 다시 되살아 나느니. [몸이] 상할 것을 탄식하면서 그대는 어찌 이 사실을 깨닫지 못하는가.

한 평생은 바람 앞의 등불처럼 허망하고
백 년은 춘몽(春夢)과 같이 바삐 흘러간다네.
이리저리 곰곰이 생각해보면
세간사 어떤 일도 오래가지 않는다네.
설령 금은보배 창고에 가득할지언정
죽을 때 어떻게 가져갈 수 있으리?
홍안(紅顔)은 점점 닭의 가죽처럼 주름지고
녹빈(綠鬢)[38]은 어느새 학의 깃털처럼 백발이 성성하네.
이제까지 알고 지내던 사람들
모두 늙고 병들어 결국은 무상(無常)하게 되네.
춘하추동 사계절이 급히 흐르며
이 세상을 윤회에 들게 하네.
천산(千山)에 백설(白雪)은 분명 남아 있는데
온갖 나무에서는 붉은 꽃들이 남몰래 피어나려 하네.
제비가 날아왔다 날아가며 세월을 재촉하니
꽃들은 앞 다투어 피었다가 또 시드는구나.
건강할 때 깨달음을 얻어야 할 것이니
[그리하면] 내세에 반드시 윤회를 면하게 되리라.
이 같은 일이 있는지 묻고자 하리니
경문의 제목을 알리는 창(唱)이 이어지리로다.

38 윤이 나는 검은 머리.

已(以)此開讚[39]大乘所生功德, 謹奉莊嚴[40]我當今皇帝貴位 : 伏願長懸舜日, 永保堯年; 延鳳邑於千秋, 保龍圖於萬歲. 伏惟我府主僕射,[41] 神資直氣, 岳降英靈; 懷濟物之深仁, 蘊調元之盛業. 門傳閥閱, 撫養黎民; 總邦教之淸規, 均水[42]土之重位. 自臨井邑, 比屋[43]如春; 皆傳善政之歌, 共賀昇平之化. 致得歲時豐稔, 管境謐寧. 山積糧儲於川流, 價[44]賣聲傳於井邑. 謹將稱讚功德, 奉用莊嚴我府主司徒[45] : 伏願洪河再復, 流水永[46]繞乾坤; 此(紫)綬千年, 勳業長扶社稷. 次將稱讚功德, 謹奉莊嚴國母聖天公主[47] : 伏願山南朱桂, 不變四時; 領(嶺)北寒梅, 一

39 '開讚'은 '開經讚德'이다.「長興四年中興殿應聖節講經文」: "大乘의 경전을 강설하고 찬송하여 생기는 공덕으로 삼가 황제 폐하의 존호를 장엄하여 바칩니다(以此開讚大乘所生功德, 謹奉上嚴尊號皇帝陛下 ……)." 이 문구와 대략 같다.

40 '莊嚴'은 '莊校嚴飾'이다. '찬미', '찬송'의 의미로 전이되었다.

41 僕射 : 曹議金을 가리킨다. 歸義軍 政權은 張議潮가 僕射와 太保에 봉해 이후로, 역대 절도사들은 모두 임의로 이 칭호를 사용하였다. 본문 말미의 "左(佐)大梁"이란 문구로 보아 이 글은 曹議金 집정시에 쓰여진 것으로, 이 당시 복야란 호칭을 사용하였던 자는 조의금 밖에 없다. 조의금은 後唐 淸泰 2년(935)에 사망했다. 榮新江「敦煌卷子札記四則」(『敦煌吐魯番文獻硏究論集』 제2집) : "P.2638 …… 다음과 같은 기록이 있다. '乙未年 …… 大王臨壙衣物, 唱得布八千五百二十尺.' 乙未年은 淸泰 2년(935)이다. 이 당시 沙州에서 대왕이라 칭할 수 있는 자는 조의금 말고는 아무도 없다. …… 여기에 다시 '2월 10일 父王 忌日'이라는 S.4291의 기록을 결합시켜보건대, 조의금은 935년 2월 10일에 사망했음을 어느 정도 확신할 수 있다."

42 '水'는 原錄에서는 '木'으로 되어 있고 '水'로 교정하였다. 여기서는 직접 수정한다.

43 '屋'은 原錄에서는 '楃'으로 되어 있고 '屋'으로 교정하였다. 여기서는 직접 수정한다.

44 [劉堅] '價'는 '貨'가 되어야 한다. [校注] '價'는 '賈'의 增旁字로 생각된다.

45 司徒 : 曹議金의 아들 曹元德을 가리킨다. 曹元德은 曹議金을 계승하여 귀의군 정권을 장악한다. 이 당시 조의금은 아직 살아 있었기에 조원덕은 그를 보좌하였다. 그리하여 뒤 문구에서 보이다시피 "長扶社稷"이라 하였다. 司徒는 六卿의 하나로서, 教化와 軍事 등을 관리한다. 절도사 다음으로 가장 중요한 관직임을 명확히 보여주는 대목이다.

46 '永'은 原錄에서는 '而'로 되어 있다. [校注] 응당 '永'의 訛字이다. 이에 직접 수정한다.

47 國母聖天公主 : 曹議金의 아내 甘州回鶻의 공주를 가리킨다. 귀의군 정권 전기에는 주변의 여러 소수민족 정권과 군사적으로 대치 국면을 형성하였는데, 曹議金 집정시에는 사방의 압력하에 선린정책으로 전환되며 귀의군 정권 후기로 이어진다. 조의금이 감주회골의 공주를 아내로 맞아들인 것은 선린정책의 상징이다. 그 후 조씨 가족은 또 于闐과도 통혼을 하였는데 이 역시 정치적 필요에 따른 것이었다. S.4245

枝獨秀. 又將稱讚功德, 奉用莊嚴合宅[48]小娘子、郎君[49]貴位: 兒則朱嬰(纓)奉國, 筐[50]負(匡輔)聖朝; 小娘子眉奇(齊)龍樓, 身臨帝闕. 門多美玉, 宅納吉祥; 千災不降於門庭, 萬善咸臻於貴戶. 然後衙前大將, 盡孝盡忠; 隨從公寮, 惟淸於(惟)[51]直. 城隍社廟, 土地靈壇, 高峰常保於千秋, 海內咸稱於無事.[52] 又將稱讚功德, 奉用莊嚴我都僧統和尙: 伏願長承帝澤, 爲灌頂之國師; 永鎭臺堦, 讚明王於理化.

대승(大乘)의 경전을 강설하고 찬송하여 생기는 공덕으로, 삼가 지금 우리 황제의 존귀한 직위를 찬양하옵니다. 바라옵건대 순임금의 세월을 오래도록 드리우시고, 요임금의 시절을 영원히 간직하시옵기를. 봉읍(鳳邑)[53]이 천추(千秋)에 계속되도록 하시고, 용도(龍圖)[54]가 만대(萬代)에 간직되도록 하소서. 엎드려 바라옵건대 우리 부주(府主) 복야(僕射)께서는 타고난 정직한 기품과 천부(天賦)의 영특함을 지니시고, 남을 구제하는 깊은 어짊을 지니시며, 음양(陰陽)을 조화시켜 나랏일을 돌보는 커다란 업적을 쌓으시기를. 벌열(閥閱)한 가문 이루시고 백성들을 돌보아주시며, 온 나

: "國母聖天公主親詣彌勒之前, 闔宅娘子、郎君, 用增上願." 莫高窟 제61굴 題記: "故母北方大迴鶻國聖天的子勅授秦國天公主隴西李[氏一心供養]." 여기서 '國母'와 '故母'는 조의금의 아들이 자신의 모친을 가리키는 말이다.

48 【原校】 乙卷에서는 '宅'이 '院'으로 되어 있다. 【校注】 乙卷에서는 이 단락의 원문이 없다. 마땅히 이 교주는 삭제해야 한다.

49 '小娘子'과 '郎君'은 각각 '딸'과 '아들'을 가리킨다.

50 '筐'은 原錄에서는 '竹' 대신에 '초두(艹)'로 되어 있다. 돈황사본에서 竹頭는 흔히 草頭로 표기된다. 따라서 이 글자는 '筐'이다.

51 '於'는 원교에서는 '與'로 되어 있다. 【校注】 '惟'로 보아야 한다.

52 【原校】 乙卷에서는 이 뒤에 "又將稱讚功德, 奉用莊嚴我都僧統和尙: 伏願長承帝澤, 爲灌頂之國師; 永鎭臺堦, 讚明王於理化"라는 문구가 더 있다. 【潘重規】 甲卷에서는 이 변문 말미에 두 줄의 題字가 있는데, 이는 乙卷도 마찬가지다. 아마 누락된 문장을 편말에 적어 놓은 것일 터인데, 여기서는 乙卷 및 누락된 문장에 의거하여 보충한다. 【校注】 乙卷에는 사실 이 여섯 문구가 없다. 다만 甲卷 말미에 (누락된 문장을) 보충하고자 적혀 있을 뿐이다. 여기서는 甲卷에 의거하여 이곳으로 옮겨 적는다.

53 봉읍(鳳邑)은 봉성(鳳城), 즉 경성(京城)을 가리킨다. 여기서는 정권(政權)을 비유함.

54 중국 복희씨(伏羲氏) 때에, 황허(黃河) 강에서 용마(龍馬)가 지고 나왔다는 쉰다섯 점으로 된 그림. 천명(天命)을 상징함.

라를 교화하는 청규(淸規)를 총괄하시고 대지(大地)의 중위(重位)를 고르게 하시옵기를. 스스로 마을에 임하시면 백성들이 봄을 만난 듯 모여들고, 모두 선정(善政)의 노래를 전하고, 함께 태평한 세월을 경축하게 되옵기를. 해마다 풍년이 들고 관내(管內)는 영일(寧日)을 누리게 되기를. 물가에 산처럼 양식이 쌓여 이를 팔려는 장사꾼 소리가 마을에 울려 퍼지기를. 삼가 이 개찬의 공덕으로 우리 부주 사도(司徒)를 장엄하옵니다. 엎드려 바라옵건대 황하를 다시 회복시켜 그 유수(流水)가 영원히 이 천지를 휘감아 흐르게 되기를. 자수(紫綬)를 천 년 동안 패용하고 그 공훈은 장구히 사직(社稷)을 떠받치기를. 다음으로 이 개찬의 공덕으로 국모(國母)이신 성천공주(聖天公主)를 장엄하옵니다. 비옵건대 산 남쪽의 주계(朱桂)[55]는 사시사철 변하지 않고, 산봉우리 북쪽의 매화는 그 가지 홀로 뛰어나기를. 또 이 개찬의 공덕으로 전가(全家)의 영애와 영식을 장엄하옵니다. 영식은 주영(朱纓)[56]으로 나라를 받들고 성조(聖朝)를 보좌하시옵기를. 영애는 눈썹을 용루(龍樓)[57]와 나란히 하여 궁궐에 나아가시게 되기를. 문(門)에는 미옥(美玉)[58]이 많고 댁(宅)에는 길상함이 깃들어, 온갖 재앙 집안에 내리지 않고 온갖 선(善)이 모두 댁내에 이르게 되기를. 다음으로 아전대장(衙前大將)은 효를 다하고 충을 다하며 청렴 정직하기를. 성황신의 사묘(社廟)와 토지신의 영단(靈壇)과 높은 봉우리는 항상 오랜 세월 보우하시고, 해내(海內)는 모두 무사(無事)함을 칭송하게 되기를. 또 이 개찬의 공덕으로 우리 도승통화상(都僧統和尙)[59]을 장엄하옵니다. 엎드려 바라옵건대 오랫동안 황제의 은택을 입어 관정(灌頂)의 국사(國師) 되시고, 언제까지나 석계(石階)를 지키시며 영명하신 군주의 다스림을 보좌하시옵기를.

---

55 계피나무의 일종.

56 붉은 갓끈으로, 당대(唐代)에는 황제의 아들이나 형제들이 사용하였다.

57 태자를 말함. '눈썹을 용루와 나란히 한다'는 것은 태자비로 간택됨을 의미함.

58 우수한 자녀를 비유함.

59 '도승통(都僧統)'은 불교내의 모든 일을 총관하는 승직이다. 여기서의 '도승통화상'은 당시 돈황 일대의 최고위 승려직을 가리킨다.

金仙誕質, 本在周朝; 像法流行, 元因漢代. 昭王之世, 挾(協)[60]祥夢於千秋; 壬午之年, 棄皇宮於雪嶺. 六載苦行, 四智周圓. 破九百萬之魔軍, 成八十莊嚴之好相. 遂得天上天下, 惟佛獨尊; 三界之中, 竟無有比. 時當靑陽令節, 仲景方(芳)春, 是佛厭王宮之晨(辰), 合宅集休祥之日. 睹佛玉毫之相, 何福不臻; 現金人最勝之形, 何灾不殄!

三代(大)僧祇願力堅, 六波羅蜜行周圓.

百千功德身將滿, 八十隨形意欲全.

以(未)向此間來救度, 且於何處待幾(機)緣?

當時不在諸餘國, 示現獲居兜率天.[61]

我佛[62]當日爲度衆生, 棄捨王宮, 雪山修道. 今經六載苦[63]行, 四至(智)[64]周圓. 當臘月八日之晨下山於熙蓮[65]河沐浴. 洗多年之膩體, 證

60 【蔣禮鴻】(挾祥夢)은 '協祥夢'이다. '協'과 '挾'은 통한다. 【校注】 P.2794 「伍子胥變文」 말미에 "某乙聞 : 昭王應瑞, 釋風從此流輝; 漢主通祥, 大敎方爲廣口"라는 문구가 있는데, 여기서 昭王은 周昭王을 가리키고, 漢主는 漢明帝를 가리킨다. 여기서 '挾(協)祥夢'은 곧 P.2794의 '通祥'과 같다.

61 "金仙誕質"부터 이 문구까지는 乙卷에는 없다. 위의 여덟 구는 「太子成道經」, 「八相變」에서도 보인다. '代'와 '以'는 이에 의거하여 '大'와 '未'로 교정한다. "八十隨形意欲全"구는 앞서의 두 작품에서는 "八十隨形相欲全"으로 되어 있는데, '意'와 '相'은 형태도 뜻도 모두 다른 까닭에 오류로 볼 수 없다. 더군다나 「八相變」에는 또 이와 유사한 "八十隨形皆願備"라는 문구가 있는 까닭에 '意'자는 수정하지 않는다.

62 【原校】 "我佛"부터 "捉將來, 暢我身"까지는 乙卷에 의거한다. 甲卷은 이 대목이 극히 간략한데 다음과 같다. "이때 우리 불께서는 6년간의 고행을 마치고 설산을 내려오셨다. 희련하에서 몸을 씻고 보리의 과위를 증득하시었다. 비로소 물가로 나오시고는 吉祥의 長者를 만나 향기로운 草座를 펴시고 자리에 오르시니 魔宮이 진동하였다. 마왕이 이때 무슨 말을 하는가. 마왕은 이때 갑자기 깜짝 놀라는데 천궁이 뒤흔들리는 것이 마치 방울을 달아놓은 듯했다. 세존이 지금 출세간하려는 것을 보고는 여래를 붙잡아 마음을 후련하게 하려 하였다(於是我佛六年苦行, 却下雪山, 於熙蓮河沐浴身軀, 以證菩提之果. 纔出河岸, 便逢吉祥長者, 鋪香地草, 纔登坐上, 震動魔宮. 魔王當汝之時, 道何言語 : 魔王當時忽然驚, 震動天宮似建鈴. 睹見世尊今出世, 擬捉如來暢努情)." 【校注】 '汝'는 '爾'와 통하고, '努'는 '奴'와 통한다.

63 原錄에는 '苦' 뒤에 '修'자가 더 있다. 【校注】 이는 衍字인 까닭에 삭제한다.

64 【徐震堮】 '至'는 '智'가 되어야 한다. 뒤 문장은 그 증거가 된다.

65 '連'은 原錄에서는 '蓮'으로 되어 있다. 【校注】 乙卷에서는 '連'으로 되어 있다. 뒤의 또 다른 예도 마찬가지다.

紫磨之金身; 出淸淨之愛河, 逢[66]吉祥之長者. 廣舖草座,[67] 供養慇勤; 牧女獻乳於此時, 四王捧鉢於是日. 纔登座上, 震動魔宮. 當爾[68]之時, 道何言語:

苦行山中經六年, 四知周圓道果堅.
下山欲久(救)[69]衆生苦, 洗濁(濯)垢膩在熙蓮.
纔出河來逢長者, 廣舖草座結良緣.
牧女獻乳親供養, 四王捧鉢到河邊.
纔座(坐)定, 震天宮, 故知聖力遍無窮.
魔王登時觀下界, 方見[70]如來出世中.

금선(金仙)[71]의 탄생은 본래 주대(周代)였고, 상법(像法)[72]의 유행은 한대(漢代)에서 비롯되었다. 소왕(昭王)의 시대에 상서로운 꿈을 천추(千秋)에 꾸었고,[73] 임오년에 황궁을 버리고 설산으로 들어가셨다.[74] 여섯 해의

---

66 '逢'은 原錄에서는 '遇'로 되어 있다. 【校注】 원문에서는 '遇逢'으로 되어 있다. 이는 '遇'자를 '逢'자로 고친 것으로 보인다. 이에 수정한다.

67 '坐'는 原錄에서는 '座'로 되어 있다. 【校注】 원문에서는 '坐'로 되어 있는데 이는 '座'의 古字이다.

68 原錄에서는 '當' 앞에 '魔王' 두 자가 있다. 【校注】 원문에 없기에 삭제한다.

69 '久'는 原錄에서는 '救'로 되어 있다. 【校注】 원문에서는 '久'로 되어 있는데 이는 '救'와 통한다.

70 '見'은 原錄에서는 '知'로 되어 있다. 【校注】 원문에서는 '見'으로 되어 있다. 이에 의거하여 바로잡는다.

71 금빛이 나는 신선이라는 뜻으로, '부처'를 이르는 말.

72 삼시법(三時法)의 하나. 정법시(正法時) 다음의 천 년 동안. 이 동안에는 교법이 있기는 하지만 믿음이 형식으로만 흘러 사찰과 탑을 세우는 데에만 힘쓰고 진실한 수행은 이루어지지 않으며, 증과를 얻는 사람도 없다.

73 육조(六朝) 말에 쓰여진 『주서이기(周書異記)』에 의하면 석존의 탄생은 소왕(昭王)(周의 제5대 천자) 즉위 24년 갑인년 4월 8일이다. 그날은 강물이 갑자기 불어나고 땅이 크게 흔들렸으며 오색의 광휘가 나타났다고 한다.(『조당집(祖堂集)』 권1 참조 바람) 그런데 이 일을 본문에서는 소왕이 길몽을 꾸었다고 잘못 말하고 있다. 이는 한(漢)의 명제(明帝)가 꿈에 금빛의 신인(神人)(부처를 말함)을 보았다는 전설과 혼동한 탓이다.

74 『주서이기(周書異記)』에 의하면, 석존이 왕궁을 떠난 것은 소왕(昭王) 즉위 42년 임신(壬申)년 2월 8일 한밤중이다.(『보림전(寶林傳)』 권1과 『조당집(祖堂集)』 권1에서

고행으로 사지(四智)가 두루 원만해졌고, 구백 만의 마군(魔軍)을 물리치고 팔십 종의 훌륭한 상호(相好)를 갖추시었다. 그리하여 마침내 천상천하에서 오직 부처만이 존귀한 자가 되었고, 삼계(三界)에서 그와 견줄 자 없었다. 때는 바야흐로 청양(靑陽)의 아름다운 계절, 봄이 한창일 무렵, 부처가 왕궁의 생활에 싫증을 내던 때는 온 집안에 길상함이 가득하던 날이었다. 부처의 백호(白毫)의 상을 바라보면 어떤 복인들 이르지 않을 것이며, 금인(金人)[75]이 가장 뛰어난 자태를 드러내시니 어떤 재앙인들 소멸되지 않으리!

삼아승지겁[76] 동안의 원력(願力)은 견고하고
육바라밀의 수행을 원만히 성취하도다.
백천의 공덕이 몸 안에 가득차고
팔십 종의 상호(相好)가 갖추어지도다.
아직 이 세상에서 제도(濟度)를 펼치지 않으셨을 때
어느 곳에서 그 인연이 있기를 기다리실까.
그때는 다른 나라에 머물지 않으시고
시현(示現)하시어 잠시 도솔천에 거하신다네.

우리 부처께서는 당시에 중생을 제도하기 위하여 왕궁을 버리고 설산으로 들어가 수행을 하시었다. 여섯 해 동안의 고된 수행 끝에 사지(四智)가 두루 원만해지셨다. 섣달 초여드레 새벽에 하산하여 희련하(熙連河)에서 목욕하여 여러 해 동안의 때를 씻고 자마(紫磨)의 금신(金身)[77]을 증득하셨다. 그리고 청정(淸淨)의 애하(愛河)에서 나와 길상의 장자(長者)를 만나니 [그 장자는] 풀로 넓게 자리를 만들어 정성스레 공양을 했고, 소

도 보임)

75 부처의 별칭. 전신(全身)이 황금빛이라서 붙은 명칭.

76 '아승지겁'은 무수한 세월을 의미하는데, 세 번의 아승지겁 동안 보살은 수행을 계속하여 불위(佛位)를 이룬다.

77 불경에 따르면 부처의 온몸은 자마금의 빛깔이라고 한다. 자마금은 자색(紫色)을 띤 순수한 황금으로, 품질이 가장 좋은 황금을 이른다.

치는 여인이 이때 우유를 바쳤으며, 사천왕이 바리때를 받쳐 들었다. 그리고 자리에 오르니 마왕의 궁전이 진동하였다. 그때 어떤 말을 하는가?

산속에서 6년 동안 고행을 하더니
사지(四智)는 원만해지고 도과(道果)는 견고해졌다.
중생의 고통을 제도하고자 하산하여
희련하에서 묵은 때를 씻는다.
물에서 나와 장자를 만났는데
넓게 초좌(草座)를 펼치어 좋은 인연을 맺는구나.
소치는 여인은 우유를 바치며 손수 공양하고
사천왕은 바리때를 받들며 강가에 이르렀다.
좌정(坐定)하니 천궁(天宮)이 뒤흔들리는데
이제 알겠도다, 성력(聖力)의 보편과 그 무궁함을.
마왕은 이때 하계(下界)를 내려다보는데
그제서야 깨달았다, 여래가 세상에 출현하고 있음을.

於是魔王旣觀下界, 又不見五逆[78]之男, 又不見孝順之子, 爲(唯)見我南閻浮提淨飯大王悉達太子成登正覺之時. 魔王口中思惟[79]道:「若是交(教)他化度衆生, 我等門徒, 投於[80]佛裏; 不如先集[81]徒衆, 點檢魔宮, 惱亂瞿曇, 不交(教)出世.」魔王當時道何言語:

78 '五逆'은 '忤逆'과 같다.

79 '惟'는 原錄에서는 '維'로 되어 있다. 【校注】 원문에서는 '惟'로 되어 있다. 이에 의거하여 바로잡는다. '口中思惟'는 '중얼거리다', '마음속으로 생각하다'는 뜻이다.

80 '投於'는 原錄에서는 '於投'로 되어 있다. 【校注】 乙卷에서는 앞의 '徒'자가 덧칠해진 글자(무슨 글자인지 알 수 없음) 뒤에 적혀 있다. 그리고 '於投'는 다음 행에 적혀 있는데, 아마 필사자가 '徒'(원래 형태가 '投'와 비슷함)자와 '投'자의 형태가 유사한 까닭에 실수로 '於'자를 '徒'자 뒤에 붙여 적은 것 같다. 이에 여기서는 도치시켜 기록한다. 項楚는 '於'를 '盡' 혹은 '皆'로 보았는데 정확하지 않다.

81 原錄에서는 '先集' 앞에 '見集(機)' 세 자가 더 있다. 【校注】 원문에는 '見集'이란 글자가 없다. 이에 삭제한다.

魔王忿怒在逡巡,[82] 廣點妖邪之(諸)[83]鬼神.

睹見如來今出世, 雄心[84]叵耐便生嗔.

不了自家邪神呂(類),[85] 擎山覆海滅今(金)人.[86]

處分鬼神齊用命, 捉將[□](如)來[87]暢我身.

於是魔王擊一口[88]金鐘, 集百萬之徒黨.[89] [當時][90]差馬頭羅刹哲(折)[91]爲遊弈將軍, 捷[92]疾夜叉補[93]作先鋒大將; 鳩槃吒[94]鬼排戈戟以前行, 毗舍奢[95]神領甲兵而後擁. 召阿脩羅軍衆爲突將, 則怒[96]目揚精;[97] 乾達婆衆[98]後隨, 而乃乍瞋乍喜. 更有夜叉虞候, 羅刹都巡, 並劍[□](齒)戟

82 '逡巡'은 '卽刻'이다.

83 '之'는 '諸'로 보아야 한다. '여러', '많은'이란 뜻이다.

84 '雄心'은 '격분하는 마음'이다. 「伍子胥變文」: "雄心結怨苦蒼蒼." 이들은 같은 뜻이다.

85 '呂'는 原錄에서는 '侶'로 교정되어 있다. [項楚] 뒤에는 "不念自是邪神類"라는 구문이 있다. '呂'와 '類'는 각각 遇攝과 止攝으로서, 통용하거나 가차할 수 있다. 따라서 '類'로 교정한다.

86 '今'은 原錄에서는 '金'으로 교정되어 있는데 이는 옳다. 앞의 문장에서는 또 '金仙'이라 되어 있는데 이는 모두 '佛'을 가리킨다.

87 '如'자를 뒤의 "擬捉如來暢奴情"이라는 구문에 의거하여 보충한다. '捉'자는 乙卷에서는 '提'로 되어 있는데 이는 응당 形誤字이다.

88 [原校] 乙卷에서는 '一口'가 '二口'로 되어 있다.

89 이 문구는 乙卷에서는 '百萬徒衆' 네 자로 되어 있다.

90 [原校] '當時' 두 자는 乙卷에 의거하여 덧붙인 것이다.

91 '差'는 乙卷에서는 '着'으로 되어 있다. '羅刹'은 夜叉를 말한다. '哲'자를 項楚는 '暫'이라 교정하였다. [校注] 乙卷에는 '哲'자가 없다. '哲'은 '折'로 보아야 하며 '바꾸다(改變)', '전환하다(轉變)'는 뜻이다. 뒤의 '補'자와 호환된다.

92 '捷'자는 原錄에서는 오른쪽 부분이 '庭'자로 되어 있고, '捷'으로 교정하였다. [校注] 갑·乙卷에서는 '捷'의 속자로 되어 있다. 이에 따라 바로잡는다.

93 '補'는 原錄에서는 '保'로 되어 있다. [校注] 乙卷에서는 '補'로 되어 있다. 이에 수정한다. '補'는 '배치하다, 분배하다(配備)', '맡다, 담당하다(充任)'는 뜻이다.

94 '吒'는 甲卷에서는 '茶'를 수정하여 그 옆에 적고 있다. 乙卷에서는 '荼'로 되어 있다. [校注] '吒'의 음은 '荼(茶와 동음)'이며, 음역한 어휘라서 사용되는 글자가 정해져 있지 못하다. '鳩槃吒'는 意譯하면 '冬瓜鬼', '甕形鬼'이다.

95 '奢'는 乙卷에서는 '闍'로 되어 있는데, 이들은 同音字이다.

96 原錄에서는 '怒'자의 하반부가 '目'으로 되어 있다. [校注] 이는 '怒'의 類化字(뒤의 '目'자와 관련하여 비슷하게 변화됨)이다. 乙卷에서는 '怒'로 되어 있다.

97 '精'은 原錄에서는 '睛'으로 교정되어 있다. [校注] 이 글자는 굳이 수정할 필요 없다.

牙,[99] 利毛銅爪;[100] 手持鐵棒, 腰帶赤蛇. 驅精魅以[101]前行, 魍魎鬼[102]神在後. 閻羅王爲都統, 總管諸軍; 五道大神兼押衙大將,[103] 又知[104]斬斫. 喚風伯、雨師作一營, 呼行病鬼王別作一隊. 妖婆萬衆(種),[105] 有耳不聞; 器械[106]千般, 何曾眼見! 然後辟[107]兩陣, 分四廂, 左[108]繞右遮, 前驅後截. 用霱雷[109]爲戰鼓, 籡閃電[110]作朱旗, 縱猛風以前蕩, 勒毒龍而向後. 蚖蛇盤結, 遍[111]地盈川; 神鬼交橫, 搖精動目. 更有飛天

---

98 '乾達婆衆'은 原錄에서는 '舍毗脅多神'으로 되어 있다. [校注] '舍毗脅多'는 착오로 보인다. 項楚는 '舍'를 '令'으로, '毗脅多'를 '薜荔多'(餓鬼 이름)로 교정하였는데, 온당치 않는 것 같다. 여기서는 乙卷에 의거하여 수정한다. '乾達婆'는 '健達婆', '犍達縛', '乾沓和', '彥達縛' 등으로도 번역되는데, 八部衆의 하나이며, 樂神 이름이다.

99 '並劍戟牙'는 甲卷에서는 '點蹔牙'라는 세 글자를 수정하여 그 다음에 적고 있다. [項楚] 응당 '劍' 다음에 한 글자가 빠져 있는데 '齒'자가 그것으로 보인다. [校注] 項씨의 견해에는 일리가 있다. 이에 의거하여 보충한다.

100 '銅'은 原錄에서는 '同'으로 되어 있다. [原校] 乙卷에서는 '同爪'가 '銅抓'로 되어 있다. [校注] '銅'자가 맞다. 이에 수정한다. '抓'는 '爪'의 增旁字이다.

101 原錄에는 '以' 다음에 '於'자가 있다. [校注] 乙卷에는 없다. 이에 따라 삭제한다.

102 乙卷에는 '鬼'자가 없다.

103 乙卷에는 '兼'이 '知'로 되어 있고, '大將'이란 두 글자는 없다. '知'는 '주관하다'는 뜻이다. 다음의 '知' 역시 똑같다.

104 '知'는 乙卷에서는 '弁'으로 되어 있다.

105 '邪'는 原錄에서는 '婆'로 되어 있다. [校注] 乙卷에서는 이 네 구가 다음에 나오는 "傳波吒號" 뒤에 있으며, "妖邪萬衆, 有耳不聞; 器械千般, 何曾眼見"으로 되어 있다. 이에 의거하여 '婆'로 고친다. 또 '衆'은 '種'과 통하며 뒤의 '般'과 대응된다.

106 '械'는 原錄에서는 '檞'로 되어 있고 '械'로 교정하였다. [校注] 이는 '械'의 속자이다. 乙卷에서는 '械'로 되어 있다.

107 '辟'은 乙卷에서는 '劈'으로 되어 있다.

108 '左'는 原錄에서는 '右'로 되어 있다. [校注] 甲卷은 '右'로 되어 있는데 덧칠해져 있다. 乙卷에서는 뚜렷하게 '左'로 적혀 있다. 이에 바로잡는다.

109 '霱雷'는 乙卷에서는 '雷雲'으로 되어 있다. [項楚] 『玉篇』: "霱, 呼骨切, 音忽, 雨下也." 우레와 아무런 관련이 없다. 『康熙字典』 인용 「篇海」: "雺, 音忽, 雷也." 즉 '霱雷'는 '雺雷'라 적기도 한다. [校注] 『龍龕手鏡』: "雺, 音忽, 雷也." '霱'와 '雺'는 같은 글자이며 '忽'로 적기도 한다. 아마 音을 표기한 것으로 보인다.

110 '籡閃電'은 原錄에서는 '披閃電'으로 되어 있다. [校注] 甲卷에서는 '雷'가 사실 '電'으로 되어 있다. 乙卷에서는 '跛覢電'으로 되어 있다. '跛'와 '籡'은 동음이다. 따라서 '披'는 곧 '籡'의 속자인 '掀'의 간략형이다. '覢'과 '閃'은 같다. S.5514 殘音義: "覢電(堂見)." '烻'이라 적기도 한다.

之鬼, 未貌其形.[112] 或五眼六牙, 三身八臂; 四眉[113]七耳, 九口十頭; 黃髮赤髭, 頭尖額闊. 或腕纛臂細, 頭小[114]脚長; 籔旗[115]弄於山川, 呼吸吐其雲霧. 搖動日月, 震撼乾坤; 作啾喞聲, 傳叱吒[116]號. 魔王[117]自領軍衆, 來至林中. 先舖靉靆[118]之雲, 後降潑墨[119]之雨. 方梁櫑木,[120] 楅塞[121]虛空; 捧石擎山, 昏蔽[122]日月. 强風忽起, 拔樹吹沙; 天地旣不辯(辨)東西, 昏闇豈知[123]南北. 一時號令, 便下天來. 逡速[124]之間, 直

111 [原校] '遍'은 甲卷에서는 '邊'으로 되어 있다. 乙卷에 의거하여 수정한다.

112 '貌'는 原錄에서는 '貇'로 되어 있다. [原校] 乙卷에서는 '未貇其形'이 '異貌奇形'으로 되어 있는데, 문자의 뜻이나 용법이 모두 다르다. 이곳의 '貇'은 동사이며 '邈眞'의 '邈'과 같다. '그의 형상을 그려낼 수 없다'는 뜻이다. [校注] '未'와 '異'는 음이 비슷하며, 다음 자가 甲卷에서는 사실 '㹸'로 되어 있는데 이는 '貌'의 속자이다. '貌'는 '描'의 古字이다. 따라서 '未貌其形'은 '그의 형상을 그려낼 수 없다'는 뜻이다. 이는 앞의 '有耳不聞'이나 '何曾眼見'과 동일한 수사법이다.

113 '眉'는 原錄에서는 '肩'으로 되어 있다. [校注] 乙卷에서는 '眉'로 되어 있다. '眉'와 '耳'는 같이 사용할 수 있다. 따라서 수정한다.

114 [原校] '小'는 甲卷에서는 '少'로 되어 있는데, 乙卷에 의거하여 수정한다.

115 '籔旗'는 原錄에서는 '披其'로 되어 있다. [校注] 乙卷에서는 '跛旗'로 되어 있다. 이는 '披'가 '籔'의 속자인 '擻'의 생략 형태임을 말해 준다. 이에 의거하여 수정한다.

116 '叱吒'는 原錄에서는 '波吒'로 되어 있다. [校注] 甲卷의 '波'자는 '叱'를 수정하여 그 오른쪽에 적고 있다. 乙卷에서는 수정 없이 '叱吒'로 적고 있다. 『佛學大辭典』 '波波劫劫' 항목에서는 『類書纂要』 제9를 인용하여 "波吒, 勞苦也, 勞碌奔波也"라고 하였다. '波吒'는 지옥에서의 고통스런 울음소리를 형용하고 있는데, 그 뜻이 본문과는 어울리지 않는다. 따라서 乙卷에 의거하여 '叱吒'로 수정한다. '吒'는 '咤'와 같다. '啾喞'과 '叱吒'는 모두 커다란 소리 나타낸다.

117 '魔王'은 乙卷에서는 '波旬'으로 되어 있다. [校注] 波旬은 魔王의 이름이다.

118 '靉靆'는 原錄에서는 도치되어 있다. [校注] 甲・乙卷 모두 '靉靆'로 되어 있다. 이에 의거하여 바로잡는다.

119 '潑墨'은 乙卷에서는 '撥霂'으로 되어 있다.

120 '梁'은 原錄에서는 '樑'로 되어 있는데 이는 그 속자이다. 乙卷에서는 '梁'으로 되어 있다. '櫑'는 '擂'와 같다. '方梁櫑木'은 위에서 아래를 내려칠 때 쓰이는 나무 몽둥이로서, 고대에 城을 방어할 때 쓰이던 무기이다.

121 '楅塞'은 乙卷에서는 '復塞'으로 되어 있다. [校注] '復'의 음은 '楅'과 비슷하며, '楅塞'은 '偪塞', '逼塞' 등으로 적기도 한다. 蔣禮鴻은 '가득 채우다(塞滿)', '충만하다(充滿)', '붐비다(擁擠)'로 풀이하였다.

122 [原校] '蔽'는 甲卷에서는 '弊'로 되어 있는데, 乙卷에 의거하여 수정한다.

123 [原校] '知'는 甲卷에서는 '之'로 되어 있는데, 乙卷에 의거하여 수정한다.

至菩提樹下.

點檢邪魔百萬般,[125] 擬捉如來似等閑.
軍前號令諸神鬼, 瞿曇未死不歸還.
魔王自爲都元帥, 總管諸軍依指撝.[126]
靉靆之雲空裏布,[127] 潑下黑霧似墨池.
雨點若着如中箭, 電子逢人似連鎚.
山岳擎[128]來安掌裏, 江河捻來[129]直下傾.
空裏鬧, 世間驚, 號令唯聞唱煞聲.
紅旗卷處殘霞起, 皀纛[130]懸處碧雲飛.
鬼神雲裏皆勇猛, 魔王時時又震威.[131]

---

124 '逡速'은 乙卷에서는 '迅速'으로 되어 있다. [劉堅] 「難陀出家緣起」: "逡速已到青雲裏" '逡速'은 '逡巡'이어야 한다. [項楚] 변문에서 '逡速'의 쓰임은 앞서의 두 예에 한정되지만은 않는다. …… 이는 당인의 구어에서 '逡速'이란 어휘가 분명히 존재하였음을 증명한다. '逡速'을 '逡巡'의 잘못이라 풀이하는 것은 주관적인 판단이다. [校注] 項씨의 견해는 옳다. '逡速', '迅速', '逡巡'은 모두 같은 뜻이다.

125 [原校] 이하의 운문이 甲卷에서는 처음 4구만 있고, 乙卷에서는 10구가 있는데 이는 다음과 같다. "魔王搥鍾擊鼓聲, 點檢邪魔也大奇. 處分各須排甲杖, 槍刀臨陣不須虧. 先鋒踏自須遠探, 收後都巡看便宜. 風伯雨師如前引, 夜叉羅刹後相隨. 右迴左轉如山動, 前遮後截豈乖違." [校注] '踏自'는 '踏道'가 되어야 한다. '如前引'의 '如'는 '而'와 통한다. '右迴左轉'은 원문에서는 '左迴左轉'으로 되어 있는데 이는 응당 '左迴右轉'이 되어야 한다.

126 '依指撝'(原錄에서는 '撝'가 '揮'로 되어 있음)는 乙卷에서는 '都伯僞(撝를 말함)'로 되어 있다.

127 '布'는 原錄에서는 '報'로 되어 있다. [原校] 乙卷에서는 '報'가 '布'로 되어 있다. 둘은 同音으로 통용된다. [校注] '布'가 옳다. '널려 있다(分布)'는 뜻이다. 이에 수정한다.

128 '擎'은 乙卷에서는 '念'으로 되어 있는데, 이는 '捻'과 통한다.

129 '捻'은 原錄에서는 '檢'으로 되어 있다. [校注] 甲卷에서는 '捻'으로 되어 있고, 乙卷에서는 '擎'으로 되어 있다. 이에 의거하여 바로잡는다. 또 '江海'는 甲卷에서는 본래 '河江'으로 되어 있는데 原錄에서 '江河'로 고쳤다. 乙卷에서는 '江海'로 되어 있다. 여기서는 乙卷에 의거하여 수정한다.

130 [原校] '纛'은 甲卷에서는 '毒'으로 되어 있다. 乙卷에 의거하여 수정한다. [校注] 乙卷에서도 '毒'으로 되어 있고, '毒' 다음이 '懸長吹碧云飛'로 되어 있다. '纛'을 '毒縣' 두 자로 나누어 본 것이다.

131 '又震威'는 乙卷에서는 '振英雄'으로 되어 있다.

圍繞佛身千萬匝, 擬捉如來暢奴[132]情.

이때 마왕은 하계(下界)를 바라보는데, 오역(五逆)의 남자도 보이지 않고 효순(孝順)의 자식도 보이지 않으며, 오직 남염부제 정반대왕의 실달태자가 정각(正覺)을 이루는 것만이 보일 뿐이었다. 마왕은 마음속으로 생각하였다. '만일 그가 중생을 교화하게 내버려둔다면 우리 무리는 부처에게 항복당하고 말 것이니, 앞서서 무리를 소집하고 마궁(魔宮)을 총동원하여 구담(瞿曇)[133]을 방해하여 출세(出世)[134]하지 못하도록 하느니만 못하다.' 마왕이 이때 어떤 말을 하는가?

금세 마왕은 분노하여
수많은 요사한 귀신을 불러들였다.
여래가 지금 출세하려는 것을 보니
격분한 마음에 참을 수 없는 분노가 치솟는다.
스스로가 사신(邪神)의 무리임을 알지 못하고
산을 들어 올리고 바다를 뒤엎어 금인(金人)을 없애려 한다.
귀신을 일제히 통솔하여 명령을 내리는데
여래를 붙잡아 이 몸을 즐겁게 하라.

이때 마왕은 금종(金鐘)을 울려 백만의 무리를 불러 모았다. 이때 마두나찰(馬頭羅刹)을 유혁장군으로 삼고, 첩질야차(捷疾夜叉)를 선봉대장으로 삼고, 구반타(鳩槃吒)에 창(槍)과 극(戟)을 들려 선두에 세웠으며, 비사사(毗舍奢)에게 갑병(甲兵)을 이끌고서 뒤를 옹호하게 하였다. 아수라(阿修羅)의 무리를 불러 돌격대원으로 삼으니 [그들은] 분노의 눈알을 희번덕거리고, 건달파(乾闥婆) 무리를 뒤에 따르게 하니 [그들은] 분노했다 기뻐했다 한다. 게다가 야차(夜叉) 우후(虞候)와 나찰(羅刹) 도순(都巡)은 창칼 같은 이

132 '奴'는 原錄에서는 '絮'로 되어 있다. [原校] '絮'자의 윗부분이 '努'로 되어 있고, 乙卷에서는 '怒'로 되어 있는데, 이는 '奴'가 되어야 할 듯하다. 이는 '나(我)'란 뜻이다. [校注] 原校는 옳다. 이에 직접 수정한다.

133 석가모니의 속성(俗姓) '고타마'를 말함.

134 불보살이 중생을 제도하려고 중생의 세계에 나타남.

빨에다 날카로운 터럭과 구리 같은 발톱을 지녔는데, 손에는 쇠몽둥이를 들고 허리에는 붉은 뱀을 차고 있었다. 정매(精魅)를 선두에 세우고 망량(魍魎) 귀신을 그 뒤에 따르게 하였다. 염라왕은 도통(都統)이 되어 전군(全軍)을 총괄하고, 오도대신(五道大神)과 압아대장(押衙大將)은 살육을 도맡았다. 풍백(風伯)과 우사(雨師)를 불러들여 한 부대를 만들게 하고, 행병귀왕(行病鬼王)에게 명하여 또 별도의 한 부대를 편성하게 하였다. 요사한 이들이 수없이 많으나 귀에 들리지 않고, 병기가 무수하나 눈에 보이지 않는다. 그런 다음 두 진영, 네 부대로 나누어지더니 왼쪽 [부대]는 에워싸고, 오른쪽 [부대]는 [길을] 차단하였으며, 선두 [부대]는 치닫고, 후미 [부대]는 가로막았다. 우레를 전고(戰鼓)로 삼고 번개를 주기(朱旗)로 삼으며, 광풍(狂風)을 이끌어 앞에서 돌진하게 하고 독룡(毒龍)을 통솔하여 뒤에서 호위하게 하였다. 뱀은 뒤얽혀서 땅과 하천을 가득 메우고, 신귀(神鬼)는 종횡으로 뒤섞여 이리저리 눈알을 부라렸다. 또 하늘을 나는 귀신이 있는데 그 모습을 제대로 형용할 수 없다. 다섯 개의 눈알에다 여섯 개의 이빨, 세 개의 몸뚱이에 여덟 개의 팔뚝, 네 개의 어깨에 일곱 개의 귀, 아홉 개의 주둥이에 열 개의 머리, 노란 머리털에 붉은 콧수염, 뾰족한 머리통에 넓은 이마를 하고 있었다. 아래팔은 굵고 위팔은 가늘며, 머리통은 작고 다리는 길었다. 산천을 아래위로 흔들며 노닐고, 숨을 쉴 때면 운무를 토해내었다. 일월을 뒤흔들고 천지를 진동시켰으며, 와글와글 떠들고 욕하며 무어라 고함을 내질렀다. 마왕은 직접 군대를 이끌고 숲속으로 내려오는데, 앞에는 뭉게뭉게 구름이 피어오르고 뒤에는 먹물과 같은 비가 날려 떨어졌다. 방형(方形)과 원형(圓形)의 거목이 허공에 가득차고, 바위가 들리고 산이 뽑혔으며, 해와 달이 가려졌다. 또 강풍이 갑자기 불어와 나무가 뽑히고 모래가 날리니, 천지는 어두컴컴해져 동과 서를 분별할 수 없고 남과 북을 구분할 수 없었다. 일시에 호령하여 하늘로부터 내려오더니 순식간에 보리수 아래에 이르렀다.

사마(邪魔) 백만을 소집하여
여래를 붙잡으려는 일은 간단해보였다.
진두(陣頭)에서 모든 신귀(神鬼)에게 호령하니
구담(瞿曇)은 죽기 전에는 돌아갈 수 없으리.
마왕은 스스로 도원수(都元帥)가 되어
모든 군대를 총괄하여 지휘에 따르게 한다.
뭉게뭉게 피어오르는 구름이 허공을 뒤덮고
자욱이 깔리는 검은 안개가 벼루못 같다.
빗방울은 닿으면 화살을 맞는 듯하고
우박은 사람을 때리면 쇠망치에 얻어맞는 듯하다.
산악(山岳)을 들어 손바닥 위에 올려놓고
강하(江河)를 퍼내어 곧장 아래로 쏟아지게 한다.
공중이 시끌벅적하니 세상 사람이 깜짝 놀라는데
단지 들려오는 호령은 "죽여라!"하는 소리 뿐.
붉은 깃발 마는(捲) 곳에 저녁놀이 불타오르고
검은 깃발 내걸린 곳에 푸른 구름이 떠다닌다.
구름 속의 귀신은 모두 용맹하고
마왕은 누차 위엄을 떨치는 소리를 내지른다.
부처를 천만 겹으로 포위하여
여래를 붙잡아 내 마음을 후련하게 하리라.

於是我佛菩提[135]樹下, 正[136]念思惟道:「他外[道]等總到來,[137] 如何準擬?」[138] 遂起慈悲善根力, 方便[139]降伏邪徒, 不假[140]干戈, 寧勞士[141]

135 '菩提'는 乙卷에서는 '端居'로 되어 있다.
136 '正'은 原錄에서는 '整'으로 되어 있다. 【校注】 乙卷에서는 '正'으로 되어 있다. 이에 의거하여 수정한다.
137 이 문구는 乙卷에서는 '他總到來' 네 자로 되어 있다.
138 準擬 : 준비하다, 대비하다. 【通釋】 두 가지 의미가 있다. 하나는 '…… 할 작정이다,

馬. 如來所持器杖, 與彼全殊, 且着忍辱甲, 執智慧刀, 彎禪定弓, 端慈悲箭, 騎十力馬, 下精進鞭. 慚愧刀而未擧, 鬼將驚忙; 智慧劍而未輪,[142] 波旬怯懼. 垂煙吐炎[143]之輩, 反被自燒; 戴[144]石擎山之徒, 自沉自墜. 外[道][145]等弓欲張而弦卽斷, 箭欲發時花自生;槍未盤而自折, 劍未輪而刃[146]落. 霑[147]雷翻爲梵響, 雹[148]子變爲珍珠. 紅旗出沒, 香風自生; 猛火黑煙, 栴檀[149]霧降. 我佛現其定力, 外道波旬無門怯懼, 大者霧中覔走, 小者雲中摵戰.[150] 魔王見此, 且卻迴軍;[151] 羅刹叩頭, 由(猶)稱死罪. 迴戈便發, 卻往魔宮. 毒氣[152]未亡, 上(尙)生忿怒[153]云云.

바라다, 예상하다' 이고, 도 하나는 '준비하다, 처리하다'이다. 이 두 가지 의미 사이에는 어느 정도의 관련이 있다 【校注】 '擬'에는 '備'의 뜻이 있다.

139 '方便'은 乙卷에서는 '劣便'('劣'자는 '力便' 두 자의 우측 중간에 덧붙여 있음)으로 되어 있다. 【校注】 여기서 '方便'은 부사로서, '기회를 찾다(尋機)', '방도를 강구하다(設法)'는 뜻이다.

140 不假 : 쓰지 않다, 사용하지 않다.(不用, 不勞)

141 【原校】 '士'는 甲卷에서는 '事'로 되어 있는데, 乙卷에 의거하여 수정한다. 【校注】 乙卷에서는 '寧勞'가 '寧策'으로 되어 있다.

142 '輪'은 '揮'이다. 오늘날에는 '掄(휘두르다)'을 쓴다.

143 '炎'은 '焰'이다. '垂'는 '唾'가 되어야 하며 '吐'와 대응된다.

144 '戴'는 乙卷에서는 '載'로 되어 있다.

145 乙卷에는 '道'자가 있다. 이에 의거하여 보충한다.

146 '刃'은 原錄에서는 '刄'으로 되어 있다. 【校注】 갑 · 乙卷에서는 모두 '刃'으로 되어 있다.

147 '霑'은 乙卷에서는 '雺'으로 되어 있는데, 이는 응당 '雳'의 와자이다.

148 【原校】 '雹'은 甲卷에서는 '漢'으로 되어 있는데, 乙卷에 의거하여 수정한다. 【校注】 甲卷에서는 사실 '濮'으로 되어 있는데, 이 자는 '雹'와 동음으로 통용하거나 가차할 수 있다.

149 '栴檀'은 乙卷에서는 '旃檀'으로 되어 있다. 이는 음역 어휘이다. 玄應『一切經音義』 23 : "旃彈那, 或作旃檀那, 此外國香木也, 有赤、白、紫等諸種." "猛火黑煙, 栴檀霧降"은 검은 연기가 향기로운 안개로 변화하는 것을 말한다.

150 '小'는 原錄에서는 '少'로 되어 있다. 【校注】 乙卷에서는 '小'로 되어 있다. 이에 의거하여 수정한다. 또 뒤의 '雲中'이 乙卷에서는 '雲裏'로 되어 있다. '摵戰'은 '전율하다, 벌벌 떨다(戰抖)'는 뜻이다.

151 '且卻'은 原錄에서는 '卻且'로 되어 있다. 【校注】 甲 · 乙卷에서는 모두 '且卻'으로 되어 있다. 이에 바로잡는다. 또 '迴軍'은 乙卷에서는 '抽軍'으로 되어 있다. 뒤의 '迴戈'는 乙卷에서는 '抽戈'로 되어 있다.

152 '毒氣'는 乙卷에서는 '毒惡'으로 되어 있다.

魔王神變總騁了,[154] 不能搖動我如來.

寶劍纔揮刃卽亡, 弓欲張而弦卽斷.

擎山撮海騁神通, 方樑檑木遍虛空.

擬害如來三界主, 恰似落葉遇秋風.

魔王自爲都[155]元帥, 怕急潛身無處容.

遂向軍[156]前親號令, 火急抽兵卻歸宮.

不念自是邪神類, 比並天中大世尊.

羅漢雖然是小聖, 力敵天魔萬萬重.

鬼神類, 萬千般, 變化神通[157]氣力灘,[158]

---

153 乙卷에서는 '怒' 뒤에 '云云' 두 자가 없다. '上'은 '尙'과 통한다.

154 [原校] 乙卷의 운문은 이와 상당히 다른데, 다음과 같다. "단정히 나무 아래 앉아 엄숙히 생각에 잠기는데, 마왕은 뛰어남을 과장하며 영웅됨을 내보인다. 보검을 휘두르려하니 칼날이 부서지고, 붉은 깃발 펼치니 한 떨기 꽃으로 변하네. 육균의 활을 당기기도 전에 시위가 끊어지고, 네 가닥 깃털(즉 화살)을 쏘아 보내니 화살은 허공에서 떨어진다. 다시 천둥을 울리고 우박을 내리게 하지만, 우박은 허공에서 저절로 녹아 사라진다. 산을 들어 올리고 바다를 집어 당기며 신통을 부리고, 方形과 圓形의 거목이 수천 겹으로 쌓인다. 삼계의 주인이신 여래를 해치고자 하나, 가을바람을 만난 낙엽 신세 되고 마네. 마왕이 비록 도원수일지라도, 그대가 아무리 담력이 크다 해도 두려워 벌벌 떠네. 마침내 陣頭에서 직접 호령하는데 서둘러 병사를 수습하여 하늘로 돌아가라네. 자신이 邪神의 부류임을 생각지 못하고 하늘의 대세존과 겨루려 하였다네. 귀신의 무리 천만 種이라지만, 그 변화의 신통은 쓰임이 다하였다. 그대가 제아무리 앞에서 변화를 부리더라도 여래는 터럭 하나도 움직이지 않는다(端居樹下相顒顒, 魔王誇俊騁英雄. 寶劍纔揮鋒刃落, 紅旗初展結花叢. 六鈞未挽弓弦斷, 四羽初開箭迸空. 更騁霑雷誇丑雹, 雹子空中自消溶. 擎山撮海騁新通, 方梁檑木數千重. 擬害如來三界主, 恰似落葉遇秋風. 魔王雖是都元帥, 饒君胆大也柾松(怔忪). 遂向軍前親號令, 火急抽兵却歸空. 不念此是邪神頪, 此並天中大聖蹤. 鬼神類, 百千盤, 變化神通氣力難. 任你前頭多變化, 如來不動一毛端)." [校注] '相顒顒'은 '想顒顒'으로 보아야 한다. '誇俊'은 원문에는 '誇佼'로 되어 있고, '霑'은 원문에는 '雳'로 되어 있다. '丑雹'은 '雪雹'이 되어야 한다. '消溶'은 원문에서는 '消容'으로 되어 있고, '撮海'는 원문에서는 '攝海'로 되어 있고, '胆'은 원문에서는 '膽'으로 되어 있고, '頪'는 원문에서는 '類'의 속자(다음의 '鬼神類'의 '類' 역시 이와 같음)로 되어 있다. '盤'은 '般'이 되어야 하고, '難'은 '灘'이 되어야 한다.

155 '都'는 原錄에서는 '督'으로 되어 있다. [徐震堮] '督'은 '都'가 되어야 한다. [校注] 甲卷에서는 사실 '都'로 되어 있고, 乙卷도 마찬가지다. 이에 의거하여 바로잡는다.

156 [原校] '軍'은 甲卷에서는 '君'으로 되어 있다. 乙卷에 의거하여 수정한다.

任你前頭多變化, 如來不動一毛端.

이때 우리 불께서는 보리수 아래서 조용히 생각에 잠겨 있었다. '저 외도(外道)들이 마침내 이곳에 왔는데 어떻게 처리할까?' 그리하여 자비 선근(善根)의 힘으로 방도를 강구하여 사도(邪徒)를 항복시키는 데 방패와 창에 기대지 않고 군사와 말(馬)에도 의지하지 않았다. 여래께서 지닌 무기는 저들과 완전히 달랐다. 인욕의 갑옷을 입고 지혜의 칼을 들었으며, 선정(禪定)의 활을 당기고 자비의 화살을 시위에 메겼다. 또 십력(十力)의 말을 타고서 정진(精進)의 채찍을 들었다. 참괴(慚愧)의 칼을 들기도 전에 귀장(鬼將)은 놀라 당황하고, 지혜의 검을 휘두르기도 전에 파순(波旬)은 겁을 집어먹었다. 연기를 내뿜고 불꽃을 토해내는 무리들은 도리어 스스로를 불태웠고, 바위를 이고 산을 들어 올리는 무리들은 저절로 무너져 내렸다. 외도들이 활을 잡아당기려 하면 시위가 끊어졌고, 화살을 쏘려하면 꽃으로 변하였다. 창은 내두르기도 전에 저절로 부러졌고, 검은 휘두르기도 전에 날이 떨어져나갔다. 우레 소리는 범향(梵響)으로 화하였고, 우박은 진주로 변하였다. 붉은 깃발이 출몰하니 향기로운 바람이 절로 일고, 맹렬한 불꽃과 검은 연기는 전단(栴檀)을 사르는 향연(香煙)으로 변하였다. 우리 불이 선정(禪定)의 위력을 드러내니 외도 파순은 [그에 대한] 방도가 없어 벌벌 떨며 무서워하였다. 몸집이 커다란 놈은 안개 속에서 달아날 궁리를 하고, 작은 놈은 구름 속에서 부들부들 떨었다. 마왕은 이를 보고 회군하였고, 나찰은 머리를 조아리며 죽을죄를 지었

---

157 '神通'은 原錄에서는 '如來'로 되어 있다. [校注] '如來' 두 자는 아마 다음 행의 글자와 관련하여 생긴 오류일 것이다. 여기서는 乙卷에 의거하여 '神通'으로 수정한다.

158 [通釋] '氣力灘'은 '氣力盡'이다. 玄應『一切經音義』권17『俱舍論』제1권「音義」인용『爾雅』「釋天」'涒灘'에 대한 李巡의 주석에서 말하기를, "灘, 單, 盡也"라 하였다. '單'은 '殫'으로 적기도 한다. [徐復] '灘'은 '癉' 혹은 '勯'의 가차자이다.『廣韻』: "癉, 力極, 他干切." '癉'은 '灘'과 동음이다.『呂氏春秋』「重己」: "使烏獲疾引牛尾, 尾絶力勯, 而牛不可行, 逆也." 이에 대한 高誘의 주석은 "勯, 讀曰單, 單, 盡也"라 하였다. 그 뜻과 음이 똑같다. [校注] '灘'은 속어로서 여러 가지 서법이 있다. 따라서 수정하지 않는다.

다며 용서를 빌었다. 창을 거두고 곧 마궁(魔宮)으로 돌아왔으나 그의 독기(毒氣)는 사라지지 않고 더욱더 분노가 치밀었다.

마왕은 신통력을 모두 드러내보였지만
우리 여래를 요동시킬 수 없었네.
보검을 휘두르려하니 칼날이 부서지고
활을 당기려 하니 시위가 끊어지네.
산을 들어 올리고 바다를 집어 올리는 신통을 부리고
방형(方形)과 원형(圓形)의 거목이 허공에 가득 찬다.
삼계(三界)의 주인이신 여래를 해치고자 하나
흡사 가을바람을 만난 낙엽 신세가 되고 마네.
마왕은 스스로 도원수(都元帥)가 되었지만
두려움에 황망히 몸을 숨기려 하나 숨을 곳이 없네.
마침내 진두(陣頭)에서 직접 호령하는데
서둘러 병사를 수습하여 마궁으로 돌아가라네.
자신이 사신(邪神)의 부류임을 생각지 못하고
하늘의 대세존과 겨루려 하였다네.
나한(羅漢)은 비록 소성(小聖)일지라도
그 힘은 만만 겹의 천마(天魔)를 대적할 수 있다네.
귀신의 무리 천만 종(種)이라지만
그 변화의 신통은 쓰임이 다하였다.
그대가 제아무리 앞에서 변화를 부리더라도
여래는 터럭 하나도 움직이지 않는다.

魔王見此陣勢似輸, 且還抽軍, 迴歸天上. 不察[159]自家力劣, 輒擬惱害如來, 忿怒之情, 尙猶[160]未息. 然後端居正殿, 反據[161]香林,[162] 扼腕

159 【原校】'察'은 甲卷에서는 '刹'로 되어 있다. 乙卷에 의거하여 수정한다.
160 '尙猶'는 原錄에서는 '上由'로 되어 있고 '尙猶'로 교정하였다. 【校注】乙卷에서는 '尙

揚眉, 餔脣叵耐. 魔王有其三女, 忽見父王不樂,[163] 遂卽向前啓白大王.[164] [三女當爾之時, 道何言語][165]:

近日恰似改形容, 何故憂其情不樂!

爲復諸天相惱亂? 爲復宮中有不安?

爲復憂其國境(計)事? 爲復憂念諸女身?

惟願父王生慈愍, 如今爲女說來由.[166]

父王道云云:

不是憂念諸女身, 汝等自然已成長;

也不憂其國境(計)事, 天宮快樂更何憂!

吾緣淨飯悉達多, 已於[167]近日成正覺.

𤞟'로 되어 있다. 이에 의거하여 수정한다.

161 '反'은 原錄에서는 '及'으로 되어 있고 '反'으로 교정하였다. **[校注]** '及據'는 乙卷에서는 '却歸'로 되어 있다. '却'과 '反'은 같은 뜻이다. 따라서 '及'은 틀림없이 '反'의 訛字이다. 이에 직접 수정한다.

162 **[徐震堮]** '林'은 '牀'이어야 한다. 俗體로 '林'라 되어 있음으로 인해 생긴 오류이다. **[校注]** 갑·乙卷에서 '香林' 두 자가 똑같은 것으로 보아 오류인 것 같지 않다. '反據香林'은 '향림으로 되돌아오다'는 뜻이며, 이 네 자는 '端居正殿' 앞에 위치해야 할 것이다. 또 敦煌寫本에서 '牀'자는 보통 '床'으로 표기되지 '林'으로 표기되는 경우는 보지 못했다.

163 乙卷에서는 '不樂' 앞에 '情'자가 더 있다.

164 **[原校]** 마녀가 출현한 뒤부터 갑·乙卷의 문자는 많은 차이를 보인다. 이 뒤로는 전부 甲卷에 따르되, 간혹 몇몇의 글자는 乙卷을 따라 수정한다. 그리고 상세한 주석은 달지 않는다. **[校注]** 甲卷은 韻이 없고, 乙卷은 韻이 있다. 乙卷이 사실 더 낫다. 여기서는 乙卷의 내용을 교주에 첨부한다.

165 이 두 구는 乙卷에 의거하여 보완한다.

166 乙卷은 이 단락이 다음과 같이 되어 있다. "부왕께서는 어찌하여 고통스러워하시고 근심하시나요? 무슨 일로 원망하시는지, 근심하지 마시기를. 나라 일을 걱정하시나요? 요즘 얼굴에 점점 수심이 드리워지는군요. 천궁의 쾌락은 인간이 접하기 어렵고, 부귀와 요염한 치장은 일찌감치 그만두었다네. 하계에 무슨 일이 있는지 알 수 없거늘, 부디 저희에게 그 까닭을 말씀해주시기를(父王何得苦生憂, 甚事怨請(情)煩勿留(勿煩留). 爲復憂他國計事, 近日容貌漸生愁. 天宮快樂人難遇, 富貴嬌奢早晩休. 下界不知有甚事, 請君爲我說來由)." **[校注]** '國計事'라는 문구로 보아 甲卷 '國境事'의 '境'자는 借音字임을 알 수 있다.

167 '已於近日'은 原錄에서는 '近日已於'로 되어 있는데 이는 실수로 도치된 것이다. 項楚

回耐見伊今出世, 應恐化盡我門徒.

若使交(教)他教化時, 化盡門徒諸弟子.

我卽如今設何計, 除滅不交(教)出世間?[168]

於是三女遂卽進步向前, 諮白[169]父王云云:

瞿曇少小在深宮, 色境[170]歡娛爭斷得?

況[171]是後生身美貌, 整(正)[172]是貪歡逐樂時.

我今齊願下閻浮, 惱亂不交(教)令證果,

必使見伊心退後, 不成无上大菩提.[173]

마왕은 자신의 군세가 무너지려는 것을 보고 병사를 수습하여 천상으로 되돌아갔다. 자신의 열등한 힘을 헤아리지 못하고 함부로 여래를 해치려 하였으면서도 분노는 여전히 식을 줄 몰랐다. 그 후 궁궐에 가

는 이 문구를 '近日已成於正覺'으로 교감하였는데 음절이 매끄럽지 못하다.

168 乙卷에서는 이 단락이 다음과 같이 되어 있다. "마왕이 딸들에게 답하여 말하기를: 근일 구담이 설산에서 내려와, 마침내 도과를 이루고 애욕을 끊었다네. 우리 門徒의 願力은 작아 천궁의 쾌락은 억눌리어 오랫동안 그칠 거라네. 어떤 계략으로 그를 소멸시켜 영원히 출세간하지 못하도록 할 것인가?(魔王答女曰: 近日瞿曇下雪山, 道果纔成斷愛攀. 我等門徒願力少, 天宮快樂鎭長閑. 如何有計諫(翦)滅得, 永劫不交(教)出世間?)"

169 '諮白'은 '아뢰다(啓稟)'이다. '諮'는 反訓詞(상반된 어휘로 語義를 해석. 예컨대, '治'로 '亂'을 해석하는 경우. 역자 주)이다. 위진시대 이후로 자주 보인다.

170 [原校] '境'은 甲卷에서는 '競'으로 되어 있다. 乙卷에 의거하여 수정한다. [校注] 甲卷에서는 '竟'으로 되어 있다.

171 '況'은 原錄에서는 '沒'로 되어 있다. [徐震堮] '沒'은 '況'으로 보아야 할 듯하다. [校注] '沒'자는 '㳙'로 되어 있는데 '況'자와 형태가 비슷하다. 오자임이 당연하다. 여기서는 직접 수정한다.

172 '整'은 '正'과 통한다.

173 乙卷에서는 이 단락이 다음과 같이 되어 있다. "딸이 부왕에게 말하길: 구담은 젊어서부터 깊은 궁궐에서 생활하였는데, 최근 들어 반연함을 버리고 진흙탕에서 벗어났지요.(그렇지만) 色境의 즐거움을 어찌 끊을 수 있었겠나이까. 三身과 四智가 아직은 완전하지 못하지요. 소녀 이제 염부제로 내려가 잠시 구담의 처가 되겠사옵니다. 그를 어지럽혀 道果를 증득하지 못하게 하고, 無上의 대보리를 이루지 못하도록 하겠사옵니다(女向父王道: 瞿曇少小在深閨, 近捨攀緣出於(淤)泥. 色境歡娛爭斷得, 三身四智未圓齊. 女今早願下閻浮, 暫伴瞿曇爲作妻. 惱亂免交(教)登道果, 不成無上大菩提)."

만히 틀어박혀 향목(香木) 침상에 기대어서는, 주먹을 불끈 쥐고 눈썹을 치켜뜨며, 도저히 참을 수 없다는 듯 입술을 깨물었다. 마왕에게 세 딸이 있었는데, 딸들은 부왕이 즐거워하지 않는 것을 보고 즉시 앞으로 나아가 그에게 아뢰었다. [이때 세 딸들은 무슨 말을 하는가]

요즘 안색이 변하신 듯 하온데
무슨 근심으로 마음이 즐겁지 않으신지요.
제천의 신들이 심사를 어지럽혔나요?
궁중이 편안하지 않으신가요?
나라 일을 근심하시는 건가요?
저희 딸들이 근심을 끼쳤나요?
부디 부왕께서는 자비를 드리우시어
지금 저희 딸들에게 그 까닭을 말씀해주시기를.

부왕이 말하였다.

너희 딸들의 몸을 걱정하는 것은 아니다.
너희들은 스스로 이미 잘 자라주었다.
나라 일을 근심하는 것도 아니며
천궁은 즐겁거늘 어찌 무엇을 근심하겠느냐.
실은 정반왕의 왕자 실달타가
얼마 전 정각(正覺)을 이루었다.
참을 수 없는 것은 그가 지금 세상으로 나와
우리 문도들을 모조리 교화시키려 하는 점이다.
만일 그가 교화를 하도록 내버려두면
문도들은 모두 그의 제자가 되고 말 것이다.
나는 지금 방도를 모색하여
그를 제거하여 세상에 나오지 못하도록 하려한다.

이에 세 딸들이 앞으로 나와 부왕에게 아뢰었다.

구담은 젊어서부터 깊은 궁궐에 있었으니

어찌 색경(色境)[174]의 쾌락을 끊었겠나이까.
더욱이 저희는 아름다운 외모를 지녔으니
틀림없이 환락을 탐하고 추구할 것이라네.
저희는 이제 모두 염부제로 내려가
[그를] 번뇌케 하고 현혹시켜 깨달음을 얻지 못하게 하렵니다.
반드시 그의 마음을 후퇴시켜
위없는 대보리를 이루지 못하게 할 것이옵니다.

魔王聞說斯計, 歡[175]喜非常:「庫內綾羅, 任奴粧束.」[176] 側抽蟬鬢, 斜插鳳釵; 身掛綺羅, 臂纏瓔珞. 東鄰[177]美女, 實是不如; 南國娉人,[178] 酌(灼)然不及. 玉貌似雪, 徒誇洛浦[179]之容; 朱臉如花, 謾(漫)[180]說巫山之貌. 行雲[181]行雨. 傾國傾城. 人漂(飄)[182]五色之衣, 日照三珠(銖)[183]之服. 仙娥從後, 持寶蓋以後隨; 織女引前, 扇香風而塞路. 召六宮彩女, 發在左邊; 命一國夫人, 分居右面. 直從上界, 來到佛前, 歌舞齊施, 管絃競[184]奏云云:

174 불교 '오경(五境)'의 하나로서, 눈으로 깨닫는 외부의 대상을 말한다. 여기서는 '남녀 간의 애정'을 가리킨다.

175 【原校】'歡'은 甲卷에서는 '觀'으로 되어 있다. 乙卷에 의거하여 수정한다. 【校注】甲卷에서는 사실 마찬가지로 '歡'으로 되어 있다. 또 乙卷에서는 앞 구에서 '斯計' 두 자가 없다.

176 '奴'는 '汝'로 보아야 할 것 같다. '粧束'은 乙卷에서는 '裝束'으로 되어 있다.

177 【原校】'鄰'은 甲卷에서는 '陵'으로 되어 있다. 乙卷에 의거하여 수정한다.

178 '娉人'은 乙卷에서는 '閨人'으로 되어 있다. 【校注】'娉人'은 아름다운 여자를 가리킨다.

179 '洛'은 原錄에서는 '落'으로 되어 있고 '洛'으로 교정하였다. 【校注】乙卷에서는 '洛'으로 되어 있다. 또 '浦'는 乙卷에서는 '寶'로 되어 있는데 이는 借音字이다.

180 '謾'은 마땅히 '漫'으로 보아야 한다. 앞의 '徒'자와 같은 뜻이다.

181 '雲'은 原錄에서는 '風'으로 되어 있다. 【徐校】'行風'은 '行雲'이 되어야 한다. 【校注】이에 의거하여 수정한다.

182 '漂'를 項楚는 '飄'로 교정하였다.

183 '珠'는 '銖'와 통한다. '三銖'는 지극히 가볍고 부드러운 옷을 가리킨다.

184 '競'은 原錄에서는 '竟'으로 되어 있고 '競'으로 교정하였다. 【校注】갑·乙卷에서는 모두 '競'의 俗字로 되어 있다. 이에 의거하여 바로잡는다.

論情[185]實是綺羅人, 若說容儀獨超春.[186]

身挂天宮三珠(銖)[187]服, 足躡巫[188]山一片[189]雲. 云云

第一女道 : 「世尊!世尊!人生在世, 能得幾時?不作榮華, 虛生過日. 奴家美貌, 實是無雙, 不合自誇, 人間少有. 故來相事,[190] 誓盡千年. 不棄卑微, 永共佛爲琴瑟.」

女道 : 「勸君莫證大菩提, 何必將心苦執迷?

我捨慈親來下界, 情願將身作夫妻.」

佛云 : 「我今願證大菩提, 說法將心化群迷.

苦海之中爲船筏, 阿誰要你作夫妻!」[191]

第二女道 : 「世尊!世尊!金輪王氏, 帝子[192]王孫, 抛[193]卻王位, 獨在山中寂寞. 我今來意, 更無別心, 欲擬伴住[194]山中, 掃地焚香取水. 世尊不在之時, 我解看家守舍.」

女道 : 「奴家愛着綺羅裳, 不勳(薰)[195]沉麝自然香.

---

185 【項楚】 '論情'은 곧 '若說'이다. 【校注】 '論情'은 '사실대로 말하면(照實說)', '냉정히 말해서(平心而論)'란 뜻이다. 러시아 소장 「維摩詰經講經文」: "長者七日無遮, 實卽論情不易." 여기서 뒤 구는 "論情實卽不易"이다.

186 이 문구는 乙卷에서는 "若說儀容獨超群"으로 되어 있다. '春'은 '群'으로 보아야 할 듯하다.

187 '珠'는 乙卷에서는 '朱'로 되어 있다. 모두 '銖'와 통한다.

188 【原校】 '巫'는 甲卷에서는 '無'로 되어 있다. 乙卷에 의거하여 수정한다.

189 '片'은 原錄에서는 '行'으로 되어 있다. 【徐校】 '一行雲'은 '一段雲'이 되어야 한다. 【校注】 甲卷에서는 사실 '一片雲'으로 되어 있다. '片'의 俗字는 '行'과 비슷할 뿐 '行'자는 아니다.

190 【原校】 甲卷에서는 '事' 다음에 '侍'자가 더 있는데 乙卷에 의거하여 삭제한다. 【校注】 이는 '事'를 '侍'로 고친 것이다. 그러나 '事'에는 '받들어 모시다'는 뜻이 있다. 따라서 '事'로 기록한다.

191 이 두 구는 乙卷에서는 "乞食自餐由(猶)不足, 沒得資財更養妻"로 되어 있다.

192 【原校】 '子'는 甲卷에서는 '主'로 되어 있다. 乙卷에 의거하여 수정한다.

193 '抛'는 原錄에서는 '把'로 되어 있고 '抛'로 교정하였다. 【原校】 王慶菽의 교감에 따른다. 【校注】 甲卷에서는 사실 '狍'로 되어 있고, 乙卷에서는 '抛'로 되어 있다. '狍'는 곧 '抱'로서 '抛'의 換旁字이다.

194 '住'는 原錄에서는 '在'로 되어 있다. 【校注】 甲·乙卷에서는 모두 '任'으로 되어 있는데 이는 '任'자로 보인다. 이는 '住'의 訛字이다. 이에 직접 수정한다.

我捨慈親來下界, 誓將纖[196]手掃金床.」[197]

佛道 : 「我今念念是無常, 何處少有不燒香.

佛座四禪[198]本淸淨, 阿誰要你掃金床!」

第三女道 : 「世尊!世尊!奴家[199]年幼, 父母偏憐. 端政[200]無雙, 聰明少有. 帝釋梵王, 頻來問訊, 父母嫌伊門卑, 令不[201]交(敎)作新婦. 我見世尊端正,[202] 又是淨飯王子, 三端[203]六藝並全, 文武兩般雙備. 是以拋卻父母, 故來下界[204]閻浮, 不敢與佛爲妻, 情願長擎座具.」

女道 : 「阿奴身年十五春, 恰似芙容出水賓(濱).

帝釋梵王頻來問, 父母嫌卑不許人.

見君文武並皆全, 六藝三端又超群,

我捨慈親來下界, 不要將身作師僧.」[205]

---

195 '勳'은 '薰'과 통한다.

196 '纖'은 原錄에서는 '膱'으로 되어 있고 '纖'으로 교정하였다. 【校注】 이는 '臉'의 俗字이다. 『龍龕手鏡』에 나와 있다. '纖'과 형태가 비슷한 데서 생긴 착오이다. 乙卷에서는 '纖'으로 되어 있다.

197 乙卷에서는 이 단락이 다음과 같이 되어 있다. "멀리 천궁을 떠나 부모와 작별하고, 몸은 세존의 방을 비질하고 물 뿌리네. 천상으로 돌아가기를 바라지 않고, 이 가녀린 손으로 세존의 침상 (먼지)를 털고자 하네(遠別天宮捨父孃, 將身掃灑世尊房. 誓願不歸天上去, 志將纖手拂金床)." '女道' 두 자는 없다.

198 '四禪'은 불교의 觀·練·薰·修의 네 가지 禪定法이다.

199 '奴家'는 乙卷에서는 '兒家'로 되어 있다. 【都與宙】 변문에서 '奴家'는 부녀자의 자칭이다. 남성은 '奴' 혹은 '阿奴'를 사용한다. 【校注】 '奴家'와 '阿家'는 같은 뜻이다. '家'는 접미사이다.

200 '政'은 原錄에서는 '正'으로 되어 있다. 【校注】 甲卷에서는 '政'으로 되어 있고, 乙卷에서는 '整'으로 되어 있다. '政'은 '正'과 같은 뜻이다.

201 '令不'은 甲卷에서는 '令下'로 되어 있는데 原錄에서 직접 수정하였다. 乙卷에서는 '不却'으로 되어 있다. 여기서는 原校를 따른다.

202 '正'은 原錄에서는 '整'으로 되어 있다. 【校注】 乙卷에서는 '正'으로 되어 있다. 이에 의거하여 수정한다.

203 『韓詩外傳』 卷7 : "군자는 세 가지 끝을 피한다. 문사의 붓끝을 피하고, 무사의 칼끝을 피하고, 변사의 혀끝을 피한다(君子避三端 : 避文士之筆端, 避武士之鋒端, 避辯士之舌端)."

204 '下界'는 乙卷에서는 '降' 한 글자로 되어 있다.

205 이 단락이 乙卷에서는 다음과 같이 되어 있다. "소녀 스스로를 자랑하는 건 아닙니

佛道 : 「汝今早合捨女[206]身, 只爲從前障佛因.

火然速須歸上界,[207] 更莫紛紜[208]惱亂人.」[209]

마왕은 그 계책을 듣고 매우 기뻐하며 말했다. "창고 안의 비단을 너희 마음껏 가져다 치장하여라." [머리] 양옆을 선빈(蟬鬢)[210]으로 빗어 올리고 봉황의 비녀를 비스듬히 꼽았으며, 몸에는 아름다운 비단을 걸치고 팔에는 영락을 둘렀다. 동린(東隣)의 미녀[211]도 이 보다는 못하고 남국(南國)의 미녀[212]도 이에는 훨씬 못 미쳤다. 용모는 눈(雪)과 같으니 낙수(洛水) 여신(女神)[213]의 자태를 뽐낼 만했으며, 불그스레한 얼굴은 꽃과 같으니 무산(巫山) 신녀(神女)[214]의 용모를 거론할 만했다. 구름을 몰고 비를 내리게 하며, 나라와 성곽을 기울게 하는 아름다움을 지녔다. 오색의 옷이 하늘거리고 가볍고 부드러운 옷이 햇빛에 반짝거렸다. 선녀가 뒤에서

다. 두 뺨은 이월화와 같사옵니다. 부디 그대는 無上의 道를 증득하지 마소서. 이 가녀린 손으로 가사를 받고자 맹세하옵니다(奴家不合自己誇. 雙暎(臉)如同二月花. 勸君莫證無上道, 誓將纖手取袈裟)." '女道' 두 자가 없다.

206 '女'는 原錄에서는 '汝'로 되어 있다. 【校注】 甲卷에서는 사실 '女'로 되어 있다. 乙卷도 마찬가지다. 이에 의거하여 바로잡는다. '女'는 男女의 '女'이다.

207 '火急'은 原錄에서는 '大急'으로 되어 있다. 【原校】 이 문구는 甲卷에서는 '急'이 '然'으로 되어 있고, '歸'는 '婦'로 되어 있다. 모두 乙卷에 의거하여 수정한다. 【校注】 甲卷에서는 '火然'으로 되어 있는데, '然'은 '燃'의 古字이다. '火然'은 '緊急'의 뜻으로 보인다. 乙卷에서는 사실 '火急'으로 되어 있다. 이에 의거하여 수정한다.

208 '紛紜'은 原錄에서는 '分云'으로 되어 있고 '紛紜'으로 교정되어 있다. 【校注】 乙卷에서는 '紛紜'으로 되어 있다. 돈황사본에서는 '紛紜'이 '分云'이나 '芬芸' 등으로 되어 있는 경우가 많다.

209 이 문단은 乙卷에서는 다음과 같이 되어 있다. "佛道 : 幻化逡巡實所嗟, 遮莫富貴及嬌奢. 漫說顋上紅桃臉, 爭似將身早出家? 膿囊敗壞非楊葉, 臭肉那堪比並花! 法衣諸天親自送, 阿誰要你刺(取)袈裟! 佛道 : [遮]莫擬共世間希, 遮莫身掛綺羅衣. 解事速須歸舍去, 臉(總)時煩惱欲何爲? 佛道 : 汝今早合捨女身, 只爲前生障佛因. 火急速須歸上界, 更莫紛紜惱亂人."

210 고대 부녀자 헤어스타일의 하나.

211 동린의 미녀 : 한(漢) 사마상여(司馬相如)는 「미인부(美人賦)」에서 "臣之東鄰, 有一女子, 雲髮豐艶 ……"라 하며 절세의 미녀를 노래했다.

212 '남국'은 중국 강남(江南)을 말함. '남국의 미녀'는 '서시(西施)'를 가리키는 듯함.

213 위(魏) 조식(曹植)의 「낙신부(洛神賦)」에서는 낙수 여신의 아름다움이 묘사되어 있다.

214 송옥(宋玉)의 「고당부(高唐賦)」와 「신녀부(神女賦)」는 그녀의 미모를 묘사하고 있다.

보개(寶蓋)를 들고서 따르고, 직녀(織女)가 앞에서 향기로운 바람을 일으키며 길을 메웠다. 육궁(六宮)의 궁녀를 불러 왼쪽에 세우고, 일국(一國)의 부인에게 명하여 오른쪽에 서있게 하였다. 그리고 곧장 상계(上界)에서 불 앞으로 내려오더니 일제히 노래하고 춤을 추며 앞 다투어 음악을 연주하였다.

기실 [그들은] 기라(綺羅)의 미녀이고
그 용모로 말하면 홀로 봄[의 화려함]을 능가하였다.
몸에는 천궁(天宮)의 삼수(三銖) 옷을 걸쳤고
발은 무산(巫山)의 한조각 구름을 밟고 서있다.

첫째 딸이 말하였다. "세존이시여! 세존이시여! 사람이 세상에 태어나 얼마를 사나요? 영화를 누리지 않고 허송세월만 하고 계시는군요. 저의 미모는 실로 견줄 자 없사옵니다. 저 스스로 뽐내는 것이 아니라 사실 인간의 세상에서는 드물답니다. 그대를 모시려 일부러 내려왔으니 죽을 때까지 함께 할 것을 맹세하옵니다. 비천한 이 몸을 저버리지 않으신다면 불(佛)과 함께 영원히 금실 있게 살고 싶사옵니다."

여인 왈 : 그대는 대보리를 증득하지 마시어요.
어찌하여 마음을 괴롭히는 잘못에 집착하시나요.
제가 자친(慈親)을 버리고 하계로 내려온 것은
그대와 부부가 되고자 해서이옵니다.

부처 왈 : 나는 지금 대보리를 이루어
법을 설하여 중생의 미혹된 마음을 구제하고자 한다.
고해를 건너는 뗏목배가 되려하거늘
누가 그대에게 부부가 되어 달라 했는가!

둘째 딸이 말하였다. "세존이시여! 세존이시여! 금륜왕의 혈통이시고 제왕의 자녀이시며 임금의 후손이시면서 왕위를 내던지고 홀로 산속에서 적막하게 지내시는군요. 제가 지금 이곳에 온 것은 다름이 아니라, 산속에서 세존을 모시며 바닥을 쓸고 향을 사르고 물을 길어오고자 함입니다. 또 세존께서 계시지 않을 때는 제가 집을 보겠습니다."

여인 왈: 소녀는 기라(綺羅)의 옷을 입기 좋아하고

사향(麝香)을 쐬지 않아도 저절로 향기롭지요.

제가 자친(慈親)을 버리고 하계에 내려온 것은

맹세컨대 가녀린 제 손으로 세존의 침상을 닦고자함입니다.

부처 왈: 나는 지금 매 순간 무상(無常)하거늘

어느 곳인들 향을 사르지 않는 곳이 있겠는가.

불(佛)은 사선(四禪)[215]에 거하니 본래가 청정하거늘

누가 그대에게 침상을 닦아 달라 했는가!

셋째 딸이 말하였다. "세존이시여! 세존이시여! 소녀는 나이가 어리고 부모님의 사랑을 각별히 입었사오며, 아름다움은 비길 데 없고 총명함은 세상에 드뭅니다. 제석천(帝釋天)과 범천왕(梵天王)이 자주 찾아와서 [아내로 삼고자] 안부를 묻는데 부모님은 그들이 비천하다 싫어하시어 그들에게 시집보내려 하지 않으십니다. 저는 세존의 단정하신 자태를 뵙고, 게다가 정반왕의 아드님이시고 삼단(三端)과 육예(六藝)에 정통하시며 문무를 겸비하신 것을 뵈옵고, 부모님을 떠나 하계의 염부제로 내려왔사옵니다. 감히 불의 아내가 될 수는 없더라도 좌구(坐具)를 오래도록 받들 수 있기를 바라옵니다."

여인 왈: 소녀는 나이 열다섯의 과년(瓜年)이 되어

마치 연꽃이 물 위로 피어오른 듯합니다.

제석과 범왕이 늘 찾아와 청혼을 하는데

부모는 비천함을 싫어하여 허락하지 않았지요.

당신은 문무에 통달하고

215 사선(四禪)이란 선정에 있어서의 네 단계를 말한다. 제1단계는 초선(初禪)으로, 세속적인 욕망에서 떠나 해방된 기쁨의 경지이다. 제2단계는 이선(二禪)으로, 선정 자체로부터 발생되는 기쁨과 안락의 경지이다. 세3단계는 삼선(三禪)으로, 안락의 집착에서 떠나 진실한 기쁨을 맛보는 경지이다. 제4단계는 사선(四禪)으로, 고락을 초월한 경지이다.

육예와 삼단에도 탁월합니다.
제가 자친(慈親)을 남겨두고 하계에 온 것은
그대를 사승(師僧)으로 만들고 싶지 않아서 입니다.

부처 왈: 오늘 그대가 여인의 육신을 버려야만 하는 것은
옛날 불의 인연을 가로막았던 까닭이다.
속히 천계(天界)로 되돌아가
갖은 간계로 사람을 괴롭히지 말라.

魔女不信世尊之言, 謾發强詞, 輕惱於佛. 於是世尊垂[216]金色臂, 指魔女身, 三箇一時化作老母. 且眼如朱盞,[217] 面似火曹(熷);[218] 額闊頭尖, 胸高鼻曲; 髮黃齒黑, 眉白口青. 面皺如皮裹髑髏, 項長一似[219]筯頭餻子. 渾身錦繡, 變成兩幅布裙; 頭上梳釵, 變作一團亂蛇.[220] 身膗項縮, 恰似害凍老鵄;[221] 腰曲脚長, 一似過秋瀫(鶻)鸛.[222] 渾身笑具, 是甚屍骸?[223] 三個相看, 面無顏色. 心中不分,[224] 把鏡照看: 空留百醜之

216 '垂'는 乙卷에서는 '舒'로 되어 있다. 또 앞의 '是'는 乙卷에서는 '時'로 되어 있다.

217 '朱'는 原錄에서는 '珠'로 되어 있다. 【校注】 乙卷에서는 '朱'로 되어 있다. 이에 의거하여 바로잡는다. '朱盞'은 귀신의 눈 색깔이 붉고 큰 것을 비유한다.

218 '火曹'는 乙卷에서는 '火槽'로 되어 있다. '槽'는 '熷'의 換旁字이다. 蔣禮鴻은 玄應 『一切經音義』 권9 『大智度論』 7 「音義」: "火熷, 子勞反. 說文解字: '熷, 焦也.' 蒼頡篇: '燒木餘也.'" 즉 木炭이다. 그리하여 乙卷에서는 '木' 편방의 '槽'자를 사용하고 있다. '火熷'는 검고 길다란 얼굴을 비유하며 앞의 '朱盞'에 대응된다.

219 '筯'는 原錄에서는 '筋'으로 되어 있고 '筯'로 교정되어 있다. 【校注】 갑·乙卷에서는 모두 '筯'로 되어 있다. 이에 의거하여 바로잡는다. '筯頭餻子'는 '떡에 꽂혀 있는 젓가락(筷子插餻)'으로, 가늘고 길다란 목을 비유한다.

220 '亂蛇'는 乙卷에서는 '蟣虱'로 되어 있다.

221 '膗'는 乙卷에서는 '權'으로 되어 있다. 『集韻』: "膗, 身曲貌." 그러므로 '權'은 假借字이다. '鵄'자가 原錄에서는 左半部가 '至'로 되어 있는데 이는 俗字이다. '害凍老鵄'는 '동상을 입은 올빼미'이다. '害'는 '患'의 뜻이다.

222 '瀫'은 '鶻'과 통한다. '鸛'은 原錄에서는 '鸛로 되어 있다. 【校注】 甲卷에서는 '鸛'로 되어 있는데 이는 '鸛'자이다. 또 乙卷에서는 '鵍'으로 되어 있는데 이는 聲部를 바꾼 글자이다.

223 '是甚屍骸'는 原錄에서는 '甚是屍骸'로 되어 있다. 【校注】 '甚是'는 乙卷에서는 '是甚'

形, 不見千嬌之貌. 姊妹三箇, 道何言語[225]:

不是天爲孼,[226] 都緣自作災.

嬌容何處去? 醜陋此時來.

眼裏淸[227]如火, 胸前瘿似魁.[228]

欲歸天上去,[229] 羞見醜頭顋.[230]

魔女三人, 變卻姮娥[231]之貌, 自慚醜陋之軀, 羞見天宮, 求歸不得. 遂卽佛前踟跪, 啓[請]再三, 當爾之時, 道何言語:

으로 되어 있다. 이에 의거하여 수정한다. 蔣禮鴻은 "'屍骸'는 '형상', '모양'이란 뜻의 부정적 의미(貶意)의 어휘이다. '甚是屍骸?'는 '像甚麽樣子?'와 같다"고 하였다. 그리하여 '甚是'를 乙卷을 따라 '是甚'으로 하였다.

224 '分'은 原錄에서는 '忿'으로 되어 있다. [校注] 乙卷에서는 '憤'으로 되어 있다. '不分'은 '不忿', '不憤'이며, '不甘', '不服'을 뜻한다. 따라서 굳이 교정하지 않는다.

225 이 두 구절이 乙卷에서는 다음과 같이 되어 있다. "魔女不取世尊言教, 惱亂如來, 變却姿容. 道何言語."

226 '孼'은 原錄에서는 '孾'로 되어 있다. [校注] 갑·乙卷에서는 모두 '孽로 되어 있는데 이는 '孼'의 속자이다.(唐人은 '妖孼'의 '孼'자 하반부를 '女'로 쓴다)

227 '淸'은 原錄에서는 '晴'으로 되어 있다. [校注] 甲卷에서는 '淸'으로 되어 있고, 乙卷에서는 '靑'으로 되어 있는데, 다음 구의 '瘿'자가 乙卷에서는 '瘦'로 되어 있는 것으로 보아 '淸'은 '淸瘦'의 뜻임을 알 수 있다. 이에 바로잡는다. P.3468「兒郎偉」: "瘦病之鬼, 眼如火洛(烙)." '火洛(烙)'은 앞의 '火槽'와 마찬가지로 눈이 붉고 큼을 비유한다. 흔히 병이 들어 수척해지면 눈언저리가 푹 꺼져 눈이 크게 보인다.

228 '瘿'자는 乙卷에서는 '瘦'로 되어 있다. '瘿'은 '瘦' 혹은 '癯'의 訛字로 보인다. '瘿'은 '목에 난 종기'를 말하나 일반적으로 '혹', '종기' 혹은 기타 돌출물을 가리킨다. '魁'자는 갑·乙卷 모두 똑같다. 劉凱鳴은 이를 '魄'로 교감하였지만 굳이 그럴 필요 없다. '魁'는 '大'이다. 흔히 '大'를 말하고자 할 때 '魁'자 혹은 음이 비슷한 글자를 사용하곤 한다. 『說文解字』: "魁, 羹斗也." 『國語』「國語」下 '魁陵'에 대한 高誘의 주석에 "小阜曰魁"라 하였다. 따라서 '魁'는 '국자(羹斗)' 혹은 '언덕(小阜)'을 가리키며, 가슴이 왜소하고 뼈가 튀어나온 것을 비유한다.

229 '去'는 乙卷에서는 '界'로 되어 있다.

230 [原校] 여기부터는 乙卷의 文詞가 훨씬 나아 乙卷에 따른다. 甲卷의 원문은 다음과 같다. "魔女形容改變已, 却自總覺羞慚. 再三求佛, 於前端政. 謝佛恩德, 卽往魔宮. 當爾之時, 道何言語云云. 謝世尊, 相加備, 再得形容隨本意. 當來願降辟支迦, 免作女身難出離. 見魔王, 甚歡喜, 更說釋迦靈聖類. 三十二相得周圓, 八十隨形難可比." [校注] '於前'은 '依前'으로 보아야 하고, '加備'는 '加被'로 보아야 한다.

231 '姮'은 乙卷에서는 '娘'으로 되어 있다. 原錄에서는 직접 수정하였다.

不悟前生業障深, 直來下界詣雙林.

蓋爲父王[232]恩義重, 不料魔家力未[233]强,

惱亂如來多罪障, 容儀變卻受怨沉.[234]

惟願釋迦生慈憫, 捨過[235]莫記生念心.

마녀들은 세존의 말을 듣지 않고 함부로 말도 안 되는 강변(强辯)을 늘어놓으며 불을 어지럽히려 하였다. 이에 세존은 황금색 팔을 내밀어 마녀의 몸을 가리키자 그들은 순간 노파로 변해버렸다. 눈은 붉은 등잔 같고 얼굴은 타다 남은 장작개비 같았으며, 이마는 넓고 머리는 뾰쪽하고 가슴은 높고 코는 굽어 있었다. 머리카락은 누렇고 이빨은 새까맸으며, 눈썹은 하얗고 입은 파랬다. 또 해골을 싸 감은 거죽처럼 얼굴에는 주름살이 자글자글 하였고, 목은 젓가락처럼 가늘고 기다랬다. 온 몸을 감싸고 있던 비단은 두 폭의 무명 치마로 변하였고, 머리 위의 빗과 비녀는 한 무리의 뱀으로 변하였다. 몸뚱이는 구부러지고 목은 움츠러들어 흡사 추위에 언 올빼미 같았고, 허리는 굽고 다리는 길어 마치 가을을 보낸 송골매 같았다. 온 몸이 우스갯거리가 되니 이게 대체 무슨 몰골인가. 세 마녀는 서로를 바라보며 얼굴빛을 잃었다. 마음속으로 굴복하지 않으며 거울을 비춰보는데 온갖 추악한 형상만이 남아 있을 뿐 그 아름답던 모습은 온데간데없었다. 이때 세 자매가 무슨 말을 하는가?

이것은 하늘이 내린 재앙이 아니라

스스로가 불러온 재앙이로다.

아리땁던 모습은 어디로 갔는가.

---

232 '父王'은 原錄에서는 '父母'로 되어 있다. 【校注】 乙卷에서는 '父王'으로 되어 있다. 이에 의거하여 바로잡는다.

233 '未'는 原錄에서는 '來'로 되어 있다. 【校注】 乙卷에서는 '未'로 되어 있다. 이에 의거하여 바로잡는다.

234 【徐校】 '沉'은 '深'이 되어야 할 듯하다. 【校注】 '沉'에는 '深'의 뜻이 있다. 따라서 굳이 교정하지 않는다.

235 '過'는 原錄에서는 '記'로 되어 있다. 【校注】 乙卷에서는 '過'로 되어 있다. 이에 의거하여 바로잡는다.

이제는 추악한 모습만이 남아 있구나.
눈동자는 불(火)과 같고
가슴팍은 불쑥 튀어나와 작은 언덕 같구나.
천상으로 돌아가고자 해도
추한 모습 내보이기 부끄럽네.

세 명의 마녀는 항아(姮娥)와 같던 모습이 사라지고 추한 몰골로 변하니, 천궁으로 돌아가고 싶어도 부끄러움에 돌아갈 수가 없었다. 마침내 불 앞에 무릎을 꿇고 거듭 부탁을 하는데 이때 무슨 말을 하는가?

전생의 업장(業障)이 깊음을 깨닫지 못하고
하계에 내려와 쌍림(雙林)[236]에 이르렀네.
부왕의 은의(恩義)를 무겁게만 여겼지
마군(魔軍)의 힘이 강하지 못함은 생각지 못했네.
여래를 어지럽히려 한 죄업 많으니
모습이 변하여 그 원망 깊기만 하네.
부디 바라옵건대 석존이시여 자비를 드리우시어
[저희들의] 죄과를 잊어주시고 불쌍히 여겨주시옵기를.

佛以[237]慈悲廣大, 有願剋從. 捨放前愆, 許容懺謝. 與舊時之美質, 轉勝於前; 復婉麗之容儀, 過於往日.

我佛慈悲廣大願, 爲法分形普流轉.[238]
魔女三人騁姿容, 變卻當初端正面.
殷勤禮拜告如來, 暫棄魔宮心敬善.

236 석가모니가 열반할 때 사방에 한 쌍씩 서 있었던 사라수(沙羅樹). 사라쌍수. 여기서는 불의 거처를 말함.

237 '以'는 原錄에서는 '心'으로 되어 있다. 【校注】 乙卷에서는 '以'로 되어 있다. 이에 의거하여 바로잡는다.

238 '轉'은 原錄에서는 '傳'으로 되어 있다. 【校注】 乙卷에서는 '轉'으로 되어 있어 '面', '善', '免'과 仄聲 押韻이 되고 있다. 따라서 이에 의거하여 바로잡는다.

醜女卻獲[239]端正身，口過懺除得解免.

魔女卻獲端正，還歸本天；當去之時，道何言語：

魔女懺謝卻歸天，歡喜非常禮聖賢.

故知佛力垂加備(被)，[240] 姊妹三人勝於前.

女見魔王說本情，瞿談[241]如來道果成.

我等三人總變卻，豈合不遂再歸程.

傾心禮拜求哀懺，方始來容罪障輕.

此祭(際)世尊成正覺，魔王從此沒多聲.[242]

定擬說，且休卻，看看日落向西斜.

念佛座前領取偈，當來必定座(坐)蓮花.[243]

但某乙禪河滴(嫡)派，勇猛晚修;[244] 學無道(導)[245]化之能，謬處讚揚之位. 身心戰灼，悚惕何安?輒述荒蕪，用申美德.

自從僕射鎮一方，繼統旌幢左(佐)[246]大梁.

致(至)孝人(仁)[247]慈超舜禹，文明[248]宣略邁殷湯.

分茅烈(列)土憂三面，肝食臨朝念一方.

---

239 '獲'은 原錄에서는 '猶'로 되어 있다. 項楚의 교감을 따라 수정한다.

240 '備'는 '被'로 보아야 한다.

241 '瞿'는 原錄에서는 '翟'으로 되어 있다. 【校注】 권자 내의 '瞿'는 모두 '翟'으로 되어 있다. '瞿談'은 '瞿曇'의 異譯이다.

242 '沒多聲'은 原錄에서는 '莫聲多'로 되어 있다. 【校注】 乙卷에서는 '莫'자가 사실 '沒'로 되어 있으며, '沒聲' 뒤의 글자는 희미하여 알아볼 수 없다. 이에 原錄에 의거하여 '多聲'으로 한다.

243 乙卷은 여기에서 끝난다. 뒤에 '爾時世尊' 문구가 적혀 있는 것으로 보아 다른 내용이 이어지는 것으로 보인다.

244 '勇猛晚修'는 原錄에서는 '象猛脫修'로 되어 있다. 【校注】 '脫'은 甲卷에서는 사실 '晚'으로 되어 있다. '象'자는 項楚의 교감을 따라 '勇'으로 한다.

245 '道'는 '導'와 같다. 古字이다.

246 '左'는 '佐'와 통한다. 이 단락의 讚文은 歸義軍 節度使 曹議金을 찬송하기 위하여 지은 것이다.

247 '致'는 '至'와 통하며, '人'은 '仁'과 통한다.

248 '明'은 原錄에서는 '萌'으로 되어 있는데 項楚의 교감을 따라 수정한다.

經上分明親說著, 觀音菩薩作仁王.

觀音世現[249]宰官身, 府主唯爲鎭國君.[250]

玉塞南邊消沴氣,[251] 黃河西面靜煙塵.

封疆再政(整)還依舊, 墻壁重修轉更新.

君聖臣賢菩薩化, 生靈盡作太平人.

聖德臣聰四海傳, 蠻夷向化靜風煙,

鄰封發使和三面, 航海餘深[252]到九天.

大洽[253]生靈垂雨露, 廣敷釋教讚花偏(篇).[254]

小僧願講經功德, 更祝僕射萬萬年!

불께서는 광대한 자비로움을 지니신지라 바람이 있으면 반드시 그를 들어주신다. 이제까지의 죄과를 잊어버리고 그들의 참회를 기꺼이 받아들이셨다. 예전의 미모를 돌려주었는데 그 모습이 옛날보다 더 나았으니, 아름다운 그들의 자태는 이전보다 더 나은 모습이 되었다.

우리 불은 자비롭고 광대한 바램으로

법을 위해 분신(分身)하시어 널리 유전(流轉)하시도다.

마녀 셋이 용모를 자랑하다가

당초의 아름다운 모습을 잃어버렸네.

---

249 '現'은 原錄에서는 缺字로 되어 있다. [校注] 원문에서는 초서체의 '現'으로 되어 있다. 이에 의거하여 보충한다. '世'자를 項楚는 '示'가 되어야 한다고 추정하였다. [校注] 두 글자의 음이 같지 않으며, 통용하거나 가차한 예도 찾아볼 수 없다. 따라서 정확하다고 볼 수 없다.

250 귀의군은 일개 지역을 할거하며, 曹議金 등은 '敦煌王'이라 僭稱한 바 있다. 그리하여 "府主唯爲鎭國君"이라 한 것이다.

251 '沴'은 原錄에서는 '殄'으로 되어 있다. [校注] 응당 '沴'가 되어야 한다. '沴氣', '㳡沴'은 곧 '妖氣', '瘴氣'이다.

252 '餘深'은 그 의미를 파악하기 어렵다. '餘'는 '逾', '深'은 '山'의 音近借字로 보아야 할 듯하다.

253 '洽'은 原錄에서는 '治'로 되어 있다. [校注] 甲卷에서는 사실 '洽'으로 되어 있다. 이에 의거하여 바로잡는다.

254 '偏'은 '篇'과 통한다.

간절히 절을 올리고 여래에게 기도하니
이내 마궁(魔宮)을 버리고 불법을 공경하게 되었네.
추녀는 다시 단정한 모습이 되었는데
입의 과오를 참회하여 죄를 용서받은 거라네.

마녀는 다시 단정한 모습을 되찾아 본래의 천궁으로 되돌아갔는데, 이때 무슨 말을 하는가?

마녀는 참회하고 하늘로 돌아가는데
대단히 기뻐하며 성현께 예배 올린다.
이로써 알게 된 바, 불력(佛力)의 가호가 내려
자매 셋은 전보다 더 아름다워졌네.
딸들은 마왕을 뵙고 심정을 말하는데
구담 여래는 도과(道果)를 이루었네.
저희 셋은 모두 본모습을 잃어버렸으니
어찌 다시 돌아올 수 있었으리.
마음으로 예배 올리며 슬피 참회를 구하니
마침내 용서를 얻고 죄업은 가벼워졌다네.
지금 세존은 정각(正覺)을 이루셨으니
마왕께서는 앞으로는 여러 소리 마시기를.
거듭 이야기를 하고 싶지만 일단 여기서 그치겠는데
해가 보고 있는 동안에 떨어져 서쪽으로 기울어가고 있다.
염불하고 법좌 앞에서 게(偈)를 받으면
내세에 반드시 연화좌에 앉게 되리.

불문(佛門)의 정종(正宗) 제자인 이 몸은 용맹 정진하였으나 교화의 재능을 익히지 못하였는데, 어찌어찌하여 불을 찬양하는 자리에 올랐습니다. 몸도 마음도 떨리고 두려워 편치가 못합니다. 두서없는 말로나마 불의 공덕을 찬탄하였습니다.

복야(僕射)께서 한 지역을 다스리면서부터[255]

정당(旌幢)을 이어받아[256] 대량(大梁)[257]을 보좌하신다.
지극한 효심과 인자함은 순(舜)과 우(禹)를 넘어서고
문덕(文德)과 책략은 은(殷) 탕왕(湯王)을 넘어서신다.
제후에 봉해져 삼면(三面)을 근심하시고[258]
늦은 식사[259]로 정사(政事)를 돌보며 한 방향[260]을 그리워하신다.
경(經)에는 분명 설해져 있거늘
관음보살은 인왕(仁王)이 된다 하였네.
관음께서 관리의 몸으로 시현(示顯)하시어[261]
부주(府主)[262]께서는 오직 나라를 지키는 군주 되시네.
옥문관 남쪽의 재앙의 기운을 제거하시니
황하 서쪽의 [봉화의] 연기와 [전쟁의] 먼지가 잦아드네.
강토는 거듭 완정해져 이전으로 회복되고
성벽은 손질되어 면모가 새로워지네.
군주는 성인, 신하는 현인 되어 보살과 같은 교화 펼치시니
백성들은 모두가 태평하게 되었네.
군주의 덕과 신하의 총명함이 사해(四海)에 전해지니
만이(蠻夷)는 교화되어 풍진(風塵)이 사라지네.

---

255 복야(僕射)란 관명이다. 여기서 말한 '한 지역(一方)'은 과주(瓜州)와 사주(沙州) 일대를 가리킨다.

256 정당(旌幢)은 깃발의 일종으로, 고관현작만이 대문에 정당을 내걸 수 있었다. 따라서 '정당(旌幢)'은 높은 지위를 비유한다. '정당을 이어받다'라는 말은 장(張)씨 귀의군절도사의 업적을 계승하여 조(曹)씨가 하서(河西)절도사에 부임한 일을 가리킨다.

257 대량(大梁)은 오대(五代) 후량(後梁, 907~923)을 가리킴.

258 당시 사주의 서·남·북쪽은 모두 소수민족의 관할지역이었기에 그에 대한 방비가 필요했다.

259 정무(政務)에 바빠 제때에 식사를 하지 못함을 말함.

260 중원의 중앙정권을 가리킴.

261 여기서의 '관리'란 조의금(曹議金)을 가리키며, 조씨는 관음보살의 화신임을 말하고 있다.

262 부주(府主)는 자사(刺史)나 절도사 등과 같이 한 지방의 군사와 정치를 총괄하는 장관에 대한 민간에서의 존칭이다.

주변국은 사신을 보내어 삼면(三面)이 평화로워지고
바다를 건너고 산을 넘어 구천(九天)에 이른다.[263]
크나큰 은택으로 백성들에게 우로(雨露)를 드리우시어
불법을 찬탄하는 글이 널리 미치도록 하신다.
소승은 경의 공덕을 이야기하길 바라며
거듭 복야(僕射)의 만수(萬壽)를 축원 드리네.

破魔變一卷

天福九年甲辰祀[264]黃鍾之月[265]蓂生十葉,[266] 冷凝呵筆而寫記.

居淨土寺釋門法律沙門願榮寫[267]

파마변 일권

천복(天福) 9년 갑진년 음력 시월 초열흘 얼어붙은 붓에 입김을 불어 가며 적다

정토사(淨土寺)에 거하는 석문(釋門) 율승(律僧) 원영(願榮) 씀

263 주변국들이 사신을 궁중(九天)으로 보내어 조공을 듦을 말하는 듯하다.

264 天福九年甲辰祀: 後晋 出帝 石重貴 天福 9年, 즉 서기 944년이다.

265 黃鍾之月; 음력 10월을 말한다.

266 蓂生十葉: 초열흘날을 말한다.

267 이 행은 "十葉冷凝呵筆而寫記" 좌측에 작은 글씨로 되어 있다. '願榮'은 필사한 승려이다.

항마변문(降魔變文)[1]

蓋聞如來說法, 萬萬恆沙; 菩薩傳經, 千千世界. 爰初鹿苑, 度五俱輪;[2] 終至雙林, 降十梵志. 演微言愛河息浪, 談般若煩惱山摧; 會三點

1 제목이 原錄에서는 '降魔變文一卷'으로 되어 있다. 王重民【原校】제목은 原卷에 따른다. 甲卷의 앞 제목은 '降魔變一卷'으로 되어 있다. '文'자가 빠져 있는데 이는 물론 '變文'의 간칭이다. 오늘날 여섯 권자가 남아 있는데, 그 가운데 하나는 두 조각으로 나뉘어져 있기에 실제로는 다섯 권자이다. 그것은 다음과 같다.
原卷 : 전체가 완정하나 두 조각으로 나뉘어져 있다. 앞조각은 런던 소장 편호 S.5511이다. 앞의 9행만이 있다. 뒷조각은 중국에 있는데 그 필적과 잔결 부분을 비교해본 결과 S.5511과 일치하였다.
甲卷 : S.4398 서두의 41행이 남아 있다. 두 조각으로 나뉘어진 原卷의 연결부분이 파손이 심한데 이 권자로 교정을 보았다.
乙卷 : 羅振玉이 소장하고 있으면서 『敦煌零拾』에 식자 인쇄하였는데 그는 原卷을 보지 못했기에 옮기는 과정에서 많은 글자들이 나씨 임의대로 고쳐졌다. 예를 들어 "九牛小子"를 "牧牛小子"로 고쳤는데 비록 문맥은 잘 통하긴 하나 原卷에서는 이렇게 되어 있지 않다. 따라서 나씨의 인쇄본은 최소한으로만 참고하였다. 독자들이 참고로 읽어볼 필요는 있다.
丙卷 : P.4615 여섯 조각으로 나뉘어 있는데 파손이 매우 심하다. 나(王重民)는 原卷

於眞原,[3] 淨六塵於人境.[4] 所以舍衛大城之內, 起慈念而度群生; 給孤長者園中, 秉智燈而傳法印. 如來以着衣持鉢, 高步淸晨, 卽以食時, 還至本處. 乞食長福德之業, 次第表平等之慈, 洗足[5]彰持戒之功, 敷坐乃安禪靜慮. 然後[6]人天瞻[7]仰而圍繞, 龍神肅恭而樂聽. 須菩提具

실물을 보지 못했고 王慶菽의 필사본에 의거하여 교정하였다.

丁卷: P.4524 전체가 그림이다. 말하자면 '降魔變文'畵卷인 셈이다. 권자 뒤에 운문이 적혀 있는데 운문 부분 교정에 참고하였다.

이 고사는『賢愚經』제10「須達起精舍品」제41에 나온다.

【校注】原卷의 뒷조각은 본래 胡適이 소장하였다. 호씨는「敦煌石室寫經題記與敦煌雜錄序」에서 이 권자를 소장하고 있다고 언급한 바 있다. 王慶菽은『敦煌文學論文集』에서 "나는 호적 역시 이 문장의 사권을 소장하고 있다고 들었다. 돌이켜 보건대, 1948년 내가 남경에 있을 때 왕중민 선생은 북경도서관에서 근무하면서 내게 그 필사본을 보내왔는데, 어찌된 일인지 훗날『敦煌變文集』교주에서 그는 이 권자를 언급하지 않았다. 원문은 서두 '善哉' 앞부분이 잔결된 것 외에는 완정하며 그 내용은 우연히도 S.4398의 것에 연속된다." S.4398을 검토해본 결과 '善哉' 뒤에도 잔결되지 않은 부분이 많고, S.5511(原卷)은 '善哉' 뒤 잔결 부분과 딱 맞아떨어진다. 이것은 호씨 소장의 권자와 原卷이 동일 사본이 두 조각으로 나뉘어진 것임을 설명해준다. 그리고 向達의「런던소장 돈황속문학 기술(記倫敦所藏的敦煌俗文學)」이란 글로 보아 鄭振鐸도 항마변문을 소장하고 있었다. 또 孫楷第의「변문을 읽다(讀變文)」으로 보아 천진의 주씨 역시 항마변문을 소장하고 있었던 것으로 보이는데, 호적 소장의 권자와 똑같이 그 문두가 일부 잔결되어 있다고 하나, 이 둘이 동일 권자인지는 알 수 없다. 중국 내에 있는 이 몇 가지 권자는 이처럼 그 소재가 불분명하여 참고할 길이 없다. 을권 原卷 역시 소재가 불명하여(일본으로 유입되었는지도 모른다) 오늘날 대조 검토할 수 없다. 丙卷은 마이크로필름이 있어 교정에 참고하였다.

2 '五俱輪'은 原卷에서는 '五拘輪'으로 되어 있는데 여기서는 甲卷에 따랐다. 【校注】'五拘鄰'으로도 번역되며, 부처가 최초로 제도한 다섯 비구를 가리킨다. '拘輪'은 '阿若拘輪'의 약칭으로 다섯 비구의 우두머리이다.

3 【原校】甲卷에서는 '原'이 '源'으로 되어 있다. 【校注】문구 가운데의 '三點'은 '∴'을 말하며 법신・반야・해탈의 삼덕을 비유한다.

4 '八'은 原錄에서는 '人'으로 되어 있다. 【校注】原卷과 甲卷에서는 모두 '八'로 되어 있다. 여기서는 이를 따랐다. 뒤의 "天雨四花, 雲廓八境" 문구도 '八境'으로 해야 옳다.

5 【徐震堮】'洗'는 '跣'으로 보아야 할 것 같다. 【校注】이는 불확실하다. '洗足'은 식전과 식후에 손발을 씻는 불교의 규범을 가리킨다.

6 【原校】甲卷에서는 '後'가 '今'으로 되어 있다.

7 【潘重規】'瞻'이 변문집에서는 '曉'로 되어 있다. S.5511은 이 부분이 빠져 있고 甲卷에서는 '瞻'으로 되어 있어 이를 따른다. 【校注】甲卷에서는 사실 '曉'로 되어 있다. 유사 형태로 인한 착오이다. 【袁賓】'翹'로 되어 있다.

威儀而出會, 整法服而翹誠;[8] 欲興無相之談, 乃發有疑之問. 故得子[9]稱「希有」, 佛讚「善哉」. 遂乃廣擗[10]玄關, 大開義藏; 聞經者使四心不倒,[11] 五眼晶暉, 四果咸[□].[12] 遣我人三賢, 得遊八正; 我人四想(相),[13]了體性而皆空;[14] 六類有情, 咸歸滅度. 初中後[15]之布施不足爲多, 盡十方之虛空[16]叵知其量. 諸相非相,[17] 見如來之法身; 生等無生, 得眞妄之平等. 然則窮大千之七寶, 比四句[18]而全輕; 後五濁之衆生, 等[19]一聞而超勝境. 然後法尙應捨, 戀筏却被沉淪; 渾彼我於空空, 泯是非於妙有. 不染六塵之境, 契會菩提; 卽於六識推求, 萬像皆含[20]於般

8 '誠'은 原錄에서는 '試'로 되어 있다. 【潘重規】 S.5511에서는 잔결되어 있고 甲卷에서는 '誠'으로 되어 있어 이를 따른다. 【校注】 甲卷에서는 사실 '試'로 되어 있다. 유사 형태로 인한 착오이다. 여기서는 직접 수정한다.

9 '子'는 법왕, 즉 부처를 가리킨다. "子稱「希有」"와 "佛讚「善哉」"는 동의어이다. 서두에서 여래와 보살은 대립적이다. 「廬山遠公話」의 "王法無私, 佛行平等" "王法蕩蕩, 佛敎巍巍"에서 '王(法王)'과 '佛'이 대립되는 것과 마찬가지다. 또 '希有'는 '希有人'을 가리키며, 부처가 불법을 받드는 사람을 칭찬하는 말이다. '善哉' 역시 부처가 승도를 칭찬하는 말이다. 『涅槃經』 「德王品」"세상에는 매우 드문 사람이 둘 있다. 이를테면 우담화는 악법을 실행하지 않으며 죄가 있다면 참회를 하니, 이와 같은 이는 대단히 드물다(世有二人甚爲希有, 如優曇花. 一不行惡法, 二有罪能悔, 如是人甚爲希有)." 이는 그 예이다.

10 【徐震堮】 '擗'은 '闢'과 같다. 【校注】 '擗'에도 '開'의 뜻이 있다.

11 【原校】 甲卷에서는 '倒'가 '到'로 되어 있다.

12 '咸' 뒤에 응당 한 글자가 빠져 있다. '四果'는 소승불교의 須陀洹果・斯陀含果・阿那含果・阿羅漢果를 가리킨다.

13 【項楚】 '想'은 '相'이다. '我人四相'은 我相・人相・衆生相・壽者相의 총칭이다. 『金剛經』"須菩提, 若菩薩有我相・人相・衆生相・壽者相, 卽非菩薩"이라 하였다.

14 【原校】 이 문구까지는 S.5511을 초록하였다. 【校注】 잔결되거나 파손된 부분이 여섯 군데 있는데 原錄은 甲卷에 의거하여 채워 넣었다.

15 '初中後'는 삼대아승지겁을 가리킨다.

16 '虛'자 다음의 '空'자가 甲卷에서는 없다.

17 【原校】 '相'은 본래 '想'으로 되어 있는데 甲卷에 의거하여 수정한다.

18 '句'는 原錄에서는 '勿'로 되어 있다. 【校注】 甲卷에서는 '句'로 되어 있어서 이를 따른다. '四句'는 '偈語'를 가리킨다.

19 【原校】 '等'자는 甲卷에 의거하여 보충한 것이다. 【校注】 甲卷에서 '等'은 '生' 앞에 나와 있는데, 이는 착오로 보인다.

20 【原校】 '含'은 본래 '舍'로 되어 있는데 甲卷에 의거하여 수정한다.

若. 三世諸[21]佛, 從此經生; 最妙菩提, 從此經出. 加以括囊群教, 許爲衆經之要目. 傳譯中夏, 年餘數[22]百. 雖則諷誦流布, 章疏芬(紛)然, 猶恐義未合於聖心, 理或乖於中道.

듣건대 여래의 설법은 항하(恒河)의 모래만큼 무수하고, 보살은 경문을 수많은 세계에 전한다고 한다. 처음 녹야원에서 오구륜(五俱倫)[23]을 제도하시고 마지막에 사라나무숲에 이르시어 십범지(十梵志)를 항복시키셨다. 미묘한 말씀 설하시니 애욕의 강은 그 파도가 잠잠해지고, 반야를 말씀하시니 번뇌의 산이 와르르 무너지도다. 삼점(三點)[24]을 진원에 모이게 하고 팔경(八境)에서 육진(六塵)을 깨끗이 하시었다. 그리하여 사위성에서 자비심을 일으켜 뭇 중생을 제도하시는데 급고장자(給孤長者)의 원림(園林)에서 지혜의 등불을 들고서 법인(法印)을 전하시었다. 여래께서 가사를 걸치고 바리때를 들고서 새벽녘에 나가시었다가 정오가 되면 본래의 자리로 돌아오셨다. 걸식함으로써 [중생의] 복덕의 업을 기르고 [빈부를 가리지 않고] 차례차례 [걸식]함으로써 평등이라는 자비를 드러내시었다. 발을 씻음으로써 지계(持戒)의 공덕을 밝히시고 가사를 펼치고 좌선하며 입정에 드시었다. 그러면 인천(人天)[25]이 우러르며 [여래] 주위를 에워싸고 용신(龍神)이 공손하게 경청을 즐긴다. 수보리는 위의를 갖추어 법회에 나가 법복을 단정히 하고서 성심으로 희망하는데 무상(無相)의 말씀을 일으키고자 의문을 여쭙는다.

그리하여 부처는 "[세상에] 드문 이로다" "훌륭하도다" 찬탄을 하신다. 드디어 현묘(玄妙)의 법문(法門)이 크게 열리고 의리(義理)의 보장(寶藏)이 활짝 열리니, 경을 듣는 자는 사무량심(四無量心)이 전도(顚倒)되지 않고 오안

21 '諸'는 甲卷에서는 '之'로 되어 있다.

22 【原校】 甲卷에서 '數'는 '四'로 되어 있다.

23 부처가 최초로 구도한 다섯 비구.

24 이자삼점(伊字三點). 점 세 개가 삼각형을 이루며 불(佛), 법(法), 승(僧) 삼보(三寶)를 상징한다. 만(卍)자와 더불어 불교를 상징한다.

25 인간계와 천상계의 중생.

(五眼)[26]이 밝게 반짝이며 사과(四果)[27]를 모두 이룬다. 우리의 삼현(三賢)[28]은 팔정도(八正道)에 노닐 수 있게 되고, 우리의 사상(四相)은 그 본질을 깨달아 모두 공(空)이 되고, 육류(六類)의 유정(有情)들은 모두 열반으로 돌아간다. [불의 커다란 보시에 비하면] 삼아승지겁 동안의 보시는 많다고 하기에는 부족하고, [부처의 보시는] 십방의 허공에 가득하여 그 양을 헤아릴 길이 없다. 제상(諸相)이 상(相)이 아님을 알게 되면 여래의 법신을 뵙게 될 것이고, 생(生)과 무생(無生)을 똑같이 대할 수 있다면 망법(妄法)과 진법(眞法)의 평등함을 알게 될 것이다. 그렇게 되면 대천세계의 칠보(七寶)를 다 써버린다 해도 사구(四句)[29]의 [귀함에] 비하면 가볍고, 오탁(五濁)의 중생은 그 묘법을 한번이라도 듣게 되면 최승(最勝)의 경지에 도달할 수 있게 된다. 그런 후에는 교법을 내던져야 하거늘 뗏목에 연연하게 되면 오히려 윤회에 빠져버릴 것이다. 피아의 구별은 공(空)으로 혼융되고 시비의 대립은 묘유의 속에서 사라질 것이로다. 육진(六塵)의 세계에 있으면서 더러워지지 않으면 보리에 부합되고, 육식(六識)을 추구하면 만상(萬像)은 모두 반야의 지혜를 지니고 있음을 알게 된다. 삼세(三世)의 제불은 모두 이 경전으로부터 태어났고 가장 오묘한 보리는 이 경전에서 생겨났다. 게다가 [이 경전은] 여러 가지 교법을 총괄하고 수많은 경전의 중요한 조목들을 인정하고 있다. 이 경전들이 중국에 전해져 번역된 지 수백 년이 되어 널리 독송되고 있지만 주석들이 어지럽게 생겨나 그 해석이 부처의 본지에 맞지 않고 중도(中道)에 어긋나지 않을까 염려된다.

伏維我大唐漢聖主開元天寶聖文神武應道皇帝陛下,[30] 化越千古, 聲

26 육안(肉眼)·천안(天眼)·혜안(慧眼)·법안(法眼)·불안(佛眼).
27 소승 불교에서 이르는 깨달음의 네 단계. 수다원과(須陀洹果), 사다함과(斯陀含果), 아나함과(阿那含果), 아라한과(阿羅漢果)의 단계가 있다.
28 성위(聖位)에 아직 이르지 못한 보살을 현(賢)이라 함.
29 게송(偈頌)을 의미함.
30 '開元天寶聖文神武應道皇帝'는 唐 玄宗의 존호이다. 『舊唐書』「玄宗下」: "(天寶七載)

超百王; 文該五典之精微, 武折九夷之肝膽. 八表總無爲之化, 四方[31]歌堯舜之風. 加以化洽之餘, 每弘揚於三教. 或以探尋儒道, 盡性窮原; 注解釋宗, 勾深致遠.[32] 聖恩與海泉俱涌, 天闕[33]與日月[34]齊明; 道教由是重興, 佛日[35]因玆重曜. 寶林之上, 喜貝葉[36]而爭開; 總持園中, 派(沛)[37]法雲而廣潤. 然今題首金剛般若波羅蜜經者, 「金剛」以堅銳爲喩, 「般若」以智慧爲稱, 「波羅」彼岸; 「到」弘[38]名「蜜多」, 「經」則貫穿爲義. 善政之儀, 故號「金剛般若波羅蜜經」. 大覺世尊於舍衛國祇樹給孤之園宣說此經, 開我蜜(密)[39]藏. 四衆圍遶, 群仙護持; 天雨四花, 雲廓八境. 蓋如來之妙力, 難可名言者哉!須達爲人慈善, 好給濟於孤貧, 是以因行立名給孤. 布金買地, 修建伽藍, 請佛延僧, 是以列名經內. 祇陀睹其重法, 施樹同營, 緣以君重臣輕, 標名有其先後. 委被(備)[40]事狀, 述在下文.

삼가 엎드려 생각하옵건대, 우리 대당(大唐)의 성군이신 개원천보(開元

三月乙酉, 大同殿柱產玉芝, 有神光照殿. 群臣請加皇帝尊號曰開元天寶聖文神武應道, 許之." 또 "(八載閏月丙寅)群臣上皇帝尊號爲開元天地大寶聖文神武應道皇帝." 【校注】 군신들은 존호를 여러 차례 올렸었는데 매번 조금씩 다른 이름들이다. 이를 근거로 추측하건대, 본 변문은 천보 7년 3월에서 천보 8년 윤달(6월 다음이 윤달) 사이에 이루어졌다.

31 甲卷에서는 '四方'이 '四海'로 되어 있고, 앞의 '八表'는 '八方'으로 되어 있다.

32 '勾深致遠'은 原錄에서는 '句深相遠'으로 되어 있다. 【項楚】 '句'는 '鉤'와 같고, '相'은 '致'이다. 【校注】 '句'는 '勾'이다.

33 '闕'은 原錄에서는 '開'로 되어 있다. 【項楚】 '開'는 '闕'로 보아야 할 것 같다. 【校注】 이에 의거하여 수정한다.

34 【原校】 '與日月'은 본래 '譽月'로 되어 있는데 甲卷에 의거하여 수정한다.

35 '日'은 甲卷에서는 '法'으로 되어 있다.

36 '貝'는 原錄에서는 '見'으로 되어 있다. 【徐震堮】 '見'은 '貝'로 보아야 한다. 【校注】 이를 따라 수정한다.

37 【徐震堮】 '派'는 '沛'로 보아야 한다. 【校注】 이 두 자는 音近通假字이다.

38 '弘'은 '則'의 오류인 듯하다. '蜜多'는 보통 '到'로 漢譯된다.

39 '蜜'은 '密'과 통한다. 돈황사본에서 '密'은 흔히 '蜜'로 표기된다. '密藏'은 불교 밀종 경적의 총칭이다.

40 '被'는 '備'와 통한다. '委備'는 '상세하다'는 뜻이다.

天寶) 성문(聖文) 신무(神武) 응도(應道) 황제폐하께서는 은택(恩澤)이 천고의 세월에 미치고 명망은 역대 제왕을 능가하시나니, 문(文)은 오상(五常)을 두루 갖추셨고 무(武)는 아홉 오랑캐의 간담을 서늘하게 하신다. 팔방(八方)의 구석구석이 모두 무위(無爲)의 교화를 입고 사방(四方)이 요순의 가르침을 노래한다. 그리고 교화의 여파는 항상 삼교(三教)를 선양하시었다. 유교와 도교를 깊이 연구하시어 성명을 다하고 원리를 궁구하셨고, 불전에 주석을 달아 심오한 문의(文意)를 탐구하기도 하셨다. 성은은 바다나 샘과 함께 용솟음쳐 오르고 황궁은 일월과 밝음을 나란히 한다. 도교는 이로부터 다시 흥성하고 불교는 이에 힘입어 거듭 비약적인 발전을 하였다. 보림(寶林)[41]에서는 패엽(貝葉)[42]이 앞 다투어 펼쳐져 읽히고 총지(總持)[43]의 동산에서는 법운(法雲)이 뭉게뭉게 일어나 널리 비를 내려 적신다.

그런데 금강반야바라밀경(金剛般若波羅蜜經)이라는 경제(經題)에서의 '금강'은 견고하고 예리함을 비유하고, '반야'는 지혜를, '바라'는 피안을, '밀다'는 다다름을, '경'은 관철을 뜻한다. 선정(善政)의 의궤(儀軌)라는 의미에서 '금강반야바라밀경'이라 부른다. 대각세존께서 사위국(舍衛國)의 기수급고독원(祇樹給孤獨園)에서 이 경을 설하심에 우리 밀장(密藏)을 열어젖히니, 사부(四部) 대중이 그 주위로 몰려들고 뭇 신선들이 호위를 하며, 하늘은 사종화(四種花)[44]를 흩날리고 구름은 팔경(八境)에 널리 드리워진다. 대저 여래의 묘력(妙力)은 참으로 말로써 다하기 어렵도다! 수닷타(須達)은 사람됨이 인자하고 선량하여 외롭고 가난한 자를 돕기 좋아하였는데, 그러한 이 까닭에 그는 급고독(給孤獨)라고 불렸다. 황금을 바닥에 깔

41 칠보(七寶)로 이루어진 극락정토의 숲.

42 옛날 인도에서 불경을 새기던 다라수(多羅樹)의 잎. 패다라엽. 패다라엽에 바늘로 새긴 불경을 패엽경이라 부름. 여기서 '패엽'이란 불경을 의미함.

43 범어 '다라니'의 의역.

44 석가모니가 법화경을 설할 때 상서로운 조짐으로서 하늘에서 내려온 네 가지 연꽃. 백련화, 대일련화, 홍련화, 대홍련화이다.

아 땅을 사들여 가람을 세우고 부처와 승려를 초빙하니, 이로써 그의 이름은 경전에 남게 되었다. 기타태자는 그가 법을 소중히 여기는 것을 보고 나무를 보시하고 함께 [가람을] 운영하였는데, 임금을 중히 여기고 신하를 가벼이 여김에 따라 두 사람의 이름을 적음에 있어 선후의 구분이 있게 되었다.[45] 이 일의 자세한 경위를 아래에 적는다.

昔南天竺有一大國, 號舍衛城. 其王威振九重, 風揚八表. 三邊息浪, 四塞塵淸. 輔國賢相, 厥號須達多, 善幾策[46]於胸衿, 洞時機於卽代.[47] 人稱柱石, 德重鹽媒(梅). 每以邪見居懷, 未崇三寶; 不貪榮位, 志樂精修. 家有子息數人, 小者未婚妻室. 時因節會, 忽自思惟:「吾今家無[48]所乏,[49] 國內稱尊. 小子未婚冠, 理須及時就禮. 本國若無伉儷, 發使外國求之.」當日處分家中, 遂使開其庫藏, 取黃金千兩, 白玉數環, 軟錦輕羅, 千張萬疋, 百頭壯象, 當日登途:「君須了事, 向前[50]星夜不宜遲滯. 以得爲限, 莫惜資財. 但稱吾子之心, 迴日重加賞賜!」拜別以(已)了, 唯諾卽行. 日夜奔波, 卽達前所. 巡街曆(歷)巷, 注耳頃(傾)心. 行李之間, 偶値阿難乞食. 生平未見, 驚愕異常. 執錫持盂, 抗聲乞食. 護彌家崇十善, 每親延於佛僧; 小大同心, 咸欽敬於三寶. 小女雖居閨禁, 忽聞乞食之聲, 良爲敬重尤深, 奔走出於門外, 五輪[51]投地, 瞻禮阿難. 問化道之勤勞, 啓能仁之納慶. 使影牆[52]忽見, 儀貌絶

45 가람의 이름은 '기수급고독원정사(祇樹給孤獨園精舍)'(약칭은 기원정사)이다. 여기서 '기수(祇樹)'가 먼저 나오고 '급고독(給孤獨)'이 그 뒤에 나오는데, 이것은 신분의 고하에 따른 것이다.

46 [原校] 甲卷에서는 '幾策'이 '秘策'으로 되어 있다. [校注] '幾'는 '機'의 고자이다.

47 '卽代'는 '시간이 오래됨'을 뜻하는 '積代'로 보아야 할 듯하다.

48 甲卷은 여기까지다.

49 '乏'은 原錄에서는 '之'로 되어 있다. [項楚] '之'는 '乏'으로 보아야 한다. 집안에 모든 게 부족하지 않음을 말한다. [校注] 이를 따른다.

50 '向前'은 '在前'으로, 길 위에 있을 때를 가리킨다.

51 [原校] 王慶菽은 "'五輪'은 해독이 안 되는데 '五體'로 보아야 할 듯하다"고 하였다. [項楚] '五輪'은 '五體'의 다른 이름이다.

倫, 西施不足比神姿, 洛浦詎齊其艷綵. 直衝審視, 恐犯於禮儀; 遂卽緩步抽身, 徐問鄰人言曰:「此是誰家屋宅?林木森疏, 前安閥閱之門, 外列長戈之戟.[53] 瓊樓寶閣, 宛[54]似皇宮; 歌伎池臺, 稍[55]異庶人之宅.」鄰人曰:「君可[56]不聞輔國之相, 厥號護彌? 佐理廟堂, 日食萬錢之祿; 除卻國主, 第二之尊. 國政之規, 分寸亦同商議.」使者聞說, 驚悚心神. 又問鄰人言曰:「余之多幸, 會遇賢良. 未審國相之家, 兒女有其多少?僕是殊方之客, 奉使來至此間; 君亦莫辭淹留, 暫說相家之事.」鄰人曰:「國相之女, 總有三人:兩箇已仕(事)[57]皇孫, 一箇現今在室. 芳姿姝[58]麗, 蓋國無雙; 風範淸規, 古今逈絶.」使聞此語, 喜尉(慰)難勝, 遂卽通傳, 下函書信. 使者旣蒙引入, 拜賀起居. 未述心曲之情, 見敍寒溫之境.[59] 主客之禮, 設會數朝; 親姻之議, 未蒙許諾.

옛날 남천축에 사위성이라는 대국이 있었다. 그 왕의 위광(威光)은 구중(九重)에 떨치고 위풍은 팔표(八表)에 전해졌다. 삼면은 그 파도가 잦아들고 사색(四塞)은 그 먼지가 사라졌다. 보국의 재상으로 수닷타(須達多)라는 이가 있었는데 그는 가슴속에는 지략을 담고 있었고 당대의 시기를 보는 눈도 명민했다. 사람들로부터 나라의 주석(柱石)[60]이라 불리고 덕은 무거워 염매(鹽梅)[61]와 같은 존재였다. 항상 사견(邪見)[62]을 지니고 있어

52 '使'는 '使者'이다. '牆'은 原錄에서는 '墻'로 되어 있는데, 이 글자는 '牆'의 속자인 '墻'의 변체이다. [通釋] '影'은 '의지하다', '의거하다'는 뜻이다. [江藍生] '影'에는 본래 '의지하다'는 의미는 없으며 바로 '倚'의 同音借字이다. [袁賓] 당송시대 문헌 중의 '影'자에는 '隱'의 의미를 가지고 있다. [校注] 袁賓의 해설이 옳다.

53 '戟'은 原錄에서는 왼쪽 편방에 '金'자가 붙어 있는데, 이는 속자이다.

54 '宛'은 原錄에서는 윗편에 초두(艹)가 붙어 있는데, 이는 속자이다.

55 '稍'는 '매우', '지극히'라는 뜻이다. 다음의 "須達欲直申說, 下口稍難" 역시 같은 예이다.

56 '可'는 原校에서는 '何'로 되어 있다. [項楚] '可不'은 '어찌~않는가(豈不)'란 뜻이다.

57 '仕'는 原校에서는 '適'으로 되어 있다. [徐震堮] '仕'는 '事'와 같다.

58 '姝'는 原錄에서는 '女' 편방에 '殊'자가 붙은 글자로 되어 있는데, 이는 속자이다. 다음의 '范'자 역시 原錄에서는 '車' 편방에 '範'자가 붙은 글자로 되어 있다.

59 [項楚] '見'은 '先'이 되어야 한다. '之境'은 '끝내다', '완료하다'는 의미의 '了竟'으로 보아야 한다. [校注] 불확실한 의견이다.

60 기둥과 주춧돌. 가장 중요한 자리에 있거나 구실을 하는 사람을 비유함.

삼보(三寶)를 숭상하지는 않았으나 영화로운 자리를 탐하지 않고 수양에 마음을 썼다. 집에 여러 명의 아들이 있었는데 막내아들은 아직 장가를 들지 않았다. 명절 연회를 맞아 홀연 생각하기를 '내 집에는 부족한 것이 없고 나라 안이 모두 나를 존자(尊者)라 부르고 있다. 막내가 아직 혼례를 치르지 않았는데 이치대로 하자면 제때에 성례(成禮)를 올려야 할 것이다. 이 나라에 마땅한 배필이 없다면 사신을 국외로 보내서라도 구하도록 하자.' 이날 당장 집안에 분부를 내려 창고를 열고 황금 천 냥과 고리 모양의 백옥 여러 개, 부드럽고 가벼운 비단 수천수만 필을 꺼내어 백 마리의 건장한 코끼리에 싣고 그날로 길을 떠나게 했다. "그대는 애를 써야 할 것이오. 밤을 새워 길을 가되 잠시도 지체해서는 아니 되오. [신부감을] 찾게 될 때까지 그러해야 할 것이며 재물을 아끼려 들지 마시오. 내 아들의 마음에 드는 사람을 찾기만 한다면 돌아오는 그날, 내 그대에게 무거운 상을 내릴 것이오!"

[사자는] 사직 인사를 올리고 명령을 받들어 즉시 길을 떠났다. 밤낮을 가리지 않고 앞을 향해 급히 길을 가니 어느덧 목적했던 곳에 도착하였다. 그곳에서 길거리를 샅샅이 누비며 처자를 구하는 일에 귀를 기울이고 마음을 집중했다. 그러던 중 아난이 걸식을 하고 있는 모습이 눈에 띄었다. 평생 한 번도 [승려를] 본 적이 없는 [사자는] 그 모습에 경악하며 기이해하였다. 석장을 짚고 바리때를 들고서 염불하며 걸식하는 중이었다. 호미(護彌)의 집안은 십선(十善)을 받들어 행하고 항상 승려를 초빙하였는데 어른 아이 할 것 없이 모두 삼보(三寶)를 공경할 줄 알았다. 그 집안에 어린 딸이 있어 깊은 규방에서 지내오는데 홀연 걸식하는 소리를 듣자 공경의 마음이 한층 깊어져 문밖으로 달려 나가 오체

61 소금과 매실. 소금은 짜고 매실은 신데, 이것들은 모두 조미료에서 빼놓을 수 없는 것들. 전하여 국가의 소중한 현재(賢才)를 이름.

62 인과응보를 믿지 않는 모든 견해를 불교에서는 사견(邪見)이라 부른다. 모든 외도(外道)사법(邪法)을 가리키기도 한다.

투지로써 아난에게 예배를 올렸다. 그리고 권화(勸化)의 수고로움을 여쭙고 능인(能仁)[63]께서 복을 내려주시기를 바랬다. 사자는 담장 뒤에 몸을 숨기고 있다가 그녀를 흘깃 쳐다보는데 그 용모가 절륜하거늘 서시(西施)도 그 아름다운 자태에는 비할 수 없었고, 낙포(洛浦)도 그 고운 모습에는 견줄 바가 못 됐다. 곧장 달려 나가 자세히 알아보고 싶었지만 실례를 범할까 걱정되었다. 그리하여 느릿한 걸음걸이로 그곳을 벗어나와 이웃집 사람에게 서서히 묻기를, "이것은 뉘 집이오? 수목이 울창하게 우거져 있고 집 앞에는 공훈을 알리는 두 개의 기둥이 서 있으며 문밖에는 긴 창과 극이 늘어서 있소이다. 또 아름다운 누각은 황궁과 다름없고 가기(歌妓)의 무대며 연못의 정자는 일반 백성의 집과는 사뭇 다르오이다." 그 사람이 대답하기를, "그대는 보국 재상이신 호미 어른도 모른단 말이오? 조정의 정무를 보좌하시는데 하루에 만 전의 녹봉을 받는, 국왕 다음가는 귀한 분으로서 국정의 규약에 관한 일은 아무리 사소한 것일 지라도 그와 상의한다오."

사자가 그 말을 듣고 몹시 놀라며 다시 물었다. "이 몸이 운이 좋아 현랑(賢良)을 만나게 되었소이다. 이 재상 댁에 자녀분은 몇이나 되는지 모르겠군요. 이 몸은 타국에서 온 객으로서 사명을 받들어 이곳에 온 것이니 그대는 바쁘다 거절 마시고 잠시 재상 댁에 대해 말씀해주시지요." 이웃집 사람이 대답하길, "재상에게는 세 명의 따님이 있는데, 둘은 이미 황손(皇孫)을 모시고 있고, 하나는 지금 댁에 있는데 아름다운 자태는 나라 안에 견줄 자가 없고 고상한 풍모는 고금에 드물다오." 사자는 이 말을 듣고 기쁨을 이기지 못하였다. 그 즉시 문지기를 통하여 [알현을 요청하는] 글을 적어 보냈다. 사자는 알현이 허락되자 절을 올리며 안부를 여쭙고, 가슴속의 생각을 꺼내기 전에 먼저 인사말을 하였다. 주객(主客)의 예(禮)에 따라 연회가 며칠 동안 베풀어졌으나 혼인 건에 대해

63 석가의 별칭.

서는 아직 승낙을 얻어내지 못하고 있었다.[64]

長者忽於一夜, 大小忽忙, 掃灑堂房, 修治院宇; 香泥塗飾, 異種精華. 院院匝懸幡蓋,[65] 房房盡鋪氈褥. 長者[66]見其早起, 寢寐不安, 復見鋪設精華, 驚怪問其所以:「爲當親姻娶[67]會?爲復延屈帝王?因何大小忽忙, 嚴麗鋪置?」長者曰:「我亦不緣娶會, 亦不諮屈[68]帝王, 欲擬請佛延僧, 精心供養.」須達多生善習, 曾親近於佛僧, 忽聞說佛之名, 體上汗流陌目(霢霂).[69] 須達曰:「佛者有何神異? 僧者有何德能, 令我聞名, 交流戰汗? 住在何處?幸說委由. 恨我久仕邪途, 未知政[70]路. 吾今深心渴仰, 願說根原.」護彌曰:「佛者不是凡人, 迦毗羅城淨飯王子, 祖宗相次御千世之今(金)輪, 弈葉[71]尊榮, 蓋鸞鳳之苗嫡.」須達聞說, 驚心駭神, 渴仰之情, 不離心腑:「願亦(謁)[72]方所, 欲覩尊顔.」護彌報言

64 이후로 수닷타와 호미의 대화가 이어지는데, 변문에는 수닷타가 어떻게 그곳에 오게 되었는지에 대한 아무런 설명도 없다. 이 부분에 대한 이야기가 누락된 것으로 보인다.

65 이 문구는 原錄에서는 '院院牆匝懸幡'으로 되어 있다. [校注] '牆'은 마땅히 '蓋'(속자로 '盖'로 적기도 하는데, 이 글자는 '牆'의 속자인 '墻'와 형태가 유사함)의 오자이며, 응당 '幡'자 다음에 와야 한다. '幡蓋'는 旗幡과 天蓋를 말한다. 『法顯傳』: "七寶莊校, 懸繒幡蓋." 또 "莊嚴衆僧坐處, 懸繒幡蓋." 이처럼 모두 '幡蓋'라는 어휘를 사용하고 있다. 여기서는 직접 수정한다.

66 '長者'는 수달을 가리킨다. 다음의 '護彌報言長者', '長者聞佛德能'의 '長者'는 모두 수달을 가리킨다. [通釋] 인도인은 十德을 구비한 사람을 일컬어 '장자'라 한다.

67 '聚'는 原錄에서는 '娶'로 되어 있다. [校注] 아래에서 '我亦不緣聚會'라 하고 있다. 이로 보아 '聚'는 응당 '娶'로 보아야 한다. 이에 수정한다.

68 '諮屈'은 초청하다는 뜻이다. 「伍子胥變文」: "故來諮屈"은 그 예이다.

69 [通釋] '陌目'은 '霢霂'으로, 변문에서 이는 땀을 흘리는 모습을 나타낸다. 『說文解字』: "霢霂, 小雨也." 땀을 줄줄 흘리는 것과 가랑비는 그 형상이 비슷하다. 玄應『一切經音義』 권22: "霢霂, 音脈木, 爾雅: '小雨謂之霢霂.' 땀을 흘리는 것을 여기에 비유한다.

70 '政'은 '正'과 같다.

71 '弈葉'은 '奕葉'과 같다. '累世'의 의미이다.

72 [袁賓] '亦'은 '謁'로 보아야 한다. [項楚] '亦'은 '詣'의 음와자이다. [校注] '亦'과 '詣'는 소리와 운과 성조가 모두 달라('詣'는 거성자임) 音訛字로 보기 어렵다. 다음의 "思

長者：「佛今不遠，祇在耆闍崛山，統八部龍天，闡三乘之理。今朝已夜，明旦去亦不遲。」長者聞佛德能，不安寢寐，翹誠渴仰，注想慈尊。如來表此專精，遂放毫光照燭，天地洞曉，猶千日之暉盈。須達忽見光明，謂言天曉，尋光直至城門，未開關鑰。須達然知威力，倍增敬仰之心，思念如來，沈吟嗟嘆曰：

崇樓高峻下重關，行路淸霄(宵)[73]阻往還，
思謁尊容未得見，躇躕[74]瞻望力難攀。
每恨生居邪見地，未蒙智杵碎邪山，
幸願慈尊垂汲引，專心佇望禮尊顏。

어느 날 밤 이 장자의 저택에서는 어른 아이 할 것 없이 바삐 대청과 방을 청소하고 안뜰과 가옥을 정돈 수리하고 벽에는 향기로운 진흙을 바르며 대단히 화려하게 가꾸었다. 건물마다에는 깃발과 천개(天蓋)를 걸어 놓고, 방마다에는 모두 융단을 깔아놓았다. 장자(수닷타를 가리킴)는 온 집안이 새벽같이 일어나 불안스레 잠을 이루지 못하고, 또 대단히 화려하게 방을 꾸미는 것을 보고 몹시 괴이쩍게 여기며 물었다. "혼례의 연회를 열려는 것입니까, 아니면 제왕을 초빙하시려는 것입니까? 무슨 이유로 어른 아이 할 것 없이 이리도 바삐 움직이시는 것입니까?" 장자(호미를 말함)가 대답하길, "연회를 위한 것도 제왕을 모시려는 것도 아니고, 부처와 승려를 초청하여 정성으로 공양을 드리려는 것입니다." 수닷타는 과거 여러 생 동안 선업을 쌓으면서 일찍이 부처와 승려들을 가까이 대해왔었기에 지금 부처라는 명호를 듣자 온 몸에 땀이 줄줄 흘렀다. 수닷타가 말하길, "부처는 어떤 신이함을 지니고 계시며 승려는 또 어떤 기량을 가지고 계십니까? 저는 그 이름을 듣자 갑자기 식은땀이 다 흐르는군요. 그분은 어느 곳에서 살고 계시는지요? 부디 자세히 설명해주

謁尊容未得見"구는 '謁'자가 맞는 글자임을 증명해준다.

73 '霄'와 '宵'는 통한다. 돈황사본에서 흔히 '宵'는 '霄'로 표기되고 있다.

74 '躇躕'는 '踟躇'나 '踟躕', 혹은 '躊躇', '躊躕'가 되어야 할 듯하다.

시기 바랍니다. 한스럽게도 저는 오랫동안 사도(邪道)를 섬겨와 아직 정도(正道)를 알지 못합니다. 저는 이제 마음 깊숙한 곳으로부터 갈망하고 있습니다. 제발 그 근원을 설명해주시기 바랍니다." 호미가 말하길, "부처는 범인(凡人)이 아니라 가비라성 정반왕의 태자로서, 그의 조상은 대대로 천 세 동안 금륜왕에 오르고 누세에 걸쳐 존귀와 영화를 누려왔습니다. 생각건대 난봉(鸞鳳)의 후예라 할 만한 분이십니다." 수닷타는 그 말을 듣고 마음이 놀라고 정신이 번쩍 들더니 추앙하는 마음이 심부(心府)를 떠나지 않았다. "부처의 거처를 찾아 존안을 뵙고 싶군요." 이에 호미가 장자(수닷타)에게 알렸다. "부처는 지금 기사굴산이라는 멀지 않은 곳에서 팔부용천을 통어하시며 삼승(三乘)의 이치를 천명하고 계십니다. 오늘은 이미 늦었으니 내일 아침에 가도 늦지 않을 것입니다." 장자(수닷타)는 부처의 역량에 관한 말을 듣고 안절부절 잠을 이루지 못하며 흠모하는 마음으로 자존(慈尊)을 간절히 생각하였다. 여래께서는 그의 마음을 알아보시고는 백호에서 빛을 뿜어내니 천지가 온통 훤해지는데 마치 천 개의 태양이 하늘에 떠 있는 듯했다. 수닷타는 문득 그 밝은 빛을 보고는 날이 샜나? 하며 빛이 나온 데를 찾아 곧장 성문에 이르렀으나 성문은 아직 열려져 있지 않았다. 그리하여 비로소 부처의 위력을 깨달은 수닷타는 [부처를] 경모하는 마음이 더욱 깊어지며 그를 그리워하였다. 그리고 깊이 생각에 잠기더니 탄식하여 말했다.

고루는 높이 솟아 있고 아래는 겹겹의 관문
길은 맑게 갠 밤에 오고 감을 막는구나.
존안(尊顏)을 뵈려하나 그러지 못함에
머뭇거리며 [성벽을] 바라보지만 오를 힘이 없네.
한스럽게도 사견(邪見)에 빠져 지내며
지혜의 몽둥이로 사견의 산(山)을 박살내지 못했네.
바라옵건대 자존이시여, 이 몸에게 인도의 손길을 내려주소서.
온 마음으로 존안에 예배 올리고자 하옵니다.

須達歎之旣了, 如來天耳遙聞, 他心卽知, 萬里殊無障隔. 又放神光照曜, 城門忽然自開. 須達旣見門開, 尋光直至佛所, 旋繞數十餘匝, 竭專精之心, 注目瞻仰尊顔. 悲喜交集處若爲陳[說]:

須達佛心□[75]開悟, 眼中淚落數千行.

弟子生居邪見地, 終朝積罪仕(事)[76]魔王.

伏願天師受我請, 降福舍衛作橋樑.

佛知善根成熟, 堪化異(易)[77]調, 遂卽應命依從, 受他啓請. 喚言長者:「吾爲三界之主, 最勝最尊. 進止安詳, 天龍侍衛. 梵王在左, 帝釋引前. 天仙閦[78]塞虛空, 四衆雲奔衢路. 事須廣造殿塔, 多建堂房. 吾念門弟衆多, 住止迮[79]小. 汝亦久師外道, 不識軌儀, 將我舍利弗相隨, 一一問他法式.」須達旣蒙受請, 更得聖者相隨, 卽選壯象兩頭, 上安樓閣, 不經數日, 至舍衛之城. 遂與聖者相隨, 按行[80]伽藍之地. 先出城東, 遙見一園, 花果極多, 池亭甚好, 須達挹鞭向前, 啓言和尙:「此園堪否?」舍利佛言:「長者!園須(雖)卽[81]好, 葱蒜極多, 臭穢勳(薰)[82]天,

75 빠진 글자는 응당 '佛'자 앞에 와야 한다. 앞의 "思諹尊容未得見" 구로 보아 '見'자가 빠진 것 같다.

76 [原校] '仕'는 '事'와 통한다.

77 [項楚] '異'는 '易'이 되어야 한다. 동음으로 인한 訛字이다. '易調'는 調伏시키기 어렵지 않다는 뜻으로, '堪化'와 같은 의미이다.

78 '閦'은 原錄에서는 '𨶜'로 되어 있는데 이는 속자이다. [通釋] '𨶜塞'은 문맥으로 보아 '闐塞'으로 보아야 할 듯한데, 본 편에 또 '平等𨶜然齊'란 문구가 나오고 있어 어떻게 해석해야 할지 알 수 없다. [校注]『玉篇』: "閦, 衆也." 玄應『一切經音義』권3「明度無極經」'阿閦' 항목: "閦, 文字所無, 相承叉六反." 이로 보아 이 글자는 불경 번역 당시 만들어진 글자임을 알 수 있다. '初六反'과 '惻塞'의 '側'은 그 음이 유사하다. 따라서 '閦塞'과 '側塞'은 사실 동의이체자이며 그 뜻은 '가득 차다', '충만하다'는 뜻이다.

79 '迮'은 原錄에서는 '延'으로 되어 있다. [項楚] '延'은 '迮'의 형와자로 '窄'과 같다. [校注] '迮'은 '迮'로도 적는데, 原錄에서 '延'자로 본 것은 형태가 비슷하여 생긴 착오이다.

80 '按行'은 '조사하다', '검사하다'(察看)는 뜻이다.『經律異相』권3「須達多買園以立精舍」: "卽命共往, 案行周遍." '案行'은 '按行'과 같다.

81 [徐震堮] '卽'은 '則'과 같다. 이하 동일하다. [校注] 이 두 글자는 동의이체자이다. 돈황사본에서는 이 두 글자가 멋대로 혼용되고 있다.

82 '勳'은 '薰'과 통한다.

聖賢不堪居住.」須達迴象, 卻至城西, 擧目忽見一園, 林木倍勝前者. 須達斂容叉手, 啓言和尙:「前者旣言不堪, 此園堪住已不?」舍利弗言:「長者!此地曾爲馬市, 宰殺衆生, 臭穢血腥, 實亦不堪住止.」勒(轡)[83]迴車, 行至城北, 又見一園, 林木滋茂. 啓言和尙,「此園堪不?」舍利弗言:「長者!園雖卽好, 林木芺疏.[84] 多有酒坊猖(娼)[85]婬之室, 長衆生之昏闇, 滋苦海之根源. 此處不堪, 別須選擇!」

수닷타의 탄식이 끝났다. 여래는 천이통(天耳通)으로 먼 곳에서 그 소리를 들었고 타심통(他心通)으로 그의 마음을 알게 되니 만 리의 먼 거리도 아무런 장애가 되지 못했다. 다시 신광(神光)을 발하여 주위를 비추니 성문이 갑자기 스르르 열렸다. 수닷타는 성문이 열린 것을 보고 그 빛을 따라 부처가 계시는 곳에 이르렀다. 그리고 그 주위를 수십 여 차례 돈 다음 전심으로 존안을 우러러 보는데 희비가 갈마드니, 이때 무슨 말이 있는가(若爲陳說)?

수닷타는 부처를 뵙자 마음이 열리고 진리를 깨달아
눈에서는 수 천 갈래 눈물이 흐른다.
제자는 사견에 빠져 지내며
날마다 죄를 쌓으며 마왕을 섬겨왔네.
원컨대 천사(天師)께옵서는 저의 청을 들어주시어
사위성에 복을 내리는 교량이 되어 주시기를.

부처는 그의 선근이 무르익어 교화될 수 있음을 아시고는 마침내 그의 바람대로 그 간청을 받아들이시며 다음과 같이 수닷타장자에게 이르셨다. "나는 삼계(三界)의 주인으로 누구보다 뛰어나고 누구보다 존귀하

---

83 '轡'는 原錄에서는 '輻'로 되어 있고 '鞭'으로 교정하였다. [徐震堮] '輻'과 '轡'는 같다. '鞭'으로 교정한 것은 잘못이다. [校注] 이에 의거하여 수정한다. 劉凱鳴은 이를 '韁'으로 교정하였는데 정확하지 않다.

84 '芺疏'는 '扶疏'와 같으며 무성하고 조밀한 모양이다. 項楚는 '芺'는 '扶'라고 교정하였는데 불필요하다.

85 '猖'은 '娼' 혹은 '倡'과 통한다.

다. 나아가고 머묾이 안상하며 천룡이 시위(侍衛)를 하고 범왕(梵王)은 왼쪽에서 호위를 하고 제석천은 앞에서 길을 안내하며, 천선(天仙)은 허공을 가득 메우고 사중(四衆)은 구름처럼 길거리로 몰려든다. 그러므로 널리 불전과 불탑을 세우고 많은 승당과 승방을 건립해야 하느니라. 나에게는 지금 많은 제자들이 있는데 이들이 머물 장소가 비좁기 때문이다. 그대는 오랫동안 외도를 섬겨왔기에 그 법식을 잘 모를 것이라 너에게 사리불을 딸려 보내겠으니 그에게 하나하나의 격식을 묻도록 하여라."

수닷타는 자신의 간청이 받아들여지고 또 따를 수 있는 성자를 얻게 되자 즉시 건장한 코끼리 두 마리를 골라 그 등짝 위에 누대를 설치하였다. 그리고 며칠 지나지 않아 사위성에 도착하였고, 그는 성자와 함께 가람을 세울 땅을 물색하기 시작했다. 먼저 성 동쪽 밖으로 나가보니 멀찌감치 한 정원이 눈에 들어왔다. 꽃이며 과실수가 많고, 연못이며 정자도 매우 훌륭한 곳이었다. 수닷타는 채찍을 손에 들고 앞을 가리키며 물었다. "이 정원은 어떻습니까?" 사리불이 대답하였다. "장자여! 이 정원은 비록 좋기는 하나 파와 마늘이 너무 많아 그 악취가 하늘을 찔러 도저히 성현이 머물 수 없다." 수닷타는 코끼리를 돌려 성 서쪽에 이르렀다. 눈을 들어보니 문득 한 정원이 눈에 띄었는데 숲이 이전의 것보다 훨씬 나았다. 수닷타는 공손히 손을 모으고 사리불에게 물었다. "이전의 것은 적합하지 않다 하셨는데 이 정원은 어떻습니까?" 사리불이 대답했다. "장자여! 이곳은 이전에 마시(馬市)가 열렸던 곳이라 뭇 생명들이 도살되어 그 피비린내가 진동을 하니 도저히 머물 수 없다." 고삐를 당겨 수레를 돌려 성 북쪽에 이르니 수목이 울창한 정원 하나가 다시 눈에 들어왔다. 수닷타가 다시 사리불에게 물었다. "이 정원은 어떻습니까?" 사리불이 대답했다. "장자여! 이 정원은 수목이 무성하여 좋기는 하나 술집이며 음탕한 방이 많아 중생의 미망을 자라게 하고 고해의 근원을 기르니 이곳 역시 적합지 않소. 그러니 다른 장소를 찾으시게!"

長者巡遊三處, 尊者皆言不堪.「佛與此地無緣, 爲復多生業障?」須達忸怩[86]反側, 非分仿偟, 煩怨迴車, 又出城南按行. 去城不近不遠, 顯望當途, 忽見一園, 竹木非常蓊蔚. 三春九夏, 物色芳鮮; 冬際秋初, 殘花翁鬱.[87] 草靑靑而吐綠, 花照灼而開紅. 千種池亭, 萬般果藥. 香芬芬而撲鼻, 鳥噪聒[88]而和鳴. 樹動揚三寶之名, 神鐘震息苦之響. 祥鸞瑞鳳, 爭呈錦羽之暉; 玉女仙童, 競奏長生之樂. 長者見玆園圃, 深叶(愜)[89]胸懷. 遂卽斂容, 啓言和尙:「前者三處, 皆言不堪. 祇今此園, 稱情已否?」舍利弗言:「長者!我爲小果, 道力卑微, 待我入定觀看, 然可知其善惡.」舍利弗收心入定, 斂念須臾, 觀此園亭, 盡無過患. 過去百千諸佛, 皆曾止住其中, 說法度人, 量塵沙而頗(叵)算.[90] 舍利弗旣見此事, 踊悅[91]身心, 含笑舒顔, 報言長者:「此園非但今世堪住我師, 賢劫一千如來皆向此中住止. 吉祥最勝, 更亦無過. 修建伽藍, 唯須此地.」舍利弗共長者商度處若爲:

長者旣蒙聖加護, 一切迷心盡開悟.

---

86 【項楚】'忸怩'는 '망설이다', '주저하다'는 뜻이다.「頻婆娑羅王后宮綵女功德意供養塔生天因緣變」: "걱정과 두려움에 휩싸여 어찌할 바를 몰랐다(非分憂惶, 忸怩反側)."

87 '翁鬱'은 原錄에서는 '翁欝'으로 되어 있다. 項楚는 '蓊蔚'로 보면서 바로 앞에 '竹木非常蓊蔚'란 문구가 있음에 주목하였다. 張鴻勳은 '蓊蔚'나 '翁欝'은 '蓊鬱'이라 보았다. 【校注】『龍龕手鏡』: "欝, 俗; 欎, 古; 鬱, 正." 이로 보아 이것은 '鬱'의 변체자이고 '翁鬱', '蓊蔚'은 모두 같은 의미의 이체자임을 알 수 있다. 따라서 교정하는 것은 온당치 않다.

88 '聒'은 原錄에서는 '咶'로 되어 있으며, 다음의 '和'는 原錄에서는 왼편에 '口'편방이 붙어 있다. 【項楚】'咶'은 응당 '聒'이며, '咊'은 '和'의 累增字이다. 【校注】이 두 글자는 모두 앞뒤의 글자가 '口' 편방인 것에 영향을 받아 유사하게 변화된 것이다.

89 '叶'은 '愜'과 통한다.

90 '算'은 原錄에서는 '筭'로 되어 있다. 【郭在貽】'頗'는 응당 '叵'로 보아야 하며 '不可'의 뜻이다. 또 '筭'은 '算'의 별체자이다. '叵算'은 '정확히 셀 수가 없다'는 뜻으로, 설법으로 제도한 사람이 매우 많음을 말한다.

91 徐復은 "'踊悅'은 곧 '慂悅'이다. 마땅이 '慂'이어야 한다.『廣韻』: '慂, 心喜也. 余隴切.', '踴'은 본래 '勇躍'이란 뜻인데 파생되어 '마음이 기쁘다(心喜)'란 의미를 갖게 되었다." 【校注】'慂'은 아마 '踴'보다 뒤에 생겨난 글자일 것이기에 교정할 필요가 없다. 이하 동일하다.

舍利弗相隨建道場, 擬請如來開四句.
巡城三面不堪居, 長者煩怨心猶預.
乘象思村(忖)向前行, 忽見一園花果茂.
須達舍利乘白象, 往向城南而顧望.
忽見寶樹數千株,[92] 花開異色無般當.[93]
祥雲瑞蓋[94]滿虛空, 白鳳青鸞空裏颺.
須達嗟嘆甚希奇, 瞻仰尊顏問和尙.
舍利迴頭報須達,「此園妙好希難遇.[95]
聖鐘應現樹林間, 空裏天仙持供具.
過去諸佛先安居, 廣度衆生無億數,
明知聖力不思議, 此是如來說法處.」
須達聞說甚驚疑 :「觀此園亭國內希.
未知本主誰人是, 百計如何買得之?
世上好物人皆愛, 不賣之人甚難期.」
良好沈吟情不悅, 心裏迴惶便忸怩,
喚得園人來借問 :「園主當今是阿誰?
我今事切須相見, 火急具速莫遲違.」
園人叉手具分拔 :「園主富貴不隨宜.
現是東宮皇太子, 每日來往自看之.
不向園來三數日, 倍加修飾勝常時.
長者欲識其園主, 乃是波斯國主兒!」

92 '株'은 原錄에서는 '林'으로 되어 있다. [項楚] '林'은 '株'의 形訛字이다. [校注] 이에 의거하여 수정한다.

93 '般當'은 '견주다', '비교하다'는 뜻이다.

94 [劉凱鳴] '蓋'는 '靄'의 音訛字이다. [校注] 확실한 것 같지 않다. '蓋'는 '幡蓋', '華蓋' 등을 말한다.

95 '遇'는 原錄에서는 '過'로 되어 있다. [徐震堮] '過'는 응당 '遇'로 보아야 한다. '具', '數', '處'와 韻이 들어맞는다.

수닷타는 세 군데를 둘러보았지만 존자는 매번 그 땅들이 부처와 인연이 없다거나 아니면 업장이 많아 적합지 않다고 하였다. 수닷타는 어찌해야 할 지 몰라 적잖이 당황하며 근심스레 수레를 돌려 이번에는 성 남쪽으로 나가 살펴보았다. 성에서 멀지도 가깝지도 않은 곳에서 앞쪽을 멀리 바라보니 문득 정원 하나가 눈에 들어왔는데 대나무가 울창한 곳이었다. 봄여름에는 초목 빛깔 산뜻하고 겨울과 가을 초에도 잔화(殘花)가 무수했다. 풀들은 파릇파릇 푸르름을 토해내고 꽃들은 발긋발긋 눈부시게 피어났다. 천 가지 지정(池亭)과 만 가지 과수며 약초들, 그 향기 물씬물씬 코를 찌르고 새들은 재잘재잘 조화롭게 지저귀었다. 나무들의 흔들림은 삼보(三寶)의 이름을 떨치고 신비로운 종(鐘)은 고통을 소멸시키는 음향을 울리며, 상서로운 난봉(鸞鳳)은 앞 다투어 비단날개의 휘황함을 드러내고 옥녀(玉女)와 선동(仙童)은 경쟁하듯 장생악(長生樂)을 연주했다. 수닷타는 이 정원이 무척 마음에 흡족하였다. 이에 몸가짐을 공손히 하며 사리불에게 물었다. "앞의 세 곳은 모두 적합지 않다 하셨는데 이 정원은 마음에 드십니까?" 사리불이 말하길, "장자여! 나는 소과(小果)라서 도력이 미약한 까닭에 선정에 들어가서 살펴봐야만 이곳의 선악을 알 수 있을 것이오." 사리불은 마음을 가다듬고 선정에 들어가 잠시 동안 생각을 거두어들이고서 그 정원을 살펴보니 그곳은 아무런 흠잡을 데도 없었다. 백 천의 과거불이 모두 이곳에서 머무르며 법을 설하고 중생을 제도하였는데, [제도된 중생의] 수가 무수하여 헤아릴 수 없을 지경이었다. 사리불은 이러한 일이 있었음을 알고는 몸도 마음도 뛸 듯이 기뻤다. 빙그레 미소를 지으며 수닷타에게 알렸다. "이 정원은 금세에 나의 스승(석존)이 머물 수 있을 뿐만 아니라 현겁(賢劫)의 일 천 여래[96]도 모두 여기에서 머무르셨소. 최고의 길상함으로 이보다 나은

96 현겁의 일천 여래 : 과거의 '장엄겁(莊嚴劫)'과 미래의 '성숙겁(星宿劫)'에 대응하여 현재의 겁을 '현겁(賢劫)'이라 부른다. 이 겁 동안에는 일천의 부처가 세상에 나타난다고 한다.

곳은 없으니 가람을 세우려면 마땅히 이곳이어야만 하오." 사리불이 수닷타와 이야기를 나누는 장면은 어떠한가?

장자는 성자의 가호를 입어
일체의 미혹된 마음 소멸되고 깨달음을 열었네.
사리불을 따르며 도량을 세우려는데
여래를 청하여 사구(四句)[97]를 듣고자 하네.
성(城)의 삼면을 둘러봤으나 살기에 적합지 않다하니
장자는 번민하며 어쩔 줄 몰라 하네.
코끼리를 타고서 생각에 잠긴 채 앞으로 나아가는데
문득 꽃과 과일이 무성한 정원이 눈에 띄었네.
수닷타와 사리불 흰 코끼리를 타고
성 남쪽에 이르러 저 멀리 바라보는데
문득 눈에 들어오는 것은 보수(寶樹) 수 천 그루와
비할 데 없이 기이한 빛깔의 꽃들.
상서로운 구름은 허공에 가득하고
흰 봉황과 푸른 난새는 공중에서 춤을 추네.
수닷타는 참으로 희유하다 찬탄을 하고
존안을 우러르며 화상에게 여쭈니
사리불은 고개 돌려 수닷타에게 알리는데
"이 정원은 절묘하여 아무 데서나 만날 수 없네.
성종(聖鐘)은 수림(樹林) 속에서 응현(應現)하고
공중에서는 천선(天仙)이 공양 그릇을 받쳐 들고 있네.
과거의 제불(諸佛) 먼저 이곳에 안거하시며
헤아릴 수 없는 중생들을 제도하시었네.
성력(聖力)의 불가사의함, 이제 분명히 알았으니

97 보통 게송(偈頌)을 말하나 여기서는 부처의 설법을 가리킴.

이곳은 여래의 설법처로다.”
수닷타는 그 말을 듣고 매우 의아해하는데
‘이 정원은 가만 보니 나라 안에서 드물다.
누가 이곳의 주인인지 알 수 없는데
어떻게 해야만 이곳을 사들일 수 있을까.
세간의 좋은 것에는 누구나 다 집착하는 법
팔지 않으려는 사람은 없으리라.’[98]
한동안 생각에 잠겨 있는데 기분이 즐겁지 않고
마음은 어지럽고 근심스러웠다.
정원 관리인을 불러 묻는데
“이 정원의 주인은 현재 누구인가?
나는 지금 만나야 할 일이 있으니
속히 맞아들여 꾸물대지 말라.”
정원 관리인은 두 손을 공손히 마주잡고서 대답하는데
“원주(園主)는 그 부귀함으로 말하면 따를 자 없거늘
지금 동궁의 황태자시라네.
매일같이 이곳에서 유람하시는데
며칠 정원에 나오지 않으시면
여느 때보다 더 한층 손질을 가하신다네.
장자께서 이 동산의 주인을 알고자하시는데
바로 파사국왕[99]의 태자시라네!”

須達啓言和尙:「此園堪不?」舍利弗言:「長者!此園非但我本師釋迦

98 이 부분은 문맥이 통하지 않는다. “아끼지 않는 사람은 없을 터인데” 쯤으로 이해하는 게 문맥상 맞는다.

99 ‘파사국’은 사위성을 수도로 한 코살라왕국을 가리키고 ‘파사국왕’은 파사닉왕을 말한다.

牟尼愛樂此處, 過去塵沙諸佛, 亦住此中. 垢重之人, 履此地而淸淨. 神鐘天樂, 不奏擊而常鳴; 異香天花, 競繽紛而亂墜.」和尙且歸本處, 弟子暫往東宮. 已(以)禮投[100]探看了, 求之可得已不??若論肯賣, 不諍價之高低; 若死腰楔(要挾),[101] 方便[102]直須下脫.[103] 千方萬計, 不得不休.」須達別了卽行, 直至東宮門下. 非時入內, 直見皇儲. 太子遙見重臣, 遂卽下階迎接. 太子曰:「卿是輔國重臣, 每吾君之所有; 因何怱務,[104] 非時忽見寡人?」須達欲直申說, 下口稍難; 權設詭詐之詞, 答儲君曰:「臣昨日因行, 偶至太子園所, 遙見妖災競起, 怪鳥群鳴. 臣乃駐馬觀瞻, 忽覺心神戰慴, 池亭枯涸, 花果彫(凋)疏. 太子不信臣言, 發使往觀虛實.」太子聞語, 非甚[105]驚惶.「寡人自買此園, 久淹年歲. 三春叆柳,[106] 周靑翠而垂條; 九夏名花, 遍池亭而照灼. 足可消愁適(釋)悶, 悅暢心神. 卿今忽出此言, 不應狂(誑)妄!」[107] 須達整頓容儀,

100 '投'는 原錄에서는 '拔'로 되어 있고 '投'로 교정하였다. 여기서는 이를 따른다.

101 '腰楔'은 '要挾'으로 보아야 한다. 또 '若死'는 '苦死'로 보아야 할 듯하며, 앞에 '若論' 두 글자가 생략되어 있다. 「燕子賦」에는 '不須苦死相邀勒'이란 문구가 있는데 여기서 '邀勒'은 '要挾'의 뜻이며, 또한 '苦死'라는 문구를 사용하고 있다.

102 '方便'은 '대책을 강구하여'라는 뜻의 부사로 사용된 것이다. '方便直須下脫'는 '直須方便下脫'이다. 여기서 '下脫'은 타동사이고 '方便'은 그 목적어이다. 따라서 '方便'은 부사 성질을 가지고 있는 것이다. '方'은 '方法'이고, '便'은 '機會'이다. '方便'의 뜻이 '方'자에 치우치면 '방법', '방안을 강구하다', '계책을 사용하다'는 뜻이 되고, '便'자에 치우치면 '기회', '기회를 틈타다'는 뜻이 된다. 이 단어는 명사, 동사, 부사, 형용사 성질을 모두 지니고 있다. 蔣禮鴻은 '방편'을 '부정당한 수단을 사용하다'로 보아, 본래 중성적 성격의 단어를 부정적인 뜻을 가진 단어로 보았다. 項楚는 명사로 쓰이면 기회의 뜻으로, 동사로 쓰이면 기회를 엿보다는 뜻으로 해석하였다. 周光慶은 '방법', '방안을 강구하다'고 해석하였다. 이들은 모두 한 면에만 주목하였을 뿐 그것의 부사 혹은 형용사적 용법에는 주목하지 않았다.

103 [通釋] '下脫'은 '속이다'는 뜻이다.

104 '怱務'는 '급한 일'이다. '怱'는 본래 '悤'로 되어 있는데 이는 속자이다.

105 '非甚'은 '매우'이다. 뒤의 "心中非甚憂惶"도 똑같다.

106 [徐震堮] '叆'은 '輭'과 같다. 뒷 문장에서는 '耎'으로 되어 있다. [校注]『說文解字』: "偄, 弱也." 段玉裁 注:"俗作輭. 訛作軟." '耎'은 '偄'의 동음통용자이다. '叆'은 '耎'의 訛字이다.

107 [徐震堮] '狂'은 '誑'이어야 한다.

啓言太子:「太子至尊至貴, 一國儲君, 卑臣奉仕(事)玉階, 股肱王室. 豈容誣罔,[108] 誑敕何殊!纖毫差馳, 臣可[109]得全腰領?儲君不信, 躬駕親觀, 驗其虛實, 表愚臣之忠節.」 太子曰:「卿爲忠臣, 不可虛譎;[110] 審有此事, 如何厭攘(禳)?」 須達啓言太子:「物若作怪, 必須轉賣與人. 太子書榜四門, 道園出賣. 衆口可以鑠[111]金, 災祥自然消散. 有人擬買, 高索價直:平地遍布黃金, 樹枝銀錢皆滿, 世人重寶, 必無肯買之人.」

수닷타가 사리불에게 여쭈었다. “이 정원은 어떻습니까?” 사리불이 대답했다. “장자여! 이 정원은 나의 본사(本師)이신 석가모니불께서 좋아하셨을 뿐만 아니라 과거의 수많은 제불 역시 이곳에서 머무셨소. 번뇌가 무거운 사람들도 이곳에 발을 들여놓으면 청정해지고, 신종이며 천악은 연주하지 않아도 늘 울려대며, 특이한 향기의 천화(天花)는 앞 다투어 어지러이 흩날리오.” “화상 어른께서는 일단 거처로 가 계시지요. 제자는 잠시 동궁에 들러 예의로써 그것을 구할 수 있을지 없을지 살펴보려 합니다. 만일 팔고자 한다면 값의 높고 낮음을 가리지 않을 것이고, 한사코 팔지 않으려 한다면 수단을 강구하여 속이기라도 할 것입니다. 온갖 계책을 다 동원하여 그것을 얻을 때까지 그만 두지 않을 것입니다.”

수닷타는 사리불과 헤어진 뒤 곧장 동궁으로 향했다. 궁문 아래 다다른 그는 궁에 들어갈 시간이 아니었지만 곧장 태자를 만나러 들어갔다. 태자는 멀리서 대신을 보고는 즉시 계단을 내려와 영접하였다. 태자 말하길, “경은 보국의 중신으로 항상 군왕의 신변에 계시는 분께서 무슨

---

108 ‘誣罔’은 原錄에서는 ‘誙罓’으로 되어 있다. [徐震堮] ‘誣罔’과 같다. [校注] ‘罓’은 응당 ‘冈’이어야 한다. 이는 ‘莽’의 俗字이다. 『龍龕手鏡』: “誷, 音冈, 誣誷也.” 또 “誣, 誣枉, 欺妄也.”

109 [原校] ‘可’는 ‘何’와 통한다. [校注] ‘可’에는 ‘豈’의 뜻을 가지고 있다. ‘何’의 가차자가 아니다.

110 ‘譎’는 原錄에서는 ‘譑’로 되어 있는데 이는 속자이다. 『廣韻』: “譎, 多言. 居天切.” 『玉篇』: “譎, 多言也.” ‘虛譎’는 ‘거짓, 허위’, ‘거짓으로 속이다’는 뜻이다.

111 ‘鑠’은 原錄에서는 ‘櫟’으로 되어 있고 ‘鑠’으로 교정하였다. [校注] 이는 形訛字이다. 따라서 직접 수정한다.

급한 용무가 있어 때가 아닌 지금 갑자기 과인을 보러 온 것이오?" 수닷타는 [찾아온 용건을] 단도직입으로 얘기하고 싶었지만 입을 떼기가 쉽지 않아 거짓 문구를 생각해 내어 아뢰었다. "신이 어제 외출을 나갔다가 우연히 동궁마마의 정원을 지나게 되었사온데, 멀찍이서 정원을 바라보자니 요기(妖氣)가 일고 괴조(怪鳥)가 떼를 지어 울고 있는 것이었습니다. 신은 말을 멈추고서 그것을 바라보는데 갑자기 심신이 두려움에 부들부들 떨려오고 연못이 마르고 꽃이며 나무 열매가 시들어 떨어지는 것이었습니다. 신의 말을 믿지 못하시겠다면 사자를 보내어 사실인지 알아보시기 바랍니다." 태자는 그 말을 듣고 매우 놀랐다. "과인이 그 정원을 사들인지 오랜 세월이 흘렀는데, 봄에는 부드러운 버드나무가 주위에 푸릇푸릇한 가지를 드리우고 여름에는 이름난 꽃들이 지정(池亭) 가득 울긋불긋 피어나곤 했소. 족히 근심을 없애고 번민을 덜어주어 마음을 즐겁게 해주었소. 경이 지금 한 이 말에 거짓이 있어서는 안 될 것이오!" 수닷타가 몸가짐을 바로 하고서 태자에게 아뢰었다. "동궁마마께서는 더없이 존귀하신 몸으로 일국의 왕이 될 분이십니다. 신은 옥계(玉階)[112]에서 벼슬하며 왕실을 보좌하는 자로서 어찌 망언을 할 수 있겠습니까? 만일 그러하다면 이는 거짓 성지(聖旨)를 전하는 것과 다를 바 없을 것입니다. 추호의 어긋남이라도 있다면 신의 머리와 허리는 무사할 수 없을 것입니다. 그래도 믿지 못하시겠다면 친히 그리로 납시어 그 허실을 알아보십시오. 그러하시면 우신(愚臣)의 충절을 아실 것이옵니다." 태자가 말하였다. "경은 충신이니 거짓을 말해서는 안 될 것이오. 참으로 그런 일이 있다면 어떻게 액막이를 하면 좋겠소?" 수닷타가 태자에게 아뢰었다. "외물(外物)에 어떤 괴상한 일이 일어나면 반드시 다른 사람에게 팔아넘겨야 할 것입니다. 동궁께서는 사대문에 방(榜)을 붙여 그 정원을 팔겠다고 하십시오. '여러 사람의 입은 무쇠라도 녹일 수 있다'고 했듯이 재화

112 대궐 안의 섬돌.

(災禍)는 저절로 소멸될 것입니다. 사려는 자가 있다면 가격을 높이 매겨 황금으로 땅을 뒤덮게 하고 나뭇가지에는 은전이 가득하도록 하십시오. 세상 사람들은 보물을 중히 여기니 분명히 사려는 사람이 없을 것입니다."

太子聞言, 依從允順, 當日書榜, 安城四門. 須達密計旣成, 遂別太子. 遂於四門之上, 折榜將來, 直入東宮, 往見太子. 太子不忿此事, 乘馬出城, 躬親自觀. 與須達相隨, 直到園所. 周迴顧望, 與本無殊; 四面瞻相, 都無變怪. 尋問監園之者,[113] 並無改張. 太子遂生忿怒, 雅責[114]須達大臣:「卿今應謀社稷, 擬與外國相連; 構扇君臣, 離間父子. 亡家喪國, 應亦緣卿!夫爲君子者, 居家盡孝, 奉國盡忠; 恭謹立身, 節用法則. 斯保其祿位, 終其富貴. 豈容爲臣不忠, 出言虧信, 非但殃身招禍, 亦乃辱及先宗. 寡人聞奏天恩, 遣卿容身無地! 昇沈榮辱, 祇在呼吸之間. 對面千里, 叨處榮斑(班),[115] 尸祿素餐, 卿今卽是. 須奏天珽(庭), 身當萬誅!」其時爲法違情, 不懼亡軀喪命. 君臣兩競, 各擬見王.

태자는 그 말을 듣고 그대로 시행할 것을 허락하여 그날 곧 방문을 적어 사방의 성문에 붙이도록 하였다. 수닷타는 자신의 계책이 이루어지자 태자에게 작별을 고하고 돌아왔다. 그리고는 사대문 위에 붙어 있는 방문을 떼어버린[116] 다음 동궁으로 들어가 태자를 뵈었다. [그리고는 방문에 적혀 있는 조건으로 정원을 사겠다고 하였다][117] 그 일에 마음이 언짢아진 태자는 말을 타고 성을 나서며 자신의 눈으로 직접 확인하고

113 '之者'는 '之人'이다. 【通釋】 '之者'는 '之人', '之物'과 같다. '者'자 앞에 접속사 '之'를 넣은 것은 매우 독특한 용법이다. 이러한 용법은 '之'자 앞에 보통 두 글자가 나온다. 【校注】 이러한 용법은 남북조대에 이미 보인다. 예를 들어 S.4366 西魏 大統16년에 필사한 「大涅槃經」 제12 題記: "願轉讀之者, 興無上之心; 流通之者, 使衆或(惑)感悟." 또 「阿吒婆拘思鬼神大將上佛陀羅尼神呪經」: "若有讀誦是呪之者."

114 【通釋】 '雅責'은 '호되게 꾸짖다'는 뜻이다.

115 '斑'은 '班'과 통하며 '朝班', '朝列'을 가리킨다.

116 방문을 뗀다는 것은 그 고시(告示)에 응함을 말한다.

117 본문에서는 이 부분이 빠져 있어 문맥이 잘 통하지 않는다.

자 하였다. 수닷타를 뒤딸린 채 곧장 정원에 이르러 주위를 둘러보니 이전과 달라진 것은 없었다. 사방을 살펴봐도 아무런 변괴도 눈에 띄지 않았다. 정원 관리인에게 물어도 아무런 변화도 없다는 것이었다. 태자는 마침내 크게 성을 내며 수닷타를 엄중하게 꾸짖었다. "경은 지금 사직(社稷)을 속여 외국과 내통하여 군신(君臣)을 선동하고 부자(父子)를 이간질시키려 하고 있소. 집안이 망하고 나라가 멸망하는 것은 모두 경으로부터 비롯된 것이오! 무릇 군자(君子)된 자는 집에 있으면 효도를 다하고 나라를 섬기면 충성을 다할 것이며, 몸가짐을 조심하고 비용을 절약하고 법령을 준수하여야 할 것이오. 이래야만 그 녹작(祿爵)을 보전하여 부귀를 다할 수 있을 것이오. 어찌 신하된 몸으로 [임금께] 불충하고 언설에 신뢰가 없을 수 있으리. 이는 단지 자신에 화를 초래할 뿐만 아니라 조상을 또한 욕되게 하는 것이오. 나는 천자께 이 사실을 아뢰어 경을 몸 둘 곳 없도록 할 것이오! [인생에서] 잘되고 못되는 것, 영예와 치욕은 단지 한 호흡 사이에 달려 있소. 얼굴을 맞대고 있었음에도 천 리를 격하고 있었소. 함부로 관위에 거하면서 하는 일 없이 녹을 먹는다더니 지금의 경이 바로 그렇소. 내 반드시 조정에 아뢰어 그 몸에 만 번 주륙을 가하도록 할 것이오!" 그때 [수닷타는] 불법(佛法)을 위하여 마음을 거슬렀던 것이라 육신이 사라지고 목숨을 잃게 되는 것도 두려워하지 않았다. 군신 둘은 앞 다투어 각자 왕을 뵙고자 하였다.

首陀[118]天王空裏聞語, 心自思惟:「我若不諫此人, 善事必生留難.」[119] 隱其天像, 化身作一老人. 髭鬢鵠白, 手策弱杖, 直衝太子馬前, 抗聲喚言, 向前且住:「公子, 善惡有理, 何用諠諍!尊卑自有禮儀, 貴賤須存法式, 何得闌[120]街截巷, 賁氣[121]高聲!各說本途, 理須依實. 天子由

118 丙卷은 여기부터 시작한다. 그러나 原件에서는 착오로 권말에다 붙여두었다.

119 '留難'은 '방해받다', '장애가 되다'는 뜻이다. 「伍子胥變文」: "이곳에서 어려움을 피할 수는 없겠구나(不免此處生留難)." '生留難'은 마찬가지로 '방해를 받다'는 뜻이다.

(猶)事三老, 古者養老乞言, 不假妄構虛詞, 擾亂公府. 老身依平斷割, 必望取無曲情.」太子下馬, 不忿欺誑之情, 委逑根原, 陳訴老人言曰. ……[122] 老人聞說, 雅責須達大臣, 將[123]千種愆違, 竪[124]百般過失. 振睛怒目, 叱訶須達大臣, 解太子之瞋心, 免善事之留難處, 若爲?

太子見園無災怪, 卽知須達出狂(誑)言.
「卿是忠臣行妄語, 方便下脫寡人園,
修表奏王取進止, 腰斬須臾命不全.」
兩個相諍語未訖, 中途忽遇首陀天,
面上紅顏千道皺, 眼中冷淚狀如泉.
手駐(拄)千年靈壽杖, 戰掉[125]來迎太子前.
「此是儲君宴會處, 咫尺不遠近天顏.
君子誠合而鬥德, 智者不假語聲諠.
有事盡向老人說, 均平處斷不交(敎)偏.」
太子叉手啓丈人:「暫聽分雪不須瞋.
寡人位處儲天子, 往來半杖(仗)每隨身.
須達大臣短意智, 不存上下君臣義,
無端詐計設潛謀, 方便欲興纂國意.
幸願丈人照察看, 妄說災祥誰不是?」

---

120 『廣雅』:“闌, 遮也.” 후에 ‘攔’으로 세분화되었다.

121 【徐震堮】‘賁’은 ‘憤’이다. 【校注】 뒤의 ‘憤氣衝天’, ‘賁氣’, ‘憤氣’ 역시 마찬가지다. 『集韻』:“忿, 怒也. 或作賁.”

122 ‘言曰’ 뒤에는 생략되어 있기에 생략 부호를 붙인다.

123 ‘將’을 劉凱鳴은 ‘講’으로 교정하였는데 정확한 것 같지 않다. 이 두 자는 소리와 운, 성조 모두 다르다.

124 ‘竪’를 劉凱鳴은 ‘數’로 교정하였다. 【校注】 이 두 글자는 하나는 淸音, 하나는 濁音이다. 가차자가 아닌 듯하다. ‘竪’는 ‘樹’와 의미가 같으며 ‘標擧’, ‘臚列’로 해석할 수 있다.

125 ‘掉’은 原錄에서는 ‘棹’으로 되어 있다. 【原校】 ‘棹’은 ‘踔’으로 보아야 할 듯하다. 【校注】 丙卷에서는 ‘掉’로 되어 있기에 여기서는 직접 수정한다. ‘戰掉’ 이 단어는 자주 보이는데 ‘덜덜 떨다’는 의미다. 본래 ‘棹’는 ‘掉’의 편방을 바꾼 글자이다. 돈황사본에서는 ‘木’ 편방과 ‘扌’ 편방은 구분 없이 사용된다.

老人聞說按聲[126]瞋：「比來聞道是忠臣，
言語二三無準[127]的，虛霑國相理平人.
何須漫說災祥起，詐僞之情行不純.
據此罪愆難捨過，王知腰斬作微塵.」
老人和顏語太子：「人主出言不合二，
寧可高索價難酬，道賣不賣違人意.
老人從來見事多，直言勸諫均平理.
自今和[128]可莫紛紜，君臣好好相承仕(事).」[129]

수타천왕이 허공에서 그 말을 듣고는 생각하였다. '내가 만일 이 사람에게 간하지 않는다면 반드시 선사(善事. 가람의 건립을 말함. 역자 주)에 어려움이 생기겠구나." 그리하여 천인의 모습을 숨기고 한 노인으로 화하였다. 콧수염도 귀밑털도 온통 하얗고 손에는 가느다란 지팡이를 들었는데, 곧장 태자의 말(馬) 앞으로 나아가며 큰 소리로 그를 불러 세웠다. "공자여, 선악은 이치에 따라 결정되어지거늘 이렇게 소란스레 말다툼할 필요 있겠소? 존비(尊卑)에는 본래 예의가 있고 귀천(貴賤)에는 법도가 있어야 하거늘 어찌하여 거리 한가운데서 이리도 화를 내며 소리를 지른단 말이오! 각자 본래의 의도를 얘기해보시오. 이치는 사실에 따르게 될 것이오. 천자는 삼로(三老)를 받들어 모시고 옛사람은 노인을 봉양하며 조언을 구했던 것이니, 함부로 거짓된 말로 공부(公府)[130]를 어지럽히지 말아야 할 것이오. 늙은 이 몸이 공정하게 판단을 내릴 것이니 사실 그대로 이야기해 주길 바라오." 태자는 말에서 내려 속았다는 생각에 분

---

126 '按聲'은 '낮은 소리'이다. 「捉季布傳文」: "周諡按聲而問曰"은 그 예이다.

127 【原校】'准'은 본래 '唯'로 되어 있다. 丙卷에 의거하여 수정한다.

128 【原校】丙卷에서는 '和'가 '不'로 되어 있다. 【校注】丙卷에서도 사실 '和'로 되어 있다. '和可'는 '和合認可'로, 쌍방의 의견이 일치됨을 말한다.

129 '承'은 原錄에서는 '丞'으로 되어 있다. 【校注】돈황사본에서 '丞'은 '承'으로 되어 있는 경우가 많은데 이는 俗字이다. 여기서는 직접 수정한다. '仕'는 '事'와 통한다.

130 임금이 정사를 보던 곳.

해하며 그 일을 상세히 노인에게 이야기해주며 하소연하였다. (하소연하는 내용은 빠져 있음) 노인은 그 말을 듣고 수닷타대신을 호되게 나무랐다. 천 가지 허물을 들먹이고 백 가지 과실을 열거하면서 눈알을 부라리며 노한 눈으로 수닷타대신을 질책함으로써 태자의 분심을 삭이고 선사(善事)가 어려움에 빠지지 않도록 하는 장면은 어떠한가?

태자는 정원에 변괴 없음을 보고는
수닷타가 거짓말했음을 알았네.
"경은 충신이 되어 망언을 하여
수작을 부려 과인의 동산을 취하려 했다.
표를 올려 왕께 아뢰고 그 분부를 받들어
요참(腰斬)에 처해지면 한순간에 그대 목숨은 사라지리라."
두 사람의 언쟁이 끝나기 전에
홀연 도중에 수타천왕이 나타났네.
불그스름한 얼굴에는 천 가닥의 주름살이 잡혀 있고
눈에서 흐르는 차가운 눈물은 샘과 같네.
천 년된 영수(靈壽)의 지팡이를 짚으며
비틀거리며 태자 앞으로 마중 나왔네.
"이곳은 태자의 연회 정원이며
천자의 용안도 바로 지척이라네.
군자는 정직하여 덕을 다투어야 할 것이고
지자(智者)는 큰 소리로 말을 해서는 안 될 것이네.
문제가 있으면 모두 이 노인에게 얘기해보시오
공정하게 판단을 내려 치우침이 없을 것이네."
태자가 공수(拱手)하고서 노인에게 아뢰는데
"잠시 제 말을 좀 들어보시지요, 화가 안날 수 있는지요.
저는 천자를 계승할 몸으로서
가고 오는 데 절반의 의장(儀仗)[131]이 항상 뒤따르네.

수닷타대신은 사려가 부족하여
상하(上下)와 군신(君臣)의 도의를 일탈하여
이유 없이 거짓 계략으로 음모를 꾸며
수단을 부려 나라를 찬탈하려 합니다.
바라건대 노인장께서는 잘 살펴보시지요.
함부로 변괴를 말한 것은 누구의 허물인지요."
노인은 그 말을 듣고 엄한 목소리로 [수닷타를 향해] 성을 냈다.
"여태껏 그대가 충신이라고 들어왔는데
언사는 자주 바뀌어 기준 됨이 없고
헛되이 재상이 되어 백성을 다스렸도다.
변괴가 일어났다 어찌 제멋대로 지껄이며
속일 계획으로 불순한 짓을 저질렀던고.
이 죄과는 용서받기 어려우니
왕께서 아신다면 요참에 처해져 흙먼지가 되고 말리라."
노인은 얼굴빛을 온화하게 하고서 태자에게 말하는데
"하지만 임금 된 자로서 두 말을 해서는 안 되는 법
지불하기 어려운 고가를 요구할지언정
판다고 말하고서 팔지 않는 것은 인정에 어긋나는 일이라네.
이 늙은이는 지금까지 많은 일들을 보아와
공정한 이치로 그대에게 직언하고 충고하는 것이니
이제부터 화해하여 말다툼 하지 말고
군신이 서로 도와 일을 잘 처리하시게나."

須達啓言 :「丈人! 一手可[132]能獨拍?兩手相擊始鳴. 一言可以喪邦, 差失在毫厘之內. 古者一言許諾, 重千金而不移. 出言易於返(反)掌,

131 황태자에게는 천자 의장병의 절반에 해당되는 의장이 따른다.
132 '可'는 原錄에서는 '何'로 잘못 교정되어 있다.

收氣難於拔山, 豈有先言而不扶(符)於後語!太子出榜, 自道賣園, 及其折榜平章, 卽言不賣.」老人本意偏爲[133]須達大臣, 緣順太子之心, 切齒佯瞋須達. 須達情地憧惶,[134] 抽身數步之外, 遂屈帝子[135]向前:「老身雖居臣下, 不那[136]爾(耳)順之年. 君子由仕(猶事)五更,[137] 夫子問於泰(太)廟. 家依長子,[138] 國仗忠臣, 船因水而運行, 唇附齒而相託. 唇疏齒路(露), 水涸船停. 有君闕臣, 社稷憑何安立?熟知違情輕觸, 祇可相順私和. 家和可養冬蠶, 進退皆須以禮. 太子園[139]必寬廣, 林木繁稠, 平地與布黃金, 樹枝銀錢遍滿, 假使頃(傾)倉竭庫, 必無肯置之期, 交關[140]不合, 本園還在.」太子聞語, 便依指揮, 遂向須達大臣, 索此難酬[141]之價. 須達應時順命, 更無低昂, 當處對面平章, 立地便書文契. 多著保證,[142] 重置悔罰. 恐太子之改張, 剋先心而不遂. 應時便開庫藏, 般[143]出紫磨黃金. 選壯象百頭, 馱舁卽送. 不那聖力加被,[144] 須臾向周. 餘殘數步已來, 大段[145]欲遍. 看布金處, 若爲:

---

133 '偏爲'는 '偏助'이다. '爲'는 去聲으로 동사이다. 「祇園因由記」: "노인의 뜻은 수닷타를 위해서였다(老人意爲須達)." 이것 역시 동일하다. 『論語』「述而」: "冉有曰: '夫子爲衛君乎?'" '爲' 역시 동일하다.

134 『玉篇』: "憧, 憧惶也." 『集韻』: "憧, 憧惶, 懼也."

135 【原校】 丙卷에서는 '帝子'가 '太子'로 되어 있다.

136 '不那'는 '無那', '爭那'와 같다. '那'는 '奈'이다.

137 【徐震堮】 '由仕'는 '猶事'와 같다. 【校注】『禮記』「文王世子」: "遂設三老、五更, 群老之席位焉." '猶事五更'은 '노인에게 자문하다'는 뜻이다.

138 【原校】 丙卷에서는 '長子'가 '諍子'로 되어 있다. 【校注】 '諍'은 '長'의 가차자이다.

139 '園'은 原錄에서는 '國'으로 되어 있다. 【校注】 다음의 "本園還在"에 의거하건대 '國'은 응당 '園'의 형와자이다.

140 '交關'은 '교역', '매매'를 의미한다.

141 '酬'는 原錄에서는 '雠'로 되어 있고 '雠'로 교정하였다. 【校注】 이 두 글자는 음이 유사하고 뜻이 통한다.

142 '保證'은 '保人', '證人'을 말한다.

143 '般'은 原錄에서는 '搬'으로 교정되어 있다. 【校注】 '般'은 '搬'의 古字이다.

144 【通釋】 '加被'는 '보우하다', '돕다', '자비를 베풀다'는 뜻이다.

145 '大段'은 '전부', '거의 모두', '지극히 많은'을 뜻한다. '大段'은 부사이면서 형용사로 쓰이기도 한다. 「廬山遠公話」: "많은 재물을 기대하였는데(望其大段資財)"는 그 예이다.

須達已蒙老人斷, 卽知和顔稱本心.
便向廐中選壯象, 開庫純馱紫磨金.
峻嶺高岑總安致(置),[146] 恰恰[147]遍布不容針.
合門眷屬並良賤, 稱念磨訶般若音.
一刹那間遍布了, 聖力明知實甚深.[148]

수닷타가 아뢰기를, "어르신, 한 손으로 어찌 손뼉을 칠 수 있겠습니까? 두 손이 서로 맞부딪쳐야 비로소 소리를 낼 수 있습니다. 한마디 말이 나라를 망하게 할 수 있으며 근소한 실수가 엄청난 잘못을 야기할 수 있습니다. 옛말에 한번 허락한 말은 천금보다도 무거워 바꿀 수 없으며, 말을 내뱉기는 손바닥을 뒤집는 것보다 쉽지만 그 파장을 거두어들이는 것은 산을 뽑는 것보다 어렵다 하였거늘, 어찌 앞말과 뒷말이 맞지 않을 수 있습니까. 태자는 방을 내걸어 정원을 팔겠다고 공언하셨으면서 제가 방을 떼고서 교섭을 하려하니 이젠 팔지 않겠다고 하십니다."

노인의 본심은 수닷타대신에게 있었지만 태자의 마음을 편들어 이를 악물며 짐짓 수닷타를 꾸짖는 척 하였다. 수닷타가 이에 어찌할 바를 모르며 몇 걸음 뒤로 물러나니 노인은 태자 앞으로 나아가 말했다. "이 늙은이는 신하된 처지로 유감스럽게도 이순(耳順)의 나이가 되었습니다. 군자는 오경(五更)을 섬기고[149] 공자(孔子)도 태묘(太廟)에 물으셨습니다.[150]

146 '致'는 蔣禮鴻은 '置'로 교정하였는데 이는 옳다.

147 [通釋] '洽恰'는 '密集'의 뜻이다. 『敦煌變文彙錄』에서는 '恰恰'이 '洽恰'으로 되어 있는데 이는 변문집이 필사되는 과정에서 발생한 착오이다. [校注] 原卷은 재검토된 적이 없다. 丙卷은 이곳이 잔결되어 있다. 杜甫「江畔獨步尋花」: "못 떠나 하는 노는 나비 시시로 춤을 추고, 자재로운 귀여운 꾀꼬리는 꾀꼴거리며 울어댄다(留連戲蝶時時舞, 自在嬌鶯恰恰啼)." 白居易「遊悟眞寺」詩: "난 두공과 지게 창, 부드러운 장식이 금벽처럼 번화롭다(欒櫨與戶牖, 恰恰金碧繁)." 이것으로 보아 '恰恰'에도 '密集', '繁複'의 뜻이 있다. 따라서 수정하지 않는다.

148 여기부터 "六師聞請佛來住"까지가 丙卷에서는 잔결되어 있다.

149 『예기(禮記)』에 따르면 고대 천자는 경험 많은 장로(長老)를 삼로(三老)와 오경(五更)으로 모시며 경로(敬老)의 의미를 밝혔다.

150 『논어(論語)』에는 "공자가 태묘에 들어가 매사를 여쭙곤 했다(子入太廟, 每事問)."

집안은 장자(長子)에 의지하고 나라는 충신에 의지하며, 배는 물이 있어 움직일 수 있고 입술은 이(齒)에 붙어서 서로를 돕습니다. 입술이 벌어지면 이가 드러나고 물이 마르면 배는 멈춰버립니다. 임금은 있되 신하가 없으면 어찌 사직이 바로 설 수 있겠습니까? 감정을 거스르는 경솔한 충돌이 있을 시에는 오로지 서로 원한을 풀고 화해해야 함을 잘 알고 있습니다. 집안이 화목하면 겨울철에도 누에를 기를 수 있는 법이니, 나아감과 물러남은 모두 예에 비추어 행해야 할 것입니다. 태자의 정원은 광활하고 수목은 빽빽하니 평지를 황금으로 뒤덮고 나뭇가지를 은화로 가득 채우도록 한다면 설사 창고의 보물을 다 쏟아 붇는다 해도 그렇게 할 수 없을 것이 분명합니다. 그렇다면 매매는 성사되지 않아 정원은 그대로 있을 것입니다."

태자는 그 말을 듣고 곧 그대로 따르니 마침내 수닷타대신에게 지불하기 어려운 대가를 요구하였다. 수닷타는 당장 승낙하여 아무런 흥정도 하지 않고 그 자리에서 협의하고 곧장 계약서를 적었다. 보증인을 많이 세우고 게다가 무거운 벌칙도 마련해 놓았다. 그리고 태자가 마음이 바뀌어 본래의 계획을 어기고 약속대로 수행하지 않을까 우려하여 즉시 창고를 열어 자마황금을 꺼내어, 선별한 건장한 코끼리 백 마리에 실려 보냈다. 부처의 가호가 있어 곧바로 평지 가득하게 되어 몇 걸음 만큼을 남겨두고 대체로 남김없이 깔아 채울 수 있을 것 같았다. 황금을 깔아놓는 장면은 어떠한가?

수닷타는 노인의 판결을 받자
얼굴에 기쁜 빛이 돌고 만족스러웠다.
곧장 우리에서 건장한 코끼리를 가려내고
창고를 열어 자마황금을 등에 실었다.
험준한 고개 높다란 봉우리에도 모두 펼쳐두는데

태묘란 주공(周公)의 사당을 말한다.

바늘조차도 들어설 틈 없이 촘촘히 깔았다.
집안의 권솔들과 양민이며 천민 모두
마하반야의 명호를 염송하였다.
한 순간에 골고루 깔아버리니
확실히 알겠구나, 불력(佛力)의 심원함을.

須達布金欲了, 殘功計數非多, 心中思忖忸怩, 料度當開何藏. 沈吟之次, 太子便疑, 報言長者 :「心生猶預, 悔亦不遲; 下手施功, 因何停滯?」 須達曰 :「假使身肉布地, 尙不辭勞, 況復小小輕財, 敢向佛邊恪[151]惜!佛世難値, 歷永劫而一逢. 若不懇切精誠, 後悔亦將何及!」 太子【曰】: 卿今輕財如土, 重德猶珍, 志意買園, 欲將何用?」 須達曰 :「臣今所買, 別有所途(圖).[152] 昨日婚親, 幸會得逢大聖. 父稱淨飯, 母號摩耶, 卓然自悟, 無師人天, 穎稱獨覺. 身長丈六, 項背圓光, 由千日之暉盈, 稍難比附;[153] 亦能頃(傾)動天地, 使人物而安然. 移轉山河, 不覺往來之相; 呑風吸火, 殊不損於毫毛. 危厄逼身, 稱名[154]應時消散. 臣今粗述其德, 約略而言, 廣揚大聖之能, 累劫亦難窮盡.」

수닷타는 황금이 거의 다 떨어져 가는데 깔아야 할 장소가 아직 남아 있음을 보고 마음속으로 이리저리 헤아리며 어떤 창고를 열어야 할 지 생각하고 있었다. 한참 생각에 잠겨 있는 수닷타의 모습을 보고 태자가 의아해하며 그에게 말했다. "마음이 주저되면 그만 두어도 늦지는 않소. 일단 일에 손을 대 놓고서 어찌하여 꾸물대시오?" 수닷타가 말하길, "설사 내 몸의 살을 땅에 깐다한들 꺼려하지 않을 것이거늘 하물며 보잘것

151 '恪'은 原錄에서는 '怪'로 되어 있고 '恪'로 교정되어 있다. 【原校】 王慶菽의 교정을 따른다.

152 '途'는 '圖'로 보아야 한다.

153 '比'는 原錄에서는 '化'로 되어 있다. 【袁賓】 '化'는 '比'의 形誤字이다. '比附'는 '비교하다', '비유하다'는 뜻이다.

154 '稱名'은 '부처의 이름을 염하다'는 뜻이다.

없는 재물을 불께 바치는데 인색할 수 있겠습니까! 불은 세상에서 만나기 어려워 영겁이 지나야 한번 만날 수 있을 뿐입니다. 만일 정성을 다하지 않으면 후회해도 어쩔 수가 없습니다!" 태자가 말하길, "경은 지금 재물을 경시하기를 마치 흙 대하는 듯하고 덕을 중시하기를 마치 보배 대하는 듯하며 일심으로 정원을 사들이려 하는데 대체 그것을 어디에 쓰려는 게요?" 수닷타가 말하길, "신이 지금 정원을 사들이려는 것은 다른 뜻이 있어서가 아닙니다. 얼마 전 혼사(婚事) 덕분에 운 좋게도 대성(大聖)을 만날 수 있었습니다. 부친은 정반왕이라 불리고 모친은 마야라고 하며, 탁월하게도 인천(人天)에 스승 없이 스스로 깨달음을 얻었다 하여 독각(獨覺)이라 불립니다. 신장은 일 장(丈) 육 척(尺)이고, 목 뒤에서는 둥근 빛을 발하는데 일천 개의 태양조차도 그 밝음에는 견주기 어렵습니다. 또한 하늘과 땅을 뒤흔들 수 있으나 사람과 사물을 안온하게 해주시고, 산하(山河)를 옮길 수 있으나 그 오고가는 모습은 느낄 수가 없습니다. 바람을 삼키고 불을 들이마셔도 터럭 하나 훼손되지 않으며, 재난이 몸에 임박했을 때 그의 명호를 부르면 [재난은] 그 즉시 흩어져 사라지고 맙니다. 신은 지금 그의 덕을 대략 말씀드렸을 뿐이고 대성(大聖)의 능력을 상세히 현양하려면 여러 겁이 지나도 다 말하기 어렵습니다."

太子聞說, 戰汗交流. 「審有晟(盛)德如斯, 寡人深思頂禮. 餘殘未遍, 請罷施功; 樹上銀錢, 寡人亦施.」君唱臣和, 雅合順理之儀; 見賢思齊, 應契先□(聖)[155]之典. 合心合意, 共建伽藍. 豈不是船水相依, 鄰舟共濟?思忖已了, 卽共舍利弗相隨, 步度東西, 按行南北. 忽見一窠蟻子, 壤壤[156]遍地而行, 莫知其數. 舍利弗見此蟻子, 含笑舒顏, 對須達祇陀說宿因之處:

須達買得太子園, 踊悅身心情不已.

155 [項楚] 빠진 글자는 응당 '聖'자다. '先聖之典'은 論語를 가리킨다.
156 '壤壤'은 '攘攘'과 같으며 북적이는 모습이다. 通釋에 자세한 설명이 있다.

卽屈舍利入園中, 校量步度觀其地,
東西巡歷未周圓, 忽逢一窠螻蟻子.
舍利弗迴頭報須達, 「觀此惡業衆生類,
毗波尸佛出興時, 早受蟻身生在此,
今天更遇釋迦文,[157] 此度惡緣應捨離.[158]
與受十戒且三歸, 更賜菩提甘露水.
從此以後永長辭, 託生諸天徒衆裏.」
長者發意造伽藍, 講堂院宇皆周被(備).[159]
兜率天上樂轟轟, 遙見其身生在彼.
布金旣了情瞻仰, 火急須造伽藍樣,
不惜珍寶及金銀, 榜召國中諸巧匠.
三門樓下素(塑)金剛, 院院敎畫丹青像.
俠閣精舍及房廊, 見者亦得除災障.
琴箏懸在四隅[160]頭, 風吹万道聲聊量(嘹亮).
亦有簫笛及箜篌, 銅跋(鈸)琵琶對方響.
說法高坐寶座嚴,[161] 爐(焚)牛頭香[162]供養.
九品隨願往來生, 迦陵頻伽[163]空裏颺.
長者虔心造精室, 諸佛菩薩空中望,
祇陀太子發弘心, 願得菩提牙[164]漸長.

157 '釋迦文'은 '석가모니'의 異譯이다. 原錄에서는 '文'자에 고유명사 부호가 표시되어 있지 않다.
158 '離'는 去聲이다. 「孟姜女變文」: "不是杞梁血相離" 여기의 '離' 역시 거성이다.
159 [袁賓] '周被'는 '周備'이다.
160 '隅'는 原錄에서는 '偶'로 되어 있고 '隅'라 교정하였다. 여기서는 직접 수정한다.
161 '坐'는 '座'의 古字이다. '莊'은 原錄에서는 '座'로 되어 있는데 이는 形訛字이다. '莊嚴'은 '裝飾'을 뜻한다. 따라서 '座'는 '莊'이라 교정한다.
162 '焚'은 原錄에서는 왼편에 '火' 편방이 붙어 있는데 이는 增旁字이다. '牛頭香'은 향 이름으로, 栴檀香을 말한다.
163 '迦陵頻伽'는 새 이름이다.
164 [徐震堮] '牙'는 '芽'와 같다. [校注] 옛날에는 '牙'를 '芽'로 흔히 표기하였다. '菩提牙'

태자는 그 말을 듣고 식은땀이 흘렀다. "진실로 그렇게 성덕(盛德)을 지니고 계신다면 과인은 진심으로 정례(頂禮)[165]를 올리고 싶소. 아직 덮지 못한 곳은 부디 그대로 내버려 두시오. 나뭇가지 위의 은전은 과인이 보시하겠소." '임금이 노래하면 신하가 화답하며 참으로 순리를 따라 [일을 처리하니], 현자를 보면 그와 같아지고 싶어 한다는 옛 성인의 가르침에도 들어맞는구나. 이렇게 마음과 뜻을 합쳐 가람을 지으니, 이 어찌 배와 물이 서로 의지하는 것이 아니고 또 이웃의 배로 함께 물을 건너는 것이 아니겠는가?' 생각을 마치고 [수닷타는] 사리불과 함께 동서로 걸으며 [거리를] 헤아리고 남북으로 걸으며 두루 살폈다. 문득 개미굴에서 나온 개미들이 땅 위를 줄지어 기어가고 있는 것이 보였는데 그 수를 알 수가 없었다. 사리불이 이 개미를 보고 안면에 미소를 지으며 수닷타와 기타태자에게 숙세의 인연을 설명하는 장면:

수닷타는 태자의 정원을 사들이고 나서
심신이 뛰어오를 듯하며 기쁨이 그치지 않네.
사리불을 정원으로 모셔다가
조사하고 헤아리며 그 땅을 살펴보네.
이리저리 아직 채 두루 돌아보기 전에
홀연 개미 한 무리를 보았네.
사리불이 돌아보며 수닷타에게 알리는데
"보시오, 이 악업의 중생을. 비파시불(毗波尸佛)은 세상에 내려오실 때
일찍이 개미의 몸을 받아 이 땅에 태어났다네.
오늘 석가를 만났으니
이 악연을 벗어던지게 되리라.
십계(十戒)와 삼귀의(三歸依)를 수지(受持)하면
보리의 감로수를 하사받게 되리.

는 '道芽' 즉 佛性의 增長을 씨앗이 발아되어 자라나는 것에 비유한 표현이다.

165 가장 공경하는 뜻으로 이마가 땅에 닿도록 몸을 구부려 절을 함. 또는 그렇게 하는 절.

오늘 이후로 영원히 [개미의 육신과] 이별하여
제천의 무리 가운데서 태어나게 되기를."
장자는 가람을 세우기로 마음먹는데
강당(講堂)과 원우(院宇)를 모두 갖추려하네.
도솔천 음악소리 요란한데
멀리 그곳에서 그의 몸이 태어나는 것이 보이네.
황금 깔기를 마치고 서원(誓願)하며
화급히 가람을 세우고자 하는도다.
진보(珍寶)와 금은(金銀)을 아끼지 않으며
방을 붙여 나라 안의 교장(巧匠)들을 불러 모은다.
절 문의 누각 아래에는 금강신(金剛神)을 세우고
승방마다에는 단청을 입히게 하네.
누각(樓閣)과 정사(精舍)와 방랑(房廊)
바라보는 자 또한 재앙을 면하게 되리.
거문고와 쟁(箏)은 네 귀퉁이마다 걸려 있어
바람 불면 온갖 소리 요란하네.
또 소적(簫笛)과 공후(箜篌)도 있으며
동발(銅鈸)과 비파(琵琶)는 방향(方響)[166]과 어우러지네.
설법하는 고좌는 아름답게 장식하고
향로에는 우두향(牛頭香)을 살라 공양하네.
구품(九品)[167] 각각의 바람에 따라 왕생하고
가릉빈가새가 허공에서 날아다니네.
장자는 경건하게 정사를 세우고

166 당악기(唐樂器)에 속하는 타악기의 하나. 16개의 철편(鐵片)을 틀의 상단과 하단에 8개씩 매어 놓고 망치 모양의 각퇴(角槌)로 쳐서 소리를 낸다.

167 상상(上上)·상중(上中)·상하(上下)·중상(中上)·중중(中中)·중하(中下)·하상(下上)·하중(下中)·하하(下下)의 아홉가지 선업. 정토종에서는 이 9개의 선업에 따라 사후에 재생한다고 함.

모든 불보살이 허공에서 바라보는데
기타태자는 커다란 서원을 발하여
보리(菩提)의 싹이 점점 자라기를 바라네.

須達買園旣畢, 遂與太子卻歸, 忽於中途, 逢著六師外道. 未問委的,[168] 望風[169]且瞋:「太子爲一國儲君, 往來須擁牟杖(仗); 長者榮居輔相, 匡國佐理之臣, 何得辱國自輕, 僕從不過十騎!旣堯椽不卓(斫),[170]爲揚儉素之名; 舜甑無羶,[171] 約(要)[172]除奢侈之患. 加以長纓廣袖, 還成壯國之威; 金柱玉階, 顯譽先王之貴. 此乃詩書所載, 非擅胸襟, 因何行李忽忽, 輕身單騎!爲當欲謀社稷, 爲復別有情懷?事須錄表奏王, 我斷[173]取其敕旨.」且看詰問事由, 若爲陳說?

「太子國中第二貴, 出入百司須准擬,
因何從騎不過十, 聳轡途呈(程)來至此?
依實向我說看看, 好惡不須生拒諱.」
太子下馬報尊師:「須達買園君不知,
擬請如來此說法, 寡人情所[174]慕歸依.
適看布金事已了, 是以如今還卻歸.
此言一一咸依實, 露膽披肝願照知.」
六師聞言笑不已,「瞿曇幻術難爲比,

168 '委的'은 '상세하다', '확실하다'는 뜻이다.
169 '望風'은 '돌연 아무런 까닭 없이'란 뜻이다.「燕子賦(1)」: "연유도 알지 못하고서 까닭 없이 욕을 해댄다(不悉事由, 望風惡罵)."
170 '卓'은 原校에서는 '琢'으로 되어 있다. [徐震堮] '卓'은 '斫'과 같다.
171 原錄에서는 '甑'자 오른편에 '凡'가 붙어 있고, '羶'자는 좌우가 도치되어 있다. [校注] 이들은 모두 속자이다.
172 '約'은 '要'의 동음가차자이다.『漢書』「禮樂志」: "明德鄕, 治本約." 顔師古 주석: "約讀曰要."
173 '裁'는 原錄에서는 '我'로 되어 있다. [項楚] '我'자는 '裁'자의 形訛字이다. [校注] 이에 의거하여 수정한다.
174 [項楚] '所'는 '素'의 音訛字이다. [校注] 項楚의 견해는 옳아 보인다.

美語聒舌和斷人,[175] 生得七朝母卽死.

不能[176]玉殿坐瓊樓, 捨父逃走深山裏.

所出之言喚作經, 自嘆身金絶殊異.

若來此國損平人, 不可開眼而蹋刺.[177]

明晨修表奏於君, 得失皆須對御試.[178]

無事輒將牛鼻津, 可[179]得比吾江海水!」

수닷타는 정원을 사들이고 나서 태자와 함께 돌아가는데 길에서 육사외도를 만났다. [육사외도는] 자세한 건 묻지도 않고 무턱대고 화를 내었다. "태자는 일국의 저군(儲君)[180]으로 외출 시에는 반드시 반 장(丈)의 의장(儀仗)이 따라야 할 것이며, 또 장자는 재상이라는 영위(榮位)에 있으니 나라 일을 보좌하는 신하가 되어야 하거늘, 어찌하여 나라에 욕되게 스스로를 가벼이 여기며 종자(從者)가 십 기(騎)에 지나지 않는단 말이오! 요임금은 [궁궐의] 서까래를 [매끄럽게] 조탁하지 않아 검소하기로 이름이 났고, 순임금은 시루에 비린내가 없어 사치의 폐단을 없애고자 하셨소.[181] 그리고 긴 갓끈과 넓은 소매를 갖추어 나라의 권위를 보이고 황금의 기둥과 보옥의 층계로 선왕의 존귀를 드러내라 하였소. 이것은 바로 옛 시서(詩書)에 실려 있는바 이 몸이 제멋대로 생각해낸 게 아니오. 그런데도 어찌 의장도 없이 이리 바쁘게 단기(單騎)로 가벼이 움직이시는가! 사직을 위하려는 것이오, 아니면 다른 마음을 품어서인 것이오? 내 이 일을 적은 표문을 왕께 상주하여 그 분부를 받도록 하겠소." 그 사유를 힐문하는 장면을 잠시 보라, 어떻게 얘기 하는지.

175 [通釋] '和'는 '속이다'는 뜻이다. '和斷人'은 '속여 사람을 죽인다'는 뜻이다.

176 [項楚] '能'은 '耐'와 통용된다. [校注] '能'자도 문맥이 통하기에 굳이 수정할 필요 없다.

177 '刺'는 原錄에서는 '剌'로 되어 있는데 이는 속자이다. '開眼而蹋刺'는 당시 속담이다. 「燕子賦(1)」의 '開眼尿床'과 동일한 형식으로, '고의로 범하다'는 뜻이다.

178 '試'는 原錄에서는 '誠'으로 되어 있다. [校注] '誠'은 '試'의 形訛字이다.

179 '可'는 原校에서는 '何'로 되어 있는데 이는 착오이다.

180 현재의 왕을 이어 왕위에 오를 사람.

181 위의 두 고사는 『한시외전(韓詩外傳)』에 나와 있음.

"태자는 나라의 둘째가는 존귀한 자로서
출입하는 데 백관이 준비를 갖춰야 하거늘
어찌 종자가 십 기에 지나지 않으며
고삐를 쥐고서 예에 이르신 것인가?
사실대로 제게 한번 설명해보시지요
좋던 나쁘던 간에 피하려 해서는 안 될 것입니다."
태자는 말에서 내려 존사(尊師)에게 알리는데
"수닷타가 내 정원을 사들인 것을 그대는 모르오.
여래를 이곳으로 모시어 설법을 청하려는 것인데
과인도 충심으로 귀의하게 되었소.
방금 황금 덮는 일을 다 마치고
이제 막 돌아가는 길이라오.
이 말은 하나하나가 모두 사실로써
간담을 펴 보이는 것이니 잘 살펴보시오."
육사는 그 말을 듣고 웃음을 그치지 않으며
"구담(瞿曇)의 환술(幻術)은 따를 수가 없구나.
감언이설로 사람을 속이고 죽이는데
태어난 지 이레 만에 모친이 죽었도다.
옥전(玉殿) 경루(瓊樓)에 앉아 있지를 못하고
부친을 버리고 깊은 산속으로 달아났네.
그가 내뱉은 말을 경(經)이라 부르고
스스로를 세상에 드문 금신(身金)이라 감탄한다.
만일 [구담이] 이 나라에 온다면 무고한 자들이 다칠 것이라
눈 뜨고 가만히 당할 수만은 없겠네.
내일 아침 표문을 적어 왕께 아뢰어
득과 실을 모두 어전에서 판가름 낼 것이오.
고작 소 콧속의 분비액으로

내 강해의 물에 비하려 들다니!"

六師聞請佛來住, 心生忿怒, 頰帳(脹)[182]顋[183]高, 雙眉斗[184]竪, 切齒衝[185]牙, 非常慘醋.[186]

乍可決命一迴, 不能虛生兩度.
門徒盡被誸將,[187] 遣我不存生路,
到處卽被欺陵, 終日被他作祖.[188]
帝王[189]尙自降他, 況復凡流下庶.
吾今怨屈何申, 須向王邊披訴.」

六師忽遽, 麤行大步, 奔走龍庭, 擊其怨鼓. 王遣所司, 問其根緖. 六師哽噎聲嘶, 良久沈吟不語. 啓言大王:「臣聞開闢天地, 卽有君臣;

---

182 '帳'은 原錄에서는 '悵'으로 되어 있고 '漲'으로 교정하였다. [校注] 돈황사본에서 '帳'은 통상 '悵'으로 적고 있다. 따라서 '帳'으로 수정해야 하며, '帳'은 '脹'과 통한다.

183 '顋'는 原錄에서는 '𩕄'로 되어 있고 '嘶'로 교정하였다. 蔣禮鴻은 '腮'로 교정하였다. [校注] 이것은 아마 '顋'의 편방을 바꾼 속자인 듯하다. 왼편의 '思'로 발음을 하는 까닭에 '斯'로 바뀌어진 것으로 보인다. 여기서는 正字로 고친다.

184 '斗'는 原校에서는 '陡'로 되어 있다. [校注] '陡'에는 '갑자기', '돌연'(陡然)의 뜻이 있다. 따라서 굳이 교정하지 않는다.

185 [原校] 丙卷에서는 '衝牙'가 '銜牙'로 되어 있다. [項楚] 丙卷이 옳다. '銜牙'는 '이를 악물다'는 뜻이다. [校注] 丙卷은 분명하지 않다. 項楚의 견해는 확실하지 않아 보인다. '衝'은 '충돌하다, 때리다(碰擊)'는 뜻이다. 따라서 '衝牙'는 오류가 아니다.

186 [通釋] '慘醋'은 '성내다', '부끄러워하다'는 뜻이다. 또 "兩度佛家皆得勝, 外道意極計無方." 여기의 '外道' 구는 丁卷에서는 '外道傪酢口燋黃'으로 되어 있는데, '傪酢'은 바로 '慘醋', 즉 '부끄러워하다'는 뜻이다. '醋'와 '酢'는 동음이고, 이 두 자는 모두 '怍'의 가차자로 생각된다. [校注] '怍'은 入聲이고, '醋', '酢' 역시 入聲이다. 따라서 통용, 가차가 가능하다.

187 [原校] 丙卷에서는 '誸將'이 '誅擒'으로 되어 있다. [校注] 丙卷은 파손되어 있는데 그 殘劃으로 판단해보건대 '誸將'으로 보인다. 『玉篇』: "誸, 誘也."

188 [通釋] '作祖'는 '欺陵'과 대응되는 까닭에 '속이다, 기만하다'는 뜻임을 알 수 있다. '作祖'의 '祖'는 아마 '陵藉'의 '藉'와 상통하는 것 같고, 이리하여 '속이다'라는 뜻을 갖게 된 것 같다. [校注] '作祖'는 '저주하다(呪詛)'이다. 「燕子賦(1)」의 해당 항목 주석에서 상세히 설명한다.

189 '帝王'은 丙卷에서는 '帝主'로 되어 있다.

日月貞明, 賴聖主之感化. 卽今八方懇款,[190] 四海來賓. 唯有逆子賊臣, 欲謀王之國政, 懷邪抱佞,[191] 不謹風謠. 叨居相國之榮, 虛食萬鍾[192]之祿. 臣聞佞臣破六國, 佞婦鬥六親, 須達祇陀, 于今卽是. 豈有未聞天珽(庭), 外國鉤引胡神, 幻惑平人, 自稱是佛. 不孝父母, 恆乖色養[193]之恩; 不敬君王, 違背人臣之禮. 不懃産業, 逢人卽與剃頭, 妄說地獄天堂, 根尋無人的見. 若來[194]至此, 祇恐損國喪家. 臣今露膽披肝, 伏望聖恩照察.」且看指訴如來, 若爲陳說?

王家太子國之尊, 豈合外國引胡神.
逆臣須達爲頭首,[195] 勾扇妖訛亂政眞.[196]
直爲瞿曇多幻術, 不忠不孝仕(事)[197]於君,
君王不朝父母拜,[198] 輕淩尊貴敬愚人.
伏望大王開寶鏡, 今日迴光照察臣.」
六師陳情重奏,[199] 傴脊曲躬低首 :
「我等所獲[200]神通, 累歲淹年積久,
靈異應現千般, 合國識知我手.[201]

---

190 [原校] '懇款'은 본래 '歎懇'으로 되어 있는데, 丙卷에 의거하여 수정한다. [校注] '懇款'은 '진심으로 복종하다'는 뜻이다.

191 '佞'은 原錄에서는 '諓'으로 되어 있고 '佞'으로 교정하였다. [校注] 丙卷에서는 오른편이 '妄' 편방으로 되어 있다. 『龍龕手鏡』: "諓, 誸, 乃定反." '佞'의 속자임을 보여준다.

192 '鍾'은 原錄에서는 '鐘'으로 되어 있고 '鍾'으로 교정하였다. [校注] 丙卷에서는 '鍾'으로 되어 있다. 돈황사본에서는 이 두 글자가 혼용되고 있다.

193 '色養'은 부모에 대한 효도와 侍奉을 말한다. '色'은 부모의 안색에 순응하는 것을 말한다. 『論語』「爲政」: "子夏問孝, 子曰: '色難'" 이는 그 출전이다.

194 [原校] '來'는 본래 '未'로 되어 있는데 丙卷에 의거하여 수정한다.

195 '頭首'는 '頭領'이다.

196 '政眞'은 '正眞', 즉 '올바른 眞君'을 말한다.

197 '仕'는 '事'와 통한다.

198 불교는 승도들이 존자나 부모에게 절을 올리지 말라고 규정하였고, 당 황제는 여러 차례 이 문제에 관한 의론을 펼치게 하였다.

199 丙卷에서는 '重奏' 다음에 '王'자가 더 있다.

200 '獲'은 原錄에서는 '護'로 되어 있다. [項楚] '護'는 '獲'의 形訛字이다. [校注] 丙卷에서는 '獲'으로 되어 있다. 이를 따른다.

想念我之功勞, 一一從師稟受.
小人今日奏王, 特望天恩納祐.」
六師重奏於王曰 : 「臣今有事依實說,
賊臣逆子設陰謀, 慮恐國破人消滅.
須達本意請胡神, 城中廣擬行妖孽.[202]
敗我政法不思議, 遠請姦邪極下劣.
此是猥[203]僻不堪依, 伏願明君爲照察.」[204]

불타를 모시려 한다는 말을 듣고 육사는 분노가 솟아 뺨을 크게 부풀리고 눈썹을 치켜세우고 이를 박박 갈며 이루 말할 수 없는 수치심을 느꼈다.

"차라리 그와 한번 결투를 벌일지언정
헛되어 두 번 살고 싶지는 않다.
문도들이 모두 [불에게] 현혹되어버리면
나는 살아갈 수 없게 된다.
도처에서 속임수에 넘어가
종일토록 그에 의해 저주받게 되리라.
제왕마저도 스스로 그에게 굴복하거늘
하물며 범속한 서민들임에랴.
내 이 억울함을 어떻게 풀까
왕 옆에서 하소연해보리라."

육사는 바삐 큰 걸음으로 궁궐로 달려가서 신문고를 두드렸다. 왕은

201 [原校] 丙卷에서는 '識知我手'가 '諳知我手'로 되어 있다. [校注] '識'과 '諳'은 같은 뜻이고, '首'는 '手'의 가차자이다. '手'는 '수완', '기량'을 말한다.

202 '孽'은 原錄에서는 '孽'로 되어 있다. [校注] 丙卷에서는 '孽'로 되어 있는데 이는 '孽'의 편방을 바꾼 俗字이다.

203 '猥'는 原錄에서는 '偎'로 되어 있다. [原校] 丙卷에서는 '偎'가 '猥'로 되어 있다. [校注] '猥'자가 옳다. '猥僻'은 '비루하다'는 뜻이다.

204 丙卷은 여기에서 끝나고 이어서 '李端公墓誌'가 이어진다.

역인(役人)을 보내어 그 사정을 알아보게 하였다. 육사는 훌쩍훌쩍 울다가 생각에 잠긴 듯 한동안 아무 말도 하지 않더니 [문득 입을 열었다.] "대왕께 아뢰옵니다. 신은 듣기에 천지가 개벽한 때부터 군신이 있고 해와 달이 밝은 것은 성주(聖主)의 감화를 입은 때문이라고 하였습니다. 지금 팔방(八方)의 나라가 마음속으로 심복하고 사해(四海)에서 빈객이 찾아오고 있습니다. 오직 역자(逆子)와 적신(賊臣)이 있어 대왕의 나라를 속이려 하고 사심(邪心)을 품고 있어 백성들의 원성을 사고 있습니다. 그 자는 함부로 상국(相國)의 영위에 있으면서 헛되이 만 종(鍾)의 녹을 먹고 있습니다. 신이 듣기에 '아첨 잘하는 신하는 육국(六國)을 멸망하게 만들고, 아첨 잘하는 여자는 육친(六親)을 싸우게 한다'고 하였사온데, 지금 수닷타와 기타태자가 바로 그러하옵니다. 조정에서는 들어보지도 못한, 자칭 불타라 하는 나라 밖의 호신(胡神)을 끌어들여 양민을 현혹시키려 하고 있습니다. 부모에 불효하여 양육의 은혜를 저버리게 하고, 군왕을 공경하지 않아 신하의 예를 등지게 합니다. 생산에 종사하지 않으며 사람을 만나면 삭발을 시키고, 아무도 확실히 본 적이 없는 지옥이며 천당을 헛되이 지껄입니다. 만일 그가 이 나라에 들어오면 나라를 무너뜨리고 가정을 말살시켜버리지 않을까 걱정되옵니다. 신은 지금 저의 속마음을 말씀드리는 것이오니 부디 대왕께서는 깊이 헤아려주시기 바랍니다." 여래를 헐뜯는 장면을 잠시 보라, 어떻게 얘기 하는지.

"왕가(王家)의 태자는 나라의 존자(尊者)로서
어찌 외국의 호신(胡神)을 끌어들이고
역신(逆臣) 수닷타는 그 괴수가 되어
요사스런 말로 선동하며 정도(政道)를 어지럽히려 하는가.
구담은 환술에 능하거니
임금을 섬기는 데 불충불효(不忠不孝)하고
군왕을 배알하지 않고 부모에게는 절하지 않으며
존귀한 자를 경시하고 어리석은 자를 존경한다네.

바라옵건대 대왕이시여, 부디 보경(寶鏡)을 여시어
오늘 그 밝음으로 신(臣)을 비춰 살피시기를."
육사는 사정을 얘기하며 거듭 아뢰는데
등을 굽혀 몸을 웅크리며 머리를 조아린다.
"저희가 얻은 바의 신통력은
기나긴 세월 동안 쌓여 올려진 것이네.
천변만화로 응현(應現)할 만큼 영이(靈異)하니
온 나라가 소인의 기량을 잘 알고 있습니다.
저의 이러한 공로를 생각해보니
모두 스승으로부터 전수받은 것이네.
오늘 소인이 대왕께 아뢰나니
성은(聖恩)을 내리시어 보우해주시기를 간절히 바라옵니다."
육사가 거듭 왕에게 아뢰는데
"신은 지금 사실 그대로 말씀드립니다.
적신(賊臣)과 역자(逆子)가 음모를 꾸미고 있는데
나라는 무너지고 백성은 사라질까 우려됩니다.
수닷타의 의도는 호신(胡神)을 청하여
성 안에서 많은 요사스런 행위를 하려 한다네.
나의 불가사의한 정법(政法)을 무너뜨리고
멀리서 간사하고 천하기 그지없는 자를 불러들이려 한다네.
이 비천하고 사악한 자를 두고 볼 수 없으니
원컨대 현명한 대왕이시여, 깊이 살펴보시기를."

王言:「和尙!且審聽採,[205] 不須忽忽. 朕乃委問根由, 察其事跡. 差馳有失, 兩人總受萬誅.」王敕所司, 生擒須達, 幷祇陀太子, 生仗圍

205 '聰'은 '聽'으로 보아야 옳은 듯하다. '聽採'는 '청취하다', '(남의 의견, 요구, 건의 따위를) 받아들이다'는 뜻이다.

身,[206] 立地過問因由處. 若爲?

王問「須達緣何事, 輒爾買園將作寺?
擬請瞿曇至此間, 六師云道災祥起.
朕處深宮總不知, 卿須具說無煩諱.
瞿曇何如朕[207]六師, 擇善而行應好事.」
皇王政坐琉璃殿, 垂拱勾陳政南面,
斌斌文士理陰陽, 糾糾武夫持寶扇.
掩擒須達問根由, 「數日因何不相見?
更聞外國引胡神, 計卿罪過難容免.」
須達陳情而啓奏 : 「臣仕(事)[208]玉階年月久,
頃(傾)肝露膽每兢兢, 不曾分寸行虛謬.
若將外道並如來, 狀似嘉禾而比莠.
佛身唐唐[209]長丈六, 外道還同螢火㓜.
四大海水納毛端, 五色神光出其口,
梵釋天王恆引前, 八部龍神皆從後.
豈將一箇汗蝦蟆,[210] 敢當大聖騏麟鬥!」

왕이 말하길, "스님이시여, 진정하시고 좀 들어보시지요. 짐은 상세히 그 내력을 알아보고 실상을 조사할 것이오. 그래서 만일 어떤 잘못이라도 드러나게 되면 두 사람은 만 번 죽어 마땅할 것이오." 왕은 역인(役人)

---

206 '生仗圍身'은 '칼(항쇄)을 몸에 씌우다'는 뜻이다. '生仗'은 커다란 칼(枷), 혹은 기다란 칼(枷)을 가리킨다. 「漢將王陵變」 주석에 상세한 설명이 있다.

207 '朕'은 原錄에서는 '目' 편방에 '扶'자로 되어 있다. [項楚] 이는 '朕'의 訛字이다. [校注] 이에 의거하여 수정한다.

208 '仕'는 '事'와 통한다.

209 '唐唐'은 '堂堂', '蕩蕩'과 같다.

210 '汗'은 '憨'과 통하고, '蝦蟆'는 '蛤蟆'와 같다. '汗(憨)蝦蟆'는 '憨癡的蝦蟆'로서 육사외도를 비유한 것이다. 펠리오 藏文 권27호 겉면 : "學郎漢, 郭會昌, 看看一似憨頭狼." '憨頭狼'과 '汗(憨)蝦蟆'의 '憨'도 모두 같은 용법으로 '어리석다(癡憨)', '굼뜨다, 우둔하다(笨拙)'는 뜻이다. 項楚는 '汗'을 '旱'으로 보았으나 정확하지는 않다.

에게 명령하여 수닷타와 기타태자를 잡아들여 결박하여 세워 놓고서 그 이유를 추궁하는 장면, 어떻게 이야기되는가.

왕이 묻기를, "수닷타는 무슨 연고로
갑작스레 정원을 사들여 정사를 지으려 하는가?
구담을 이곳으로 청하려 한다던데
그리하면 재앙이 일어날 것이라 육사는 알려왔소.
짐은 깊은 궁궐에서 지내는 까닭에 아는 바가 없으니
경은 숨김없이 구체적으로 설명해 보시오.
구담은 짐의 육사를 어찌하려 하는 게요?
선을 택하여 행한다면 좋은 일이라야 하는 법"
왕은 유리전(琉璃殿)에 정좌하고
옷을 늘어뜨리고 팔짱을 낀 채 후궁에서 남면(南面)하여 있는데
문질(文質)이 빈빈하게 갖추어진 문사(文士)들은 음양을 고루 잘 다스리고[211]
서로 뒤얽혀 있는 무사(武士)들은 보선(寶扇)[212]을 받들고 있다.
수닷타를 잡아들여 이유를 묻는데
"수일 동안 어찌하여 짐을 배알하지 않았는가?
듣기에 그대가 외국의 호신을 불러들이려 한다는데
경의 죄과를 헤아려보건대 용서받기 어렵도다!"
수닷타는 진정으로 아뢴다.
"신이 옥계에 봉사하며 오랜 세월이 흐르는 동안
간담(肝膽)을 드러내며 항상 삼가고 두려워하였으니
일찍이 추호의 거짓도 행한 적이 없다네.
만일 외도(外道)를 여래와 견주려한다면
그것은 마치 강아지풀을 벼에 비하는 것과 다름없다네.

211 음양을 고루 잘 다스린다 함은 군주를 보좌하여 국사를 잘 처리한다는 뜻이다.
212 고대 의장용으로 사용되던, 햇빛을 가리고 먼지를 막아주는 커다란 부채를 말함.

불타는 일 장(丈) 육 척(尺)의 당당한 몸
외도는 보잘것없는 반딧불과 같다네.
사해(四海)의 바닷물도 터럭 끝으로 받아들이고
오색의 신광(神光) 입으로부터 나오네.
범천(梵天)과 제석(帝釋)이 항상 앞에서 길을 열고
팔부용신(八部龍神)이 모두 뒤에서 호위한다네.
어찌 일개 우둔한 두꺼비로써
감히 기린과도 같은 대성(大聖)을 상대할 수 있으리!"

王聞褒譽, 尙未委其根由, 更喚須達向前 : 「卿須審實, 不得差殊, 榮辱昇沈, 祇在須臾之頃. 朕爲一國之主, 統御萬邦; 卿須盡節存忠, 不得因巡[213]易志. 天子一怒, 可以伏屍百萬, 流血千里. 佛是誰家種族? 先代有沒家門?學道諮稟[214]何人?在身有何道德?不須隱匿, 具實說看. 忽(或)[215]然分寸差殊, 手下身當依法.」

須達啓言 : 陛下!如來先世, 且出千箇輪王, 枝葉相承, 尊榮不絶. 爰祖及父, 皆居萬乘之尊; 卓[216]子玄孫, 咸稱鸞鳳之嫡. 父稱淨飯, 居八國之最尊, 母號摩耶, 處【□】(五)[217]之絶世. 如來生在南天竺國, 長在迦毗羅城, 從生至死, 從死復生, 無事不作, 無事不成, 無所不曆(歷), 無所不經. 長在淨梵(飯)王宮, 號曰悉達之名. 年過十九, 知曉死生, 二十

213 【通釋】 '因循 · 因巡'은 '건성건성하다(馬虎)', '경솔하다(輕率)'는 뜻이다. '因巡'은 '因循'이다.

214 '諮稟'은 '받다', '입다'(稟受)는 뜻이다. '咨稟'이라고도 적는데 본뜻은 '보고하다'이다. 唐 文宗 「流蕭本蕭宏詔」 : "朕當親膳之時, 頻有咨稟, 恭聞處分." 배우는 과정에서는 반드시 문답이 있게 마련이다. 그리하여 '諮稟'에는 '받다', '입다'(稟受)는 뜻을 갖게 되었다. 아래의 "不那諮稟處高" 역시 '받다', '입다'(稟受)는 뜻이다.

215 '忽然'은 '아마', '혹시'이다. '忽'은 '或'과 통한다.

216 '卓'은 '遠'이다. 楚辭 「九章」 「抽思」 : "아득히 먼 곳에서 날로 잊혀져 가겠지. 맘을 털어놓고 싶어도 하지 못하네[道卓遠而日忘兮, 願自申而不得]." 여기서의 '卓遠'은 그 뜻이 분명하다.

217 原錄에서는 '處' 뒤에 '天[□]'으로 되어 있는데 여기서는 '五'자를 보충한다.

未滿, 騰越宮城. 菩提樹下, 不染俗情, 懃苦累歲, 瘦損其形. 月食麻麥, 引日偸生. 烏鵲巢頂, 養子得成. 頭如蓬窠, 項似針釘.[218] 肋如朽屋之椽, 眼如井底之星.[219] 身體羸劣, 狀餓鬼形, 積功累德, 菩提道成. 身長丈六, 項背暉盈,[220] 胸題萬字, 了了分明. 廣長舌相, 額廣能[221]平, 師子王臆, 毛螺旋生. 如來涅而不死, 槃而不生; 攪之不濁, 澄之卽淸; 幽之不闇, 闇之卽明; 視之不睹其體, 聽之不聞其聲; 高而不危, 下而不頃(傾), 變江海而成蘇酪, 化大地爲琉璃水精. 拈須彌山, 卽知斤兩, 斫四海變成乾坑. 合眼萬里, 開眼卽停. 現大身周遍世界, 或現小身, 微[222]塵之內藏形. 如來將刀斫不恨恨,[223] 塗藥著不該該,[224] 拾得物不歡喜, 失卻物不悲啼. 大衆裏不覺鬧, 獨自坐不恓恓.[225] 二心俱一種, 平等閦然[226]齊. 分身百億, 處處過齋. 一名悉達, 二號如來,

---

218 '針釘'은 목이 가늚을 비유한다.

219 '井底之星'는 눈이 움푹 들어감을 비유한 것이다.

220 '暉盈'은 목 뒤의 둥근 광명을 형용한 것이다. 아래 "光色轉更暉盈"의 '暉盈'도 광명을 뜻한다.

221 '能'은 '이와 같이', '이렇게'란 뜻이다. 『通釋』의 해당 항목 설명을 참고하기 바란다.

222 '微'는 原錄에서는 '徽'로 되어 있고 '微'로 교정하였다. 여기서는 직접 수정한다.

223 '恨恨'은 '고통스런 모습'이다.

224 【通釋】 '咍咍', '該該'는 기뻐 웃는 모습이다. '該該'는 바로 '咍咍', '咳咳'이다. 『說文解字』: "咳, 小兒笑也." 이것이 바로 '該該', '咍咍', '咳咳'의 어원이다. '該'와 '咍'는 단지 자형이 변하였을 뿐이다. S.1032「佛說如來成道經」: "將刀斫不恨恨, 附藥療不治治." '治治'는 '咍咍'의 訛字이다. 이는 '該該'가 '咍咍'와 같음을 증명해준다.

225 '恓恓'는 '悽悽'와 같다.

226 '閦'은 原錄에서는 '閦'로 되어 있는데 이는 속자이다. 陳治文은 이를 '琡'으로 교정하며 音은 '初六反'이고 뜻은 '구제하다(齊也)'라고 하였다. 【校注】 '琡'은 本字이고 俗字로 '促', '娖', '齪' 등으로 적기도 한다. 『廣雅』「釋고」: "琡, 齊也." 王念孫은 "『漢書』「申徒嘉傳」에서는 '躡躡廉謹'이라 하였고, 顔師古 주석에서는 '躡躡, 持整之貌'라 하였고, 『後漢書』「中山簡王傳」에서는 '官騎百人, 稱娖前行'이라 하였으며, 李賢 주석에서는 '稱娖, 猶齊整也'라 하였는데, 그 뜻은 모두 '琡'과 같다. 오늘날에는 '가지런하다(整齊)'를 속어로 '整琡'이라 하고 '捉'으로 발음한다." 【通釋】 '閦塞平'은 문맥으로 보아 '閦塞'이 되어야 하나, 본편에서는 또 "平等閦然齊"란 문구가 있어 어떻게 해석해야 할지 알 수가 없다. 【校注】 『洛陽伽藍記』「宋雲與惠生使西域」: "有佛頂骨, 方圓四寸, 黃白色, 下有孔, 受人手指, 閦然似仰蜂窠." '閦然'은 이와 마찬가지로 '가지런한 모습'이다.

爲天人師, 具一切智, 四生三界, 最勝最尊. 臣今略述其能, 累劫嘆[227] 終不盡. 陛下!」

왕은 불타를 기리는 찬탄을 듣고서도 여전히 그 내력을 이해하지 못하여 다시 수닷타를 앞으로 불러들여 말하였다. "경은 사실대로 말하여 조금도 거짓이 있어서는 안 될 것이오. 영욕의 부침은 한순간에 달려 있소. 짐은 일국의 주인으로 만방을 다스리고 있거늘, 경은 충절을 지키어 경솔히 마음을 바꿔서는 안 될 것이오. 천자가 한번 분노하면 시체 백만을 눕힐 수가 있고 피를 천 리에 흐르게 할 수가 있소. 불타는 누구의 일족이며 선조는 어떤 가문인가? 도(道)는 누구로부터 전수 받았으며 그 몸에는 어떤 덕이 있는가? 숨김없이 모두 말해보시오. 혹시 조금이라도 거짓이 있다면 그대는 법으로써 처단될 것이오!"

수닷타가 폐하에게 아뢰길, "여래의 선조들 중에는 천 명의 전륜왕이 나왔고 대대로 이를 계승하여 그 고귀한 혈맥이 끊이지 않았습니다. 조부와 부친은 모두 만승(萬乘)의 존위에 올랐으며 후대 자손들은 모두 난봉(鸞鳳)의 적자(嫡子)라 불렸습니다. [불타의] 부친은 정반(淨飯)이라 불렸는데 팔국(八國) 중에서 으뜸가는 존귀한 자였고, 모친은 마야(摩耶)라 불렸는데 오천축에서 절세한 용모를 지닌 미인이었습니다. 여래께서는 남천축국에서 태어나 가비라성에서 자랐습니다. 생(生)에서부터 사(死), 그리고 사(死)에서부터 다시 생(生)에 이르기까지, 여래께서 하지 않는 일이란 없고 이루지 못하는 일이란 없으며 지내오지 않는 바도 없고 겪지 않은 바도 없으십니다. 정반왕궁에서 자랄 때 싯다르타라고 불렸는데 나이 19세가 되자 생과 사의 이치를 깨닫고는 20세가 채 되지 않아서 궁성을 뛰어넘었습니다. 보리수 아래서 속세의 감정에 물들지 않으며 여러 해 동안 각고의 수행을 하여 그 육신은 여위어 수척해졌습니다. 매일 호마(胡麻)와 보리 낟알만을 먹으며 하루하루 목숨을 부지했습니다.

227 '嘆'은 '찬탄하다'이다.

새와 까치가 정수리에 둥지를 틀어 새끼를 길렀고 머리카락은 쑥대밭 같았고 목은 바늘못 같았으며 근육은 낡은 지붕의 서까래 같았고 눈은 우물 속의 별과 같았습니다. 몸은 쇠약해지고 모습은 아귀의 형상이었지만 공덕이 오랫동안 쌓여 보리의 도를 이루었습니다. 신장은 일 장(丈) 육 척(尺)이고 머리 뒤에는 광배(光背)가 빛나고 가슴에는 만(卍) 자가 명료하게 새겨져 있습니다. 혀가 넓고 길며, 이마는 넓어 이렇게 평평하며, 사자왕의 가슴에다, 몸의 털은 오른쪽으로 말려 있습니다. 여래께서는 열반에 드셔서 죽지도 태어나지도 않으시며, 어지럽히려 해도 더러워지지 않고 맑게 하려 하면 곧 깨끗해지며, 어둡게 하려 해도 어두워지지 않고 어두워지게 하려 하면 곧 밝아집니다. 보아도 그 모습은 보이지 않고 들어도 그 소리는 들리지 않으며, 높아도 위태롭지 않고 아래 있어도 기울어지지 않으며, 강해(江海)를 우유죽으로 변화시킬 수도 있고 대지를 유리나 수정으로 변화시킬 수도 있습니다. 수미산을 손가락으로 집어 올려 그 무게를 알고, 사해(四海)를 싹둑 잘라 마른 구덩이로 변화시킬 수도 있습니다. 눈을 감으면 만 리를 보고 눈을 뜨면 곧 멈춥니다. 커다란 몸집을 드러내면 세상을 뒤덮을 만하고, 작은 몸을 드러내면 미세한 먼지 속에 숨을 수도 있습니다.

여래는 칼에 찔려도 고통스러워하지 않고 약을 발라주어도 즐거워하지 않으며, 물건을 주워도 기뻐하지 않고 물건을 잃어버려도 슬퍼하지 않습니다. 대중 속에 있어도 그 소란을 느끼지 못하고 홀로 앉아 있어도 쓸쓸해하지 않습니다. 이심(二心)[228]을 똑같은 마음으로 평등하게 대하시고, 백억 개로 분신하시어 곳곳의 재(齋)에 그 몸을 나투십니다. 싯다르타라고 부르기도 하고 또 여래라고 부르기도 하는데, 인천(人天)의 스승으로서 일체지(一切智)를 갖추시어 사생삼계(四生三界) 안에서 으뜸가는 존자이십니다. 신은 지금 그분의 덕을 간략히 설명 드렸을 뿐이고

228 진심(眞心)과 망심(妄心). 진심이란 참되고 변하지 않는 마음의 본체를 말하고, 망심이란 망령되이 분별하는 마음을 말한다.

여러 겁(劫) 동안 찬탄해도 다할 수 없습니다, 폐하!"

王聞此語, 喜悅難任.「卿雖讚德(得)[229]此能, 猶未表其的實, 須得對面試諫,[230] 然可定其是非. 卿之所師, 敵得和尙已否?」須達啓言:「陛下!千鈞之弩, [□]【不】[231]爲鼷鼠發機; 百尺炎爐, 不爲毫毛爇焰. 不假[232]我大聖天師, 最小弟子, 亦能祇敵.」[233] 王問:「弟子是誰, 對得我和尙?」須達啓言:「大王!佛之弟子, 不是餘人, 卽舍利弗是.」王曰:「舍利弗者, 是我和尙外[234]甥. 近日出家, 學法有[235]淺, 計其功行, 不曆(歷)[236]多時. 長幼不可比肩, 如何對我和尙!」「晏嬰雖小, 能謀虎狼之臣. 有德不假年高, 無智徒勞百歲. 搆之虛誑, 不如驗之取實. 黃金百練,[237] 光色轉更暉盈; 鈆錫登爐, 應時化爲灰燼. 伏望明宣詔令, 廣集頒下群嫽(僚), 大決看看,[238] 然可定其勝負. 六師若勝, 臣當萬斬, 家口沒官.」

---

229 '德'은 '得'과 통한다.

230 '練'은 原錄에서는 '諫'으로 되어 있다. [徐震堮] '諫'은 '譣'으로 보아야 하며 이는 '證譣'의 '譣'이다. [項楚] '諫'은 '練'의 形誤字이다. '試練'은 '고찰하다', '검사하다'는 뜻이다. [校注] '練'은 아마 앞의 '試'자의 영향으로 類化되어 '諫'으로 표기한 듯하다. '練'은 '選'의 뜻이다. 項楚는 『朝野僉載』의 예를 거론하며 '試練'은 '시합을 하다(比試)', '선택하다(揀選)'의 뜻이라 하였다.

231 [徐震堮] '爲' 앞에 '不'자가 빠져 있다. [校注] 이에 의거하여 보충한다.

232 '不假'는 '……할 필요 없다'는 뜻이다.

233 '祇敵'은 '敵'이다. 뒤에 "況乃蚊蚋六師, 更能祇敵"이라는 문구가 있다. [徐震堮]에서는 '祇'를 '抵'로 보았는데 이는 오류이다. '祇'는 접두사로서 '敬'의 뜻은 없다. '祇揖', '祇應', '祇受' 등은 모두 같은 예들이다.

234 '外'는 原錄에서는 오른편에 '男'자가 덧붙어 있는데 이는 속자이다. 아마 뒤의 '甥'자의 영향으로 類化되었을 것이다.

235 '有'는 '尙'으로 보아야 할 듯하다. [項楚] '有'는 '猶'이다. [校注] '有'와 '尙'은 필기한 형체가 비슷하다. '尙'으로 교정하는 것이 옳아 보인다.

236 '曆'은 項楚는 '歷'으로 교정하였는데 이는 옳다.

237 '練'은 原錄에서는 '煉'으로 교정하였다. [校注] '練'은 '煉'의 古字이다. 굳이 교정할 필요 없다.

238 '看看'은 동사 뒤에 '看'이라는 접미사를 덧붙인 경우이다.

王遂敕下百司:「速須備擬, 來月八日, 城南建立道場. 佛家若强, 朕與合國之人, 總歸仕(事)佛; 分毫差失, 二人總須受誅.」

須達旣奉敕旨, 心中非甚[239]憂惶, 遂卽歸家, 攢眉蹙額.[240] 舍利弗見其憂懼, 儀貌改常, 遂卽驚嗟, 怪而問曰:「長者因何憂懼, 顔貌改常?」須達曰:「弟子今日入朝, 親奉明敕, 令來月八日, 城南建立道場, 各逞神通, 定其優劣. 佛家若勝, 王城並擬歸誠; 六師若强, 太子與卑微, 俱受誅戮. 我今凡夫智淺, 未惻(測)聖之高低, 幸願慈悲進退, 希垂委實!」舍利弗爲適(釋)[241]憂心誇顯之處, 若爲?

須達啓言舍利弗:「敕令來月之八日,
城南建立大道場, 神通各自般般出.
國王躬駕監[242]其能, 百揆參詳辨得失,
幸願和尙說情懷, 進退分明須一述.」
舍利含笑報須達:一切妄相皆須割,
外道共我鬥神通, 狀似將魚而與【獺】.[243]
明月未見比螢光, 海水不可論【斗】[244]撮.
還同下(夏)日爍春冰, 百練[245]黃金比木末.
外道之徒總是糠, 大風一起無拾掇.[246]
我今降魔的取强,[247] 總遣[248]化度成菩薩.」

---

239 【徐震堮】'非甚'은 '非常'으로 보아야 할 듯하다. 【通釋】'非甚'은 '甚辭'로서 '非常'과 같다. 【校注】 앞에 "太子聞語, 非甚驚惶"이란 문구가 있다. '非甚'이 '非常'의 뜻임을 보여준다.

240 '額'은 原錄에서는 '頞'로 되어 있는데, 【劉凱鳴】에 의거하여 수정한다.

241 【項楚】'適'은 '釋'이다. 【校注】 이 두 글자는 同音通假字이다.

242 '監'은 '감별하다'이다. '監'은 '鑒'의 古字이다.

243 '獺'은 原錄에서는 闕字(□)로 되어 있다. 【項楚】 응당 '獺'자가 들어가야 한다. 그래야 앞뒤의 韻字와 합운이 된다.

244 '斗'는 原錄에서는 闕字(□)로 되어 있다. 【項楚】 궐자는 응당 '斗'가 되어야 한다. 이 문구는 '바닷물은 됫박으로 잴 수 없다(海水不可斗量)'는 뜻이다.

245 '練'은 '煉'과 같다.

246 '拾掇'은 '줍다(揀拾)', '수습하다(收拾)'이다.

왕은 그 말을 듣고 기뻐 어쩔 줄 몰랐다. "경은 그의 덕을 찬탄하였지만 아직 그 실체가 드러난 바 없으니 면전에서 시험을 해보아 그 시비를 가려내겠소. 경의 스승이란 사람은 이 화상에 대항할 수 있는가?" 수닷타가 폐하에게 아뢰었다. "천균(千鈞)의 활을 단지 쥐 한 마리 잡는 데 쓸 수는 없으며 백 척(尺)의 뜨거운 화로를 터럭 하나 태우기 위해서 피울 수는 없습니다. 우리 대성(大聖) 천사(天師)의 손을 빌릴 것도 없이 가장 젊은 제자만으로도 그를 대적할 수 있습니다." "우리 화상을 대적할 수 있다는 제자는 누구인 게요?" "불타의 제자는 다름 아닌 바로 사리불입니다." "사리불은 우리 화상의 외생(外甥)으로 근일 출가하여 배운 법(法)은 얕고 그 수행을 쌓음에 있어서도 많은 세월을 보내지 않았다. 장유(長幼)가 어깨를 나란히 할 수 없거늘 어찌 우리 화상을 대적한다는 말인가!" "안영(安嬰)은 비록 몸집은 작았지만 범이나 이리 같은 신하들을 잘 다스릴 수 있었습니다. 덕이 있다면 나이가 많은 것은 필요치 않고 지혜가 없다면 백 년을 살았어도 헛될 뿐입니다. 거짓이라고 생각하신다면 실제로 시험을 한번 해보십시오. 황금은 백 차례 제련하면 그 빛은 더욱 휘황해지지만 납이나 주석은 화로에 들어가면 그 즉시 재가 될 뿐입니다. 바라옵건대 조령(詔令)을 내리셔서 널리 군신(群臣)을 불러들여 [사리불과 육사가] 결투를 벌이는 것을 지켜보게 하십시오. 그렇게 하시면 승부를 결정지을 수 있을 것입니다. 만일 육사가 승리하면 신은 만 번 죽임을 당하고 가족은 관의 노비가 될 것입니다."

그리하여 왕은 백관에게 칙령을 내렸다. "서둘러 채비를 하여 다음달 8일까지 성 남쪽에 도량을 건설하라. 만일 불가가 강하다면 짐은 온 백성들과 더불어 불에 귀의할 것이고, 추호라도 잘못이 있다면 두 사람은

247 '的取强'은 '반드시 승리하다'는 뜻이다.

248 '遣'은 原錄에서는 '建'으로 되어 있다. [袁賓] '建'은 '遣'이 되어야 한다. 두 글자의 형태와 소리가 유사하여 비롯된 착오이다. 같은 편 아래 문장 "儻使一時降伏得, 總遣度卻入僧行"은 그 뜻이 똑같은데 '遣'자로 되어 있다. 項楚는 '見'으로 보았는데 옳지 않다.

죽임을 당할 것이다."

칙지(勅旨)를 받은 수닷타는 마음속에 커다란 불안을 느끼며 집으로 돌아와서는 눈썹을 찌푸리고 이마를 찡그렸다. 사리불은 두려워하며 안절부절 못하는 수닷타를 보고 이상하게 여기며 물었다. "장자께서는 무슨 근심이 있기에 안색이 밝지 않으십니까?" 수닷타가 대답하였다. "제자는 오늘 입조(入朝)하여 직접 왕의 칙명을 받았는데, 다음 달 여드레 날에 성 남쪽에다 도량을 세우고 서로 신통력을 겨루어 그 우열을 가리겠다고 합니다. 만일 불가(佛家)가 승리하면 왕과 신하는 모두 부처에 귀의하게 될 것이고, 육사가 승리하면 태자와 비천한 이 몸은 죽임을 당하게 될 것입니다. 제자는 지금 범부인지라 지혜가 얕아 아직 성인의 역량을 헤아릴 수 없습니다. 부디 자비를 베푸시어, 나아가야 할지 아니면 물러나야 할지 명확히 알려주시기 바랍니다!" 사리불이 수닷타의 근심을 풀어주기 위해 자신의 능력을 보이는 장면, 어떻게 이야기되는가?

수닷타가 사리불에게 말하는데
"칙명이 내렸는데 다음달 8일
성 남쪽에 대도량을 세우고
각각의 신통을 보이게 한다네.
국왕이 몸소 그 능력을 살피시고
백관이 자세히 그 승부를 판정한다네.
제발 화상이시여, 생각하시는 바를 말씀해주시어
어찌해야 좋을지 분명히 말씀해 주십시오."
사리불이 미소를 지으며 수닷타에게 알리는데
"일체의 망상을 모두 끊어버리시오.
외도가 이 몸과 신통력을 겨룬다는 것은
마치 물고기가 수달에 대드는 것과 같소이다.
밝은 달은 반딧불에 비할 수 없고
바닷물은 말(斗)로 될 수 없도다.

여름철의 태양이 봄철의 얼음을 녹이는 것과 같고
백번 담금질한 황금을 나무토막에 비하는 것과 같도다.
외도의 무리는 결국 조강(糟糠)과 같아서
큰 바람이 한 차례 불어대면 수습할 길이 없게 된다.
나는 지금 항마(降魔)하여 승리할 것을 확신하니
모조리 제도하여 보살을 이루게 하리라."

舍利弗含笑舒顔, 報言須達:「我今雖爲小聖, 不那諸稟處高, 祇如[249]顯政摧邪, 絶是小務.[250] 天魔億萬, 惻塞[251]虛空, 猶不能動毫毛, 況乃蚊蚋六師, 更能祇敵!我今磨刀穀馬,[252] 唯佇譏練[253]之功, 不假淹留, 唯須急速. 長者再奏, 八日泰(太)遲, 菟入狗突,[254] 熟食誰能久耐. 明日卽須施展, 請促八日之期.」須達遂重奏王, 王依所請, 班(頒)告百司:「今夜齊明, 敷設總須了畢. 佛家道場, 卿須備擬; 六師所要, 朕自祗供.[255] 明日拂晨, 卽須對試.」明敕告示[256]已了, 須達便卽歸迴. 行至家中, 覓舍利弗不得. 須達撫掌驚嗟, 唱言「禍事, 大怪出也. 明朝許期鬥聖,[257] 今日使脚[258]私逃, 假令計料不襟(禁),[259] 不合相報. 弟子

249 '祇如'는 문두 어기사로서 어기를 늦추는 역할을 한다. '只如'로 적기도 한다.
250 '小務'는 '小事'이다.
251 '惻塞'은 '側塞', '逼塞' 등과 같다. '가득 들어참'을 뜻한다. 『通釋』에 상세한 설명이 있다.
252 '穀馬'는 '말을 먹이다'는 뜻이다.
253 '試'는 原錄에서는 '譏'로 되어 있다. [袁賓] '譏'는 '試'의 필획을 더한 訛字이다. [校注] 이에 의거하여 수정한다.
254 原錄에서는 '冤' 윗편에 '초두(艹)'가 있고, '狗' 오른편이 '苟'로 되어 있는데, 이는 모두 속자이다. '兎入狗突'은 토끼가 개가 사는 동굴로 뛰어듦을 말하는데 '스스로 죽음을 자초함'을 비유한다. 아래의 '熟食'은 '이미 익은 음식물'을 가리키며 '兎入狗突'과 같은 뜻이다.
255 '祗'는 原錄에서는 '祇'로 되어 있는데, 여기서는 직접 수정한다. '祗供'은 '供'이다. '祗'는 접두사이다.
256 [原校] '示'는 본래 '尒'로 되어 있는데 羅振玉 인쇄본에 의거하여 수정한다. 돈황사본에서 '爾'는 흔히 간체로 적고 있는 까닭에 '示'와 헷갈린다.

爲法, 甘分喪軀; 太子之身, 何辜受戮!」 蒼忙尋逐, 不知所去之蹤, 遍問街衢, 莫委遊行之處. 因逢九牛[260]小子, 詰問逗遛:「汝向野外行時, 逢著我和尙已人(不)?」[261]小子曲躬啓言阿翁:「昨日驅牛逐[262]草, 偶至七里澗邊, 見一禿頭小兒, 身披赤色之衣, 樹下端然坐睡, 不知是何色類?阿翁自往看之.」 長者聞說, 卽知委[263]是本身. 在此國內之人, 更無剃頭之者. 長者奔車驟駕, 卽至七里澗邊. 直至尼拘[264]樹下, 併(屛)[265]其左右, 叉手向前, 啓言和尙:「弟子親聞聖旨, 約束切嚴, 和尙自促時光, 許期明日鬥聖, 豈容不知急緩?來至此間, 不識閑忙, 走向此間坐睡. 分毫疏失, 兩人性命不全, 縱然弟子當辜, 和尙豈安忍見!」 諮啓之處若爲?

長者合掌啓闍梨:「弟子凡愚不覺知.
布金買園無辭彈(憚), 外道捉我苦刑持.[266]
弟子躬親蒙進止, 勞度叉欲得鬥神威.
恐畏中途生進退, 緣兹憂懼乃頻眉.」[267]

---

257 ‘鬬聖’은 ‘신통을 겨루다’이다. ‘鬬’는 본래 ‘鬪’로 되어 있는데 이는 속자이다. 이에 직접 수정한다. 이하 동일하다.

258 ‘使脚’은 ‘활보하다’이다. ‘使’에는 ‘縱’의 뜻이 있다.

259 [項楚] ‘襟’은 ‘禁’이어야 한다. ‘不禁’은 ‘승리하지 못하다’는 뜻이다.

260 ‘九’자가 羅振玉 인쇄본에서는 ‘牧’으로 되어 있는데 王重民은 원문이 아닌 것으로 여겼다. [校注] ‘牧’으로 보는 것이 비교적 합당하다. ‘牧牛小子’라는 문구는 불경 가운데 자주 보인다.

261 ‘不’은 原錄에서는 ‘人’으로 되어 있고 ‘不’로 교정하였다. 이에 직접 수정한다.

262 ‘逐’은 原錄에서는 ‘遂’로 되어 있고 ‘逐’으로 교정하였다. 이에 직접 수정한다.

263 ‘委’는 ‘확실히’, ‘실제로’, ‘정말로’라는 뜻이다. 이곳에서는 ‘知’와 ‘委’가 連文이 아니다.

264 ‘拘’는 原錄에서는 ‘枸’로 되어 있다. [校注] 이것은 ‘拘’의 換旁字이다. 玄應『一切經音義』 권22:“諾瞿陀, 舊經中作尼拘陀, 或言尼拘盧陀, 亦作尼俱律, 又作尼俱類, 皆訛也. 舊譯云無節, 或言縱廣也.” 즉 보리수이다.

265 ‘併’은 ‘屛’과 통한다.

266 ‘捉我苦刑持’는 ‘자신을 몹시 괴롭히다’는 뜻이다. 「王昭君變文」:“진실로 그림쟁이들 때문에 내가 학대받게 된 것이지(良由畫匠, 捉妾陵持).” ‘捉’은 ‘把’로 적기도 한다. ‘刑持’는 ‘괴롭히다’, ‘못살게 굴다’는 뜻이다. 『通釋』 ‘陵持’ 항목을 참조 바란다.

267 ‘頻’은 ‘顰’의 古字이다.

舍利弗旣聞須達說, 便入三昧自思惟.

澄神靜慮安心想, 摧伏妄念息諸非.

六賊縱橫不能染, 將知定力不思議.[268]

每恐聲聞道力劣, 伏願如來爲護持.

사리불이 얼굴에 미소를 띠며 수닷타에게 말하였다. "소승은 지금 소성(小聖)임에도 불구하고 어쩔 수 없이 높은 곳에 자리하게 되었지만, 불법을 널리 퍼뜨리고 외도를 쳐부수는 일은 쉬운 일이오. 억만(億萬)의 천마(天魔)가 허공을 가득 메운다 해도 [내 몸에 난] 터럭하나 건들일 수 없거늘, 하물며 모기와 같은 육사가 어찌 대적할 수 있으리! 나는 지금 칼을 갈고 말에게 먹이를 주고서[269] 육사와의 대결을 기다리고 있을 뿐이오. 오래 기다릴 필요 없이 속히 치러야 할 것이오. 장자께서는 다시 대왕께 아뢰어 다음 달 8일은 너무 늦다고 전해주시오. 토끼가 개의 동굴로 뛰어들고, 밥이 다 익었는데 누군들 오래 기다릴 수 있겠소. 내일 당장 시합을 벌여야 할 것이니, 여드레라는 기한을 줄여주시기를 청해보십시오."

이에 수닷타는 다시 왕에게 아뢰었고, 왕은 그의 소청에 응하여 백관에게 널리 일러 말했다. "오늘 밤부터 날이 밝아올 때까지 모든 준비를 마치도록 하라. 불가 측의 도량은 경이 준비하도록 하고, 육사가 필요로 하는 것은 짐이 제공하겠소. 그리고 내일 새벽에 대결하도록 하겠소." 이 칙명이 내려지자 수닷타는 곧바로 집으로 향했다. 집으로 돌아오는 길에 그는 사리불을 찾았으나 어찌된 일인지 보이지 않았다. 수닷타는 악연(愕然)해져 양손을 두드리며 큰 소리로 말했다. "일 났구나, 정말 큰 일이로다, 내일 아침 신통력을 겨루기로 하였는데 지금 어디론가 달아나버렸으니! 이기지 못할 것이라 생각되었으면 응하지 말았어야 했는데. 이 몸은 불법을 위하여 기꺼이 육신을 버릴 수 있겠지만 태자께서는 무슨 죄로 죽임을 당하실까!" 허둥대며 흔적을 찾았지만 간 곳을 찾을 수

268 '議'자는 平聲字와 압운한다.

269 싸울 준비를 마쳤다는 뜻.

없었고 거리마다 두루 물어도 보았지만 떠도는 곳을 알 길이 없었다.

아홉 마리의 소를 끌고 가는 소년을 만나자 그를 멈춰 세우고 물었다. "그대는 들판을 다니면서 우리 화상을 만난 적이 있었는가?" 소년이 몸을 숙이며 대답하였다. "어르신, 어제 풀을 찾아 소를 몰고 가던 중 칠리간(七里澗) 근처에 이르렀을 때 한 까까머리 소년을 보았습니다. 붉은 옷을 몸에 걸친 채 나무 아래서 단정히 앉아 잠을 자고 있었는데 어떤 사람인지는 알 길이 없었습니다. 노인장께서 직접 가시어 보시지요." 장자는 그 말을 듣는 순간 그 사람이 틀림없음을 알았다. 이 나라 사람 중에는 삭발을 한 자는 없었던 것이다. 장자는 급히 수레를 몰아 칠리간 가에 이르렀다. 곧장 보리수 아래로 나아가 좌우를 물리치고 두 손을 공손이 합장하고서 화상에게 물었다. "제자가 직접 받은 성지(聖旨)는 규정이 극히 엄합니다. 화상께서 날짜를 스스로 줄이시어 내일 신통력 대결을 벌이기로 약정하였사온데, 어찌하여 사태의 완급(緩急) 한망(閑忙)을 모르시고 이곳에 오시어 한가로이 앉아서 주무시고 계십니까? 조금이라도 어긋남이 있다면 두 사람의 목숨은 온전치 못할 것이니, 이 제자 그 죄를 묻게 된다면 화상께서는 어찌 차마 바라보실 수 있으시겠습니까!" 사리불에게 아뢰는 장면, 어떻게 이야기되는가.

장자가 합장을 하고 사리(闍梨)에게 아뢴다.
"이 제자는 어리석어 알지를 못합니다.
황금을 깔아 정원을 사들이는 데 꺼려하지 않았는데
외도가 이 몸을 붙잡아 고통스럽게 하네.
제자는 직접 성지(聖旨)를 받았는바
노도차가 신위(神威)를 겨루고자 한다네.
걱정되는 것은 중도에 주춤하는 것이니
이 때문에 두려움으로 눈살이 찌푸려진다네."
사리불은 수닷타의 말을 듣고
곧장 삼매에 들어 생각에 잠긴다.

정신을 맑게 하고 사념(思念)을 가라앉히고서
망념을 부수고 모든 그릇됨을 잠재우네.
육적(六賊)[270]이 이리저리 날뛰어도 더럽힐 수 없고
정력(定力)의 불가사의함을 알고 있지만
항상 두려운 바는 성문(聲聞)의 도력이 낮은 것이니
엎드려 여래의 가호를 기원한다네.

舍利弗不移本座, 運其神通, 卽至鷲峰山頂, 悲泣雨淚, 哽噎聲嘶, 旋繞世尊, 數十餘匝. 希大聖之威加備(被)[271]之處, 若爲?

舍利悲啼啓法王, 如來驅使建僧房,
未及誠心營飾畢, 六師群衆稍難當.
弟子小人神力劣, 希垂護念借[272]威光.
儻使一時降伏得, 總遣度卻入僧行.」
佛告舍利「不須悲, 是汝聲聞道力微.」
遂喚阿難來近側, 架上取我僧伽梨.
暦(歷)[273]劫降魔皆使汝, 神通智惠不勞施.
「將吾金襴[274]袈裟去, 無量善神護衛之,
魔王一見皆摧伏, 法性淸淨證無爲.」

舍利弗忽從定[275]起, 左右不見餘人, 唯見須達大臣, 兼有龍神八部,

---

270 안(眼)·이(耳)·비(鼻)·설(舌)·신(身)·의(意), 이 육근(六根)은 불법의 수행을 방해하기에 그것을 적(賊)에 비유하여 육적(六賊)이라 함.

271 [項楚] '備'는 '被'로 적기도 한다.

272 '借'는 '助'이다. P.3620 諷諫書: "不能借國家少理, 不能助國家少憂."

273 '暦'은 '歷'과 통한다.

274 '襴'은 原錄에서는 '蘭'으로 되어 있다. [原校] 羅振玉 인쇄본에서는 '蘭'이 '襴'으로 되어 있다. [校注] '金襴'은 '金邊'이다. 唐 蘇鶚 『蘇氏演義』 下: "後周武帝始令袍下加襴." 이에 의거하여 수정한다.

275 '定'은 '禪定'이다. 앞 문장 "便入三昧自思惟"은 이 문장과 호응한다. 『經律異相』 권3 「須達多買園以立精舍」: "時舍利弗在一樹下, 入諸禪定, 而作是念: ……" 이는 그 증거이다.

前後捧擁, 四面周迴, 阿修羅執日月以引前, 緊那羅握刀槍而從後. 于時風師使風, 雨師下雨, 隰(濕)卻囂塵, 平治道路. 神王把棒, 金剛執杵, 簡擇[276]驍雄, 排比隊伍. 然後吹法螺, 擊法鼓, 弄刀槍, 振威怒, 動似雷奔, 行如雲布. 亦有雪山象王, 金毛師子, 震目揚眉, 張牙切齒, 奮迅毛衣, 搖頭擺[277]尾. 隊仗[278]映天, 槍戈匝地. 諍能[279]各擬逞威神, 加被我如來大弟子, 若爲?

舍利弗與衆而辭別, 是日登途便卽發.
毗樓天王執金旌, 提頭賴吒持玉節.
甲杖全身盡是金, 刀箭渾論[280]純用鐵.
青面金剛色黮然, 火[281]頭金剛瞋不歇.[282]
鏡鼓轟轟聲動天, 瑞氣明明而皎潔.
天仙空裏散名花, 讚唄之聲相趁迭.[283]
降魔杵上火光生, 智惠刀邊起霜雪.
但願諸佛起慈悲, 邪幢[284]不久皆摧折.

---

276 '簡'은 原錄에서는 '초두(艹)'를 따르고 있다. 【校注】 돈황사본에서는 '대죽(竹)' 대신에 '초두(艹)'가 흔히 사용된다. 이에 직접 수정한다. '簡擇'은 同義의 連文으로, '柬擇', '揀擇'과 같다.

277 '擺'는 原錄에서는 오른편 절반이 '拜'로 되어 있다. 【徐震堮】 '擺'와 같다. 【校注】 이에 직접 수정한다.

278 '仗'은 原錄에서는 왼편이 '手' 편방으로 되어 있는데 이는 속자이다. 아래의 '甲仗'의 '仗' 역시 原錄에서는 '手' 편방으로 되어 있다.

279 '諍'은 '爭'과 같다. '겨루다(競)'는 뜻이다.

280 【劉堅】『列子』「天瑞篇」: "渾淪者, 言萬物相渾淪而未相離也." '渾淪'은 '渾然一體'의 뜻이다. '渾論'은 '渾淪'이다. 【校注】 '渾淪', '渾論', '囫圇' 등은 모두 동일한 의미의 連綿語로 표기만 다를 뿐이다. 따라서 굳이 교정할 필요 없다.

281 '火'는 原錄에서는 '大'로 되어 있다. 【校注】 '火'가 되어야 한다. '火頭金剛'은 密迹金剛의 하나로서, 범어의 음역으로는 '烏芻瑟摩'라고 한다.

282 '歇'은 原錄에서는 글자 아래편에 '心'자가 더 붙어 있는데 이는 속자이다. 이에 직접 수정한다.

283 '趁迭'는 '따라오다, 뒤쫓다(追趕)'이다. '相趁迭'는 앞뒤로 연속됨을 말한다.

284 '幢'은 原錄에서는 '憧'으로 되어 있다. 【通釋】 '憧'은 '幢'의 오자다. 【校注】 돈황사본에서는 흔히 '巾' 편방이 '心' 편방으로 표기되곤 하는데, 대개 속자가 이러하다. 『龍龕

神力不經彈指間, 須臾卽至皇城闕.

사리불은 자리를 떠나지 않고 신통력을 이용하여 영취산 정상에 이르러서는 비 오듯 눈물을 흘리며 훌쩍거리며 세존의 주위를 수십 차례 돌았다. 대성의 위덕으로 가호가 내려지기를 바라는 장면, 어떻게 말해지는가?

사리불은 슬피 흐느끼며 법왕에게 아뢴다.
"여래께서는 승방(僧房)을 세우라 하셨고
아직 성심으로 조영(造營)을 끝마치지 않았는데
육사의 무리는 감당하기 매우 벅찹니다.
제자는 소인이라 신통력이 보잘것없으니
바라옵건대 이 몸을 보살펴주시어 불의 위광(威光) 입게 되기를.
만일 일제히 항복을 얻게 된다면
모두 제도(濟度)되어 불문(佛門)에 들어설 것입니다."
불이 사리불에게 알리는데
"그대 성문(聲聞)의 도력이 미미하다 슬퍼 말지어다."
이리하여 아난을 불러 곁으로 오게 하였다.
"가상(架上)[285]에서 내 승가리(僧伽梨)[286]를 가져오라.
역겁(歷劫) 동안 마귀를 항복시킬 때마다 사용해온 것이기에
신통력과 지혜를 애써 펼칠 필요가 없느니라.
나의 이 금란가사(金襴袈裟)를 가져가면
무수한 선신(善神)이 그대를 보호할 것이라
마왕은 한번 보면 모두 항복해버릴 것이니
법성(法性)은 청정하여 무위(無爲)임을 알게 되리라."

手鏡』心部: "憧, 昌容反, 往來貌也. 又俗宅江反, 一 幡, 正作幢." 이는 '憧'자가 당시에 '幢'의 속자로 사용되었음을 보여준다. 【通釋】 '邪幢'은 '邪見의 깃발'로, '邪人과 邪見을 표방함'을 뜻한다.

285 시렁 또는 선반의 위.

286 설법을 하거나 걸식할 때에 입는 중의 옷. 여기서는 가사(袈裟)를 말함.

사리불은 홀연 선정에서 깨어났다. 주위에는 다른 사람은 보이지 않고 오직 수달대신만이 있었다. 그 외에 용신팔부가 앞뒤에서 호위하며 사방을 에워쌌고, 아수라가 일월(日月)을 받쳐 들고서 앞장을 섰으며, 긴나라가 칼과 창을 움켜쥐고서 뒤를 따랐다. 이때 풍신(風神)이 바람을 일으키고 우사(雨師)는 비를 내리게 하여 먼지를 적셔 도로를 매끈하게 닦았다. 신왕(神王)은 몽둥이를 움켜쥐고, 금강(金剛)은 방망이를 꼬나들고, 가려 뽑은 용맹한 자들이 대오를 이루고 있었다. 그러고 나서 법라(法螺)를 불고 법고(法鼓)를 두드리고 칼과 창을 휘두르며 위엄과 분노를 떨치는데, 그들이 꿈틀거리면 우레가 달리는 것 같고 걸어가면 구름이 널리 깔리는 것 같았다. 또 설산의 상왕(象王)과 황금빛 사자가 눈알을 부라리고 눈썹을 휘날리며, 이를 드러내어 박박 갈고, 털을 곤두세우고서 머리와 꼬리를 흔들어댔다. 대오의 의장(儀仗)은 하늘을 가리고 창과(槍戈)는 땅을 뒤덮었다. 각자의 기량을 앞세우고 위신을 드러내며 우리 여래의 대제자를 가호하는데, 어떻게 말해지는가.

사리불은 무리에게 작별을 고하고
이날 여로에 올라 출발하였네.
비루천왕(毗樓天王)[287]은 황금 깃발을 받들고
제두뢰타(提頭賴吒)[288]는 옥 부절(符節)을 지녔네.
갑옷 등의 병기는 모두 황금으로 만들었고
칼과 화살은 모두 강철로 만들었네.
청면금강(靑面金剛)은 검은 모습을 하고
화두금강(火頭金剛)은 분노를 잠재우지 못하는데
종고(鐘鼓)는 둥둥둥 하늘을 울리고
상서로운 기운은 밝고도 깨끗하다.
선녀는 허공에서 아름다운 꽃을 흩뿌리고

287 사천왕 중 남방천왕인 증장천왕(增長天王)을 말함.
288 사천왕 중 동방천왕인 지국천왕(持國天王)을 말함.

범패 소리 잇달아 들려온다.
항마저(降魔杵)에는 화광(火光)이 타오르고
지혜도(知慧刀)에는 서리와 눈이 흩날린다.
단지 제불(諸佛)의 자비를 바랄 뿐이니
사악한 깃발은 오래지 않아 부러지고 말리라.
신비스런 힘으로 탄지경(彈指頃)도 안 되어
순식간에 황성의 궐문에 이르렀다.

波斯匿王見舍利弗, 卽敕群僚, 各須在意. 佛家東邊, 六師西畔. 朕在北面, 官庶南邊. 勝負二途, 各須明記. 和尙得勝, 擊金鼓而下金籌; 佛家若强, 扣金鐘而點尙字.[289] 各處本位, 卽任施張.

舍利弗徐步安詳, 昇師子之座; 勞度叉身居寶帳, 捧擁四邊. 舍利弗卽昇寶座, 如師子之王, 出雅妙之聲, 告四衆言曰:「然我佛法之內, 不立人我之心, 顯政摧邪, 假爲施設. 勞度叉有何變現, 卽任施張!」

六師聞語, 忽然化出寶山, 高數由旬, 欽岑[290]碧玉, 崔嵬白銀, 頂侵天漢, 叢竹芳薪.[291] 東西日月, 南北參晨(辰). 亦有松樹參天, 藤蘿萬

---

289 【通釋】'尙字'는 '上字'이며, 시합에서의 승리를 보여주는 산가지이다. 王建「宮詞」:"池東爭向池西岸, 先到先書上字歸." 이로보아 '尙字'는 '上字'이다. 사리불이 노도차와의 시합에서 승리를 하자 수닷타는 왕에게 금패에다 '上'자를 적어놓도록 요청하고 있는데, 이는 불가 측이 유리한 위치를 점하고 있음을 표시한다. 【校注】'尙'은 '上'자로 대체할 수 없다. 돈황 투르판문서 중에는 '尙'자로 수를 셈하고 있는 예가 있다. 즉 '尙'자를 10획으로 계산하여, 한 획을 더 가함은 계산 단위가 하나 더 늘었음을 표시한다. 이 원리는 오늘날 '正'자로 다섯을 표기하며 셈하는 방식과 똑같다. 『투르판출토문서』 4권 83쪽 唐 西州 高昌縣 順義鄉 戶別計數帳:"老戶:尙. 丁戶:尙尙尙尙尙尙尙尙. 小戶:尙. 次戶:ı。 ……" 여기서 老戶에는 일곱 호가 있는데, 丁戶는 77호, 小戶는 5호, 次戶는 1호를 나타낸다. 모두 필획으로 셈을 하고 있는 것이다. 唐人이 수를 헤아리는 방법은 여러 가지다. 앞 문장 "下金籌"는 산가지로 수를 세는 방법이다.

290 【劉凱鳴】'欽'은 '嶔'이어야 한다. '嶔岑'은 '岑崟'으로 적기도 한다. 높고 험한 모습이다. 【校注】이것은 연면어로서 굳이 글자를 교정할 필요 없다.

291 '新'은 原錄에서는 '薪'으로 되어 있다. 【校注】이는 앞의 '芳'자의 영향을 받아 유화된 것으로 보인다. 이에 직접 수정한다.

段,[292] 頂上隱士安居, 更有諸仙遊觀, 駕鶴乘龍, 仙歌聊[293]亂. 四衆誰不驚嗟, 見者咸皆稱歎.

舍利弗雖見此山, 心裏都無畏難, 須臾之傾(頃), 忽然化出金剛. 其金剛乃作何形狀?其金剛乃頭圓像天, 天圓祇堪爲蓋 : 足方萬里, 大地纔足爲鉆.[294] 眉鬱翠如青山之兩崇(重),[295] 口㗸㗸[296]猶江海之廣闊. 手執寶杵, 杵上火焰衝天; 一擬[297]邪山, 登時粉碎. 山花萎悴飄零, 竹木莫知所在. 百僚齊歎希奇, 四衆一時唱快. 故云金剛智杵破邪山處, 若爲?

六師忿怒情難止, 化出寶山難可比.
嶄巖[298]可有數由旬,[299] 紫葛金藤而覆地,[300]
山花鬱翠[301]錦文成, 金石崔嵬碧雲起.
上有王喬丁令威, 香水浮流寶山裏.
飛仙往往[302]散名華, 大王遙見生歡喜.

292 '藤'은 原錄에서는 아래 부분이 '騰'으로 되어 있는데 이는 속자이다. '段'은 가늘고 긴 물건을 세는 양사이다.

293 '聊'는 原校에서는 '繚'로 되어 있다. 【校注】 '聊亂'은 쌍음절 連綿語이다. '撩亂', '潦亂' 등으로 적기도 하기에 굳이 교정할 필요 없다.

294 【項楚】 '鉆'은 '砧'이어야 한다. 【校注】 '鉆'은 '쇠방망이(鐵砧)'로, 두 글자로 분리해서 파악해야 한다. 任大椿 編輯 服虔 「通俗文」 : "鍛具曰鉆."

295 【項楚】 '崇'은 '重'이어야 한다.

296 【項楚】 '㗸'는 '呀'와 같다. 입을 벌린 모양이다. 【校注】 '呀'는 '呼加反'으로 발음되기도 하는 까닭에 '㗸'와 동음이기도 한다. 『玉篇』 : "呀, 虛牙切, 大空貌. 又唅呀, 張口貌." 여기서 '㗸㗸'는 입을 크게 쩍 벌린 모습이다.

297 '擬'는 '가리키다', '향하다'는 뜻이다. 『漢書』 「蘇建傳」 附 「蘇武傳」 : "復擧劍擬之, 武不動." 『經律異相』 卷3 「須達多買園以立精舍」 : "사리불도 금강역사를 변화로 만들어 금강저로 멀리서 그를 가리키자 산이 와르르 무너지며 흔적조차 없어졌다(舍利弗又化作金剛力士, 以金剛杵遙用指之, 山卽破壞, 無有遺餘)." 이 경문과 변문을 대조해보건대 '擬'는 곧 '指'임을 알 수 있다.

298 '嶄巖'은 '巉巖'와 같다. 높고 험한 모습이다.

299 【原校】 丁卷에서는 이 문구가 "高下可有百由旬"으로 되어 있다.

300 '覆地'는 '온 땅', '여기저기'이다.

301 【原校】 丁卷에서는 '鬱翠'가 '密葉'으로 되어 있다.

302 '往往'은 '곳곳에(處處)'이다. 『魏書』 권16 「淸河王列傳」 : "招集族人, 往往相聚."

舍利弗見山來入會, 安詳不動居三昧,
應時化出大金剛, 眉高額闊身軀礓.[303]
手執金杵火衝天, 一擬邪山便粉碎.
[外道哽噎語聲嘶, 四衆一時齊唱快.][304]

파사닉왕은 사리불이 도착한 것을 보자 백관들에게 칙명을 내렸다. "각자 명심하시오. 불가는 동측, 육사는 서측, 짐은 북측에 자리할 것이며, 관리와 백성들은 남측에 앉도록 하시오. 그리고 이기고 짐을 각자 분명히 기록해 놓으시오. 화상(육사)이 승리하면 금고(金鼓)를 두드리고 금 산가지를 내려놓으며, 불가가 승리하면 금종(金鐘)을 치고 상(尙)자에 획을 더하시오. 각자 제자리에 앉는 즉시 시작을 합시다."

사리불이 느린 걸음으로 침착하게 사자좌에 오르고, 노도차는 보장(寶帳) 안에 앉았는데 사방을 무리들이 에워쌌다. 사리불이 보좌에 오르는데 그 모습이 마치 사자왕 같았고, 오묘한 목소리로 대중을 향해 말하였다. "나는 불법 안에 있어 승리를 다투려는 마음 없으나 정도(正道)를 드러내고 사도(邪道)를 부수기 위해 임시로 방편을 행하노라. 노도차는 어떠한 신변이 있는지 마음대로 드러내보라!" 육사는 그 말을 듣고는 홀연 보산(寶山)을 나타내보였다. 높이가 수 유순(由旬)에 달하였는데 험하기가 벽옥 같고 높기가 백은 같았으며 꼭대기는 은하수에 닿았고 대나무가 무성하고 푸르렀다. 동서에는 해와 달이 있고 남북에는 삼성(參星)과 진성(辰星)이 떠 있었다. 게다가 소나무는 하늘 높이 솟아 있고 등나무 덩굴이 만 가닥으로 뻗어 있는데, 그 정상에는 은사가 안거하고 있었으며, 신선들이 학과 용을 타며 노니는데 선가(仙歌)가 어지러이 들려왔다. 사중(四衆)은 경탄하지 않는 이가 없었고, 관중은 모두 찬탄을 하였다.

---

303 【原校】 丁卷에서는 '礓'가 '旗'로 되어 있다. 【校注】 丁卷에서는 '碾'로 되어 있는데, 이는 '礓'와 함께 쓰이는 連綿語 '碾礓' 중의 한 글자로 대용하고 있다. '우람하다'는 뜻이다.

304 【原校】 이 두 문구는 丁卷에 의거하여 보충한다.

사리불은 이 산을 바라보고서도 마음에 아무런 두려움도 없었다. 잠깐 사이에 금강역사를 만들어보였는데 금강은 어떤 모습을 하고 있는가? 머리는 하늘처럼 동그랗고, 동그란 하늘도 다만 산개(傘蓋)가 될 따름이었으며, 발은 사방 만 리에 이르렀는데 대지를 철침(鐵砧)처럼 밟고 서있었다. 눈썹은 무성하고 푸르기가 청산과 같고, 쩍 벌어진 입은 강해(江海)처럼 광활하였다. 손에는 보배로운 방망이를 들고 있는데 방망이에서는 하늘 높이 화염이 치솟고 있었다. 한 차례 사산(邪山)을 향해 휘두르니 사산은 순식간에 부서지고 말았다. 산꽃은 시들어 떨어지고 대나무는 온데간데없이 사라져버렸다. 백관은 모두 희유한 일이로다, 찬탄을 하였고 관중은 일제히 대단하다, 소리를 질렀다. 금강저가 사산을 때려 부수는 장면, 어떻게 얘기되는가?

육사는 분노를 억제하기 어려워
보산을 만들어냈는데 견주기 어려웠다.
험준하기가 수 유순(由旬)에 달하고
자색의 칡넝쿨과 금색의 등나무가 땅을 뒤덮었다.
산꽃은 무성하고 푸르러 비단 무늬를 이루었고
금석(金石)은 높고 험해 푸른 구름이 떠다닌다.
위에는 왕교(王喬)와 정령위(丁令威)가 있고
향기로운 물은 보산 속을 흐르고 있다.
비선(飛仙)은 곳곳에 아름다운 꽃을 흩뿌리는데
대왕은 멀찍이서 이를 보며 환희한다.
사리불은 그곳에 들어선 사산을 바라보며
태연하게 아무런 움직임도 없이 입정에 들더니
즉시 커다란 금강을 드러내보였는데
눈썹은 높고 이마는 드넓으며 몸집은 거대하였다.
손은 금강저를 쥐고 있고 [그 위의] 불꽃은 하늘을 찌르는데
한 차례 휘두르자 사산은 그 순간 부서지고 만다.

외도는 목이 메도록 소리 내어 울고
관중은 일제히 훌륭하다 소리친다.

于時帝王驚愕, 四衆忻忻. 此度旣不如他, 未知更何神變? 其時須達長者遂擊鴻[305]鐘, 手執金牌, 奏王索其尙字.

六師見寶山摧倒, 憤氣衝天, 更發瞋心, 重奏王曰:「然我神通變現, 無有盡期, 一般[306]雖則不如, 再現保知[307]取勝.」勞度叉忽於衆裏, 化出一頭水牛. 其牛乃瑩角驚[308]天, 四蹄似龍泉之劍; 垂斛(胡)[309]曳地, 雙眸猶日月之明. 喊吼一聲, 雷驚電吼. 四衆嗟嘆, 咸言外道得强.

舍利弗雖見此牛, 神情宛然不動. 忽然化出師子, 勇銳難當. 其師子乃口如谿壑,[310] 身類雪山, 眼似流星, 牙如霜劍, 奮迅哮吼, 直入場中. 水牛見之, 亡魂跪地. 師子乃先慴(摺)[311]項骨, 後拗[312]脊跟, 未容咀嚼,

---

305 【項楚】'鴻'은 '洪'과 통한다. 【校注】'鴻'에는 '大'의 뜻이 있다. 따라서 굳이 교정하지 않는다.

306 '一般'은 '一種', '一項'이다.

307 '保知'는 '보증하다', '반드시'이다. 돈황 투르판문헌 중에는 대량의 계약문서가 있는데, 계약문서 뒤에는 대다수 '保人', '知見人'이라는 서명 양식이 있다. 이로써 '保知'의 뜻을 알 수 있다. P.3552「兒郎偉」:"人馬保之平安, 月初已到殿前." '保之'는 '保知'와 같다.

308 【劉凱鳴】'驚'은 '擎'의 訛字로 보인다. '擎天'은 소뿔이 높이 솟아 있음을 말한다. 【校注】이 부분에 대한『經律異相』의 묘사에서는 "노도차가 다시 한 마리 소를 만들자 몸뚱이가 우람하고 살찌고 힘이 센데, 굵은 다리와 날카로운 뿔로 땅을 후벼 파면서 크게 으르렁거리며 앞으로 돌진해 왔다(復作一牛, 身體高大, 肥壯多力, 麁脚利角, 跑地大吼, 奔突來前)"으로 되어 있다. '驚'은 '부딪치다', '건드리다'는 뜻이다. 소가 거대하여 그 뿔이 하늘을 찌름을 말하고 있다. 또 '瑩角'은 윤기있고 날카로운 뿔을 가리킨다.

309 【項楚】'斛'자는 해석하기 쉽지 않은데 '胡'의 가차자일 것이다.『說文解字』:"胡, 牛頷垂也."『佛本行集經』卷14「常飾納妃品下」:"그 때 암범은 소왕에게 게송으로 대답했다. 그대 목덜미는 매우 높고 커서 겨우 수레를 메고 보습이나 끌 일이다(是時牸虎向彼牛王說偈答言:汝項斛領甚高大, 止堪駕車及挽犁)." 여기의 '斛' 역시 '胡'와 통한다.

310 '谿壑'은 原錄에서는 '谿谿'으로 되어 있는데 이는 속자이다. 돈황 속자에서 '各'과 '谷'은 혼용된다. '谿'은 또 '壑'의 속자의 약자이다.

形骸粉碎. 帝王驚歎, 官庶忙然. 六師乃悚懼恐惶, 太子乃不勝慶快處, 若爲?

六師忿怒在王前,[313] 化出水牛甚可憐,[314]
直入場中驚四衆, 磨角掘地喊連天.
外道齊聲皆唱好,[315] 我法乃遣國人傳.
舍利座上不驚忙, 都緣智惠甚難量,[316]
整理[317]衣服安心意, 化出威稜[318]師子王.
哮吼兩眼如[319]星電, 纖牙峻爪[320]利如霜,

311 '㩉'은 아래에서 '剉'자와 연용되어 쓰이고 있다. [徐復] '㩉'은 '拗'과 대응되며 응당 '襵'이어야 한다. 『廣雅釋詁』: "襵, 詘也. 또 '㩉'은 '摺'으로 사용되기도 한다. 『廣韻』: 摺, 摺疊也, 之涉切." '㩉'과 동음이다. 또 '剉'에는 '摺傷'의 뜻이 있다. 『說文解字』: "剉, 折傷也." 段玉裁 註釋: "剉與手部挫, 音同義近." '摺挫'는 連文으로 쓰여 '꺾어 접어 손상을 주다'는 뜻으로 動補 구조이다. [通釋] '㩉', '㩉剉'는 '접어 부러뜨리다'이다. '攝'은 '摺'의 가차자이다. '摺剉'는 連綿語이다. [校注] P.2569 「兒郎偉」: "㩉肋折, 抽却筋. 拔出舌, 割却唇." '㩉肋折' 이 세 글자가 P.3552에서도 똑같이 적고 있는데 '㩉'은 '拗折'이란 뜻이지만 '折'자와는 쓰임에 있어 차이가 있다. 그러므로 '㩉', '摺', '折'은 同字異體이나 돈황문헌에서의 쓰임에 있어서는 약간의 차이가 있다. '㩉'은 '攝'으로 적기도 한다. 『集韻』: "攝, 曲折也"는 그 예이다. 楚辭 「哀時命」: "衣攝葉以儲與兮." 洪興祖 補注: "攝, 曲折也." 이로 보아 '㩉'은 마땅히 '手' 편방으로 보아야 한다. 또 '㩉剉'는 마땅히 同義連文이다. 다음의 '㩉'은 모두 '摺'으로 교정한다.

312 『玉篇』: "拗, 拗折也."

313 [原校] 丁卷에서는 이 문구가 '六師不忿又爭先'으로 되어 있다.

314 '可憐'은 '귀엽다(可愛)'이다.

315 '唱好'는 丁卷에서는 '道好'로 되어 있는데, 의미는 똑같다.

316 [原校] 丁卷에서는 이 문구가 '良由聖力料難當'으로 되어 있다.

317 [原校] '理'는 본래 '裏'로 되어 있는데 丁卷에 의거하여 수정한다. [校注] 丁卷에서도 사실은 '裏'로 되어 있다. 原校는 이치에 비춰 교정한 것 같다.

318 '稜'은 丁卷에서는 '陵'으로 되어 있다. '威稜'은 '위풍 늠름함'을 뜻한다.

319 [原校] 丁卷에서는 '如'가 '奔'으로 되어 있다.

320 '峻爪'는 原錄에서는 '迅抓'로 되어 있다. [原校] 丁卷에서는 '迅抓'가 '峻爪'로 되어 있다. [通釋] '迅'은 '峻'과 통한다. '抓'는 '손톱(爪甲)'의 '爪'이다. 『廣雅』 「釋詁」: "鑯, 銳也." 王念孫 「疏證」: "『爾雅』: '山銳而高, 嶠.' 郭璞 註釋: '言鑯峻. …… 今俗作尖.'" 郭璞이 말한 '鑯峻'은 變文 丁卷의 '鑯牙峻爪'와 딱 들어맞는다. 이는 '纖'이 곧 '鑯'임을 말해준다. [校注] '纖', '鑯'은 이체자라서 굳이 교정할 필요 없다. 『通釋』에서 인용했다시피, 『太平廣記』 권432 인용 五代 王仁裕 「玉堂閒話」: "則如牽羊曳犬, 雖有

意氣英雄而振尾, 向前直擬[321]水牛傷.

【懾(摺)剉登時消化了, 幷骨咀嚼盡消亡】.[322]

兩度佛家皆得勝, 外道意極計無方.[323]

이때 제왕은 경악하고 관중은 크게 기뻐하였다. 이번 회합은 그에게 졌는데 또 무슨 신변을 보일런지. 그때 수달장자는 커다란 종을 치고 손에는 금패(金牌)를 들고서 '상(尙)'자를 새긴다고 왕에게 아뢰었다.

육사는 보산이 부서지는 것을 보자 분기탱천하여 왈칵 성을 내며 거듭 왕에게 아뢰었다. "그러나 저의 신통 변신은 끝이 없습니다. 이번 한 번은 비록 그보다 못했으나 다시 한 번 변신하면 반드시 이길 수 있습니다." 노도차는 관중들 틈에서 갑자기 물소 한 마리를 만들어보였다. 옥처럼 윤이 나는 뿔은 하늘에 닿았고 네 발굽은 용천(龍泉)의 검과 같았다. 털 밑의 살은 땅에 끌렸고 두 눈동자는 일월처럼 반짝였다. 한 차례 포효하니 천둥이 치는 듯하였다. 관중은 경탄을 하며 다들 외도의 승리를 예견하였다.

사리불은 이 소를 보았지만 마음은 평온하여 아무런 동요도 없었다. 홀연 용맹하기 그지없는 사자 한 마리를 만들어냈는데, 그 사자는 입은 계곡 같았고 몸은 설산 같았으며 눈은 유성처럼 생겼고 이빨은 상검(霜劍)처럼 생겼다. 사자가 성을 내며 사납게 장내로 뛰어드니, 물소는 그것을 보고는 혼비백산이 되어 땅바닥에 꿇어 엎드렸다. 사자는 먼저 목뼈를 부러뜨린 다음 등뼈를 꺾어버리니 물어뜯고 자시고 할 것도 없이 물소의 몸체는 산산이 부서지고 말았다. 제왕은 경탄을 금치 못하고 백관

纖牙利爪, 焉能害人哉!" 여기서는 '纖'자를 사용하고 있다. '迅抓'를 丁卷에 의거하여 '峻爪'로 수정한다.

321 【原校】 丁卷에서는 '擬'가 '捉'으로 되어 있다. 【校注】 '直擬'는 '直欲', '直待'이며 어떤 일이 곧 발생할 것임을 나타낸다. 「漢將王陵變」: "直擬今宵作血坑." 丁卷에서는 '捉水牛傷'으로 되어 있는데 여기서 '捉'은 '把'와 같다.

322 【原校】 이 두 문구는 丁卷에 의거하여 보충한다.

323 【原校】 丁卷에서는 '意極計無方'이 '傪酢口燋黃'으로 되어 있다. 【校注】 '傪酢'는 '慘醋'이며 앞에서 상술한 바 있다. '口燋黃'은 극도로 화가 나 어찌할 바를 모르는 모습이다.

과 백성들은 망연자실하였다. 육사는 두려워 벌벌 떨고, 태자는 기쁨을 이기지 못하는 장면, 어떻게 얘기되는가.

육사는 왕 앞에서 분노하며
만들어낸 물소는 대단히 훌륭하네.
곧장 장내로 달려 들어가 관중을 놀래고
뿔을 문질러서 땅을 파고 포효 소리는 하늘을 찌른다.
외도들은 일제히 환성하며
내 법은 백성들로 인하여 전파되어지리라 [우쭐대었다].
사리불은 자리 위에서 놀라거나 허둥대지 않거늘
모두 헤아리기 어려운 지혜 덕분이네.
의복을 단정히 하고 마음을 가라앉히더니
위풍 늠름한 사자왕을 만들어 내었네.
포효하니 두 눈은 성전(星電)과 같고
예리한 이빨과 뾰족한 발톱은 날카롭기가 서리(霜)와 같네.
의기는 드높아 꼬리를 흔들어대며
달려 나가 곧바로 물소를 없애고자 하네.
뼈를 부러뜨리니 당장에 무너지고
뼈조차 씹어서 모조리 없애버리네.
두 차례 모두 불가가 승리하니
외도는 계략이 다하여 방도가 없으리.

六師旣兩度不如, 神情漸加羞恧, 强將頑皮[324]之面, 衆裏化出水池. 四岸七寶莊嚴, 內有金沙布地, 浮萍菱草, 遍綠水而競生; 㮈柳芙容, 匝靈沼而氛氳.

舍利見池奇妙, 亦不驚嗟, 化出白象之王. 身軀廣闊, 眼如日月, 口

324 [項楚] '頑皮'는 '厚皮'다. 낯가죽이 두꺼워 수치를 모르거나, 혹은 고집스럽고 완고함을 뜻한다. [校注] 項楚의 견해는 옳다. '頑'은 '두껍고 딱딱함'을 뜻한다.

有六牙, 每牙吐七枝蓮花. 華上有七天女, 手搊弦管, 口奏弦歌, 聲雅妙而淸新, 姿逶迤而姝麗. 象乃徐徐動步, 直入池中, 蹴踏東西, 迴旋南北. 已(以)鼻吸水, 水便乾枯. 岸倒塵飛, 變成旱地. 于時六師失色, 四衆驚嗟, 合國官僚, 齊聲歎異處, 若爲?

其池七寶而爲岸, 馬瑙珊瑚爭燦爛.
池中魚躍盡[325]【衡】冠,[326] 龜鱉黿鼉競穀竄.[327]
水裏芙容光照灼,[328] 見者莫不心驚愕.
外道自[329]歎甚希奇, 看我此度諍[330]强弱.
舍利擧目而南望, 化出六牙大香象.
行步狀如雪山移, 身軀廣闊難知量.
口裏嚵巖[331]吐六牙, 一一牙高一百[332]丈.
牙上各有七蓮華, 華中玉女無般當,[333]
手搊琴瑟奏弦歌, 雅妙淸新聲合響.

---

325 '盡'은 丁卷에서는 '競'으로 되어 있다.

326 【原校】 '衡'자는 본래 잔결되어 있는데 丁卷에 의거하여 보충하였다. 【通釋】 '衡'은 '銜'자의 形訛字인 듯하고, '冠'은 '貫'의 동음통용자이다. 【校注】 이 문구와 다음 문구는 모두 물고기와 자라 등이 깜짝 놀라 몸을 숨기고 있음을 서술하고 있다. 문구 중의 '魚躍'은 뒤의 '銜貫'과는 연관이 없어 보인다. 따라서 '衡'자는 '銜'의 와자인 것 같지는 않다. '衡'은 응당 '橫'과 통한다.

327 '投'는 原錄에서는 '穀'으로 되어 있다. 【校注】 丁卷에서는 '頭'로 되어 있다. 이로써 '穀'은 '投'의 形訛字임을 알 수 있다. 여기서는 직접 수정한다. '投竄'은 '달아나다'이다. 이 문구는 물고기와 자라가 많고 뒤섞여 어수선함을 나타낸다.

328 '照灼'은 丁卷에서는 '炤灼'으로 되어 있다. 반짝이는 모습이다.

329 【原校】 丁卷에서는 '自'가 '誇'로 되어 있다. 【校注】 '嘆'과 아래의 '誇'는 그 의미가 같다.

330 【原校】 丁卷에서는 '諍'이 '爭'으로 되어 있다. 【校注】 丁卷에서도 실은 '諍'으로 되어 있다. 돈황사본에서 '爭'은 흔히 '諍'으로 표기되고 있다.

331 '嚵巖'은 '巉巖'과 같다. 連綿語이다.

332 【原校】 丁卷에서는 '一百'이 '數十'으로 되어 있다.

333 【通釋】 '般'은 바로 『孟子』「公孫丑」上 "若是班乎?"의 '班'이다. 趙岐 註釋: "班, 齊等之貌也." '當'은 동사 뒤에 붙은 어조사로 아무런 뜻이 없다. 거성으로 발음한다. 【校注】 '般當'은 同義連文이며, 본편의 '般比'와 같은 구조이다. '般'은 "百種千般"의 '般'으로 '같은 부류'를 가리킨다. 또 본편의 '華'는 丁卷에서는 '花'로 되어 있다.

共讚彌陀極樂國, 相攜祇[334]勸同心往.

象乃動步入池中, 蹴踏東西幷岸上,

已(以)鼻吸水盡乾枯, 六師哽噎懷惆悵.

육사는 두 차례의 회전이 모두 패배로 돌아가자 점점 마음에 수치감이 들었지만 억지로 낯가죽 두껍게 다시 대중들 틈에 연못을 만들어 냈다. 사방의 물가는 칠보로 장식되어 있고 안에는 금모래가 깔려 있으며, 부평초가 푸른 물 가득 다투어 자라고 수양버들과 부용(芙蓉)은 아름다운 연못 주위를 빙 두르며 물씬물씬 향기를 전해온다.

사리불은 기묘한 연못을 보고도 조금도 놀라지 않으며 백상(白象)의 왕을 만들어냈다. 체구는 거대하고 눈은 일월 같고 입에는 여섯 개의 상아가 있는데 매 상아에는 일곱 송이의 연꽃이 피어 있었다. [일곱 송이의] 연꽃 위에는 일곱 명의 천녀가 있는데, 그들은 손으로 관현을 연주하고 입으로 현가(弦歌)를 노래하는데 그 소리가 우아하고 청신하며 자태는 곱고도 아름다웠다. 코끼리는 어슬렁어슬렁 걸어 곧장 연못 속으로 들어가더니 동으로 서로 짓밟고 남으로 북으로 돌아다녔다. 코로 물을 빨아들이니 물은 금방 말라버리고 못가는 무너져 내리니 연못은 금세 먼지가 날아다니는 메마른 땅으로 변해버렸다. 그때 육사는 얼굴색이 변하고 관중은 경탄하며 온 나라의 관리들은 일제히 감탄하는 장면, 어떻게 얘기되는가.

그 연못은 칠보로 둘러싸여 있고

마뇌와 산호가 찬란함을 겨룬다.

연못 속의 물고기는 꼬리에 꼬리를 물고 연이어 [물 위로] 튀어 오르고

거북, 자라, 악어 등이 앞 다투어 몸을 숨긴다.

물속에는 또 부용(芙蓉)이 환하게 피어 있거늘

334 【原校】 丁卷에서는 '祇'가 '只'로 되어 있다. 【校注】 '祇勸'은 '勸'이다. '祇'는 접두어이다. '只'는 평성으로 발음되기도 하며 '祇'와 서로 차용된다.

이를 보고 경악하지 않는 자가 없다.
외도는 저 스스로 희유하도다, 감탄하며
봐라, 이번에야말로 승부를 결정짓겠다, 말한다.
사리불은 눈을 들어 남쪽을 바라보더니
여섯 상아(象牙)의 거대한 향상(香象)[335]을 만들어냈다.
걸어가니 마치 설산이 움직이는 듯 하고
체구는 거대하여 헤아리기 어렵다.
입에서는 험준한 여섯 개의 이빨이 튀어나와 있는데
하나하나의 이빨은 길이가 일백 장(丈).
이빨 위에는 각기 일곱 송이의 연꽃이 있고
연꽃 안에는 비할 데 없이 아름다운 옥녀가 있는데
손으로 금슬(琴瑟)을 타며 현가(弦歌)를 부르니
우아하고 청신한 소리가 울려 퍼진다.
모두가 미타(彌陀)의 극락을 찬양하는데
손을 잡아끌며 함께 그곳에 갈 것을 권하네.
코끼리는 걸음을 내딛어 연못 안으로 들어가더니
동(東)이며 서(西)며 또 연못 주위를 짓밟아버리고
코로 물을 빨아들여 연못을 바싹 말려버리니
육사는 흐느껴 울며 슬픔에 젖는다.

六[336]師頻頻輸失, 心裏轉加懊惱. 「今朝怪不如他, 昨夜夢相顚倒.」[337]

335 상상의 큰 코끼리. 몸은 푸르고 향기가 나며 바다나 강을 돌아다닌다고 한다.

336 丙卷에서는 '六師' 앞에 '龍翅對'라는 표제가 크게 적혀 있다.

337 '想'은 原錄에서는 '相'으로 되어 있다. 【校注】 두 권자에서 '想'으로 되어 있다. 이에 의거하여 수정한다. '夢相顚倒'는 꿈속의 길흉은 사실과 정반대됨을 말한다. 돈황사본 중에는 占卜書가 상당수 있는데, 길흉이 반대되는 경우가 많이 나온다. 「刀劍弓弩章第13」: "칼로 자신을 찌르는 꿈을 꾸면 재물을 얻고, 칼에 찔려 죽는 꿈을 꾸면 장수하며, 화살에 맞는 꿈을 꾸면 사람을 얻는다(夢見把刀自刺得財. 夢見被刀殺得長命. 夢見被射得人力)." 이는 그 예이다.

面色粗赤粗黃,[338] 唇口異常乾懆,[339] 腹熱狀似湯煎, 腸痛猶如刀攪.[340] 瞿曇雖是惡狼, 不襟(禁)群[341]狗衆咬. 舍利弗小智拙謀, 魯班[342]前頭出巧. 者[343]迴忽若得强, 打破承前[344]倂抄![345] 不忿欺屈,[346] 忽然化出毒龍, 口吐煙雲, 昏天翳日, 揚眉眴[347]目, 震地雷鳴, 閃電乍闇乍明, 祥雲或舒或卷. 驚惶四衆, 恐動[348]平人, 擧國見之, 怪其靈異.

338 '粗赤粗黃'은 안색이 매우 좋지 않음을 형용한다. '粗'는 '重', '大'의 뜻이다. 「八相變」: "느릿느릿 걸으면서도 숨을 거칠게 쉬었다 가늘게 쉬었다 했다(緩行慢行, 粗喘細喘)." P.3418 王梵志 詩: "허리는 끊어진 활시위 같은데 숨을 거칠고도 급하게 쉰다(腰似斷弦弓, 引氣麤喘急)." '麤'는 '粗'와 같다.

339 '懆'는 原錄에서는 '壈'으로 되어 있다. 【徐震堮】 응당 '燥'가 되어야 한다. 【校注】 丙卷에서는 '壈'으로 되어 있는데, 왼쪽 편방의 세로획이 비교적 길다. 이는 '心' 편방이지 '土' 편방의 이체가 아니다(만일 '土' 편방이라면 이는 '磣'의 이체자이다. 『龍龕手鏡』: "壈, 俗; 墋, 正: 初朕反, 砂土墋也.") 오른편은 '口'가 납작한 '口'로 변한 것이다. 따라서 이 글자는 사실 '懆'이며 '燥'와 통용된다.

340 '攪'는 丙卷에서는 '攬'으로 되어 있다. 돈황사본에서는 이 두 글자가 자주 혼용되고 있다.

341 '襟'은 '禁'과 통한다. '群'자는 丙卷에서는 잔결되어 있다. '群狗衆咬'는 오류가 있는 것으로 보인다.

342 '班'은 原錄에서는 '斑'으로 되어 있다. 【校注】 丙卷에서는 '班'으로 되어 있다. 이에 의거하여 수정한다.

343 '者'는 原錄에서는 '這'로 되어 있다. 【校注】 굳이 교정할 필요 없다. '者'는 '這'와 같다.

344 '承前'은 '그동안, 이전(以往)'이다.

345 '抄'는 原錄에서는 '澩'로 되어 있다. 【校注】 丙卷에서는 '抄'로 되어 있다. 이 앞의 문자는 사실 6언의 韻語로 되어 있다. '澩' 혹은 '抄'는 '惱', '倒', '懆(燥)', '攪', '咬', '巧'와 압운이 되는 까닭에 응당 仄聲 效攝字여야 한다. 『集韻』 去聲 效韻: "抄、鈔、勦、剿, 楚教切, 略取也." '打破承前倂抄'는 앞서 누차 패배하던 국면을 타파할뿐더러 이후 몇 차례의 회전에서 승리를 쟁취하겠음을 말한다. '澩'자에 관해서는 별다른 견해가 보이지 않는다. 다만 글자의 오른편이 '芻'자 인 것에 비춰보면, 「唐定州司馬辛驥墓誌」에서는 '芻'를 '𦬊'로 적고 있다. 『集韻』에서는 "抄, 楚教切"과 동일한 小韻 다음에 '縐'자가 있다. 따라서 '芻'가 붙은 글자는 流攝韻으로 발음되는 경우 외에도 效攝韻으로 변화될 수 있다. 이로보아 '澩'은 응당 '搊'의 속자이며 '水' 편방으로 '手' 편방을 대신하고 있고, 그 음과 뜻은 '抄'와 같거나 유사하다.

346 '欺屈'은 '압박하다(欺壓)', '굴욕시키다(屈辱)'이다. P.3833 王梵志 詩: "백성들이 굴욕을 당하면 三司의 관리들이 처리해 주어야 한다네(百姓被欺屈, 三官須爲申)."

347 『龍龕手鏡』: "眴、旬、眗, 許縣反: 目動也. 下又音舜, 又如匀反, 右相輪反, 眩眴也." '瞚', '瞬'으로 적기도 한다.

348 '恐動'은 '두려움에 벌벌 떨게 하다'이다. 『魏書』 권39 「李寶列傳」: "謂欲圖己, 還相

舍利弗安詳寶座, 殊無怖懼之心, 化出金翅鳥王, 奇毛異骨,[349] 鼓騰雙翅,[350] 掩敝(蔽)日月之明, 爪[351]距纖長, 不異豐城之劍. 從空直下, 若天上之流星, 遙見毒龍, 數迴博接(嚩啑).[352] 「雖然不飽我一頓, 且得噎飢.」[353] 其鳥乃先啅[354]眼睛, 後臛[355]四豎, 兩迴動嘴, 兼骨不殘. 六師戰懼驚嗟, 心神恍忽:

【是日六師漸冒懆,[356] 忿恨罔知無[□](計)校.[357]

雖然打强且祗[358]敵, 終竟懸知自須[359]倒.

恐動."

349 '骨'은 丙卷에서는 '首'로 되어 있다.

350 '翅'는 原錄에서는 '翄'으로 되어 있다. 【項楚】 '翄'은 응당 '翅'가 되어야 한다. 【校注】 앞뒤 문장에서는 모두 '翅'자를 사용하고 있다. 따라서 '翄'은 응당 속자 '翅'의 訛字이다. 劉凱鳴은 '翼'으로 보았으나 정확하지 않다.

351 '爪'는 原錄에서는 '抓'로 되어 있다. 【徐震堮】 '抓'는 '爪'와 같다. 【校注】 '抓'는 '爪'의 增旁俗字이다. 이에 직접 수정한다.

352 '博'은 原校에서는 '搏'으로 되어 있다. 【徐震堮】 '接'은 '擊'인 듯하다. 【郭在貽】 '搏接', '搏擊'은 모두 '격투하다'는 뜻으로 보인다. 그런데 연이어 '飽我一頓' 운운하는 문장이 이어지고 있어 갑작스러움을 면할 길이 없다. 「韓擒虎話本」: "몇 번 씹지도 않고 순식간에 다 없어지고 말 것이다(博唼之間, 並乃傾盡)." '博接'은 '博唼'으로, 일종의 씹는 동작이다. 또 『廣韻』: "嚩嗻, 噍貌." '嚩唼' 역시 '嚩嗻'이다.

353 '噎飢'는 '塡飢'다.

354 『廣韻』: "啅, 衆口." "啄, 鳥啄." 이 두 글자는 同音의 竹角切이다. 慧琳 『一切經音義』 권76 「啄心」: "頌中從卓作啅, 非也." '啄'과 '啅'은 본래 별개의 글자이지만 佛經에서는 일찍이 '啅' 으로 '啄'을 대신했던 것이다.

355 『說文解字』: "臛, 小啐也. 啐, 小飲也." 漢 黃香 「九宮賦」: "粉白沙而臛定容"은 그 예이다.

356 '懆'는 原錄에서는 '慘'으로 되어 있다. 【徐震堮】 '冒慘'은 '毷氉'로 생각된다. 【通釋】 『國史補』 卷下 進士科擧 항목: "不捷而醉飽, 謂之打毷氉." 『集韻』: "懆, 七感切, 「說文解字」: '愁不申也.', '慘'과 통한다." 이로 보아 알 수 있듯이 '懆'는 '慘'으로 적을 수 있다. '冒懆', '毷氉'는 모두 疊韻의 連綿語로서, 한 단어를 달리 표기한 것이다. 【校注】 '慘'은 '懆'의 속자이다. 여기서는 직접 수정한다.

357 '[計]校'는 原錄에서는 '□控'으로 되어 있다. 【通釋】 '控'자는 合韻되지 않는다. 아마 闕字나 誤字가 있을 것이다. 【校注】 이 문구는 丁卷에만 있다. 丁卷에는 '無' 다음이 잔결되지 않았는데 연이어 나오는 글자가 '挍'로 되어 있다. 이는 응당 '校'자이다. '校'자는 합운되며, 이에 의거하여 '計'자를 보충해 넣는다. '計校'는 '計較'로, '생각, 계획', '책략'의 뜻이다.

358 '祗'는 原錄에서는 '抵'로 교정되어 있다. 【校注】 '祗'는 접두사로, '祗敵'은 곧 '敵'이다.

又更化出毒龍身, 口吐煙雲懷操(躁)暴.[360]

雷鳴電吼霧昏天, 霹靂[361]聲揚似火爆.

場中恐怯並驚嗟, 兩兩相看齊道好】.[362]

舍利既見毒龍到, 便現奇毛金翅鳥.

頭尾懾(摺)剉[363]不將難, 下口其時先啅腦.

筋[364]骨粉碎作微塵, 六師莫知何所道.

三寶威神難測量, 魔王戰悚生煩惱.

육사는 빈번히 패배를 당하자 마음이 더욱더 고뇌에 빠져들었다. ‘오늘 아침 저치만 못하다니 이상한 일이로다. 간밤에 꾸는 꿈은 [실제와는] 정반대라고 하지 않던가.’ 얼굴이 붉으락푸르락하면서 입술과 입은 바싹바싹 타들어 갔으며 뱃속은 타는 듯 뜨거웠고 창자는 칼로 도려내는 듯 아파왔다. “구담이 제아무리 흉악한 이리라 할지라도 개떼처럼 달려들면 당해낼 수 없으리라. 사리불은 지혜는 얕고 전법(戰法)은 졸렬하여 노반(魯班)[365] 면전에서 재주 부리고 있구나. 이번에 승리하게 되면 지금까지의 패배를 만회할 수 있을뿐더러 앞으로의 대결에서도 승리할

359 ‘須’는 原錄에서는 ‘頃’으로 되어 있고 ‘傾’으로 교정하였다. 【校注】 丁卷에서는 본래 ‘湏’로 되어 있는데 이는 ‘須’의 草書이다.

360 【徐震堮】 ‘操暴’은 응당 ‘暴躁’이어야 한다. 【通釋】 『敦煌雜錄』: “輕摻, 子告反, 正作躁.” ‘摻’는 ‘操’의 속자이다. 이로 보아 ‘操’는 ‘躁’의 가차자이다.

361 ‘霹靂’은 原錄에서는 ‘礔礫’으로 되어 있다. 【徐震堮】 ‘礔礫’은 ‘霹靂’과 같다. 【校注】 『龍龕手鏡』: “礔, 俗, 普擊反, 正作霹, 霹靂也.” 또 “礔, 音歷, 小砂石也.” “𥕛, 俗, 音歷, 正作靂, 霹靂也.” 이로써 ‘礫’은 ‘靂’의 속자인 ‘𥕛’의 가차자임을 알 수 있다. 여기서는 직접 ‘霹靂’으로 수정한다.

362 【原校】 이상 10구는 丁卷에 의거하여 보충한다. 또 아래의 ‘肋骨粉碎作微塵’ 4구는 丁卷에서는 ‘血流遍地已成泥, 瞬息之間飡啜了’라는 2구로만 되어 있다.

363 ‘頭尾’는 丙卷에서는 ‘頤毛’로 되어 있다. 또 ‘懾剉’는 앞의 ‘懾項骨’ 문구의 교주에서 상세히 서술한 바 있다.

364 ‘筋’은 原錄에서는 ‘肋’으로 되어 있다. 【校注】 丙卷에서는 ‘筋’으로 되어 있다. 이에 의거하여 수정한다. ‘筋骨’은 신체를 가리키는 반면, ‘肋骨’은 단지 갈비뼈만을 가리켜 문맥이 맞지 않는다.

365 춘추시대 노나라의 명공(名工).

수 있으리라!" 이에 굴복하지 않고 홀연 독룡을 만들어냈다. 입에서 연기와 구름을 뿜어내니 태양이 가려 하늘이 어두워지고, 눈썹을 치켜뜨고 눈알을 뒤룩거리니 땅이 흔들리고 천둥이 울리며 번개가 번쩍거려 어두워졌다 밝아졌다 하고 상운(祥雲)이 펴졌다 말렸다 한다. 사중(四衆)을 허둥지둥하게 만들고 백성을 두려움에 떨게 하며 온 나라가 그것을 보고는 참으로 영이(靈異)하다 말한다.

사리불은 느긋하게 보좌에 앉아서는 조금도 두려워하는 마음 없이 금시조왕을 만들어보였다. 기이한 깃털과 골격을 지녔는데 두 날개를 퍼덕이며 날아오르니 일월의 밝음을 가리고, 발톱은 날카롭고 긴 것이 풍성(豐城)의 검(劍)과 조금도 다를 바가 없었다. 허공에서 곧장 낙하하는 모습이 마치 하늘의 유성과 같았다. 멀찍이서 독룡을 보더니 몇 차례 입맛을 다셨다. "한 끼니도 안 되겠지만 허기는 면할 수 있겠구나." 금시조는 먼저 독룡의 눈알을 쪼아버린 뒤 사지(四肢)를 삼켰다. 그러고 나서 두 차례 주둥이를 우물거리니 뼈다귀도 남아나지 않았다. 육사는 두려움에 벌벌 떨며 마음이 망연해졌다.

이날 육사는 점점 암담해지고
치솟는 분노로 아무런 계책도 없네.
비록 강골(强骨)을 만들어 대적하나
끝내는 스스로가 패배하게 됨을 깨닫게 되네.
또다시 독룡을 만들어 냈는데
입으로 연기와 구름을 토해내는 광폭한 성미였네.
우렛소리는 우르릉거리고 안개는 하늘을 뒤덮으며
와지끈 벽력 소리 폭발하는 듯하네.
장내는 두려움에 떨며 경탄하고
서로를 바라보며 훌륭하다 소리친다.
사리불은 그 독룡이 다가오는 것을 보자
즉시 기묘한 깃털의 금시조를 나타내보였네.

머리와 꼬리를 씹어 삼키는 것은 어려운 일이 아니거늘
주둥이로 먼저 그 머리를 쪼아버리고
근골(筋骨)을 갈기갈기 찢어 먼지로 만들어버리니
육사는 할 말을 잊었다.
삼보(三寶)의 신통함은 헤아리기 어려우니
마왕은 부들부들 떨며 고뇌에 빠져든다.

王曰:「和尙猥地[366]誇談, 千般伎術, 人前對驗, 一事無能. 更有何神, 速須[367]變現!」六師强打精神, 奏其王曰:「我法之內, 靈變卒無盡期.」忽於衆中, 化出二鬼. 形容醜惡, 軀貌楞曾,[368] 面北塡(靛)[369]而更靑, 目類朱而復赤. 口中出火, 鼻裏生煙, 行如奔電, 驟似飛旋, 揚眉瞬目, 恐動四邊. 見者寒毛[370]卓竪,[371] 舍利弗獨自安然. 舍利弗踟躕思忖, 毗沙門踊現王前. 威神赫奕, 甲杖[372]光鮮, 地神捧足, 寶劍腰懸.

366 '猥地'는 丙卷에서는 '椳地'로 되어 있다. [通釋] '猥地', '椳', '隈地'는 배후를 말한다. '隈'는 本字이며 '은폐 장소'를 말하는데, 여기서 파생되어 사람들의 눈에 띄지 않는 곳을 '隈地'라고 부른다. '남몰래, 은밀히' 역시 '隈'라 부른다.

367 丙卷은 편말에 한 단락이 존재할 뿐 이하는 잔결되어 있다.

368 '楞'은 原錄에서는 '拐'로 되어 있다. [項楚] '拐'는 '楞'의 형와자이다. '楞曾'은 '醜惡'과 대응되며 서로 유사한 뜻으로, 용모가 흉맹하고 추악함을 가리킨다. 이 두 자는 구어의 독음을 기록한 것인 까닭에 고정된 형태 없이 여러 가지 형태로 쓰인 것 같다. '稜層'이라 적기도 한다. 『廣弘明集』 卷29 元魏釋懿 「破魔露布文」: "意氣稜層, 固守方寸." [校注] 이에 의거하여 교정한다. 劉凱鳴은 '拐曾'을 '拐曾'으로 교정하였는데 정확하지 않다.

369 '比'는 原錄에서는 '北'으로 되어 있고 '比'로 교정하였다. 이를 따른다. '塡'은 原校에서는 '天'으로 교정하였다. [項楚] '塡'은 '靛'의 音訛字이다. 「維摩詰經講經文」: "監電似身呈忿怒." '監電'은 '藍靛'이 되어야 한다. 또 '身色皆藍淀(靛)'도 그 예이다. [校注] 이에 의거하여 교정한다.

370 '寒毛'는 '汗毛'다. 「捉季布傳文」: "모골이 송연하여 정신을 잃을 지경이었다(骨寒毛竪失精神)." 丁卷과 庚卷은 이 문구가 '寒毛槁竪失精魂'으로 되어 있다. '寒毛'는 이와 같다.

371 '卓竪'는 '直立'이다. 두 글자는 同義連文이다. 法忍 抄本 王梵志 詩: "천하에 크게 어리석은 사람들, 모두들 名利를 다투네. 추켜세우는 말을 들으면 귀가 쫑긋해지고 …… (天下大癡人, 皆悉爭名利. 聞好耳卓竪, 道□□□□□)."

二鬼一見, 乞命連綿[373]處, 若爲?

六師自道無般比, 化出兩箇黃頭鬼,
頭腦異種醜屍骸, 驚恐四邊令怖畏.
舍利弗擧念暫思維, 毗沙天王而自至.
天王迴顧震睛看, 二鬼迷悶而擗地.[374]
外道是日破魔軍,[375] 六師膽懾[376]盡亡魂.
賴得慈悲舍利弗, 通容忍耐[377]盡威神.
驢騾[378]負重登長路, 方知(之)可[379]得比龍鱗(驎)![380]

---

372 '杖'은 原錄에서는 '手' 편방으로 되어 있는데 이는 속자이다. 여기서는 직접 수정한다.

373 '綿'은 앞의 '烟', '旋', '邊', '然', '前', '鮮', '懸'과 같은 운이다.

374 [原校] 이상의 8구는 丁卷에서는 16구로 되어 있다. 즉: "육사는 빈번히 패배하자 수치심이 들었다. 이번에는 청중 속에서 황두귀를 만들어냈는데 그 모습이 기이하고 추악했다. 청중은 그를 보고는 두려움에 떨었다. 그런데 사리불의 표정은 평온할 따름이다. 저 자보다 강할 것은 틀림없는 일, 그대가 수백 수천의 변신을 한다 해도 이 불제자에게 항복하고 말 것이네. 장중에 대천왕이 나타났는데 그 위의가 혁혁하고 기이했다. 몸에는 번쩍이는 황금 갑옷을 걸쳤고, 허리에는 서릿발 같은 보검을 차고 있고, 손에는 신비한 빛을 발산하는 보탑을 들고, 또 한 손에는 푸른빛을 발하는 무수히 많은 긴 창을 쥐고 있었다. 이 천왕이 분노의 눈동자로 쳐다보니 두 악귀는 정신이 혼미해지며 땅바닥에 쓰러지고 말았다(六師頻弱懷羞恥, 會中化出黃頭鬼. 神情異種醜屍骸, 望得四邊而怕畏. 舍利弗和顏悅不已, 保知定得强於彼. 遮莫你變現百千般, 不免歸降爲弟子. 場中化出大天王, 威稜赫奕精奇異. 身穿金甲曜三天, 腰間寶劍星霜起. 手中寶塔放神光, 長戟森森青煒煒. 天王怒目暫迴眸, 二鬼迷悶而闢地)." [校注] '威稜'은 丁卷에서는 '威陵'으로 되어 있다. 또 '保知'는 '보증하다', '반드시'란 뜻인데, 이에 대해서는 앞서 설명한 바 있다. '擗地', '闢地'는 모두 '撲地'란 뜻이다. '闢'은 '躃'의 가차자이다.

375 이 문구는 '外道是日魔軍破'가 되어야 한다. '外道'는 혹 '舍利弗'의 잘못인지 모른다.

376 [原校] 丁卷에서는 '膽懾'이 '忙怕'로 되어 있다. [校注] '忙怕'는 '두렵다'는 뜻이며 同義連文이다.

377 '耐'는 原錄에서는 '[illegible]'로 되어 있다. [校注] 이것은 '耐'의 속자이다. '通容'은 '通融'이다. 「燕子賦(1)」을 참고 바란다.

378 '騾'는 原錄에서는 '螺'로 되어 있고 '騾'로 교정하였다. [校注] 丁卷에서는 '騾'로 되어 있다. 이를 따른다.

379 '可'는 原錄에서는 '何'로 교정하였는데 이는 잘못이다. '可'는 '豈'로, 부정구문에서 사용되어 반문 혹은 부정을 표시한다.

380 [劉凱鳴] '鱗'은 '驎'이어야 한다. [校注] '龍驎'은 준마 이름이다. 『太平御覽』 권895 인

祇爲心迷邪小逕, 化遣歸依大法門.[381]

왕이 말하였다. "화상은 배후에서는 천 가지 기량을 자랑하더니만 사람들 앞에서 시험을 해보니 어찌하여 한 차례도 이기질 못하는가. 어떤 신통력을 지니고 있는지 속히 드러내 보이라!" 육사는 분기(奮起)하여 왕에게 아뢰길, "저의 법술에는 그 신비로운 변신이 언제까지나 다하는 바가 없습니다." 그러더니 갑자기 군중들 틈에서 악귀 둘을 만들어냈다. 추악하고 사나운 모습이었는데 얼굴은 남색보다 더 파랗고 눈은 주홍을 닮아 더욱 붉었고, 입에서 불이 활활 뿜어져 나오고 코에서는 연기가 모락모락 피어났으며, 걸음걸이가 전광(電光) 같고 달리는 모습은 새가 날아가는 듯 했다. 눈썹을 치켜뜨고 눈알을 부라리며 주위를 공포에 떨게 하니 이를 바라보던 자들은 모두 머리카락이 쭈뼛 곤두섰다. 그런데 사리불은 홀로 느긋하니 잠시 생각에 잠기는데 비사문천(毘沙門天)이 왕의 안전에 불쑥 나타났다. 위광(威光)이 환하게 빛나고 갑옷과 무기가 반짝거렸으며 지신(地神)이 그의 발을 받들었는데 허리에는 보검이 차여 있었다. 두 악귀가 그것을 바라보고 목숨을 구걸하는 장면, 어떻게 말해지는가.

육사는 스스로 비견될 자 없다고 말하더니
황두귀(黃頭鬼) 둘을 만들어냈다.
괴상한 머리통에다 추악한 몰골을 하고 있는데
주위를 놀라게 하며 공포에 떨게 했다.
사리불이 잠시 생각에 잠겨 있는데
비사문천왕이 친히 그곳에 나타나네.

용 崔鴻「十六國春秋」: "入其國城, 天驥、龍麟、騕褭、丹髦, 萬計盈廐." 또 문구 중의 '方知'의 '知'는 '之'로 보아야 한다. 「晏子賦」의 "方之此言, 見白何益" "方之此言, 見大何益"의 '方'은 모두 '비교하다'는 뜻이다.

381 [原校] 丁卷에서는 이 두 문구가 없다. [校注] 丁卷은 "方知可得比龍鱗" 뒤에는 곧바로 "六師悔謝深慚恥, 比日無端長我仁" 등의 12구가 나오며 중간에 아무런 내용도 나오지 않는다. 본편 끝 "免被當來鐵碓春"구의 교주에 상세한 설명이 있다.

천왕이 뒤돌아서 눈을 부릅뜨고 바라보니
두 악귀는 정신이 혼미해져 쓰러지고 마네.
외도[382]는 이날 마군(魔軍)을 무너뜨리니
육사는 두려움에 혼이 다 나가네.
부처의 자비를 입은 사리불은
무애(無碍)의 인욕(忍辱)으로 위광(威光)을 크게 떨치네.
무거운 짐을 지고 먼 길에 오르는 나귀나 노새를
어찌 천리마에 비할 수 있으랴!
다만 마음이 어두워 나쁜 길에 들어섰던 것이니
이제는 교화하여 대법문(大法門)에 귀의하게 하리라.

六師雖五度輸失, 尙不歸降.「更試一迴看看, 後功將補前過. 忽然差使[383]更失, 甘心啓(稽)[384]首歸他.」思惟旣了, 急於衆中化出大樹, 坡(婆)娑枝葉, 敝(蔽)日干雲, 聳幹芳條, 高盈萬仞. 祥擒(禽)[385]瑞鳥, 遍枝葉而和鳴; 翠葉芳花, 周數里而斗[386]闇. 于時見者, 莫不驚嗟.

舍利弗忽於衆裏化出風神, 叉手向前, 啓言和尙:「三千大千世界, 須臾吹卻不難; 況此小樹纖毫, 敢能當我風道!」出言已訖, 解袋卽吹.[387] 于時地卷如綿, 石同塵碎, 枝條迸散他方, 莖幹莫知所在. 外道無地容身, 四衆一時唱快處, 若爲?

六師頻[頻][388]輸五度, 更向王前化出樹,

382 사리불을 가리킴.
383 '忽然'은 '或若'이다. '忽'은 '或'과 통한다. '差使'는 '差池'와 같다.
384 [徐震堮] '啓首'는 '稽首'와 같다.
385 [袁賓] '擒'은 '禽'이 되어야 한다. 이 두 글자는 同音通假字이다.
386 '斗'는 原校에서는 '陡'로 되어 있다. [校注] '斗'에는 '陡'의 의미가 있다. 따라서 굳이 교정하지 않는다.
387 '解袋卽吹'는 바람 자루를 열어 바람을 불게 하다는 뜻이다.
388 '頻'은 原錄에서는 궐문 표시(□)로 되어 있다. [校注] 마땅히 중복 부호가 빠져 있다. 앞의 "六師頻頻輸失" 역시 이와 같은 뜻이다.

高下可有數由旬, 枝條蓊蔚而滋茂.[389]
舍利弗道力不思議,[390] 神通變現甚希奇,
辭佛故來降外道, 次弟[391]總遣大風吹.
神王叫聲如電(雷)吼, 長蛇摘[392]樹不殘枝,
瞬息中間消散盡, 外道飄颻無所依.
六師被吹脚距地, 香爐寶子[393]逐風飛,
寶座頃(傾)危而欲倒, 外道怕急總扶之.
兩兩平章六師弱, 芥子可[394]得類須彌!

육사는 다섯 차례나 패배를 하였지만 여전히 굴복하지 않았다. '다시 한 번 붙어보자. 뒤에 세운 공훈은 앞서의 실패를 메울 수 있는 법이다. 만일 또다시 패배를 한다면 내 기꺼이 저자에게 귀의하겠다.' 이렇게 생각을 하고는 돌연 관중 속에서 거대한 나무를 만들어냈다. 흔들거리는 무성한 나뭇가지는 태양을 가리며 구름에 닿아 있고 줄기는 우뚝 솟아 높이가 만(萬) 인(仞)에 달하였다. 상서로운 날짐승이 가지마다에서 조화롭게 재잘거리고 푸른 이파리와 향기로운 꽃들이 사방 수 리(里)에 달하며 순식간에 주위를 그늘 속에 몰아넣었다. 그 때 이것을 보고서 놀라지 않는 사람이 없었다.

사리불은 홀연 관중들 속에서 풍신(風神)을 드러내 보이는데 두 손을 공손히 앞에 모으고 앞으로 나와 화상에게 아뢰었다. "삼천대천세계(三千

389 '茂'의 音은 莫布反이다. 『龍龕手鏡』: "茂, 莫候反, 又莫布反, 豐也, 美也, 盛也, 滋茂也." '茂'는 '度', '樹'와 같은 운이다.

390 '不思議'는 '不可思議'의 생략형으로 헤아릴 수 없음을 말한다. 이 어휘는 불경에서 자주 보인다.

391 '次第'는 '하나하나(一一)', '전부(全部)'이다. P.2976 「溫泉賦一首」: "搖掠東西, 撮搦南北, 從一頭臽, 依次第搖" '從一頭', '依次第'는 모두 '一一', '全部'의 뜻이다.

392 '蛇'는 原錄에서는 '虵'로 되어 있는데 이는 속자이다. '摘'은 原錄에서는 '擿'으로 되어 있는데, 여기서는 '摘'의 속자이다.

393 [通釋] '寶子'는 香爐의 일종이다.

394 '可'는 '豈'이다. 原校에서는 '何'로 되어 교정하였는데 이는 잘못이다.

大千世界)도 금세 불어 날려버리기 어렵지 않거늘, 하물며 잔털과 같은 이 작은 나무가 어찌 감히 내 바람의 앞길을 가로막을 수 있으리오!" 말을 마치자 바람 자루를 열어 바람을 일으켰다. 그러자 땅이 비단처럼 돌돌 말리고 바위가 먼지처럼 부스러지며 나뭇가지가 이리저리 흩어져 날아가고 줄기가 온데간데없었다. 외도는 부끄러워 어쩔 줄 몰라 하고 관중은 일제히 쾌재를 외치는 장면, 어떻게 얘기되는가.

육사는 연달아 다섯 차례를 패배하고도
다시 왕 앞에 나무를 내세웠는데
높이가 수(數) 유순(由旬)에 달하고
가지는 울창하고 무성했다.
사리불의 도력은 불가사의하나니
신통력의 변현(變現), 참으로 희유하도다.
부처를 떠나 이곳에 온 것은 외도를 굴복시키려 함이니
계속하여 거센 바람을 불게 하네.
신왕(神王)이 부르짖는 소리는 우렛소리 같은데
장사(長蛇)는 나무를 잡아 뽑아 잔가지 하나 남기지 않네.
순식간에 흩어져 사라져버리니
외도는 비틀비틀 몸을 가누지 못한다.
육사는 바람에 불려 다리가 땅에서 멀어지고
향로(香爐)와 보자(寶子)[395]는 바람과 함께 날아간다.
보좌(寶座)는 기울어져 넘어지려 하니
외도가 화급히 붙들어 일으킨다.
육사의 패배라고 양측이 평을 내리거늘
겨자씨를 어찌 수미산에 비하리오!

395 향로의 일종.

時王啓言和尙:「朕比日已來, 虛加敬重, 廣施玉帛, 枉費國儲, 故知眞金濫鍮,[396] 目驗分析; 龍蛇渾雜, 方辨其能. 和尙力盡事窮, 事事皆弱, 總須低心屈節, 摧伏歸他. 更莫長我人, 論天說地.」六師聞語, 唯諾依從. 面帶羞慚, 容身無地.[397] 舍利弗見邪徒折伏, 悅暢心神, 非是我身健力能, 皆是如來加被. 遂騰身直上, 勇(踴)在虛空, 高七多羅樹. 頭上出火, 足下出水. 或現大身, 側塞[398]虛空; 或現小身, 猶如芥子. 神通變化, 現十八般, 合國人民, 咸皆瞻仰處, 若爲?

舍利弗倐忽現神通, 勇(踴)身直上在虛空,
或現大身遍法界, 小身[399]藏形芥子中.
勞度叉愕然合掌立, 我法豈得與他同.
共汝捨邪歸政路, 相將慚謝盡卑恭.
鬥聖已來極小劣, 迴心豈敢不依從,
各擬悔謝歸三寶, 更亦無心事火龍.
累歷[400]歲年枉氣力, 終日從空復至空,
各自抽身奉仕(事)[401]佛, 免被當來鐵碓舂.[402]

---

396 '鍮'는 음이 '偸'이며 銅鑛石이다.『玉篇』:"鍮, 鍮:石, 似金也." 慧琳『一切經音義』卷80 引用 佚蒼:"鍮石似金而非金也."

397 이하부터는 丙卷에도 남아 있다.

398 [陳治文] '惻'은 '堲'의 訛字이고, 音은 '初力切'이다.『廣韻』:"堲, 遏遮也." [校注] '惻塞'은 '側塞' 등으로도 적는다. 속어 어휘는 그 음에 따라 기록되기 마련인 까닭이다. 따라서 굳이 수정할 필요 없다. 丙卷에서는 뚜렷이 '惻'으로 되어 있다. 이는 그것이 오류가 아님을 증명한다.

399 '小身'은 丙卷에서는 '身小'로 되어 있다.

400 '歷'은 原錄에서는 '曆'으로 되어 있다. [校注] 丙卷에서는 '歷'으로 되어 있다. 이에 의거하여 수정한다.

401 [項楚] '仕'는 '事'와 통한다.

402 [原校] 丁卷의 권말 운문은 이와 달리 총 10구로 되어 있다. 즉:"六邪悔謝深漸耻, 比日無端長我仁. 忘飢失渴淹年歲, 終日驅馳仕大神. 担柴負草經艱苦, 役勞自役枉辛勤. 鐵盥打充禱厠鑼, 鐵鉗揣破柵泥塵. 一時漸謝歸三寶, 更莫癡心戀舊門. 一切萠兒總去盡, 唯殘鈍鳩瞿曇恩." [校注] 丁卷은 총 12구이다. '我仁'의 '仁'은 '人'과 통하고, '仕'는 '事'와 통하고, '大神'은 원문에서는 사실 '火神'으로 되어 있는데 이는 본문 중의 '火龍'을 말한다. '担'은 원문에서는 사실 '擔'으로 되어 있다. 돈황사본에서 '擔'은 간체자인

降魔變文一卷

或見不是處, 有人讀者, 卽與政着.[403]

그때 왕이 화상에게 일렀다. "짐은 이전부터 줄곧 그대를 헛되이 공경하고 중히 여겨 널리 옥백(玉帛)을 하사하며 아낌없이 국고를 허비해 왔지만, 이제는 순금(純金)과 황동(黃銅)의 구별을 이 눈으로 직접 확인하였소. 용과 뱀이 뒤섞여 싸우게 함으로써 그 기량을 분별할 수 있게 되었소. 그대의 힘은 다하고 세력은 궁하여 매번 패배를 하였으니 겸허히 자신을 낮추고서 그에게 귀의하도록 하시오. 그리고 쓸데없이 인아의 견해를 펴며 천지(天地)를 논하려들지 마시오." 육사는 그 말을 듣고 예예, 하며 그대로 따랐다. 수치심으로 얼굴이 벌게지고 몸 둘 바를 몰라 했다. 사리불은 사도의 무리가 항복하는 것을 보고 마음이 즐겁고 후련하였지만 '이것은 내 능력에 의해서가 아니라 모두 여래의 가호 덕이다'고 생각하였다. 그리고는 공중으로 솟구쳐 허공으로 날아오르는데 일곱 그루의 다라수(多羅樹)[404]가 수직으로 포개져 있는 높이에 달하였다. 머리에서는 불이 치솟고 발에서는 물이 솟아나는데, 어느 때는 커다란 몸집으로 변신하여 허공을 가득 메우기도 하고 또 어느 때는 작은 몸으로 변하여 겨자씨처럼 되기도 하였다. 열여덟 가지 신통한 변신을 내보이

'担'으로 적지 않는다. '禱厠钁'는 '掏厠钁'가 되어야 하는데 이는 '분뇨를 퍼내는 호미'를 말한다. '栅'은 원문에서는 '手' 편방으로 되어 있고, '塵'자는 잔결되어 있으며, '黠'은 '黠'의 속자로서 '黠兒'는 총명한 사람을 말한다. '鳩'은 원문은 '鳩'로 되어 있는데 이는 곧 '비둘기(鳩)'를 말한다. '鈍鳩'는 어리석은 사람을 비유하고, '瞿'는 원문에서는 '曺'로 되어 있는데 이는 '曹'의 속자이다. '恩'은 아래 부분이 잔결되어 있다.

403 [通釋] '着'은 명령 어기조사이다. "或見不是處, 有人讀者, 卽與政着" 이것은 독자들이 잘못된 문자를 바로잡아주기를 바라는 말이다. [校注] 명령 어기조사 '着'은 동사 성질의 접미사가 변화된 것이다. 유사한 題記가 돈황사본 중에는 제법 많다. 이를 테면 P.t 27호 겉면의 題記:"名人見者, 好以(與)正着. 筆惡手弱, 多有決錯." 또 P.3780 「秦婦吟」 卷末 學仕郎 馬富德 顯德 4年 題記:"手若(弱)筆惡, 若有決錯, 名書(師)見者, 決丈(杖)五索." P.3322 「卜筮書」卷末 張大慶 題記:"手若(弱)筆惡, 若有決錯, 名師見者, 決丈(杖)五索."

404 높이가 20~30미터에 달하는 야자과의 상록 교목.

니 온 나라의 백성들이 모두 우러러 보는 장면, 어떻게 얘기되는가.

사리불은 금세 신통력을 보여
곧장 허공으로 날아올랐다.
커다란 몸집을 드러내어 법계(法界)를 두루 덮기도 하고
작은 몸이 되어 겨자씨 속에 숨기도 한다.
노도차는 놀라 멍하니 합장하고 서서
"내 법술이 어찌 그와 같을 수 있으랴.
그대와 함께 사(邪)를 버리고 정도(正道)로 돌아갈 것이니
다 같이 감사하며 공겸(恭謙)을 다하세.
신통을 겨룸에 [내 법술은] 극히 보잘 것 없었으니
어찌 마음을 돌려 심복하지 않을 수 있으리."
각자 참회하며 삼보에 귀의하고자 하고
화룡(火龍)을 섬기려는 마음 없어지네.
세월을 거듭 지내오며 헛되이 기력을 낭비하며
종일토록 헛됨에서 출발하여 다시 헛됨으로 되돌아가나니.
각자 몸을 빼내 부처를 받들어 모시면
내세에 지옥에 떨어져 고통을 당하는 일 없으리라.

항마변문일권

혹 잘못된 글자가 발견되거든 독자께서는 즉시 수정해주시기를.

난타출가연기(難陀出家緣起)[1]

次解難陀者, 是佛親弟, 姨母所生. 相貌端嚴, 世間希有. 雖知世尊是親兄弟, 且不肯出家. 緣有孫陀羅[2]是妻, 容顔殊勝, 時爲戀著這[3]妻. 世尊千方萬便[4]教化, 令交(教)[5]出家, 且不肯來, 便言語無端,[6] 亂說辭

1 王重民 【原校】 이 권의 편호는 P.2324이다. 前題도 後題도 없다. 『釋迦譜』의 「釋迦從弟孫陀羅難陀出家緣起」와 『佛本行集經』 권57 「難陀出家因緣品」과의 비교를 통해 알 수 있듯이 首尾가 완정한 권자다. 『佛本行集經』에 의거하여 '難陀出家緣起'라고 제목을 붙인다. 【校注】 原卷의 글자는 선명하나 초서가 제법 섞여 있다. 본 편에서 '陀'는 모두 '陁'로 되어 있다. 『玉篇』: "陀, 俗作陁." 『經律異相』 권7 「難陀出家」인용 『普曜經』, 『童子問佛乞食經』에서는 모두 '陀'로 되어 있다. 이에 의거하여 수정한다.

2 【原校】 孫陀羅는 불경에서 흔히 '孫陀利'로 적혀 있다. 【校注】 손타라를 의역하면 '艶'이다. 부처의 아우 난타(목동 난타는 동명이인)는 아내 손타라에 빠져 있다 하여 '孫陀羅難陀'라 부르기도 한다.

3 '這'는 原錄에서는 '是'로 되어 있다. 【校注】 原卷에서는 사실 '這'로 되어 있다. 이에 의거하여 수정한다.

4 便 : 計. '千方萬便'은 오늘날의 '千方百計'라는 성어와 같다.

5 '交'는 原錄에서는 '教'로 되어 있다. 【校注】 原卷에서는 '交'로 되어 있으며, 이는 '教'와 통한다.

章, 緣戀着[7]其妻. 【其妻】何似生?

斷[8] 其妻容貌衆皆知, 更能端正甚希其(奇).
臉似桃花光灼灼, 眉如細柳色輝輝.
顔容端正實難比, 美貌論情[9]世上希.
雖有師兄身是佛, 被妻纓絆嬾來隨.[10]

自世尊種種方便[11]教化難陀不得, 忽於一日, 難陀共妻飮次,[12] 世尊與(以)[13]他心惠明, 遙觀見難陀根性熟, 便卽教化.

我佛牟尼大法王, 觀見難陀氣(起)[14]愍傷,
兄弟之情還教切, 運(渾)[15]身便卽現威光.
首(手)[16]托鉢盂光灼灼, 足躡祥雲氣異(香).[17]

---

6 言語無端 : 터무니없는 말을 지껄이다

7 戀着 : 연연해하다, 몹시 그리워하다. '着' 역시 '연연해하다'는 뜻이다. 【通釋】 '戀着'과 '貪着'은 모두 의미가 비슷한 두 개의 글자가 합쳐져 이루어진 복합어이다. '着'자 자체에 '연연해하다'는 뜻이 있다. 결과나 지속을 나타내는 시태조사가 아니다.

8 '斷'자는 原錄에는 없다. 原卷(다음 행 상단에 적혀 있음)에 의거하여 보충한다. '斷'은 '斷子'의 축약이다. 「太子成道經」 戊卷 : "이때 병자가 말하였다. '칼을 뽑아 四海를 평정하고 창을 휘두르며 일만의 병사를 대적해도, 하루아침에 침상에 드러누워 두 사람의 부축을 받게 된다오.'(爾時病人, 便說斷子 : 拔劍平四海, 橫戈敵萬夫. 一朝床枕上, 動轉要人扶)." '斷子'는 吟詠詞, 혹은 唱詞의 일종이다.

9 論情 : 마음을 가라앉히고 논하다, 공정한 마음으로 논하다. 사실대로 말하다.

10 '隨'는 原錄에서는 '修'로 되어 있다. 【校注】 原卷에서는 '隨'자의 초서로 되어 있으며, '其(奇)', '輝'와 압운된다. '嬾來隨'는 형을 따라 출가하고 싶지 않음을 말한다. 【潘重規】 이와 똑같은 의견이다.

11 方便 : 計謀.

12 次 : 際. 어떠한 시각을 가리킨다.

13 【潘重規】 '與'는 '以'와 통한다.

14 '氣'는 응당 '起'로 보아야 한다. '起愍傷'은 불쌍한 마음이 생김을 말한다.

15 '運'은 '渾'으로 보아야 할 듯하다.

16 '首'는 '手'로 보아야 한다.

17 '香'은 原錄에서는 '音'으로 되어 있다. 【徐震堮】 '異音'은 마땅히 '昻昻'이 되어야 할 듯하다. 앞뒤 문장과 운(葉韻)이 맞는다. 【潘重規】 '音'은 '香'의 잘못인 것 같다. 【校注】 原校는 해서체 '音'으로 되어 있다. 여기서는 【潘重規】에 의거하여 '香'으로 수정한다. 袁賓 역시 '異香'으로 보면서 『釋迦方志』 卷上 : "靈樂異香, 常降其所"와 『太平廣記』 권94 「杯渡」 : "合境聞有異香"을 그 예로 들었다.

彈指[18]之間身卽[19]到, 高聲門外唱家常.[20]

이번에 얘기하려는 난타는 부처의 친동생으로 이모 소생이다. 세상에서 보기 드물게 잘생긴 외모를 지닌 그는 세존이 친형제임을 알면서도 출가하려 하지 않았다. 그에게는 손타라(孫陀羅)라는 용모가 매우 빼어난 아내가 있었는데, 그는 오로지 이 아내에게만 마음을 두고 있었기 때문이었다. 세존은 수많은 방편으로 그를 교화하여 출가시키려 하였지만 그는 그에 응하지 않고 터무니없는 말을 지껄이고 함부로 떠들어대며 그 아내에게 연연해할 뿐이었다. 그 아내가 어떻게 생겼는가?

단(斷) 그 아내의 용모는 모든 사람들이 다 아는데
그 단아함은 참으로 세간에 드문 것이었네.
복숭아꽃처럼 빛나는 얼굴에
실버들처럼 반짝이는 눈썹.
그 단정한 자태는 실로 견주기 어려우니
미모로 논한다면 세상에 드문 것이라네.
비록 사형(師兄)이 부처의 몸이라지만
아내에 얽매여서 사형을 따라나서기를 꺼려하네.

세존은 여러 가지 방편을 사용했지만 난타를 교화시킬 수가 없었다. 그러던 어느 날 난타가 아내와 함께 술을 마시고 있을 때 세존은 타심통의 지혜로써 멀리서 난타의 근성이 무르익었음을 보시고서 즉시 교화에 나서시었다.

우리 부처 석가모니 대법왕은
난타를 바라보시고 안타까운 마음이 일어난다.

---

18 '彈指'는 原錄에서는 '撣拍'으로 되어 있고 '彈指'로 교정하였다. 【校注】 '撣'은 '彈'의 편방을 바꾼 속자이고, '拍'은 '指'의 形訛字이다. 이에 직접 수정한다.

19 '卽'자는 原卷에서는 필획이 선명하지 않다. 그래서 원래의 필사자는 문구 앞의 여백('撣'자 오른쪽 위)에다 '卽'자를 덧붙여 놓음으로써 교정하였음을 보여주고 있다.

20 【通釋】 '家常'은 음식물을 구걸하는 말이다. '布施'와 같은 뜻이다. 또 손님을 접대하는 술과 음식을 가리킨다.

형제의 정으로 교화하려는 마음 더욱 간절하여
온몸으로 위광(威光)을 드러내 보이신다.
손에 들린 발우는 반짝반짝 빛을 발하고
밟고 선 상서로운 구름은 기이한 향기를 풍긴다.
잠깐사이에 [난타 집에] 이르러
큰 소리로 문밖에서 보시하라 외치신다.

世尊直到難陀門前，道三兩聲家常，難陀歡[21]飮之次，忽然聞門外世尊語聲，向妻道[22]：「娘子!娘子!」

吟 有事諮聞[23]娘子，請籌[24]蹔起卻迴，[25]
伏緣師兄到[26]來，現在門前化飯.
欲擬如今不出，又緣知我在家，
走到門前略看，卽便卻來同飮.

斷 歡喜巡還[27]正飮盃，恐怕師兄乞飯來，
各請萬壽[28]暫起去，見了師兄便入來.
飮滿[29]勾巡[30]一兩盃，徐徐慢怕(拍)管絃催，[31]

21 '歡'은 原錄에서는 '勸'으로 되어 있다. 【校注】 돈황사본에서는 이 두 글자가 자주 혼용되고 있다. 여기서는 직접 '歡'으로 수정한다.

22 '妻道' 두 자가 原卷에서는 착오로 도치되어 있다.

23 諮聞 : 보고하다, 상신하다(禀告).

24 【通釋】 籌・萬壽 : 이것은 '휴가를 신청하다'는 말이다. '請籌'는 「牡丹亭」에서 春香이 '出恭牌'를 받는 것과 같은 류의 일을 말한다.

25 却迴 : 迴. 이 두 자는 같은 의미의 중첩어이다. 뒤에 나오는 '却來'의 '却' 역시 '迴'의 뜻이다.

26 '到'는 原錄에서는 '道'로 되어 있고 '到'로 교정하였다. 【校注】 原卷에서는 사실 '到'로 되어 있다.

27 巡還 : '循環'과 같다.

28 '各請萬壽'는 '今請一籌'로 보아야 할 듯하다. '各'은 '今'과 형태가 비슷하고, '萬'은 原卷에서는 '万'으로 되어 있어 '一'과도 그 형태가 비슷하다. '壽'는 앞의 '請籌'에서 보았듯이 '籌'로 보아야 한다.

29 '滿'은 原錄에서는 '酒'로 되어 있다. 【校注】 原卷에서는 '㴉'로 되어 있는데, 아래의

各(擱)盞[32]待君下次勾, 見了抽身便復迴.

吟 難陀出門見佛, 便乃陽[33]作喜歡,

合常(掌)禮拜起居,[34] 不審師兄弟福?[35]

爭得今朝降重, 將身入我貧家,

世尊親到門前, 令我一家獲福.』

如來齋時已到, 轉轉卽是日高,

如今看我師兄, 缽中有何香飯?

'添滿'의 '滿'이 原卷에서는 '湍'로 되어 있는 것으로 보아 '滿'의 약자임을 알 수 있다. '飮滿'은 술잔에 술을 가득 따름을 말한다.

30 勾巡 : 돌아가며 술을 권하다. '勾'는 '술을 권하다'는 뜻이다. 뒤의 "擱盞待君下次勾"의 '勾'도 똑같다. P.3833 王梵志 詩 : "그대 만약 책략을 세워 남을 해친다면, 남 또한 책략을 세워 그대를 해친다네. 남에게 한 잔의 벌주를 주면, 그의 벌주는 열 차례에 이른다네(你若計算他, 他還計算你. 勾他一盞酒, 他勾十巡至)." 여기의 '勾' 역시 '勸酒하다'는 뜻이다. '巡'은 '순회하다', '돌아가면서 하다'는 뜻이다. 술을 한 번 따르는 것을 '一巡'이라 한다. 「捉季布傳文」 : "원컨대 이런저런 담소를 나누며 술잔을 돌립시다(且願從容酒壹巡)." 「葉淨能詩」 : "도사는 순배가 되면 바로 들이키며 절대 사양하지 않았다(其道士巡到便飮, 都不推辭)."

31 '怕'는 '拍'과 통한다. 이 두 글자는 동음가차자이다. '催'는 '술을 재촉하다(催酒)'이다. 王翰 「涼州詞」 : "야광배에 담긴 좋은 포도주, 말 위의 비파 소리는 마시라고 재촉하네(葡萄美酒夜光杯, 欲飮琵琶馬上催)." 이 글자는 '嗺'라고도 적는다. 葉夢得 『石林燕語』 : "연회에서 음악을 연주하는데 술 한 잔에 한 樂章을 연주했다. 樂人은 반드시 술을 권하고 나서 음악을 연주한다. 이것은 술을 권한다는 의미의 당나라 말이다. 본래 '啐'이라 발음했으나 오늘날에는 보통 평성으로 발음한다(公宴合樂, 每酒行一終, 伶人必唱嗺酒, 然後樂作, 此唐人送酒之辭. 本作啐音, 今多爲平聲)."

32 '各'은 '擱'과 통한다. '擱盞'은 '술잔을 멈추다'는 뜻이다. S.778 王梵志 詩 : "서로 이를 어찌하나 탄식하고는 빈 무덤가로 가져가 놓아두네(相共唱奈河, 送着空冢各)." 이로 보아 '各'은 '擱'과 통한다.

33 '陽'은 原校에서는 '佯'으로 되어 있다. 【徐震堮】 '陽'자는 굳이 '佯'으로 교정할 필요 없다. 【校注】 옛 서적에서 '陽'과 '佯'은 흔히 통용되고 있다.

34 '居'는 原卷에서는 '君'으로 되어 있다. 여기서는 原錄을 따라 '居'로 한다. 두 글자는 돈황사본에서 흔히 혼용된다.

35 '萬'은 原錄에서는 '弟'로 되어 있다. 【潘重規】 '弟'는 '萬'의 오류로 보인다. 【校注】 潘重規의 견해는 옳다. 이에 의거하여 수정한다. '萬福'은 안부를 묻는 말로서 남녀를 가리지 않는다. '萬'자는 속자로 '萬'로 적기도 하는데 그 형태가 '弟'자와 유사하여 오독하기 쉽다.

斷　若論家內辯(辦)齋餐,[36] 百味珍饈總不難,
　　唯願世尊莫形則,[37] 要甚從頭請說看.

세존은 난타의 문 앞에 와서 보시하라 두세 차례 외쳤다. 즐거이 술을 마시던 난타는 문득 문 밖에서 세존의 말소리가 들려오자 아내에게 말하였다. "부인! 부인!"

음(吟) "부인에게 할 말이 있는데
　내 잠시 나갔다가 금방 돌아오리다.
　시주를 청하러 형님이 오시어
　지금 문 앞에서 동냥하라 하시네.
　지금 나가고 싶지는 않지만
　내가 집에 있는 것을 아실 터이니
　문밖으로 나가서 잠시 만나 뵙고
　곧장 돌아와 [부인과] 같이 술을 들겠소."

단(斷) 즐거이 한창 술잔을 들고 있는데
　사형이 시주를 얻으러 온 듯하네.
　"지금 잠시 나갔다가
　형님을 만나 뵙고 곧 돌아오리다.
　잔 가득 술을 부어 한두 잔 권하고
　느릿한 음악소리 술을 재촉하는구려.
　술잔을 내려놓으니 그대의 권주(勸酒)가 기다려지거늘
　형님을 만나고는 즉시 빠져나와 돌아오리다."

---

36 '餐'은 原卷에서는 '口' 편방에 '食'자로 되어 있는데, 이는 속자이다. 原錄에서는 '冫' 편방에 '食'으로 되어 있는데 정확하지 않다.

37 [通釋] '形則'은 곧 '형식(形迹)'으로, 오늘날의 '世故'와 마찬가지로, 겸손, 완곡의 의미를 갖고 있다. '莫形則'은 '형식(의례)에 구애받지 말라'는 뜻으로, 여기서는 세존에게 필요한 것이 있으면 형식에 구애되지 말고 말하라는 말이다. '則'과 '迹'은 소리 하나의 차이이다. 「遊仙窟」: "친밀하면 사양하지 않고, 사양하면 친밀하지 않는 것이니, 부디 張君은 사양치 말기 바라오(親則不謝, 謝則不親, 幸願張郎莫爲形迹)." 그 '形迹'의 의미가 難陀出家緣起와 똑같다.

음(吟) 난타는 문밖으로 나가 부처를 보자
거짓으로 반가운 척하네.
합장하고서 예배를 올리며 문안을 여쭙는데
"형님, 그간 평안하셨사옵니까?
어인 일로 오늘 장중하게도
저의 누추한 집에 납시었는지요.
세존께서 친히 문 앞에까지 오셨으니
제 집에 복이 들어오겠네.
여래의 공양 시간 이미 다가와
이리저리 들르는 사이 태양은 높아지네.
이제 형님을 뵙는데
발우 안에 어떤 향기로운 밥이 있사온지."
단(斷) 집에서 공양을 준비하게 되면
산해진미도 어렵지 않사오니
세존이시여, 부디 사양하지 마시고
드시고 싶은 것 말씀해보시기를.

世尊道:「諸餘並不要, 要汝缽飯.」難陀捻得鉢盂[38]來, 便入廚中取飯. 難陀家內長吹(炊)七瓮之香飯, 所有神通直交(教)勞(撈)[39]盡. 難陀七瓮飯, 只得世尊半缽盂已來飯.

斷　難陀家內飯長[40]吹(炊), 香粳玉稻[41]土滑流(留)時.[42]

38 '盂'는 原卷에서는 '盃'로 되어 있다. 여기서는 原校에 의거하여 수정한다. 다음의 '半鉢盂'의 '盂' 역시 原卷에서는 '盃'로 되어 있다. 原錄에서는 이를 '盂'로 직접 수정하였기에 이를 따른다.

39 [徐震堮] '勞'는 '撈'가 되어야 할 듯하다. '盡' 다음은 끊김 없이 연속되어야 한다. [校注] 徐震堮는 옳다. 뒤의 "捻得鉢盂便勞鹿"의 '勞鹿'은 '撈攎'의 편방을 생략한 가차자이다. 또 뒤의 "勞盡難陀七瓮飯"의 '勞'는 原錄에서는 '撈'로 교정하였다.

40 '長'은 原錄에서는 '常'으로 잘못 적혀 있다. 原卷에 의거하여 수정한다.

捻得鉢盂便勞鹿(撈攎),[43] 專怕[44]堂中妻怪遲.[45]

一瓮兩瓮缽中少, 三瓮五瓮轉希其(奇).

勞(撈)盡難陀七瓮飯, 不知我佛不思議

難陀取得半缽飯, 遂與世尊, 便擬入來. 佛道:「汝與我送到寺中, 任你卻來.」

吟　難陀只欲不去, 師兄處分再三,

便擬送佛世尊, 又怕家中妻怪.

兩意之間叵耐, 進退心口難爲,

不如快送師兄, 送到便來歸捨(舍).

41　'玉稻'는 原錄에서는 '土穮'로 되어 있다. [劉凱鳴] '土'는 '玉'의 訛字이고, '穮'는 '糯'의 訛字이다. '玉糯'는 찹쌀처럼 새하얀 모습이며 '香粳(향기로운 멥쌀)'과 어울린다. [校注] '土'는 '玉'으로 교정한다. 그러나 다음 자는 原卷에서는 사실 '𥞊'로 되어 있는데 이는 '稻'자의 초서이다. 이에 의거하여 바로잡는다.

42　[劉凱鳴] '時'는 '食'의 와자인 듯하다. [校注] '食'은 入聲字로서 '時'와는 통용되기 쉽지 않다. '時'는 '吹', '遲', '其', '議'(평성으로 발음. 「降魔變文」에 사용 예 있음)와 압운되는데 모두 평성자들이다. '流'는 응당 '留'와 통한다. '留時'는 '移時'와 같으며 '시간이 오래되었음'을 말한다. 이 문구는 향기롭고 새하얀 멥쌀로 지은 밥을 먹고 나니 입안에서 향내가 나고 매끄러운 느낌이 오래도록 남아 있음을 말한다.

43　'鹿'은 原錄에서는 '餍'로 되어 있다. [校注] 原卷에서는 '鹿'로 되어 있는데 이는 '鹿'의 俗訛字이다. '勞鹿'은 '撈攎' 혹은 '撈漉'의 편방을 생략한 가차자로서 '건져내다(打撈)'는 뜻이다. 劉凱鳴은 原錄의 '餍'는 '飯'의 音訛字라고 하였는데 정확하지 않다.

44　'怕'는 原卷에서는 초서 '𢘂'로 되어 있다. 이를 原錄에서는 '頂'으로 오독하고 '怕'로 교정하였다. 여기서는 原卷에 의거하여 바로잡는다.

45　[劉凱鳴] '妻怪遲'와 뒤에서 두 차례 언급되고 있는 '怕妻怪'로 보아 그의 아내는 승려에게 적선하는 것을 좋아하지 않음을 알 수 있다. '怪遲'는 밥을 퍼주고 돌아옴이 느림을 싫어한다는 뜻이 절대 아니다. '遲'는 '譇'의 와자이다. 『集韻』: "譇, 訶怒也." 이로 보아 난타의 아내는 난타가 밥을 보시하는 것에 화를 내고 있음을 알 수 있다. [校注] 劉校는 정확하지 않다. 『經律異相』 卷7 「難陀出家」: "부처님께서 곧 니구류원으로 돌아오셔서 여러 시자들에게 말씀하셨다. '난타가 나오거든 받지 말고 자신이 직접 들고 오도록 하라.' 난타가 부처님 처소까지 음식을 가지고 올 때에 그의 아내가 나와서 재촉하였다. '당신이 돌아오기를 기다렸다가 식사를 하겠습니다.' 난타가 부처님께 발우를 드리면서 빨리 받기를 재촉하였다(佛卽還尼拘類園, 語諸侍者: '難陀出, 勿取, 令自送來.' 難陀送至佛所, 婦出囑言: '待還乃食.' 授鉢, 催佛速受)." 그러므로 '妻怪遲'는 그가 나갔다가 오래도록 돌아오지 않음을 이상히 여김을 뜻한다.

斷　將身便却送寺,[46] 專怕家中妻怪,[47]

不久之間便到寺, 難陀辭佛卻歸來.

세존이 말씀하시길, "다른 것은 다 필요 없고 그대 발우에 담긴 밥이면 되느니라." 난타는 발우를 들고 밥을 담으러 부엌으로 들어갔다. 난타는 집에서 일곱 독의 맛있는 밥을 지었는데 세존의 신통력은 그 전부를 [발우에] 담을 수 있게 하였다. 난타가 지은 일곱 독의 밥은 세존 발우의 반 밖에 채워지지 않았던 것이다.

단(斷) 난타는 집 안에서 오랫동안 밥을 짓는데

향기롭고 새하얀 쌀로 지으니 매끄러운 느낌이 오래도록 남는다.

발우를 들어 [밥을] 퍼 담으면서

더디게 돌아옴을 이상히 여길 방안의 아내만을 염려한다.

한두 독의 밥이 발우를 채우지 못하고

네댓 독의 밥 역시 그러하니 참으로 기이하도다.

난타가 지은 일곱 독의 밥이 모두 발우에 담기니

알 수 없구나, 우리 부처의 불가사의함이여.

난타는 반 밖에 채우지 않은 발우를 세존에게 가져다주고는 곧장 돌아들어오려 하는데 부처가 그에게 말하였다. "나를 절까지 바래다주고 돌아가거라."

음(吟) 난타는 [절까지] 가고 싶지 않았지만

사형이 거듭 요청하니

불세존을 배웅키로 마음먹는데

집에 있는 아내가 기이하게 여길 것을 걱정한다.

두 생각 사이에서 견뎌내지 못하고

---

46 '寺'는 原錄에서는 '如來' 두 자로 되어 있다. 【校注】 原卷에서는 사실 '寺' 한 글자로 되어 있다. 이에 의거하여 바로잡는다.

47 原錄에서는 '妻怪' 앞에 궐문 부호(□)가 있다. 【校注】 原卷에서는 궐문이 없다. 이 여섯 글자는 앞뒤의 여섯 글자와 대칭된다. 따라서 여기서는 궐문 부호를 삭제한다.

마음과 입이 각자 움직이니 난처하기만 하다.
[그러느니] 속히 사형을 배웅해드리고
곧바로 집으로 돌아오느니만 못하리.
단(斷) 여래를 즉시 절까지 배웅해드리려 하는데
집에 있는 아내가 기이하게 여길 것만을 걱정한다.
오래지 않아 절에 도착하였고
난타는 부처께 인사드리고 돌아가려 한다.

難陀送到寺, 便擬卻迴. 佛語難陀道:「我緣今日齋去, 是汝且與我看院. 有四個水瓶[48]與添滿. 更有院中田地, 並須掃卻. 待我到來, 一任汝去.」世尊道了, 便卽付(赴)齋. 這難陀在院悶悶[49]不已, 思量道:「阿誰能待[50]得世尊!」心中道了, 又怕世尊嗔責. 連忙取得四個瓶來, 便著添瓶. 纔添得三個, 又到(倒)卻兩個; 又添得四個, 到(倒)卻三個. 十遍五遍, 總添不得. 難陀惡發[51]不添, 盡打破. 便卽掃地. 從東掃向西, 又被西風吹向東;[52] 周圍掃, 又被祗風[53]吹四面. 掃又掃不得, 難陀又

48 ‘瓶’은 原錄에서는 ‘硏’으로 되어 있다. [校注] 『集韻』: “硑, 或作硏.” 이는 그 뜻이 아니다. 여기서는 뒷 문장이 原卷에서는 모두 ‘瓶’으로 되어 있기에 수정한다. ‘硏’은 ‘瓶’의 편방을 바꾼 속자로서 ‘鉼’로 적기도 한다. 예를 들어 唐 玄宗 「賜突厥袍帶詔」: “칸에게 금포 · 황금띠 · 은소반 · 호병 등을 내리니 받아둠이 마땅하다(令寄可汗錦袍、鈿帶、銀盤、胡鉼, 至宜領取).” ‘石’ 편방이나 ‘金’ 편방은 모두 원료가 달라짐에 따라 고쳐 적은 것이다.

49 ‘悶悶’은 原卷에서는 ‘悶〻’으로 되어 있다. 原錄은 반복 부호를 ‘了’로 잘못 기록하고 있다. 江藍生와 袁賓 역시 ‘悶悶’으로 교정하고 있다.

50 ‘待’는 原卷에서는 ‘侍’로 되어 있다. 뒤의 “阿誰能待得世尊”의 ‘待’자 역시 原卷에서는 ‘侍’로 되어 있다. 여기서는 原錄에 의거하여 고친다.

51 [通釋] 惡發 : 화를 내다.

52 ‘東’은 原錄에서는 ‘來’로 되어 있다. [原校] ‘向來’는 ‘向東’이 되어야 할 듯하다. [潘重規] 原卷의 ‘東’자를 변문집에서는 ‘來’로 오독하였다. [校注] 原卷에서는 사실 ‘來’로 되어 있는데, 이는 ‘東’자와 형태가 비슷하여 생긴 착오다. 여기서는 직접 바로잡는다.

53 ‘祗’는 原錄에서는 ‘祇’로 되어 있다. 蔣禮鴻은 ‘旋’으로 교정하였다. [校注] 原卷에서는 ‘祗’로 되어 있다. 장례홍의 견해는 옳아 보이나 글자의 형태와 소리가 비슷하지 않다. 이에 여기서는 原卷에 적힌 글자를 그대로 적어둔다. 앞으로의 검토가 필요한

怕妻怪，惡發便罵世尊：「輪王位此不紹,[54] 作個師僧，□我他人!」[55]

斷　師兄作處[56]大由由,[57] 不紹輪王剃卻頭,

僧俗曉言皆有異，何須如此苦相尤.[58]

掃地風吹掃不得，添瓶瓶到(倒)不知休,

歸家但得孫陀喜，師兄惡發不能愁.

[□](阿)誰能待世尊來，聞早不汝(如)[59]歸家去,

忙忙走到加(伽)藍)[60]外，早見師兄隊仗[61]來.

부분이다.

54 '論'은 原錄에서는 '輪'으로 직접 교정하였는데 이는 타당하지 못하다. '祗'는 原錄에서는 '低'로 되어 있다. 【項楚】'低'는 응당 '位'가 되어야 한다. '低'자는 보통 '仾'라 적기도 한다. ……'位'와 형태가 비슷하여 이 두 글자는 쉽게 혼용된다. 또 '此'자는 '比'자의 형와자이다. "輪王位比不紹"가 한 구가 되고 그 다음에 콤마를 찍어야 한다. 이 문구는 석가모니가 이전에 왕위를 계승하지 않고 출가 수도한 일을 말하고 있다. 【校注】'低'는 原卷에서는 확실히 '仾'로 되어 있는데, 이는 '祗'의 속자인 '袛'의 와자이다. '此'는 原卷에서는 '𢀳'로 되어 있는데 이는 '此'의 초서이다. '祗此'는 '只此'와 같으며 '祗此'로 적기도 한다. 가까워서 쉽게 얻을 수 있음을 나타낸다. 이 문구와 다음 문구는 눈앞에 있는 전륜왕의 지위를 이유 없이 계승하지 않고 승려가 됨을 말한다.

55 빠진 글자는 原卷에서는 '[illegible]'로 되어 있는데 무슨 글자인지 알 수가 없다. 앞으로의 검토가 필요하다.

56 作處 : 일을 하다. 행위 혹은 행동거지. '作'에는 '행위', '행동거지'의 뜻이 있다. '作處'는 동의의 글자로 된 첩어다.

57 由由 : '遊遊', '攸攸'와 같으며 '제멋대로' 혹은 '경솔한' 모습이다. S.6032 王梵志 詩 : "자유로이 떠돌며 스스로 살 길을 찾으니, 호적에 따르지 않음을 염려하지 않는다네(遊遊自覓活, 不愁應戶貫)." S.4277 梵志體詩 : "한가로이 속세에 머물며 편할대로 옷과 밥을 구한다(騰騰處俗間, 遊遊覓衣食)." P.2292「維摩詰經講經文」: "경솔히 香火에 의지하는구나(攀緣香火大攸攸)." 본문의 "師兄作處大由由"는 석가모니가 싯다르타 태자였을 때 출가 문제에 있어서 지나치게 제멋대로 결정한 것을 말한다.

58 【袁賓】'苦相尤'는 '고통스럽게 치근거리다'는 뜻이다.『太平廣記』권68「封陟」: "이 몸이 산림에 기거하니 마음 이미 우매해졌네. 아름다운 얼굴을 알지 못하거늘, 어찌 여색을 알겠는가. 부디 속히 이곳을 떠나서 귀찮게 하지 말기를(某身居山林, 志已顓蒙. 不識鉛華, 豈知女色. 幸垂速去, 無相見尤)." 또 '尤泥'에는 '자꾸 요구하다', '조르다'의 뜻이 있다.

59 【劉堅】'汝'는 '如'가 되어야 한다. 소리가 비슷하여 생긴 와자이다.

60 '藍'은 原卷에서는 '盤'으로 되어 있다. 여기서는 原校에 의거하여 수정한다.

61 '杖'은 原錄에서는 '仗'으로 되어 있다. 【校注】原卷에서는 '扙'으로 되어 있는데 이는 '杖'의 속자이다. '隊杖'은 '隊仗'과 같다.

驚忙恍忽走潛藏, 道旁有一枯樹下,
便卽將身且迴避, 心中不願見如來.
世尊天眼早觀見, 電轉之間到樹所,
便敕龍王拔卻樹, 化火登時便擬燒.
難陀怕走告師兄, 「陀在此間莫燒害, 」
佛與[62]慈悲方便化, 卻引難陀到寺中.

난타는 부처를 절까지 모셔다드리고는 곧 되돌아가려 하는데 부처가 난타에게 말하였다. “나는 오늘 법회에 가봐야 하니 그대는 절을 지키도록 하라. 물병 네 개에 물을 가득 채워 놓고 또 절 내의 뜰도 좀 쓸도록 하여라. 그러고 나서 내가 돌아오거든 돌아가도 좋다.” 세존은 말을 마치고는 법회 장소로 향했다. 절에 남은 난타는 울적함을 달랠 길이 없었다. ‘누군들 세존을 시봉할 수 있을까!’ 마음속으로 중얼거리던 난타는 세존의 꾸짖음을 듣게 될까 두려웠다. 황급히 물병 네 개를 가져와 물을 채우기 시작하였다. 그런데 세 개를 채워 놓으면 두 개가 넘어져 물이 쏟아져버리고, 네 개를 채워 놓으면 세 개가 넘어져버렸다. 다섯 차례 열 차례 거듭 채워보았지만 끝내 모든 물병에 물을 채울 수는 없었다. 화가 난 난타는 물을 채울 생각도 않고 모조리 물병을 깨부수고 말았다. 그러고 나서 비질을 시작하였다. 동에서 서로 쓸면 서풍이 불어와 동쪽으로 날려버리고, 밖에서 안으로 쓸면 회오리바람이 불어와 사방으로 날려버렸다. 아무리 비질을 해도 마칠 수가 없었다. 난타는 또다시 자신의 더딘 귀가를 이상하게 여길 아내를 떠올리고는 화가 치솟아 세존을 욕했다. “눈앞에 있는 전륜왕의 직위나 계승하실 일이지 왜 승려가 되셔가지고 나를 – [괴롭히는가]!”

단(斷) 사형은 제멋대로 행동하여
　　전륜왕을 계승하지 않고 삭발을 하였네.

62 ‘與’는 ‘以’와 통한다.

승속(僧俗) 간의 가르침에는 다름이 있는데
어찌하여 이처럼 고통으로 성가시게 하는가!
마당을 쓸어도 바람이 불어와 깨끗해지지 않고
물병에 물을 채워도 병이 넘어지니 언제나 채워지려나.
귀가하여 손타라와 노닐고 싶거늘
사형의 못마땅해 함에 마음 쓸 필요 없으리.
누군들 세존을 모실 수 있으랴.
일찌감치 집으로 돌아감만 못하리.
서둘러 절 밖으로 나가는데
사형과 그의 무리가 돌아오는 것이 보이네.
황망히 몸을 숨기고자 하는데
길가에 고목 한 그루가 서 있네.
당장 몸을 [고목 뒤에] 숨기고서
마음속으로 여래의 눈에 띄지 않기를 바라네.
세존은 천안(天眼)으로 이미 그를 발견하고서
번개가 내리치는 짧은 시간에 나무 아래 이르시어
용왕을 시켜 나무를 뽑아버리고
불을 질러 당장에 태워버리려 하였네.
겁에 질린 난타는 뛰쳐나와 사형에게 아뢰는데
"난타 이 몸이 이곳에 있나이다, 불사르지 마소서."
부처는 자비의 방편으로
난타를 데리고 절로 돌아오네.

世尊引到寺中,[63] 難陀告佛, 願放我歸家去. 佛道:「我緣帝釋請我說法, 今朝將汝看天宮去; 共看一場, 卽便歸來.」

---

63 '中'자가 原卷에서는 뒤의 '難陀' 두 글자 다음에 있다. 原錄에서는 직접 수정하였다.

斷　如來告訖見神通, 將身一念便騰空
足下彩雲皆[64]五色, 頂上盤旋有八龍.
逡速已到淸(靑)[65]雲里(裏), 似降祥雲是不同.
只別人間彈[66]指頃, 難拖從佛到天宮.

吟　難陀雖然天上, 一心思憶家中,
佛與帝□(釋)說經, 便遣難陀觀看.

吟　且見樓臺殿各(閣), 皆是七寶合成
更見每個房中, 有一天男天女.
最後有一房中, 其中不見天男.
空房天女孤[67]然, 難陀向前便問.

세존이 절로 난타를 데리고 돌아오자 난타가 부처에게 아뢰었다. "집으로 돌아갈 수 있게 허락해주소서!" 부처가 말씀하셨다. "제석(帝釋)이 내게 설법을 청하였기에 오늘 그대와 함께 천궁(天宮)에 다녀오려 한다. 같이 가서 구경을 하고 마치는 대로 돌아오도록 하자."

단(斷) 여래는 말을 마치고 신통력을 보이는데
한순간에 몸이 허공으로 치솟는다.
발아래에는 오색의 채운(彩雲)이 떠다니고
머리 위에는 팔룡(八龍)이 선회한다.
순식간에 푸른 구름 속에 이르는데

64　'皆'는 原錄에서는 '也'로 되어 있다. 【項楚】 '也'는 '皆'가 되어야 한다. 아마 '皆'의 초서 '𫝀'와 '也'의 초서 '𠃟'의 비슷한 형태로 인하여 야기된 착오일 것이다. 【校注】 原卷의 '也'자는 해서로 되어 있으나 전체적으로 초서로 적혀 있다. 따라서 項楚의 견해는 옳아보인다. 이에 의거하여 수정한다.

65　'淸'은 原錄에서는 '靑'으로 되어 있다. 【校注】 原卷에서는 '淸'으로 되어 있는데 이는 '靑'과 통한다.

66　'彈'은 原卷에서는 '撣'으로 되어 있다. 【校注】 '彈'과 '撣'은 본래 서로 다른 두 글자이나, 여기서의 '撣'은 응당 '彈'의 편방을 바꾼 속자이다. '手' 편방으로 적은 것은 움직임을 뜻한다. 따라서 原錄을 따라 '彈'으로 고친다.

67　'孤'는 原錄에서는 '孰'으로 되어 있다. 【校注】 原卷에서는 '孤'로 되어 있다. '孤然'은 천녀가 홀로 있는 모습을 형용한다. 이에 의거하여 바로잡는다.

상운(祥雲)이 내려오는 것과는 다른 듯하다.
탄지(彈指)의 순간에 인간계를 떠나
난타는 부처와 함께 천궁에 이른다.
음(吟) 난타는 비록 천상에 와 있지만
오로지 집만을 그리워한다.
부처는 제석에게 설법을 하는 동안
난타더러 천궁을 둘러보라 하신다.
음(吟) 누대와 전각을 바라보니
온통 칠보로 이루어져 있고
방들도 하나하나 살펴보니
한 쌍의 천남천녀(天男天女)가 그 안에 있다.
맨 마지막 방에는
천남(天男)은 보이지 않고
텅 빈 방에 천녀(天女)만이 외로이 있거늘
난타가 나아가 [연유를] 묻는다.

難陀天上觀看, 見房內各有天男天女, 最後房內, 空有天女無[68]天男. 難陀遂問:

「不審天中這個身, 前身未委種何因?
此處想君得弟[69]一, 不知夫主是何人?」
「若說我家夫主, 不是等閑之人,
如今說著性(姓)名,[70] 凡是人皆總識.

68 '無'는 原錄에서는 '並□(無)'로 되어 있다. [校注] 原卷의 '並' 뒤에는 빠진 글자가 없다. '並'은 '無'의 와자이다. S.778 「王梵志詩集序」: "오로지 불교의 가르침에만 의할 것이니 無我요 苦요 空이로다(但以佛教道法, 並我苦空)." '並'은 '無'의 訛字임을 보여준다. 이에 직접 수정한다.

69 '弟'는 原錄에서는 '第'로 되어 있다. [校注] 原卷에서는 '弟'로 되어 있는데 이는 '第'의 古字이다.

卽[71]是閻浮提內, 五天印土之中,

迦毗羅國城中, 淨飯皇王太子,

釋迦如來親弟, 卽是姨[72]母所生.

他緣宿業因緣, 配我以爲夫主.」

斷 「如今現在閻浮提, 宿因相配作夫妻,

受限此人緣異(易)盡,[73] 房中所[74]以獨孤栖.」

斷 「若說我家夫主, 佛弟難陀是也!」

難陀聞語笑咍咍,[75] 如今有幸得相過,[76]

今日前[77]來相頂謁, 只我如今便是陀.

난타는 천상을 구경하는데 방마다에는 천남천녀가 있거늘, 가장 마지막 방에는 천녀만이 있을 뿐 천남은 보이지 않았다. 이에 난타가 물었다.

"천상의 그대가 누군지 알 수 없고

전생에 어떤 업인(業因)을 지었는지 모르네.

---

70 '性'은 原錄에서는 '姓'으로 되어 있다. [校注] 原卷에서는 '性'으로 되어 있는데 이는 '姓'과 통한다.

71 '卽'은 原錄에서는 '那'로 되어 있다. [校注] 原卷에서는 '[illegible]'로 되어 있는데 이는 '卽'자의 초서를 오독한 것이다. 뒤 문장 "卽是姨母所生"의 '卽'자도 原卷에서는 '[illegible]'로 되어 있는데 이 역시 原錄에서는 '那'로 되어 있다. 이에 모두 정정하여 기록한다. '卽'자는 본권에서 '卲'로 되어 있는 경우가 많은데 뒤의 "便卽却報難陀"는 그 예이다.

72 '姨'는 原卷에서는 '城'으로 되어 있는데, 여기서는 原校에 의거하여 직접 바로잡는다. 두 글자의 형태가 비슷하여 생긴 오류이다.

73 [潘重規] 돈황사본에서 '異'는 자주 '易'과 통한다. [校注] 潘重規는 옳다. 이 문구는 六道의 윤회로 말미암아 사람의 형상을 부여받을 기회를 쉽사리 잃어버림을 말한다.

74 '所'는 原錄에서는 '何'로 되어 있고 문미에 물음표를 붙여 놓았다. [校注] 原卷에서는 '[illegible]'로 되어 있는데 이는 '所'자의 초서이다. 이에 바로잡는다.

75 [通釋] '咍咍'는 웃는 모습이다.

76 '過'는 原錄에서는 '遇'로 되어 있다. [校注] 原卷에서는 사실 '過'로 되어 있다. 이에 의거하여 바로잡는다. '過'는 '過訪'의 '過'이다. 위진남북조 이후 사용되던 속어로서, '방문하다', '탐방하다'는 뜻이다.

77 '前'은 原錄에서는 '不'로 되어 있다. [潘重規] 原卷의 '方'자가 변문집에서는 '不'로 되어 있다. [校注] 原卷에서는 사실 '[illegible]'로 되어 있는데 이는 '前'의 초서이다. 이에 의거하여 바로잡는다. "今日前來相頂謁"과 앞의 "如今有幸得相過"는 모두 부처를 따라 승천하여 천녀를 보게 된 일을 말한다.

이곳에서 그대가 제일인 것 같은데
부군이 누군지 알지 못하겠네."
"제 남편으로 말하자면
범상한 인물이 아니라네.
지금 이름을 대기만 하면
모든 사람이 다 알 것이네.
그분은 염부제
다섯 천축국 가운데
가비라국
정반왕의 태자인
석가여래의 친동생이시며
[석가여래] 이모의 소생이시라네.
그분은 숙업(宿業)의 인연으로
나의 부군으로 짝지어지셨네."
단(斷) "지금은 염부제에 계시온데
숙세의 인연으로 짝이 되어 부부가 될 것이네.
이 몸이 인간이 될 인연이 쉽사리 다하여
방안에서 홀로 지내고 있다네."
단(斷) "제 부군으로 말하자면
부처의 동생인 난타시라네!"
난타는 그 말을 듣고 하하 웃으며
오늘 운 좋게도 이곳을 들렀네.
이제 이곳에 와서 서로 만날 수 있게 되었으니
지금의 내가 바로 난타라네.

難陀報天女曰:「只我便是佛弟難陀.」

吟　天女當時文(聞)語, 便卽卻報難陀

「我家夫主威儀, 不作俗人裝束.

他家剃頭落髮, 身被壞色袈裟,[78]

若論進止威儀, 恰共如來[79]不別.

何處愚夫至此, 輒來認我爲妻,

不如聞早卻迴, 莫大(待)[80]此時挫辱.」

斷　欲識我家夫主時, 他家還著福田衣.

不作俗人之貌相, 剃頭身作出家而(皃).

난타가 천녀에게 말하였다. "내가 바로 부처의 동생 되는 난타라는 사람이오."

음(吟) 천녀는 그 말을 듣자마자

곧바로 난타에게 이르기를

"내 부군의 위의(威儀)는

속인의 모습이 아니네.

그분은 삭발을 한 데다

몸에는 괴색 가사를 걸치셨다오.

행동거지의 위의로 말하자면

여래와 다를 바 없다네.

---

78 壞色袈裟 : 僧衣이다. 범어로 袈裟는 '壞色衣'로 의역된다. 『翻譯名義集』 : "범어로 袈裟는 괴색 옷을 말하는 것이지, 오방색으로 된 옷을 의미하지 않는다(梵云袈裟, 此云壞色衣, 言非五方正色)." 「行事鈔」 第3 : "사분율에서 말하기를, 괴색이란 푸른색, 검은색, 목란색을 말한다. 이 세 가지 괴색을 입지 않은 자는 지옥에 떨어진다(四分云壞色者, 若青黑木蘭也. 彼得衣不作三種壞著者墮)."

79 '來'는 原錄에서는 '一'로 되어 있고 '來'로 교정하였다. 【校注】 原卷에서 '如來'는 '如一('一'은 짧은 가로획으로 되어 있음)'로 縮寫되어 있다. '如' 다음 자는 절대 '一'자가 아니라 생략 부호이다. 일반적으로 자주 사용되는 불교술어와 문중에서 반복적으로 나타나는 어휘들은 필사본에서 흔히 생략부호로 대신하고 있다. 이를 테면 '菩薩', '唱將來' 등이 그러하다. 뒤에 나오는 "但得如來與剃頭"의 '來'자 역시 原錄에서는 '一'로 되어 있는데 여기서는 모두 바로잡아 기록한다.

80 '大'는 '待'로 보아야 한다.

어디서 우둔한 남자가 이곳에 와서
대뜸 나를 처 삼으려 하는가.
차라리 일찌감치 돌아가서
굴욕이나 당하지 말 일이네."
단(斷) 내 부군임을 알리고자 하거든
그대는 복전의(福田衣)[81]로 갈아입고
속인의 모습을 하지 말 것이며
삭발하고 출가해야 할 것이네.

難陀聞語歡喜, 走到佛前, 欲得出家.
難陀聞說此來由, 走到佛前說豆流,[82]
唯願世尊相指受,[83] 與我如今剃卻頭.
吟　佛知難拖之意, 疑(擬)取天女爲妻,

---

81 '가사(袈裟)'를 달리 이르는 말. 비구는 가사를 입고 다른 이의 공양을 받아 몸과 목숨을 유지하며, 또 다른 이에게 교법을 말하여 주어 자기와 다른 이가 함께 복덕을 받는 것이 마치 밭이 곡식을 내는 것과 같다 하여 이르는 말이다.

82 '豆流'는 '逗留'와 같으며, '자초지종(原委)', '연유(緣由)'의 뜻이다. 盧仝「月蝕詩」: "어떤 이가 옥천자에게 묻기를, '공자께서 춘추를 정리하시며 240년 동안 월식은 단 한 차례도 기록하지 않으셨습니다. 지금 그대가 탄식하고 있으니 이는 공자의 뜻과 일치하는 것 아닙니까?' 이에 옥천자가 웃으며 대답하기를, '그 경위를 한번 들어보시게. 공자는 부모가 노나라 사람인데 …… 이 때문에 월식을 넣지 않은 것이오(或問玉川子 : '孔子修春秋, 二百四十年, 月蝕盡不收. 今子咄咄詞, 頗合孔意不?' 玉川子笑答 : '或請聽逗留 : 孔子父母魯, …… 故月蝕不見收.')"

83 '指'는 原錄에서는 '拯'으로 되어 있다. 【校注】 原卷에서는 '[illegible]'로 되어 있는데 이는 '指'자의 초서 '[illegible]'의 變體이다. '指受'는 '敎示', '命令'이란 뜻이다. 「祇園因由記」: "부처가 말씀하셨다. '출가인은 반드시 가람에 머물러야 하거늘 그대는 준비할 수 있겠는가?' 수닷타가 말하였다. '저는 그 법식을 잘 모르니 불제자로 하여금 저를 지도하게 하여 주십시오.' …… 이에 사리불을 시켜 그를 따르게 하였다(佛言 : '夫出家之人, 所置須有伽藍, 汝能辦否?' 須達言 : '我不解儀則, 令佛弟子與我指受.' …… 維舍利弗敕令俱彼相隨)." '受'는 '授'의 古字이다. 따라서 '指受'는 '指授'와 같다. 卷50「羯胡石勒列傳」: "무리를 엄하고 정연하게 이끌었기에 감히 그 뜻을 범하지 못했다. 공격을 명하면 앞길을 가로막는 이가 없었다(御衆嚴整, 莫敢犯者, 指授攻討, 所向無前)."

報之「汝見有妻, 又要出家修去.[84]

我終教法文內,[85] 精心一任出家;

都無淸淨之心, 縱耳(爾)剃頭何益!」

斷 佛與慈悲出世間,[86] 不但怨(寃)[87]親總一般,

我今發心求剃度, 師兄緣甚暑艱難?[88]

但得如來與剃頭, 身被法服好因緣.

난타는 그 말을 듣고 매우 기뻐하며 부처 앞으로 달려와 출가를 하겠다고 하였다.

난타는 이 내력을 듣고는

부처 앞으로 달려와 연유를 말하는데

오로지 세존의 교시를 바라

지금 당장 삭발을 하고자 한다네.

음(吟) 부처는 난타의 의도를 아시거늘

천녀를 아내로 삼고자 하는 것이라.

이에 고하기를, "그대는 아내가 있음을 보고는

출가 수행하려는 것이로다.

나는 지금까지 교법 내에서

정심으로 그대에게 출가를 일임했어도

도무지 청정한 마음이 없었거늘

---

84 '去'는 '法'자의 편방을 빠트린 것 같다.

85 '法'은 原錄에서는 '注'로 되어 있다. 【校注】 原卷의 '法'자는 초서이다. 뒤의 "身被法服好因緣" 등의 '法'자와 형태가 똑같다. 이에 의거하여 바로잡는다. 또 '文'자는 '之'의 형와자로 보인다.

86 '間'은 原錄에서는 '聞'으로 되어 있다. 여기서는 原校를 따라 수정한다. 또 '與'는 '以'와 통한다.

87 【徐震堮】 '怨'은 '寃'이어야 한다.

88 '暑'는 '置'가 되어야 한다. 이 두 글자는 자주 혼용되고 있다. 「捉季布傳文」: "그가 계약서에 공훈을 기록하는 것을 보았다(看他書札置功勳)." '置'자가 原卷에서는 '暑'로 되어 있다.

설사 삭발한다한들 무슨 도움이 되리오!"

단(斷) 부처는 자비로써 출세간하시어
원수와 우리 편을 항상 똑같이 대하시거늘
저는 이제 발심하여 삭발하고자 하는데
사형은 무슨 까닭으로 어렵다하십니까?
다만 여래께서 삭발을 허락하시어
이 몸에 법복을 걸치는 좋은 인연을 원할 뿐이네.

佛[89]與難陀曰:「共汝暑[90]到地獄, 看去卻來, 便與汝剃頭不遲.」世尊道了, 從天降下, 直入地獄. 向十八重中, 與閻浮羅王說法, 遣難陀觀看. 行來去末後, 見一個空閑鑊湯, 有一獄子, 於地獄叉鑊, 立在湯邊. 難陀便問獄子:

吟「我今欲有是(所)[91]問, 不知聖主許此,
緣甚此湯空閑, 裏許幾人受罪?
鑊湯諸處見有, 因甚唯此空閑,
如今爲待阿誰?擬向此間煎煮.」

獄[92]子從何得相問, 此間鑊湯, 爲待佛弟難陀. 不求佛教, 戀著色身, 合向於[93]此鑊湯煎煮. 莫是[94]難陀驚怕, 當到(倒)[95]地走向後.[96]

---

89 原卷에서는 '佛'자 앞에 작은 글씨로 '白'이라 적혀 있다. 그 이하가 대사임을 표시하는 것 같다.

90 '暑'는 '置'(至)로 보아야 할 듯하다.

91 '是'는 '所'로 보아야 한다. 「孔子項託相問書」: "며느리가 앉아서 시어미를 부려먹고, 닭이 꿩으로 변하였다(婦坐使姑, 鷄化爲雉)." '使'자가 신권에서는 '是'로 되어 있고, 갑권에서는 '所'로 되어 있는데, 이는 그 증거이다.

92 原卷에서는 '獄' 앞에 작은 글씨로 '白'이라 적혀 있다. 그 이하가 대사임을 표시하는 것 같다.

93 向於: '於'와 같다. '向'과 '於'는 같은 뜻이다. 동의의 첩어다.

94 【袁賓】'莫'은 '英'자의 오류다. '英'은 '應'을 말하고, '是'는 '時'를 말한다. '應時'는 여기서는 '그때, 즉각'이란 뜻이다, 【校注】袁賓의 교주는 옳아 보인다. 그러나 그가 거론한 原錄의 「太子成道經(3)」 "그릇됨과 사악함을 믿지 마십시오. 태자께서는 聖子심

부처가 난타에게 말하였다. "너와 함께 지옥을 구경하고 돌아와서 삭발을 허락해도 늦지 않을 것이다." 세존은 말을 마치고 하늘에서 내려와 지옥으로 들어갔다. 그리고 십팔지옥에서 염라대왕에게 설법을 하는 동안 난타에게 지옥을 구경하도록 하였다. 난타는 이리저리 거닐다가 비어 있는 뜨거운 가마솥 하나를 보았는데 그 옆에는 지옥의 옥졸 하나가 떡 버티고 서 있었다. 난타가 그 옥졸에게 물었다.

음(吟) "한 가지 여쭙고 싶은 게 있는데
성주께서 허락하실지 모르겠네.
무슨 연유로 이 가마솥은 비어 있으며
또 이 안에는 얼마나 많은 사람들이 죄를 받고 있는지.
다른 뜨거운 가마솥을 보니 모두 사람들이 있는데
어찌하여 이곳만 텅 비어 있는지.
지금 누구를 기다려

이 틀림없습니다(英信非邪, 定生聖子)"란 문구의 '英'자는 사실 '莫'자의 초서일 뿐이라서 '英'이 '應'과 통함을 말해주는 예라고는 볼 수 없다.(변문집에서 '莫'을 '英'으로 기록하고 '應'이라 교정한 것은 오류다)

95 '當'은 原錄에서는 '劣'로 되어 있다. 【袁賓】 '劣到地'는 '立倒地'가 되어야 하며 콤마를 넣어주어야 한다. 「葉淨能詩」: "사신은 알겠다고 답하고 즉시 돌아갔다(使人唱諾, 劣時却迴)." '劣'은 '立'이다. 【校注】 '劣'은 '當'자의 초서를 오독한 것이다. 이에 수정하여 기록한다. '當'은 '卽'이다. 이를 테면 「謝小娥傳」: "소아는 혼자서는 이해하지 못하므로 즉시 이 글을 적어 널리 지혜로운 분께 그 풀이를 구하는 것입니다(小娥不自解悟, 當書此語, 廣求智者辨之)"의 '當'이 그 예이다. 「葉淨能詩」내의 모든 '劣'자는 전부 '當'자의 잘못이다. 【潘重規】 原卷에서 '地'자가 중첩되어 있으나 변문집에서는 중첩되어 있지 않다. 【校注】『新書』에서는 '地'자를 중첩시키고 있는데 타당하지 않다. 原卷에서의 두 번째 '地'자는 행을 바꾸면서 생긴 衍字이다. 따라서 原錄에 의거하여 삭제한다.

96 '後'는 原錄에서는 '從'으로 되어 있고, '從' 다음에 '吟'자가 있다. 【袁賓】 '從'은 '後'가 되어야 한다. 형태가 유사하여 생긴 訛字이다. 「維摩詰經講經文」: "한번 도끼와 칼을 맞아 잘리고 나면 인간의 육신처럼 무상하기만 하다(恰到斧刀斫折從, 便同人質卽無常)." 여기서의 '從' 역시 '後'의 오류이다. '走後'에서 문구를 잘라야 한다. '吟'자는 뒤에 나오는 운문의 제시어이다. 변문집의 체례에 따르면 이 '吟'자는 다음 행 운문의 앞에 와야 한다. 【校注】 이에 의거하여 수정한다. 또 王鍈은 이 문구를 '劣地到(倒)走向後'라 교정하고 '吟'자를 뒤에다 넣었는데, 전부 다 정확한 것은 아니다.

이곳에서 삶으려 하는 것인가."

옥졸은 질문을 받고 대답하였다. "이 뜨거운 가마솥은 부처의 아우인 난타를 기다리고 있는 것이오. 불교를 간구하지 않고 육신에 연연하니 이 뜨거운 가마솥에 넣고 삶아죽이기 딱 알맞다오." 이에 난타는 경악하며 휘청휘청 뒤돌아 달아났다.

吟　難陀登時便走, 夜叉從後赴[97]來,
　　牛頭叫咸(喊)[98]連天, 獄子發聲動地.
　　怕怖莫知爲計, 魂飛膽戰心摧,[99]
　　口稱南無世尊, 惟願師兄相救.
斷　纔聞世尊名字,[100] 鑊湯煙焰總消除.
　　難陀走到佛前頭, 禮拜如來雙淚流.
　　「昔日昏迷行惡行, 今朝覺悟懺愆尤,
　　三塗根本因次(此)[101]捨, 五毒惡緣此日休.
　　若得出家修道去, 菩提佛想(相)一心求.」
　　發心從此轉殷勤,[102] 啓(稽)[103]首皈衣(依)禮世尊,
　　便遣目連與剃度, 當時得作比丘身.

---

97 '赴'는 原錄에서는 '趕'으로 되어 있다. [校注] 原卷에서는 사실 '赴'로 되어 있다. 이에 의거하여 바로잡는다. 돈황권자에서 '趕'자는 드물게 보인다. '뒤쫓다'는 의미는 보통 '趁', '逐', '赴' 등의 글자가 사용되고 있다.

98 '叫咸'은 原錄에서는 '喊叫'로 되어 있다. [校注] 原卷에서는 '叫咸'으로 되어 있다. '咸'은 '喊'과 통한다. 이에 의거하여 바로잡는다.

99 '摧'는 原錄에서는 '惟'로 되어 있다. [劉堅] '惟'는 '摧'가 되어야 한다. [校注] 原卷의 '惟'자는 다음 행 '惟願'의 '惟'와 똑같다. 形訛字이다. 劉堅의 견해에 의거하여 수정한다.

100 [原校] 이 문구에는 한 글자가 빠져 있음이 틀림없다.

101 [袁賓] '次'는 '此'가 되어야 한다. 음이 비슷한 데서 야기된 착오다.

102 '殷勤'은 原卷에서는 두 글자 모두 '慇懃'으로 되어 있다. 여기서는 통용자로 고쳐 적는다.

103 '啓'는 '稽'로 보아야 한다.

如來爲說因緣法, 言下還城(成)羅漢僧,
當日祇園談淨土, 同向連(蓮)宮作聖人.
羅漢經中總得名, [□][104]今盡解登(證)其生,
違(圍)遶世尊虔敬佛, 一心聽說淨名經.
寶謁才文(聞)[105]增福惠, 今(金)言玆益善其生,[106]
十念彌陀雖卽少, 功德沾施福不輕.
勤心念佛捨娑婆, 努力修行出愛河,
一串數珠長在手, 聲聲[107]相續念彌陀.
若能如此勤修道, 臨命終時瑞相多,
彌陀[□]到西方去, 論情快樂更無過.

음(吟) 난타가 즉각 냅다 내빼는데
야차가 그 뒤를 뒤쫓아 온다.
우두(牛頭)[108]의 고함소리 하늘을 찌르고
옥졸의 호령소리 땅을 뒤흔든다.
[난타는] 두려움에 벌벌 떨며 어찌할 바를 모르고
혼이 달아나고 부들부들 떨며 마음이 꺾이는데
입에서는 "나무(南無)세존
사형이시여, 부디 도와주소서" 소리친다.

단(斷) 세존의 명호가 들려오자

104 原卷에서는 이 부분이 결손되어 있지 않은데 原錄에서는 궐문으로 해 놓았다. 여기서는 原錄을 따른다.

105 '偈'는 原錄에서는 '謞'으로 되어 있다. 蔣禮鴻은 '偈'로 교정하였다. 【校注】 原卷에서는 '謁'자의 초서로 되어 있는데 이는 '偈'의 訛字이다. 여기서는 蔣禮鴻의 견해에 의거하여 교정한다. 또 장씨는 "앞 문구 '天女當時文語'에서의 '文語'는 '聞語'이며 …… " '文'을 '聞'이라 교정하였는데 이는 옳다.

106 '今'을 蔣禮鴻은 '金'이라 교정하였는데 이는 옳다. '自'는 原錄에서는 '其'로 되어 있다. 【校注】 原卷은 '𠀋'로 되어 있는데 이는 '自'의 초서이다. 이에 따라 바로잡는다.

107 '聲聲'은 原錄에서는 '常常'으로 되어 있다. 【校注】 原卷에서는 사실 '𠀋、、'로 되어 있는데, 이는 '聲聲'의 속자 초서 '齐、、'의 변체이다. 이에 의거하여 바로잡는다.

108 소의 머리에 사람의 몸을 한 지옥의 옥졸.

뜨거운 가마솥의 연기와 화염이 사라진다.
난타는 부처 앞으로 달려오더니
여래에게 예배 올리며 눈물을 흘린다.
"지난날 어리석게도 악행을 행해오다
오늘에서야 그 잘못을 깨우쳐 뉘우치네.
삼도(三塗)[109]의 근본은 이로부터 버려질 것이고
오독(五毒)의 악연은 오늘로써 그칠 것이네.
출가 수도할 수 있게 되면
보리(菩提)와 부처의 모습 일심으로 추구하려네."
발심하여 이로부터 정진하고자
머리를 조아리며 세존에 귀의한다.
[세존은] 목련을 보내어 제도하게 하니
[난타는] 이때가 되어 비구의 몸을 얻었다.
여래께서 인연의 교법을 설하시니
그 말씀 아래서 [난타는] 아라한이 되었다.
이날 기원정사에서 정토를 말씀하시고
[부처와] 함께 절로 향하여 성인(聖人)이 되었다.
나한경(羅漢經)에서 이름이 불리어지고
이제 모두를 벗어던져 그 생을 밝히게 되었다.
세존을 둘러싸고 부처에 경배하며
일심으로 정명경(淨名經)[110] 설법을 경청하라.
보배로운 게송을 들으면 복과 은혜가 늘어나고
금언(金言)[111]은 이에 더해지고 선(善)은 절로 자라난다.

109 악인이 죽어서 가는 세 가지의 괴로운 세계. 지옥도, 축생도, 아귀도이다. 삼악도(三惡道)라고도 함.
110 『유마힐경(維摩詰經)』의 다른 이름.
111 부처의 입에서 나온 불멸의 법어(法語).

아미타불을 열 번 부르는 것은 아무것도 아니나
그 공덕과 입게 되는 복은 가볍지 않도다.
정심으로 염불하며 사바세계를 버리고
노력 수행하여 애욕의 강을 벗어나라.
하나의 염주를 오랫동안 손에 들고
입을 열 때마다 끊임없이 아미타불을 염하라.
이처럼 수도(修道)에 정진할 수 있으면
목숨이 다함에 이르러서 서상(瑞相)이 많을 것이로다.
아미타불의 서방정토에 태어나게 되면
그곳에서의 안락함은 더할 나위 없으리로다.

기원인유기(祇園因由記)[1]

又[2]列祇樹處, 是僧園也;[3] 說經處, 此以上合不殊. 稻疏言 : 祇者, 祇

1 王慶菽【原校】두 개의 권자가 있다. P.2344를 原卷으로 하고 P.3784(甲卷이라 칭한다)를 교정에 참고하였다. 제목은 原卷에는 빠져 있어서 甲卷의 尾題에 의거하여 보완한다. 이 고사는 『賢愚經』 卷10 「須達起精舍品第41」에서 발원한다.【潘重規】파리 소장 P.2344는 행서와 초서로 되어 있고, 「瑜伽師地論手記」뒷면에 적혀 있다. 주위에 경계가 있으며 앞뒤에 아무런 제목도 없다. P.3784 역시 행서와 초서로 되어 있고 앞면에 씌어 있으며 붉은 글씨로 수정이 되어 있다. 『敦煌遺書總目索引』의 題記에서 劉銘恕는 "잔결된 佛經이 있고 그 뒷면에는 『老子中經』이 적혀 있다" 하였다. 내가 그것을 자세히 살펴보니 사실 그것은 [불경이 아니라] '祇園圖記'였다. 王重民 등이 '祇園因由記'라 한 것은 잘못이다. P.3784 마지막 행의 '速疾如此' 다음의 공백에 붉은 글씨로 크게 '以上'祇園啚記' 여섯 글자가 적혀 있었던 것이다. 따라서 이 권자의 제목은 당연히 '祇園啚記'로 보아야 한다. …… 그리고 이 권자의 '須達獨自入城' 앞에는 또 붉은 글씨로 '祇園因由記頭在座上黃帋內'라고 적혀 있는데 글자가 희미하여 거의 알아볼 수가 없다. 이 붉은 색의 문구는 결코 제목이 아니라 '須達獨自入城' 앞에 상당한 분량의 문자가 있었음을 말해주는 것이다. P.2344 앞부분에서 '言祇樹者, 有其因由. ……'라 하였는데 이는 「祇園圖記」의 앞부분에서 祇園이라 부르게 된 연유를 설명하고 있는 것이다. 추측하건대 이 권자의 필사자는 두 군데로 나누어 필사를 한 것 같다. 그리하여 '祇園因由之記頭在座上黃紙內'라 하였던 것이리

陀[4]也. 此國傍有城主, 先日不賓,[5] 頻擧兵戰不降, 後因戰勝. 先王兵强, 戰勝之時, 生此祇陀, 練[6]立此名, 號曰祇陀, 此名戰勝. 言祇樹者, 有其因由 : 其國有大長者號曰能施, 生[7]其一子名號善始(施),[8] 與寶嚴

라. …… 金維諾은 「敦煌壁畵祇園記圖考」(1958年 『文物參考資料』 第10期에 수록)에서 "중국에서 祇園에 관한 그림으로는 돈황 서쪽 천불동에 있는 것이 가장 오래되었다. 이 그림은 제10굴 동벽 입구의 북측에 그려져 있는데 이것은 남측에 있는 '須闍提太子本生畵'와 대응되고 있다" 하였다. …… 이것으로 보아 「祇園圖記」는 祇園에 관한 고사를 그림으로 그리고 또 문자로 적은 것이리라. 이 권자는 종이가 마모되고 갈라져서 맨 첫 줄과 마지막 줄에 있는 글자의 상당수가 반쯤 닳아 제대로 보이지 않는다. 그리하여 王重民 등의 『變文集』에는 현재의 권자에 존재하지 않는 글자들이 종종 나온다. 【校注】 潘重規가 '祇園因由記頭在座上黃帋內'를 '祇園因由之記在座上黃紙內'의 뜻으로 본 것은 정확하지 않다. 이 문구는 '祇園因由之記頭在座上黃紙內'로 이해하여야 한다. 여기서 '頭'는 전반부를 가리킨다. 본래의 筆寫紙가 모자라서 여기에다 이어 적어야 했기 때문에 부득불 그 사실을 적어두어야 했던 것이다. '因由記'는 문체의 하나로서 이 권자에만 국한되지는 않는다. 이를 테면 북경도서관 소장 騰字 29호(신 편호 352 : 8416) 前題가 '佛說諸經雜緣喩因由記'인 것이다. 尾題로써 '祇園' 뒤의 글자가 '因由'가 아니라 '圖'라는 반씨의 의견은 마이크로필름에 아무런 글자 흔적도 남아 있지 않는 까닭에 검증할 길이 없다. 이 점은 의문점으로 남는다.

2 【原校】 原文은 '又'자부터 시작하고 있는데 이 글자의 앞뒤에는 아무런 잔결된 흔적이 없다.

3 原卷에서는 '到'가 '列'로 되어 있고 '是'는 '足'으로 되어 있다. 여기서는 原錄에 의거하여 수정한다.

4 '陀'는 原卷에서는 모두 속자 '陁'로 되어 있는데 여기서는 모두 정자로 고친다. 『大唐西域記』 권6 「逝多林給孤獨園」: "성의 남쪽으로 5~6리를 가다 보면 서다림(逝多林)[당나라 말로는 승림(勝林)이라고 하며 구역에서는 기타(祇陀)라고 하는데 잘못된 것이다]이 있는데 이곳이 바로 급고독원(給孤獨園)으로서 승군왕과 대신이 능히 보시하여 부처님을 위하여 정사를 세운 곳이다(城南五六里有逝多林, 唐言勝林, 舊曰祇陁, 訛也. 是給孤獨園, 勝軍王大臣善施爲佛建精舍)."

5 '賓'은 原卷에서는 속자 '賔'으로 되어 있다. 여기서는 原校를 따라 정자로 적는다.

6 '練'은 原錄에서는 '緣'으로 교정되어 있다. 【潘重規】 '便'은 原卷에서는 '倲'으로 적었다가 덧칠을 하고서 '便'으로 수정하였는데 『變文集』에서는 이를 '練'으로 잘못 보았다. 【校注】 原卷의 글자는 왼쪽 절반은 알아보기 어렵고 오른쪽 절반은 선명하게 남아 있다. 덧칠한 것으로는 보이지 않는다. 이 글자는 응당 '練'이어야 한다. '練'은 '선택하다, 고르다(揀選)'는 뜻으로, 문맥상 문제가 없다. 『漢書』 「禮樂志」: "練時日, 侯有望." 顔師古 註釋 : "練, 選也."

7 '生'자는 原錄에서는 빠져 있다. 原卷에 의거하여 채워넣는다.

8 【潘重規】 '善始'는 뒤의 "因此之事, 號曰善施"라는 문구에 의거하건대 '善施'로 보아야

瓔.[9] 人乞與之, 終無慳滯. 漸漸時長, 王敕乳母, 從今不許其子出門. 我非慳惜, 其王中情, 瓔總是寶, 難可求覓, 不許出門. 後王出浴, 其母將子共浴, 父王不許, 恐溺水也, 子便啼泣. 乳母口承[10]母一能保.[11] 到水之傍, 乃於水中抛[12]出四釜黃金. 父王大悅, 「汝何能見水中之金?」 其子答曰 : 「非但此金, 世間一切伏藏未出之者,[13] 我能盡見.」 王曰 : 「若能如是, 一任布施, 縱施不畏.」 因此之事, 號曰善施. 善施者, 卽須達是也. 須達者, 梵語也. 其以後度[14]濟貧乏[15]號之[16]給孤獨.

마땅하다. [校注] 반씨의 견해는 옳다. 『大唐西域記』 권6 : "동쪽에 있는 수토파는 수닷타의 옛집이다(次東窣堵波, 是蘇達多故宅也)." 그 原注에는 "수닷타(수달다)는 唐代에는 善施라 불렀다. 옛날에는 須達이라 했으나 이는 잘못이다(原注 : "蘇達多, 唐言善施. 舊曰須達, 訛也)"라고 하였다. '善施'는 意譯으로 '善與', '善授'라고도 표기된다. 그러나 '善始'는 그 글자의 뜻(주다, 베풀다)이 앞서의 것과 어울리지 않는다. 善施가 精舍를 건립하는 고사는 『賢愚經』, 『大唐西域記』 외에도 『須達經』, 『根本說一切有部毗奈耶破僧事』 卷8, 『經律異相』 卷3, 『雜譬喩經』 卷下, 『法顯傳』 등에도 보인다.

9 '與寶嚴瓔'는 응당 '與(以)寶瓔嚴' 혹은 '與嚴寶瓔'이어야 한다. '嚴'은 동사로서 '장식하다'는 뜻이다.

10 '承'은 原卷에서는 속자 '汞'으로 되어 있는데 原校를 따라 정자로 적는다.

11 '能'은 原卷에서는 초서로 되어 있고 原錄에서는 '𣎴'으로 되어 있다. 原錄은 아마도 그 글자를 판별해내지 못한 채 그 적힌 형태로만 기록해 놓은 듯하다. 이에 바로잡는다. '保'는 原校에서는 '抱'로 되어 있다. [校注] '保'는 '보호하다'로서, 글자를 바꾸는 것은 합당하지 못하다. 이 문구는 유모가 아이의 모친도 아이를 보호할 수 있음을 말하고 있다. '一'은 '亦'과 같다. 陶潛 「歲暮和張常侍」의 "하얗던 얼굴에서는 윤기가 사라졌고, 백발 또한 이미 무성해졌네(素顔斂光潤, 白髮一已繁)"는 그 한 예이다.

12 '抛'는 原卷에서는 속자 '拋'로 되어 있다. 이에 原校에 의거하여 정자로 기록한다. '抛'는 '灑'의 뜻이다. '抛'는 '挽'으로 보아야 할 듯하다.

13 [通釋] '之者'는 '之人', '之物'과 같다.

14 '以度'는 原錄에서는 '受'로 되어 있다. [潘重規] 原卷에서는 '[illegible]'로 되어 있는데 이는 '受'자가 아닌 것 같다. [校注] 原卷에서는 '[illegible]'로 되어 있다. 이는 '以度' 두 글자의 초서체를 붙여 쓴 것이다. 이에 바로잡는다. '以'자는 속자로 '[illegible]'로 적기도 하고, 그 아래 '[illegible]'은 응당 '度'자의 초서이다.

15 '乏'은 原錄에서는 '之'로 되어 있다. [校注] 原卷에서는 '之' 가운데에 점이 찍힌 '[illegible]'로 되어 있는데 이는 '乏'의 속자이다. 이에 의거하여 바로잡는다.

16 '之'는 原錄에서는 '与'로 되어 있다. [校注] 原校에서는 '[illegible]'로 되어 있는데 이는 '之'의 필사체이다. 이에 의거하여 바로잡는다.

다시 기수(祇樹)에 이르렀는데 이곳은 승원(僧園)이자 설법 장소로서 이보다 나은 곳은 없다. 『도소(稻疏)』에서 이르기를 기(祇)는 기타(祇陀)를 말한다고 하였다. 이 나라에 한 성주(城主)가 있었는데 그는 지난날 [적국에] 복종하지 않고 자주 병사를 일으켜 전쟁을 벌이는데 항복하는 일 없이 매번 승리를 거두었다. 선왕의 병력이 강하여 전쟁에서 승리하였을 때 이 기타(祇陀)를 낳았기에 이 같은 이름을 붙였다. 기타는 '전쟁에서의 승리'를 의미한다.

기수(祇樹)에 관해서는 다음과 같은 유래가 있다. 그 나라에 능시(能施)라는 대장자가 있었는데 그에게는 선시(善施)라 불리는 아들이 있었다. [선시는] 보배로운 구슬로 치장을 하고 있었는데 사람들이 구걸을 해오면 그는 조금도 아끼거나 머뭇거리는 기색 없이 그것들을 건네주곤 하였다. 점점 자라자 왕은 유모에게 명령을 내려 그날 이후로 아들을 문밖에 나가지 못하도록 하였다. "내가 [그 보화들을] 아까워해서가 아니다" [라고 말했지만] 그 왕은 마음속으로 '구슬은 어쨌든 구하기 힘든 보물인지라 문밖으로 새어나가서는 안 된다'고 생각하였다. 후에 왕이 목욕을 하러 간다기에 모친은 아들도 데리고 가지고 하였지만 부왕은 [아들이] 물에 빠질까 걱정돼 허락하지 않으니 아들은 소리 높여 울었다. 유모는 왕후 역시 [태자를] 보호할 수 있다며 데리고 갈 것을 권하였다. [이리하여 태자를 데리고 갔는데, 태자는] 물가로 가더니 물속에서 네 솥의 황금을 캐내는 것이었다. 부왕이 크게 기뻐하며 물었다. "어떻게 물속의 황금을 볼 수가 있느냐?" 태자가 대답하였다. "단지 이 금뿐만이 아니라 이 세상에 감추어져 드러나 있지 않은 모든 황금들을 소자는 볼 수가 있습니다." 이에 왕이 말하였다. "정말 그러하다면 네 마음대로 보시를 해도 염려할 게 없겠구나." 이 일이 있은 뒤로 태자는 선시(善施)라 불렸다. 이 선시가 바로 수닷타이다. '수닷타'라는 말은 범어이다. 후에는 가난한 자를 제도한다고 하여 급고독(給孤獨)이라 불렸다.

其須達後有七子，六箇婚娉[17]已訖．第[18]七小者未取妻房，須達常憂．朋友見憂而問之曰：「何不悅?」「憂此小子上來之事.」其友曰：「勿憂，與公問[19]此之妻.」便往王舍城而乞，[20] 到一大富長者之門，有一美女，將食給施．友問女曰：「汝出適[21]否?」答言未出．友曰：「我要汝父，事必[22]相見.」卽便出來，共[23]相慰問．其友保(報)[24]曰：「舍衛長者大臣

17 ‘娉’은 原卷에서는 ‘騁’으로 되어 있고 原錄에서는 ‘聘’으로 교정하였다. 【校注】 ‘騁’은 그 초서가 ‘娉’과 비슷하여 생긴 와자이다. 이에 바로잡는다. 『說文解字』: “娉, 問也.” 段玉裁 註釋: “무릇 ‘여자에게 장가든다’는 것은 빙문(즉 問名을 이름)의 禮를 말한다. 그러므로 옛날에는 모두 이 글자를 사용하였다. ‘娉’은 (장가든다는 의미의) 전용 글자이고, ‘聘’은 (예를 갖추어 부르다는 의미의) 보다 광범위적인 글자이다(凡娉女及聘問之禮, 古皆用此字. 娉者, 專詞也; 聘者, 泛詞也).” 『玉篇』: “娉, 娶也.”

18 ‘第’는 原錄에서는 ‘弟’로 되어 있고 ‘第’로 교정하였다. 【校注】 ‘弟’는 ‘第’의 古字인 까닭에 굳이 교정할 필요 없다. 그러나 여기의 ‘弟’자는 윗부분에 ‘초두(艹)’가 붙어 있다. 이는 ‘第’자의 속자이다. 따라서 바로잡아 적는다.

19 ‘問’은 原錄에서는 ‘間(諫－揀)’으로 되어 있다. 【項楚】 이 글자는 ‘問’자의 형와자이다. ‘問’은 ‘구혼하다’는 뜻이다. 예를 들어 寒山 詩: “동쪽 집 처녀를 보건대, 나이는 이제 열여덟 한창이네. 서쪽 이웃에서 앞 다투어 청혼을 하며 혼인하여 부부가 되고자 하네(我見東家女, 年可有十八. 西舍競來問, 願姻夫妻活).” …… ‘구혼하다’는 의미로서의 ‘問’은 ‘問名’에서 파생되어 나온 것이다. 【校注】 항씨의 견해는 옳다. 原卷에서는 ‘間’, 즉 ‘問’으로 되어 있다.

20 ‘乞’자는 原錄에서는 빠져 있는데 原卷에 의거하여 보충한다. ‘乞’자는 原卷에서는 ‘乙’로 되어 있다. 뒤의 “有一美女, 將食給施”라는 문구로 보건대, 이 글자가 ‘乞’자임을 알 수 있다.

21 ‘出’은 原錄에서는 ‘少’로 되어 있다. 【校注】 原卷에서는 초서 ‘出’로 되어 있다. 뒤에 나오는 ‘答言未出’의 ‘出’과 原卷의 자형이 완전히 일치한다. 이에 의거하여 바로잡는다. ‘出適’은 ‘出嫁하다’는 뜻이다.

22 ‘事必’은 ‘반드시(必須)’이며 같은 의미의 글자가 중복 사용된 첩어이다.

23 ‘共’은 原錄에서는 ‘苦’로 되어 있고 ‘互’로 교정하였다. 【校注】 原卷에서는 사실 행서 ‘共’으로 되어 있다. 이에 의거하여 바로잡는다.

24 【潘重規】 돈황사본에서는 ‘保’로써 ‘報’를 대신하는 경우가 많다. 예를 들면 P.3697 ‘必有忠貞保國恩’로 되어 있는데 P.2648, P.3199, S.5439, S.1156에서는 ‘保’가 모두 ‘報’로 되어 있다. 【校注】 반씨의 견해는 옳다. 여기의 ‘報’는 ‘대답하다’는 뜻이 아니라 ‘알리다’는 뜻이다. 「李陵變文」: “한연년이 이릉에게 보고하기를, ‘대장군께서는 급히 군사를 거두시고 길을 취해 피해야 할 것입니다(韓延年報李陵曰: ‘大將軍暫抽兵馬, 取路而行)’.” 이릉은 물은 적이 없었으니 여기서의 ‘報’는 ‘알리다’는 뜻이다. 이러한 용법은 위진남북조대에 이미 존재하였다.

聞君有女, 故來求婚.」長者護彌[25]答曰: 此則門當戶對, 要馬百匹, 黃金千量,[26] 靑衣百口, 助物[27]百車.」應聲許之. 友便遣[28]書往至須達, 上來所許, 備辦速來. 須達得書, 便來至此. 其夜嚴飾宅宇, 廣敷茵蓐, 大小奔馳, 營辦食飮. 須達愴(倉)至, 莫知所由, 爲屈王耶?臣耶?護彌答曰:「請佛[29]供養.」須達問曰:「佛是何人?」「佛者是雪山之北, 香山之南, 有城名迦毗羅, 淨飯王子號悉達多, 此子生時, 相師曰:『作金輪之王. 若也出家, 爲作三界大師.』已成正覺, 今見住城南, 去城不遠.」

훗날 수닷타에게는 일곱 아들이 있었는데 여섯 째까지는 모두 혼례를 치렀는데 막내아들만은 여태 장가를 들지 않아 수닷타는 이를 늘 근심하였다. 수닷타가 걱정하는 것을 보고 그의 친구가 물었다. "어찌 이리 우울한가?" "막내아들 장가보내는 일 때문이라네." 친구가 말하였다. "걱정 말게, 내가 그대를 위해 태자비 될 처자를 구해보겠네." 그러고 나서 곧바로 왕사성으로 가서 걸식을 하였다. 그런 그가 어떤 큰 부잣집

25 '護彌'는 原錄에서는 '護勒彌'로 되어 있다. 【校注】 原卷의 '勒'자에는 검게 덧칠 되어 있다. 당연히 삭제해야 한다. 『經律異相』 권35 「須達多崎嶇見佛時獲悟道」: "사위국에 수닷타라 이름의 대장자가 있었는데, 항시 고아나 외로운 노인, 거지들에게 보시를 했기 때문에 사람들은 그를 '給孤獨'이라 불렀다. 그는 해마다 왕사성에 일이 있을 때면 장자 호미의 집에서 머물렀다(舍衛國有大長者名須達多, 常給施孤獨乞兒, 人以爲號. 先有田業在王舍城, 年年履行, 寄止長者護彌家)." 이로보아 '勒'자가 없는 게 옳다.

26 【原校】 周一良은 '量'은 '兩'이다고 하였다. 唐代 사람은 '雨'와 '兩'의 혼동을 막기 위해 흔히 '量'으로써 '兩'을 대신하였다. 【蔣禮鴻】 六朝 이래 '量'과 '兩'은 통용된다. 『世說新語』 「雅量」: "未知一生著幾量屐?" '量'은 『詩經』 「齊風」南山篇 '葛屨五兩'의 '兩'이다. 【校注】 양사는 고정된 글자가 없는 경우가 많다. '兩'을 '量'으로 적는 것은 단지 혼동을 피하기 위함만은 아니다.

27 '助'는 原錄에서는 '贜'으로 되어 있다. 【原校】 周一良은 '贜物'을 불경에서 자주 쓰이는 용어라 하면서 '선사하는 물품'이라 하였다. 【校注】 原卷에서는 사실 '助'로 되어 있다. 이에 의거하여 바로잡는다.

28 【潘重規】 原卷에서는 '遣'로 되어 있는데 이는 '遣'자이다. 【校注】 두 글자의 형태가 비슷하다. 여기서는 原錄을 따른다.

29 '佛'은 原卷에서는 속자 '仏'로 되어 있다. 여기서는 原校에 의거하여 바로잡는다. 이하 똑같다.

에 이르러 밥을 구걸하는데 한 아름다운 소녀가 나와 그에게 밥을 보시하는 것이었다. 친구가 그 소녀에게 물었다. "낭자께서는 출가를 하시었소?" 대답이 없자 친구가 말하였다. "내 그대의 부친을 반드시 뵈어야겠소." 그리하여 [소녀의 부친이] 즉시 밖으로 나오게 되었고 그들은 서로 수인사를 나누었다. 그 친구가 알려 말하였다. "사위성의 장자 대신께서 어른께 따님이 있다는 얘기를 듣고 저를 이곳으로 보내 구혼하라 하셨습니다." 이에 호미(護彌) 장자가 대답하였다. "문당호대(門堂戶對)하는군요. 말 백 필에 황금 천 냥과 청의(靑衣) 백 벌, 그리고 예물 백 수레를 보내주시기 바랍니다." 친구는 그 즉시 승낙을 하였다. 그리고 곧 편지를 적어 수닷타에게 보냈다. '채비를 하시고 속히 이곳으로 오시기 바랍니다.'

수닷타는 편지를 받자마자 그곳으로 달려갔다. 그날 밤 집안을 아름답게 꾸미고 요와 멍석을 넓게 깔아놓고 어른 아이 할 것 없이 바삐 움직이며 음식을 장만하는 것이었다. 급히 그곳에 이른 수닷타는 도무지 그 이유를 알 수가 없었다. "왕을 모시려는 것입니까? 아니면 신하를 초대하려는 것입니까?" 호미 장자가 대답하였다. "부처를 초청하여 공양드리려는 것입니다." 이에 수닷타가 물었다. "부처는 어떤 사람입니까?" "부처는 설산의 북쪽, 향산(香山)의 남쪽에 있는 가비라성 정반왕의 아드님이신 싯다르타 왕자 되십니다. 그분이 태어날 때 점술가가 '금륜왕이 되시거나, 만일 출가를 하신다면 삼계(三界)의 대스승이 될 것입니다'라고 말하였다 합니다. 이미 정각(正覺)을 이루시고 지금은 성 남쪽에 계신데 성에서 그리 멀지 않습니다."

須達聞已, 身毛皆豎, 卽自思惟, 佛若是賤人, 肯供(恭)[30]敬而至. 思惟專佇天明, 卽思進駕. 忽然半夜, 佛施神光, 朗而(如)白日. 須達旣

30 '供'은 '恭'으로 보아야 한다. S.4636 題記: "比丘道惠所恭養經." '恭'은 '供'과 통한다.

見, 將爲天明, 嚴駕順路行至城南, 到天祠邊, 其名(明)卽沒, 方之(知)[31] 半夜. 須達思念, 適來明是何妖魅之所幻惑,[32] 我須卻迴, 待明方往, 迴駕擬歸. 其迴之處, 在天嗣(祠)傍, 其須達先友[33]因食致患, 身子[34]、目連與看病, 聞法已死, 得生於四天王宮, 遂往帝釋, 乞在王舍城南安置. 依[35]願與之, 其天得生此天嗣(祠)中. 已見須達擬迴, 爲是宿友, 空中語曰:「卿不須迴, 去城不遠, 卽至佛所.」天神言訖, 須達根熟, 令得見佛. 佛放光明, 依前見道, 尋光直至如來之前. 到已不解儀則, 相

31 '之'는 '知'로 보아야 한다. 佛光이 홀연히 사라지자 그제야 아직도 한밤중임을 알았다는 말이다.

32 '幻惑'은 原卷에서는 '㓜患'으로 되어 있고 原錄에서는 '誘惑'으로 교정하였다. 【校注】'㓜'는 '幻'의 속자이다. 예를 들어 「維摩詰經講經文」: "令知幻質之非堅." '幻'이 原卷에서는 '㓜'으로 되어 있다. '幻'은 응당 '惑'이어야 한다. 추측하건대 앞의 '幻'자와 동음인 까닭에 '惑'을 '患'으로 잘못 적은 것 같다. '幻惑'은 '미혹되다', '속이다'는 뜻이다. 「降魔變文」: "자칭 불타라 하는 나라 밖의 胡神을 끌어들여 양민을 현혹시키려 하고 있습니다(外國鉤引胡神, 幻惑平人, 自稱是佛)." 慧琳 『一切經音義』 卷25 '咒幻' 항목: "誦呪驅策, 幻惑迷人." 또 卷1 '幻事' 항목: "顧野王曰: '幻, 謂相欺眩以亂人目也.' 『說文解字』: '相詐惑也.'"

33 '友'는 原錄에서는 '犮'로 되어 있다. 【原校】王重民과 啓功은 '犮'을 '發'로 보았다. 그러나 王慶菽이 '朋友'의 '友'로 이해함으로써 앞뒤 문맥이 명확해졌다. 【校注】原卷에서는 '叉' 옆에 점이 찍혀 '犮'로 되어 있다. 이는 서법에서 마지막 필획에서 습관적으로 찍은 점이다. 그러한 예로, 뒤에 나오는 '身子言知, 化一力士'의 '士'자 마지막 획 오른편에 점이 찍혀 있다. 권자 내의 '叉'자는 모두 점이 찍혀 있다. 앞서 '朋友'의 '友' 역시 그러하다. 돈황사본에서 '發'자를 '發'로 적고 있는 경우는 없다. 따라서 '犮'은 결코 '發'자의 간체자 '發'의 변체가 아니다. 이 부분에 대한 『經律異相』 권35 「須達多崎嶇見佛時獲悟道」의 기록을 보면 "문을 나서 길을 가는데 天祠가 있음에 수닷타는 그리로 가서 참배를 하였다. 다시 길을 가려는데 날이 갑자기 캄캄해지자 마음에 두려움이 일어 성으로 다시 되돌아가고자 하였다. 이때 천신이 수닷타에게 고하였다. '어진 자여, 부처를 뵈어 큰 행복을 얻을 일이로다……', '그대는 누구십니까?' 하고 수닷타가 물으니, '나는 바라문으로, 지난 날 그대의 절친한 친구였소.'……" (出門, 路有天祠, 須達致敬. 尋還黑闇, 心生惶怖, 欲還反城門. 有大天神告須達言: '仁者見佛, 當獲善利, ……' 須達問曰: '汝是誰也?' 答曰: '我是信相婆羅門子, 是汝往昔善知識.' ……") 여기서 '善知識'은 '好友'이다. 이는 '友'자가 옳음을 보여준다. 뒤의 '宿友'도 原錄에서는 '宿犮'로 되어 있다. 이것 역시 바로잡는다.

34 '身子'는 原錄에서는 고유명사 부호가 없다. 【校注】身子는 舍利弗의 意譯으로 부처의 제자 가운데 지혜제일이다. '鶖鷺子'라고 적기도 한다.

35 '依'는 原卷에서는 '依'(原錄에서는 '拔'로 되어 있음) 되어 있다. 原卷을 따라 수정한다.

捏[36]而已, 亦不作禮. 佛慰問已, 便坐佛前. 爾時四天王見須達不閑[37]禮則, 化爲四人而來拜佛, 而請問法. 須達卻整[38]衣冠, 然始作禮問法. 佛爲說法, 得預流果. 遂請佛往依舍衛. 佛言 :「夫出家之人, 所置須有伽藍, 汝能辦否?」須達言 :「我不解儀則, 令佛弟子與我指受.」佛卽觀彼城人, 與誰有緣, 而得度脫. 維(唯)[39]舍利弗. 敕令俱彼相隨迴家.[40]

수닷타는 그 말을 듣자 머리털이 쭈뼛 곤두서는 것 같았다. 그리고 가만히 생각하였다. '부처가 천민이었더라도 그를 공경하며 이곳으로 모시고자 할까?' 그런 생각을 하며 날이 밝으면 수레를 몰아 [부처의 처소로] 가보리라 마음먹었다. 바야흐로 한밤중이었는데 부처가 신광(神光)을 발산하자 갑자기 대낮처럼 밝아졌다. 수닷타는 그것을 보고 날이 새려는 것으로 알고는 수레를 몰아 성 남쪽으로 향했다. 그런데 그가 천신(天神)을 모시는 사당에 이르렀을 때 그 밝은 빛이 홀연 사라져버렸다. 그제야 수닷타는 아직 한밤중임을 알았다. '방금 그 밝음은 어떻게 된 걸까. 내가 요괴에 홀리기라도 했나보구나. 돌아갔다가 날이 새거든 가자.' 수닷타는 그렇게 생각하고는 수레를 돌리려 했다. 그런데 그곳은 마침 천신을 모시는 사당 바로 옆이었다. 수닷타의 한 친구가 음식을 잘못 먹어 병이 들어 죽었는데, 그는 죽기 전 문병 온 신자(身子)[41]와 목련으로부터 법문을 들은 공덕으로 사천왕궁에 태어날 수 있었다. 그런데

36 『正字通』: "捏, 與揖同." 『荀子』「議兵」: "탕왕과 무왕이 걸왕과 주왕을 죽이는데 태연자약하게 지휘하였다(湯武之誅桀紂, 拱揖指麾)."

37 '閑'은 原校에서는 '嫻'으로 되어 있다. [校注] 『爾雅』「釋詁 下」: "閑, 習也." 『戰國策』「燕策 2」: "閑於兵甲, 習於戰功." 따라서 '閑'자는 굳이 교정할 필요 없다.

38 '整'은 原卷에서는 '𢿙'으로 되어 있는데 이는 속자이다. 여기서는 原校를 따라 바로잡는다.

39 [項楚] '維'는 응당 '唯'이어야 한다.

40 '迴家' 두 글자가 原錄에서는 다음 문구에 딸려 있는데 이는 타당하지 않기에 앞 문구로 옮긴다. 또 原錄에서는 '勑令' 두 글자가 앞 구에 딸려 있는데 이 역시 착오다. 이 문구는 부처가 사리불에게 수닷타를 따라 갈 것을 지시한 것을 의미한다.

41 신자는 사리불의 의역명이다. 원문에서는 사리불과 신자가 혼용되고 있는데 이하에서는 이해의 편의를 위해 사리불로 통일하여 번역한다.

그는 다시 제석을 찾아가서 왕사성 남쪽에 안치되기를 간구하였고, 결국 소원대로 되어 이 사당에서 지낼 수 있게 되었다. 그는 수닷타가 되돌아가려는 것을 보고 전생의 벗을 위하여 허공에서 이렇게 알렸다. "경은 돌아가지 마시오. 성을 벗어나 조금만 가면 부처의 처소에 이를 수 있소이다." 천신은 말을 마치고 수닷타의 근기가 무르익었음을 알고는 부처를 만나 뵙도록 권하였다. 부처는 밝은 빛을 발산하여 이전과 같이 길을 보여주니 [수닷타는] 그 빛을 따라 곧장 여래 앞에 이를 수 있었다.

수닷타는 [부처 앞에] 이르렀지만 예법을 몰라 읍을 올릴 뿐 예배를 올리지 않았다. 부처께서 안부를 묻고 나자 [수닷타는] 부처 앞에 앉았다. 이때 사천왕은 수닷타가 예법에 익숙하지 않은 것을 보고 네 명의 인간으로 화하여 부처에 예배를 올리며 설법을 청하였다. [이 모습을 보고] 수닷타는 의관을 단정히 하고서 그제야 예배를 올리고 설법을 청하였다. 부처께서 설법을 하니 수닷타는 [그 말씀을 듣고] 예류과(預流果)를 얻었다. 그리고 부처께 사위성을 방문해 주실 것을 간청하였다. 부처가 말씀하셨다. "출가인은 반드시 가람에 머물러야 하거늘 그대는 준비할 수 있겠는가?" 수닷타가 말하였다. "저는 그 법식을 잘 모르니 불제자로 하여금 저를 지도하게 하여 주십시오." 부처는 즉시 성 사람 중에서 누가 수닷타와 인연이 있어 그를 제도할 수 있는지를 살피니 사리불이 유일하였다. 이에 사리불에게 수닷타와 함께 [그의] 집으로 돌아가도록 하였다.

迴家至舍衛城南, 乃見祇陀之園, 不近不遠, 方堪置寺, 餘並不堪. 須達獨自入城,[42] 道行作計, 王之園也誰肯出?[43] 事[44]須誑其太子. 以

42 甲卷은 '須達獨自入城'부터 시작한다.

43 [項楚] '出' 다음에 '賣'자가 누락된 것으로 생각되며 뒤에 물음표를 붙여야 한다. [校注] 項楚의 견해는 옳다. 「降魔變文」에 "太子書榜四門, 道園出賣"라는 문구가 있는데 여기서 '出'자 다음에 '賣'자가 나오고 있다. 이에 의거하여 보충한다.

44 '事'자는 原錄에서는 앞 구에 속한 것으로 되어 있는데 이는 잘못이다. '事須'는 '반드

此思量, 入城往於太子之宮. 一見太子, 而謂言曰:「臣適出城, 見太子園有其不祥之事, 太子可須賣卻.」太子與須達伴行伴語, 並[45]駕相隨. 太子曰:「必若[46]須賣者, 地則昃(仄)補(布)[47]黃【金】, 樹須盡挂銀錢.」作是語時, 太子㑘口.[48] 兩箇並到城南. 遙望於園, 並無異相. 語大臣須達曰:「卿[49]欲圖我園, 妄說是非.」須達執言太子自許買(賣)園, 責臣

시'란 뜻으로, 위진남북조 이후 사용되어 온 속어이다.

45 劉凱鳴은 앞에 나오는 두 개의 '伴'자를 '畔'으로, '並'자는 '傍'으로 교정하였는데, 모두 불확실하다.

46 '必'은 原錄에서는 '△(某)'로 되어 있다. 【校注】 原錄에서는 '忩'로 되어 있는데 이는 '必'의 속자이다. 甲卷에서는 '必'로 되어 있다. '必若'은 가정을 나타내는 접속사로서, '반드시(定要)', '만약(儻若)'이란 뜻이다. 이에 의거하여 바로잡는다.

47 '昃'은 原錄에서는 '須'로 되어 있다. 【校注】 甲卷에서는 '𣅝'로 되어 있다. 뒤의 '言地補黃金'의 '地'자는 甲卷에서 '㫳'로 되어 있다. 여기서 '㫳'은 '昃'의 속자이고, '𣅝'은 이 글자의 변체이다. 『說文解字』: "昃, 日在西方時, 側也." 徐鉉은 "今俗別作㫳"이라 하였다. 『龍龕手鏡』: "昃, 俗; 㫳, 通; 𣅡, 正." 이것으로 보아 '㫳'은 비교적 오래도록 사용되어 온 속자임을 알 수 있다. P.3614「千字文」: "日月盈㫳." '昃'자가 속체로 되어 있음을 볼 수 있다. 字形에 의해서만 고찰할 수 있는 것이 아니라 불교 典籍에 의해서도 가능하다. 『釋氏要覽』 卷上 '金地' 항목: "側布黃金買祇太子園." '側'과 '仄' 두 자가 통용됨을 보여준다. 이에 따라서 甲卷의 '昃'을 '仄'으로 교정한다. 또 '補'자는 原錄에서는 '鋪'로 되어 있는데, 여기서는 經文 및 「降魔變文」 등에 의거하여 '布'로 수정한다. '仄布'는 '가득 흩뿌리다(滿布)'라는 뜻이다. '仄'(혹은 側)은 본래 '비스듬하다', '경사지다'는 뜻이었는데, '비좁다', '편협하다'는 뜻으로 파생되고, 다시 '가득차다'는 뜻으로 그 의미가 파생되었다.

48 【袁賓】 '㑘'은 '弄'의 이체자이다. 『集韻』「送韻」: "弄, 或從手作'挵'" '弄'은 '戲'의 의미다. 『左傳』「僖公9年」: "夷吾弱不好弄." 주석: "弄, 戲也." "弄口"는 "調弄口舌, 戲言"이란 뜻이다. 『梁書』「王亮傳」: "曲學諛聞, 未知去代; 弄口鳴舌, 祇足飾非." 【校注】 甲卷에서는 '梇'로 되어 있는데 이는 '挵'과 형태가 비슷하다. 둘 중에 하나는 분명 오자다. 『經律異相』 권3「須達多買園以立精舍」: " …… 수닷타가 태자에게 아뢰니 태자가 웃으며 '나를 놀리는 것이오?'하였다. 수닷타가 거듭 간곡하게 말하자, 태자는 '황금으로 그 땅을 틈 하나 없이 빼곡히 덮어준다면 그대에게 넘길 것이오.'하였다. 이에 수닷타는 '좋습니다. 삼가 그 말씀에 따르겠습니다.'하니, 태자는 '농담으로 한 말이오'하였다. 그러자 수닷타는 '태자께서는 거짓을 말씀하셔서는 안 됩니다.'하면서 시비를 가리고자 하였다(…… 須達以白太子, 太子笑言: '欲用遊戲?' 殷勤再三, 太子言: '若能以黃金布地, 間無空者, 便當相與.' 須達曰: '諾. 謹隨其價.' 太子祇言: '我戲語耳.' 須達言: '太子不應忘語.' 卽共興訟)." 이 경문으로 보아 袁賓의 견해는 사실에 가깝다.

49 '卿'은 原錄에서는 '臣'으로 되어 있다. 【潘重規】 '卿'은 原卷에서는 '臣'으로 되어 있

何過. 二人欲見斷事,[50] 首陀天主恐斷事人爲[51]太子, 故自化爲斷事[52]老人, 忽現駕前, 詢問所諍.[53] 大子具上被誑之由, 次(咨)說[54]補(布)金之事. 老人意爲須達, 先[55]言所說太子具(俱)[56]是. 遂責須達大臣:「太子, 王之嗣, 豈合輒爾相誑, 擧其過[57]也不輕! 然大臣旣是王之匡輔,[58] 法令於人, 若道言無准定, 如何助[59]軍(君)治化! 雖然東宮且先許他, 言地補(鋪)黃金, 樹掛銀錢.[60] 太子卽是於(爲)[61]王. 夫人王也, 出語成敕, 一

고, 甲卷에서는 '臣'으로 적었다가 붉은 색으로 '卿'이라 고쳐 적었다. [校注] 이에 의거하여 수정한다.

50 '事'는 原錄에서는 '爭'으로 되어 있다. [校注] 原卷에서는 '事'가 초서 '⺻'로 되어 있고, 甲卷에서는 해서로 '事'라 되어 있다. 뒤의 "首陀天主恐斷事人爲太子"에서의 '事'자 역시 原卷에서는 앞서의 형태로 된 초서로 되어 있다. 이에 의거하여 바로잡는다. '斷事'는 '옳고 그름을 판정하는 자'를 말하며, 뒤에서는 '斷事人'이라 하였다.

51 '爲'는 '祖'이다. 「降魔變文」: "노인의 본심은 수닷타 대신에게 있었지만 태자의 마음을 편들어 이를 악물며 짐짓 수닷타를 꾸짖는 척 하였다(老人本意, 偏爲須達大臣, 緣順太子之心, 切齒佯瞋須達)." 여기의 '爲' 역시 '助'의 뜻이다. 본래 '爲太子故'가 한 문구로 되어 있는데 이는 옳지 않다. 뒤의 "老人意爲須達"의 '爲' 역시 마찬가지다.

52 原錄에서는 '事' 다음에 '之'자를 보충해 넣었다. [原校] '之'자는 甲卷에 의거하여 보충한다. [校注] '之'자는 굳이 보충할 필요 없다. 이에 삭제한다.

53 '諍'은 原錄에서는 '爭'이라 교정하였다. [校注] 굳이 교정할 필요 없다. 『戰國策』「秦策2」: "有兩虎諍人而鬪者, 管莊子將刺之." 여기서는 '諍'자를 사용하고 있다.

54 '次說'은 原錄에서는 '說'자가 빠져 있다. [校注] '次'는 '咨'와 통한다. 原卷과 甲卷에서는 '次' 뒤에 '說'자가 들어 있다. 이에 의거하여 보충한다. '咨說'은 '아뢰다'는 뜻이다. 또 '補'자가 原校에서는 '鋪'로 교정되어 있는데 여기서는 '布'로 교정한다.

55 '先'은 原錄에서는 '兎'으로 되어 있다. [潘重規] 『變文集』에서는 '先'이 '兎'으로 되어 있다. 그러나 原卷에는 '兎'자가 없고 甲卷에는 '先'으로 되어 있다. [校注] 甲卷은 뚜렷하지 않으나 '兂'로 보이는데, 이는 「伍子胥變文」의 "老臣監監, 兇咒我國"의 '兇'과 형태가 똑같다. 여기서는 반중규의 견해를 따라 수정한다. 항초는 原錄의 '兎'을 '勉'으로 교정하였는데 확실하지 않다.

56 [潘重規] '具是'는 甲卷에서는 '且是'로 되어 있고 '是'자에 붉은 색 원을 그려 넣고 '住'로 수정하였다. [校注] '具'자는 甲卷에서는 아래 두 점이 빠져 있으며 '且'자보다 중간에 가로획이 하나 더 있다. '具'는 '俱'로 보아야 한다. '是'를 '住'로 교정한 것은 아마 '且'를 '具'로 교정하려던 것을 실수로 '住'라 적은 것으로 생각된다.

57 [原校] '其過'는 본래 '共通'으로 되어 있는데 甲卷에 의거하여 수정한다.

58 '輔'는 原錄에서는 '鋪'로 되어 있고 '輔'로 교정하였다. [校注] 甲卷에서는 '輔'로 되어 있다. 이에 의거하여 수정한다.

59 '助'는 原卷에서는 속자 '助'로 되어 있다. 여기서는 原校를 따라 바로잡는다.

言之後，不合改移．太子旦(但)[□](合)[62]領金，其園須與長者.」須達聞斷，唱喏[63]便歸．象[64]載黃金，於時補(鋪)合，唯殘少地．太子到來，長者暫思，意籌金藏：若開小[65]者，恐金不充，欲開大藏，恐金有剩．喑吟之間，太子不惻(測)，[66] 謂言無金，報大臣曰：「若也無金，休去不遲．何故馳(遲)疑，情事[67]不決.」大臣須達而謂言曰：「具上剩少，一一益[68]之.」太子方知長者重意．太子自惟，佛若不是良被佛田，長者豈能輕金而重土．遂語長者，其空地及樹不許致(置)[69]金，吾自便將此地，已(以)充

60 "言地補黃金，樹掛銀錢"은 甲卷에서는 '言㚖補於金' 다섯 글자로 되어 있다. '㚖'은 '㕓'의 속자로 '仄'과 통하며 '가득 채우다'는 뜻이다. 주석 46)에서 상술하였다. 또 '補'자는 原校에서는 '鋪'로 되어 있다. 여기서는 '布'로 교정한다.

61 '於'는 '爲'로 보아야 한다. 「廬山遠公話」: "모두 열반을 증득하여 滅度를 이루었다(皆爲涅槃而行滅度)." '爲'자가 原卷에서는 '於'자 옆에 수정되어 적혀 있는데, 이는 이 두 글자가 혼동되기 쉬웠음을 보여준다.

62 '旦'은 原錄에서는 '一旦'으로 되어 있다. **[潘重規]** '一旦'은 甲卷에서는 '只合'으로 되어 있다. **[校注]** 甲卷 '合' 앞에는 '只'가 있는데 이는 '旦'의 俗訛字이다. '一旦'은 '旦(但)'으로 보아야 한다. 원권에서는 먼저 '但'으로 적었다가 덧칠을 하고서 연이어 '亘'라 수정하였는데 이는 응당 '旦'의 속자인 '㫜'의 와자이다. 「難陀出家緣起」 "不但怨(寃)親總一般"의 '但'자가 原卷에서 '但'으로 되어 있음은 참고할 만하다. 이에 의거하여 '旦(但)[合]'으로 수정 보충한다.

63 '諾'은 原錄에서는 '喏'로 되어 있다. **[校注]** 原卷에서는 '諾'으로 되어 있고, 甲卷은 뚜렷하지 않다. 이에 原卷을 따라 바로잡는다. '唱諾'은 '唱喏'와 같다.

64 '象'은 原卷에서는 속자 '**𠒎**'으로 되어 있다. 여기서는 原校를 따라 바로잡는다.

65 '小者'는 原卷에서는 '長者'로 되어 있다. 여기서는 甲卷에 의거하여 수정한다. 原卷의 '長者'는 앞서의 '長者暫思'와 관련하여 생긴 오류로 보인다.

66 '惻'은 原錄에서는 '側'으로 되어 있고 '測'으로 교정하였다. **[校注]** 原卷과 甲卷은 모두 '惻'으로 되어 있다. 이에 의거하여 바로잡는다.

67 '事'는 原錄에서는 '爭'으로 되어 있다. **[原校]** '爭'은 甲卷에서는 '事'로 되어 있다. **[校注]** 原卷에서는 초서 '事'로 되어 있고, 甲卷에서는 해서 '事'로 되어 있다. 이에 의거하여 바로잡는다.

68 '益'은 原卷과 甲卷에서는 모두 '荅'으로 되어 있고, 原錄에서는 '答'으로 되어 있다. **[校注]** 이는 응당 '益'의 속자 '**葢**'의 와자이다. P.3833 王梵志 詩: "索得屈爵鳥，家風不榮益." 여기서 原卷의 '益'자는 앞서와 같은 속자로 되어 있는데 혹자는 이를 '答'으로 적고 있는데 이는 잘못이다. 이 두 문구는 '황금을 모두 꺼내 놓으면 오히려 좀 남을 것이라서 하나하나 채워나가려 하다'는 말이다.

69 '致'는 '置'로 보아야 한다. 「降魔變文」: "험준한 고개 높다란 봉우리에도 모두 펼쳐 두는데, 바늘조차도 들어설 틈 없이 촘촘히 깔았다(峻嶺高岑總安致，恰恰遍布不容

門樓之地. 樹亦盡迴,[70] 供養佛僧.

사위성 남쪽에 이르렀을 때 기타태자의 동산을 보았는데 멀지도 가깝지도 않은 게 정사를 짓기에 적당하였고 다른 곳들은 지을 만한 곳이 못되었다. 수닷타는 홀로 성에 들어가면서 계책을 세웠다. '왕의 정원을 누가 팔려할까? 일을 이루려면 태자를 속이는 수밖에 없겠구나.' 이렇게 생각하면서 태자궁으로 향했다. 그리고 태자를 뵙고는 다음과 같이 아뢰었다. "신이 마침 성 밖에 나갔다가 동궁마마의 정원에 상서롭지 못한 일이 일어나는 것을 목격하였습니다. 그러니 동궁마마께서는 그 정원을 팔아치워야 할 것 같습니다." 태자는 수닷타와 동행을 하면서 얘기도 나누며 수레를 몰아 성 밖으로 나갔다. 태자가 말하였다. "만일 반드시 팔아야만 한다면 온 땅에는 황금을 가득 깔고 나뭇가지마다에는 은전을 걸어놓아야 할 것이다." 태자는 농담조로 그렇게 말하였다. 그들이 성 남쪽에 이르러 멀리서 정원을 바라보는데 기이한 현상이라고는 조금도 찾아볼 수 없었다. 이에 태자가 수닷타에게 말하였다. "경은 나의 정원을 차지하고자 허황된 말을 지껄였도다!" 수닷타가 우기며 말하였다. "동궁마마께서는 정원을 팔겠다고 허락하시었으면서 신의 허물을 꾸짖으시는군요!"

두 사람이 시비를 가려줄 사람을 찾으려 하자 수타천왕은 혹시라도 그 사람이 태자를 도울까 걱정이 되어 스스로 시비를 가려줄 노인으로 화하고서 수레 앞에 홀연히 나타나 다투는 이유를 물었다. 태자는 속임을 당한 내력과 황금을 땅에 깔도록 한 것에 대해 말씀드렸다. 노인은

針)." 또 "설사 창고의 보물을 다 쏟아 붇는다 해도 그렇게 할 수 없을 것이 분명합니다(假使頃(傾)倉竭庫, 必無肯置之期)." 이 '致' 역시 '置'의 가차자이다.

70 '亦'은 原錄에서는 '立'으로 되어 있다. [原校] 甲卷에서는 '立'이 '上'으로 되어 있다. [校注] 原卷에서는 '𡿨'으로 되어 있고, 甲卷에서는 '𠃊'으로 되어 있는데, 모두 '亦'의 속자 '𡿨'의 초서이다. 이에 의거하여 바로잡는다. '樹亦盡迴'는 나무 또한 전부 봉헌한다는 말이다. '迴'에는 '獻'의 뜻이 있다. 「八相變」: "우연히 세존을 뵙고는 [우유죽을 가져다] 세존에게 바친 것이다(偶見世尊, 迴持獻俸(奉))." 이는 그 예이다.

수닷타를 돕고 싶었지만 우선 태자의 말이 옳다고 하였다. 그러고 나서 수닷타 대신을 꾸짖었다. "태자는 왕의 자손이시거늘 어찌 그분을 속일 수 있단 말이오! 그 허물로 말하자면 결코 가볍지 않소이다! 왕을 보필하고 법령으로 백성들을 다스리는 대신이 되어 아무런 근거도 없이 지껄인다면 어찌 왕의 치화(治化)를 도울 수 있겠소! 비록 그러하나 동궁께서는 그것을 허락하여 땅 위에 황금을 깔고 나뭇가지에 은전을 걸어두도록 하셨소. 태자는 왕위에 오르실 분으로, 무릇 왕 된 자는 말을 뱉으면 그것이 곧 칙령이 되는 까닭에 말을 한 후에는 번복될 수 없소. 태자께서는 황금을 모두 받기만 하면 그 정원을 장자에게 넘길 것이오."

수닷타는 그 결정을 듣고서 그에 따르리라 대답을 하고는 집으로 돌아갔다. 코끼리에 황금을 실어 땅에 까는데 대부분 다 덮고 오직 조금만 남게 되었다. 태자가 그곳에 왔을 때 수닷타는 잠시 황금 창고 생각을 하고 있었다. 작은 창고를 열면 황금이 부족할 것 같고 큰 창고를 열면 황금이 남을 것 같았던 것이다. 묵묵히 있는 수닷타를 보고 그의 마음을 제대로 헤아리지 못한 태자는 황금이 떨어져 그러는 것으로 생각하고는 그에게 말하였다. "황금이 없다면 그만두어도 늦지 않소. 어찌하여 망설이며 일을 추진하지 못하는 것이오?" 수닷타가 대답하였다. "황금을 모두 내놓으면 오히려 남을 것 같아서 조금씩 꺼내 빈 곳을 채우려던 중이었습니다." 태자는 비로소 수닷타의 굳은 의지를 알았다. 태자는 생각하였다. '부처가 만일 좋은 복전(福田)[71]이 아니라면 장자가 어찌 황금을 가벼이 여기고 땅을 중히 여길 수 있으랴.' 그리고는 마침내 수닷타에게 말하였다. "비어 있는 땅과 나뭇가지에는 황금을 깔 필요도 [은전을 걸 필요도] 없소. 내 이 땅을 봉헌하여 문루(門樓)를 세우고 나무 역시 모두 바쳐 부처와 승려를 공양하겠소."

71 복을 거두는 밭. 삼보(三寶)를 공양하고 부모의 은혜에 보답하며 가난한 사람에게 베풀면 복이 생긴다고 한다.

長者[□]遂[72]與舍利弗度量此地, 諸外道等盡集到來, 便云「我【與】瞿曇分界已了, 此處不[□](分),[73] 如何輒爾造寺!」 須達答:「汝共佛分界, 一任[74]我之財物, 不與汝合. 我出金買地, 造其精舍, 干[75]公何事!」 六師徒黨, 至死不放. 遂云:「必要如此, 諸佛弟子共[76]我角其神力, 强則任致(置),[77] 弱則不許.」 舍利弗聞已, 一任便爲.[78] 又身子入定觀諸六師, 何時堪度. 乃見卻後七日, 其根合熟. 遂卻語須達, 至第七日決任爲. 外道既[79]聞, 自惟共慮, 推後七日者, 此無法[80]我也. 或緣自不能爲, 更召於伴耶?爲復逃走者[81]耶? 作思[82]計已, 並集徒黨, 有一外道, 號曰勞度叉, 此云赤眼, 解其咒述(術). 七日已滿, 就於城南廣博[83]之

---

72 '長者'는 甲卷에서는 '長遂'로 되어 있는데 이는 응당 '長者遂' 세 자에서 '者'자가 빠진 것이다. 이에 따라 '遂'자를 첨가한다.

73 '不' 다음에 한 글자가 빠져 있다. 앞에서 '分界'라 한 것에 비춰보건대 빠진 글자는 '分'이다. 이에 채워 넣는다. 항초는 뒤의 '如'자가 '與'(去聲)와 통하는 것으로 봄으로써 이 글자가 이 문구에 속하는 것으로 보았는데 정확하지 않다.

74 '一任' 두 자는 原錄에서는 다음 구에 속하는 것으로 되어 있다. 『新書』 역시 마찬가지다. 【校注】 '汝共佛分界一任'은 '一任汝共佛分界'가 도치된 것이다.

75 '干'은 原錄과 甲卷에서는 모두 속자 '忓(扞)'로 되어 있고, 原錄에서는 '忓'로 되어 있고 '干'으로 교정하였다. 여기서는 직접 교정한다.

76 '共'은 原卷과 甲卷이 똑같다. 原錄에서는 이를 '與'로 잘못 기록하였다. 이에 바로잡는다.

77 '致'는 '置'로 보아야 한다. '가람을 세우다'는 뜻이다.

78 【原校】 甲卷에서는 '便爲'가 '爲便'으로 되어 있다. 【校注】 甲卷의 '爲便' 두 글자 옆에는 '乙' 표시가 붙어 있다. 따라서 原卷의 '便爲'와 다르지 않다. '一任便爲'는 '마음대로 하다'는 뜻으로, 사리불이 신통력 대결에 동의함을 말해주고 있다.

79 【原校】 '旣'는 본래 '已'로 되어 있는데 甲卷에 의거하여 수정한다. 【校注】 原卷 역시 '旣'로 되어 있다.

80 【原校】 甲卷에서는 '法'이 '怯'으로 되어 있다. 【校注】 '法' 다음에 '敵', '對' 같은 동사가 빠진 것으로 보인다.

81 '逃'는 原卷과 甲卷 모두 속자 '迯'로 되어 있다. 여기서는 原校를 따라 바로잡는다. '者'자는 原錄에는 없으며 '走' 다음에 '去'자를 보충하였다. 【原校】 '去'자는 甲卷에 의거하여 보충한다. 【校注】 甲卷에서는 '者'로 되어 있고, 原卷에서는 '者'로 되어 있다. 이 모두는 '者'의 초서체이다. 이에 바로잡는다.

82 '思'는 '斯'로 보아야 할 듯하다. 이 두 글자는 흔히 통용된다.

83 '廣博'은 原錄에서는 '庿(廣)場'으로 되어 있다. 【校注】 原卷에서는 '𢗊情'으로 되어 있으며, 甲卷은 흐릿한데 '𢗊情'라 되어 있는 듯하다. 이를 반중규는 '廣博'이라 교정하

地, 遂建道場. 舍利弗獨居一座, 赤眼亦[84]登其座. 其時勝光王及國人皆集於此. 兩家推讓. 舍利弗自忖外道, 無勞神力, 未可先爲. 遂言我是客, 汝是主, 言[85]汝合先. 勞度差起至道場心, 不現(見). 忽有一樹蔭覆大衆, 上蔽日光, 森聳如此. 大衆咸言, 外道勝也. 忽於道場之內有大惡風, 吹樹倒地. 化如極微, 目[86]不能睹, 此是第(弟)[87]身子强也. 勞度【差】[88]忽於道場之中, 化出寶池, 中有美妙蓮花; 場中忽有象直入池中, 騰蹈一匝, 當時土[89]起, 花等並無. 又勞度差化爲龍, 或云七頭, 或云十. 忽有鳥金翅, 捻【龍】呑[90]卻. 又現一起屍,[91] 咒法[92]之中. 說有死人無瘢痕者, 取之作法, 一手中置輪, 一手中置刀, 法成能害人. 其時有此起屍, 被外道咒持刀往身子; 舍利【弗】之力, 令卻趁勞度叉,[93] 彼

였다. '𫝀'는 '廣'의 초서이고, '情'은 반씨가 甲卷의 글자를 '博'으로 교정한 것을 따른다.

84 '亦'은 原錄에서는 '灸(亦)'으로 되어 있다. 【校注】 原卷에서는 '亦'의 속자 '𠀋'으로 되어 있고, 甲卷에서는 '亦'의 초서로 되어 있다. 이에 의거하여 바로잡는다.

85 '言'자는 衍字인 듯하다.

86 '目'은 原錄에서는 '自'로 되어 있고 '目'으로 교정하였다. 【校注】 甲卷에서는 '目'으로 되어 있다. 이에 의거하여 수정한다.

87 '第'는 原錄에서는 '弟'로 되어 있다. 【校注】 原卷과 甲卷은 모두 '第'로 되어 있는데 이는 '弟'와 통한다. '弟'는 불제자를 가리킨다. '弟' 앞뒤에 각각 '佛'과 '子' 두 글자가 빠진 것 같다.

88 【原校】 '差'자를 앞 문구에 의거하여 보충한다.

89 '土'는 原卷과 甲卷에서는 모두 '士'로 되어 있다. 여기서는 原校에 의거하여 수정한다.

90 【原校】 '龍'자는 甲卷에 의거하여 보충한다. '呑'은 原錄에서는 '忝'으로 되어 있다. 【劉凱鳴校】 '捻[龍]呑卻'에서 '捻'은 '뒤쫓다'라는 뜻으로 '攆'과 통용된다. '忝'은 '䲯'의 음와자이다. 『集韻』「咸韻」 丘咸切 : "䲯, 鳥啄物也." 【校注】 劉凱鳴의 견해는 정확하지 않다. '捻'은 '가볍게 움켜쥐다'는 뜻으로, 돈황문헌에서 '뒤쫓다'의 뜻으로 사용된 예는 보지 못했다. '忝'자는 甲卷에서는 이렇게 되어 있으나 原卷에서는 '蚕'으로 적었다가 '呑'으로 고친 흔적이 있다. 이에 原卷을 따라 바로잡는다.

91 '起屍'는 '起屍鬼'다.

92 '咒法'은 응당 책이름이다. '咒法'자가 들어가는 佛經은 매우 많다. 따라서 서명 부호를 넣었다.

93 叉 : 原錄에서는 탈자 '差'를 보충해 넣고 뒤 문구 처음에 '又'자가 있는 것으로 되어 있다. 【校注】 原卷과 甲卷에서는 勞度差를 '勞度叉'로 적고 있다. 原錄자는 '叉'가 곧

被趁急, 遂失脚走, 被舍利弗化火遮之, 不能去. 旣見諸處, 並有火,[94] 望舍利弗邊並無火, 卽[95]自行走. 旋思彼是大力之人, 我須投歸, 便[96]來求救, 並諸徒黨盡亦咸伏, 願爲弟子.

장자(수닷타)가 사리불과 함께 이 땅을 살피고 있는데 온갖 외도들이 몰려들더니 그에게 그러는 것이었다. "나는 구담(瞿曇)과 경계를 나누었었는데 이곳은 아직 나눈바 없소. 그런데 어찌하여 갑자기 절을 세우려는 것이오!" 수닷타가 대답하였다. "그대가 부처와 경계를 나누던지 말든지 나는 상관하지 않겠소. 그리고 나의 재물에 그대가 보태준 바 없소. 내가 황금을 꺼내 땅을 사들여 정사를 짓겠다는데 그대가 무슨 일로 간섭하려 드시오!" 육사(六師)의 무리들은 필사적으로 물고 늘어졌다. "기필코 그렇게 해야겠다면 부처의 제자는 이 몸과 한번 신통력을 겨뤄 봅시다. 그쪽이 만일 이긴다면 [가람을 세우도록] 내버려 둘 것이고 진다면 허락할 수 없소." "마음대로 하시지요." 사리불은 그 말을 듣고 나서 이렇게 응대하고는 입정(入定)하여 어느 때 그를 제도할 수 있는지를 살폈다. 그리고 7일 후에 그의 근기가 무르익을 것임을 알았다. 그리하여 수닷타에게 알렸다. "이레 째 되는 날 대결하도록 하십시다." 외도는 그 말을 듣고 생각하였다. '이레 후로 미뤄도 나를 [대적할] 방도는 없다. 혹시 혼자서는 당해낼 수 없어서 동료라도 부르려는 것인가? 아니면 도망칠 생각인가?' 생각을 마치고 그는 자신의 무리들을 불러 모았다. 그 가운데 노도차(勞度叉) 혹은 적안(赤眼)이라고도 불리는, 주술을 부

'差'임을 모르고 '差'자를 보충해 넣었다. 또 '叉'를 '又'로 잘못 알고 이 자를 뒤 구에 붙여 넣었다. 이에 바로잡는다.

94 '火'는 原錄에서는 '大'로 되어 있고 뒤의 '望'자를 연이어 붙여 놓았다. 【校注】 필사한 '火'자는 '大'와 비슷해 보인다. 여기서는 '火'자이다. 이에 직접 바로잡는다.

95 【原校】 '火卽'은 본래 '大郞'으로 되어 있는데 甲卷에 의거하여 수정한다. 【校注】 原卷의 '火'자는 두 점이 서로 이어 있으나 '大'자와는 구별된다. '郞'은 '卽'의 속와자이다. 돈황사본에서 자주 보인다.

96 '便'은 原錄에서는 '使'로 되어 있고 '便'으로 교정하였다. 【校注】 原卷은 사실 '便'으로 되어 있다. 이에 직접 바로잡는다.

릴 줄 아는 자가 있었다.

일주일이 지나고 성 남쪽 넓은 공터에 도량을 마련하였다. 사리불이 별도로 한 자리를 차지하여 앉았고 노도차 역시 자리에 올랐다. 이때 승광왕과 백성들은 모두 이곳에 모여 있었다. 양측이 서로 먼저 시작하라고 양보를 하였다. 사리불은 생각하였다. '외도는 부릴만한 신통력이 없을 터이니 내가 먼저 보일 수는 없다.' 그러고는 외도에게 말하였다. "나는 손님이고 그대는 주인이니 그대가 먼저 보이는 게 좋겠소." 노도차는 자리에서 일어나 도량 한 가운데로 나가더니 갑자기 사라져 보이지 않았다. 대신 그 자리에는 나무 한 그루가 홀연 들어섰는데 그 그림자가 관중을 뒤덮고 위로 태양 빛을 가릴 만큼 무성하고 거대한 나무였다. 관중들이 일제히 소리쳤다. "외도의 승리다!" 순간 갑자기 도량 안에 엄청난 강풍이 불어 닥치더니 나무를 쓰러뜨리고 눈에 보이지도 않을 만큼 잘게 나무를 부숴버렸다. [관중들이 소리쳤다] "불제자 사리불이 이겼다!" 노도차는 갑자기 도량 가운데에 보배로운 연못을 만들었는데 그 안에는 아름다운 연꽃이 피어 있었다. 그 순간 도량 가운데 코끼리 한 마리가 홀연 나타나 연못 속으로 돌진해 들어가더니 이리 짓밟고 저리 깔아뭉개니 연못에서는 흙먼지가 날리고 그 안의 꽃들은 흔적도 없이 사라지고 말았다. 다시 노도차는 용을 만들어냈는데 혹자는 머리가 일곱이라 하고 혹자는 열이라고 하였다. 그러나 순간 홀연 금시조가 나타나 그 용을 비틀어 삼켜버렸다. 다시 기시귀(起尸鬼)가 나타났는데 『주법(呪法)』에서 이르기를, 흉터가 없는 시체에 주술을 걸면 그 시체는 한 손에는 수레바퀴를 들고 한손에는 칼을 들고서 사람을 해칠 수가 있게 된다고 하였다. 이때 이 기시귀는 외도의 주술에 걸려 칼을 들고서 사리불을 향하였다. 사리불은 신통력을 부려 오히려 그 기시귀가 노도차를 뒤쫓게 만들었다. 이에 조급해진 노도차는 발을 헛디디며 줄행랑을 치는데 그 앞을 사리불이 만들어낸 불길이 가로막으니 노도차는 달아날 수가 없었다. [노도차는] 다른 곳은 모두 불에 휩싸여 있는데 사리불 주변만큼은 아무렇지도 않아 태연히 걸어가고 있는 사리불을 보자 문득 이런 생각이 들었다. '대단한 신통력을 지닌 자로구나. 내 마땅히 투항해야만 하리라.' 그리고는 그 즉시 구조를 요청하니 다른 도당들 역시 일제히 부복하며 그의 제자가 되기를 희망하였다.

於中有煩惱重者[97]不賓, 而由(猶)頗態(叵耐)[98]: 終須作計以酬. 便各思惟, 於造精舍之處, 外道來自雇身, 因乍親擬覓方便.[99] 身子言[100]知, 化一力士, 執持鐵杖, 驅逐作人不得停憩. 外道見舍利弗在旁, 欲思加被[101]此所化力士驅馳又不得便,[102] 便自身困乏, 不可言說. 外道乞處分力士暫放停憩.[103] 身子依請, 亦救力士. 外道暫得安樂. 外道方思[惟],[104] 彼是有福德[105]之人, 我須歸依, 歸依已, 便得度.

---

97 '煩惱重者'는 原錄에서는 '煩之熏者'로 되어 있다. [校注] '煩之'는 原卷에서는 '煩∨'로 되어 있고, 甲卷에서는 '煩ㄱ'로 되어 있다. '煩' 다음 글자는 결코 '之'자가 아니라 '惱'의 생략부호이다. '煩惱'는 불경 상용어로서 변문에서는 흔히 생략해서 적고 있다. 예를 들면 「金剛般若波羅密經講經文」: "번뇌가 법계에 있어도 법계는 오염되지 않는다(煩惱在法界, 而法界不染)." 여기의 '煩惱'는 原卷에서는 '惱'를 생략하여 '煩⋯'으로 적고 있는 것이다. 또 '熏'자는 '重'과 형태가 비슷하여 오독하기 쉽다. '熏'자로 보면 문맥이 통하지 않는다. 응당 '重'으로 보아야 한다. 이에 직접 수정한다.

98 [郭在貽校] '頗'는 '叵'로 보아야 하고, '態'은 '耐'로 보아야 한다.('態'은 透母代韻이고, '耐'는 泥母代韻이다. 이 두 자는 旁紐雙聲으로 同韻이다. 또 '態'은 '能'聲이고 '能'에는 '耐'의 뜻이 있다) '頗態'는 곧 '叵耐'이며 '참을 수 없다(不可耐)'는 뜻이다.

99 '方便'은 '機會'란 뜻이다.

100 '言'은 '已'가 되어야 할 듯하다. '言'의 초서는 '已'와 비슷하다.

101 '加被'는 '영향을 미치다', '法力을 부여하다'는 뜻으로, 일반적으로 이해되는 '보우하다, 돕다, 은혜를 내리다'라는 뜻과는 다르다. 『通釋』의 설명을 참조 바란다.

102 '便'자는 原錄에서는 빠져 있다. [校注] 原卷과 甲卷에서는 '便' 뒤에 반복 부호가 있다. 이에 의거하여 바로잡는다. '便'은 곧 '方便'으로 '기회'를 가리킨다.

103 [潘重規] 原卷에서는 '外道處分力士暫放停憩'로 되어 있고, 甲卷에서는 '外道乞處分力士暫放停憩'로 되어 있다. [校注] 甲卷에는 사실 '停'자가 없다. 반씨는 앞서의 '驅逐作人不得停憩'의 '停憩'를 잘못 본 것 같다.

104 '惟'자를 甲卷에 의거하여 보충한다.

105 [原校] '德'은 본래 '徒'로 되어 있다. 甲卷에 의거하여 수정한다. [校注] 甲卷에서는 초서 '德'으로 되어 있다. 原卷의 '徒'는 초서 '德'과 형태가 비슷함으로써 야기된 오자이다.

其時舍利【弗】與須達度量其地, 各把繩次, 身子微笑. 善德怪問. 身子答云:「此雖[106]量地, 長者天宮於四天王宮處早已現也.」須達問曰:「諸天之中, 最何[107]快樂?」身子答曰:「諸天相[108]似, 若論勝[109]益, 無過兜率, 一樂、二聞法.」須達迴心, 其長者宮殿於兜率見. 身子又告故知:善業因果, 速疾如此.[110]

그런데 그 가운데 심각히 고민하는 자가 있었는데 그 자는 [사리불에] 승복하지 않으며 [사리불에 승복하는 것을] 참을 수 없어했다. '기필코 복수 하고 말리라!' 그렇게 생각하며 그 외도는 제 발로 정사를 세우는 곳으로 가서 [일꾼으로] 고용되어 직접 기회를 모색해보기로 하였다. 사리불은 이미 그것을 알아차리고 쇠몽둥이를 손에 든 역사(力士)를 만들어내어 그 자를 잠시도 쉬지 못하게 다그치라 시켰다. 외도는 술법을 부려 이 역사를 쫓아버리고 싶었지만 사리불이 옆에 있어서 기회를 잡을 수가 없었고, 급기야는 말조차 할 수 없을 정도로 온몸이 녹초가 되고 말았다. 그 외도는 역사에게 잠시만 쉬게 해달라고 간청했다. 사리불은 그의 청을 받아들여 역사에게 [그를 쉬게 하라] 명했다. 잠시 편안함을 갖게 된 외도는 생각했다. '저분은 복덕이 있는 분이시거늘 저분께 귀의해야만 하리라.' 귀의를 한 뒤 외도는 곧 깨달음의 경지에 이르렀다.

---

106 '雖'는 原卷에서는 '須'로 되어 있다. 甲卷에 의거하여 수정한다.

107 '最何'는 原錄에서는 '何最'로 되어 있다. 【校注】 原卷과 甲卷에서는 모두 '最何'로 되어 있다. 이에 바로잡는다.

108 '相'은 原卷에서는 '於'로 되어 있고, 甲卷에서는 '相'의 초서 '[illegible]'로 되어 있다. '於'는 초서 '相'자의 訛字이다. 이에 바로잡는다.

109 '勝'은 原錄에서는 '殊'로 되어 있다. 【校注】 原卷에서는 '[illegible]'로 되어 있고, 甲卷에서는 '[illegible]'로 되어 있다. 모두 '勝'의 초서이다. 이에 바로잡는다.

110 앞 몇 개 문구의 표점이 原錄에서는 "須達迴心, 其長者宮殿於兜率, 見身子又告, 故知善業因果, 速疾如此"로 되어 있는데 타당하지 않다. '見'은 '現'이며 앞 구에 속한다. '故知'는 '옛 친구'이며 여기서는 수달을 가리킨다.(앞에서는 '先友'라 부르고 있다) 불경의 마지막 부분에는 '佛又告某某'와 같은 문구가 자주 나타난다. '身子又告故知'는 이와 유사하다. 또 潘重規는 甲卷 말미에 '以上祇園圖記' 여섯 글자가 있다고 하였다.

이때 사리불이 수닷타와 함께 그 땅을 측량하느라 먹줄을 들고 있다가 갑자기 빙그레 미소를 지어보였다. 수닷타가 이를 이상히 여겨 물으니 사리불이 대답하였다. "지금 비록 땅을 재고는 있지만 장자(수닷타를 말함)의 천궁은 사천왕궁이 있는 곳에 이미 세워져 있습니다." 수닷타가 다시 물었다. "모든 하늘 가운데 어느 곳이 가장 안락합니까?" "모든 하늘은 서로 비슷하지만 유익함으로 말하자면 도솔천을 능가하는 것은 없습니다. 그곳에는 음악이 있고 설법이 있기 때문이지요." 수닷타가 회심(回心)을 하니 장자의 궁전이 도솔천에 모습을 드러냈다. 이에 사리불이 다시 [수닷타에게] 말했다. "선업에 따른 과보는 이처럼 빠르답니다."

십길상(十吉祥)[1]

(前闕)

文殊師利, 此云妙德; 正梵語云「曼殊室利」, 此云妙吉祥. 法王子者, 從佛口生, 從法化生, 佛爲法王, 人爲□□.[2] 彼菩薩堪紹聖種, 故名法王子. 何以名爲妙吉祥? 此菩薩當生之時, 有十種吉祥之事. 准文殊

1 原卷 편호는 러시아 符盧格 編 223호이며 『變文集』에는 수록되어 있지 않다. 여기서는 陳祚龍 『敦煌古抄文獻會最』의 영인본에 의거하여 교감한다. 『新書』에는 이 작품이 실려 있고 『敦煌變文論文錄』에도 부록으로 실려 있다.(이하에서 趙匡華錄은 '趙錄'으로, 周紹良校는 '周校'라 간칭한다) 이들을 참조하여 교감한다. 표제는 본래 결여되어 있다. 孟列夫 編 『蘇聯科學院亞洲民族硏究所藏敦煌漢文寫本注記目錄』에서는 '十吉祥'으로 제목이 붙어 있다. 『敦煌變文論文錄』에서는 '十吉祥講經文'으로 수정하였고 『新書』는 이를 따랐다. 그 후 周紹良 선생은 이를 거듭 검토한 다음 "全卷의 체재에 강경문의 특징이 없고 한 사람이 낭송하고 음창한 것으로 보이는 까닭에 이 작품은 因緣類의 강설에 가깝다"고 하였다. 이는 孟列夫가 붙인 제목으로의 회귀를 주장하는 것인데 여기서는 이를 따른다.

2 缺文은 '法子' 두 글자로 생각된다. '法子'는 불교 술어로서 佛道에 순종하는 자를 가리킨다. 唐 皎然 「聽素法師講法華經」 詩 : "法子出西秦, 名齊漆道人."

吉祥經云云.

且第一, 「光明滿室」者, 表菩薩光明內融, 身光外照, 所以降誕先放光明云云.

其光滿室, 咸如杲日.

白日難偕, 紅燈莫疋(匹).

破幽夜之昏情,[3] 能曉了於密室.

其時所見異禎祥, 表此閻浮菩薩出.

且看菩薩縱神光, 照燭無私顯覆藏.

直如杲日出幽谷, 恰似蟾輪入畫堂.

千道光明遐邇照, 幾條明焰色如霜.

化緣菩薩出於世, 所以名爲妙吉祥.

第二, 「甘露垂庭」者, 且帝釋宮中始有此珍味. 天人飮宴, 身心朗然, 因誕文殊, 霑濡此界.

天垂甘露滿瓊枝, 美味鮮香世所希.

滴土便能滋稼穡, 人餐斗[4]覺長光輝.

貞祥[5]所感因王道, 瑞應遐霑塊(愧)地祇.

緣爲文殊興出世, 虛空降遇不思議.

(앞부분 빠져 있음)

문수사리는 묘덕(妙德)을 말하며 범어로는 '만수실리(曼殊室利. Manjusri)'라고 하는데 이는 묘길상(妙吉祥)을 뜻한다. 보살은 부처의 말씀으로부터 생겨나고 불법을 따름으로써 화생(化生)한 것이다. 부처는 법왕이고 인간

3 '情'은 劉凱鳴은 '暗'이라 교정하였다. 【校注】 아래 문장 "鷲峰會上, 決慈氏之疑情" '昏情'과 '疑情'은 마침 하나의 운율로 되어 있는 것으로 보아 '情'자는 오류가 아닐 것이다.

4 '斗'는 原卷에서는 '㪷'로 되어 있는데 이는 '斗'의 속자이다. 문중에서는 '갑자기'란 뜻으로 쓰였다. 오늘날에는 '陡'라 표기한다.

5 '貞'은 '禎'으로 보아야 한다. 아래 문장 '貞祥' 역시 마찬가지다. '禎祥'은 동의의 복합어이다. 위 문장 "其時所見異禎祥"에서는 '禎'으로 되어 있다.

은 법자(法子)이다. 보살은 성인의 종자를 이을 분이라 법왕자(法王子)라 부른다. 그런데 왜 묘길상이라 부르는가? 이 보살이 탄생할 때 열 가지 길상이 보였기 때문이다. 문수길상경(文殊吉祥經)에 의거하여 이야기해보면,

첫째, '광명만실(光明滿室)'이다. 보살의 몸 안에는 매우 밝은 광명이 있어 신광(身光)이 몸 밖에까지 내비치는 것이다. 이리하여 탄생할 때 먼저 광명을 비추는 것이다.

그 빛은 집 안에 가득하니
밝은 해와 다름없네.
밝게 빛나는 태양도 [그 빛과] 어울리기 어렵고
타오르는 등불도 [그 빛에는] 필적하지 못한다.
어두운 밤과 같은 어리석은 마음을 부수고
밀실(密室)을 환희 밝힐 수 있도다.
그때 나타나는 기이한 길조는
이 염부제에 보살이 탄생함을 말해주는 것이네.
보살이 신비스러운 빛을 보이고
사사로움 없이 덮여 있는 모든 것을 내리 비춘다.
밝은 해가 깊은 계곡에서 솟아오르는 것 같고
둥근 달이 화려한 집 안으로 들어오는 것 같다.
천 줄기의 광명이 멀리서 가까이서 비추는데
밝게 타오르는 불꽃이 마치 서리와 같다.
[중생] 교화의 인연으로 보살이 세상에 태어나니
이리하여 묘길상이라고 부른다.

둘째, '감로수정(甘露垂庭)'이다. 제석의 궁중에 이처럼 맛 좋은 음식이 있다. 천인이 즐겨 마시는데 이를 마시면 심신이 밝아진다. 문수가 탄생하자 이 감로가 세계를 흠뻑 적셨다.

하늘에서 내린 감로가 나무를 적시는데
그 맛과 향기는 세상에 드문 것이라네.

땅에 떨어지면 농작물이 풍요로워지고
사람이 마시면 한순간에 아름다워지네.
길상함은 왕도에서 기인한 것이고
서응(瑞應)이 멀리까지 적시니 지신(地神)을 부끄럽게 하네.
문수가 세상에 태어나니
허공에서 불가사의한 일이 내리네.

第三,「地勇(湧)七珍」者, 表是金輪王, 王四天下, 旣內德圓滿, 外感寶莊嚴, 將溥施於人, 而能濟衆人也.

大地同時踴(湧)七珍, 剖開伏藏感龍神.
琉璃花發珊瑚樹, 瑪瑙盤中琥珀新.
瓈瓓[6]黃金欺碧玉, 明珠瑩徹照白銀.
表於菩薩居凡界, 七寶相扶轉法輪.

第四,「倉變金粟」者, 滿倉白粟, 變作黃金. 家僮踴踴而焚香, 長幼忻忻而發願. 云云.

忽然金粟自盈倉, 滿月辰昏[7]見寶光.
萬囤安排多積貯, 一家忻賀有餘糧.
諸人見者咸言差,[8] 聞說難思實異常.
直緣菩薩來斯界, 感應名爲妙吉祥.

第五,「象具六牙」者, 其象六牙, 七枝柱地, 蔟(簇)三冬之霜雪, 爲千歲之身形. 無嗔怒以跳踉, 有喜歡而踴躍.

香象于時出母胎, 身高力大甚奇哉.

---

6 '瓈'은 原卷에서는 우측 부분이 '祭'로 되어 있는데 이는 '瓈'의 속자이다.(『龍龕手鏡』「王部」에 보임) '瓓'은 趙錄과 『新書』 모두에서는 '蘭'으로 되어 있어 原卷에 부합되지 않는다. '瓈瓓'은 '燦爛'과 같다. 이들은 복합어로서 그 요점은 소리(聲)에 있는 것이라 흔히 여러 형태로 사용되곤 한다.

7 '辰'은 '晨'이어야 한다. 돈황사본에서 이 두 글자는 통용된다.

8 '差'는 '기이하다'이다. 『通釋』에 상설되어 있다.

似筍六牙光錯落, 如霜一鼻勢摧(崔)嵬.

神通爲表輪王寶, 相貌多饒海客財.

不緣餘事出於世, 爲降文殊傳語來.

셋째, '지용칠진(地湧七珍)'이다. 금륜왕이 천하를 다스리는데, 안으로는 덕성이 원만하고 겉으로는 보배로 아름답게 장엄하여, 널리 중생에게 베풀고 중생을 제도할 수 있다.

땅속에서 칠보가 일시에 솟아오르고

감추어져 있는 것을 열어 용신(龍神)을 감응케 한다.

산호(珊瑚)의 나무에서 유리(琉璃)가 꽃피고

마뇌(瑪瑙)의 쟁반에서 호박(琥珀)이 새롭다.

찬란한 황금이 푸른 옥을 업신여기고

반짝이는 진주가 백은(白銀)을 밝게 비춘다.

보살이 이 세계에 머묾을 알리고

칠보는 전법륜(轉法輪)을 돕는다.

넷째, '창변금속(倉變金粟)'이다. 창고 가득한 하얀 곡식이 황금으로 변한다. 가동(家僮)은 좋아서 팔짝 뛰며 향을 사르고 어른 아이 모두가 기뻐하며 발원한다.

문득 황금 곡식이 창고에 가득하고

둥근 달이 새벽과 저녁에 보광(寶光)을 내비친다.

수북이 쌓아놓은 곡식을 보고

온 가족은 양식이 여유롭겠다며 즐거워한다.

이를 본 사람들은 누구나 찬탄을 하며

헤아리기 어려우며 실로 기이한 일이라고 한다.

보살이 이 세상에 내려온 까닭에

감응되어 묘길상이라 부른다.

다섯째, '상아육아(象具六牙)'이다. 이 코끼리는 여섯 개의 이빨을 가지고 있어 일곱 개의 가지가 땅을 떠받치고 있는 듯하고, 겨울철에 내리는 서리나 눈처럼 무리를 이루고 있으며 왕자(王者)의 자태를 가진다. 기뻐하며 펄쩍 뛰는 일은 있어도 분노하여 발을 동동 구르는 일이 없다.

이때 향상(香象)이 모태에서 태어났는데
몸집은 거대하고 힘은 굉장하니 참으로 기이하도다.
죽순 같은 여섯 개의 상아는 들쑥날쑥 번쩍거리고
서리 같은 코는 높고도 가파르다.
그 신통함은 전륜왕의 보배임을 보여주는데
그 모습은 해상(海商)의 재물을 풍요롭게 해준다.
이 세상에 나타난 것은 다름이 아니라
문수가 강림하심을 전하려는 거라네.

第六, 「豬誕龍豚」者, 豬性下劣, 多遊穢惡之中. 夢産龍豚, 爲傍生之異瑞; 詮其所表, 狀菩薩之神胎. 託陰凡間, 生於濁世. 是以豬表娑婆之穢土, 龍胎者, 如大聖之降生龍也. 布祥雲於霄漢, 洒潤澤於乾坤. 菩薩道圓, 用慈垂於六趣, 將喜捨爲萬有梯航. 所以聖胎將誕, 夢啓貞祥, 豬産龍豚, 其由嘉瑞, 可爲聖人降世, 吉兆先彰, 示跡同凡, 助佛楊(揚)化. 云云.

十方世界未曾聞, 敖[9]豬忽爾誕龍屯(豚).[10]
動步至靈行法雨, 吟時滿谷起慈雲.
玉角驪珠光獨耀, 紅鱗霜角色雙分.
貞祥出世緣菩薩, 應瑞朝天賀聖君.

第七, 「雞生鳳子」者, 將欲誕聖, 瑞應群生. 吉運感延,[11] 禎祥納慶. 遂使神雞入夢, 産育鳳雛. 嘉瑞既萌, 彰文殊候[12]時而降. 賈[13]雞一鳴

9 '敖'는 '遨'와 같다. 『說文解字』「放部」: "敖, 出遊也." '遨'는 후에 생겨난 글자이다.
10 '屯'은 周校에서는 '豚'으로 되어 있는데 지극히 옳다. '豚'은 속자로 '肫'으로 적기도 하는데(『集韻』 魂韻에 보임) '屯'은 그 편방을 생략한 글자이다.
11 原卷의 '延'자가 趙錄과 『新書』에서는 모두 '筵'으로 오록되어 있다.
12 '候'는 原卷에서는 '侯'로 되어 있는데 이는 '候'의 속자로 생각된다. 趙錄과 『新書』에

而天光洞曉，菩薩下生而大夜朗然．若不累囑[14]延休，焉得鷲峰會上，決慈氏之疑情；毗耶牆[15]中，答淨名之高問．可謂聖人出而聖道遐昌，聖化臨而四[□]廣備.[16] 盛哉神用,[17] 其儀不惑(忒),[18] 其彰焉云云.

五德之雞產鳳凰，靈禽表瑞法中王.

毛分五彩雲遐(霞)翠，目[19]鬥雙珠日月光.

納瑞旣能超則后，伏降獨見出明王.

菩薩生時有此事，所以名爲妙吉祥.

第八，「馬生騏驎」者，聖母將誕文殊，其祥入夢，睹神驥而卓異，狀龍麃之騰驤．產棄(育)騏驎，彰菩薩降生之嘉兆．馬狀法王之十力，騏驎如四無畏之狻猊．彰積善之徽猶,[20] 厥有思矣．十力所謂建立能仁，四無畏乃群邪[21]弭伏．泊(洎)乎聖哲將欲誕生，神德預彰十夢，莫不澤備[22]

서는 모두 '侯'로 되어 있는데 옳지 못한 것 같다.

13 '賈'는 周校에서는 '櫝'로 되어 있고, 劉凱鳴은 '栖'로 교정하였는데 모두 정확하지 못한 것 같다. '賈'는 응당 '家'로 보아야 할 듯하다. '家鷄'는 편안함(安)을 뜻한다.

14 '囑'은 劉凱鳴은 '屬'으로 교정하였는데 그럴 필요 없을 것이다. '囑'과 '屬'은 古今字이다.

15 '牆'은 原卷에서는 '墻'으로 되어 있는데 이는 '牆'의 속자일 것이다. 趙錄과 『新書』에서는 모두 '壇'으로 되어 있는데 정확하지 못한 것 같다. 「捉季布傳文」: "越牆直入馬坊門" 또 "白土拂牆交畫影." 이 '牆'자가 S.2056에서는 각각 '墻', '墻'로 되어 있는데 이는 그 증거이다. '毗耶牆中'은 비야리성 유마거사(즉 淨名)의 거소 안을 가리킨다. 유마가 병으로 方丈에 드러누우니 부처가 문수 등을 그리로 보내 문병토록 하는데 이 두 구는 이 사실을 가리킨다.

16 [劉凱鳴] 闕文은 '海'자인 것 같다. '備'는 '被'의 동음 가차자이다.

17 '用'은 劉凱鳴은 '明'의 형와자라 생각하였는데 옳은 듯하다.

18 '惑'은 潘重規와 劉凱鳴은 모두 '忒'으로 교정하였는데 이는 옳다. 『詩經』「曹風鳲鳩」: "淑人君子, 其儀不忒." 본권은 詩經의 이 문구를 빌어 쓴 것이다. 周校에서는 '慝'로 되어 있는데 정확하지 못하다.

19 '目'은 趙錄과 『新書』에서는 모두 '日'로 되어 있는데 이는 오류이다.

20 '猶'는 '猷'와 같다. '猶'와 '猷'는 古今字이다. '徽猷'는 '아름다움(수양·능력 등을 가리킴)'이다. 『詩經』「小雅」角弓: "군자가 아름다움도 지니고 있다면 소인들도 의지하게 될 거네(君子有徽猷, 小人與屬)."

21 '邪'는 原卷에서는 '耶'로 되어 있는데 이는 '邪'의 속자이다.

22 '備'는 '被'로 보아야 한다.

四生, 恩霑六趣.

花駿閑廐誕騏驎, 畜類雖同異絶倫.

西國現形人共說, 東吳有聖出皆聞.

禎祥爲赴[23]文殊降, 瑞應還教賀聖君.

何事偏生獨角獸, 表於大聖獨稱尊.

여섯째, '저탄용돈(猪誕龍豚)'이다. 돼지는 기질이 열등하며 더럽고 지저분한 곳에서 노닐기를 좋아한다. 그런데 [이 돼지가] 꿈속에서 용과 돼지새끼를 낳았으니 이는 축생계의 희한한 서상(瑞祥)으로, 보살의 신비로운 탄생을 말해주는 것이다. 은밀히 인간 세상에 기탁하여 탁세에 태어난 것이다. 이 어미돼지는 사바세계의 예토(穢土)를 상징하고, 용이 태어난 것은 대성(大聖)의 강생을 의미한다. 하늘에는 상서로운 구름이 떠다니고 땅에는 비가 뿌려 촉촉하다. 보살은 도가 원만하여 육취(六趣)[24]에 자비를 드리우고 제도를 위한 온갖 방편을 기꺼이 희사한다. 그리하여 성인이 곧 태어나려하니 꿈에 어미돼지가 용과 돼지새끼를 낳는 길조를 보인 것이다.

십방의 세계는 그때껏 들어보지 못했으니

놀던 돼지가 홀연 용과 돼지를 낳았다네.

걸어가면 영험하게도 법우(法雨)가 내리고

읊조리면 골짜기 가득 자비의 구름이 일어난다.

옥 같은 뿔과 여의주는 홀로 빛을 발하고

붉은 비늘과 서리 같은 뿔은 색깔이 둘로 나뉜다.

이 길상은 보살의 강생으로 인해 나타난 것이며

영험한 길조에 하늘을 우러르며 성군(聖君)을 축하하네.

일곱째, '계생봉자(鷄生鳳子)'이다. 성인이 태어나려 하니 갖가지 상서로운 일들이 생겨난다. 길운은 감동을 이끌고 길조는 경사를 불러온다. 그

---

23 '赴'는 '副'로 보아야 한다.

24 중생이 선악의 원인에 의하여 윤회하는 여섯 가지의 세계.

리하여 신령스런 닭으로 하여금 꿈속에서 봉황을 낳게 하였다. 서상(瑞祥)의 현시는 때를 기다리던 문수가 강생함을 보여준다. 닭이 한번 우니 하늘이 밝아오고, 보살이 하생하니 깊은 밤이 밝아온다. 만일 오랫동안 돌보지 않았다면 어떻게 영취산의 법회에서 미륵의 의심하는 마음을 풀 수 있었겠으며, 비야리의 방장(方丈)에서 유마의 수준 높은 질문에 답할 수 있었으리. 성인이 나타나니 성인의 도가 멀리까지 전해지고, 성인의 교화가 이르니 사해가 널리 그 혜택을 입는다. 신령스럽고도 위의는 어그러지지 않으며 밝게 빛난다.

오덕(五德)을 갖춘 닭이 봉황을 낳았는데
신령스런 동물은 법의 왕을 나타낸다.
털은 오색으로 노을처럼 빛나고
눈동자는 일월 빛과 다툰다.
서상은 측천후를 능가하고
엎드려 홀로 명왕(明王)의 출현을 바라본다.
보살이 태어날 때 이 같은 일이 있었으니
이리하여 묘길상이라 불린다.

여덟째, '마생기린(馬生麒麟)'이다. 성모(聖母)가 문수를 낳으려 할 때 길몽을 꾸었다. 신령스런 천리마가 왕의 마구간에서 비등하더니 기린을 낳은 꿈이었는데, 이것은 보살의 탄생을 알리는 길조이다. 말은 법왕의 십력(十力)[25]을 상징하고 기린은 사무외(四無畏)의 사자를 닮았다. 적선(積善)의 아름다움을 밝혀 보이니 그를 사모하게 된다. 십력은 능인(즉 석가모니)을 이룰 수 있게 하고, 사무외는 모든 사악됨을 굴복시킬 수 있다. 성철(聖哲)이 탄생하려 함에 신덕이 앞서 십몽(十夢)으로 드러내 보이고, 사생(四生)치고 그 은택을 입지 않은 이 없고 그 은혜는 육취(六趣)를 두루 적신다.

25 부처나 보살이 지니고 있는 열 가지 지혜의 힘.

준마가 황제의 마구간에서 기린을 낳았는데
같은 짐승일지라도 무리보다 월등하게 뛰어나다.
서방에 모습을 나타내니 모두가 다 그 얘기를 하고
성인이 나셨다는 소문 동오(東吳)에 들려온다.
서상(瑞祥)은 문수(文殊)의 강생을 돕고
서응(瑞應)은 성군(聖君)을 축하한다.
독각수(獨角獸)의 탄생은 무엇을 뜻하는가.
대성(大聖)이 홀로 존귀함을 표시한다.

第九, 「神開伏藏」者, 地中之伏藏, 排寶具之甚多, 表身內之眞如, 具塵沙之功德. 應是下地上古珍珠, 知道降生, 自然開坼.

珠珍伏藏數無邊, 神鬼隄防豈近前.
菩薩生時表富貴, 須臾寶藏滿庭欄.
何勞奈重專持送, 不假龍神相共般.[26]
勇(湧)似流泉無間斷, 諸天更獻白銀錢.

第十, 牛生白睪(澤)者, 氣㗅㗅[27]而喘月, 行趚趚[28]以[追]風. 䰐[29]怪殄除, 妖邪迸走. 表文殊而出世, 名妙吉祥. 外道邪魔當時消散云云.[30]

牛王能墾大荒田, 苗稼豐饒萬類安.

---

26 『玉篇』「舟部」: "般, 運也." 후에 '搬'자가 생겨났다. 周校에서는 '搬'으로 되어 있고 『新書』는 이를 따르고 있으나 사실 그럴 필요 없다.

27 '㗅㗅'는 趙錄에서는 '㗅㗅'으로 되어 있는데 이는 原卷에 부합되지 않는다. 『集韻』「麻韻」: "㗅, 咽也." 문중의 의미는 숨이 차서 입을 크게 벌린 모습을 가리키는 듯하다. 「降魔變文」: "쩍 벌어진 입은 江海처럼 광활하였다(口㗅㗅猶江海之廣闊)." 이는 참고할 필요가 있다.

28 『集韻』「質韻」: "趚, 走遽也." 周校와 『新書』는 모두 '疾疾'로 수정하였는데 그렇게 수정할 필요는 없다.

29 '䰐'자는 자전에 실려 있지 않다. 『集韻』「灰韻」에는 '䰢'자는 '雷鬼'이고 盧回切이라 적고 있는 것으로 보아 하나의 글자임이 틀림없다. 趙錄과 『新書』에서는 모두 '鬼'라 적고 있는데 이는 임의로 수정한 것이다.

30 '云云' 두 글자가 趙錄과 『新書』에서는 모두 누락되어 있다.

白罘(澤)本來天界住, 託生牛腹向人間.

陰陽五運皆知委, 造化三才並總閑.

妙德降於堪忍界, 靈禽瑞獸悉皆歡.

佛子文殊菩薩, 當生之時, 有此十般希奇之事, 所以名爲妙吉祥菩薩.

降誕曼殊極難量, 共知菩薩不尋常.

十年倉內看金粟, 五色雲中見象王.

地勇(湧)珠珍招富貴, 天垂甘露滅災殃.

只緣是事多歡慶, 所以名爲妙吉祥.

아홉째, '신개복장(神開伏藏)'이다. 땅속에 숨겨져 있는 창고에 보물이 가득하다는 것은 몸 안에 진여와 수많은 공덕이 갖추어져 있음을 의미한다. 땅속에 간직돼 있던 옛날의 보물들이 [문수의] 강생을 알고 저절로 밖으로 드러나는 것이다.

숨겨져 있는 창고에 진주가 무수하지만

신귀(神鬼)가 가로막고 있으니 어찌 다가갈 수 있으리.

보살은 태어날 때 부귀함을 드러내 보이는데

잠깐사이에 보물이 뜰 안에 가득해진다.

어찌하여 그렇게 무거운 것을 보내면서

용신의 힘을 빌지 않고 옮기는가.

샘물이 끊임없이 솟아오르는 것처럼

제천(諸天)은 또 백은(白銀)을 바친다.

열째, '우생백택(牛生白澤)'[31]이다. 달을 바라보며 숨을 헐떡거리고 바람을 좇듯 바삐 걸어간다. [백택이 나타나니] 귀신이 사라지고 요괴가 달아난다. 이것은 문수가 세상에 나타남을 말해주는 것이며 묘길상이라 부른다. 외도와 사악한 마귀가 이때 사라졌다.

31 백택은 덕망이 있는 임금이 다스리는 시대에 나타난다고 하는 상상 속의 신령스러운 짐승. 사자의 모양을 하고 여덟 개의 눈을 가졌으며, 말을 한다고 한다.

우왕(牛王)은 광대한 황무지도 개간할 수 있으니
농사는 풍요로워지고 만물이 편안해진다.
백택(白澤)은 본래 천상에 사는데
소의 배를 빌어 인간 세상에 나온 것이다.
음양과 오운(五運)에 정통하고
삼재(三才)를 조화롭게 하여 한가롭기만 하다.
묘덕(妙德)이 이 세상에 내려오니
신령스럽고 상서로운 짐승들이 다들 기뻐한다.

불제자 문수보살은 태어날 때 이러한 열 가지 기이한 일이 있었던 까닭에 묘길상보살이라고 부른다.

문수의 탄생은 지극히 헤아리기 어려우니
모두들 보살이 범상하지 않음을 안다.
십 년 동안 창고에 황금과 곡식이 가득하고
오색의 구름 속에서 상왕(象王)이 나타난다.
땅속에서 진주가 솟아나와 부귀를 불러오고
하늘에서는 감로가 내려 재앙을 멸한다.
이것들은 큰 기쁨을 가져오는 까닭에
이리하여 묘길상이라 부른다.

태자성도경 太子成道經

석가모니불의 도솔래의(兜率來儀. 석가모니가 이 세상에 태어나기 위해 도솔천에서 내려오심), 출생, 사문유관(四門遊觀), 출가, 성도(成道), 전법륜(轉法輪) 고사를 서술하고 있다. 이 작품의 주요 권자이면서 '태자성도경일권'이란 미제(尾題)가 붙어 있는 P.2999에는 태자의 도솔강생(兜率降生)과 출가 고사만 서술되어 있다. 성도와 전법륜 고사를 다룬 대목은 다른 권자에 의거한 것인데, 출생이나 출가를 다룬 부분에 비해 그 서술이 매우 간단하다. 「팔상변」과 유사한 이야기를 다루고 있으나 세부적으로는 많은 차이가 있다.

실달태자수도인연 悉達太子修道因緣

'실달'은 '싯다르타'의 한자식 표기이다. 제목은 '싯다르타태자의 수도 이야기'란 뜻이다. 싯다르타태자의 출생, 사문유관, 출가, 성도, 아들 라후라에 대한 제도(濟度) 등 고사를 다루고 있다. 「태자성도경」과 유사한 이야기를 다루고 있고, 실제로 거의 동일한 내용의 운문이 다수 등장하기도 하지만, 출가 이후의 고사부터는 「태자성도경」과 많은 차이가 있다.

태자성도음사 太子成道吟詞

자녀를 얻기 위한 정반왕과 마야부인의 기도, 싯다르타 태자의 탄생과 아사타 선인의 예언, 사문유관 중 늙음과 죽음에 대한 시자(侍者)의 가르침, 야소다라 부인의 아들에 대한 기원과 그녀의 구도(求道), 그리고 싯다르타태자의 출가와 깨달음을 다룬 운문이 이야기의 전개 순서와는 다소 무관하게 나열되어 있다.

태자성도변문 1 太子成道變文一

왕궁에서의 화려한 생활에 미련을 버리고 출가 수행을 결심하는 태자와 이를 만류하는 정반왕의 비통함을 다루고 있다.

태자성도변문 2 太子成道變文二

선혜(善惠)보살과 호명(護明)보살 고사가 등장하는데, 이 두 보살은 모두 석가모니부처의 전생이다. 선혜보살은 자신의 머리칼을 진흙길에 깔아 연등불이 밟고 지나도록 한 공덕으로 연등불로부터 미래에 부처가 되리라는 수기를 받는다. 그 뒤 한량없는 세월 동안 보살행을 닦은 선혜보살은 미래에 부처가 되기 위해 도솔천에 머물며 십바라밀 수행을 닦는데, 그때 이름이 호명보살이다. 본문에서는 '호명(護名)보살'로 되어 있지만 고사 내용으로 보아 동일인물로 보아야 할 듯하다.

태자성도변문 3 太子成道變文三

갓 태어난 싯다르타태자에 대한 아사타선인의 예언을 다루고 있다. 아사타선인은 태자의 출가와 성불을 예언한 사람이다.

태자성도변문 4 太子成道變文四

싯다르타태자의 욕정을 여읜 혼인생활과 출가를 막으려는 정반왕, 그리고 출가를 단행하는 태자의 이야기를 다루고 있다.

태자성도변문 5 太子成道變文五

싯다르타태자의 결혼과 사문유관, 출가 및 성도의 과정이 짤막하게 요약되어 있다.

수대나태자호시인연 須大拏太子好施因緣

제목은 '수대나태자가 보시를 좋아하는 이야기'란 뜻이다. 나라의 보물인 흰 코끼리를 적국(敵國)에게 보시한 죄로 산속으로 쫓겨난 수대나(Vessantāra)태자 이야기를 다루고 있다. 『경률이상』 제31권 「수대나가 보시하기를 좋아하며 남에게 흰 코끼리를 주게 되자 꾸지람을 받고 산중으로 내쫓기다(須大拏好施爲與人白象詰擯山中)」에 따르면, 섭파국(葉波國)이란 나라에는 흰 코끼리 한 마리가 있었는데, 이 코끼리는 외적 60개국이 쳐들어와도 능히 이겨낼 정도로 용맹하고 힘이 장사였다. 이 나라의 태자 수대나는 보시로 중생을 구제하겠다는 서원을 세운 터였는데, 인접국의 왕들은 이를 이용할 셈으로 사람을 태자에게 보내 흰 코끼리를 보시할 것을 청했다. 이에 태자는 아무런 망설임도 없이 코끼리를 보시했고, 이를 안 부왕은 태자를 산중으로 내쫓는다. 산으로 향하던 중, 태자는 길에서 만난 범지(梵志)들에게 타고 가던 수레며 말, 옷, 그리고 지니고 있던 재물까지 모조리 보시한다. 그리고 마침내는 자신의 아들딸까지 늙은 범지에게 보시한다. 본 작품은 태자비가 산으로 내쫓기는 태자를 끝까지 따를 것을 맹세하는 대목까지 다루고 있다. 수대나태자는 석가모니불의 전신(前身)이다.

팔상변 1 八相變一

'팔상'은 석가모니의 생애를 여덟으로 나눈 것으로, 경론(經論)에 따라 여러 설이 있는데 일반적으로 다음과 같은 여덟 가지 모습을 가리킨다. ① 도솔래의상(兜率來儀相: 도솔천(兜率天)에서 이 세상에 내려오는 모습), ② 비람강생상(毘藍降生相: 룸비니 동산에서 탄생하는 모습) ③ 사문유관상(四門遊

觀相: 네 성문으로 나가 세상을 관찰하는 모습), ④ 유성출가상(踰城出家相: 성을 넘어 출가하는 모습), ⑤ 설산수도상(雪山修道相 : 설산에서 수도하는 모습), ⑥ 수하항마상(樹下降魔相: 보리수 아래에서 악마의 항복을 받는 모습), ⑦ 녹원전법상(鹿苑轉法相: 녹야원에서 최초로 설법하는 모습), ⑧ 쌍림열반상(雙林涅槃相: 사라쌍수(沙羅雙樹) 아래에서 열반에 드는 모습. 여기서는 싯다르타태자의 입태(入胎)와 탄생, 사문유관, 출가, 성도 이야기를 다루고 있다.

팔상변 2 八相變二

싯다르타태자의 탄생과 아사타선인의 예언을 다루고 있다. 태자를 출산하고 이레를 보낸 마야부인이 도리천 선녀의 인도하에 하늘나라로 승천하는 대목은 비슷한 고사를 다루고 있는 다른 변문에는 없는 내용이다.

파마변 破魔變

부처의 '팔상' 중 하나인 '수하항마상' 고사를 다루고 있다. 즉 싯다르타태자가 성도를 막 이룰 즈음, 마왕 파순이 마군과 자신의 세 딸들을 동원하여 태자의 성도를 방해하고, 태자가 이들을 모두 물리친다는 내용이다. 작품 서두에 황제와 부주(府主) 복야(僕射) 및 여러 인물들을 찬양하는 내용의 장엄문(莊嚴文)이 있다.

항마변문 降魔變文

『현우경 · 수달기정사품』에 관련 고사가 실려 있다. 며느리를 구하러 왕사성으로 간 사위국 대신 수달은 그곳에서 부처를 만나고 진심으로 부처에 귀의하게 된다. 그리고 부처를 사위국으로 모셔오기 위해 엄청난 황금을 들여 기타태자의 정원을 사들이고 정사(精舍) 건립을 추진한다. 이 소식을 들은 육사외도는 이를 저지할 생각으로 불제자 사리불과 신통력 대결을 벌인다. 이 대결에서 사리불은 대승을 거두고 육사외도는 모두 불문에 귀의한다. 신통력 대결에서 외도 노도차는 여섯 차례에 걸쳐 고산(高

山), 물소, 보배 연못, 독룡, 황두귀(黃頭鬼), 거대한 나무 등을 만들어냈는데, 사리불은 금강(金剛)과 사자, 거대한 코끼리, 금시조, 비사문천왕, 거센 바람 등으로 노도차의 화현물(化現物)을 하나씩 물리친다. 신통력 대결 장면은 후세의 『서유기』와 『봉신연의』에 버금갈 만큼 박진감이 넘친다. 부처의 '팔상' 중 하나인 '수하항마상' 고사와는 무관하다.

난타출가연기 難陀出家緣起

석가모니의 이복동생인 난타는 아내 손타라의 아름다움에 반하여 출가를 꺼려하고 자꾸만 사랑하는 아내와 함께 있으려고만 한다. 이에 석가모니가 한 방편으로, 난타에게 천궁과 지옥 구경을 시키는데, 천궁에서는 한 아름다운 천녀가 출가한 난타를 남편으로 삼고자 그를 기다리고 있었고, 지옥에서는 한 옥졸이 뜨거운 가마솥을 비워두고 육신의 쾌락에 연연하는 난타를 삶아 죽이려 하고 있었다. 이에 난타는 그간의 잘못을 뉘우치고 출가를 결심한다는 내용이다.

기원인유기 祇園因由記

외로운 이에게 항상 옷과 음식을 베풀었다 하여 급고독(給孤獨)장자라 불린 사위국 대신 수달(수닷타)의 이야기이다. 수달은 자신의 막내아들이 아직 장가를 들지 못해 고민하였다. 이에 수달의 친구는 왕사성 호미(護彌) 장자의 딸을 소개하였고, 호미 장자를 만나보러 왕사성으로 달려간 수달은 그곳에서 석가모니를 만나 깨달음을 얻는다. 부처에 귀의한 수달은 석가모니를 사위국으로 모시고 싶었고, 석가모니는 제자 사리불을 딸려 보내며 정사 건립을 돕도록 한다. 사리불의 도움으로 적당한 터를 발견한 수달은 땅을 뒤덮을 정도의 엄청난 황금을 들여 기타태자의 정원을 사들인다. 이 소식을 듣고 크게 분노한 외도는 정사 건립을 방해할 속셈으로 사리불과의 신통력 대결을 벌인다. 그러나 외도는 수 회합의 대결 끝에 사리불에게 패배를 당하고 그에게 항복하고 만다. 「항마변문」과 동일한 이야기이나 고사 전개의 치밀함 면에서 「항마변문」에 못 미친다. 순 산문으로 이루어져 있다는 점도 산문과 운문이 조합된 「항마변문」과 다른 점이다.

십길상 十吉祥

문수보살 탄생시의 열 가지 길상, 즉 상서로운 조짐을 이야기하고 있다. 그 열 가지 길상은 '광명만실(光明滿室. 밝은 빛이 온 집안에 가득함)', '감로수정(甘露垂庭.. 감로수가 마당을 적심)', '지용칠진(地湧七珍. 땅속에서 일곱 가지 보물이 솟아남)', '창변금속(倉變金粟.. 창고의 곡식이 황금으로 변함)', '저탄용돈(猪誕龍豚. 돼지가 용과 새끼돼지를 낳음)', '계생봉자(鷄生鳳子. 닭이 새끼봉황을 낳음)', '마생기린(馬生麒麟. 말이 기린을 낳음)', '신개복장(神開伏藏. 땅속에 숨겨 있던 보물이 절로 드러남)', '우생백택(牛生白澤. 소가 백택을 낳음)'이다. 경전 중에 『불설십길상경(佛說十吉祥經)』이 있는데 이 작품과는 무관하다.

참고자료 QR코드

金剛般若波羅蜜經講經文

難陀出家緣起

須大拏太子好施因緣

悉達太子修道因緣

十吉祥

太子成道經

太子成道變文一

太子成道變文二

太子成道變文三

太子成道變文四

太子成道變文五

太子成道吟詞

破魔變

八相變一

八相變二

降魔變文